U0906676

中国水利水电建设集团公司志

中国水电基础局有限公司卷

(1959～2006)

中国水利水电建设集团公司史志编辑委员会

中国电力出版社
www.cepp.com.cn

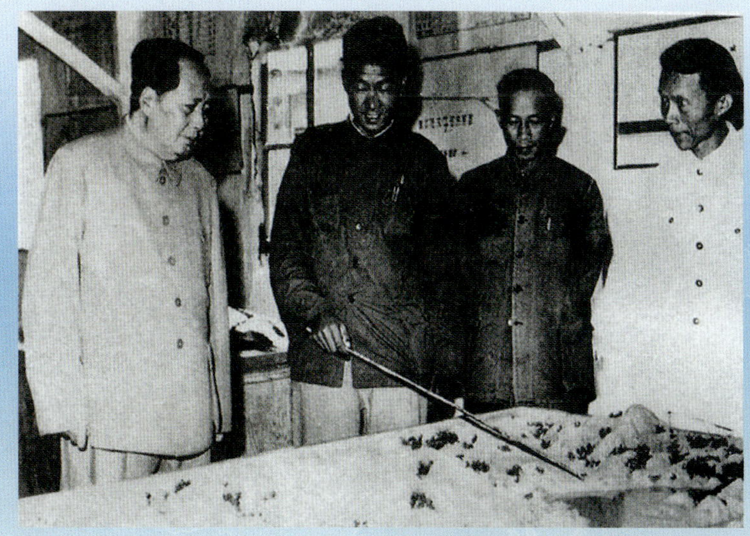

1959年9月，毛泽东主席观看密云水库沙盘模型

1958年6月，周恩来总理视察密云水库工地

2006年11月23日，国家主席胡锦涛在印度孟买接见各大中资企业领导时与中国水电建设集团公司总经理范集湘(前左)握手

1996 年 10 月，国务院总理李鹏视察基础局长江三峡工地

1999 年 7 月 13 日，国务院总理朱镕基视察基础局长江堤防工地

1999 年 2 月 7 日，国务院副总理温家宝视察基础局江西九江堤防工地

2001 年 6 月 5 日，国务院副总理李岚清（前左一）视察基础局在江苏润扬长江公路大桥工地

原国务院副总理邹家华（前左一）视察基础局长江三峡工地

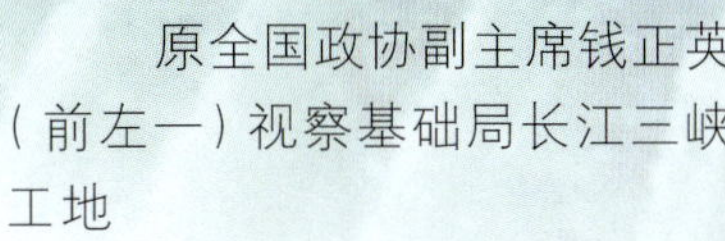

原全国政协副主席钱正英（前左一）视察基础局长江三峡工地

1999年2月，水利部部长汪恕诚（右一）视察基础局河北黄壁庄工地

2006年5月8日，国务院南水北调办公室主任张基尧（前右一）视察基础局河南穿黄工地

张光斗院士（前右二）视察基础局长江三峡工地

两院院士潘家铮（左二）视察基础局陕西石头河水库工地

1959～1960 年，基础总队承建的北京密云水库白河主坝防渗墙，是国内第一道槽孔型防渗墙

20 世纪 70 年代，四川龚嘴水电站高喷围井试验开挖后直观图

1981 年，基础局承担葛洲坝水利枢纽工程大江围堰防渗墙的施工

① 1984 年，四川铜街子水电站左深槽承重地下连续墙施工

② 1986 年，四川铜街子水电站下游围堰右端头固化灰浆防渗墙施工

③ 1987 年，河北岳城水库“工”字形防冲墙工程钢筋笼下设

④ 1989～1992 年，福建水口水电站围堰防渗墙，它是国内第一道全面采用塑性混凝土的防渗墙

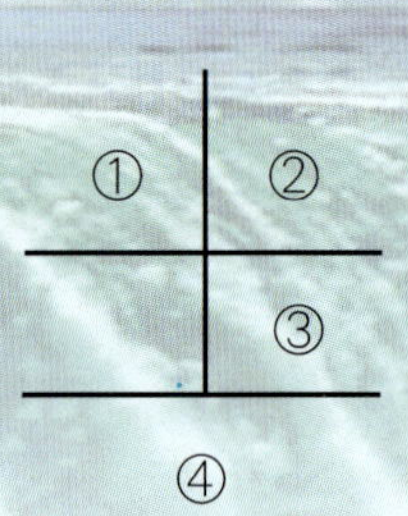

1991～1992年，四川宝珠寺水电站左岸下游护坡防冲墙施工

1993年，湖北隔河岩水电站高边坡锚索加固施工

1995年，陕西石泉水电站6兆牛与8兆牛级预应力锚索工程

1996年，长江三峡水利枢纽二期上游围堰混凝土防渗墙工程

1999年，北京珠窝大坝加固工程安设锚杆测试仪器

湖北西北口水电站大坝面板采用基础局发明的无轨滑模技术进行面板施工

① 1999 年，四川铜钟水电站厂房基础振冲工程施工

② 2002 年，湖北黄岗长江干堤赤东段深搅防渗墙施工

③ 2002 年，黄河小浪底水利枢纽洞内灌浆施工

④ 2002 年，江苏润扬长江公路大桥南汊悬索桥北锚碇基础地下连续墙墙体开挖

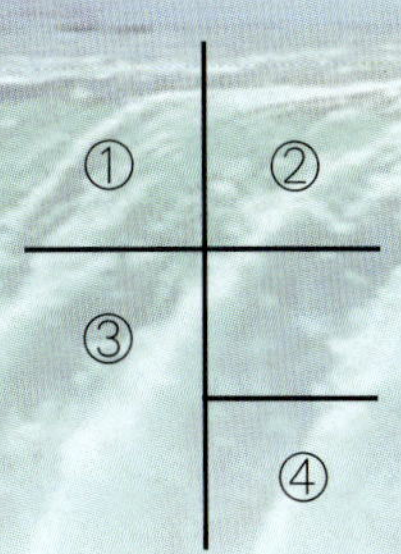

2003 年，四川冶勒水电站廊道内混凝土防渗墙施工

2003 年，河北黄壁庄水库除险加固工程混凝土防渗墙施工

2004 年，黄河小浪底西霞院反调节水库强夯加固工程施工

2004 年，武汉阳逻长江公路大桥南锚碇地下连续墙开挖

2004 年，福建 LNG 围海造地振冲挤密工程施工

2004 年，长江三峡三期围堰振动高喷防渗墙施工

2005 年，四川向家坝水电站一期围堰防渗墙施工夜景

2005 年，贵州东风水电站右岸边坡加固处理工程钢管桩施工

2005 年，云南小湾电站下游围堰灌浆工程施工

2005 年，基础局施工的四川狮子坪水电站主坝混凝土防渗墙是当时国内第一道深度超过 100 米的防渗墙

2006 年，南水北调穿黄工程北岸竖井地下连续墙工程施工

2006 年，上海 500 千伏静安（世博）输变电工程地下连续墙工程施工

2006 年，四川沙湾水电站枢纽一期围堰防渗墙工程施工全景

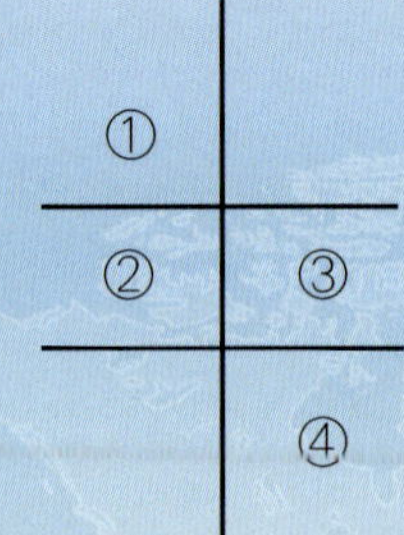

① 青海拉西瓦水电站帷幕灌浆工程施工

② 四川锦屏水电站隧洞高压堵水工程

③ 西藏旁多水利枢纽混凝土防渗墙工程

④ 西藏雪卡水电站厂房及机电设备安装工程

南水北调中线一期工程天津市1段四标浇筑

四川泸定水电站大坝基础防渗墙工程施工

京沪高速铁路基础灌注桩施工

国外工程

1970 年，阿尔巴尼亚伐沃·代耶水电站防渗墙由基础局承建

1988 年，伊拉克巴士拉船闸闸基 2 米直径灌注桩钢筋笼下设

1998 年，越南拜尚堰防渗墙工程施工

2001 年，新加坡多美哥地铁地下连续墙和矩形桩施工

2002 年，伊朗塔里干水利枢纽主坝防渗墙工程施工

2002 年，马来西亚沙捞越民都鲁克拉龙大坝基础工程施工

2002年，马来西亚沙捞越民都鲁克拉龙大坝基础工程微型桩施工

2005年，马来西亚巴贡大坝基础帷幕灌浆和固结灌浆工程施工

2005年，苏丹麦洛维水电站钻孔灌浆施工

2006年，巴基斯坦杜伯华水电站花管法覆盖层灌浆施工

约旦钾盐池自凝灰浆防渗墙项目HDPE膜下设

斯里兰卡汉班托塔港项目施工

1989 年，基础局庆“七一”文艺演出

2001 年，基础局武汉长江干堤工程项目争创国家电力公司“青年文明号”

2005 年，基础局有限公司成立庆典剪彩仪式

2006 年，基础局有限公司周年庆典文艺演出

2006年，基础局代表在天津市规划建设系统纪念中国共产党建党85周年大会上作典型发言

2006年，基础局党建工作受到天津市城建系统表彰

2006年，基础局举行升国旗仪式

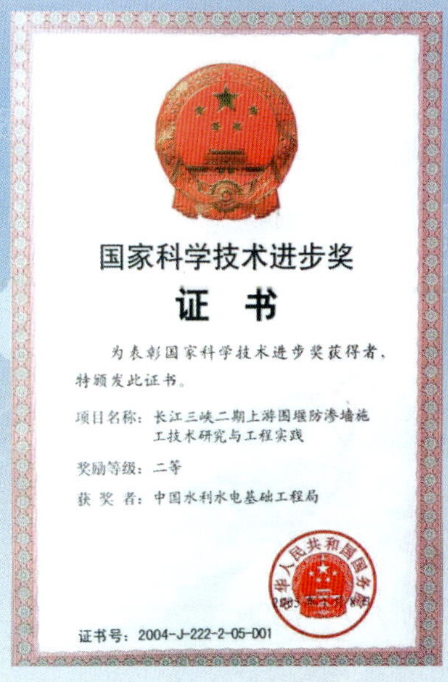
国家科学技术进步奖

证书

为表彰国家科学技术进步奖获得者，特颁发此证书。

项目名称：长江三峡二期上游围堰防渗墙施工技术研究与工程实践

奖励等级：二等

获奖者：中国水利水电基础工程局

证书号：2004-J-222-2-05-D01

2005年，“长江三峡二期上游围堰防渗墙施工技术研究与工程实践”获国家科学技术进步二等奖

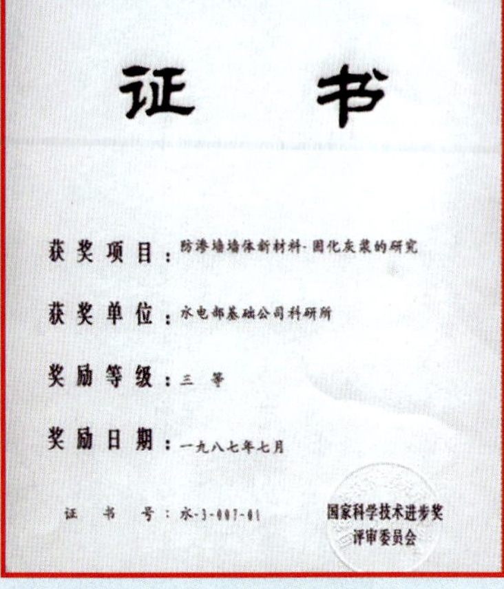
证书

获奖项目：防渗墙墙体新材料·固化灰浆的研究

获奖单位：水电部基础公司科研所

奖励等级：三等

奖励日期：一九八七年七月

证书号：水-3-007-01

国家科学技术进步奖评审委员会

1987年，“防渗墙墙体新材料－固化灰浆的研究”获国家科学技术进步三等奖

证书

获奖项目：水口工程围堰基础防渗墙塑性混凝土试验研究及应用

获奖单位：能源部水利部地质勘探基础处理公司

奖励等级：三等

奖励日期：一九九二年十一月

国家科学技术进步奖评审委员会

1992年，“水口工程围堰基础防渗墙塑性混凝土试验研究及应用”获国家科学技术进步三等奖

证书

获奖项目：水电工程大吨位预应力锚固技术研究

获奖单位：能源部水利部地质勘测基础处理公司 等

奖励等级：三等

奖励日期：一九九二年十一月

国家科学技术进步奖评审委员会

1992年，“水电工程大吨位预应力锚固技术研究”获国家科学技术进步三等奖

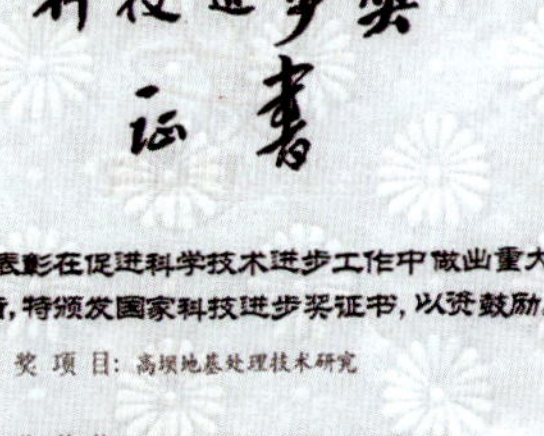
科技进步奖

证书

为表彰在促进科学技术进步工作中做出重大贡献者，特颁发国家科技进步奖证书，以资鼓励。

获奖项目：高坝地基处理技术研究

获奖单位：中国水利水电基础工程局科研所

奖励等级：三等奖

奖励时间：一九九六年十二月

证书号：08-3-003-01

中华人民共和国国家科学技术委员会主任 宋健

1996年，“高坝地基处理技术研究”获国家科学技术进步三等奖

铸基江河

贺中国水利水电基础工程局建局四十周年

张基尧

一九九九年十月廿五日

1999 年 10 月，国务院南水北调办公室主任张基尧为基础局建局 40 周年题词

踏踏实实从基础做起 兢兢业业为电力服务

为水电基础工程局题

史大桢

一九九四年十月

1994 年 10 月，电力工业部部长史大桢为基础局题词

夯实基础
再创佳绩

祝贺基础工程局建局卅五周年

陈赓仪
一九九四.十.

1994 年 10 月，水电部副部长陈赓仪为基础局建局 35 周年题词

发挥优势，形成特长，开拓市场，全面发展。

周大兵
九月六日

1996 年 9 月，中国水利水电工程总公司总经理周大兵为基础局题词

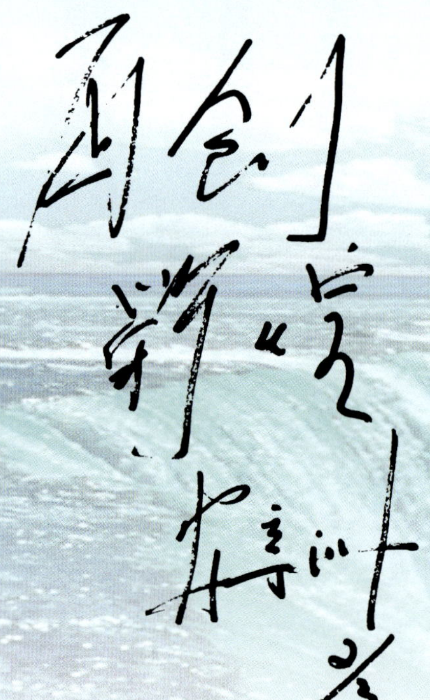

1997 年 3 月，天津市总工会副主席安亭洲为基础局题词

妙手铸基固江河

丹心凝玉书新科

春华秋实四十载

更期辉煌竞日月

——贺中国水利水电基础工程局四十周年

郭建堂

一九九九年十月

1999年10月，中国水电建设集团公司党组书记、总经理郭建堂为基础局四十周年庆典题词

坚持改革，

现代企业图发展，

团结奋进，

共谱基础新篇章。

孙玉才 97.12.11

1997年12月，中国电力企业联合会副理事长孙玉才为基础局题词

中国水电
SINOHYDRO

中国水利水电建设集团公司公司史志

编 辑 委 员 会

（2004 年 5 月～2008 年 4 月）

编 委 会 编 辑 部

中国水利水电建设集团公司史志

编辑委员会

（2008 年 4 月～　　　）

编委会编辑部

总　　序

中国的水利水电建设事业已经走过了五十多年的光辉历程，取得了举世瞩目的伟大成就，走在了世界的前列。中国水利水电建设集团公司作为中国治理江河和水电资源开发的主力军，为中国的水利水电建设走在世界前列、为中国水电走向世界作出了卓越的贡献。1950 年 8 月，燃料工业部正式成立水力发电工程局，揭开了中国水利水电建设集团公司发展历史的第一页。在 50 多年的历史中，伴随着共和国的成长和水电事业的发展，从初创的水电工程局，到以后的水电建设局、水电建设总局、水电工程总公司，发展成为今天的中国水利水电建设集团公司，在中国特色社会主义大道上一路攀升，在雄居国内水利水电及相关产业市场制高点的同时，已全方位融入国际市场，成为由中央管理的、具有国际竞争力的大型跨国企业集团。

50 多年来，特别是改革开放以来，中国水利水电建设集团公司始终站在中国水利水电建设的最前沿，站在中国水利水电建设技术创新的最前沿，站在中国水利水电建设体制改革的最前沿，站在中国建筑业市场的最前沿，站在中国水利水电建设与国际接轨的最前沿。一代代水电人持续发扬特别能吃苦，特别能战斗，特别能忍耐，特别能奉献的精神，承担了国内 70%以上的大中型水电站和水利枢纽工程建设任务，集团公司整体建设实力和水平已经处于世界同行业先进水平，为中国水电开发建设规模跃居世界第一作出了突出贡献。与此同时，成功地走出国门，昂首进入国际市场，在世界数十个国家和地区进行工程承包建设、经济技术合作和投资经营活动，在国际上树立起了“中国水电建设第一品牌”的良好形象，“中国水电”在国际上已经成为中国水电建设行业的第一品牌和行业代表。

集团公司在全面从事国内外水电建设的同时，全面开拓非水电建筑市场，积极稳健地开展投融资业务，房地产开发经营业务，进出口贸易业务等，集团公司四大主业协同发展，建筑工程承包、资产经营两条主线稳健延伸，国际国内两大市场双向拓展，各项事业健康、持续、蓬勃发展。公司已由当初单一的水利水电施工企业发展成为今天集工程总承包、投资开发、国际经营等多元发展为一体的综合性大型企业集团。成为中国企业 100 强和全球最大国际承包企业中的重要成员。

中国水利水电建设集团的发展历程，就像长江黄河，从源头奔流向前，一路吸纳了支流河川的水量，也接受了这些河川带来的许多成分，汇聚成滚滚向前的时代洪流，培育了与时俱进的企业精神，形成了独具特色的水电企业文化。江河行地，海纳百川，水电企业文化之引以为荣，在于有容纳之量、消化之功和融合之美。每每看到共和国的大地上一座座大型水电站傲然屹立、一个个重点基础项目落成典礼；每每回顾水电建设的先辈们纵横江河、奋斗不息的往昔；每每在激情燃烧的工地上相聚风雨同舟、共成事业的战友；每每在异国他乡，紧紧握住征战国际工程的勇士们一双双长满老茧的手；置身于患难与共、朝夕相处的数十万水电职工之中；就会被水电人所创造的历史所震撼，为他们所铸就的辉煌而呐喊。喜看近年集团公司欣欣向荣的发展新面貌；展望任重道远、灿烂辉煌的未来；内心激情久久不能平静，历史负重感时时催人奋进。亲历峥嵘岁月，见证发展历程，一代代水电人数十年所承担的诸多历史重任、经历的诸多艰难曲折、经受的诸多历史磨炼和可歌可泣的奋斗生涯就在眼前，一代代水电人所具有的特别闪光的精神和深厚的水电文化内涵，正在世人面前展现着独特的魅力。

一代代水电人无愧于祖国和民族的重托，用智慧、心血和双手已经和正在创造出经得起时代和历史检验的物质财富，已经和正在创造出经得起时代和历史检验的精神财富。为铭记这波澜壮阔的创业史和发展史，为不忘曾经为发展中国水电事业奋斗终身的一代代建设者的历史功绩，传承和光大这宝贵的历史经验和精神财富，集团公司站在时代和历史的高度，以神圣的使命感决定开展集团公司的史志编研工作。通过各方不懈的努力，将集团公司的光辉历程编辑成鉴、编修成志、编著成史，形成集团公司史志鉴系列编著，载入史册，以便前有所稽，后有所鉴，承前启后，继往开来，服务当代，有益后世。做到对前人负责，对今人负责，对后人负责，对历史负责。

集团公司的史志编著，是企业文化的组成部分，具有突出的水电企业特色。史志编著要实事求是、与时俱进，坚持辩证唯物主义和历史唯物主义的观点和方法，坚持科学严谨的工作态度，求真务实，以生产力发展为主线，以经济建设为中心，注重突出集团公司企业特点，充分反映时代特征，体现与时俱进的精神，深刻总结发展经验，完整、准确地记载集团公司艰苦卓绝的创业史和发展史。编著中抓住重点，充分反映集团公司形成、发展的过程，体现企业创业发展的历史和坚持创新的成就；充分反映工程建设发展的轨迹、成就、经验和特点；充分把握企业改革的现状，体现企业改革的成果；充分把握对外开放的步伐，展现企业实施国际化发展战略的业绩；充分体现企业科技进步和管理创新的成果；充分把握精神文明建设的作用，体现集团公司的先进文化特色，传记贡献突出的水电建设者。

集团公司史志编著工作，是一项编纂浩繁的文化工程，也是一个系统工程。由于时间跨度太长，资料收集难度较大，编纂工作遇到了许多困难。几年来，经过集团及所属企业各级领导和广大史志工作者的不懈努力，史志编著工作已经取得阶段性成果，在《年鉴》公开出版发行的同时，按照史志编著工作《实施方案》的要求，周密规划了编著卷目，明确各卷编著的篇目框架，明确编著的具体质量要求、进度安排和工作责任。集团公司史志编著工作，由集团公司《年鉴》，集团公司《组织机构志》、《大事记》、《光辉历程》历史画册、《人物志》和成员企业18个工程局(厂)《分志》等22卷一整套系列编著组成。《年鉴》从集团公司组建开始，一年一卷，逐年编纂，连续出版。集团公司《志》的编修时段为1950年至2006年。22卷史志系列编著是一个有机的整体，总体上卷目架构系统合理，篇目框架设置科学，体现时代要求，突出企业特色，展现企业文化融合，体现全集团共有价值观。目前《年鉴》已出版三卷，受到有关方面的认可和好评；《志》书的编修工作正在全面开展，有的《分志》已成书付印，有的《志》书正在编修成稿，各卷志书将先后如期付梓问世。

质量是《年鉴》和《志》书的生命，是《年鉴》和《志》书的价值所在。集团公司从事史志鉴工作的同志们，在史志编著工作中坚持正确的指导思想，反映时代的特点，树立精品意识，编著精品工程，把好编著的政治质量标准、体例质量标准、资料质量标准、著述质量标准、入选照片质量标准、编排设计与印刷出版质量标准，学习贯彻《地方志工作条例》精神，按照质量要求，做到存真求实，确保质量，全面、客观地记述企业的历史和现状，使史志编著具有长效服务的生命力，起着“资治、教化、存史、致用”和启迪未来的重要作用。我愿在此向参与集团公司史志系列编著的所有同志们表示衷心感谢，向22卷史志系列编著将先后如期付梓出版表示热烈祝贺，向开创集团公司历史的先辈们和正在铸就集团公司灿烂辉煌的战友们表示崇高敬意！我相信，集团公司22卷史志系列编著，将以自己的鲜明特色，成为佳作良志，在众多的企业志鉴中占有一席之地。

历史是不能忘记的，而铭记历史是为了更好地面向现在和未来。当前，中国水电集团正以科学发展观为统领，努力建设具有较强国际竞争力的质量效益型跨国企业集团。这一目标催人奋进，必将鼓舞水电人开创更加美好的未来，谱写更加光辉的篇章！

中国水利水电建设集团公司
原党组书记、总经理 郭建堂

2008年6月30日

《中国水利水电建设集团公司志》系列编著总目录

一、中国水利水电建设集团公司组织机构志(1950～2006)
二、中国水利水电建设集团公司大事记(1950～2006)
三、中国水利水电建设集团公司光辉历程(1950～2006)
四、中国水利水电建设集团公司人物志(1950～2006)
五、中国水利水电建设集团公司志《中国水利水电第一工程局卷》(1958～2006)
六、中国水利水电建设集团公司志《中国水利水电第二工程局卷》(1958～2006)
七、中国水利水电建设集团公司志《中国水利水电第三工程局卷》(1955～2006)
八、中国水利水电建设集团公司志《中国水利水电第四工程局卷》(1958～2006)
九、中国水利水电建设集团公司志《中国水利水电第五工程局卷》(1954～2006)
十、中国水利水电建设集团公司志《中国水利水电第六工程局卷》(1958～2006)
十一、中国水利水电建设集团公司志《中国水利水电第七工程局卷》(1965～2006)
十二、中国水利水电建设集团公司志《中国水利水电第八工程局卷》(1952～2006)
十三、中国水利水电建设集团公司志《中国水利水电第九工程局卷》(1958～2006)
十四、中国水利水电建设集团公司志《中国水利水电第十工程局卷》(1981～2006)
十五、中国水利水电建设集团公司志《中国水利水电第十一工程局卷》(1955～2006)
十六、中国水利水电建设集团公司志《中国水利水电第十二工程局卷》(1956～2006)
十七、中国水利水电建设集团公司志《中国水利水电第十三工程局卷》(1962～2006)
十八、中国水利水电建设集团公司志《中国水利水电第十四工程局卷》(1954～2006)
十九、中国水利水电建设集团公司志《中国水电建设集团十五工程局有限公司卷》(1952～2006)
二十、中国水利水电建设集团公司志《中国水利水电闽江工程局卷》(1955～2006)
二十一、中国水利水电建设集团公司志《中国水电基础局有限公司卷》(1959～2006)
二十二、中国水利水电建设集团公司志《夹江水工机械厂卷》(1966～2006)

中国水利水电建设集团公司志
中国水电基础局有限公司卷

编纂委员会

序 一

新一轮地方志编纂工作正在全国各地如火如荼地展开，集团公司应时而动，由史志工作办公室统一协调，组织集团本部、各专业公司、各成员企业的力量编修志书，形成编著系列丛书。这是一项重要的系统性文化工程。“乱世用典，盛世修书”，存史修书是经济、社会发展到一定阶段的产物，属于上层建筑范畴。经济基础决定上层建筑，上层建筑反映经济基础。近些年来，水电集团发展势头迅猛，正在为打造质量效益性跨国企业集团而奋斗；中国水电基础局有限公司这些年来效益是步步攀升，良好的企业环境和经济条件为志书的编纂奠定了坚实的物质基础，提供了必备的前提条件。

说起基础局有限公司，其前身可以上溯到20世纪50年代的密云水库基础处理总队。在修建北京密云水库时，需要对白河主坝坝基作基础防渗处理，当时决定采用防渗墙施工方案，为新中国建造的第一道混凝土防渗墙，这在中国基础处理施工史上具有重要的开拓意义。密云水库白河主坝的基础处理问题受到了老一辈无产阶级革命家周恩来总理的关注，他亲自过问基础处理问题。在当时物资匮乏、设备奇缺的情况下，指示当时的政务院副秘书长齐燕铭从全国各地调来200多台钻机参与施工。基础局初期的创建和发展得到了周总理的亲切关怀，从此中国有了一支专业的基础处理施工队伍，时为公元1959年8月。基础局有限公司的发展经历了初建、解散、重建和稳定发展等阶段，风风雨雨，一路走来，迄今已历时近50年矣。几十年沧桑演进了历史的巨变。基础局有限公司的成长、发展与国家基础处理建设事业共同进步、共同发展、共同成长。基础局有限公司是中国基础处理技术先进水平的代表者。

这部志，对五十年来基础局有限公司从事基础处理事业作了高度的概括和全面的总结，既记录了几十年来物质文明建设上取得的成果，也记载了精神文明建设上的成就，多方面、全方位地展现了水电基础人的精神面貌和风骨，详细、真实地记录了几十年来几代水电基础人的步伐、艰辛、奋斗和辉煌，他具有重要的历史意义。借用此书回报几代人的努力和付出，铭刻历史功劳。同时又对几十年来支持、关心和爱护基础局成长、发展的领导、朋友及各界同仁表示感谢。

然而，这部志不仅仅是简单的真实记录，在客观叙述的字里行间，依然炽烈地表达和体现了几代水电基础人宝贵的创业精神、开拓精神、吃苦精神、奉献精神、改革精神和追求精益求精的执著精神。志书是对水电基础人精神的概括和升华，他用文字、图片、数字、表格等形式把水电基础人的精神具体、形象地展现出来。志书成为精神的具象，是对水电基础人高尚道德情操和精神面貌的讴歌和礼赞。

资治、教化、存史、育人是志书的主要功能和作用，把真实的历史记录下来，把真实的数据留存下来，把真实的精神继承下来，承前启后，继往开来，对上以慰开拓者默默无私的奉献，对下以便后来者传承精神，续写华章。它为深入贯彻落实科学发展观、构建和谐企业，为基础局的又好又快发展提供了精神食粮和智力支持，相信它会成为典册和典藏，在公司内部具有权威性，供各部门、各单位参考、借鉴，引以为据，为生产经营、企业文化、精神文明建设积累丰富的数据和素材，并由此探索企业科学发展的规律，吸取得失，增长才干。这部志书的编纂具有重要的现实意义和长远的历史意义。

我们正在积极创建具有符合企业特色、特点的企业文化。编纂这部志，是符合企业特色文化要求的具体体现。他大大丰富和充实了企业特色的文化内容，为近年来基础局有限公司企业文化建设的一大亮点、一大工程和一大收获。

我们坚信，在水电集团公司、中共天津市委规划建设工委的正确领导下，全体员工一定会戮力同心、顽强拼搏，抢抓机遇、迎接挑战，在建设具有中国特色社会主义的伟大征程中，为中华民族的伟大复兴不断贡献新的力量，为构造和谐的充满生机与活力的企业再创新的辉煌。

董事长、党委书记　**张源智**

序 二

斗转星移，流水年华。

在基础局即将迎来50华诞之际，一部全面反映基础局历史面貌的志书付梓了。它真实地反映了基础局近50年来的历史进程，记录了基础局由小到大、由弱到强、生生不息、奋发向上的发展过程。展现了近50年来基础局员工为开发祖国能源、建设美好家园，踏遍祖国山山水水，驰骋于建设四个现代化主战场顽强拼搏的英雄篇章。展现了基础人勤劳淳朴、艰苦创业、奋发有为、自强不息的精神风貌，以及愈是艰险愈向前的大无畏英雄气概，闪烁着水电基础人特别能吃苦、特别能战斗、特别能奉献的高尚品格的光芒。

近50年来，特别是改革开放以来，伴随着历史前进的车轮，基础局始终高举马列主义、毛泽东思想、邓小平理论、“三个代表”重要思想的伟大旗帜，以科学发展观为指导，秉承“基础成就未来，诚信追求卓越”的企业精神，在市场经济的大潮中，不断开辟前进的道路，克服了一个又一个困难，夺取了一个又一个胜利。长江三峡、黄河小浪底等数十座世界一流的水利水电工程都铭刻着基础局的丰功伟绩；黄壁庄水库、大黑汀水库等一大批事关当地人民安居乐业的建筑，都有基础人洒下的汗水；千里江河干堤曾留下我们的串串坚实的足迹。市政基础、核电、火电、大桥、涵洞、地铁、大厦、高速铁路、南水北调工程也都飘扬着我们的战旗。“走出去”的经营方略也取得显著成绩，先后在新加坡、越南、马来西亚、尼泊尔、阿联酋、苏丹等10多个国家开辟了市场领地，并以精湛的技术、可靠的质量，赢得业主的尊敬和赞扬。在国内外市场上，“中国基础”品牌的影响力在逐渐扩大提高。企业由20世纪50年代最初的年产值完成2千多万元，增长到今天的10多亿元。企业的综合实力、竞争实力和规模日益强大。

近50年来，基础局处处体现出“以人为本”的理念，时时注重提高和改善员工的各种待遇和生活环境，使广大员工享受到成果、得到实惠，员工的个人年收入逐年提高。员工的年收入一直名列系统前茅，极大地调动了员工的工作主动性、积极性和创造性。

近50年来，基础局始终把发展科学技术放在首位。深知拥有了先进的技术，才能争取国内外市场的主动权，并使自己立于不败之地。多年来的艰苦探索，数十载的刻苦钻研，基础局在科技创新方面获得了一大批科研成果和科研专利，不断刷新基础工程新纪录。培养出众多国内外知名的基础工程专家，有多名专家享受国家突出贡献特殊津贴。目前，形成了专业人才、管理人才、经营人才相配套，老、中、青人才相衔接，高、中、初级人才成梯队的科技人才队伍的格局。

创新是企业活的灵魂，是企业保持生机与活力的源泉。近 50 年来，尤其是改革开放以来，基础局解放思想、转变观念、敢为人先、勇于实践，对企业体制、管理制度、管理机制等进行了一系列的创新实践，不断完善法人治理结构，企业现代化管理水平逐步提高。

近 50 年来，基础局在开拓市场，注重物质文明建设的同时，也十分注重企业的精神文明建设和企业文化建设，发挥党、工、团的战斗堡垒作用和桥梁纽带作用。连续 17 年被天津市评为“文明单位”，多次获天津市“五一劳动奖状”和“五一劳动奖牌”，天津市“八五”、“九五”、“十五”立功先进单位。多次获水电集团公司“双文明单位”的光荣称号。

“五十而知天命”。走过将近 50 个年头的基础局，深知自己的命运始终同国家前途、命运紧紧相连、息息相关。在国家日新月异不断发展的形势下，基础局要跟上社会发展的潮流，紧扣时代的脉搏，把握企业发展的规律，最大限度发挥基础局员工的聪明才智，团结一切可团结的力量，调动一切可调动的积极因素，为国家的发展作出更大的贡献。为打造“中国基础”民族品牌、创建国际一流的基础工程专业队伍而奋斗。

总经理　**赵存厚**

编辑说明

一、中国水电基础局有限公司始建于1959年，其前身可上溯为密云水库基础处理总队，至今已近50年。编写这本志书，记载几代水电基础人为国家基础处理建设作出的贡献，用以资治、教化、存史、育人。

二、近50年来，中国水电基础局有限公司的名称及机构几经变化，先后有过“密云水库基础处理总队”、“水利水电建设总局基础处理工程总队”、“水利电力部地质勘探基础处理公司”、“中国水利水电基础工程局”和“中国水电基础局有限公司”等称谓。本志书对单位称谓的使用，除首次出现使用全称外，再次出现则使用规范简称——基础总队或基础局。

三、志书编写遵循尊重历史、尊重事实的原则，体现时代和企业的发展历程和现状。

四、年代断限，上限从1959年8月起，下限至2006年12月止。1969年11月～1978年11月期间因队伍解散而断线。

五、全书分为篇前、正篇、篇后三个部分。

篇前部分含图片、领导题词、序、编辑说明。

正篇部分采用分类编辑法，按篇、章、节、目设计，分设概述、大事记、组织沿革、国内外经营、科学技术、企业改革、企业管理、基地建设、生活服务、党群工作、企业监督、人物12篇，为志书之主体。12篇共设40章、136节。

篇后部分设附录和编后语，为志书之尾。附录收录了公司章程、重要制度、发展规划、发展战略等。

六、本志书的纪年、称谓、专业词汇、计量、文字、符号等均依据国家有关规定执行。

七、本志书资料大部分来源于文书、工程档案等。因公司存在一个较长的解散期，一些存档文件不明去向，许多宝贵的文件资料无处查阅，资料散失严重。

目　　录

第三篇　科　学　技　术

第四篇　企　业　改　革

第五篇　企　业　管　理

第六篇　基　地　建　设

第七篇　生　活　服　务

第八篇　党　群　工　作

第九篇　企　业　监　督

第十篇　人　　物

概　　述

中国水电基础局有限公司（简称基础局）是一支专业的水电基础处理施工队伍，隶属于中国水利水电建设集团公司（简称水电集团公司）。自 1959 年 8 月成立以来，已有近 50 年的历史。近 50 年来，随着我国重点水电工程的建设，这支队伍的足迹遍布祖国的山山水水。从长江、黄河的源头顺流而下，三峡、葛洲坝、龙羊峡、小浪底等大型水利枢纽工程留下了基础局当年拼搏的光辉历史；水力资源丰富的云贵川高原，记录着基础局员工数十年顽强奋战的艰苦历程。随着水电施工企业走向市场，从天山脚下到深圳特区，从工民建筑到铁路桥梁，基础局不断地拓宽施工领域和经营范围，用实力去争取更大的市场空间，并成功地进入了西亚、东南亚、非洲的国际市场。

基础局的前身是 1959 年 8 月成立的密云水库基础处理总队（简称基础总队）。50 年代后期，国家出于战略水源储备及河水治理的需要，于 1958 年 9 月开始兴建密云水库。密云水库库容 43.75 亿米^3，深度 40～60 米，为华北地区最大的水库，控制潮河、白河上游 15788 千米^2 流域的洪水。周恩来总理非常关心密云水库的建设，在检查工作时亲自听取水库大坝坝基处理问题的汇报，对白河大坝混凝土防渗墙和灌浆防渗帷幕试验作出指示，并在得知试验成功后当即指示向国务院各部委调集 206 台冲击钻机和岩心钻机参与施工。为保证工程质量和加快施工进度，密云水库大坝建设工程领导小组决定成立密云基础处理总队，由化工部设计院勘察队、机械部勘测院地勘队、北京地质大队、北京凿井队及部分民工队伍组成。

密云基础总队的诞生，标志着水电建设工程有了一支专业的基础处理队伍，也为水电基础处理专业技术的发展和施工队伍的成长壮大奠定了基础。1969 年 9 月，密云水库基础处理总队被解散，成建制地分别划归到水电第五工程局、第六工程局、第七工程局、第十一工程局、云南电力局和葛洲坝工程局，成为这些单位基础处理施工的骨干力量。

1978 年底，水利电力部水电建设总局［1978］水电基字 81 号文件决定，水电基础处理施工队伍重新组建为水利电力部第二机械施工局，基地设在天津。随着水利电力部被拆分为水利部和电力工业部，第二机械施工局也一分为二，分别更名为电力工业部地质勘探基础处理工程公司（电力工业部第二机械施工局）和水利部地质勘探基础处理公司（水利部基础工程公司）。

1982 年，水利部和电力工业部合并后，两公司随之合并为水利电力部地质勘探基础处理公司，完成了水电基础局的重新组建，走上了持续、稳定的发展轨道。

1992 年，水利电力部地质勘探基础处理公司更名为中国水利水电基础工程局。2005 年 2 月，作为水电集团公司首批主辅分离辅业整体分流改制单位，改制为股份制企业，并更名为中国水电基础局有限公司。

一、完成了从计划经济到市场经济的体制转变

水电施工是最早走上市场实行招投标的行业，这一改革把整个水电施工企业推向市场。由于基础局专业施工具有工期相对较短和工程衔接紧凑等方面的特殊性，不可能坐等国家指令性任务，必须于其他工程局之前就开始捕捉工程信息，自行承揽小型工程项目，作为参加国家指令性计划水电建设工程的补充。

基础局重新组建后，1983 年参与了国家重点水电工程——青海龙羊峡电站建设，承担了帷幕灌浆、左右岸断层灌浆、主支廊道内裂隙灌浆等工程，使用了固结灌浆、高压灌浆、水泥灌浆、化学灌浆等施工方法及垂直孔、水平孔等施工工艺。工程的最后阶段更成为制约电站按期下闸蓄水的关键上期。为保证国家重点工程的顺利进行，基础局成立了龙羊峡工程指挥部，抽调两个施工处及职能部门的部分专业管理人员投入施工，历时 4 年时间，确保了龙羊峡电站的计划施工进度。1984 年，承担了国家重点水电建设工程——四川铜街子电站纵向围堰防渗墙和上下游围堰防渗墙等施工任务，为保证国家重点工程建设，基础局于 1986 年底抽调精锐力量开展会战，施工中刷新了国内地下连续墙的最深纪录，并于 1987 年汛期到来之前完成施工任务，保证了电站后续工程的开展和总体施工进度。

随着龙羊峡电站和铜街子电站施工的结束，基础局告别了国家计划经济体制的指令性施工项目，开始尝试全面走入市场。初步形成以水电项目施工为主，以工民建等小型基础工程为辅的经营机制，以投标、竞标的形式承揽施工任务，努力寻求更大的市场空间，逐步实现由计划经济向市场经济的转换。但由于不能一下子适应经营机制的变化，带来了基础局经济效益的滑坡，1988 年陷入了经济发展的低谷。基础局深深地感受到了市场竞争的严峻考验，加大经营力度、承揽工程任务成为各项工作的重中之重。1989 年，基础局中标水口电站围堰防渗墙工程，随后承接了天生桥电站基础处理工程，经济效益的滑坡得到缓解。随着形势的逐渐好转，产值不断上升，参与市场竞争的自信心不断加强，并逐渐扩大企业规模、发挥专业优势，努力在市场竞争中争取进入更多的领域和开拓更大的市场空间。1992 年，中标小浪底水利枢纽工程基础处理围堰防渗墙工程。小浪底水利枢纽是黄河上最大的水电工程，是集防洪、减淤、防凌、灌溉、供水和发电六大功能于一身的综合性水利工程，是根治黄河水患、开发黄河水利的关键工程。基础局在施工中以质量、技术赢得了业主的信任，在电站基础处理项目中先后中标了 F1 断层带补强加固工程、左岸山体渗压计安装工程、帷幕补强灌浆及西霞院防渗墙等多个项目，后续工程一直延续至今。在世界最大的水利水电工程长江三峡水利枢纽的建设中，基础局承担了难度最大的上游一期、隔流堤、二期围堰混凝土防渗墙和三期围堰自凝灰浆防渗墙，累计完成混凝土防渗墙 105000 米^2，“长江三峡二期上游围堰防渗墙施工基础研究与工程实践”获得国家科技进步二等奖。进入 21 世纪，基础局的市场开拓取得了较大的突破，水电市场占有份额不断增加，在水力资源丰富的西南地区，以优质工程形象站稳了脚跟；在东北、中南、西北及华北地区，以优良的质量形成了稳固的市场；在世界屋脊西藏参建的直孔电站、狮泉河工程、林芝雪卡电站创下了良好的信誉，和当地政府部门组成了长期合作的联营体公司。

作为水电基础处理队伍，继密云水库之后先后转战于长江（葛洲坝、三峡）、黄河（龙羊峡、小浪底）、乌江（乌江渡、索风营）、雅砻江（二滩）、南盘江（天生桥）、大渡河（铜街子、沙湾）、金沙江（向家坝、溪洛渡）、澜沧江（小湾）、岷江（水口、狮子坪）、清江（隔河岩、水布垭）、钱塘江（曹娥江）、嫩江（尼尔基）、子牙河（黄壁庄）、叶尔羌河（下坂地）、拉萨河（直孔）等主要水系，参与水利水电工程项目及大型水库的基础处理施工。随着非水电施工市场不断拓宽，在城市建设中积累了丰富的经验，先后承担了深圳国际贸易大厦、天津鸿吉大厦、武汉世贸大厦、北京中华世纪坛、上海世博输变电工程及国际工程新加坡地铁站等基础工程。路桥基础施工也占有了一席之地，承担了润扬长江公路大桥和武汉长江大桥的锚碇围护防渗墙的施工。参建京沪高速铁路的基础工程之后，又增加了铁路建设施工的经历。在国外，早在计划经济时期，即参加过阿尔巴尼亚的伐乌·代耶水电站防渗墙工程和喀麦隆的拉格都水电站防渗墙工程，初步积累了参与国际工程的经验。1987 年，基础局在真正意义上走出国门，承揽了伊拉克巴士拉船闸工程。随后，又先后参与了多项国际工程的投标工作，成功中标并实施了越南拜尚防渗墙工程、马来西亚槟城供水工程 TB 坝高喷防渗墙工程、苏丹麦洛维大坝趾板灌浆工程等 10 余个国际工程项目，签订了约旦钾盐场晒盐池扩建项目自凝灰浆薄墙工程、巴基斯坦杜伯华水电站基础处理工程等多个施工合同。为扩大国际施工市场，发展和完善“走出去”的发展战略，基础局于 2000 年 8 月成立了国际工程部，致力于开拓国际市场，把国际业务提到了战略地位。为适应对外经营范围不断扩大、国际业务量不断增长的发展形势，2006 年 12 月成立中国基础国际工程公司，制定了国际业务优先发展的经营战略，进一步开拓国际市场。

在此基础上，基础局又进一步提出并实施“国际国内市场开发双向拓展、良性互动”的经营策略，形成了国际工程公司与市场开发部两个方向、一个目标，即分头开发国际、国内市场，共同提高基础局的市场份额。同时还高度重视、大力拓展非水电市场，在国际国内把经营领域扩展到更大的空间。

中国水电基础局有限公司除天津总部之外，在山东德州、四川成都设有生产生活基地，企业总资产超过 5 亿元。具有承担任何复杂基础工程和岩土工程的实力；具有年建造地下连续墙 15 万～20 万米^2、钻孔灌浆 20 万～30 万米、桩基工程 10～15 米^3、预应力工程 2000 万吨·米、软基处理 20 万～50 万米^2 的专业施工能力；具有年完成土石方100 万～200 万米^3、混凝土 30 万～50 万米^3 的施工能力。

二、坚定不移地走科技兴企之路

基础局作为一个专业的基础处理施工队伍，在多年的施工中以工程项目为依托，积极开展施工技术的研究，注重新工艺、新设备以及新型建筑材料的开发应用，在水电施工中扬长避短、发挥强项，利用技术优势提高水电市场份额。结合在水电项目的施工，基础局在国家“六五”、“七五”、“八五”三个五年计划中都承担了有关科技攻关课题。1980 年基础局开始参加制定国家“六五”科技攻关计划，承担了两项水利水电建设重要课题，完成了“混凝土防渗墙造孔机具、工艺、墙体栽料、检测手段的研究”和“复杂地基基础处理的设计与施工技术的研究”两大项目共 26 个子项的研究；“六五”期间共研制成功 8 种新技术、5种新材料和4种新工艺。“七五”期间基础局承担了“高坝地基处理技术的研究”和“面板堆石坝筑坝技术研究”两项国家科技攻关任务中5个子题、40个专题的研究工作。其成果包括6台新设备、6种新材料、8项新工艺和3种应用程序软件。“八五”期间基础局承担了国家重点科技攻关项目“高坝建设关键技术研究”中的“混凝土防渗墙施工及检测技术研究”和“混凝土防渗墙墙体裁料及接头形式的研究”两个子题的研究任务。第一个子题研制了新设备5项、新仪器1项、新工艺2项，经专家鉴定总体上达到了国际先进水平。

在三个五年计划承担的国家科技攻关项目中，共获得国家级科技进步三等奖5项，部级科技进步一等奖1项，部级科技进步二等奖7项，部级科技进步三等奖1项。这些科研成果成功地应用到施工生产之中，创出了显著的经济效益与社会效益。

基础局的基础处理技术和施工工艺在国内同行业一直保持领先地位。在地下连续墙施工技术方面，基础局多次创出并打破自己保持的国内当时造孔成墙最深纪录，保持了连续墙墙体最厚、最薄纪录，宝珠寺水电站左岸下游二期防渗墙工程，墙体厚1.4米，长江干流堤防加固整治工程芙蓉堤段振孔切槽防渗墙工程最薄墙体为0.14米。多年来地下连续墙的施工经历了多种复杂地质条件，不断在新技术、新工艺及新设备和新型墙体材料方面取得突破。在灌浆施工技术方面，拥有了乌江渡、龙羊峡、天生桥、小浪底等大型水电项目和复杂地形施工的经验和成熟的灌浆自动化技术，黄河小浪底水利枢纽副坝以北帷幕灌浆工程最大孔深为166.38米，创国内同类工程灌浆孔最大深度纪录。灌浆技术在新机具、新工艺和新型材料应用方面取得了多项突破，基础局研制、生产的灌浆自动记录仪经多年应用，已形成市场上的优质品牌。除此之外，化学灌浆技术、桩基施工技术、岩土锚固技术及振冲、强夯等多种地基处理技术一直保持基础处理行业的领先地位。国家第九个五年计划之后，基础局不再承担国家科技进步科研课题，科研工作也随着工程项目走入市场。结合施工过程中遇到的新情况、新课题，科研领域也不断拓宽，在施工技术、施工工艺、新型机具、新型材料的研究和应用等方面不断取得成果，获得多项部级和水电集团公司（水电总局）的科技进步奖和科技成果奖以及鲁班奖、大禹科学技术奖、施工项目所在地的省（市、自治区）级优质工程奖，基础局还拥有10多项国家技术专利。

在专业理论方面，由基础局主办的内部刊物《基础处理技术》1983年创刊。自2001年第1期（总23期）始改为由中国水利学会地基与基础工程专业委员会和中国水利水电基础工程局联合主办，编辑部挂靠在中国水利水电基础工程局；同时调整组成了新一届编辑委员会，原水利部副部长陈赓仪任名誉主任委员；从此，《基础处理技术》成为地基与基础工程专业委员会的专刊，2002年始改为季刊。自2005年第2期（总39期）始更名为《基础工程技术》。基础局还参与了水利水电工程建筑行业技术标准的编写，主编7项、参编2项行业技术规范。参加《水利水电工程施工手册》编写，是《水利水电工程施工手册》第一卷《地基与基础工程》的组编单位。

自1983年3月基础局召开第一次科技大会开始至1999年11月第四次科技大会召开，基础局始终坚持科技兴企的发展战略，多方进行学术交流、奖励在施工生产和技术领域取得的科研成果，将优秀成果向上一级科技项目评审单位推荐。第四次科技大会还制订了

《2000～2010年基础局科技发展规划》，引导科学研究和技术进步向新的领域迈进。

开发人力资源，全面提高职工队伍的文化、业务、技术素质是科技兴企的另一个重要因素。基础局多年来非常重视人才的引进、开发、使用，最大限度地做到人尽其才，调动职工生产积极性。采取了引进来、送出去、自己培训和社会培训等多种形式提高职工队伍的文化结构和专业水平，不断提高职工队伍自身的专业素质，以适应市场竞争的需要、生产能力不断扩大的需要和由劳动密集型向技术密集型转换的需要。学知识、学技术在基础局形成了一种良好的风气，各级管理人员根据自身需要积极参加不同层次、不同形式的继续教育。截至2006年底，基础局职工总人数达1547人，其中大学本科及以上330人，占比21%；大学专科258人，占比16%；中等教育381人，占比24%。整体文化结构比例有了显著提高，为建设高素质职工队伍打下了良好基础。在提高职工文化素质和管理水平的同时，也注重了操作工人的技能培训和提高，自编教材开办多次基础处理施工技术和专用机械设备操作培训班，提高操作人员的技术素质和实际操作能力。

基础局在人才开发方面坚持以人为本的原则，在制定人才开发战略规划的同时，提出了“感情留人、事业留人、待遇留人”的思路及具体措施，让专业技术人才和专业管理人才有用武之地，无后顾之忧。特别是在专业技术人才的培养方面，敢于让青年技术人员挑重担，到重要技术岗位进行实践锻炼，同时也为他们创造宽松的工作环境和学习环境。通过人才培养有计划地形成老、中、青结构合理的专业技术队伍。基础局的人才开发战略增强了企业凝聚力和社会影响，众多慕名而来的求职者也为基础局的人才开发规划提供了基本保证，形成了良性循环。基础局的专业技术队伍中，拥有高级专业技术职务人员106人，中级专业技术人员223人，初级专业技术人员359人，高、中级工人技师74人，二级以上项目经理98人，并以日臻完善的专业技术职务评聘制度、继续教育培训制度保持人才队伍的发展，满足日益扩大的生产规模和不断发展的技术进步需求。

2004年以来，基础局积极落实中国水利水电建设集团公司职工素质工程实施意见，结合“创学习型班组，作知识型职工”活动，开展了职工技术比武，推动群众性的技术创新和劳动竞赛活动的开展，鼓励职工爱岗敬业、钻研技术，发挥职工的积极性和创造性，为基础局的持续发展努力拼搏。每次活动由专家组评选出“技术标兵”和“技术能手”进行大会表彰，并制定相关奖励办法。

三、深化改革推动企业发展

基础局在组建合并之后，随着国家改革发展的进程，在管理体制上先后经历了党委领导下的经理负责制、经理负责制（局长负责制）、股份制公司三个阶段。党委负责制时期，主要是执行国家指令性计划，参加大型水电施工项目的建设和对外援建项目。根据中共中央、国务院《关于国营企业进行全面整顿的决定》和水利电力部《水利水电施工企业整顿标准》，1982年7月～1984年8月进行了为期2年的企业全面整顿，经水电总局和天津市委工交部联合验收合格，于1985年颁发《企业全面整顿合格书》。整顿推动了改革工作的开展，1984年召开的首届职工代表大会上提出了改革的设想，主要内容有：改革经营方式，扩大经营范围，打破行业界限，加强在火电、工业和民用建筑方面的投标；改革工程处领导体制，逐步实行经理领导下的处长负责制；改革人事劳动管理制度，中层干部实行任期制和聘任制，下放劳动管理权限；改革用工制度和工资奖金分配办法，试点实行百元产值工资含量包干办法，有步骤地解决吃“大锅饭”的弊端；以及资金使用、物资管理、基地建设、职工培训等改革措施。根据《水电部水利水电施工单位“六好企业”标准》，制订了内容为“领导班子好、政治思想好、队伍建设好、经营管理好、经济效益好、职工生活好”的六好企业规划。

1987 年，二届一次职代会确定进行领导体制改革，根据中共中央颁发的《全民所有制工业企业厂长工作条例》、《中国共产党全民所有制工业企业基层组织工作条例》、《全民所有制工业企业职工代表大会条例》，基础局实行经理负责制，按照 3 个《条例》的要求，明确经理对企业的生产指挥和经营管理工作的统一领导，全面负责；明确党委改善和加强企业中党的领导，发挥党组织的保证监督作用；明确职工代表大会是企业实行民主管理的基本形式，是职工行使民主管理权利的机构。结合实施 3 个《条例》，制订公司（局）发展的长远发展目标和实现长远发展目标的经理任期责任目标。并进一步划分公司（局）与二级单位的责、权、利关系，实行以处长为承包人的《内部承包经营责任制暂行办法》。1990 年 2 月，建设部审查核定基础局为水利水电基础处理施工一级企业。1990 年初，基础局根据国务院《关于加强工业企业管理若干问题的决定》制订企业升级规划，通过“抓管理、上等级、全面提高企业素质”，1991 年经天津市企业管理领导小组审核通过，批准公司为天津市市级先进企业，被国务院发展研究中心评为中国 500 家最佳经济效益建筑企业之一。1993 年，在建设部、国家统计局、中国建设企业评价中心评定的“中国建筑企业综合实力 100 强”之中，基础局名列 37 位。1996 年被天津市总工会评为“九五”立功先进企业。1997 年基础局被评为水电系统文明单位。1998 年，被中国施工企业管理协会评为全国优秀施工企业。1997 年，基础局开展质量管理体系认证工作，贯彻 ISO 9002 标准，制订“严格管理、精心施工、技术先进、质量优良”的质量方针，并于 1998 年 9 月通过认证。

2003 年 3 月，中国水电建设集团公司批准中国水利水电基础工程局为公司制改革试点，2004 年 6 月，国资委正式批准基础局作为水电集团公司首批主辅分离整体分流改制单位。2005 年 2 月 28 日，经天津市工商行政管理局批准，基础局正式注册了“中国水电基础局有限公司”，遵循“产权清晰、权责明确、政企分开、管理科学”的原则实行公司制管理。经股东代表大会选举产生董事会、监事会，选举产生公司董事长、监事会主席、聘任了总经理。形成了董事会领导下的法人治理结构，建立了“三会一层”的规范运行机制。依法规范劳动关系，在册的全民职工解除原有劳动合同，变更国有职工身份，与改制后的股份制公司签订 3 年的劳动合同。按国家规定向职工支付经济补偿金，经济补偿金在自愿的前提下转为公司等价股权，作为职工的投资入股。人事制度方面各级管理人员实行聘任制，公司职能部门和二级公司管理岗位实行竞争上岗；分配制度方面贯彻“效率优先，兼顾公平”的原则，建立个人收入与其岗位责任、贡献和经济效益密切挂钩的现代企业分配制度。在改制过程中，始终坚持了“以人为本”的原则，在本人自愿签订劳动合同的前提下，给全体职工提供了重新签订合同的就业岗位，不裁员、不下岗。职工具备员工和股东的双重身份，同时享受按劳分配的薪酬和资本收益的分配。改制后，公司进入跨越式发展的时期，在战略目标上制定了重大决策，将专业优势转化为竞争优势，提出打造“中国基础”品牌的目标，利用品牌效应提高市场份额。进一步解放思想，深化改革观念，积极筹划公司上市的准备工作。在加强企业管理方面推行以成本控制为核心的工程项目目标管理，提高利润率。推行财务集权化管理和资金集约化管理，强化公司的资金中心地位。2005年，在推行质量管理体系的基础上完成了环境、健康和职业安全体系认证，确保工程项目施工过程中质量、安全及环境保护都处于受控状态。经中国建设银行天津分行企业信用评定委员会评定和复审，基础局多年保持AAA信用企业等级。

基础局注重实施强化国内外市场开拓，大力拓展非水电市场的经营策略，水电施工市场份额得到了巩固和扩大，国际项目和非水电项目不断取得新的进展，在基础局的历史上首次中标大型综合性工程——南水北调天津段施工项目。着眼于资本运营和多元化发展，注册了控股的中基大地公司并使之成为基础局新的经济增长点。企业改制后，经济指标完成情况由2004年产值4.18亿元，利润429万元，劳动生产率27.08万元/（人·年）提高到2006年总产值6.35亿元，利润3659万元，劳动生产率40万元/（人·年）。

基础局进入21世纪后以实现跨越式发展为目标，以提高企业经济效益为中心，各项工作取得了优异的成绩，连续6年获得天津市“五一劳动奖状”，2次被评为天津市“十五”立功先进单位。2005～2006年度被水电集团公司评为“四好”领导班子。经过审计和资产评估，改制后资产总值不断增长，实现了改制时提出的国有资产保值增值的目标。

四、发挥党的政治核心作用，加强精神文明建设

1959年8月，经中共密云水库委员会批准，组建中共密云水库基础处理总队委员会。1969年基础处理总队被解散，各基础队及总队修配厂划归有关工程局，党组织随之转移。1982年组建水利水电地质勘探基础处理公司后，中共水利电力部水利水电建设总局（简称水电总局）委员会批准并经天津市委同意，成立水利水电地质勘探基础处理公司委员会。1986年12月召开第一次代表大会，选举产生公司党委，完善了选举换届制度。2006年3月，改制后的中国水电基础局有限公司召开第一次党员代表大会，选举产生了中共中国水电基础局有限公司委员会。基础局党委充分发挥企业政治核心的地位和作用，加强党的执政能力和先进性建设，不断提高党的创造力、凝聚力、战斗力，提出了让党组织覆盖每一个项目，党旗飘扬在每一个工地，保证了基础局物质文明建设和精神文明建设同步发展。

基础局重新组建之后，多年流动施工的水电基础队伍有了稳固的后方基地和逐渐完善的行政职能部门。在新的条件下保持艰苦奋斗的优良传统，以团结拼搏的精神促进生产经营的发展，是基础局和局党委高度重视的课题。在坚持以提高经济效益为中心任务的基础上，把思想政治工作一直摆在重要地位。多年来追求的目标是“两个文明一起抓，两项成果一起拿”。纵观基础局发展的历史，伴随综合实力和经济效益的增长，精神文明建设也取得了重要成果。1991年，基础局下发了《关于建立公司精神文明建设领导小组的通知》，决定建立精神文明建设领导小组和办事机构，对基础局的精神文明建设进行统一领导和规划协调。1996年10月，中共十四届六中全会通过《中共中央关于加强社会主义精神文明建设若干重要问题的决议》后，基础局认真贯彻决议精神，制订了《1996～1999

年精神文明建设规划》，以科学的理论武装人，以正确的舆论引导人，以高尚的精神塑造人，以优秀的作品鼓舞人，培育有理想、有道德、有文化、有纪律的职工，提高职工队伍的思想道德素质和科学文化素质。对局属二级单位，制订了《双文明单位考核细则》。精神文明建设规划及考核办法十几年来不断发展和完善，保持了基础局的精神文明建设不断取得新的成绩，赋予新的内容。自1992年获得天津市“文明单位”称号以来，连续15年保持了这一光荣称号 。工会、共青团组织多次被评为水电系统、天津市先进单位。

20世纪80年代末，基础局制订了体现当代人追求和引为自豪的企业精神：“团结拼搏、刻苦奉献、严细求实、开拓振兴”，把延续艰苦奋斗的精神与追求发展振兴结合起来，以企业精神增强凝聚力和号召力，团结全体职工为实现基础局的经济效益稳步增长共同奋斗。进入21世纪以来，基础局制订了跨越式发展的奋斗目标，随着国内、国际市场的份额不断扩大和社会知名度的提高，作为一个和国际接轨的现代化企业，在自身形象建设方面需要更为深刻的内涵。2001年，基础局制订了《企业文化建设实施方法》，把企业精神、企业经营理念、企业价值观、企业发展战略、企业道德等方面作为企业文化建设的主体。作为企业文化的宣传阵地，《水电基础人》以开拓创新、推动改革、交流思想、促进发展为宗旨，及时把基础局内外的重要信息与动态发行到每个项目，深受全体员工的喜爱。文学作品专集《铸基江河》、《基础放歌》记录了基础工人的学习、工作、生活和真情实感。随着改制后中国水电基础局有限公司的成立，新的企业精神“基础成就未来，诚信追求卓越”也同时诞生，作为企业经营宗旨、价值准则、管理信条的集中体现，表现了基础局与时俱进的奋斗目标和精神追求。

基础局面对更多的机遇和挑战，坚持按科学发展观的要求解放思想，更新观念，把目光转向未来。《中国水电基础局有限公司构建和谐企业五年（2007～2011年）规划》提出的发展目标是：“产业结构更趋合理，企业风险有效控制，员工工作环境明显改善，生活质量明显提高；技术创新显著增强，项目管理进一步完善；工程建设更加符合环境保护要求；企业核心竞争力显著提高；企业文化进入发展阶段；精神文明建设活跃，员工精神状态良好；困难职工救助体系完善，员工队伍、人才队伍稳定。”经过市场的考验和锻炼，基础局增加了参与市场竞争的能力，提高了占有市场份额的优势，从而对水电基础工程局有限公司的可持续发展充满了信心。展望基础处理事业发展的前景，基础局在“中国水电”的旗帜下，致力于把“中国基础”打造为知名品牌，推向非水电市场，并以质量、技术、信誉和品牌优势挺进国际市场，满怀激情和希望迈上新的征途，走向新的辉煌。

大　事　记

（1959～2006 年）

1959 年

8 月 16 日　中国共产党密云水库委员会以库党字第 13 号文决定成立基础处理总队党委会，由韩林光、陈赓仪、邸志忠、杨海峰、刘继庆、周汉山、夏锦灿 7 人组成，韩林光、陈赓仪任书记，邸志忠任副书记。

是日　密云水库修建总指挥部以库总第 94 号文决定：韩林光任基础处理总队政委，陈赓仪任基础处理总队总队长，杨海峰任副总队长。

1960 年

11 月　基础处理指挥部撤销，密云水库基础处理总队领导人员调整，杨海峰任总队长，邸志忠任党委书记，王文修任党委副书记，基础处理总队下设六队一厂：夏锦灿任一队队长兼党支部书记，王贵年任一队副队长。王林书任二队队长，王同云任二队党支部书记。周汝岑任三队队长，张国儒任三队党支部书记。刘文彬任四队队长，石瑞华任四队党支部书记。张景礼任五队队长，周汉山任五队党支部书记。全德利任六队队长，张荣任六队党支部书记。温国良任修配厂厂长兼党支部书记。

1963 年

5 月 16 日　水利电力部水利水电建设总局（简称水电总局）下达水［1963］人字第 145 号文，批复基础工程总队建制为县团级，固定职工 1500 人。

1965 年

10 月　“四清”工作队进驻密云水库基础处理总队，“四清”运动开始，房洪涛为“四清”工作队队长。

1968 年

3 月　基础处理总队第一次走出国门，承担了阿尔巴尼亚斯库台水电站基础处理施工任务。

是年春　基础处理总队成立革命委员会，房洪涛任革委会主任。

1969 年

9 月　基础处理总队被解散，职工队伍分别划归有关工程局。一队去甘肃碧口电站工地，划归水电五局。二队去四川映秀湾电站工地，划归水电六局。三队划归云南省水利厅，后划归葛洲坝工程局。四队去四川龚咀电站工地，划归水电七局。五队划归云南省电力局。六队部分划归北京市水利局，部分划归北京水利总队，部分划归三门峡水电十一局。修配厂整体建制划归水电十一局。

1978 年

11 月 13 日 水利电力部批准成立水利电力部第二机械施工局筹备处，任命王林书、刘继庆为负责人。

11 月 21 日 水电总局以〔1978〕水电基字 81 号文批准成立水利电力部第二机械施工局筹备处，任命王林书、刘继庆为负责人。

12 月 混凝土防渗墙施工技术以及由张良秀、李旺雷、扈竹芳、高钟璞、董云英完成的化学灌浆材料及工艺获得全国科学大会奖。

1979 年

7 月 17 日 水利总局以〔1979〕水基字 13 号文批准成立水利部基础工程公司筹备处，任命韩玉琦、王林书为负责人。

9 月 3 日 电力总局以〔1979〕电水字 19 号文批准成立电力工业部第二机械施工局筹备处，任命秦治安、刘继庆、黄华安为负责人。

1980 年

4 月 2 日 水利总局以〔1980〕水劳字 12 号文批准成立水利部基础工程公司，定为地师级单位。

6 月 6 日 电力总局以〔1980〕电水字 36 号文将电力工业部第二机械施工局筹备处更名为电力工业部地质勘探基础处理工程公司。

6 月 14 日 水利总局以〔1980〕水字 34 号文批准成立水利部地质勘探基础处理公司，定为地师级单位，任命何时英为党委第一副书记、韩玉琦为党委副书记，王林书为第一副经理、生广学为副经理。

11 月 12 日 电力总局以〔1980〕电水字 67 号文批准成立电力工业部地质勘探基础工程公司，定为地师级单位，任命余少先为经理，武天杰、刘继庆为副经理。

1981 年

2 月 27 日 在喀麦隆北方承建的拉格都（Lagdo）电站坝基防渗墙工程竣工，墙深 49.85 米，共完成造孔进尺 8144.6 米、浇筑混凝土 6657.5 米^3。该工程于 1979 年 1 月 30 日开工。

1982 年

3 月 17 日 电力总局以〔1982〕电地勘党字 18 号文决定成立电力工业部地勘基础处理工程公司工会筹备组，任命陈相图任主任。

3月19日 电力总局以［1982］电地勘党字17号文批准成立中共电力工业部基础公司纪委筹备组，任命余少先任组长。

4月20日 水利电力部以［1982］水电劳字12号文将原电力工业部地质勘探基础处理工程公司与水利部地质勘探基础处理公司合并，成立水利电力部地质勘探基础处理公司。

5月8日 水利水电建设总局政治部副主任袁少华在水利部地质勘探基础处理公司和电力工业部地质勘探基础处理工程公司处长以上的干部会议上宣布水利电力部水电劳字12号文《关于两公司合并的决定》，合并后的公司全称为水利电力部地质勘探基础处理公司，任命余少先为党委代书记，何时英、王林书为党委副书记，张剑英、刘继庆、生广学为党委委员，何时英为代经理，张剑英、刘继庆、生广学为副经理。

6月1日 水电总局以［1982］水建党字7号文批准成立水利基础公司纪委，成立党委办公室、公司办公室。水电总局以［1982］水建劳字7号文批准成立党委组织处（干部处）、党委宣传部。

6月19日 水电总局党委以［1982］水建党字1号文批准了公司合并后的首批19名中层干部任职名单。

7月7日 基础局召开1982年生产会议，会议确定了1982年各项经济指标，产值为1000万元。

7月29日 基础局下发［1982］党字10号文，决定成立团委。

10月18日 中共天津市引滦工程指挥部委员会作出《关于表彰庆祝十二大、迎国庆作出优异成绩的先进单位和先进个人的决定》，公司被评为引滦入津先进单位。

是日 天津市政协副主席赵余声率市政协慰问团到引滦入津工程于桥水库大坝加固施工现场，慰问工地的全体职工。

10月 原水利部基础公司党委副书记韩玉琦逝世。

12月20日 山东省德州市人民政府以德政发［1982］162号文同意公司在德州建立办事机构和职工生活基地。

1983年

1月5日 基础局以［1982］基劳字36号文报请水电总局批准：原水利部基础公司二大队组建基础局第二工程处，原电力部基础公司101、102队合并组建第三工程处，将水利电力部第七工程局成建制调给基础局的第四工程处组建为第四工程处，原水利部基础公司一大队组建为第五工程处，原水利部基础公司深圳分公司更名为公司深圳分公司，原电力工业部基础公司103队更名为基础局103队。

1月25日 根据发展需要，为加强基础局在德州基地的管理，水电总局以［1983］水建劳字7号文批准基础局在德州市组建第一工程处。

2月17日 水电总局以［1983］水建党字52号文批准成立中共水电部地质勘探基础处理公司委员会，委员会由余少先、何时英、王林书、张剑英、刘继庆、慈玉贵组成，由余少先任书记，何时英、王林书任副书记。

3月1～8日 基础局在杨村召开技术会议，着重讨论了党的知识分子政策、技术人员状况、技术责任制、工程质量、科技发展规划、工程处的技术工作等 6 个方面的问题。

3 月 5 日 水电总局批复同意成立水利部地勘基础处理公司工会委员会。

3 月 10～14 日 全国水利水电系统基础处理队伍工程任务协调会议在基础局召开，水电总局局长陈赓仪、总工程师纪云生主持会议。

5 月 6 日 中组部［1983］干任字 342 号文件下发：中央同意余少先为水电部地质勘探基础处理公司党委书记，何时英为公司经理。

7 月 15 日 国务院总理赵紫阳任命何时英为水利电力部地质勘探基础处理公司经理。

7 月 29 日 根据水电总局安排，基础局承担了国家“六五”重点工程龙羊峡水电站的基础处理任务。为了加强现场领导，保证重点工程施工，基础局决定成立了龙羊峡工程指挥部，代表基础局对外办理各种业务联系，对内统一指挥、管理、调度。

8 月 国家“六五”科技攻关项目“复杂地基基础处理的设计与施工技术的研究”和“混凝土防渗墙造孔机具、工艺、墙体材料、检测手段的研究”两项课题由公司承包，并签订了合同。

9 月 24 日 天津市人民政府以津政函[1983]60 号文批准我公司在津户口指标 880 名。

9 月 27 日 水电总局以［1983］水建党字 30 号文批准成立水利电力部地质勘探基础处理公司纪委，由王林书兼书记，牛庆曾为副书记。

9 月 基础局承担的引滦入津于桥水库大坝防渗加固工程被天津市人民政府评为优质工程。

10 月 29 日 捷克专家卢德维克·哈努什（自然科学博士，供职于布拉格建筑地质国营公司）和雅罗斯拉夫·普鲁沙（工程师，供职于布尔地质勘探国营公司）来公司考察松散土和下沉土壤的建筑物地基问题，公司总工程师刘继庆等同捷克专家座谈。

11 月 24 日 基础局［1983］党字 60 号文件下发，决定成立水利电力部地勘基础处理公司工会筹备组。

12 月 29 日 中共水电部党组以［1983］水电党字第 470 号文通报了基础局第四工程处受骗上当事件。

12 月 31 日 基础局全年完成产值 1300.5 万元。

1984 年

1 月 5～16 日 水电总局在基础局召开 1984 年水电建设工作会议，研究贯彻胡耀邦总书记要求水电部“做好第二篇文章”的批示（第一篇文章是指提高电力投资比重；第二篇文章是指降低造价，选择最佳方案，缩短建设周期）。钱正英部长到会并讲了话。

4 月 25～27 日 水电总局在杨村召开大坝悬臂钢模板鉴定会，与会代表对基础局钢模板设计组设计的桁架式悬臂钢模板进行了讨论，认为其设计合理，效果良好，经过现场试验和应用，该技术为水电工程中“以钢代木”和发展水工模板技术作出了贡献。

5 月 3 日 中国农业百科全书（水利卷）复审会在基础局召开，水利水电建设总局纪云生总工程师等出席会议。

5 月 16 日 基础局以［1984］党字 26 号文批准组建团委。

8 月 30 日 基础局首届职工代表大会开幕，王林书致开幕词，经理何时英作了《公司工作报告》。

9 月 6 日 水电部在基础局召开“水电部施工企业工资含量包干经验交流会”，水电部劳动工资司王强司长、屠荷芳副司长、基建司关景琨副司长、财政司吴崇韩总会计师等到会讲话。

9 月 24 日 天津市总工会以［1984］津工复 113 号文批准了选举产生的公司首届工会委员会，王林书任主席，商树先任副主席。

10 月 17 日 基础局第三工程处在铜街子水电站防渗墙施工中创深墙造孔国内新纪录(孔深 74.4 米)，水电总局于 12 月 5 日来电祝贺。

10 月 19 日 水电总局以［1984］水建党字 207 号文任命何时英为水电基础局党委书记，牛昌民为基础局副书记，生广学为经理，蒋振中、陈岩为副经理，刘继庆为总工程师。

10 月 25 日 基础局召开机关科级以上干部会议，水电总局政治部主任袁少华宣读了总局对基础局新领导班子成员的任命。经理：生广学，副经理：蒋振中、陈岩，总工程师：刘继庆，党委书记：何时英，副书记：牛昌民。原党委书记余少先离职休养，原党委副书记王林书调往中国长江三峡工程开发总公司工作，原副经理张剑英调往水电十三局工作。

12 月 17 日 在全国水利电力系统劳动模范、先进集体代表表彰大会上，基础局第五工程处物资科科长刘云被水利电力部授予“全国水利电力劳动模范”称号。

12 月 24 日 由水电总局和天津市委工交部组成的检查团一行 17 人来公司检查验收企业全面整顿工作，经过几天的检查验收，28 日水电总局副书记汪恕诚宣布公司企业全面整顿验收合格，水电总局于 1985 年 3 月颁发了合格证。

12 月 31 日 基础局全年完成产值 1499 万元。

1985 年

1 月 7 日 水电总局以［1985］水电党字 01 号文决定对中共水利电力部地质勘探基础处理公司委员会进行调整，由何时英、牛昌民、生广学、刘继庆、慈玉贵组成，何时英任书记，牛昌民任副书记。

3 月 7 日 水电总局以［1985］水建劳字 26 号文批准基础局从 1985 年起实行百元产值工资含量包干。

5 月 15 日 基础局司标诞生，司标以水坝坝工实体作边框，象征基础局主要从事水电和坝工方面建设，J C G S 为基础公司汉语拼音字头，由红颜色组成的 T 字为英文 Treatment（处理）的缩写，把象征水坝建筑与表示大地的蓝色阴影连接起来，成为基础局处理地上、地下建筑、锚固、嵌固和稳定等工作的象征。司标由三种颜色组合而成，湖蓝色象征水，红色是电的形象，米黄色背景表示基础局从事的事业美好的前景，司标比例为 1∶2.8。

6 月 25 日 基础局第一次施工技术经验交流会在四川汶川县映秀湾水电十局招待所

召开。

7月27日 由水电总局拨款购买、基础局经营管理的深圳住宅楼、厂房的协议正式签署，水电总局党委书记王干国出席了签字仪式，总会计师柳汝晋代表水电总局，经理生广学代表基础局分别在协议上签字。

12月12日 水电总局以［1985］水建劳字106号文批准基础局实行内部工资改革实施方案。

12月31日 基础局全年完成产值2232.8万元。

1986年

1月8日 深圳《特区工人报》在头版刊登图片新闻，表扬深圳分公司。为图片新闻所配的说明写道："水电部基础公司，1981年进驻深圳，承担过国贸、湖心等重点工程建设。该单位职工对工作极端负责任，从未出现过大的责任事故，有些工程达到全优。目前，他们正在承包25层的福田大厦。这里地质复杂，难度很大，为了保证工程不出差错，你看，他们连吃饭都不离开工地。"

1月30日 基础局第四工程处在龙羊峡电站打的一个垂线孔深度已达81.17米，偏斜为52毫米，有效孔径180毫米，创全国水电系统侧垂孔的新纪录。

1月31日 基础局首届二次职代会开幕。会议通过了《公司1986～1990年度发展规划》和《关于进一步增强公司活力的暂行规定》。

3月13日 中共天津市委工交部部长王玉春等来公司检查指导工作，基础局党委书记何时英介绍了公司的概况，并汇报了基础局整党和贯彻中央以及天津市委端正党风的有关文件情况。

3月28日 基础局整党办公室召开公司机关和科研所全体党员大会，何时英做整党总结。天津市委工交部驻公司整党联络组组长任汝涛讲了话。宣布经天津市工交部批准，基础局机关和科研所历时一年的整党结束，免于验收。整党联络组已圆满完成任务，正式撤离。

3月 基础局被天津市爱国卫生运动委员会评为1985年度市级文明卫生单位。

5月18日 基础局科研所的五个科技攻关项目："化学灌浆密团化装置"、"水泥浆集中制浆站"、"环氧树脂灌浆新材料——JX-1"、"非碱性水玻璃灌浆材料"、"防渗墙体新材料——固化灰浆"参加了国家经委、计委、科委、财政部在北京展览馆举办的"六五"国家科技攻关成果展览。

5月21日 四川人民广播电台在《四川新闻》第三条，四川省电视台在《新闻节目》头条报道了基础局3处4月在铜街子电站创造完成主墙施工任务860米最高纪录的情况。

是日 基础局承担的"复杂地基基础处理的设计与施工技术研究"获全国科技奖励大会表彰项目。

5月 原基础局党委书记余少先离休。

7月2日 基础局就铜街子1号、2号墙提前竣工与水电部第七工程局互致贺电。

7月18日 在水电部"六五"科技攻关表彰大会上，基础局主持的"复杂地基基础处理的设计和施工技术研究”获三委一部奖（国家经委、计委、科委、财政部），基础局参与的“深厚覆盖层建坝研究”获三委一部奖，基础局科研所完成的“固化灰浆和水泥浆集中制浆系统研究”受到水电部的表彰奖励。基础局被评为国家“六五”科技攻关表彰单位，获三委一部颁发的景泰蓝奖杯一只。

7月24日 水电总局以［1986］水建党字106号文任命刘继庆为水电基础局副经理，免去其总工程师职务，任命高钟璞为总工程师。

7月 基础局副总工程师高钟璞，被水电部授予“‘六五’科技攻关先进个人”称号。基础局第四工程处的水平孔QC小组、垂直孔QC小组获水电总局颁发的优秀质量管理QC小组二等奖。第二工程处的张怀友获“质量管理优秀工作者”称号。

10月10日 水电部科学技术进步奖评审委员会在北京召开，评审出1986年水电部科技进步奖获奖项目248项，基础局肖树斌、路玉玲、于志强、沈兆清所完成的“防渗墙固化灰浆的研究”获二等奖，基础局王端良与其他单位所完成的“真空滑模的研制及在水工建筑物溢流面施工中的应用”获三等奖。

12月1～4日 中共水利电力部地质勘探基础处理公司第一届党员代表大会在南院礼堂召开。

12月24日 水电总局以［1986］水建党字30号文批准同意经第一届党代会选举产生的基础局党委，由何时英、牛昌民、生广学、任烽光、陈岩、贡礼荃、范学禹组成，由何时英任书记，牛昌民任副书记；批准同意了基础局召开的第一届党代会选举产生的基础局纪委，由牛昌民兼书记，牛庆曾为副书记，杜增明、董平、高光陆为委员。

12月30日 基础局全年完成产值2274.6万元。

1987年

1月4日 基础局总工程师高钟璞前往成都勘测设计院参加国家“七五”科技攻关项目“高坝地基岩体稳定评价及可利用岩体质量标准的研究”（17-3-3）专题的二包合同签订会。

1月6日 天津市绿化委员会授予基础局“天津市全民义务植树绿化先进单位”称号。

1月14日 基础局决定将深圳分公司改为深圳经理部，为公司驻深圳的全权代表机构。

2月7日 水电总局以［1987］水建党字8号文任命陈岩为基础局总经济师，免去其副经理职务。

2月17日 基础局第二届职工代表大会在杨村召开，任烽光被选为基础局工会主席。

3月2日 基础局党委以［1987］党字21号文转发水利水电建设党组《关于地勘基础公司陈岩同志改任总经济师的批复》。

3月3日 天津市总工会以［1987］津工复23号文批准选举产生的基础局第二届工会委员会，任烽光任主席（1992年10月退休）。

3月4日 水电总局以［1987］水建党字20号文任命牛昌民为基础局副经理（主持工作），免去其党委副书记、纪委书记职务，任命高钟璞为基础局副经理兼总工程师。

3月21日 基础局党委制订了《关于党委自身建设的决议》。

4月30日 基础局副经理兼总工程师高钟璞被天津市人民政府授予“天津市劳动模范”称号。

5月8日 为庆祝重新组建五周年，基础局召开隆重的庆祝大会，举办重建五周年成果展览，展出了五年以来所获得的各种奖旗、奖杯、奖状，获奖论文以及各种图片、照片等。

7月17日 天津市城乡建设委员会领导来基础局指导工作，并听取了基础局党政负责人的工作汇报，这是基础局党的隶属关系划归市委城建口代管后的第一次工作接触。

7月22日 水电总局对基础局经理任期目标的请示做了批复，原则上同意基础局的经理任期目标，并提出了希望和要求。

8月21日 天津市总工会副主席单书率领市总工会验收组来公司检查整顿工会组织，建设职工之家的情况，经过检查和“三认可”，宣布基础局工会为“整组建家”合格单位。

9月3日 武清县人民政府授予基础局“支教先进单位”光荣称号。

10月4日 水电总局党组以［1987］水建党字98号文通知，鉴于基础局经理生广学同志、总经济师陈岩同志身体需要一定时间疗养，为加强公司生产行政力量，决定：牛昌民同志由党委副书记改任副经理，主持公司行政全面工作，高钟璞同志任副经理兼总工程师。

11月 基础局副经理刘继庆退休。

12月28日 基础局邀请有关专家对科研所的研究项目“智能灌浆自动装置”进行评审，到会人员认为：该项目属水电系统首次研制，达到国内先进水平。

12月31日 基础局全年完成产值1927.1万元。

12月 在《中国水利电力报》刊登“1987年度水电部科学进步奖获奖项目”中，基础局科研所的研究项目“防渗墙接头孔施工机具的研制和施工工艺的研究”获二等奖，“深厚覆盖层混凝土防渗墙原型观测仪器埋设技术研究”获四等奖。

是月 基础局原软基分公司被水电全国工会、中国水利电力企业管理协会命名为“1986～1987年度企业管理优秀单位”。

1988年

1月29日 水电总公司以［1988］号水建党字14号文通知免去生广学基础局经理职务，由牛昌民任代经理。

2月8日 基础局二届二次职代会在杨村召开，会议通过《公司改革总体方案》。

2月26日 水电总公司朱云祥副总经理一行三人来基础局检查指导工作。

3月31日 根据国务院《关于实行专业技术职务聘任制的规定》及水电总公司的部署，基础局成立了职称改革和技师聘任工作领导小组。

3月 经过基础局全体党员的民主选举，推选何时英为出席中共天津市委第五次代表大会代表（天津市第五次党代会将于4月20日召开）。

4月2日 水电部向基础局肖树斌、路玉玲、于志强、沈兆清颁发国家科技进步三等奖，同时还为获水电部科技进步二等奖的“六五”科研项目“防渗墙体新材料——固化灰浆的研究”颁发了奖状。

4月 基础局被武清县公安局命名为1987年度“治安十佳单位”。

是月 原基础局经理生广学调往水电部第二工程局工作。

5月12日 基础局以［1988］党字20号文决定成立党委工作部，撤销党委办公室、党委组织部、党委宣传部、机关党委。

5月30日 水电总公司以［1988］水建党字41号文批准同意增补范学禹为党委委员、任命其为党委副书记兼纪委书记。

11月11日 基础局被天津市人民政府命名为“支教先进单位”。

11月 由基础局扈竹芳、李德富、张良秀、贺瑞明研究的“以水玻璃为主剂的灌浆材料”获1988年度水电部科学进步四等奖。

12月31日 基础局全年完成产值1524万元。

12月 由田裕甲、王泰恒、刘纪昌、赵长海、王永年、高钟璞、李际春等共同完成的“水电工程大吨位预应力锚固技术研究及应用”获能源部科技进步一等奖、国家科技进步三等奖。

1989年

2月20日 基础局召开三届一次职工代表大会。

3月25日 水电总公司以［1989］中水电人字41号文免去牛昌民代经理职务，任命鲁永才为基础局经理。

4月7日 水电总公司副总经理张道富来基础局宣布基础局深圳经理部划归水电总公司，免去何时英基础局党委书记，改任深圳公司董事长的决定。

5月13日 水电总公司总经理王高亮、副董事长汪福先、人劳部副主任郭志一行来基础局检查指导工作。

5月14日 基础局召开公司机关及部分二级单位副处级以上干部会议，王高亮总经理代表水电总公司宣布：任命鲁永才为基础局经理，免去牛昌民基础局代经理的决定。

6月19日 基础局以［1989］党字22号转津党组干字6号文件，增补鲁永才为党委委员。

6月27日 乌拉泊水库除险加固混凝土防渗墙工程开工，1991年9月6日完工。完成0.8米厚防渗墙65个槽段，造孔进尺25664米，浇筑混凝土21550.6米^3。工程质量等级为优良。

8月3日 基础局以［1989］党字27号转津党组干便字9号文件，增补郝鸿禄、蒋振中、段怀泽为党委委员。

8月9日 经天津市委组织部同意，水电总公司以［1989］中水电人字98号文任命郝鸿禄为基础局副经理。

8月25日 基础局以［1989］党字30号文调整团委，张长源兼书记。

9月4日 中国专利局受理了公司科研所程聚辰、王端良、李军研制的“新型侧面及其施工技术”的专利申请，这是基础局申报的第一个专利。

10月13日 基础局总经济师陈岩因病逝世。

10月18日 山西大同、阳高连续发生5级以上强烈地震，基础局在册田水库施工人员的住房全部倒塌，并造成重伤1人。

10月 第三工程处工长王建明被能源部授予“全国能源工业劳动模范”称号。

12月31日 基础局全年完成产值2410万元。

是年 基础局在伊拉克巴士拉承建的巴士拉船闸灌注桩工程竣工，灌注桩桩径为2米。

1990年

2月25日 基础局三届二次职工代表大会胜利召开，会议通过了《公司企业升级规划》。

2月 经建设部审查核定，基础局为水利水电基础处理施工一级企业，并颁发了施工企业资质证书。

3月7日 基础局以［1990］党字5号文决定撤销党委工作部，成立党委办公室、组织部、宣传部、机关党委。

6月9日 中共水利电力部地质勘探基础处理公司第二届党代会召开。

7月10日 天津市委组织部以［1990］津党组62号文批准第二届党代会选举产生的基础局纪委，由邵瑞敏任副书记，陈治先、杜增明、董平为委员；批准了经第二次党代会选举产生的基础局党委，由鲁永才、任烽光、陈治先、邵瑞敏、张长源、郝鸿禄、高钟璞、蒋振中组成，鲁永才任书记。任命鲁永才为基础局党委书记（兼）。

9月16日 水电总公司副总经理方松来公司检查工作。

9月20日 原基础局代经理牛昌民调天津市水电勘测设计院工作。

10月16日 由于海湾战争即将爆发，在伊拉克巴士拉船闸施工的人员，全部回国。

12月25日 基础局以［1990］基劳字1号文决定成立干部处，与组织部合署办公。

12月31日 基础局全年完成产值2603万元。

1991年

1月11日 基础局经理办公会研究决定，将原第一工程处划分为第一工程处、第六工程处、第七工程处。

2月27日～3月3日 基础局四届一次职代会召开。

3月13日 由程聚辰、王端良、李军等人设计的侧面模板获国家颁发的专利证书。

3月18日 能源部副部长陆佑楣和湖北省政府领导到隔河岩电站视察第二工程处施工现场。

3月26日 大同地区发生5.8级地震，公司在册田水库的施工人员住房震裂22间，9人轻伤。

4月4日 基础局档案室成立。

8月2日 基础局职工医院举行开业典礼，武清县政府及有关单位领导参加了典礼。

8月4日 国务院副总理田纪云在贵州省省委书记刘正威等的陪同下视察了公司第四工程处施工的红枫电站工地，他指出：建水电站是百年大计，以后建坝从设计开始就要考虑一次成功。

8月16日 天津市档案局向公司颁发了“企业（市级）档案管理合格证”。

8月 基础局就深圳经理部问题与水电总公司达成协议，经理部归水电总公司经营，水电总公司对基础局给予适当的经济补偿。

9月初 水电总公司副总经理方松、综合部主任袁柏松到新疆乌拉泊水库工地看望第五工程处职工。

9月29日 天津市工商行政管理局公布了经天津市人民政府批准的重合同、守信誉单位，基础局榜上有名。

10月27日 天津市企业管理领导小组以市企管［1991］5号文，授予基础局“天津市市级先进企业”称号。

10月 基础局承担的水口水电站主围堰防渗墙工程被评为水电优质工程，科研所有五个科研合作项目获1991年度能源部电力科学技术进步奖。

12月14日 基础局文学艺术协会正式成立。

12月31日 基础局全年完成产值3000万元。

1992年

2月10日 水电总公司以［1992］中水电干字17号文任命商树先为基础局副经理。

2月15～19日 基础局四届二次职代会召开。

3月15日 基础局在1991年全国水电施工企业科技工作会议上受到表彰，并荣获“科技开发推广先进企业”称号。

3月22日 天津市精神文明建设活动指导委员会授予基础局“天津市文明单位”光荣称号。

3月 能源部副部长陆佑楣视察了基础局天生桥施工工地。

4月 建设部、国家统计局和中国建设企业评价中心联合授予基础局“1992年中国建筑企业综合实力100强”光荣称号，位列第37名。

5月2日 水利部辽宁省水利厅和大连市水利局的领导到第五工程处施工的瓦房店水库工地检查指导工作。

5月18～23日 基础局机关举办深化企业内部改革专题讲座。

5月25日 著名灌浆工程技术专家、水利部高级工程师孙钊应邀给基础局天生桥工地的40余名技术干部举办了一次技术讲座。

6月17日 基础局科研所在亚太泥沙中心与国务院技术装备领导小组办公室签订了“CF－2型冲击反循环钻机”“八五”科技攻关课题合同。

6月30日 天津大学管理系教授应邀来公司举办国际工程合同管理讲座。

7月18日 由国务院发展研究中心、《管理世界》中国企业评价中心、国家统计局固定资产投资统计司共同进行的“中国500家最大建筑企业及500家最佳经济效益建筑企业”评价在北京揭晓，公司榜上有名。

7月25日 津党组函以［1992］45号文批准任命生广学为基础局副经理（正局级），商树先为副经理。

7月26日 经国家科技进步奖评委会审议，基础局科研所“水电工程大吨位预应力锚固技术研究”、“混凝土面板堆石坝混凝土面板浇筑机具及施工系统的研究”、“水口工程围堰基础防渗墙塑性混凝土试验研究及应用”3项成果被推荐为1992年度国家科技进步奖项目，并刊载在7月10日的《科技日报》上。

8月22日 能源部水电开发司副司长张津生等部领导到天生桥基础局施工工地检查指导工作。

8月26日 水电总公司以［1992］中水电干字14号文任命生广学为基础局副经理（正局级）。

9月5日 经基础局经理办公会议研究，决定成立基础局小浪底工程项目经理部，基础局副经理兼总工程师高钟璞担任项目经理。

9月12日 经中国工商行政管理总局重新核准，单位名称由水利电力部地质勘探基础处理公司更名为中国水利水电基础工程局。

9月15日 水电总公司以［1992］中水电劳字76号文决定将水利电力部地质勘探基础处理公司改名为中国水利水电基础工程局。

10月9日 由基础局牵头，天津勘测设计院、天津市水利局、天津大学等7个单位参加的天津市水力发电工程学会基础处理及施工专业委员会在基础局成立。

12月3日 能源部电力科技进步奖项目在《中国电力报》公布，由基础局总工程师高钟璞和安致文、肖树斌、杜玉书、贺瑞明共同研究的“防渗墙的快速施工”获二等奖。

12月9日 水电总公司批准中国水利水电基础工程局设计室更改为中国水利水电基础工程局设计公司。

12月31日 基础局全年完成产值8756万元。

1993年

2月15日 基础局四届三次职工代表大会召开，水电总公司总经理、党组书记张基尧等出席了开幕式。

2月21日 水电总公司总经理、党组书记张基尧代表总公司和总公司党组宣布：在局党委书记、局长鲁永才生病期间，由郝鸿禄主持党委工作，由蒋振中主持行政工作。

3月10日 1993年中国水利学会地基处理学术研讨会在杨村召开，来自全国各地的158名代表参加了会议，中国水利学会副理事长陈赓仪、中国水利发电工程学会理事长李鄂鼎参加了会议。

4月14日 基础局通过天津市精神文明建设活动指导委员会复检，再次获得天津市文明单位称号。

是日 建设部、国家统计局与中国建筑企业评价中心共同进行的“1992年中国建筑企业综合实力 100 强”的评价中，基础局名列第 37 位。

7 月 17 日 第三工程处划分为第九、第十工程处，双流基地管理科（沿用第三工程处的名称）。

8 月 基础局研制的 CZF－1200 双筒反循环冲击钻在技术指标和实际工作能力上均达到国际先进水平，并于 1993 年 7 月 5 日正式申报中国专利。科研所党支部被评为天津市城建系统先进党组织。基础局副局长郝鸿禄被能源部授予“1992 年电力投产 1200 万千瓦功臣个人”称号。基础局天生桥项目经理部被评为“1992 年电力投产 1200 万千瓦功臣集体”光荣称号。基础局副局长商树先调往水电第二工程局工作。

9 月 5 日 由龙达云、夏可风设计的高压灌浆调压限压阀获国家颁发的专利证书。

10 月 17 日 由夏可风、郝鸿禄、李俊杰等研制的高压注浆塞获国家颁发的专利证书。

12 月 13 日 原水利部副部长陈赓仪到基础局考察。

12 月 31 日 基础局全年完成产值 7722 万元。

1994 年

1 月 16 日 由蒋振中、哈秋龄、张杭生、贺瑞明、刘日新等研制的冲击反循环钻机获专利证书。

3 月 4～6 日 《中国水利水电工程报》创刊会在基础局召开，来自水电总公司直属单位的 20 余名代表参加了会议，水电总公司总经理张基尧出席了会议。

3 月 上旬，最高人民法院院长任建新到基础局施工的长江三峡工程一期围堰防渗墙工地视察，基础局副总工程师胡迪煜向任建新院长介绍了长江三峡工程一期围堰防渗墙工程的施工情况。

4 月 15 日 电力工业部、全国水电工会授予基础局第九工程处“全国电力工业先进集体”称号。基础局郝鸿禄、夏可风、王志平、张景秀、秦铎研究的“天生桥二级水电站 1 号引水隧洞不良地质段高压固结灌浆和锚杆快速施工”获应用性研究成果一等奖。由基础局第五工程处承担的新疆乌拉泊水库除险加固工程被新疆维吾尔自治区水利厅被评为高效优质工程。在天津市合理化建议和技术改进评比中，基础局提交的“隧洞高压灌浆新工艺”与“高压灌浆塞”两项科研成果获特等奖。

6 月 经天津市统计局评定，基础局荣获“天津市 1993 年度最大建筑企业 100 家”称号，位列第 30 名。

7 月 12 日 由程聚辰、王端良、李军研究的腹吸式真空滑动模板获得国家专利。

7 月 19 日 中央电视台《新闻联播》节目对基础局承担的小浪底主坝防渗墙工程进行了报道。基础局完成的“红枫堆石坝坝体防渗墙帷幕灌浆技术”荣获贵州省人民政府颁发的 1993 年贵州科学技术进步一等奖。科研所李军工程师获天津青年科技奖。

8 月 5 日 水电总公司党组副书记兼副总经理罗洪代表总公司党组宣布新班子组成人员。因年龄问题，免去鲁永才（1995 年 7 月退休）局长兼党委书记职务，免去生广学副局长（正局级）（1995 年 7 月退休）职务，聘任郝鸿禄代理局长，任命陈治先为党委副书记，主持党委工作。1994 年 12 月 12 日，水电总公司以中水电党字［1994］42 号文件进行了任免。

8 月 24 日 由谭景春、刘日新、蒋振中研制的砂石泵组真空自动转换装置获专利证书。

10 月 7 日 基础局庆 35 周年座谈会在杨村基地隆重召开，电力部部长史大桢为基础局建局 35 周年亲笔题词“踏踏实实从基础做起，兢兢业业为电力服务”。

10 月 26 日 基础局承建的黄河小浪底水利枢纽主坝混凝土防渗墙工程（右岸部分）完工，完成 1.2 米厚防渗墙施工 37 个和两个单桩孔，最大孔深 79.7 米，该防渗墙在当时无论是造孔深度还是混凝土抗压强度之大（$R_{90}\geqslant 33$ 兆帕）均属国内之最，该工程于 1994 年 2 月 25 日开工。

12 月 31 日 基础局全年完成产值 9505.6 万元。

1995 年

1 月 20 日 天津市水力发电工程学会一届三次理事会在局召开，海河水利委员会、天津市水利局、天津勘测设计院、河北省水利设计院、天津大学机电研究所等理事单位参加了会议。

3 月 8 日 由基础局施工完成的岳城水库溢洪道地下“工”字形防冲墙工程被水利水电规划设计总院评为水利水电科学技术进步二等奖，同时被天津市总工会授予特等奖。

3 月 15 日 水电总公司以中水电干字［1995］23 号文决定聘任郝鸿禄为基础局局长，蒋振中为第一副局长，夏可风、张源智为副局长。

3 月 基础局被武清县公安局授予“1994 年度治安先进单位”称号。基础局第三次荣获天津市“文明单位”称号。

4 月 7 日 由基础局施工的小浪底水利枢纽上游围堰防渗墙及主坝防渗墙一期工程顺利通过验收。

4 月 8 日 基础局召开杨村地区副处级以上干部大会，总公司副总经理罗洪代表总公司党组宣布了局领导班子的调整情况：聘任郝鸿禄为局长，蒋振中为第一副局长，高钟璞为副局长兼总工程师，夏可风、张源智为副局长。

4 月 10 日 由天津市总工会主办的天津市百名优秀经营者评选活动揭晓，基础局局长郝鸿禄被天津市总工会授予“天津市优秀经营者”光荣称号。

4 月 14～17 日 基础局五届一次职工代表大会召开。

5 月 3 日 经局长办公扩大会议决定，修配厂划归第四工程处。

5 月 4 日 北京地铁复八线王府井、东单站内中孔灌注桩工程合同在杨村基地签订。

5 月 8～10 日 水利部建设司在局杨村基地主持召开了《水利水电工程混凝土防渗墙施工技术规范选审稿》审查会。

5 月 10 日 总公司系统组织部长会在局杨村基地举行。

基础工程局被天津市委城建工委评为 1994 年度信访工作先进单位。

以基础工程局科研所为主，与天津大学等几家单位合作研究的“高坝地基处理技术”

成果，经电力工业部科技奖评审委员会的评审，获应用性研究成果二等奖。

6月26～29日 水电总公司在局杨村基地召开了“电力行业职工养老保险制度改革研讨会”，电力部人教司刘洪恩处长到会讲话。

7月 原公司经理、党委书记鲁永才退休。

8月6日 由局科研所与天津大学共同研制的J-31型灌浆自动记录仪，经法国索利丹地基处理公司全权代表马传杰先生、夏路通先生考察后获准在小浪底灌浆工程中使用。

8月12日 天津市政府副秘书长刘玉林、城建工委书记张旭东、城建工委副主任杜文志、城建总工程师赵翠等一行11人来基础局考察。

8月14日 水电总公司审计组来基础局进行上一届领导班子的离任审计，总公司党组副书记、副总经理孙玉才作了重要讲话。

9月16日 基础局与十三局联办的技校基础专业班开学典礼在托儿所二楼会议室举行，总公司劳资教育部孙宝田副主任、十三局技校席校长、郝鸿禄局长、陈治先副书记、高钟璞总工、张源智副局长参加了开学典礼。

9月25日 天津市总工会以津工复［1995］134号文批复同意张新光任局工会主席。

10月11日 电力工业部水电施工企业资质工作会议在基础局杨村基地召开，来自电力部水电司及农电司、建设部建筑业司、水电总公司、武警水电指挥部的领导和各水电施工企业的代表近50人参加了为期3天的会议。

10月25日 基础局离退休职工活动室正式启用。

11月4～25日 由基础局承担的“八五”国家重点科技攻关项目“混凝土防渗墙施工与检测技术研究”在京通过部级鉴定。

12月15日 水电总公司以中水电干字［1995］136号文决定聘任杜增明为基础局总会计师（副局级）。

12月31日 基础局全年完成产值1.1亿元。

1996年

1月 电力部科技进步奖评审会在京举行，基础局蒋振中、高钟璞、张杭生、刘纪昌、杨春明、张良秀、谭景春、李军、胡迪煜、高永康等“关于混凝土防渗墙施工及检测技术研究”获二等奖。天津市统计局对1995年度固定资产建设单位统计月报、年报、统计分析和上报计算机软盘进行全面考核，基础局被评为基本建设投资统计先进单位。

2月8日 基础局三源实业开发总公司成立。

2月26日 天生桥二级水电站Ⅱ号引水隧洞2+090～2+135米特殊大溶洞段桩基工程完工，该工程于1995年6月29日开工，共完成进尺638.1米、浇筑混凝土1787米^3、钢筋制安74.5吨。工程质量等级为优良。

2月28日 建设部授予基础局建筑业企业一级资质证书。

2月 基础局被天津市城建系统综合治理小组评为1993～1995年度“社会治安综合治理工作达标单位”。

3月5～8日 基础局五届二次职工代表大会召开，大会通过了《关于集体合同文本的决议》。

3月10日 水电总公司总经理张基尧一行到局小浪底工地检查指导工作。

5月9日 由李军、蒋振中、程聚辰研究的液压可张式双反弧钻具获得专利证书。

5月28日 中日高压旋喷灌浆技术交流会在北京召开，局副局长蒋振中、高钟璞、夏可风等同志应邀参加了会议。基础局被水电总公司评为1995年水电总公司清产核资先进集体。

6月1日 天津市劳动局、天津城乡建设委员会给基础局颁发了“天津市建筑企业安全资格证书”。

9月6日 水电总公司总经理周大兵、综合部主任杜鸿礼来基础局考察。

9月23日 基础局承建的三峡水利枢纽二期上游围堰防渗工程开工。

10月7～10日 天津水利学会、水力发电工程学会有关技术专家一行14人到局小浪底工地参观考察。

10月18～20日 国务院总理李鹏、副总理邹家华在中国长江三峡工程开发总公司总经理陆佑楣、副总经理贺恭等陪同下，视察了由基础局承建的三峡右岸二期上游围堰右接头段防渗墙液压铣试验工地。副局长兼三峡项目经理部经理蒋振中向李鹏总理和邹家华副总理汇报了液压铣试验情况。

10月 由基础局副局长蒋振中主持研制的CZF－1200型冲击反循环钻机获国家“八五”科技攻关重大装备奖，受到国家科委、国家计委和财政部的联合表彰。

11月 基础局第三次科技大会召开。

12月21日 由第四工程处承建的王府井地铁站钻孔灌注桩工程胜利完工。

12月31日 基础局全年完成产值1.2亿元。

12月 基础局被天津市总工会评为天津市“九五”立功先进企业。

1997年

3月2～5日 基础局五届三次职工代表大会召开。

3月6日 基础局多种经营工作会议召开，会议通过了《多种经营五年（1996～2000年）发展规划》。

3月20日 由基础局科研所和天津大学电力及自动化工程系联合研制的J31型智能灌浆记录仪，通过了水利部主管部门鉴定验收。

4月28日 基础局召开贯彻ISO 9002标准动员大会，郝鸿禄局长在会上作了动员报告。

5月 由基础局承担的三峡二期上游左岸预进占段防渗工程开工；由基础局承担的马来西亚槟城水库大坝帷幕灌浆和高压旋喷防渗墙工程提前25天完工；由基础局第五工程处承担施工的大连东风水库防渗墙工程被水利部评为优质工程。

7月 武清县人民政府授予基础局1995～1996年度“计划生育先进单位”称号。

10月 水电总公司副总经理刘起涛、干部管理部主任高峰率队对局领导班子进行考核。基础局第一工程处工长李旺时被天津市人民政府授予“天津市劳动模范”称号。

11 月 15 日 基础局承建的三峡二期围堰上游防渗墙工程启钻开工。混凝土墙体长 1142 米，18 日，二期围堰下游防渗墙工程又正式开工。

11 月 28 日 黄河小浪底枢纽工程顺利截流。截流仪式结束后，国务院总理李鹏、副总理姜春云等领导接见了包括基础局副局长兼总工程师高钟璞在内的 18 名一等功获得者，并与他们合影留念，副局长张源智代表基础局在主席台上就座。

12 月 11 日 水电总公司总经理、党组书记孙玉才在局召开的副处级以上干部会议上宣读了基础局新一届领导班子组成名单：聘任蒋振中为局长，任命张源智为局党委委员、党委书记，免去其副局长职务，任命田学良为局党委委员、党委副书记兼纪委书记，聘任陈治先为副局长，免去其党委副书记职务，聘任夏可风为副局长兼总工程师（2003 年 2 月退休），聘任宗敦峰、赵存厚两位为副局长，聘任杜增明为总会计师，聘任黄炳福为总经济师，免去郝鸿禄局长职务（1998 年 5 月退休），改任咨询，免去高钟璞副局长兼总工程师职务（1998 年 6 月退休，11 月 17 日病故），改任咨询。

12 月 21 日 越南清化省拜尚坝防渗墙开工，该工程于 1998 年 7 月 5 日完工。

12 月 31 日 基础局全年完成施工产值 1.3 亿元，多种经营产值 2192.73 万元。

12 月 由基础局第五工程处承担施工的大连东风水库防渗墙工程荣获建设部、中国建筑企业协会颁发的中国建筑业最高奖“鲁班奖”。基础局在马来西亚槟城承建的槟城供水工程基础处理及灌浆高喷工程竣工。

1998 年

1 月 9 日 基劳［1998］1 号文对机关机构进行调整，撤销党委办公室、组织部（干部处）、宣传部，成立党委政治工作部。

3 月 5 日 基础局被武清县人民政府授予 1997 年度“社会治安综合治理先进单位”称号。

3 月 基础局二级单位进行机构改革，原第一、第五、第六、第七工程处合并组建第一工程处，原第二、第八工程处合并组建第二工程处，原第三、第九、第十工程处合并组建第三工程处，原软基公司、第四工程处合并组建第四工程处。

是月 高钟璞被总公司授予“先进科技工作者”称号，胡迪煜、张福贤被评为优秀科技人员。

4 月 20 日 基础局以基劳［1998］15 号文批准成立局监察处，与局纪委合署办公。

4 月 25 日 局党委书记张源智出席中共天津市第七次代表大会。

4 月 28 日 基础局第二工程处副处长张祥被中华全国总工会、水电全国工会、中国长江三峡总公司、湖北省总工会联合授予 1997 年度“中国长江三峡工程优秀建设者”称号。三峡经理部液压铣机组被评为 1997 年度“长江三峡工程劳动竞赛先进班组”。

4 月 基础局被授予 1997 年度总公司系统“文明单位”称号。基础局第三工程处二滩项目经理部被水电总公司评为 1997 年度安全生产先进单位，三处处长岳广润被评为 1997 年度安全生产项目经理，三处党委书记徐方才被授予 1997 年度总公司系统优秀项目经理称号，并在水电系统给予表彰。基础局三峡经理部液压铣机组被中华全国总工会、水电全国工会、中国长江三峡总公司、湖北省总工会联合授予“三峡工程劳动竞赛先进班组”称号。

5月12～15日 基础局五届四次职工代表大会召开，大会通过了《关于中国水利水电基础工程局领导班子1998～2001年任期目标的决议》。

5月17～18日 基础局第一次团代会在杨村基地召开，局领导和团市委的有关领导参加了开幕式。

5月27日 中共天津市委城建工委副书记魏同森和局级巡视员宋爱新来基础局考察指导工作。

5月 基础局三峡水利枢纽工程项目经理部（以下简称基础局三峡项目部）生产科被共青团天津市委员会授予1997年度天津市“青年文明号”先进班组称号。

是月 经中国建设银行天津市分行企业信用等级评定委员会审定，基础局获得AAA级信用企业等级。

8月27日 三峡水利枢纽工程二期上游围堰防渗工程完工。共完成防渗墙造孔进尺48259.6米，防渗面积42244.3米^2、浇筑混凝土59652.8米^3；先导孔154个，进尺6206.4米；墙下灌浆722孔，进尺7789.2米。

8月 基础局天津市万基土木工程有限公司成立。

9月 水电总公司刘经迪副总经理、思想政治工作部主任解登发来局检查指导工作。

10月8日 基础局获得由中国质量管理中心颁发的《ISO 9002质量体系认证证书》。

10月20日 由三峡工程开发总公司筹备的“大江截流及二期围堰工程经常性排水前阶段性验收会”在三峡召开，与会专家一致认为上游围堰防渗墙施工攻克了一个罕见的世界级难题。

10月 基础局机关进行机构调整，干部处与劳资处合并为劳动人事处，撤销保卫处，其业务划归办公室，党委办公室、组织部、宣传部、团委合并成立政治工作部（保留团委建制），此次机构调整，各部门负责人均实行竞争上岗。

11月10日 基础局召开了局机关、万基公司机构改革调整及处级干部聘任大会。

12月17日 基础局副局长兼总工程师高钟璞因病逝世，原水利部副部长陈赓仪等参加了追悼会。

12月27～30日 基础局第三届党员代表大会在杨村基地隆重召开，参加大会的正式代表78名，代表着412名党员。大会选举产生了第三届党的委员会和纪律检查委员会。第三届党委由田学良、陈治先、张新光、张源智、杜增明、夏可风、蒋振中组成。张源智任书记、田学良任副书记，纪委由田学良、张佳钰、张素华、杜增明、贺锡铭组成，田学良任书记。

12月31日 基础局全年完成施工产值1.5亿元，多种经营产值2889万元。

1999年

1月12日 中共天津市委以津党组［1999］9号文批准经第三次党代会选举产生的基础局党委由田学良、陈治先、张新光、张源智、杜增明、夏可风、蒋振中组成，张源智任书记，田学良任副书记。批准经第三次党代会选举产生的局纪委由田学良、张佳钰、张素华、杜增明、贺锡铭组成，田学良任书记。

2月7日 国务院副总理温家宝到局第四工程处九江永安堤段混凝土灌浆加固工程施工工地视察。

3月12～14日 基础局党政工作会议召开。

3月15日 基础局第三次工会会员代表大会召开，大会选举产生了新一届工会委员会，张新光当选为工会主席。

3月16～18日 基础局六届一次职工代表大会召开，大会通过了《关于职工下岗分流再就业管理办法的决议》。

3月19日 天津市委党校陈淅闽教授应邀为基础局副处级（含离休）以上领导干部作了题为《关于开展三讲教育的几个问题》的讲座。

3月25日 天津市总工会以津工复［1999］18号文批准选举产生的第三届工会委员会，张新光任主席。

3月 中国施工企业管理协会授予基础局1998年度“全国优秀施工企业”称号，天津市精神文明建设活动指导委员会第六次授予基础局“天津市文明单位”称号。基础局被天津市总工会授予“九五立功先进集体”称号。基础局工会委员会被水电全国工会授予“全国水利电力系统工会工作先进单位”称号。

4月28日 《水电基础人》报创刊。

4月 基础局第四工程处九江堤防薄墙抓斗组被国家电力公司授予1998年度“电力公司系统先进集体”光荣称号。邱信彪被授予1998年度“全国电力行业技术能手”称号。

5月11～12日 中国水利水电建设总公司系统东南片“三讲”教育办公室主任会议在基础局召开。

5月 水电建设总公司总经理、党组书记郭建堂在局长蒋振中、党委书记张源智的陪同下到局科研所、钻头厂、修配厂视察。

是月 基础局第一工程处工长吴东升被国家电力公司授予1998年度“电力公司系统劳动模范”称号。第一工程处工长张学仁被天津市人民政府授予“天津市劳动模范”称号。

6月30日 基础局召开庆“七一”表彰大会。

6月 中共天津市委授予基础局科研所党支部“天津市先进党组织”称号。

7月13日 国务院总理朱镕基、水利部部长汪恕诚到基础局九江永安堤段施工工地视察。

7月30日 基础局顺利通过ISO 9002质量体系复审检查。

8月4日 基础局在杨村基地召开黄壁庄工程动员会，基础局领导及单位和部室负责人参加了会议。

9月20日 集团公司总经理助理袁柏松一行3人到基础局进行体制改革工作调研。

9月28日 基础局工会在杨村基地举行大型文艺联欢会，庆祝建国50周年。

11月8日 基础局举行建局40周年庆祝活动，原水利部副部长陈赓仪、水电总公司党组书记、总经理郭建堂以及天津市城建工委书记沈东海、武清县领导出席庆祝活动。

11月9日 基础局第四次科技大会隆重召开。

12月31日 基础局全年共完成产值1.8亿元。

12月 基础局被国家电力公司确定为创新创效试点单位。在由共青团天津市委员会组织考评的1998年度市级青年文明号评选中，基础局二处刘东坡机组、三处316机组获得殊荣。

2000年

1月25日 基础局在杨村召开1999年度质量安全评审会。

1月 基础局被天津市爱国卫生运动委员会评为天津市卫生先进单位。

2月5日 湖北省黄冈市副市长陈定国等领导到黄冈长孙堤工地检查工作。

2月 基础局工会被中国水利电力工会授予1999年度“全国水利电力系统工会工作先进单位”称号。

3月7～8日 基础局党政工会在杨村召开会议。3月8日下午，工程局召开纪检监察工作会议。

3月9～11日 基础局六届二次职代会在杨村召开。

3月13日 基础局2000年党务工作会议召开。

4月15日 水利部副部长张基尧到小浪底水利枢纽工程工地F231施工现场视察。

4月28日 水利部副部长张基尧在河北省副省长郭庚茂、省水利厅厅长张凤林、副厅长张锦正等领导的陪同下，到黄壁庄水库工地检查安全度汛工作。

4月 经中国建设银行天津市分行企业信用等级评定委员会复审，基础局再次获AAA级信用企业称号。

6月 基础局获天津市劳动保障工作信得过的百佳企业。

7月1日 基础局庆“七一”表彰大会在黄壁庄工地隆重召开。

7月12日 水电总公司以中水电干字［2000］35号文，聘任宗敦峰为基础局局长，张林为副局长，免去蒋振中基础局局长职务，改任咨询，保留正局级待遇。

7月18日 水电总公司党组书记、总经理郭建堂、副总经理袁柏松、总公司干部管理部主任高峰一行3人来工程局宣布局领导班子调整决定并检查工作。

8月4日 水电总公司思想政治工作部主任解登发到基础局进行关于加强和改进企业思想政治工作的调研。

12月31日 基础局全年完成产值3.1亿元。

2001年

1月16日 基础局党委在杨村召开党建工作座谈会。

2月 基础局劳动人事处被天津市劳动和社会保障局评为中央行业养老保险工作先进集体。

3月20日 长江管理委员会办公室、设计代表处及黄冈长江干堤监理部专家一行10人对基础局黄冈项目部混凝土试验室进行了为期一天的质量监督检查。

3月27日 江苏润扬长江公路大桥中水基础局润扬项目经理部组织召开北锚碇钢材招标开标会，这是基础局建局以来在物资供应上首次采用公开招标选择供货单位的方式。

3月 基础局工会被全国水利电力工会全国委员会评为2000年度全国水利电力系统工会工作先进单位。经党员代表大会差额选举，中共天津市委组织部批复，增补宗敦峰、张林、赵存厚、黄炳福为党委委员。基础局被天津市交通安全办公室授予2000年“交通安全先进单位”称号。基础局第二工程处、第四工程处被评为2000年度水电工程总公司双文明单位，局团委被天津团委组织部授予2000年共青团组织工作先进单位，第四工程处被评为城建系统社会治安综合治理先进单位。

4月18日 黄冈长江干堤主体工程竣工典礼仪式举行，黄冈市副市长陈定国等领导参加了仪式。

4月21日 基础局召开2001年纪检监察工作会议，参加局党政工作会议的全体代表及局属各二级单位的专兼职纪检监察干部共计80余人到会。

4月21～22日 基础局党政工作会召开。

4月23～25日 基础局六届三次职代会在南院礼堂举行。

4月26日 基础局党务工作会顺利召开，会议审议通过了《水电基础局职工思想作研究会章程》，对2001年党务工作做了部署。基础局第三届工会委员会召开扩大会议，总结2000年度工会工作，安排2001年工作计划。

4月28日 四川治勒水电站CⅠ、Ⅱ 2个标段施工承包签订，中标合同额8987万元。

4月29日 天津市召开纪念“五一”国际劳动节暨表彰劳动模范、模范集体大会，基础局韩伟被评为天津市1999～2000年度劳动模范。

4月 基础局被天津市文明建设委员会评为市级文明单位。

5月9日 基础局内审工作全面展开，这是工程局获得质量体系认证后的第三次内部审核。

5月11日 黄冈长江干堤隐蔽工程防渗墙完工。

5月12日 国务院副总理温家宝在河北省省长钮茂生、省委书记王学东及水利部有关领导的陪同下，视察了基础局黄壁庄工地施工进展情况，勉励基础局要继续发扬王牌军作用，为确保工程顺利完成而努力奋斗。

5月18日 江苏润扬大桥基础地连墙主体工程正式开工。

6月5日 中共中央政治局常委、国务院副总理李岚清在江苏省委书记回良玉、省长季允石、省交通厅党组书记章俊元、镇江市市委书记、市长张卫国及润扬大桥指挥部有关领导的陪同下，视察了基础局施工的北锚碇地连墙工地，看望并慰问了基础局职工。

6月20日 由付元初、谭靖夷主持的“长江三峡工程二期上游围堰防渗墙施工技术研究与工程实践”科研成果鉴定会在宜昌落幕，12位与会专家认为“成果总体上达到国际领先水平”。

6月29日 基础局在杨村基地南院礼堂隆重举行庆祝建党80周年大会。

6月 国家电力公司对“九五”期间安全生产工作作出突出贡献的先进集体和个人进

行表彰，基础局三峡项目部获“安全生产先进集体”称号，贺永利获“安全卫士”称号。

是月 天津团市委表彰先进集体和个人，小浪底项目部石军利获2001年度天津市“新长征突击手”称号。

基础局夕阳红晨练队在天津市体育局举办的2001年天津市太极拳锦标赛获集体项目二等奖。

7月27日 北京中国质量认证协会河北审核中心总经理东续艮任组长的审核小组对基础局进行了历时4天的复评审核，推荐和建议中质协为基础局质量保证体系换发新的证书。

7月 国家电力公司、共青团中央下发表彰决定，对国家电力公司首届青年科技创新杰出奖和国家电力公司首届青年科技创新奖获得者进行表彰，基础局韩伟是唯一一名水电总公司系统受表彰的科技工作者；二处副处长邓百印同志被中共天津市委授予“优秀共产党员”光荣称号。

8月8日 由基础局自行研制的YBJ－1200液压拔管机及接头管在江苏润扬长江公路大桥北锚碇地连墙工地进行生产性试验获得成功。

8月14日 水电总公司总经理郭建堂在总公司人力资源部主任郭志、水电十一局局长王宗敏和基础局党委书记张源智等领导的陪同下，到基础局承担施工的江苏润扬长江公路大桥北锚碇地连墙工地检查指导工作。

8月20～22日 新加坡森昶打桩私人有限公司执行经理梁先生和技术经理洪先生到基础局考察。

9月3日 水电总公司总经理助理兼人力资源部主任郭志一行在基础局政工部主任袁国俊的陪同下，到四川双流基地检查指导工作。

9月16～17日 基础局召开2001年科技工作座谈会。

9月18日 水电总公司党组书记、总经理郭建堂在基础局党委书记张源智的陪同下，到四川双流基地检查指导工作。

9月21日 基础局召开学习中共中央总书记江泽民“七一”重要讲话推动会，传达了水电总公司召开的“学习贯彻中共中央总书记江泽民‘七一’重要讲话，加强党建和思想政治工作研讨会”的精神。

9月底 基础局中标尼尔基防渗墙工程。

10月8日 基础局在长春与嫩江尼尔基水利水电有限责任公司正式签订尼尔基水利枢纽主坝基础混凝土防渗墙工程施工合同。

10月10日 基础局提前一个月完成了河北黄壁庄水库除险加固工程Ⅱ、Ⅲ标段的施工任务，实际完成防渗墙面积8万多米^2，占总工程量的1/3。

10月13日、15日 水电工程总公司副总经理刘经迪，党组成员、纪检组组长唐苏军先后到润扬大桥北锚碇地连墙工地检查指导工作。

10月28日 江苏润扬长江公路大桥E1标段南汊桥北锚碇基础地连墙主体工程胜利完工。

11月30日 由天津市水利学会施工专业委员会及天津市水力发电工程学会基础处

理、施工专业委员会组织的学术座谈在基础局胜利召开。

12月3日 在天津市青年创业实践活动表彰大会上，基础局胡斌荣获天津市第三届“优秀青年岗位能手”称号。

12月18～19日 以水电总公司思想政治工作部段尚毅主任为组长的党风廉政建设检查考核组一行3人对基础局进行党风廉政检查考核。

12月19～20日 工程局职工思想政治工作研究会召开首次年会，水电总公司思想政治工作部主任段尚毅、天津市委规划建设工委宣传处处长艾玉茹参加了会议并作了重要讲话。

12月27日 基础局团委一届二次全体会议在机关二楼会议室举行，会议传达了团市委十届九次全会精神，学习了《共青团天津市委关于加强和改进团的作风建设的意见》，局党委张源智书记参加了会议。

12月31日 工程局全年完成产值2.7亿元。

2002年

1月7日 2002年基础局技术委员会第一次专题会议在杨村召开。

1月14日 基础局聘请中质协河北审核中心国家注册高级资深审核员，举办历时4天的首期ISO 9000标准2000版转换和内审员培训班。

1月 基础局生产经营迎来开门红，先后中标长江重要堤防隐蔽工程汉江遥堤加固工程第二标段工程，中标金额2842万元；云南庄寨水库除险加固工程，中标金额2226万元；内蒙古绰勒水利枢纽主坝防渗墙工程，中标金额1002万元，另外还有四川瓦都水库防渗墙工程（700万元），大连转角楼水库除险加固工程（540万元）。

2月 共青团天津市市委表彰在2001年度天津“新世纪青年创业实践行动”中做出突出成绩的单位，基础局团委荣获天津市2001年度“青年素质竞赛优胜单位”称号。

3月9～10日 基础局党政工作会暨纪检监察会在杨村基地召开。

3月11日 基础局六届四次职工代表大会在杨村基地召开。

3月14日 基础局召开2002年党务工作会议。基础局工会召开三届四次工会委员会扩大会议。

3月 基础局再次获天津市“交通安全先进单位”称号。

4月2日 中共天津市委规划建设工委书记沈东海、天津市建设委员会常务副主任苏文利等领导到基础局进行工作调研。

4月18日 原水利部副部长陈赓仪到基础局指导工作。

4月26日 团委召开纪念中国共产主义青年团成立80周年座谈会，基础局党委书记张源智应邀出席了座谈会。

4月 在天津市“五一”庆祝大会上，基础局润扬项目部被授予“十五立功先进集体”称号，黄灿新被授予“十五立功先进个人”称号。

5月23日 天津市委规划建设工委副书记郑建民等一行13人到基础局进行工作调研。

5月29日 黄冈长江干堤赤东B段防渗工程全线竣工。

5月 天津市团委组织部授予基础局团委2001年“共青团组织工作先进单位”称号。

6月3日 尼尔基水利枢纽主坝混凝土防渗墙开工。

是月 基础局开展以“安全责任重于泰山”为主题的安全生产月活动，时间从6月1～30日。基础局被水电总公司授予2001年度“双文明单位”称号，第二工程处、第四工程处被授予水电总公司2001年度“双文明单位”称号。经国土资源部批准，基础局获得地质灾害防治工程施工甲级资质。基础局获水电总公司“安全生产先进企业”称号。基础局第二工程处被国家电力公司命名为2000～2001年度“双文明单位”。

8月4～5日 基础局局党政领导班子民主生活会召开，国家电力公司驻水电总公司纪检组组长、党组成员唐苏军，天津市城建纪工委书记李栋等领导参加了民主生活会。

8月7日 水利部副部长张基尧在尼尔基水利枢纽有限责任公司总经理李维科、副总经理林永强等陪同下，到基础局承建的尼尔基主坝基础混凝土防渗墙施工现场视察指导。

9月13日 基础局局长宗敦峰、党委书记张源智、总会计师杜增明等到山东德州基地，与第十三工程局商讨德州家属生活区土地界线事宜，并签署了相邻关系协议书。

10月5日 尼尔基水利枢纽主坝基础混凝土防渗墙工程完工。

10月21日 内蒙古自治区党委常委、呼和浩特市委书记杨晶，呼和浩特市副市长一行莅临内蒙古哈拉沁水库防渗墙工地视察工作。

11月3日 尼尔基水利枢纽主坝基础混凝土防渗墙工程全面竣工。

12月16日 基础局召开2000版质量体系文件发布会，新版质量体系文件将于2003年1月1日起正式生效。

12月31日 基础局全年完成产值3.1亿元。

2003年

1月11～12日 集团公司思想政治部主任段尚毅率文明单位考核组到基础局考核验收。

1月15日 基础局召开2002年度优质工程及安全生产先进项目部评定会议，有3项工程获质量管理奖，2项获精品工程奖，10项获优质工程奖。

1月 基础局第二工程处尼尔基项目部获天津市“青年文明号”称号。基础局获中国水电建设集团公司（简称水电集团公司）2002年度“双文明单位”称号，第二工程处和第四工程处获水电集团公司2002年度“双文明单位”称号。

2月21日 西藏直孔水电站主体工程合同签约仪式在成都国际会展中心举行，宗敦峰局长一行参加了签字仪式，基础局与水电七局联营体中标西藏直孔水电站碎石土心墙堆石坝工程，合同金额1.73亿元。

2月 基础局获2002年度天津市级“卫生先进单位”称号。

3月4～6日 水电集团公司2003年度工会工作会议在基础局召开，中国能源化学工会主席赵永金；能源化学工会组织部部长杨丽琴；水电集团公司工党组书记、总经理郭建堂，副总经理、工委主任刘经迪等领导出席会议并作了讲话。

3月7～8日 由水电集团公司人事管理部组织召开的人才强企战略研讨会在基础局召开，电力系统人才研究会副理事长、原水电总公司副总经理、常务理事王万俊党务理事兼秘书长王剑云应邀参加了会议。

3月15～16日 基础局2003年党政工作会议暨纪检监察会议在杨村基地召开。

3月17～19日 基础局七届一次职工代表大会在武清召开，水电集团公司思想政治部主任段尚毅代表水电集团公司领导应邀出席了开幕式并作了重要讲话。

3月18日 山西引黄工程国际Ⅱ、Ⅲ标尾工项目工程开工。

3月25～26日 新疆水利厅副厅长祝向民等一行8人在局长宗敦峰、党委书记张源智的陪同下，考察了基础局重点工程黄壁庄水库副坝塌坝段防渗墙工程。

3月26日 黄壁庄工程完成了76-1槽段的拔管，将国内拔管纪录提高至51米，刷新了由基础局在长江润扬大桥北锚碇防渗墙施工中创下的48米的国内纪录。

3月27日 基础局召开2003年度交通安全专题会议，第一、第二、第四工程处、机械化施工处、科研所、万基公司、恒昌物业等单位参加了会议，赵存厚副局长出席会议并讲话。

3月 基础局获武清区2002年度“献血先进集体”称号。

4月13日 国家计委家经司副司长高俊才、水利部规计司司长矫勇、水利部调水局局长许新宜、水利部规计司处长温鹏在河北省省委有关领导、省水利厅、黄壁庄水库建设管理局负责人的陪同下，到基础局承建的河北黄壁庄水库副坝塌坝段防渗墙施工工地检查指导工作。

4月15日 位居中国第一、世界第三的润扬长江公路大桥汉悬索桥北锚碇工程顺利通过交工验收。

4月17日 内蒙古自治区水利厅杨厅长在工程局党委书记张源智的陪同下，到黄壁庄水库副坝塌坝段防渗墙工地考察工作。

4月22日 基础局召开防治“非典”（非典型肺炎）疫情工作会议，宗敦峰局长传达了天津市规划建设工委系统防治“非典”疫情工作会议精神，对基础局防治“非典”疫情工作做了通报和部署。

4月底 基础第二工程处被水电集团公司评为2002年度工会先进集体，第一工程处工会主席王俊成被能源化学工会评为2002年度工会先进个人。

5月6日 基础局召开预防和控制“非典”疫情工作专题会议，传达天津市委、市政府、武清区政府预防和控制“非典”会议精神，对“非典”疫情预防工作进行了部署和安排。

5月8日 基础局党委、工程局发出通知，号召全局职工为防治“非典”疫情捐款，截至5月12日，局党委将基础局集体捐款5万元及职工个人捐款15403元上缴天津市规划建设工委，局团委将团员青年捐款9747元上缴团市委。

5月9日 基础局承建的伊朗塔里干水利枢纽主坝防渗墙经过近10个月的艰苦奋斗全线竣工，比协议工期提前3天，为工程局进一步开拓伊朗市场打下了基础。

5月 徐方才被评为“天津市劳动模范”，先泽祥被评为“天津市‘十五’立功先进个人”，工程局被评为“天津市‘十五’立功先进集体”。水电集团公司党组对先进模范人物进行表彰，第一工程处副处长胡斌、第二工程处万家寨引黄工程项目部副经理王昭被授予“水电集团公司系统先进生产（工作）者”称号。

6月1日 基础局与交通部中港二航局、法国索里丹斯地基公司组成的联营体一举中标湖北武汉阳逻长江公路大桥南锚碇工程，中标总合同额2.5亿元。

6月23日 基础局局长宗敦峰代表工程局与中港二航局签订施工合同，合同金额5530万元。

6月27日 河北省常务副省长郭庚茂，石家庄市副市长马玉文、河北省水利厅厅长韩乃义等有关领导在黄壁庄水库除险加固工程建设局局长张锦正、常务副局长曹洪波的陪同下，到黄壁庄水库副坝塌坝段防渗墙工地检查指导工作。

6月 天津市武清区委、区政府召开表彰大会，表彰在抗击“非典”战斗中表现突出的先进集体和个人，基础局被授予“抗击‘非典’先进集体”光荣称号。

7月10日 基础局从河北省黄壁庄水库副坝塌坝段防渗墙拔出最后一节导管，标志着建设长达4年半之久的黄壁庄水库副坝混凝土防渗墙实现全线封闭，胜利合龙。在黄壁庄拔管施工中，基础局几度刷新国内最深纪录，创造了拔管63米的国内最深纪录，与世界最深的65米纪录相差无几。

7月12日 水电集团公司总经理郭建堂一行3人到基础局承建的新加坡地铁地连墙工程检查指导工作。

7月13日 基础局从德国宝峨公司引进的大型成套防渗墙成槽设备CBC25/MBC25矮尺寸又轮铣组装完成，开始在治勒右岸廊道防渗墙内进行调试性运行施工。

7月29～30日 由黄壁庄水库除险加固工程建设局主持召开了黄壁庄水库副坝除险加固单位工程验收会，基础局承建的Ⅱ、Ⅲ标段的副坝混凝土防渗墙工程顺利通过验收。

8月8日 水电集团公司以中水电人字［2003］80号文决定免去蒋振中咨询职务。

8月11日 国家电网公司副总经理陈进行一行10人在西藏自治区副主席杨海滨、自治区电力工业局局长王庆华、自治区电力工业局党组书记、副局长白玛朗杰等人的陪同下，到基础局西藏直孔项目部施工现场检查指导工作。

8月25～26日 大禹水利科学技术奖评审委员会在京召开会议，会议评出2003年度大禹水利科学技术奖获奖项目25项，其中一等奖1项、二等奖6项、三等奖18项，由基础局完成的“长江三峡工程二期上游围堰防渗墙施工技术研究与工程实践”获二等奖。

8月 共青团天津市委对在经济和社会发展中发挥了生力军和突击队作用的先进集体和个人进行表彰，基础局第二工程处黄河尼娜工程青年突击队被授予“天津市新长征突击队”称号，国际工程部郭宏波被授予“天津市新长征突击手”称号。经水利部优质工程审定，基础局大黑汀水库除险加固工程和黄壁庄水库除险加固工程两个工地被授予2002年度“水利系统文明建设工地”光荣称号。

9月12日 武汉阳逻长江大桥南锚碇设计施工总承包合同签订，投资2.5亿元的南锚碇宣告开工，标志着阳逻长江大桥拉开了建设序幕，基础局局长宗敦峰、阳逻大桥项目经理部常务副经理邓百印出席了签字仪式。

9月17～18日 水电集团公司高级技师职业资格名录研讨会在基础局召开，会议对电力行业，特别是水电施工行业的高级技师职业资格名录进行了讨论。

9月18日 基础局召开《水电基础人》报创刊100期座谈会。

9月26～29日 中质协质保中心河北省分中心四位审核专家对基础局进行了ISO 9001：2000复证换证审核，一致推荐基础局换发ISO 9001：2000版新证书。

10月1日 西藏自治区副主席杨海滨到直孔项目部慰问，充分肯定了基础中国一流的施工队伍，向项目部员工表示了节日的慰问并发放了慰问品。

10月10日 基础局承建的湖北清江水布垭水利枢纽大坝趾板基础处理工程开工，该工程于2006年3月19日完工，完成灌浆34517.61米，工程质量等级评定为优良。

10月13日 基础局召开主辅分离、改制重组会议。

10月21日 集团公司副总会计师谈玉富、资金结算中心主任丁永泉、副主任秦普高一行莅临基础局指导财务管理工作。

10月29日 西藏自治区党委书记郭金龙在自治区党委常委、组织部部长赵廉，自治区党委常务副秘书长金书波，自治区计委主任李国勇，自治区交通厅厅长加措，自治区组织部副部长、区编办主任武金辉，中共拉萨市市委书记公保扎西，拉萨市市长罗布顿珠，中共西藏自治区党委政研室主任孙勇等人的陪同下，到基础局西藏直孔水电站工地检查指导工作。

是日 中国水利水电建设集团公司在昆明召开2003年党委书记会议暨思研会一届四次理事会议，基础局局长宗敦峰在会上作了企业文化建设典型发言。

10月 基础局再次被评为2001～2002年度天津市文明单位。经水电集团公司科技专家委员会评审，水电集团公司决定对2001～2002年度科技进步奖获奖项目给予表彰和奖励，基础局的“润扬长江公路大桥北锚碇地下连续墙施工技术研究与工程实践”、“自凝灰浆的研究及其在三峡三期围堰中的应用”等两个项目获奖。

11月6日 基础局圆满完成新疆下坂地混凝土防渗墙工程，以100米的预埋灌浆管深度、72.7米的接头管起拔深度和102米的墙体深度创下了当时3项全国之最。

11月7日 水电集团公司党组书记、总经理郭建堂在基础局党委书记张源智的陪同下，到贵州索风营项目部检查指导工作。

11月20日 基础局新办公大楼成功封顶。

11月20～21日 水电集团公司办公室主任座谈会暨综合统计业务会在基础局召开；水电集团公司副总经理刘起涛、总经理工作部主任解登发、副主任王志平参加了会议。

12月1日 基础局中标黄河小浪底水利枢纽配套工程——西霞院反调节水库坝基基础处理工程，中标金额6258万元，防渗墙面积约8万米^3；工程于2003年12月15日开工，2007年2月28日竣工。

12月8日 基础局2003年经济活动分析会暨改制工作座谈会在杨村基地召开。

是日 基础局与马来西亚马贡联营体项目部签署马来西亚马贡水电站大坝基础处理工程B段施工合同，合同额为马币1790万元（约人民币3904万元），这是继马来西亚民都鲁大坝灌浆项目后的又一基础处理工程。

12月22日 基础局2003年度年报暨清产核资会议在北院第三会议室召开。

12月27日 武汉阳逻公路大桥南锚碇基础地连墙主体工程完工。

12月31日 基础局全年完成产值4.2亿元。

2004年

1月 共青团天津市委授予第一工程处工程科、第三工程处郑永康机组两个单位2003年度天津市“青年文明号”称号。

是月 共青团天津市委授予基础局2003年度“共青团组织工作先进单位”称号。

2月初 水电集团公司召开2004年工作会议，表彰2003年度水电集团公司文明单位，基础局第一工程处、科研所获水电集团公司“文明单位”称号。

2月9～11日 由基础局主办的贵州乌江索风营水电站Dr2危岩体处理工程技术咨询会在贵州饭店召开。来自长江水利委员会、中国水利水电科学研究院、河海大学、武汉大学、成都理工大学、三峡大学、乌江水电开发有限责任公司、国电公司贵阳勘测设计院、中南咨询公司及中国水利水电基础工程局的25位岩土和爆破方面的专家和知名人士参加了会议。

3月1日 基础局技术委员会召开西藏直孔防渗墙工程项目技术专题会，工程局11名专家参加了会议，局长宗敦峰出席会议并作了重要讲话。

3月初 基础局被武清区社会劳动保障局授予2003年度“劳动和社会保障工作先进单位”称号。为深入学习贯彻《中国共产党党内监督条例（试行）》和《中国共产党纪律处分条例》，局党委决定，3月至4月上旬，在全局党员干部中开展以“为民、务实、清廉”为主题的廉政教育月活动。

3月17日 西藏自治区党委副书记、自治区副主席徐明阳在自治区、自治区电力公司等有关领导的陪同下，到基础局西藏直孔项目部CⅡ标防渗墙工程施工现场检查指导工作。基础局在瀑布沟电站进行的拔管施工取得重大突破，直径ϕ1.2米拔头管拔管深度达63.4米，创造了国内最新纪录。

3月18日 水电集团公司以中水电党字［2004］25号文批准同意袁国俊任局工会负责人（副局级），免去张新光工会主席职务（2004年4月退休）。

3月22日 基础局2004年党政工作会议在杨村基地召开。

3月23日 基础局2004年纪检监察工作会议在杨村召开。

3月25日 基础局七届二次职工代表大会在武清雍阳宾馆召开。

3月29日 基础局思想政治工作研究会第二次年会在杨村基地召开，中共天津市委规划建设系统思想政治工作研究会副会长唐贡策、天津市委规划建设工委副局级巡视员、办公室主任刘勇胜等代表中共天津市委规划建设工委出席了此次思想政治工作研究会。党委书记张源智作了工作报告，会议评选出优秀论文一等奖4篇、二等奖13篇、三等奖13篇、优秀奖16篇。会议由党委副书记兼纪委书记田学良主持。

3月30日 基础局新办公楼主体结构验收会议举行，武清区质量监督站、天津大学建筑设计院、天津国际工程建设监理公司、水电二局建筑分局等单位参加了会议，与会各方一致同意办公楼主体结构通过验收。

4月中旬 由基础局党委和基础局联合举办的首次职工摄影作品评选活动圆满结束。

4月23日 水电集团公司以中水电党字［2004］32号文批准袁国俊任工会主席。

4月底 在“五一”国际劳动节到来之际，基础局被天津市总工会授予2003年度“十五立功先进单位”称号，阳逻大桥项目经理部被评为“十五立功先进集体”，王克祥被评为“十五立功先进个人”。

5月4日 小湾水电站上下游围堰防渗墙试验工程正式开工。

5月7日 湖北省水利厅厅长段安华到湖北阳新富水水库施工现场检查指导工作。

5月29日 吉林省水利厅副厅长宿政一行6人到了基础局吉林省磐石市柳杨水库除险加固工程现场检查指导工作。

5月 公司决定在全局开展钻探灌浆、地下连续墙、车工和计算机应用四项等技术比武活动。

6月5日 西藏直孔项目部第二施工队抓斗组在机长郭为民的带领下，凭借过硬的技能，将抓斗抓取深度提高至74.5米，打破了在三峡二期围堰时创造的73米的全国纪录。

6月23日 国有企业监事会主席范有年、水电集团公司副总经理袁柏松等一行6人到工程局检查指导工作。

6月27日 西藏自治区副主席杨海滨在区电力局王庆华局长、直孔电站指挥部张韧总指挥的陪同下，到基础局西藏直孔项目部施工现场检查指导工作。

7月1日 基础局党委召开庆祝建党83周年暨创先争优表彰大会。

7月5日 基础局2004年度计算机、车工技术比武活动落下帷幕。

7月10日 国家电网公司副总经理郑定森、西藏电力公司局长王庆华一行数人在基础局党委书记张源智的陪同下到基础局西藏直孔CⅡ标防渗墙工程现场检查指导工作。

7月28日 基础局灌浆技术比武表彰大会在索风营项目部举行。

8月10～12日 地下连续墙技术比武在河南小浪底举行，历时3个月的2004年职工技术比武圆满结束。

8月12日 水电集团公司副总经理袁柏松、总经理助理兼人力资源部主任郭志一行到基础局宣读集团公司党组决定，宗敦峰调往水电集团公司总部工作，不再担任基础局局长职务，赵存厚代理局长，主持工作。

8月13日 基础局团委向天津市青少年发展基金会捐款用于希望工程。

8月26日 基础局召开改制领导小组工作会议，对改制工作进行倒计时安排。

8月 由基础局主持的“润扬长江公路大桥北锚碇地下连续墙施工技术研究与工程实践”和“自凝浆的研究及其在三峡三期围堰中的应用”分别获2003年度水电集团公司科技进步二等奖和三等奖。

9月10日 国家电网公司直孔电站工程第二巡视组对基础局西藏直孔水电站项目进行现场质量巡视，巡视组由水电集团公司副总经理刘经迪、电力建设工程质量监督总站谭利民秘书长等7人组成。

是日 由基础局科研所、小浪底项目部及第一工程处共同研制的新型防渗墙成槽设备——CZ120/60型冲抓机在杨村通过工作性能试验。

9月13～15日 河北质量认证有限公司4位审核专家对基础局进行了质量体系监督审核，经过3天认真细致的审核，审核组专家对基础局贯标工作给予了高度评价，一致认为基础局质量目标完成情况良好，质量体系运行持续有效，推荐基础局继续使用认证证书。

9月18日 基础局与贵州东风发电厂签订了东风水电站右岸坝前边坡加固处理工程协议书。主体工程于2004年9月29日开工，2005年9月12日竣工。

10月初 基础局改制问卷调查、资产评估工作全面结束。

10月10日 水电集团公司以中水电人字［2004］139号文聘任赵存厚为基础局局长，免去宗敦峰局长职务，调往水电集团公司工作。

10月27日 水利部施工企业安全生产考核培训班在杨村开班，此次培训班是中国水利协会受水利部建设管理司委托组织举办的，基础局96名人员参加了培训。

10月29日 基础局在杨村召开改制会议，局领导提出，基础局改制工作步入攻坚阶段，要求各单位、部门积极认真抓好各项改制的工作。

是日 基础局召开七届二次职代会第三次团组长会议，审议《关于公司制改造总体实施方案中职工安置和用于安置职工的资产处置的补充决议》。

10月31日 西藏自治区副主席杨海滨到基础局西藏直孔项目部检查指导工作，《西藏日报》对基础局直孔项目部进行了采访。

11月3日 水电集团公司改制专项检查工作组在水电集团公司副总经理袁柏松的带领下，对基础局进行为期6天的改制检查，重点检查、验证、考核基础局前一阶段改制工作的整体情况，对下一阶段的改制工作提出具体实施方案和指导意见。

11月11日 基础局中标金沙江向家坝水电站一期围堰基础防渗工程，中标金额7532万元。

11月28日 向家坝一期围堰防渗工程开工。

12月3日 中国长江三峡工程开发总公司副总经理毕亚雄在向家坝工程建设部以及有关设计、监理和施工单位领导的陪同下，到向家坝水电站工地检查指导工作。

12月6日 国家工商总局下发（国）名称变核内字［2004］668号文件，同意将中国水利水电基础工程局更名为中国水电基础局有限公司。

12月17日 基础局召开改制工作例会，宣读改制工作取得的重大进展：国家工商总局核准新公司名称为中国水电基础局有限公司。工程局土地评估基本结束，继续以划拨方式使用土地。

是日 中国三峡工程开发总公司副总经理、金沙江筹备处主任樊启祥在向家坝工程建设部主任的陪同下，到向家坝水电站工地检查指导工作。

12月20日 水电集团公司对基础局改制进行批复，同意将中国水利水电基础工程局改名为中国水电基础局有限公司。

12月27日 水电集团公司以中水电人字［2004］204号文聘任李志斌、刘建发、韩伟为基础局副局长，肖恩尚为总工程师，免去张林副局长职务，改任咨询，保留正局级待遇（2005年4月退休），免去陈治先副局长职务，改任咨询，保留副局级待遇。

12 月 31 日 基础局全年完成产值 4.1 亿元。

2005 年

1 月 5～7 日 基础局开展向印度洋海啸灾区捐款活动，共计捐款 34944.20 元。

1 月 15 日 中国长江三峡工程开发总公司总经理兼党组书记李永安在向家坝建设部、四川省有关部门和地方领导的陪同下，到基础局向家坝工地检查指导工作。

1 月 22 日 中国水电基础局有限公司第一届股东会第一次会议召开，会议审议通过了《中国水电基础局有限公司章程》和《职工股权管理办法》，选举产生了公司第一届董事会和监事会。

1 月 27～28 日 基础局领导班子召开研讨会，对 2005 年工作及今后发展规划进行了讨论。

2 月 25 日 国务院国有资产监督管理委员会国有资产管理部门经审查，对公司因改制进行的评估事项给予了项目备案核准。

2 月 28 日 中国水电基础局有限公司在天津正式注册成立。营业期限为 2005 年 2 月 28 日～2025 年 2 月 27 日。

2 月 狮泉河工程项目部获天津市“青年文明号”称号。

是月 科研所“混凝土防渗墙接头拔管技术”、第一工程处“张家口壶流河水库除险加固振动沉模技术”、第二工程处“200A 型高速搅拌机改造”分别获天津市 2004 年度职工技协技术成果一等奖、三等奖和优秀奖。

3 月 8 日 三峡总公司副总经理杨青到向家坝工地检查指导工作。

3 月 17 日 基础局下发《关于中国水电基础局有限公司机构设置的通知》，重新设置公司机构。

3 月 18 日 基础局召开 2005 年工作会议，董事长兼党委书记张源智作了题为“为公司改革发展提供动力保证，结合企业实际，创新党建工作”的工作报告。

3 月 20 日 基础局一届一次职工代表大会开幕，水电集团公司副总经理袁柏松、天津市总工会副主席安亭洲、天津市总工会城建工委主任张怀义、集团公司企业发展部主任许贺龙出席了会议。基础局总经理赵存厚作了题为《加速转换机制，大力开拓市场，为建设可持续发展的现代企业而努力奋斗》的工作报告。

3 月 22 日 基础局召开第一届股东会第二次会议，张源智董事长作了题为《抓住机遇，加速转换机制，促进公司持续健康发展》的工作报告。会议审议通过了《中国水电基础局有限公司三年发展规划》、《中国水电基础局有限公司 2005 年生产经营计划》、《中国水电基础局有限公司 2005 年财务预算方案》、《中国水电基础局有限公司董事、监事薪酬办法》。

是日 基础局工会召开第一次代表大会，选举产生第一届委员会，由袁国俊任工会主席。

3 月 23 日 基础局召开 2005 年度党群工作会议。

3 月 24 日 津工复字［2005］12 号文批准选举产生的基础局有限公司第一届工会委员会，由袁国俊任主席。

3 月 28 日 “长江三峡二期上游围堰防渗墙工程施工技术研究与工程实践”项目获国家科技进步二等奖。

3 月 29 日 浙江省省长吕祖善、副省长金德水、绍兴市市委书记王永昌、副市长张金茹到曹娥江工地检查指导工作。

3 月 31 日 中共天津市委以津党建字［2005］干字 6 号文批准增补袁国俊、李志斌为中共基础局党委委员。

3 月底 基础局一公司、二公司获 2004 年度水电集团公司“文明单位”光荣称号。

4 月 19 日 三峡总公司副总经理樊启祥到向家坝工地检查指导工作。

4 月 27 日 基础局二公司经理彭善民被天津市授予 2004 年度“劳动模范”称号；基础局三公司副经理姚朝铭、一公司邱剑被天津市总工会授予 2004 年度“天津市‘十五’立功先进个人”称号；原机械施工处西藏阿里狮泉河项目部被天津市总工会授予 2004 年度“天津市‘十五’立功先进集体”称号；基础局有限公司被天津市总工会授予 2004 年度“天津市‘十五’立功先进单位”称号。

4 月底 基础局二公司总工程师东义军被水电集团公司授予“劳动模范”称号；四公司副经理崔文光被水电集团公司授予“先进生产（工作）者”称号。

5 月中旬 基础局董事长、党委书记张源智的《关于外包工程项目党组织建设的调查报告》获天津市规划建设工委党建和思想工作类调研文章一等奖；公司董事、工会主席袁国俊的《在职工中开展素质工程的实践和思考》获天津市规划建设工委党建和思想政治工作类调研文章三等奖。

5 月 狮泉河项目部被业主评为施工文明安全奖。

6 月 3 日 基础局召开一届一次职代会团（组）长第一次会议，审议通过了《中国水电基础局有限公司管理部门岗位竞聘实施方案》（含《中国水电基础局有限公司员工内部退养暂行办法》）、《中国水电基础局有限公司工资分配暂行办法》。

6 月 6 日 基础局召开本部管理岗位竞聘动员大会。

是日 基础局印发《中国水电基础局有限公司本部和专业管理部门职责》。

6 月 12～16 日 基础局机关管理岗位竞聘上岗工作全面展开。

6 月 17 日 基础局本部从原北院办公楼搬到新办公大楼。

6 月 20 日 基础局在成都与四川川投田湾河开发有限责任公司签订了仁宗海大坝基础防渗墙工程施工合同，合同金额为 11209.04 万元。

6 月 26 日 基础局在新办公大楼举行成立庆典，庆祝“中国水电基础局有限公司”正式挂牌，陈赓仪、张基尧、范有年、郭建堂、唐苏军出席大会。

7 月 1 日 基础局召开庆祝建党 84 周年暨创先争优表彰大会，董事长张源智、总经理赵存厚分别作了重要讲话。

7 月 14 日 国家发改委重大项目稽查办赴藏稽查组到直孔工地检查指导工作。

7 月 18 日 基础局召开保持共产党员先进性教育活动动员大会，董事长、党委书记张源智作了重要讲话。

是日 基础局召开环境和职业健康安全管理体系文件发布会。

8月7日 基础局举办先进性教育知识竞赛活动。

8月9日 津西联营体召开首次办公会议，基础局有限公司与西藏电建公司合作正式启动。

8月18日 基础局召开党员先进性教育总结交流、转段动员大会，由学习动员阶段进入分析评议阶段。

8月23日 基础局中标安徽省宿松县钓鱼台水库除险加固工程，这是公司近年来在安徽省中的第一个标段，合同金额为832万元。

9月1日 基础局有限公司《安全规章制度汇编》(1) 发布。

9月2日 天津市委派驻规划建设工委督导组组长邵彪在工委先进性教育活动领导小组副组长李栋等的陪同下来公司调研、检查先进性教育活动开展情况。

9月7日 由中央统战部副部长朱维群率领的中央赴藏代表团阿里分团在中共西藏自治区委副书记、区政协副主席土登才旺及中共阿里地委副书记、行署专员董明俊等领导的陪同下视察了狮泉河电站工地现场。

是日 基础局印发《中国水电基础局有限公司工程分包管理办法》。

9月9日 基础局党委领导班子召开专题民主生活会。市委规划建设工委先进性教育活动督导组组长刘永强；水电集团公司巡回检查组一组组长曹保华，党组成员、纪检组组长唐苏军，总经理助理、人力资源部主任郭志参加了会议。

9月上旬 基础局工会被天津市总工会授予“优秀工会劳动保护监督检查委员会”称号。

9月17～19日 由国家电力监管中心大坝安全监察中心4位专家组成的专家组受西藏电力公司委托对狮泉河水电站蓄水前进行安全鉴定。

9月20日 基础局召开先进性教育活动转段动员大会，由分析评议阶段转入整改提高阶段。

9月24日 基础局工会组织员工参加天津市规划建设系统首届职工运动会，取得了女子篮球第一名、跳绳第四名的好成绩。

10月9日 国家电力公司党组成员、副总经理陈飞一行在国电大渡河开发公司兼瀑布沟水电站建设分公司总经理刘金焕、常务副总经理涂扬举的陪同下，到基础局瀑布沟水电站上游围堰防渗墙工地检查指导工作。

10月9～19日 基础局第一届股东会第一次临时会议采用电子邮件、书面呈送等方式审议通过了《中国水电基础局有限公司股东会工作条例》、《中国水电基础局有限公司董事会工作条例》、《中国水电基础局有限公司监事会工作条例》。

10月19日 基础局召开第一届董事会第四次会议，表决通过了《中国水电基础局有限公司总经理工作条例》、《中国水电基础局有限公司规章制度程序管理办法》。

10月20日 基础局召开先进性教育活动总结表彰大会，公司董事长、党委书记张源智作总结讲话。水电集团公司党组成员、副总经理袁柏松，天津市规划建设工委督导组组长刘永强，水电集团公司巡回检查组组长曹保华等出席会议，并分别作了重要讲话。会后，全体与会人员观看了文艺汇报演出。

是日 基础局建立"困难员工帮扶救助基金"。

10月25日 基础局环境和职业健康安全体系预外审正式开始。

10月28日 基础局下发《中国水电基础局有限公司经营管理综合报表制度（试行)》。

11月9日 基础局印发《中国水电基础局有限公司工程（工序、分包）合同》范本。

是日 基础局中标上海500千伏静安（世博）输变电工程，这是公司首次进入上海城建市场。该工程于2005年12月18日开始地下连续墙试验成槽施工，2006年1月3日试验结束，2006年1月18日正式开始地下连续墙成槽施工，2006年7月13日地下连续墙施工竣工，共完成51个槽段，成槽18060.62米^3，现浇水下混凝土16909.61米^3。工程质量等级评定为优良。

11月11日 西藏自治区副主席洛桑江村慰问公司直孔工地员工。

11月14日 基础局首个项目资金结算中心——田湾河、龙头石片区项目资金结算中心正式成立。

11月18日 基础局与南水北调中线一期穿黄工程中隧集团葛洲坝集团联合体项目部签订南水北调穿黄工程Ⅱ－A标地连墙与自凝灰浆墙工程施工合同，合同金额3305.19万元，这是公司首次参与南水北调工程施工。

11月25日 水电集团公司副总经理刘起涛、总经理工作部主任王志平来公司检查指导工作。

11月26～29日 基础局顺利通过河北质量审核中心对公司进行的环境和职业健康安全、质量体系的审核。

11月27日 水电集团公司安全检查组到田湾河项目部进行安全检查。

12月4～5日 基础局开展2005年度工程技术人员业务比武活动。

12月7日 国务院南水北调办公室主任张基尧一行察看基础局南水北调穿黄工程北岸竖井井壁围护结构钢筋混凝土地下连续墙工程。

12月8日 四川省人大代表莅临武都水库工地视察工作。

12月12日 基础局印发《中国水电基础局有限公司会计委派试行办法》。

12月16日 基础局增强团员意识主题教育活动正式启动。

12月19日 基础局召开2005年度财务、人力资源、物资、计划统计专业工作会议。

12月20日 基础局开展向甘肃贫困地区献爱心活动。杨村基地各单位（部门）共350人积极参与，共募集衣物1273件。

12月21日 天津市武清区国家税务局对基础局改制后三年核准减免企业所得税，时间为2005年3月1日～2007年12月31日。

12月27日 水电集团公司"四五"普法验收会及华北片法治工作现场会在基础局召开。

12月28日 水电集团公司安全检查组到基础局有限公司进行安全检查。

是日 基础局取得环境和职业健康安全管理体系认证证书。

12月31日 基础局完成企业总产值5.2亿元。

2006 年

1月5日 基础局本部召开首次工作例会。

1月8日 基础局承建的西藏拉萨河直孔水电站防渗墙工程比计划工期提前3天完工。

1月18日 由基础局承建的向家坝水电站一期围堰基础防渗工程竣工。该工程自2004年11月28日开工以来，累计完成产值1.1亿元。

1月21日 天津市水力发电工程学会第三届理事会第五次全体会议在基础局有限公司五楼会议室召开，会议由学会副理事长、基础局总经理赵存厚主持。

1月 基础局市场经营工作取得新成绩，成功中标青海拉西瓦水电站右岸坝基帷幕灌浆及排水断层带高压固结灌浆处理工程。

2月14日 基础局签署了湖北省荆州淹水库除险加固工程施工合同，合同金额2100万元，合同工期1年。

2月16日 基础局中标新疆下坂地水利枢纽右岸坝基防渗工程，中标金额约7100万元。

3月15日 昆明市人大常委会常务副主任何有德到掌鸠河上公山隧洞现场检查指导工作。

3月24日 共青团中国水电基础局有限公司第一次代表大会隆重开幕。天津团市委书记刘志强、青工部部长刘伟、组织部副部长魏卓，水电集团公司团委书记魏立军应邀出席，武清区团委副书记赵贵敏到会祝贺。

3月25日 基础局召开第一届股东会第三次会议。

3月26日 基础局召开第一次党员代表大会。天津市委规划建设工委副书记郑建民，水电集团公司临时党委委员、副总经理袁柏松，武清区委副书记李福海到会祝贺。大会选举张源智、赵存厚、袁国俊、田学良、黄炳福、刘建发、韩伟、肖恩尚为公司第一届党委委员，袁国俊、雷土祥、何剑英为纪律检查委员会委员。

3月27日 基础局召开一届二次职工代表大会。

3月28日 基础局隆重举行成立一周年庆典仪式。水电集团公司临时纪委书记唐书军、天津市委规划建设工委副书记任树梅等出席了庆典仪式。

3月29日 基础局召开2006年度工作会议暨纪检监察会议。

4月7日 基础局与西藏电建公司联合组织，基础局三公司承办的西藏水电开发合作洽谈会在四川华阳基地圆满召开，西藏电力公司总经济师陈新民莅临会议，基础局董事长张源智、总经理赵存厚、副总经理韩伟、总工程师肖恩尚，西藏电建公司总经理龚东昌就西藏小水电下一步的联合开发和津西联营体的进一步合作等重要事项进行了会谈。

4月26日 国务院南水北调办公室主任张基尧在河南省副省长史济春、河南省南水北调办公室主任张同力的陪同下察看由基础局有限公司承建的穿黄北岸竖井防渗墙工程。

5月19日 中国水电基础局有限公司与四川圣达水电开发有限工程公司签订了四川大渡河沙湾水电站一期围堰补强防渗墙工程施工合同，合同额为8952.24万元。

5月20日 水电集团公司副总经理袁柏松在圣达水电开发公司总经理张跃涛的陪同下，到沙湾电站一期围堰防渗墙施工现场检查指导工作。

6月初 基础局被评为武清区“单位内部卫生管理先进单位”。

6月6日 河南省省长李成玉到南水北调穿黄工地检查指导工作。

6月17日 水利部副部长张春源一行到基础局下坂地工地检查指导工作。

是日 水电集团公司副总经理王彤宙在四川圣达水电总经理张跃涛、水电七局局长刘明江及沙湾电站其他相关单位领导的陪同下，到由公司承建的四川沙湾电站一期围堰防渗墙施工现场检查指导工作。

6月27日 西藏电力公司总经理王庆华到雪卡水电站察看工程建设情况。

6月30日 基础局党委举行纪念建党85周年暨“创先争优”表彰大会。

7月12日 国资委监事会主席范有年、水电集团公司总经理范集湘在四川圣达水电总经理张跃涛、基础局总经理赵存厚及沙湾电站其他相关单位领导的陪同下，莅临基础局承建的四川沙湾电站一期围堰防渗墙施工现场检查指导工作。

7月26～28日 由物资设备管理公司牵头，基础局与天津宝峨公司联合举办了双轮铣槽机操作人员培训班。

8月初 基础局水布垭项目部获得天津市“青年安全生产示范岗”称号。

8月16日 水电集团公司副总经理王彤宙到公司检查指导工作。随同王彤宙副总经理前来的还有水电集团公司投资有限责任公司张长源，中环房地产有限公司王岩峰、万小伦等领导。

8月17日 基础局领导班子2006年民主生活会在杨村召开，基础局党政9名领导班子成员全部参加了会议。水电集团公司袁柏松副总经理、党委工作部刘家玉处长和天津市规划建设工委组织处丛建华处长到会指导。

8月24日 基础局举办项目经理培训班，聘请清华大学姚汝祥教授和王綦正教授到公司来讲课。

8月29日 基础局在办公楼大厅内开展向灾区募捐活动。在短短的一个小时内，募集到资金12781元。

9月5日 中国水电基础局有限公司与四川圣达水电开发有限工程公司签订了四川大渡河沙湾水电站右岸山体防渗处理工程合同，合同金额为2364.21万元。

9月11日 田湾河仁宗海防渗墙工程完工，比计划工期提前50天。该项工程是全国超80米深成墙面积最大（15066.66米^2）、施工原始地层最年轻（仅100年）、施工环境异常艰苦的工程，该工程的顺利完成，标志着国内防渗墙施工技术水平得到了创新和提高。

9月14日 狮子坪大坝防渗墙工程完工。工程共创造了5项国内防渗墙施工纪录，即最深的造孔和成墙纪录（101.8米）；最深的水工混凝土防渗墙拔管纪录（深93.5米，直径1.0米）；最深的防渗墙钻孔取芯纪录（91.73米）；最陡的防渗墙嵌岩纪录（超过85°）和最深的双排灌浆预埋管下设纪录（101.8米）。是国内大规模施工中唯一一道超过100米施工成功的防渗墙，将1993年基础局在小浪底水电站大坝防渗墙（1.20米厚）创造的 81.6 米的纪录提高了 20.2 米。

9 月 15 日 上海浦东岩土公司董事长兼总经理谈德彬一行前来公司访问。基础局总经理赵存厚、副总经理刘建发会见了来访客人。

9 月 27 日 国务院南水北调办公室主任张基尧再次察看南水北调穿黄工程。

9 月 28 日 基础局被天津市银行协会授予天津市 2006 年“信贷诚信企业”称号。

10 月 16 日 基础局在沙湾天湖宾馆召开首次项目管理研讨会。

10 月 20 日 基础局在沙湾天湖宾馆召开首次新闻宣传工作会议。

10 月 21～22 日 水电集团公司高级顾问、原总经理郭建堂先后到沙湾工地和三公司华阳基地检查指导工作。

10 月 22～25 日 中质协河北质量认证中心的 5 名外审员对公司进行了为期 4 天的审核，审核组对公司三个体系的运行给予了高度评价，认为三个体系运行符合标准要求，一致同意换发质量管理体系认证证书，环境和职业健康安全管理体系保持注册，继续使用认证证书。

10 月 30 日 基础局第一届董事会第八次会议在杨村召开，会议由董事长张源智主持，会议决定成立上市筹备工作领导小组，正式启动基础局上市工作。

11 月 4 日 沙湾一期围堰补强防渗墙灌浆工程主体工程比计划工期提前 26 天完工，完成造孔进尺 61514 米^2，混凝土浇筑 73000 米^2，拔管 11572 米，预灌浓浆 14000 米，最大孔深 80.50 米，平均孔深 61 米。

11 月 22 日 基础局有限公司董事长张源智、总经理赵存厚、副总经理韩伟会同西藏电建总公司总经理龚东昌、总工程师王小江到津西联营体雪卡电站检查指导工作。

11 月 26 日 金沙江向家坝水电站开工典礼在向家坝水电站工地举行。上午 10 时 20 分，国务院副总理曾培炎宣布正式开工。公司董事长张源智、总经理赵存厚、副总经理田学良应邀参加了开工庆典。

11 月 28 日 水电集团公司安全检查考核组组长李文凯来到公司沙湾项目部，对工地的安全管理和建设工作做了全方位的检查和考核。

12 月 11 日 基础局举办首届外来务工人员技术比武，各二级单位的 59 名选手参加了比赛，马涛等 10 人获得一等奖，王国良等 10 人获得二等奖，陈楚坤等 10 人获得三等奖。

12 月 18 日 基础局召开 2006 年度人力资源、财务、物资、统计、合同管理专业会议。

12 月 26 日 长江水利委员会主任蔡其华、湖北水利厅副厅长张感山一行在基础局副总经理刘建发、二公司党委书记邓百印的陪同下到陆水防渗工程工地检查指导工作。

12 月 31 日 基础局全年完成产值 6.3 亿元。

12 月底 水电集团公司临时党委、水电集团公司表彰了一批在国际经营中作出突出贡献和显著成效的优秀员工，基础局徐方才、王碧峰两人荣获水电集团公司“国际化经营先进工作者”称号。

12 月 在第二届天津市职工艺术家评选工作和“五一”放歌文艺展演活动中，基础局文艺演出队演出的舞蹈《喜庆的日子》获得二等奖，舞蹈《动感地带》获得三等奖，表演的对口快板《再创辉煌》获得三等奖，公司获得了优秀组织奖。经中国水利工程优质（大禹）奖评审委员会评审，由基础局承建的湖北黄冈长江干堤加固工程荣获“2006年中国水利工程优质（大禹）奖”。全国共有10项水利工程获此荣誉，其中水电集团公司系统有两项。在北京召开的中国企业新纪录（第十一批）表彰大会上，基础局2001年11月完成的黄河小浪底水利枢纽副坝以北帷幕灌浆工程，钻孔工程量13694米，注入水泥6389吨，帷幕全长241米，灌浆孔最大孔深为166.38米，创国内同类工程灌浆孔最深纪录；2003年11月完成的新疆下坂地水利枢纽基防渗墙试验工程，地处高寒、高海拔、高地震带及多风沙的贫困边远少数民族山区，地层深度为147.95米的强透水覆盖层，混凝土防渗墙深度为102米，创国内同类工程混凝土防渗墙施工深度纪录；2000年5月完成的长江干流堤防加固整治工程芙蓉堤段振孔切槽防渗墙工程，轴线长4789.94米，截水面积62790.28米^2，墙体厚度仅为0.14米，创国内同类工程防渗墙最薄纪录；1992年6月完成的四川省广元市宝珠寺水电站左岸下游二期防渗墙工程，墙体厚1.4米，在37米深的全基岩石上钻孔成槽，采用38米的钢筋笼（分7节）逐节对焊下设，创国内同类工程防渗墙最厚纪录。

第一篇　组 织 沿 革

第一篇　组　织　沿　革

第一章　概　　况

中国水电基础局有限公司是中国水电集团公司成员企业，成立于1959年8月，是在国家经济发展第二个五年规划的头一年，修建密云水库时诞生的。

密云水库是新中国成立以来华北地区最大水库，国务院总理周恩来对水库大坝坝基处理问题极为重视，亲自听取了水库大坝坝基处理问题的专题汇报，并对施工给予大力支持，指示政务院副秘书长齐燕铭从全国各地调来200多台钻机参与施工。

为保证工程质量和加快工程进度，密云水库大坝建设工程领导小组决定组建一支专业的基础处理队伍，当初的名称是密云水库基础处理总队，由化工部设计院勘测队、机械部勘测院地勘队、北京市地质大队、北京市凿井队、顺义与武清等县民工构成。基础总队队长为陈赓仪、政委为韩林光，隶属水电总局领导，下辖一、二、三、四、五、六6个大队，后又增加一个修配厂，职工总数1500人，县团级编制。基础总队队部设在密云水库管理处西侧，今华电集团高级培训中心所在地。

中国水电基础局有限公司发展至今已有50年的历史，经历了以下几个不同的历史阶段：

1959～1969年是创建的初期阶段。直至1969年解散，中国水电基础局有限公司前身基础总队先后承担并完成密云水库、云南茅家村水库、北京海子水库、辽宁云峰水库、河北黄壁庄水库、河南平顶山水库、广西天生桥水电站前期勘探、北京郊县农田水利等基础工程，为治理我国的水患作出了贡献。

1969～1978年，由于“文化大革命”的原因，基础总队被解散，队伍成建制下放到水电五局、水电六局、水电十一局、云南电力局及葛洲坝工程局。

1978～1982年，是基础局的重建时期。1978年，中共十一届三中全会召开后，水利电力部决定重建中国水电基础局有限公司，并在天津杨村设筹备处开展筹建工作。1978～1982年，由于水电部分分合合，筹建工作未有实质性的进展，直到1982年4月，水电部[1982]水电劳字12号文，最终成立水利电力部地质勘探基础处理公司，定为地师级单位，重建工作才又走上正轨。

1984～1991年是第三个历史阶段。这一历史阶段里主要承担了西南、西北、华中地区的水电站基础施工任务和一些病险水库的排险任务。

1992年水电总公司下发［1992］中水电劳字76号文，将水利电力部地质勘探基础处理公司改为中国水利水电基础工程局。这一名称一直沿用到2005年公司制改制前。

2005年，是第四个历史阶段，为中国水电基础局有限公司改制成功建立现代企业制度时期。经国资委批准，中国水利水电建设集团公司把中国水电基础工程局作为主辅分离改革的试点进行了大胆的探索，经过两年来的努力，改革获得了成功。中国水电基础工程局由全民所有制企业改造成为混合所有制企业，建立起以法人治理为特征的现代企业制度。依据国家工商总局核内字[2004]668号文核准,水电集团公司对中国水利水电基础工程局改制的批复,以中水电企[2004]39号文同意将“中国水利水电基础工程局”改为“中国水电基础局有限公司”。自此,中国水电基础局有限公司迈入一个自我约束、自我激励、自我发展的新时期。

第二章　中国水电基础局有限公司初建时期（1959～1969年）

第一节　密云水库基础处理总队（1959--1962年）

20世纪50年代末修建的密云水库是华北地区最大的水库，总库容43.75亿米^3，主要是解决京、津、冀地区的水患和京、津、冀城市供水及工农业用水问题。为解决密云水库的坝基处理问题，特别是在白河主坝坝基深达44米上做一道防渗墙，这在我国水利建设史上是首次。为此专门成立了基础处理指挥部，陈赓仪（原水利部副部长）任总指挥，具体负责组织攻关。周恩来总理对白河主坝坝基处理问题极为关心，亲自听取了工程指挥部的专题汇报，指示国务院副秘书长齐燕铭从全国调来200多台钻机支援密云水库建设。参加施工的单位和队伍有武清民工支队、建设部综合勘测设计院、冶金部勘察公司、第一机械部钻探队、上海勘测设计院、山东省地勘队、辽宁省地矿队、三门峡工程局、北京市地质大队、北京市凿井队。为保证工程质量和加快工程进度，中共密云水库建设指挥部党委决定成立基础处理总队，县团级编制，隶属水电建设总局领导。密云水库修建总指挥部任命陈赓仪任基础总队队长，韩林光任基础处理总队政委，杨海峰任基础处理总队副总队长。施工队伍由建设部综合勘察公司、冶金部勘探公司、水电部三门峡工程局、第一机械部钻探队、辽宁省地矿队、北京市地质大队、北京市凿井队、顺义与武清等县民工支队部分民工构成，职工总数约3000余人。上海勘测院、山东省地勘队后来另有施工任务，先后撤离了密云水库建设工地。

密云水库基础总队组织机构情况如下。

一、管理机构

办公室、政工组、统计组、物资供应组、后勤组、保卫组。

二、生产单位

一大队、二大队、三大队、四大队、五大队、六大队、修配厂。

密云水库基础处理总队行政系列、党群系列领导人员任职情况分别见表1-2-1、表1-2-2。

表1-2-1　密云水库基础处理总队行政系列领导人员任职情况（1959年～1963年5月）

职务名称	任职人员姓名及任职时间	备　注
总队长	陈赓仪1959年8月～1960年秋	[1959]库总94号文
副总队长	杨海峰1959年8月～1962年12月	[1959]库总94号文

表1-2-2　密云水库基础处理总队党群系列领导人员任职情况
（1959年～1963年5月）

职务名称	任职人员姓名及任职时间	备　注
总队政委、书记	韩林光1959年8月～1962年11月	总号[1959]库党13号书记、政委
	陈赓仪1959年8月～1962年秋	书记
	邸志忠1960年～1962年12月	书记
副书记	邸志忠1959年8月～1960年秋	总号［1959］库党13号
	王文修1960年～1962年12月	
工会主席	蔺元昌1960年～1963年春	

1959～1962年密云水库基础处理总队组织机构见图1-2-1。

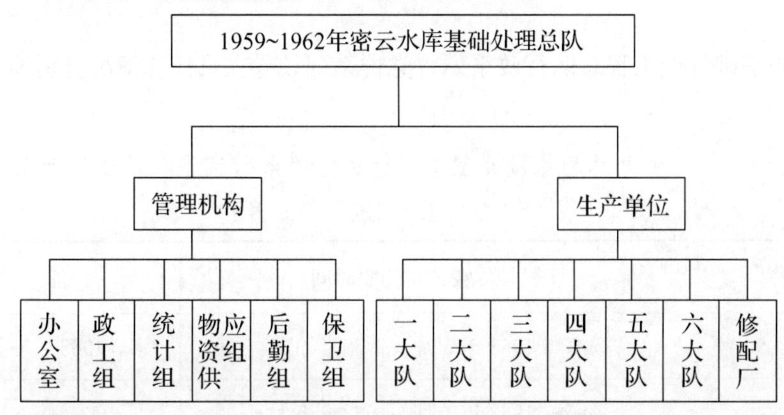

图1-2-1　1959～1962年密云水库基础处理总队组织机构

第二节　水利水电建设总局基础处理工程总队（1963～1969年）

1963年3月，随着密云水库基础工程全面竣工，密云水库基础处理总队的组织机构和队伍人员也发生了重大变化，隶属关系由密云水库工程指挥部管理划归到水电部水利水电建设总局直辖管理，党的组织关系划归北京市委农委领导。因此这一时期基础总队称做水利水电建设总局基础处理工程总队。从1963～1969年，水电总局基础处理工程总队主要承担了北京上马岭水电站基础处理、海子水库坝基帷幕灌浆、崇各庄水库坝基防渗等工程，另外，受北京市委书记彭真和北京市政府的委托在京郊几个区县进行农业用水打井的任务，为北京农田水利建设服务。

1963年5月，水电总局下达了水字［1963］人字145号文件，基础工程总队建制为县团级，固定职工1500人，党委书记为邸志忠（前期），四清后则为房洪涛，党委副书记为王文修（1965年病故），总队长为杨海峰，副总队长为韩兴国、夏锦灿。

一、管理机构

1. 行政管理系统

办公室（包括总务、行政生活、医务），人事科，劳动工资科，工程技术科（包括计划统计、质量安全、土工、化灌试验），财务科，供应科（包括物资仓库、汽车运输）。

2. 党群部门

党委办公室，政治处（统管组织、宣传、纪委），工会，团委。

二、生产单位及辅助单位

1. 生产单位

共有 6 个工程队，即第一、第二、第三、第四、第五、第六工程队。

2. 辅助单位

修配厂。

水电总局基础处理工程总队行政系列、党群系列领导人员任职情况分别见表 1-2-3、表 1-2-4。

表 1-2-3　水电总局基础处理工程总队行政系列领导人员任职情况（1963 年 5 月～1969 年 9 月）

职务名称	任职人员姓名及任职时间	备　注
总队长	杨海峰 1963 年 5 月～1969 年 9 月	水［1963］人字第 145 号
副总队长	杨海峰 1963 年 1 月～1963 年 5 月	
	韩兴国 1963 年 5 月～1969 年 9 月	
	夏锦灿 1963 年 5 月～1969 年 9 月	

表 1-2-4　水电总局基础处理工程总队党群系列领导人员任职情况（1963 年 5 月～1969 年 9 月）

职务名称	任职人员姓名及任职时间	备　注
书记	邸志忠 1963 年 5 月～1964 年 4 月	
	房洪涛 1965 年 4 月～1969 年 9 月	
副书记	王文修 1963 年 1 月～1965 年	1965 年病故
工会主席	陈恩普 1963 年春～1969 年	

1963～1969 年水电总局基础处理总队组织机构见图 1-2-2。

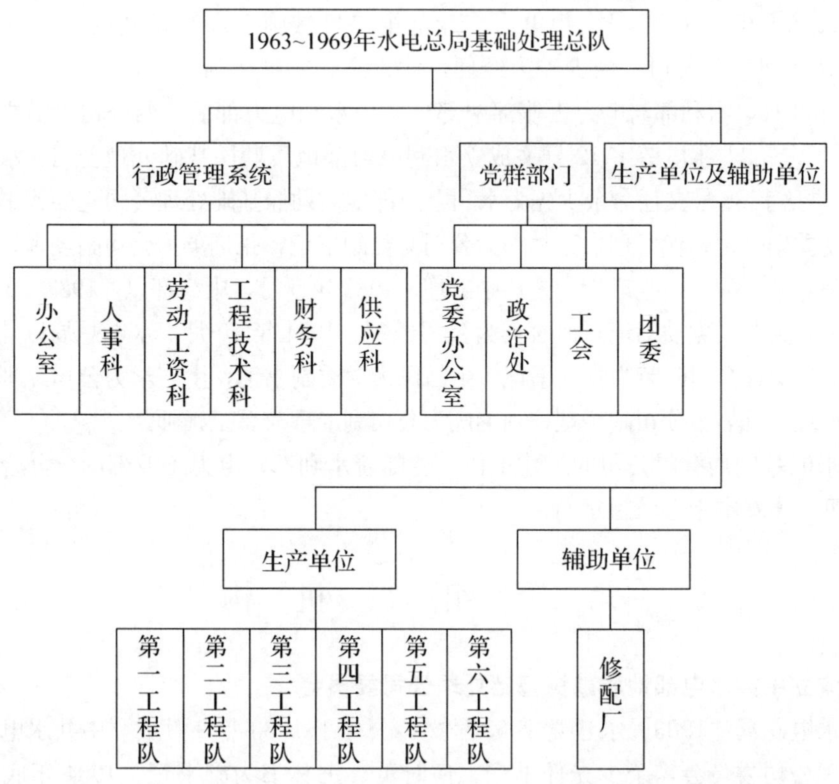

图 1-2-2　1963～1969 年水电总局基础处理总队组织机构

第三章　重建时期（1978～1984 年）

第一节　组　建　过　程

1969 年，基础处理工程总队被解散，分别划归水电第五工程局、第六工程局、第七工程局、第十一工程局、云南电力局以及葛洲坝工程局等单位。中共十一届三中全会召开以后，根据形势需要，水利电力部第二机械施工局开始组建。1978 年年底，水电总局以［1978］水电基字 81 号文决定成立水利电力部第二机械施工局筹备处，王林书、刘继庆为负责人。1979 年，由于水利电力部被撤分为水利部和电力工业部两个部，水利电力部第二机械施工局筹备处也一分为二。1979 年 7 月，水利总局以［1979］水基字 13 号文决定成立水利部基础工程公司筹备处，韩玉琦、王林书为负责人。1979 年 9 月 3 日，电力总局以［1979］电水字 19 号文决定成立电力工业部第二机械施工局筹备处，秦治安、刘继庆、黄华安为负责人。1980 年 4 月，水利总局以［1980］水劳字 12 号文成立水利部基础工程公司，定为地师级单位编制。1980 年 6 月，水利总局以［1980］水字 34 号文把水利部基础工程公司更名为水利部地质勘探基础处理公司。何时英为党委第一副书记、韩玉琦为党委副书记，王林书为第一副经理，生广学为副经理。1980 年 6 月 6 日，电力总局以［1980］电水字36号文把电力工业部第二机械施工局筹备处改为电力工业部地质勘探基础处理工程公司。余少先为经理，武天杰、刘继庆为副经理。

1982年3月，水利部与电力工业部两部合并为水利电力部后，两公司也随之合并，水利电力部以［1982］水电劳字12号文成立水利电力部地质勘探基础处理公司。水电总局以［1982］水建党字89号文任命余少先为水利电力部地质勘探基础处理公司党委代书记，何时英为公司党委副书记、代经理，王林书为公司党委副书记，张剑英为公司副经理，刘继庆为公司副经理兼总工程师，生广学为公司副经理。1983年5月，中组部以［1983］干字342号文任命余少先为公司党委书记，何时英为公司经理。1984年10月，水电总局以［1984］水建党字207号文任命何时英为党委书记，牛昌民为党委副书记，生广学为公司经理，蒋振中为公司副经理，陈岩为公司副经理，刘继庆为公司副经理兼总工程师。

中国水电基础局有限公司的组建工作，伴随着水利部、电力工业部的分分合合，历经6年的时间，才基本走上轨道运行。

第二节 组 织 机 构

一、成立中共水电部地质勘探基础处理公司委员会

根据水电总局［1983］水建党字52号文，公司于1983年2月成立中共水电部地质勘探基础处理公司委员会，余少先任书记，何时英、王林书为副书记。1984年底，水电总局对公司党委人员进行调整，何时英任书记，牛昌民为副书记。

二、成立中共水电部地质勘探基础处理公司纪委

1983年3月，水电总局以水电总字［1983］水建党字7号文成立水利电力部地质勘探基础处理公司纪律检查委员会，王林书任书记，牛庆曾任副书记。

三、成立水电部地质勘探基础处理公司工会

1983年11月，公司党委以［1983］党字6号文成立公司工会筹备组，王林书为组长，商树先为副组长（正处级）。1984年9月，经天津市总工会［1984］津工复113号批复，选举产生公司首届工会委员会，王林书为工会主席，商树先为工会副主席。

四、机关部门和生产单位

（一）机关处室

1. 党委系统

党委办公室，党委组织部，党委宣传部，纪委办公室，工会办公室，机关党委，团委。

2. 行政系统

办公室，计划处，施工技术处，质量安全处，劳动工资处，财务处，物资处，基建处，生活服务公司。

（二）生产单位

第一工程处，第二工程处，第三工程处，第四工程处，第五工程处，深圳分公司，软基分公司。

（三）辅助生产单位

科学研究所，修配厂。

1978～1984年12月地质勘探基础处理公司行政系列、党群系列领导人员任职情况分别见表1-3-1～表1-3-5。

表1-3-1　水利部地质勘探基础处理公司行政系列领导人员任职情况
（1978年～1982年5月）

职务名称	任职人员姓名及任职时间	备　注
经理		暂缺
副经理	王林书1980年6月～1982年5月	第一副经理（主持工作）
	生广学1980年6月～1982年5月	
总工程师		暂缺

表1-3-2　水利部地质勘探基础处理公司党群系列领导人员任职情况
（1978年～1982年5月）

职务名称	任职人员姓名及任职时间	备　注
书记		暂缺
副书记	何时英1980年6月～1982年5月	第一副书记（主持工作）
	韩玉琦1980年6月～1982年5月	
工会主席		暂缺

表1-3-3　电力工业部地质勘探基础处理工程公司行政系列领导人员任职情况
（1978年～1982年5月）

职务名称	任职人员姓名及任职时间	备　注
经理	余少先1980年11月～1982年5月	
副经理	武天杰1980年11月～1982年5月	
	刘继庆1980年11月～1982年5月	
总工程师		暂缺

表1-3-4　水利电力部地质勘探基础处理公司行政系列领导人员任职情况
（1982年5月～1984年12月）

职务名称	任职人员姓名及任职时间	备　注
经理	何时英1982年11月～1983年5月	代经理
	何时英1982年5月～1984年10月	
	生广学1984年10月～1984年12月	

续表

职务名称	任职人员姓名及任职时间	备　注
副经理	张剑英 1982 年 11 月～1984 年 10 月	1984 年调出
	刘继庆 1982 年 11 月～1984 年 12 月	
	生广学 1982 年 11 月～1984 年 10 月	
	蒋振中 1984 年 10 月～1984 年 12 月	
	陈岩 1984 年 10 月～1984 年 12 月	
总工程师	刘继庆 1982 年 11 月～1984 年 12 月	兼

表 1-3-5　水利电力部地质勘探基础处理公司党群系列领导人员任职情况（1982 年 5 月～1984 年 12 月）

职务名称	任职人员姓名及任职时间	备　注
书记	余少先1982年11月～1983 年 5 月	代书记
	余少先1983年5月～1984 年 10 月	
	何时英1984年10月～1984 年 10 月	
副书记	何时英1982年11月～1984 年 12 月	
	王林书1982年11月～1984 年 10 月	1983 年 9 月～1984 年 10 月兼任纪委书记
	牛昌民1984年10月～1984 年 12 月	
工会主席	王林书1983年11月～1984 年 9 月	工会筹备组组长（兼）
	王林书1984年9月～1984 年 10 月	兼 1984 年调出

1978～1984 年水利电力部地质勘探基础处理公司组织机构见图 1-3-1。

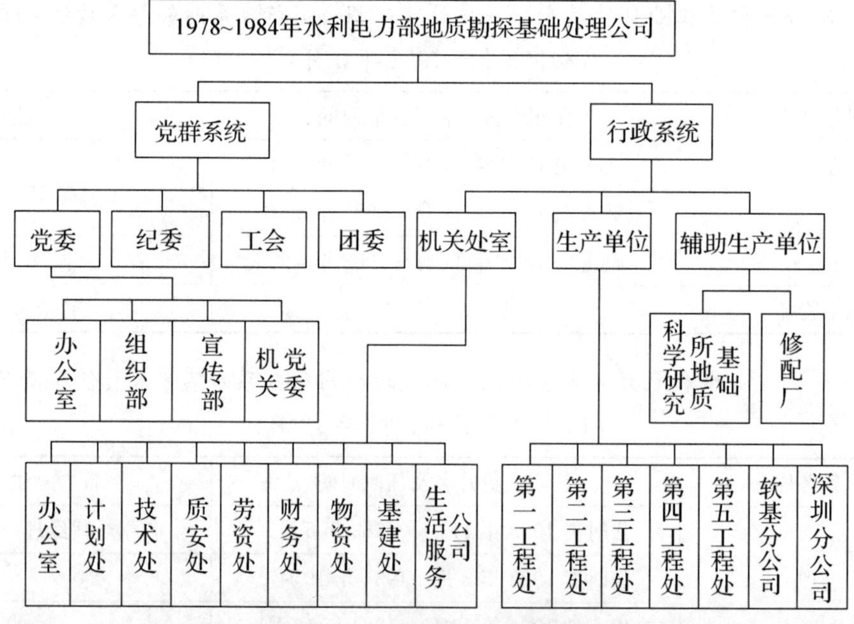

图 1-3-1　1978～1984 年水利电力部地质勘探基础处理公司组织机构

第四章　水利电力部地质勘探基础处理公司时期（1985～1991年）

第一节　计划经济下的公司机构

1985～1991年，是水利电力部地质勘探基础公司时期。这一时期又分为二个历史阶段，一是计划经济时期，二是计划经济时期向市场经济过渡时期。在计划经济时期，即基础局有限公司按照国家指令建设计划组织施工生产。这一历史阶段的主要施工任务有北京顺义的向阳闸基础振冲桩，于桥水库坝基帷幕、天津北塘高喷防渗墙工程、大港电厂二期扩建工程、河北邱庄水库坝体防渗墙工程、北易水防渗墙工程、武烈河橡胶坝防渗墙工程、四川渔子溪二级电站防渗墙工程、禁门关水库坝基防渗墙工程、钢街子水电站副坝防渗墙工程、阿木卡电站防渗墙工程、松华坝防渗墙工程、贵州乌江渡水电站下游围堰防渗墙工程、葛洲坝水电站围堰防渗墙、丹江口水电站左副坝基防渗墙、南河水电站坝基帷幕灌浆工程、辽宁盘锦改建工程桩基工程、新疆托海水电站副坝坝基帷幕灌浆工程、山东龙口电厂基础工程、广东深圳国际贸易中心大厦灌注桩工程、福田大厦灌注桩工程、黑龙江桃山水库固结灌浆工程。这一时期，由于仍处于计划经济时期，组织机构处于一个相对稳定的状态。施工平均年产值2400万元左右。

第二节　计划经济向市场经济过渡时期的公司组织机构

1988～1991年是基础公司第二个历史阶段，正处于我国由计划经济向市场经济时过渡时期。水电总公司对基础公司领导班子进行了调整。水电总公司以［1988］水建党字20号文免去生广学公司经理职务，工作另行安排，由牛昌民代公司经理。1989年3月，水电总公司以［1989］中水电字41号文免去牛昌民代经理职务，工作另行安排，任命鲁永才为公司经理。1990年6月，中共天津市委组织部以［1990］津党组6号文任命鲁永才为基础公司党委书记。这一时期，新的公司班子成员是：鲁永才为公司经理兼公司党委书记，郝鸿禄为公司副经理，蒋振中为公司副经理，高钟璞为公司副经理兼总工程师，任烽光为公司工会主席。

这一时期，基础公司对机构进行了部分调整。1989年，基础公司以［1989］基劳人字31号文成立多种经营处。基础公司以［1990］基劳人字34号成立公司工程技术公司（改名后称局工程技术咨询公司）。1991年1月，基础公司以［1991］基劳字2号文将第一工程处的原103队约150名职工组建为第六工程处，将第一工程处原105队组建为第七工程处，将原援建伊拉克工程的人员与原深圳分公司人员合并组成第八工程处。1991年，为解决职工看病难的问题，同时解决子女就业的问题，基础公司以［1991］基劳字19号文成立公司职工医院，编制30人，科级单位，隶属行政处管辖。水利电力部地质勘探基础处理公司行政系列、党群系列人员任职情况分别见表1-4-1、表1-4-2，组织机构见图1-4-1。

表1-4-1　水利电力部地质勘探基础处理公司行政系列领导人员任职情况（1985年1月～1992年9月）

职务名称	任职人员姓名及任职时间	备　注
经理	生广学1985年1月～1988年1月	1988年调出
	鲁永才1989年3月～1992年9月	
副经理	蒋振中1985年1月～1992年9月	
	陈　岩1985年1月～1987年2月	
	刘继庆1985年1月～1989年11月	1989年11月退休
	牛昌民1987年3月～1989年3月	1988年1月～1989年3月代经理，1990年调出
	高钟璞1987年3月～1992年9月	
	郝鸿禄1989年9月～1992年9月	
	商树先1992年2月～1992年9月	
总工程师	刘继庆1985年1月～1986年7月	
	高钟璞1986年7月～1992年9月	
总经济师	陈　岩1987年2月～1989年10月	

表1-4-2　水利电力部地质勘探基础处理公司党群系列领导人员任职情况（1985年1月～1992年9月）

职务名称	任职人员姓名及任职时间	备　注
书记	何时英1985年1月～1989年4月	1989年4月调出
	1989年4月～1990年7月	暂缺
	鲁永才1990年7月～1992年9月	
副书记	牛昌民1985年1月～1987年3月	兼纪委书记
	1987年3月～1988年5月	暂缺
	范学禹1988年5月～1990年6月	兼纪委书记
工会主席	王林书1984年9月～1984年10月	兼
	1984年10月～1987年3月	暂缺
	任烽光1987年3月～1992年9月	1992年10月退休

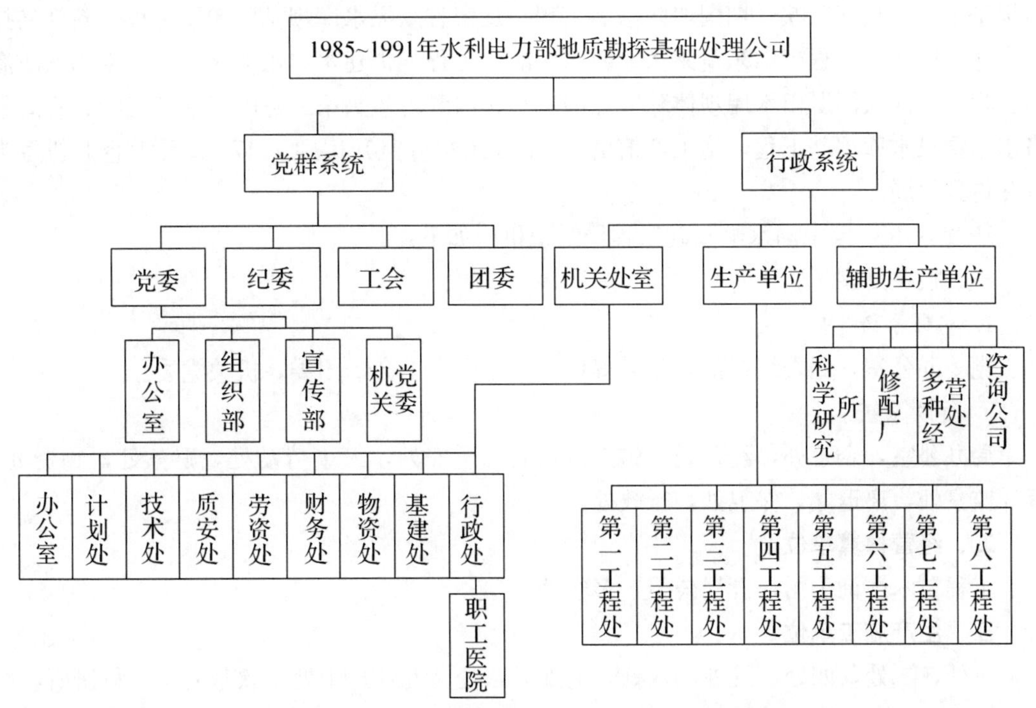

图 1－4－1　1985～1991 年水利电力部地质勘探基础处理公司组织机构

第五章　中国水电基础工程局时期（1992～2004 年）

第一节　市场经济时期公司机构初次改革

1992 年 9 月，水电总公司以［1992］中水电劳字 76 号文将水利电力部地质勘探基础处理公司改名为中国水电基础工程局。改名后的基础局为适应市场经济的需要和自身企业施工的特点，对机构设置和施工组织进行了调整。1993 年 1 月，基础局以基劳字第 24 号文撤销第三工程处，组建第九工程处、第十工程处，同年将基础局基建处划归设计公司。制定了“立足西南，饮马长江，逐鹿中原”的经营方略，作出了划小核算单位、整编施工队伍、四面出击、八方揽活的战略部署。

这一时期，基础局的经营战略取得了显著成果，先后中标三峡、小浪底、天生桥、水口等重要工程以及天津吉利大厦地下连续工程、蓟县电厂灌注桩工程、天津鸿吉大厦基础高喷防渗工程、河北省秦皇岛电厂基础工程、河北黄壁庄电厂振冲工程、河北华能上安电厂扩建桩基工程、四川安居电站坝基防渗墙工程、四川宝珠寺水电站左岸防冲墙工程、四川西河水电站防渗墙工程、四川宝珠寺水电站上下游围堰工程、河南坞罗水库基础工程、黄河小浪底水利枢纽上游防渗墙工程及右岸坝基防渗墙工程、贵州省红枫堆石坝体帷幕灌浆工程、贵州省花溪电站帷幕灌浆工程、甘肃省大峡水电站防渗墙工程、广西大化水电站化学固结灌浆工程、广西隆林天生桥二级水电站 1 号洞加固工程、湖北省长阳隔河岩水电站坝基工程、长江三峡一期围堰防渗墙工程、辽宁省东风水库坝基防渗墙工程、新疆乌拉泊水库坝体加固工程、山东蓬莱岳家圈水库防渗工程、福建水口水电站下游三期围堰防渗墙工程、山西大同册田水库坝体除险加固工程、内蒙古包头第二热电厂地基工程、青海省格尔木温泉水库坝基工程，施工产值由2400万元左右上升达到11473万元，企业扭亏为盈并得到发展。

1992～1995年中国水电基础工程局组织机构如下：

一、机关处室

1. 党群系统

党委办公室，党委组织部，党委宣传部，纪委，工会，团委，机关党委。

2. 行政系统

局办公室，企管办，经营处，施工技术处，质安处，人事劳动处，财务处，物资处，审计监察处，离退办，保卫处，行政处。

二、经营核算单位

工程技术咨询公司，设计公司，多经处。

三、生产施工单位

一处，二处，四处，五处，六处，七处，八处，九处，十处，软基公司，科研所，修配厂。

中国水利水电基础工程局行政系列、党群系列领导人员任职情况分别见表1-5-1、表1-5-2。

表1-5-1　中国水利水电基础工程局行政系列领导人员任职情况

（1992年9月～1994年12月）

职务名称	任职人员姓名及任职时间	备　注
局长	鲁永才 1992年9月～1994年12月	
副局长	蒋振中 1992年9月～1994年12月	
	高钟璞 1992年9月～1994年12月	
	商树先 1992年9月～1993年8月	调二局
	生广学 1992年9月～1994年12月	
	郝鸿禄 1992年9月～1994年12月	
总工程师	高钟璞 1992年9月～1994年12月	兼

表1-5-2　中国水利水电基础工程局党群系列领导人员任职情况

（1992年9月～1994年12月）

职务名称	任职人员姓名及任职时间	备　注
书记	鲁永才 1992年9月～1994年12月	
副书记	1992年9月～1994年12月	暂缺
工会主席	1992年9月～1994年12月	暂缺

1992～1995年中国水利水电基础工程局组织机构见图1－5－1。

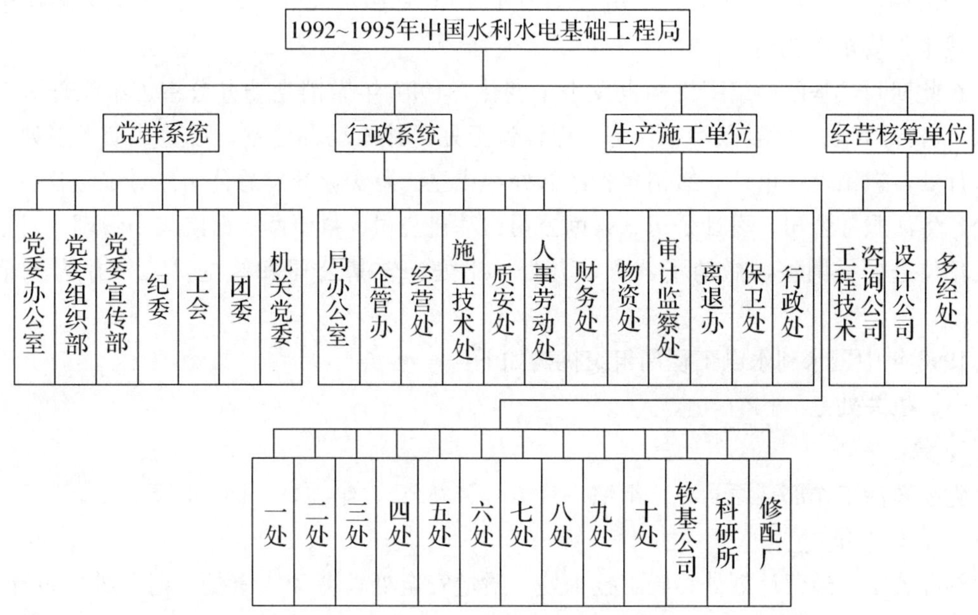

图1－5－1　1992～1995年中国水利水电基础工程局组织机构

第二节　市场经济时期公司机构二次变革

基础局调整战略，逐步适应了市场经济，企业得到快速发展。1996～2001年，施工产值每年以30%的幅度增长，2000年的施工总产值到2亿元。先后承担了三峡水电站二期围堰防渗墙工程、湖北段长江干堤加固工程、广东岭澳核电站基础工程、黑龙江省松花江堤防加固工程、河南小浪底水电站2号与3号洞灌浆、四川小关子水电站防渗墙工程、四川冷竹关水电站防渗墙工程、云南省渔洞水库大坝基础帷幕灌浆工程、河北省黄壁庄水库加固工程、河北省大黑汀水库大坝除险加固工程等32项国家重点工程。

1994年以后，基础局领导班子多次发生变化。1994年7月，水电总公司以中水电党字［1994］42号文决定，鲁永才不再担任局长兼书记，离职退休。任命陈治先为局党委副书记，主持党委工作。以中水电干字［1995］23号文聘任郝鸿禄为局长，蒋振中为第一副局长，夏可风、张源智为副局长；聘任杜增明为总会计师。1997年12月，水电总公司以中水电党字［1997］53号，聘任蒋振中为基础局局长，任张源智为基础局党委书记，田学良为党委副书记，聘任陈治先为副局长，聘任夏可风为副局长兼总工程师，聘任宗敦峰为副局长，聘任赵存厚为副局长，聘任杜增明为总会计师，聘任黄炳福为总经济师，免去郝鸿禄局长一职，改任咨询，保留正局级待遇，1998年5月退休。免去高钟璞副局长兼总工程师职务，改任咨询，保留副局级待遇，1999年11月17日病故。2000年7月，水电总公司以中水电干字［2000］35号文，聘任宗敦峰为基础局局长，聘任张林为基础局副局长（正局级待遇），免去蒋振中基础局局长一职，改任咨询，保留正局级待遇。2003 年 8 月，水电公司以中水电人字［2003］80 号文，免去蒋振中咨询，按本人要求办内退。

在此期间，基础局组织机构也发生了变化，1997 年撤销党委办公室、组织部（干部处）、宣传部，成立党委政治工作部。撤销保卫处，并入局办公室，成立劳动人事处，成立审计处，撤销财务审计，撤销多种经营处，成立三源实业开发总公司。对多经公司、物资处、生活服务公司、设计公司、咨询公司、基建公司、科研所、医院集中管理。对生产施工单位进行了调整，撤销了八处、九处、十处、软基公司和修配厂，合并为 5 个施工处。

1998 年中国水利水电工程局组织机构如下：

一、机关处室

1. 党委系统

党委政治工作部（原党办，组织、宣传合署办公），纪委，工会，团委。

2. 行政系统

局办公室，经营计划处，施工技术处，质量安全处，劳动人事处，财务处，审计处，监察处，离退办。

二、生产施工单位

第一工程处，第二工程处，第三工程处，第四工程处，第五工程处。

三、经营单位

三源开发总公司，管理多经公司，物资公司，生活服务公司，设计公司，咨询公司，基建公司，科研所，医院。

中国水利水电基础工程局行政系列、党群系列领导人员任职情况分别见表 1-5-3、表 1-5-4。

表 1-5-3　　中国水利水电基础工程局行政系列领导人员任职情况

（1995 年 1 月～2000 年 7 月）

职务名称	任职人员姓名及任职时间	备　注
局　长	郝鸿禄 1995 年 3 月～1997 年 12 月	
	蒋振中 1997 年 12 月～2000 年 7 月	1997 年 12 月改任咨询
副局长	蒋振中 1995 年 3 月～1997 年 12 月	第一副局长
	夏可风 1995 年 3 月～2000 年 7 月	
	张源智 1995 年 3 月～1997 年 12 月	
	宗敦峰 1997 年 12 月～2000 年 7 月	
	赵存厚 1997 年 12 月～2000 年 7 月	
	陈治先 1997 年 12 月～2000 年 7 月	2004 年 12 月改任咨询

续表

职务名称	任职人员姓名及任职时间	备　注
总工程师	高钟璞1995年1月～1997年12月	1997年12月改任咨询
	夏可风1996年12月～2000年7月	
总经济师	黄炳福1997年12月～2000年7月	
总会计师	杜增明1995年12月～2000年7月	

表1-5-4　　中国水利水电基础工程局党群系列领导人员任职情况
（1995年1月～2000年7月）

职务名称	任职人员姓名及任职时间	备　注
书　记	1995年1月～1997年12月	暂缺
	张源智1997年12月～2000年7月	
副书记	陈治先1994年12月～1997年12月	主持工作
	田学良1997年12月～2000年7月	兼纪委书记
工会主席	张新光1995年9月～2000年7月	

1998～2000年中国水利水电基础工程局组织机构见图1-5-2。

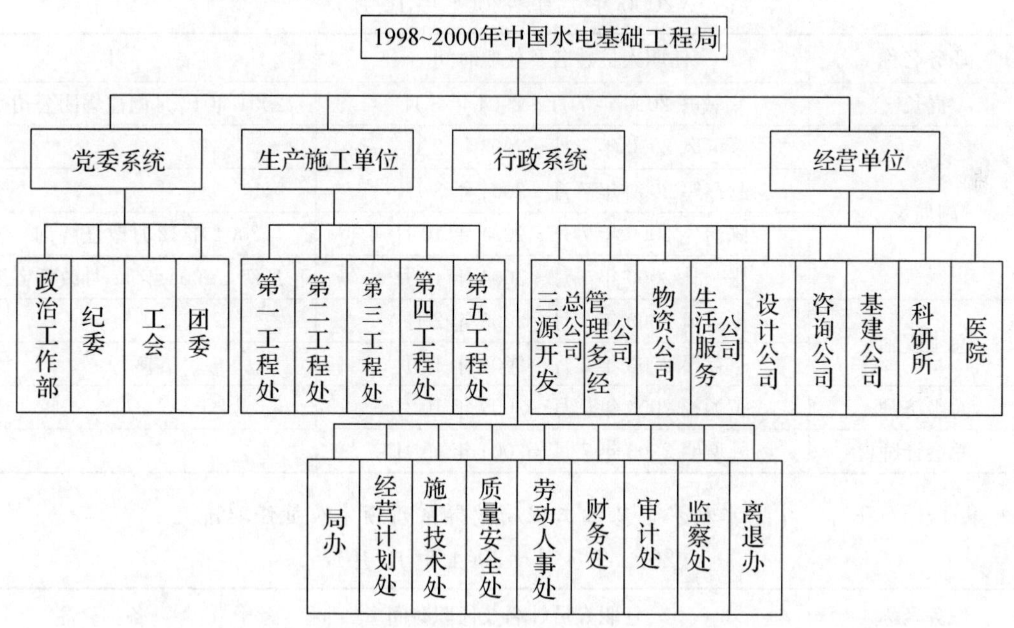

图1-5-2　1998～2000年中国水利水电基础工程局组织机构

1998年，基础局对施工单位及多种经营单位又作了调整，施工生产单位由原来的5个工程处，合并为4个工程处，即第一工程处、第二工程处、第三工程处、第四工程处和在以长江三峡项目部人员为主体的基础上组建机械化施工处。撤销了三源开发总公司，成立了万基土木工程公司；物资处划为机关，科研所独立经营，归工程局直接领导，原多经公司、生活服务公司、职工医院、设计公司、基建公司，独立核算，归万基土木工程公司领导，同时加大国际市场开发的力度，成立了国际工程部。

2000～2004年中国水利水电基础工程局组织机构如下：

一、党委系统

党委政治工作部，纪委，工会，团委。

二、行政系统

局办，经营计划处，施工技术处，质量安全处，劳动人事处，财务处，审计处，国际工程部，离退办，物资处，企业策划管理部。

三、施工生产单位

第一工程处，第二工程处，第三工程处，第四工程处，机械化施工处。

四、多元生产单位

万基土木工程公司、设计公司、基建公司、科研所、万基河南分公司。

五、服务单位

职工医院、生活服务公司。

中国水利水电基础工程局行政系列、党群系列领导人员任职情况分别见表1-5-5、表1-5-6。

表1-5-5　中国水利水电基础工程局行政系列领导人员任职情况（2000年7月～2004年10月）

职务名称	任职人员姓名及任职时间	备　注
局长	宗敦峰2000年7月～2004年8月	2004年10月调往集团公司
副局长	夏可风2000年7月～2003年2月	
	赵存厚2000年7月～2004年8月	
	陈治先2000年7月～2004年10月	2004年12月改任咨询
	张　林2000年7月～2004年10月	正局级，2004年12月改任咨询
总工程师	夏可风2000年7月～2003年2月	
	赵存厚2003年2月～2004年12月	兼
总经济师	黄炳福2000年7月～2004年10月	
总会计师	杜增明2000年7月～2004年10月	

表1-5-6　中国水利水电基础工程局党群系列领导人员任职情况（2000年7月～2004年10月）

职务名称	任职人员姓名及任职时间	备　注
书记	张源智2000年7月～2004年10月	
副书记	田学良2000年7月～2004年10月	兼纪委书记
工会主席	张新光2000年7月～2004年4月	
	袁国俊2004年4月～2004年10月	

2000～2003 年中国水利水电基础工程局组织机构见图 1－5－3。

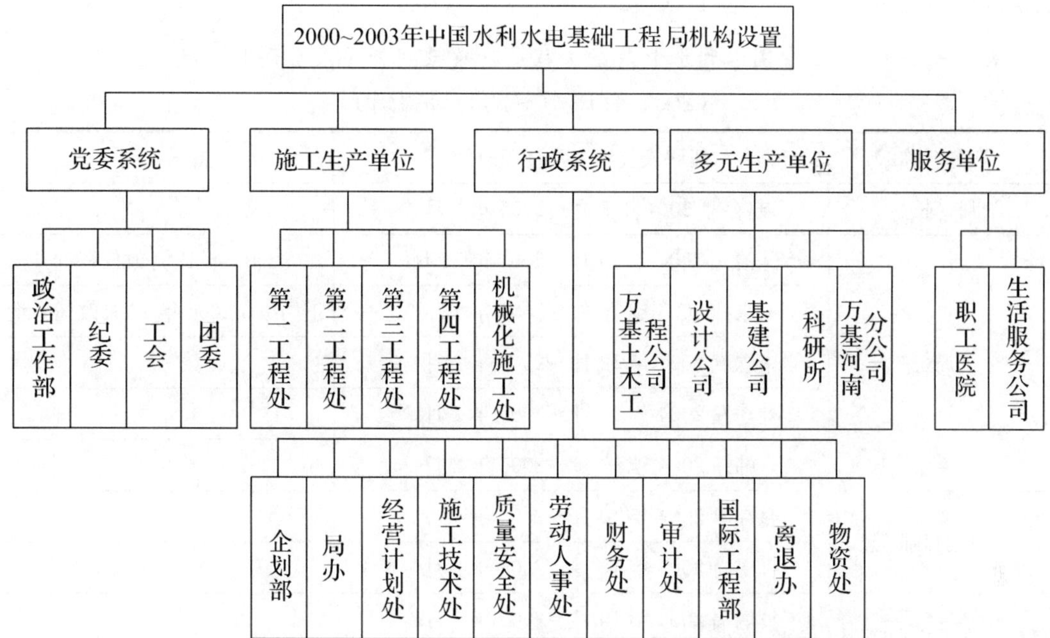

图 1－5－3　2000～2003 年中国水利水电基础工程局组织机构

第六章　建立现代企业制度时期（2004～2006 年）

第一节　改革建制过程

建立现代企业制度时期，是指中国水电基础局有限公司深化企业改革、建立以法人治理结构为基本特征的现代企业制度时期。2003 年 3 月，中国水电集团公司批准中国水利水电基础工程局作为公司制改革的试点单位。2004 年 6 月，经国资委正式批准作为中国水电集团首批主辅分立、辅业整体分流改制单位之一。按照建立现代企业制度，实行公司制，遵循“产权清晰、权责明确、政企分开、管理科学”的原则要求，中国水电基础工程局进行以产权、组织与劳动制为主要内容的制度性改革，按照《公司法》及其他公司改制的政策法规规定，采取“整体改制，资产补偿，员工持股，身份转换”的主辅分离的方式，于 2005 年 2 月成功改制，注册为由职工控股、国有资产参股的混合所有制的企业。改制后的公司与中国水电集团不再具有行政隶属关系，转变为资产组纽带关系。中国水电集团仅以出资额为限承担有限责任，并通过法人治理结构，委派股东代表，推荐董事会、监事会成员。行使股东的资产收益、重大经营决策和经营者选择，参与改制后公司的管理活动，体现出资人的意愿，实现所有权与经营权的分离，使改制后的公司真正成为市场经营的主体和独立承担民事责任的法人实体，和各方股东利益共享，风险共担。

2004年10月～2005年2月中国水利水电基础工程局行政系列、党群系列领导人员任职情况分别见表1-6-1、表1-6-2。

表1-6-1　　中国水利水电基础工程局行政系列领导人员任职情况
（2004年10月～2005年2月）

职务名称	任职人员姓名及任职时间	备　　注
局　长	赵存厚2004年8月～2005年2月	
副局长	陈治先2004年10月～2004年12月	2004年12月改任咨询
	张林2004年10月～2004年12月	正局级，2004年12月改任咨询
	李志斌2004年12月～2005年2月	
	刘建发2004年12月～2005年2月	
	韩伟2004年12月～2005年2月	
总工程师	赵存厚2004年10月～2004年12月	兼
	肖恩尚2004年12月～2005年2月	
总经济师	黄炳福2004年10月～2005年2月	
总会计师	杜增明2004年10月～2005年2月	

表1-6-2　　中国水利水电基础工程局党群系列领导人员任职情况
（2004年10月～2005年2月）

职务名称	任职人员姓名及任职时间	备　　注
书　记	张源智2004年10月～2005年2月	
副书记	田学良2004年10月～2005年2月	兼纪委书记
工会主席	袁国俊2004年10月～2005年2月	

第二节　建立和完善法人治理结构

2004年4月，在公司改制时，中国水电集团对原有领导班子进行了调整。中国水电集团以中水电人字［2004］139号文，聘任赵存厚为基础局局长，免去宗敦峰基础局局长一职，调往中国水电集团公司工作。2004年12月，中国水电集团以中水电人字［2004］204号文，聘任李志斌、刘建发、韩伟为基础局副局长，肖恩尚为基础局总工程师；免去张林基础局副局长一职，改任咨询，保留正局级待遇（2005年4月退休）；免去陈治先基础局副局长一职，改任咨询，副局长待遇（2006年退休）。2004年，中国水电集团以中水电人字［2004］32号文，天津市总工会以津工复［2005］12号文批复袁国俊为工会主席（副局级待遇）。

2005年1月22日，依据公司法之规定，公司召开了第一届股东会第一次会议，通过了《中国水电基础局有限公司章程》，选举产生了公司第一届董事会、监事会。选举产生了公司董事长、监事会主席，聘任了公司总经理。2月28日，公司成功注册，完成了法定注册程序。6月26日，召开公司成立庆典大会，宣布中国水电基础局有限公司成立。前来参加庆典大会的领导人有：国务院资产监事会主席范有年、国务院南水北调办公室主任张基尧、原水利部副部长陈赓仪、中国水利水电集团公司总经理郭建堂等。

公司董事会由张源智、赵存厚、李志斌、袁国俊、杜增明5人组成。张源智为董事长，赵存厚为副董事长。

公司监事会由邓孟元、张素华、徐建华3人组成，邓孟元为监事会主席。

公司经理：总经理赵存厚，副总经理李志斌、田学良、黄炳福、刘建发、韩伟。

机关设置：总经理工作部，人力资源部，企业发展部（法律事务部），财务产权部，工程管理部（安全监察部），技术信息中心，审计部，党群工作部（包括纪检监察部、工会、共青团）。

公司专业管理部门：市场开发部，国际工程部，物资设备管理公司（设备租赁公司），资金结算中心，社会保障中心（离退休工作部）。

生产单位：撤销机械化施工处、万基土木公司，设立第一施工公司、第二施工公司、第三施工公司、第四施工公司。

辅助单位：科研所，中基大地隧道有限公司，飞科公司；撤销设计公司、基建公司、生活服务公司、万基公司河南分公司。

服务单位：成立恒昌实业公司，撤销职工医院，设立南北院职工医务室，隶属恒昌实业公司管理。

2005年2月～2006年12月中国水电基础局有限公司行政系列、党群系列领导人员任职情况分别见表1-6-3、表1-6-4。

表1-6-3　　中国水电基础局有限公司行政系列领导人员任职情况

（2005年2月～2006年12月）

职务名称	任职人员姓名及任职时间	备　注
董事会	张源智 2005年2月～2006年12月	董事长
	赵存厚 2005年2月～2006年12月	副董事长
	李志斌 2005年2月～2006年2月	董事，2006年2月调水电二局
	袁国俊 2005年2月～2006年12月	董事
	杜增明 2005年2月～2006年12月	董事
监事会	邓孟元 2005年2月～2006年12月	主席
	张素华 2005年2月～2006年12月	监事
	徐建华 2005年2月～2006年12月	监事
经理层（含三总师）	赵存厚 2005年2月～2006年12月	总经理
	李志斌 2005年2月～2006年2月	副总经理
	田学良 2006年3月～2006年12月	副总经理

续表

职务名称	任职人员姓名及任职时间	备　　注
经理层（含三总师）	黄炳福 2005 年 2 月～2006 年 12 月	副总经理兼总经济师
	刘建发 2005 年 2 月～2006 年 12 月	副总经理
	韩伟 2005 年 2 月～2006 年 12 月	副总经理
	肖恩尚 2005 年 2 月～2006 年 12 月	总工程师
	杜增明 2005 年 2 月～2006 年 12 月	总会计师

表 1-6-4　　中国水电基础局有限公司党群系列领导人员任职情况
（2005 年 2 月～2006 年 12 月）

职务名称	任职人员姓名及任职时间	备　　注
书记	张源智 2005 年 2 月～2006 年 12 月	
副书记	田学良 2005 年 2 月～2006 年 3 月	兼纪委书记
	袁国俊 2006 年 3 月～2006 年 12 月	兼纪委书记
工会主席	袁国俊 2005 年 2 月～2006 年 12 月	兼

2005～2006 年中国水电基础局有限公司组织机构见图 1-6-1。

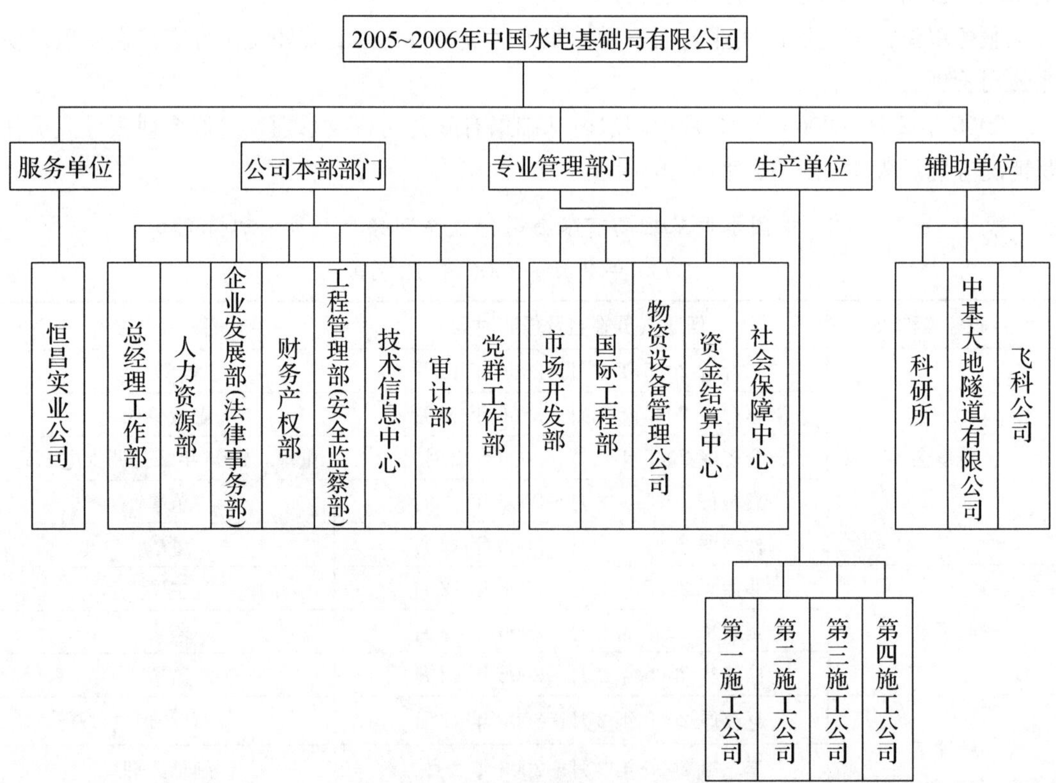

图 1-6-1　2005～2006 年中国水电基础局有限公司组织机构

在建立法人治理结构的同时，也制订了以下现代企业管理制度：

（1）《中国水电基础局有限公司章程》；

（2）《中国水电基础局有限公司股东会工作条例》；

（3）《中国水电基础局有限公司董事会工作条例》；

（4）《中国水电基础局有限公司监事会工作条例》；

（5）《中国水电基础局有限公司总经理工作条例》；

（6）《中国水电基础局有限公司规章制度制定程序管理办法》；

（7）《中国水电基础局有限公司职工股权管理办法》；

（8）《中国水电基础局有限公司三年发展规划》。

第三节　改革焕发企业的生机与活力

2003年改制启动，公司借助企业改革的推动，给公司注入了生机和活力，极大地调动了生产能力和创新力，公司的面貌焕然一新。从2003年3月～2006年12月，公司在浙、冀、藏、鄂、湘、赣、川、黔、黑、吉、晋、陕、蒙、滇、辽、豫、宁、沪、新、闽、津、京等25个省市开拓了国内市场，承担了大小工程170多项。施工任务大多是急、难、险、重，工期要求紧，技术难度大的工程项目。施工总产值达到22亿元。“走出去”的国外发展战略，取得明显成绩。继开辟越南、新加坡国际市场后，2003～2006年，先后在马来西亚、尼泊尔、乌兹别克斯坦、苏丹、约旦、斯里兰卡、伊朗开辟了市场，施工总产值达2亿元。2003年，全年施工产值为4.2053亿元，实现利润413万元，全员劳动生产率为27万元/（人·年）；职工人均年收入2.6万元。2004年，全年施工产值为4.18亿元，实现利润429万元，全员劳动生产率27万元/（人·年），员工人均年收入3.3万元。2005年，全年施工产值为5亿元，实现利润1410万元，员工人均年收入3.9万元，全员劳动生产率为34万元/（人·年），股东红利10%。2006年，全年施工总产值为6.75亿元，实现利润3660万元，全员劳动生产率为40万元/（人·年），员工人均年收入4.2万元，股东红利11%。

1982～1996年施工总产值完成情况见表1-6-5。

1997～2006年企业产值、利润、产值利润率情况见表1-6-6。

表1-6-5　　1982～1996年施工总产值完成情况　　单位：万元

年　份	1982	1983	1984	1985	1986	1987	1988	1989	1990	1991	1992	1993	1994	1995	1996
总产值	959.6	1297	1549	2232.8	2314.6	1886.8	1437.7	2496.3	2603.3	3234	8756	7722	9505.6	10688	12018

表1-6-6　　1997～2006年企业产值、利润、产值利润率情况　　单位：万元

内　容	1997	1998	1999	2000	2001	2002	2003	2004	2005	2006
企业总产值	14436.3	16573.4	17450.3	31166.2	26588	30960.5	41917.6	41021.2	52036	67501.6
利　润	181.4	170.8	187.9	313.1	323.1	360.9	413.1	428.9	1430.7	3399.1
产值利润率（%）	1.26	1.03	1.08	1.00	1.22	1.17	0.99	1.05	2.75	5.04

第二篇　国内外经营

第二篇　国内外经营

第一章　国内经营概况

基础局从1959年8月在密云水库开始建造中国第一道防渗墙，之后专门从事基础处理施工，工艺逐步拓展和丰富，施工能力不断提高。主要工艺有：混凝土防渗墙（地下连续墙）、灌浆（帷幕灌浆、固结灌浆、回填灌浆等）、高喷（旋喷、摆喷、定喷）、桩基、振冲、锚索等。

随着社会主义市场经济体制的建立，基础局改革开放后逐步树立了市场意识、竞争意识、效益观念等，经营方式由计划经济向社会主义市场经济转移，经营视野由单一水电建筑施工向跨行业、跨区域、全方位承揽工程方向发展，提高了基础局的知名度和企业信誉，创造了较好的经济效益。

基础局成立以来，共承揽了700余项国内工程，履约情况良好，连续多年被天津市人民政府评为“重合同、守信用”单位，为基础局在国内水电建设施工领域树立了良好的企业形象。自有记录以来，基础局从1986年的1322万元的合同签订额发展到2006年的6.61亿元。1986～2006年基础局签订的合同额情况见表2-1-1。

表2-1-1　　1986～2006年基础局签订的合同额情况

年　份	1986	1987	1988	1989	1990	1991	1992	1993	1994	1995	1996
合同额（万元）	1322	5472	3709	3191	1150	3514	5164	6434	12888	5258	3994

年　份	1997	1998	1999	2000	2001	2002	2003	2004	2005	2006
合同额（万元）	14947	18037	14391	27508	36644	35714	57040	47585	65727	66107

近50年来，基础局承揽和完成的主要工程量包括：混凝土防渗墙约318万米^2，灌浆钻孔进尺约195万延米，灌浆进尺162万延米；高喷成墙面积15万米^2，高喷钻孔16万米；振冲约76万米，等等。施工项目遍布全国各地，在长江、黄河、珠江、嫩江、松花江、金沙江、清江、澜沧江等江河湖泊都留下了基础局的足迹。

基础局除立足国内水电经营之外，还制定了拓展非水电市场战略，开拓非水电市场领域，涉及的行业包括铁路、公路、桥梁、火电、地铁、矿冶、环保、军工、核电、核设施、市政、工民建、港口等许多建筑领域。

第二章 国内大型重要工程

第一节 已建大型重要工程

基础局在国内已建大型重要工程见表2-2-1。

表2-2-1　　基础局在国内已建大型重要工程

序号	工程名称	地点	开工时间	竣工时间
1	北京密云水库坝基防渗墙工程	北京密云	1959	1960
2	三三〇工程大江围堰混凝土防渗墙工程	湖北宜昌	1980	1981
3	葛洲坝工程大江围堰第二道防渗墙工程	湖北宜昌	1981-06	1981-11
4	水口水电站主围堰塑性混凝土防渗墙工程	福建闽清	1989	1990
5	黄河小浪底水利枢纽上游围堰塑性混凝土防渗墙工程	河南洛阳	1993	1994
6	黄河小浪底水利枢纽主坝混凝土防渗墙工程	河南洛阳		
7	三峡水利枢纽二期上游围堰防渗墙工程	湖北宜昌	1996	1998
8	岭澳核电站防渗地连墙工程	广东深圳	1997	1998
9	河北黄壁庄水库除险加固副坝混凝土防渗墙工程第二标段	河北鹿泉	1999	2001
10	河北黄壁庄水库除险加固副坝混凝土防渗墙工程第三标段	河北鹿泉	2000	2002
11	河北黄壁庄水库除险加固副坝混凝土防渗墙工程第四标段	河北鹿泉	2002	2002
12	河北黄壁庄水库除险加固副坝混凝土防渗墙工程第四标段76+1槽塌坝段防渗墙工程	河北鹿泉	2003-02	2003-07
13	江西长江干流江岸堤防加固整治工程	江西彭泽	1999	2000
14	安徽和县牛屯河堤段防渗加固工程	安徽和县	2000	2000
15	长江重要堤防隐蔽工程黄冈长江干堤加固工程	湖北蕲春	2001	2002
16	长江重要堤防隐蔽工程武汉长江干堤加固工程	湖北武汉	2001	

续表

序号	工　程　名　称	地　　点	开工时间	竣工时间
17	尼尔基水利枢纽主坝基础混凝土防渗墙工程	内蒙尼尔基	2001	2002
18	紫坪铺水利枢纽大坝上下游围堰混凝土防渗墙工程	四川都江堰	2002	2003
19	武汉阳逻长江公路大桥南锚碇基础工程	湖北武汉	2003	2004
20	西藏拉萨河直孔水电站碎石土心墙堆石坝防渗墙工程	西藏墨竹工卡	2003	2006
21	新疆下坂地工程坝基垂直防渗试验研究工程	新疆塔什库尔干	2003	2003
22	西藏狮泉河水电站土建工程及金属结构施工基础处理工程	西藏阿里	2004	2005
23	上海500千伏静安（世博）输变电地下连续墙工程	上海	2005	2006
24	广东阳江核电站工程	广东阳江	2005	2006
25	岭澳二期防渗地连墙工程	广东深圳	2005	2005
26	四川沙湾水电站一期围堰补强防渗墙工程	四川乐山	2006	2006
27	丹江口水库坝基帷幕灌浆工程	湖北丹江口		1970
28	乌江渡水电站坝基帷幕灌浆工程	贵州遵义		1981
29	龙羊峡水电站坝基灌浆工程	青海共和	1983	1987
30	天生桥二级水电站引水隧洞灌浆工程	贵州安龙与广西隆林交界处	1992	2000
31	小湾水电站上游围堰右侧堰基可控帷幕灌浆工程	云南风庆与南涧	2001-11	2002-01
32	润扬长江公路大桥南汊悬索桥北锚碇地连墙工程	江苏镇江	2001	2002
33	山西万家寨引黄工程国际Ⅱ、Ⅲ标6号洞缺陷处理灌浆工程	山西朔州	2003-03	2005-04
34	乌江索风营水电站防渗帷幕灌浆工程	贵州修文、黔西	2003-06	2005-12
35	向家坝水电站一期围堰基础防渗工程	四川宜宾与云南永善交界处	2004-11	2006-01

第二节　工程选介（侧重大江大河）

一、密云水库白河主坝防渗墙工程

北京密云水库位于北京市密云县溪翁庄镇。修建密云水库工程是新中国成立后的第一个大型城市供水工程，库容41.9亿米^3。其中白河主坝为黏土斜墙坝，由基础局的前身密云水库基础处理总队承担了白河主坝防渗墙的施工。密云水库是我国最早采用槽孔型混凝土防渗墙的工程，墙体深度达44米，墙厚0.8米，防渗面积18876米^2。

二、长江三峡二期上游围堰防渗墙工程

长江三峡水利枢纽工程位于重庆市到湖北宜昌市之间的长江干流上，是目前世界上规模最大的水电站，也是中国有史以来建设的最大型的工程项目。

三峡水利枢纽二期围堰是三峡工程最重要的临时建筑物之一，为Ⅱ级水工临时建筑物，最大高度82.5米，最大填筑水深60米，是二期围堰施工期最重要的安全屏障。上游围堰防渗墙工程采用垂直防渗方案，主要防渗体为防渗墙，防渗墙上部接土工布合成材料，下部为墙下帷幕灌浆，灌浆底线为岩石透水率＜10Lu。防渗轴线全长1371.95米，墙厚1米，防渗墙245个槽段，墙体嵌入弱风化岩石0.5～1米，深度≤40米采用柔性墙体材料，深度＞40米采用常规混凝土。

三峡二期围堰是三峡水利枢纽8项重点技术难题之一，防渗墙又是其中最重要的部分，最大墙深达73.5米，工程规模巨大，工期紧，地质复杂，被称为水下生命线。基础工程局成功利用了世界上最先进的液压铣槽机建造防渗墙槽孔的技术，并加以改进、发展，使之适应于三峡复杂的地层。

本工程于1996年9月23日开工，1998年8月27日完工，完成防渗墙造孔进尺48259.6米，防渗面积42244.3米^2，浇筑混凝土59652.8米^3；先导孔154个，进尺6206.4米；墙下灌浆722孔，进尺7789.2米。

2001年3月19日验收，工程单元合格率100%，优良率83.2%，在工程未完全竣工的基坑抽水期间即经过了1998年长江8次洪峰考验。

由基础局完成的“长江三峡二期上游围堰防渗墙施工技术研究与工程实践”项目获国家科技进步奖二等奖。

三、黄河小浪底水利枢纽主坝混凝土防渗墙等工程

黄河小浪底水利枢纽工程位于河南省洛阳市以北40千米的黄河干流上，上距三门峡水利枢纽130千米，是黄河干流三门峡以下唯一能取得较大库容的控制性工程。工程集防洪、减淤、防凌、灌溉、供水和发电6大功能于一身，是根治黄河水患、开发黄河水利的关键。

黄河小浪底水利枢纽主坝混凝土防渗墙工程完成防渗墙造孔10834.66米^2，成墙面积13014.6米^2，浇筑混凝土18585.5米^3，防渗墙最深达81.9米，是当时国内最深的防渗墙。

工程于1994年2月开工，1994年10月竣工。

基础局自进入小浪底成立项目经理部以来，历时十余年，共完成大小20项复杂工程，

包括当时国内最深的81.9米大坝防渗墙和低弹模值的上游围堰塑性混凝土防渗墙等工程，累计完成投资2亿多元。基础局小浪底经理部十分重视技术创新，研制并成功应用了缓凝型混凝土、高强低弹塑性混凝土；大规模应用了智能灌浆记录仪，开发出一体灌浆系统，引进了GIN灌浆工艺，研制了新型灌浆监控系统、旋转封闭器、压力、流量数显监视器，新型气压、液压塞，高速搅拌机等多种先进设备。

四、嫩江尼尔基水利枢纽主坝基础混凝土防渗墙工程

尼尔基水利枢纽位于黑龙江省与内蒙古交界的嫩江干流的中游，是嫩江流域水资源开发利用、防治水旱灾害的核心工程。

基础局2001年9月中标承担尼尔基水利枢纽主坝基础混凝土防渗墙工程。工程于2002年6月3日开工，2002年11月3日主体工程完工。

工程主要包括轴线总长度为1364.28米范围内的混凝土防渗墙、墙下帷幕灌浆和墙上的沥青混凝土心墙基座混凝土底梁三部分。其中混凝土防渗墙的合同工程量为47173米^2。实际造孔进尺51252延米，浇筑槽孔225个，形成截水面积40425.6米^2，浇筑混凝土35655.7米^3，钻孔灌浆6048米，沥青混凝土心墙底梁完成85个单元共1356延米，浇筑混凝土5695米^3。

施工中，依照施工设计要求，采用接头管法进行墙段连接，既提高了工效、降低了成本，又最大限度地保证了墙体的接缝质量。

五、金沙江向家坝水电站一期围堰防渗墙工程

向家坝水电站位于四川省宜宾县与云南省水富县交界的金沙江下游河段，是金沙江下游河段规划的最末一个梯级电站，其开发任务以发电为主，同时改善上游库区通航条件，电站总装机容量600万千瓦，年发电量307亿千瓦时，静态总投资289.88亿元，动态投资355.9亿元，总工期9年半。

向家坝水电站一期土石围堰基础防渗以塑性混凝土防渗墙为主，防渗工程量较大，工期紧。防渗墙轴线长1168.78米，墙厚0.8米，嵌入基岩0.5米，下部设有帷幕灌浆。本工程于2004年11月28日开工，2006年1月18日实现防渗墙胜利封闭。完成主要工程量：混凝土防渗墙51849.96米^2，灌浆14403.56米，预埋灌浆管21720.4米，土石方开挖36295.97米^3，围堰砂卵石填筑233353.12米^3。该工程创造了当时月成槽面积15661米^2、月成墙面积23820.46米^2、月浇筑混凝土23485.5米^{3}最高施工强度纪录。

六、瀑布沟水电站大坝防渗工程

瀑布沟水电站位于大渡河中游四川省汉源县和甘洛县两县境内，电站装机6台，装机总容量为3300兆瓦，是大渡河流域水电开发的龙头。基础局主要承担上游围堰大部分防渗墙和大坝主防渗墙的部分施工任务，同时参与大坝的其他基础处理施工。

上游围堰为土工膜斜墙围堰，堰体与大坝相结合，堰基采用悬挂式混凝土防渗墙防渗，防渗墙墙顶高程684.0米，最大深度44.0米，厚度0.80米，堰体采用复合土工膜斜墙防渗，上游围堰防渗墙成墙面积为11100米^2，下游围堰防渗墙成墙面积为2900米^2，共计14000米^2。

上游围堰防渗墙属于瀑布沟水电站大坝工程标段，由葛江津联营体中标，其中上游围堰防渗墙主要由中国水利水电基础工程局进行施工。

七、长江葛洲坝水利枢纽防渗墙工程

葛洲坝水利枢纽位于湖北省宜昌市长江干流上。葛洲坝水利枢纽是我国在长江干流上建设的第一个巨型水利水电工程。电站装机 271.5 万千瓦。基础局承担了葛洲坝水利枢纽工程围堰防渗墙工程，完成主要工程量：造孔进尺 103365 米，浇筑混凝土 82513.1 米^3，成墙面积 74421 米^2。工程于 1981 年 6 月开工，1981 年 11 月竣工。

八、水口水电站主围堰塑性混凝土防渗墙工程

水口水电站位于闽江中游，福建省闽清县境内，下游 34 千米处为福州市。上游围堰长 490 米，防渗墙轴线长 386.117 米，该部位最大墙深 44 米、最小墙深 11.9 米；下游围堰长 410 米，防渗墙轴线长 317.08 米，该部位最大墙深 37.2 米、最小墙深 9.2 米。工程于 1989 年 4 月 26 日开工，1990 年 2 月 9 日完工。完成 0.8 米厚防渗墙 115 个槽段，成墙面积 19707.6 米^2，造孔 24635 米，混凝土浇筑 19182.5 米^3。水口水电站主围堰塑性混凝土防渗墙工程在我国第一次采用塑性混凝土材料，它的成功建成为我国防渗墙建设开辟了一条新的途径。

九、乌江渡水电站坝基帷幕灌浆工程

乌江渡水电站位于贵州省中部遵义市境内的乌江中游。电站原装机 630 兆瓦，乌江渡水电站扩机工程的主要任务是发电，装机容量 2×250 兆瓦。

贵州乌江渡水电站是在岩溶地区修建的第一座高坝，坝基为石灰岩。基础局主要承担岩溶坝基截渗的科研和施工任务，到 1981 年共完成帷幕灌浆 21 万米，是国内首次采用高压灌浆的工程，最大灌浆压力达到 6 兆帕，开创了具有中国特点的小孔径孔口封闭灌浆工艺。

2001 年 10 月 26 日～2002 年 6 月 6 日，基础局又承揽并完成了乌江渡水电站扩机地下厂房防渗帷幕工程的施工任务。

十、湖北清江水布垭水利枢纽大坝趾板基础处理工程

水布垭水利枢纽工程位于清江中游河段，坝址位于湖北省巴东县境内，是清江中下游梯级开发的最上一级工程，也是清江流域综合利用开发的龙头工程，具有发电、防洪以及其他综合效益。

大坝趾板基础处理灌浆采用三参数大循环灌浆自动记录仪，选用 J31－B 型多路灌浆自动记录仪控制灌浆全过程。

完成工程量：灌浆 34517.61 米，435 个孔，水泥总耗量 2044823 千克，灌浆灰量 1620020 千克。

工程于 2003 年 10 月 10 日开工，2006 年 3 月 19 日竣工。

大坝左岸趾板灌浆共分 85 个单元，85 个合格，合格率 100％。其中优良单元 79 个，优良率 92.94％。工程质量等级被评定为优良。

第三章　国内防渗墙工程

第一节　已建工程情况

基础局已完成的国内防渗墙工程见表2-3-1。

表2-3-1　　基础局已完成的国内防渗墙工程

序号	工程名称	地　点	开工时间	竣工时间
1	北京密云坝基防渗墙工程	北京密云	1959	1960
2	毛家村坝基防渗墙工程	云南会泽	1962	1962
3	崇各庄坝基防渗墙工程	北京市	1965	1965
4	旗岭混凝土闸下防渗墙工程	广东东莞	1965	1965
5	龚嘴上、下游围堰防渗墙工程	四川乐山	1967	1967
6	映秀湾防冲墙与围堰防渗墙工程	四川汶川	1969	1969
7	渔子溪一级混凝土闸下墙	四川汶川	1969	1969
8	南谷洞坝基防渗墙工程	河南林县	1969	1969
9	绿水河混凝土防冲墙工程	云南红河州	1970	1970
10	窄巷口施工围堰地基防渗墙工程	贵州修文	1970	1970
11	碧口坝基防渗墙围堰防渗墙工程	甘肃文县	1971	1971
12	北白岩副坝坝基防渗墙工程	北京市	1974	1974
13	黄羊河坝体防渗墙工程	甘肃武威	1974	1974
14	澄碧河坝体与坝基防渗墙工程	广西百色	1974	1974
15	南营坝体与坝基防渗墙工程	甘肃武威	1975	1975
16	柘林坝体与坝基防渗墙工程	江西永修	1977	1977
17	皇城滩坝基防渗墙工程	甘肃武威	1980	1980
18	三三〇工程大江围堰混凝土防渗墙	湖北宜昌	1980	1981
19	于桥水库溢洪道防冲墙工程	天津蓟县	1980	1981
20	海子水库主坝混凝土防渗墙	北京平谷	1981	1982
21	葛洲坝工程大江围堰第二道防渗墙施工	湖北宜昌	1981-06	1981-11
22	白河堡水库坝基防渗墙工程	北京怀柔	1982	1982
23	海子主坝坝基防渗墙工程	北京平谷	1982	1982

续表

序号	工程名称	地　点	开工时间	竣工时间
24	丹江口左岸土坝加固工程	湖北丹江口	1982	1983
25	渔子溪二级电站混凝土防渗墙工程	四川汶川	1982	1984
26	于桥水库加固工程坝基处理工程	天津蓟县	1982	1982
27	万安水利枢纽混凝土防渗墙工程	江西万安	1984	1985
28	草坡电站闸坝混凝土防渗墙工程	四川汶川	1984	1985
29	铜街子水电站左深槽混凝土防渗墙工程	四川乐山	1984	1986
30	邱庄水库坝基防渗墙工程	河北丰润	1985	1985
31	禁门关坝基防渗墙工程	四川雅安	1986	1986
32	大山口电站上游围堰混凝土防渗墙工程	新疆和静	1986	1987
33	蓟运河防潮闸闸基加固工程	天津北塘	1987	1987
34	阿湖水库混凝土防渗墙工程	新疆阿图什	1987	1989
35	河北易县北易水引水工程坝基防渗墙工程	河北易县	1988	1989
36	荆洪滩水库西坝线防渗墙工程	山东青岛	1988	1988
37	承德市武烈河橡胶坝防渗墙工程	河北承德	1988	1989
38	岳城水库溢洪道防冲墙工程	河北磁县	1988	1989
39	武烈河橡胶坝坝基防渗墙工程	河北承德	1989	1989
40	阿坝州林业甘堡水电站工程	四川理县	1989	1990
41	阿木卡电站防渗墙工程	四川红原	1989	1989
42	昆明市松花坝水库主坝混凝土防渗墙工程	云南昆明	1989	1990
43	岳家圈水库坝基防渗墙工程	山东蓬莱	1989	1990
44	水口水电站主围堰塑性混凝土防渗墙工程	福建闽清	1989	1990
45	乌拉泊水库除险加固工程	新疆乌鲁木齐	1989	1991
46	册田水库除险加固大坝基础处理工程	山西大同	1989	1991
47	安居电站防渗墙工程	四川铜梁	1990	1991
48	水口电站三期下游封堵围堰塑性混凝土防渗墙工程	福建闽清	1990	1992
49	后冲水库混凝土防渗墙工程	云南会泽	1991	1991
50	天津大吉里基坑支护墙工程	天津市	1991	1992
51	黄桷庄电厂江边水泵房地下连续墙工程	四川宜宾	1991	1992

续表

序号	工程名称	地　点	开工时间	竣工时间
52	黄河大峡水电站纵向围堰混凝土防渗墙工程	甘肃榆中	1992	1992
53	东风水库坝基混凝土防渗墙工程	辽宁瓦房店	1992	1992
54	太平驿电站上游围堰固化灰浆防渗墙工程	四川汶川	1992	1993
55	包头市一达拉特电厂联合取水工程取水泵地下连续墙工程	内蒙古包头	1992	1993
56	云南省德宏州姐勒水库加固工程	云南瑞丽	1992	1993
57	黑龙潭水库主坝混凝土防渗墙工程	云南石林	1993	1993
58	朱限水库混凝土防渗墙工程	辽宁庄河	1993	1993
59	威海房改配套开发公司综合楼地下连续墙工程	山东威海	1993	1993
60	黄河大峡水电站上横围堰混凝土防渗墙工程	甘肃榆中	1993	1993
61	长江三峡一期土石围堰防渗墙工程	湖北宜昌	1993	1994
62	黄河小浪底水利枢纽上游围堰塑性混凝土防渗墙工程	河南洛阳	1993	1994
63	四川省芦山县铜头电站上游围堰混凝土防渗墙工程	四川芦山	1993	1993
64	汉江王甫洲水利枢纽电厂船闸下游围堰固化灰浆防渗墙工程	湖北老河口	1994	1994
65	长江三峡右岸通航建筑物引航道隔流堤防渗墙工程	湖北宜昌	1994	1995
66	天津市鸿吉商贸中心地下连续墙工程	天津	1994	1995
67	龙潭电站混凝土防渗墙工程	四川汶川	1994	1995
68	冶勒水电站深厚防渗墙试验工程	四川石棉	1994	1996
69	太河水库主坝段防渗墙工程	山东淄博	1994	1997
70	太河水库主坝段混凝土防渗墙工程Ⅰ标段	山东淄博	1994	1996
71	广东省肇庆市江口水电站闸坝基础工程	广东封开	1995	1995
72	广东省英德市北江白石窑水电厂右岸土坝基础防渗工程	广东英德	1996	1996
73	山东烟台门楼水库除险加固主坝混凝土防渗工程	山东烟台	1996	1997
74	阿坝州热足电站下游防冲墙工程	四川马尔康	1996	1997

续表

序号	工程名称	地　点	开工时间	竣工时间
75	太河水库主坝段混凝土防渗墙工程Ⅱ标段	山东淄博	1996	1997
76	三峡水利枢纽二期上游围堰防渗墙工程	湖北宜昌	1996	1998
77	长江三峡水利枢纽二期围堰右上接头段液压铣防渗墙试验工程	湖北宜昌	1996	1997
78	三峡机场民强水库整治工程塑性混凝土防渗墙工程	湖北宜昌	1997	1997
79	河南省嵩县前河水电站渠首坝基处理工程	河南嵩县	1997	1997
80	天津杨柳青电厂三期工程补水泵房混凝土地下连续墙工程	天津西青区	1997	1997
81	西郑庄分洪闸除险加固工程固化灰浆防渗墙工程	山东德州	1997	1997
82	满拉水库枢纽工程混凝土防渗墙工程	西藏江孜	1997	1997
83	安宁市车木河水库加固扩建工程	云南安宁	1997	1997
84	浙江省珊溪水库上、下游围堰防渗止水工程	浙江文成	1997	1998
85	岭澳核电站防渗地连墙工程	广东深圳	1997	1998
86	若碧沟水电站防渗墙工程	四川宝兴	1997	1997
87	白溪水库上游围堰塑性混凝土防渗墙工程	浙江宁波	1998	1998
88	陕西汉中二郎坝天生桥水库枢纽副坝混凝土防渗墙工程	陕西宁强	1998	1999
89	王甫洲水利枢纽土石坝及围堤混凝土防渗墙工程	湖北老河口	1998	1998
90	赵山渡引水枢纽闸基混凝土防渗墙工程	浙江瑞安	1998	1998
91	红岩子电站混凝土防渗墙工程	四川南部县	1998	1999
92	常家沟水库大坝防渗墙加固工程	陕西神木	1998	1999
93	英德市城区（大桥—南山）堤防工程混凝土防渗墙工程	广东英德	1998	1999
94	嵊州市艇湖水利枢纽工程坝基混凝土防渗墙工程	浙江嵊州	1998	1999
95	乌拉泊水库副坝除险加固工程	新疆乌鲁木齐	1998	2000
96	宝珠寺水电站混凝土防冲墙工程	四川广元	1999	1999
97	九江市城市防洪工程	江西九江	1999	2000

续表

序号	工程名称	地　点	开工时间	竣工时间
98	河北黄壁庄水库除险加固副坝混凝土防渗墙工程第二标段	河北鹿泉	1999	2001
99	赵山渡引水枢纽二期围堰混凝土防渗墙工程	浙江瑞安	1999	2000
100	铜钟水电站首部混凝土防渗墙工程	四川茂县	1999	2000
101	江西省长江干流江岸堤防加固整治工程	江西彭泽	1999	2000
102	杨村水电站混凝土防渗墙工程	四川峨边	1999	1999
103	西藏林周虎头山水库整治工程	西藏林周	1999	2000
104	嵊州市黄泽江标准堤工程混凝土防冲墙工程	浙江嵊州	1999	2000
105	辽宁庄河永记水库大坝除险加固混凝土防渗墙工程	辽宁庄河	1999	1999
106	四川华能冷竹关水电站闸坝混凝土防渗墙工程	四川康定	1999	1999
107	四川华能冷竹关水电站闸首二期防渗墙工程	四川康定	1999	2000
108	监利县长江干堤姜家门堤基防渗工程	湖北监利	1999	1999
109	尼山水库混凝土防渗墙工程	山东曲阜	1999	2000
110	大连瓦房店市大河水库大坝基础防渗工程	辽宁瓦房店	2000	2000
111	河北黄壁庄水库除险加固副坝混凝土防渗墙工程第三标段	河北鹿泉	2000	2002
112	红岩子电站混凝土防渗墙工程	四川南部县	2000	2000
113	赵山渡引水枢纽二期闸基混凝土防渗墙工程	浙江瑞安	2000	2001
114	安徽和县牛屯河堤段防渗加固工程	安徽和县	2000	2000
115	长江重要堤防隐蔽工程黄冈长江干堤加固工程	湖北蕲春	2001	2002
116	长江重要堤防隐蔽工程武汉市长江干堤加固工程	武汉	2001	2001
117	润扬长江公路大桥北锚碇基础地下连续墙支护工程	江苏镇江	2001	2002
118	玉环县里墩水库供水工程拦河坝地基防渗处理工程	浙江玉环	2001	2001

续表

序号	工程名称	地　点	开工时间	竣工时间
119	深圳西部电厂5、6号机组续建工程循环水排水沟及地下连续墙工程	广东深圳	2001	2001
120	沙坡头水利枢纽导流明渠Ⅰ标段混凝土防渗墙工程	宁夏中卫	2001	2001
121	沙坡头水利枢纽导流明渠Ⅱ标段混凝土防渗墙工程	宁夏中卫	2001	2001
122	陕西省石头河水库大坝右坝肩防渗加固工程	陕西眉县	2001	2002
123	尼尔基水利枢纽主坝基础混凝土防渗墙工程	内蒙古尼尔基	2001	2002
124	云南省蒙自县庄寨水库除险加固工程	云南蒙自	2001	2002
125	四川华能自一里电站工程	四川平武	2002	2002
126	黄河尼那水电站土坝混凝土防渗墙工程	青海贵德	2002	2002
127	哈拉沁水库混凝土防渗墙工程	内蒙古武川	2002	2002
128	云南省澜沧县多依林水库大坝混凝土防渗墙工程	云南澜沧	2002	2003
129	舒兰市小城水库除险加固工程坝基处理工程	吉林舒兰	2002	2002
130	山东省淄博市临淄区淄河治理二期基础防渗工程	山东淄博	2002	2002
131	内蒙古绰勒电站大坝混凝土防渗墙造孔工程	内蒙古兴安	2002	2002
132	云南省元江县街子河水库除险加固工程	云南元江	2002	2003
133	永乐水电站厂房尾水渠混凝土防渗墙工程	四川乐山	2002	2003
134	云南省寻甸县凤龙湾水库除险加固工程主坝混凝土防渗墙及帷幕灌浆工程	云南寻甸	2002	2003
135	大连庄河市转角楼水库除险加固工程	辽宁庄河	2002	2002
136	陕西省黑松林水库除险加固工程	陕西淳化	2002	2002
137	紫坪铺水利枢纽大坝上下游围堰混凝土防渗墙工程	四川都江堰	2002	2003
138	白山抽水蓄能泵站进水口围堰塑性混凝土防渗墙工程	吉林桦甸	2002	2002

续表

序号	工程名称	地　点	开工时间	竣工时间
139	云南勐邦水库除险加固主副坝混凝土防渗墙工程	云南勐海	2002	2003
140	黄壁庄水库除险加固副坝Ⅳ标段混凝土防渗墙工程	河北鹿泉	2002	2002
141	绿茵湖水库加固CⅢ标段工程	贵州都匀	2002	2003
142	武汉阳逻长江公路大桥南锚碇基础工程	湖北武汉	2003	2004
143	西藏拉萨河直孔水电站碎石土心墙堆石坝防渗墙工程	西藏墨竹工卡县	2003	2006
144	内蒙古增隆昌水库主坝防渗墙工程	内蒙古乌拉特前旗	2003	2003
145	甘肃小孤山水电站一期导流工程和闸基础处理工程	甘肃张掖	2003	2003
146	新疆下坂地工程坝基垂直防渗试验研究工程	新疆塔什库尔干	2003	2003
147	昭通市昭阳区段家石桥水库除险加固工程坝体混凝土防渗墙工程	云南昭通	2003	2004
148	沙河水库除险加固防渗墙工程	吉林舒兰	2003	2003
149	河北壶流河水库除险加固拦河坝振动沉模防渗板墙工程	河北蔚县	2003	2003
150	张家口市黄盖淖水库大坝沉模板墙工程	河北张家口	2003	2003
151	黑山县龙湾水库除险加固工程	辽宁黑山	2003	2003
152	黄河沙坡头水利枢纽左岸副坝防渗墙工程	宁夏中卫	2003	2003
153	武威市凉州区西营水库除险加固Ⅱ标段工程	甘肃武威	2003	2003
154	四川省大渡河瀑布沟水电站防渗墙试验工程	四川汉源	2003	2004
155	兴义市兴西湖水库除险加固工程	贵州兴义	2003	2004
156	云南省保山市隆阳区明子山水库除险加固主坝混凝土防渗墙工程	云南保山	2003	2004
157	赛什塘水库除险加固工程	青海贵南	2003	2004
158	东大河水库大坝塑性混凝土防渗墙工程	云南澄江	2003	2003
159	磨盘山水库供水工程黏土心墙土石坝基础工程	黑龙江哈尔滨	2003	2003

续表

序号	工程名称	地　点	开工时间	竣工时间
160	江西省太和县老营盘水库除险加固工程	江西太和	2003	2004
161	小孤山水电站一期导流和闸基础处理工程	甘肃裕固	2003	2004
162	云南省永善县蒿枝坝水库除险加固工程	云南永善	2003	2004
163	云南鹤庆羊龙潭水库除险加固振动沉模防渗及振冲加固工程	云南鹤庆	2004	2005
164	西藏狮泉河水电站土建工程及金属结构施工基础处理工程	西藏葛尔县	2004	2005
165	四川华能木座水电站首部枢纽基础处理工程	四川平武	2004	2005
166	青海黄河康扬水电站枢纽左岸及河床斜墙土石坝防渗工程	青海西宁	2004	2005
167	海南宁远河大隆水利枢纽大坝基础防渗处理工程	海南三亚	2004	2005
168	平安县干沟水库除险加固工程	青海平安	2004	2004
169	双杨树水库除险加固工程大坝振动沉模防渗板墙工程	吉林桦甸	2004	2004
170	黄河拉西瓦水电站上、下游围堰混凝土防渗墙工程	青海贵德	2004	2004
171	吉林省磐石市柳杨水库除险加固防渗墙工程	吉林磐石	2004	2004
172	龙泉湖水库基础塑性混凝土防渗墙工程	黑龙江伊春	2004	2004
173	渭河咸阳城区段综合治理工程中隔墙Ⅰ标段防渗墙、防冲墙工程	陕西咸阳	2004	2005
174	江西鄱阳滨田水库除险加固工程坝身混凝土防渗墙工程	江西鄱阳	2004	2004
175	直岗拉卡水电站土坝混凝土防渗墙工程	青海尖扎	2004	2005
176	吉林省图们市东林水库除险加固Ⅰ标段工程	吉林图们	2004	2004
177	合群水库除险加固工程	青海化隆	2004	2005
178	青海省互助县乔及沟水库除险加固工程	青海互助	2004	2004
179	青海省互助前头沟水库除险加固工程	青海互助	2004	2004
180	吉林省磐石市官马水库除险加固工程	吉林磐石	2004	2004
181	云南省小湾水电站上游围堰堰基防渗工程	云南南涧	2004	2005

续表

序号	工程名称	地　点	开工时间	竣工时间
182	新平彝族傣族自治县清水河水库除险加固工程拦河坝塑性混凝土防渗墙及坝体上下游护坡工程	云南新平	2005	2006
183	金安桥水电站工程上游围堰混凝土防渗墙工程	云南丽江	2005	2006
184	上海500千伏静安（世博）输变电地下连续墙工程	上海静安区	2005	2006
185	山东省章丘市大站水库除险加固扩容工程	山东章丘	2005	2006
186	黄河苏只水电站复合土工膜防渗堆石坝工程	青海循化	2005	2005
187	内蒙古扎兰屯市靠山水库除险加固工程	内蒙古扎兰屯市	2005	2005
188	内蒙古高勒罕水库地下混凝土连续墙工程	内蒙古锡林郭勒盟	2005	2005
189	瓦房店市松树水库除险加固工程	辽宁瓦房店	2005	2005
190	阳江核电水库防渗工程和主厂区防渗墙工程	广东阳东	2005	2006
191	小湾水电站尾水护岸混凝土防冲墙工程	云南南涧	2005	2005
192	岭澳二期防渗地连墙工程	广东深圳	2005	2005
193	西藏平措水电站防洪堤修复工程	西藏林周	2006	2006
194	四川沙湾水电站一期围堰补强防渗墙工程	四川乐山	2006	2006
195	青海黄河康扬水电站枢纽工程右副坝混凝土防渗墙工程	青海西宁	2006	2006
196	青海互助县本坑沟水库除险加固工程	青海互助	2006	2006
197	内蒙古赤峰市松山区二道河子水库（二期）除险加固工程施工Ⅰ标段防渗墙工程	内蒙古赤峰	2006	
198	黑山县龙湾水库除险加固工程	辽宁黑山	2006	2006
199	吉林省吉林市丰满区二道水库除险加固混凝土防渗墙工程	吉林吉林	2006	2006
200	甘肃省九甸峡水利枢纽主坝混凝土防渗墙工程	甘肃卓尼	2006	
201	乌金峡水电站二期下游围堰防渗墙工程	甘肃靖远	2006	
202	云南昆明东川区坝塘水库库区边界防渗墙工程	云南昆明	2007-02	2007-04

续表

序号	工程名称	地　点	开工时间	竣工时间
203	金沙江溪洛渡水电站围堰防渗墙和帷幕灌浆工程	四川雷波与云南永善交界处	2007-11	2008-04
204	云南景洪水电站左岸坝肩防渗处理工程	云南西双版纳	2007-05	2007-09
205	安徽广德卢村水库除险加固工程（防渗墙）	安徽广德	2005-10	2006-04
206	安徽全椒马厂水库除险加固工程	安徽全椒	2006-11	
207	小浪底水利枢纽配套工程西霞院反调节水库坝基基础处理工程（Ⅱ标段）	河南洛阳	2004-01	
208	四川田湾河仁宗海大坝基础防渗墙工程	四川康定和石棉	2005-08	2006-09
209	四川仙女堡水电站闸坝基础处理防渗墙工程	四川	2006-02	2007-10
210	四川杂谷脑河古城水电站首部枢纽混凝土防渗墙工程	四川理县	2006-01	2007-01
211	云南思茅信房水库除险加固工程Ⅱ标段主副坝防渗墙工程	云南思茅	2006-03	2006-07
212	河南南水北调中线一期穿黄工程ⅡA标段北岸竖井地连墙工程	河南郑州	2006-01	2006-05
213	湖北天堂水库除险加固工程2005年Ⅰ标段主、副坝防渗墙工程	湖北罗田	2005-10	2006-04
214	四川杂谷脑河狮子坪水电站大坝基础处理防渗墙工程	四川理县	2005-10	2006-09
215	湖北麻城浮桥河水库除险加固工程Ⅰ标段主体防渗墙工程	湖北麻城	2002-12	2003-05
216	黑龙江亚行贷款松花江防洪项目达连河堤防工程（Ⅳ标段）	黑龙江依兰县	2007-06	2007-09
217	四川大渡河龙头石水电站坝基基础处理工程（大坝混凝土防渗墙、厂房混凝土防渗墙）	四川石棉	2006-03	2007-07
218	湖北陆水水利枢纽除险加固工程6号A、8号副坝防渗墙工程	湖北赤壁	2007-02	2007-12
219	辽宁瓦房店松树水库除险加固副坝基础处理混凝土防渗墙工程	辽宁瓦房店	2005-06	2005-06
220	湖北富水水库除险加固工程2003年施工项目CⅠ标段大坝挡水工程（上下游护坡、防浪墙分部工程）	湖北阳新	2004-12	2006-12
221	辽宁彰武大清沟水库除险加固坝体防渗墙工程	辽宁彰武	2006-08	2006-10

第二节　工　程　选　介

一、黄壁庄水库除险加固工程副坝混凝土防渗墙工程

黄壁庄水库位于河北省石家庄市西北30千米，是海河流域子牙河水系两大支流之一滹沱河中下游重要的控制性大（Ⅰ）型水利枢纽，库容12.1亿米^3，与上游岗南水库属联合调度运用水库，控制流域面积23400千米^2。

副坝高19.2米，石家庄市区在其下游28千米处，其地势较石家庄高50多米，副坝一旦决口，洪水不但将在1小时之内冲毁整个石家庄市，而且还将冲毁京广、京九、京浦三大铁路干线及通信干线，淹没大港油田、华北油田等工矿设施，并直接威胁京、津两市的安全，其地理位置非常特殊。

黄壁庄水库除险加固副坝混凝土防渗墙工程分为4个标段，计划总工程量26.45万米^2，基础局中标第二、三标段，桩号分别为A1＋950－A2＋840和A2＋840－A3＋700。实际施工桩号为第二标段A1＋950－A2＋840；第三标段A2＋840－A3＋274.3，总轴线长度为1324.3米。

第二标段共完成147个单元槽孔，第三标段共完成69个单元槽孔。第二标段开钻日期为1999年3月1日，竣工日期为2001年10月26日，完成造孔进尺73167.37米，截水面积51027.63米^2，浇筑混凝土54640.55米^3，形成墙段净长度889.60米，平均深度58.36米。

第三标段开钻日期为2000年9月9日，竣工日期为2002年3月13日，完成造孔进尺37194.32米，截水面积25974.32米^2，浇筑混凝土28565.55米^3，形成墙段净长度434.70米，平均深度60.75米。

二、黄壁庄水库除险加固工程副坝Ⅳ标段76＋1槽位塌坝段预堵漏处理及混凝土防渗墙工程

副坝塌坝段防渗墙轴线桩号A4＋36.3－A4＋165.1，轴线长度为128.8米，是黄壁庄水库除险加固副坝防渗墙中地质条件最复杂、漏浆最严重、施工最艰巨的地段，也是事故频发，经过反复处理的地段，此段曾先后发生塌陷、塌坑、塌坝达5次之多，给防渗墙施工造成了极大地困难。

6号塌坝（2002年3月4日）发生后，经过多次论证分析和方案比较，水利部专家组决定对Ⅳ76＋1槽位塌坝段先进行预堵漏处理，并采用“预灌浆＋充填灌浆桩”的处理方案。即在防渗墙轴线两侧各布置一排普通灌浆孔和一排充填灌浆桩，充填灌浆桩位于灌浆孔外侧。在上述预堵漏措施完成后，再进行主体防渗墙的施工。

工程于2003年2月开工，2003年7月完工。

完成的主要工程量：64根充填灌浆桩，造孔3963.45米，混凝土浇筑3933.67米^3；149个灌浆孔，预灌浆8213.44米；防渗墙截水面积5819.81米^2，浇筑混凝土7233.67米^3；墙底基岩灌浆229.59米。工程于2002年8月11日开工，2003年7月10日竣工。

塌坝段防渗墙轴线长度为128.80米，其中71、72、79、82号及84号5个槽段已由

河北水工局浇筑成墙，根据塌坝段非常特殊的地层地质条件和水利部专家组的意见及钻机的摆设要求，塌坑中心段（桩号 A4+50.3－A4+105.1）分三序施工，其他部位防渗墙分两序施工，三序施工段一期槽长 5.2 米，分 5 个孔施工，副孔宽度为 1.4 米，二期和三期槽长均为 6.8 米，分 7 个孔施工，副孔宽度均为 1.2 米。实际施工中根据原施工单位已施工过的主孔和遗留钻头情况，部分槽段做了局部调整，共划分 19 个槽段。施工中创造了国内 63 米的水工混凝土防渗墙接头孔拔管纪录。

三、西藏直孔水电站碎石土心墙堆石坝工程

西藏直孔水电站位于西藏自治区墨竹工卡县境内拉萨河中下游，由国家发展计划委员会批准兴建，是西藏单机容量最大的水电站。

西藏直孔水电站碎石土心墙堆石坝工程由基础局与水电七局联营体中标，合同金额 1.73 亿元。基础局完成的主要工程量为：防渗墙造孔面积 40070.5 米^2，成墙面积 38793.2 米^2，浇筑混凝土 37210 米^3，最大造孔深度达 79 米。该工程于 2003 年 5 月 18 日主体工程开工，2006 年 1 月 18 日主体工程完工。

四、狮泉河水电站土建及金属结构工程

狮泉河水电站位于西藏阿里地区葛尔县境内的狮泉河上，距阿里地区行署所在地狮泉河镇约 7 千米，水库库容 1.85 亿米^3。黏土心墙土石坝坝基采用混凝土防渗墙防渗，混凝土防渗墙厚 0.8 米，最大深度约 67 米。西藏阿里地区自然条件恶劣，多年平均气温 0.2℃，海拔 4300 多米，空气稀薄，缺氧高达 40%，工作和生活条件极其艰苦，基础局完成槽孔混凝土防渗墙 27577.83 米^2，明浇混凝土防渗墙 1741.4 米^2，复合土工膜 13288.18 米^2，帷幕灌浆 4993.8 米，固结灌浆 798 米等工程量。工程于 2004 年 6 月 15 日开工，2005 年 9 月 22 日完工，历时 465 天，比合同工期提前 8 天。

五、小浪底水利枢纽西霞院反调节水库坝基基础处理工程（Ⅱ标段）

西霞院反调节水库坝基基础处理工程是黄河小浪底水利枢纽工程的配套工程，位于河南省境内的黄河干流上，坝址距小浪底水利枢纽 16 千米，控制流域面积 69.46 万千米^2。坝址左岸位于洛阳市吉利区、济源市，右岸位于孟津县。

该工程是一座以反调节为主，结合发电，兼顾供水、灌溉等综合利用的大型水利工程。电站装机容量 140 兆瓦，灌溉农田面积 113.8 万亩。2003 年 12 月 1 日，基础局与小浪底水利枢纽建设管理局签订了小浪底水利枢纽西霞院反调节水库坝基基础处理工程（Ⅱ标）施工合同，合同额为 6258.47 万元。

工程于 2003 年 12 月 15 日开工。

完成的工程量为：土方明挖工程 503979 米^3；地基加固基础强夯 126845.22 米^2；地基加固振冲碎石桩 558 根，造孔 4893.55 米，填料 5557.92 米^3。混凝土防渗墙工程成墙 83351.8 米^2，造孔 161038.57 米，浇筑混凝土 65025.5 米^3；安全监测工程共完成 10 个设计断面的仪器安装，安装渗压计 22 支，应变计 14 支，无应力计 4 支，铺设电缆 496.84 米。

西霞院坝基基础处理工程（Ⅱ标）共完成分部工程 23 个，合格 23 个，优良 23 个，优良率 100%。其中单元工程 558 个，合格单元 558 个，优良单元 532 个，总体优良率为95.3%。

六、狮子坪水电站大坝基础处理工程

狮子坪水电站位于四川省阿坝藏族羌族自治州理县境内岷江右岸一级支流杂谷脑河上，为杂谷脑河梯级水电开发的龙头电站。电站大坝基础处理混凝土防渗墙施工轴线与大坝轴线重合，全长85.4米，墙体厚度1.2米，防渗墙底部嵌入岩石至少1米，最大造孔深度为101.8米，是目前国内1.2米厚度永久混凝土防渗墙最深的墙体。

2004年10月，基础局中标承建狮子坪水电站大坝基础处理工程，合同金额3196万元。防渗墙于2005年10月5日开工，2006年9月14日完工。共完成混凝土防渗墙5241.7米^2。狮子坪水电站基础防渗工程创造了5项国内第一的纪录：最深混凝土防渗墙，墙深达到101.8米；混凝土防渗墙墙段接头管拔管最深达93.5米，接头管直径1.0米；防渗墙深入岸坡陡岩的最大陡坡（85°）嵌岩；防渗墙钻孔取芯纪录达91.7米；双排预埋管下设最大深度为101.8米。

七、四川省田湾河仁宗海基础处理工程（大坝基础防渗墙工程标）

仁宗海水库位于四川省甘孜州康定县和雅安市石棉县交界处，为引水龙头式水库电站。田湾河仁宗海基础处理工程中标金额达1.226亿元，是基础局当时历史上中标金额最大的单项工程。田湾河仁宗海大坝基础防渗墙是全国目前超80米深成墙面积最大(15066.66米^2)、施工原始地层最年轻（仅100年)、施工环境异常艰苦的工程。

完成主要工程量：防渗墙造孔54711.55米^2，钢筋制作安装169.2吨，预埋钢管14843.35米，混凝土53803.52米^2。

工程于2005年8月16日开工，2006年9月11日完工，比计划工期目标提前20天。

四川省田湾河仁宗海大坝基础防渗墙工程共划分单元工程130个，其中评定合格单元工程130个，合格率100%；优良单元工程118个，优良率90.8%。工程质量等级被评定为优良。

八、四川省大渡河沙湾水电站一期围堰补强防渗墙及右岸山体防渗处理工程

沙湾水电站枢纽工程位于四川省乐山市沙湾区葫芦镇河段，距葫芦镇上游约1.0千米，为大渡河干流下游梯级开发中的第一级，枢纽区距乐山市城区44.5千米。

该工程以发电为主，兼顾灌溉和航运功能。电站装机容量480兆瓦，一期围堰全长1220.73米，其中上游围堰长250.43米，纵向围堰长559.64米（包括上游裹头，下游裹头)，下游围堰长310.66米。本次围堰防渗墙轴线总长度986.29米，其中上游围堰351.32米，纵向围堰566.4米，下游围堰68.57米。防渗墙采用塑性混凝土，28天抗压强度R28不小于5兆帕，变形模量≤1500兆帕，抗渗标号≥W8，渗透系数$K \leqslant i \times 10^{-7}$厘米/秒。允许渗透坡降≥80，设计墙厚1.0米，墙深20～80.7米，墙体穿过岩溶角砾岩(20～32.09米)，深入泥质白云岩1.0米。

完成主要工程量为：防渗墙造孔61514米^2，最大孔深80.7米，平均孔深61.6米，高峰期造孔达16800米^2/月；混凝土浇筑7.3万多米^3，平均浇筑近2万米^3/月，浇筑高峰期达2.42万米^3/月；预灌浓浆1.4万米；拔管1.1万米，高峰期拔管7188米/月。

施工日期为2006年5月15日～2006年11月4日，提前了26天完工。

九、穿黄工程北岸竖井井壁围护结构钢筋混凝土地下连续墙

南水北调穿黄工程地处河南省郑州市以西约30千米，从孤柏山嘴湾处穿过黄河，南岸起自河南荥阳，北岸终点为河南温县，是南水北调中线一期总干渠穿越黄河的关键性工程，是南水北调中线的标志性和控制性工程。基础局承担了穿黄工程北岸竖井井壁围护结构钢筋混凝土地下连续墙的施工。地下连续墙内圈直径为18米，墙厚1.4米，墙体深度76.6米，总截水面积约5000米^2，下设钢筋笼总重量830吨，浇筑混凝土约8000米^3。在竖井地连墙的外围，设置固化灰浆防渗墙挡水，以降低竖井的荷载，完成截水面积约15570米^2。基础局投入了液压铣和各式抓斗等先进的成槽设备参与施工。地连墙工程于2006年1月26日正式开工，主体工程于2006年5月7日完工。

十、天津市鸿吉商贸中心地下连续墙工程

天津市鸿吉商贸中心位于天津市和平区繁华地带，南京路与贵阳路交口，是一座主楼高46层，总建筑面积14000米^{2}的多功能商业大厦。地下连续墙轴线长580.18米（外边线总长583.69米），其布置分外墙和内墙两大部分。墙深分18米浅墙（单纯支护作用）和30米深墙（既为支护墙，又起结构墙作用）两种。1994年7月10日开工，1995年1月4日完工，完成0.8米厚防渗墙115个槽段，成墙面积11492.8米^2，浇筑混凝土9530.5米^3，钢筋笼制作下设980.45吨。

第四章 国内灌浆工程

第一节 已建工程情况

基础局已完成的国内灌浆工程见表2-4-1。

表2-4-1 基础局已完成的国内灌浆工程

序号	工程名称	施工地点	开工时间	竣工时间
1	密云水库坝基帷幕灌浆工程	北京密云		1960
2	上马岭水电站坝基帷幕灌浆工程	北京		1960
3	岳城水库副坝帷幕灌浆工程	河北磁县、河南安阳交界处		1961
4	海子水库坝基帷幕灌浆工程	北京平谷		1961
5	青铜峡水电站河床段坝基帷幕灌浆工程	宁夏青铜峡		1964
6	黄坛口水库草土围堰灌浆工程	浙江衢县		1964
7	映秀湾水电站灌浆工程	四川汶川		1965
8	可可托海反修水电站沉井灌浆工程	新疆额东		1967
9	丹江口水库坝基帷幕灌浆工程	湖北丹江口		1970

续表

序号	工 程 名 称	施工地点	开工时间	竣工时间
10	渔子溪水电站一级闸首左右岸基岩帷幕灌浆工程	四川汶川	1977－09	1979－01
11	乌江渡水电站坝基帷幕灌浆工程	贵州遵义		1981
12	邱庄水库混凝土防渗墙底部基岩帷幕灌浆试验工程	河北丰润	1982－06	1982－11
13	碧口水电站左岸泄洪洞回填与固结灌浆工程（一）	甘肃文县	1981	1983
14	碧口水电站左岸泄洪洞回填与固结灌浆工程（二）	甘肃文县	1984－02	
15	大化水电站化学固结灌浆试验工程	广西大化		1982
16	南河胡家渡大坝岩基防渗帷幕灌浆工程	湖北谷城	1981－03	1984－06
17	于桥水库固结灌浆工程	天津蓟县		1981
18	于桥水库溢洪道闸室帷幕灌浆工程	天津蓟县	1981－08	1981－11
19	于桥水库泄洪洞帷幕灌浆工程	天津蓟县	1981－05	1981－07
20	于桥水库大坝残丘帷幕灌浆试验工程	天津蓟县	1981－04	1981－08
21	于桥水库大坝加固残丘帷幕灌浆工程	天津蓟县	1982－09	1983－07
22	于桥水库大坝加固坝基接触灌浆工程	天津蓟县	1981－05	1982－09
23	于桥坝基与闸基帷幕灌浆工程	天津蓟县		1983
24	于桥水库坝基补充加固帷幕灌浆工程	天津蓟县	2001－04	2001－08
25	龙羊峡水电站固结灌浆试验工程	青海共和县		1982
26	桃山水库灌浆试验工程	黑龙江七台河市	1985－09	1985－11
27	伊犁喀什河托海水电站副坝坝基防渗帷幕灌浆工程	新疆伊宁市	1985－06	1986－10
28	青海宾馆地基灌浆加固工程	青海西宁	1985－10	1985－12
29	龙羊峡水电站左岸 2463 层主廊道灌浆工程	青海共和县	1983－08	1986－10
30	龙羊峡水电站左岸 2463 层 F18 廊道回填灌浆工程	青海共和县	1983－12	1985－10
31	龙羊峡水电站右岸 2463 层 F120 廊道灌浆工程	青海共和县	1984－03	1985－01
32	龙羊峡水电站左岸 2463 层 G4 帷幕廊道灌浆工程	青海共和县	1985－08	1986－07
33	龙羊峡水电站左岸 2463 层上游出渣洞回填灌浆工程	青海共和县	1986－09	1986－10

续表

序号	工　程　名　称	施工地点	开工时间	竣工时间
34	龙羊峡水电站左岸 2463 层廊道上游支洞封堵固结灌浆工程	青海共和县	1986－12	1986－12
35	龙羊峡水电站左岸 2463 层 G4 帷幕灌浆廊道上游施工支洞封堵固结灌浆工程	青海共和县	1986－12	1986－12
36	龙羊峡水电站左岸 2463 层上游施工支洞接缝灌浆工程	青海共和县	1986－10	1986－11
37	龙羊峡水电站左岸 2463 层 G4 水泥灌浆工程	青海共和县	1985－12	1986－10
38	龙羊峡水电站左岸 2463 层 G4 伟晶花岗岩劈理带环氧树脂灌浆试验工程	青海共和县	1986－07	1986－12
39	龙羊峡水电站左岸 2497 层 G4 帷幕灌浆廊道施工支洞固结灌浆工程	青海共和县	1986－09	1986－10
40	龙羊峡水电站左岸 2497 层主帷幕灌浆廊道灌浆工程	青海共和县	1984－10	1986－10
41	龙羊峡水电站左岸 2497 层 F18 断层高压灌浆工程	青海共和县	1986－01	1986－09
42	龙羊峡水电站左岸 2497 层 F71 断层高压灌浆工程	青海共和县	1986－06	1986－09
43	龙羊峡水电站左岸 2497 层 F73 廊道灌浆工程	青海共和县	1986－03	1986－09
44	龙羊峡水电站左岸 2497 层 5 坝段灌浆廊道副帷幕灌浆工程	青海共和县	1985－10	1986－03
45	龙羊峡水电站左岸 2497 层 4 坝段灌浆廊道副帷幕灌浆工程	青海共和县	1986－08	1986－10
46	龙羊峡水电站右岸 2497 层 F120 廊道灌浆工程	青海共和县	1985－03	1986－03
47	龙羊峡水电站左岸 2497 深层处理 9、10、11 号传力洞回填及固结灌浆工程	青海共和县	1985－05	1985－12
48	龙羊峡水电站左岸 2530 层主帷幕灌浆廊道灌浆工程	青海共和县	1984－07	1986－09
49	龙羊峡水电站左岸 2530 层 G4 灌浆廊道工程	青海共和县	1985－09	1986－12
50	龙羊峡水电站左岸 2530 层上游支洞固结灌浆工程	青海共和县	1987－08	1987－09
51	龙羊峡水电站左岸 2530 层 3 号坝段临时帷幕灌浆工程	青海共和县	1987－05	1987－07

续表

序号	工　程　名　称	施工地点	开工时间	竣工时间
52	龙羊峡水电站左岸 2530 层 3、4 号传力洞及联系洞灌浆工程	青海共和县	1986-04	1987-06
53	龙羊峡水电站左岸 2530 层 F71 高压固结灌浆工程	青海共和县	1986-05	1987-09
54	龙羊峡水电站左岸 2513 层 F73 廊道灌浆工程	青海共和县	1986-06	1986-10
55	龙羊峡水电站北大山沟下游防冲深墙防渗帷幕灌浆工程	青海共和县	1985-02	1985-08
56	龙羊峡水电站下游左岸防护工程 8、14 号锚拉洞固结灌浆工程	青海共和县	1987-05	1987-07
57	龙羊峡水电站下流左岸防护工程防渗帷幕灌浆工程	青海共和县	1987-05	1987-07
58	黄河禹门提水工程一级站钻孔灌浆工程	山西河津县	1987-09	1988-06
59	范楼闸基非碱性水玻璃灌浆工程	江苏丰县	1987-03	1987-04
60	南谷洞水库灌浆加固工程	河南林州市	1985-11	1986-07
61	南谷洞水库除险加固灌浆（1987 年施工）工程	河南林州市		
62	内蒙古察尔森水库帷幕灌浆工程	内蒙古兴安盟	1987-07	1988-09
63	官厅水库溢洪道下游防护段锚筋桩固结灌浆工程	河北怀来	1988-09	1988-10
64	铜街子水电站左深槽承重式防渗墙补强灌浆工程	四川乐山	1988	
65	安居水电站闸坝基础灌浆工程	重庆铜梁	1988-12	1990-07
66	温庄闸基非碱性水玻璃帷幕灌浆工程	江苏铜山	1989-04	1989-05
67	武清县抗旱河防潮闸基础处理灌浆工程	天津武清		
68	廊坊市爱民道立交桥泵站涵管钻孔灌浆工程	河北廊坊	1990-06	1990-06
69	山西省绛县里册峪水库帷幕灌浆工程	山西绛县	1989-08	1990-11
70	红枫水电站堆石坝钻孔灌浆试验工程	贵州清镇	1986-01	1987-05
71	红枫水电站堆石坝钻孔灌浆防渗处理工程	贵州清镇	1989-04	1992-06
72	红枫水电站大坝 0＋165.5～0＋173.5 米段帷幕灌浆成帷幕试验工程	贵州清镇	1989-09	1989-11

续表

序号	工 程 名 称	施工地点	开工时间	竣工时间
73	册田水库南副坝坝基帷幕灌浆工程	山西大同	1990 - 09	1991 - 08
74	册田水库左岸帷幕灌浆工程	山西大同	1990 - 04	1991 - 01
75	后冲河水库坝基灌浆工程	云南会泽	1991 - 06	1991 - 08
76	水口三期围堰防渗墙 2 号大孤石帷幕灌浆工程	福建水口	1992 - 02	1992 - 03
77	天湖水电站高压引水洞堵头灌浆工程	广西全州	1991 - 12	1992 - 06
78	清江隔河岩水利枢纽基础处理工程左岸防渗处理灌浆工程	湖北长阳	1990 - 09	1994 - 08
79	小浪底水利枢纽主坝混凝土防渗墙右岸基础帷幕灌浆工程	河南洛阳	1994 - 05	1994 - 10
80	小浪底水利枢纽上游围堰防渗墙局部灌浆处理工程	河南洛阳	1994 - 02	1994 - 04
81	小浪底水利枢纽 2 号灌浆洞帷幕灌浆、补强灌浆工程	河南洛阳	1996 - 08	2001 - 03
82	小浪底水利枢纽 3 号灌浆洞一期帷幕灌浆工程	河南洛阳	1996 - 09	1997 - 03
83	小浪底水利枢纽 3 号灌浆洞二期帷幕灌浆工程	河南洛阳	1998 - 06	1998 - 11
84	小浪底水利枢纽副坝帷幕灌浆工程	河南洛阳	2000 - 06	2001 - 04
85	小浪底水利枢纽副坝以北帷幕灌浆工程	河南洛阳	2000 - 10	2001 - 11
86	小浪底水利枢纽 4 号灌浆洞帷幕补强灌浆工程	河南洛阳	2000 - 04	2001 - 02
87	长江三峡一期土石围堰混凝土防渗墙底部基岩帷幕灌浆工程	湖北宜昌	1994 - 04	1994 - 06
88	三峡水利枢纽主体建筑物基础帷幕灌浆试验工程	湖北宜昌	1996 - 08	1997 - 01
89	三峡水利枢纽主体建筑物基础 2RG 组固结灌浆试验工程	湖北宜昌	1996 - 07	1996 - 12
90	三峡二期上游围堰防渗墙墙下帷幕灌浆工程	湖北宜昌	1997 - 08	1998 - 08
91	牡丹江市郭家沟生活垃圾处理场截污坝帷幕灌浆工程	黑龙江牡丹江	1996 - 07	1996 - 10
92	广东省英德市北江白石窑水电厂右岸土坝基础防渗基岩灌浆工程	广东英德市	1996 - 08	1997 - 01

续表

序号	工　程　名　称	施工地点	开工时间	竣工时间
93	五里冲水库东西段中层（0＋056～0＋357米）帷幕灌浆及防渗墙接触灌浆工程	云南红河州	1992-09	1997-03
94	五里冲水库东西段上层（0＋140～0＋380米）帷幕灌浆工程	云南红河州	1995-09	1996-10
95	五里冲水库防渗墙后岩体固结灌浆工程	云南红河州	1996-04	1996-12
96	天生桥二级水电站Ⅰ号引水隧洞不良地质段高压固结灌浆试验工程	贵州安龙及广西隆林两县的界河南盘江	1992-02	1992-02
97	天生桥二级水电站Ⅰ号引水隧洞不良地质段高压固结灌浆及锚杆加固工程	贵州安龙及广西隆林两县的界河南盘江	1992-02	1992-10
98	天生桥二级水电站Ⅲ号主洞明渠连接口段固结灌浆与锚杆施工工程	贵州安龙及广西隆林两县的界河南盘江	1997-05	1997-05
99	天生桥二级水电站Ⅱ号引水隧洞8＋312塌方段高压固结灌浆工程	贵州安龙及广西隆林两县的界河南盘江	1996-10	1997-07
100	天生桥二级水电站Ⅱ号引水隧洞0＋156～0＋178米段基础固结灌浆工程	贵州安龙及广西隆林两县的界河南盘江	1997-02	1997-03
101	天生桥二级水电站Ⅱ号引水隧洞2＋216～2＋297米段常规固结灌浆、回填灌浆、接缝灌浆工程	贵州安龙及广西隆林两县的界河南盘江	1997-05	1997-06
102	天生桥二级水电站Ⅱ号引水隧洞0＋868～0＋876米段高压固结灌浆、回填灌浆工程	贵州安龙及广西隆林两县的界河南盘江	1996-12	1996-12
103	天生桥二级水电站Ⅱ号引水隧洞2＋927～3＋011米段常规固结灌浆、回填灌浆工程	贵州安龙及广西隆林两县的界河南盘江	1997-07	1997-08
104	天生桥二级水电站Ⅱ号引水隧洞2＋717～2＋837米段灌浆工程	贵州安龙及广西隆林两县的界河南盘江	1997-06	1997-08
105	天生桥二级水电站Ⅱ号引水隧洞2＋837～2＋927米段高压固结灌浆、回填灌浆工程	贵州安龙及广西隆林两县的界河南盘江	1997-06	1997-08
106	天生桥二级水电站Ⅱ号引水隧洞2＋837～2＋927米段高压固结灌浆（补灌孔）工程	贵州安龙及广西隆林两县的界河南盘江	1997-08	1997-09

续表

序号	工　程　名　称	施工地点	开工时间	竣工时间
107	天生桥二级水电站Ⅱ号引水隧洞2+858～2+905米深基础固结灌浆、高压旋喷灌浆、深基础高压固结灌浆工程	贵州安龙及广西隆林两县的界河南盘江	1997-01	1997-08
108	天生桥二级水电站Ⅲ号引水洞基础高压固结灌浆试验工程	贵州安龙及广西隆林两县的界河南盘江	1998-06	1998-10
109	天生桥二级水电站Ⅲ号引水洞基础高压固结灌浆工程	贵州安龙及广西隆林两县的界河南盘江		
110	2+662.452～2+854.452米高压固结灌浆、回填灌浆工程	贵州安龙及广西隆林两县的界河南盘江	2000-01	2000-07
111	2+670.452～2+743.452基础深孔高压固结灌浆工程	贵州安龙及广西隆林两县的界河南盘江	2000-02	2000-09
112	2+854.452～2+950.452米高压固结灌浆、回填灌浆工程	贵州安龙及广西隆林两县的界河南盘江	2000-05	2000-09
113	2+854.452～2+950.452米洞段一期支护锚杆工程	贵州安龙及广西隆林两县的界河南盘江	1999-12	2000-01
114	2+854.452～2+950.452米基础深孔高压固结灌浆工程	贵州安龙及广西隆林两县的界河南盘江	1999-10	2000-08
115	2+950.452～3+062.452米洞段灌浆、回填灌浆工程	贵州安龙及广西隆林两县的界河南盘江	2000-07	2000-08
116	3+062.452～3+080.000米洞段灌浆、回填灌浆工程	贵州安龙及广西隆林两县的界河南盘江	2000-08	2000-09
117	3+058.452～3+152.900米洞段洞身高压固结灌浆工程	贵州安龙及广西隆林两县的界河南盘江		
118	3+058.452～3+152.900米洞段常规固结灌浆工程	贵州安龙及广西隆林两县的界河南盘江		
119	2+268～4+783米洞段灌浆工程	贵州安龙及广西隆林两县的界河南盘江	1997-11	2000-09
120	石漫滩水库复建工程廊道八坝段加深帷幕灌浆工程	河南舞钢市	1997-03	1997-09
121	西河闸上游右岸翼墙应急加固工程接触灌浆工程	天津西青区	1999-06	1996-07
122	二滩水电工程金龙山4号地质探洞封堵灌浆工程	四川攀枝花	1997-11	1998-01
123	下马岭水电站珠窝大坝溢流坝段补强加固工程	北京门头沟	1998-11	1999-04

续表

序号	工　程　名　称	施工地点	开工时间	竣工时间
124	陕西省二郎坝水电工程天生桥水库枢纽溢洪洞进口固结灌浆工程	陕西宁强	1999－02	1999－12
125	陕西省二郎坝水电工程天生桥水库枢纽山体防渗帷幕灌浆工程	陕西宁强	1999－01	1999－12
126	清江高坝洲水利枢纽帷幕灌浆工程	湖北宜昌		
127	青海省海西州黑石山水库副坝帷幕灌浆工程	青海德令哈	2001－10	2002－05
128	铜钟水电站取水口固结灌浆工程	四川茂县	1999－05	2000－09
129	云南省华宁县白龙河水库除险加固工程右坝肩帷幕灌浆工程	云南华宁县	1998－04	1998－07
130	大黑汀水库除险加固工程坝基防渗处理灌浆工程	唐山迁西县	1999－10	2001－04
131	曲阜市尼山水库保安全工程岩溶坝基帷幕灌浆工程	山东曲阜	1998－04	1998－10
132	石家庄市峡石沟垃圾卫生填埋场完善工程帷幕灌浆工程	河北石家庄	2000－07	2001－07
133	红岩子电航工程泄洪闸泄 1 号—泄 12 号帷幕灌浆工程	四川南部县	2000－12	2001－03
134	红岩子电航工程右坝肩帷幕灌浆工程	四川南部县	2001－06	2001－06
135	西安市黑河金盆水利枢纽工程单薄山梁防渗处理工程Ⅰ、Ⅱ标段帷幕灌浆工程	陕西西安	2000－07	2002－03
136	唐钢超薄带钢生产线技术改造工程连轧卷曲区地基处理工程双液注浆工程	河北唐山	2001－03	2001－04
137	尤溪水东大坝（二次）补强现场灌浆试验工程	福建尤溪	2002－02	2002－05
138	云南省昭通渔洞水库枢纽工程右岸坝基帷幕加深灌浆工程	云南昭通	2000－06	2000－09
139	云南省永善县云荞水库大坝趾板基础灌浆工程	云南永善	2000－10	2002－05
140	德州市新湖公园明月桥除险加固工程	山东德州	2001－08	2001－09
141	陕西省石头河水库大坝右坝肩防渗加固工程	陕西眉县	2002－08	2002－10
142	平措水电站前池及发电引水道缺陷处理工程水泥灌浆、化学灌浆、压力弯管灌浆工程	西藏林周	2000－10	2000－11

续表

序号	工程名称	施工地点	开工时间	竣工时间
143	尼尔基水利枢纽主坝基础混凝土防渗墙工程帷幕灌浆工程	黑龙江讷河市	2002-09	2002-11
144	云南省蒙自县庄寨水库除险加固工程Ⅰ标段坝基帷幕灌浆工程	云南蒙自	2002-06	2002-12
145	甘肃省昌马水库枢纽工程排砂洞回填、固结灌浆工程	甘肃酒泉	2003-03	2003-07
146	甘肃省昌马水库枢纽工程坝基帷幕灌浆工程	甘肃酒泉	1998-07	2000-05
147	陕西省二郎坝天生桥上层（HM段）帷幕灌浆工程	陕西宁强	1999-01	1999-12
148	青海省互助县南门峡水库病险库处理工程左坝肩补充帷幕灌浆工程	青海互助	2001-09	2002-08
149	黑龙江省牡丹江市郭家沟生活垃圾处理场截污坝基础灌浆工程	黑龙江牡丹江	1996-07	1996-10
150	小浪底水利枢纽主坝右岸F233—F231断层封堵灌浆工程	河南济源	2000-02	2000-07
151	小浪底水利枢纽30号排水洞排水孔幕工程	河南济源	1999-12	2000-02
152	小浪底水利枢纽左岸山体防渗补强工程（第Ⅱ标段）灌溉洞内帷幕灌浆工程	河南济源	2004-06	2005-07
153	新疆维吾尔自治区呼图壁县红山水库坝体灌浆工程	新疆呼图壁县	2000-10	2001-04
154	曲阜市尼山水库保安全工程岩溶坝基防渗帷幕灌浆工程（第九分部）	山东曲阜	1997-03	1997-08
155	内蒙古多伦县西山湾水利枢纽续建工程	内蒙古多伦	2002-07	2003-09
156	江西省九江市德安县湖塘水库除险加固灌浆工程	江西九江	2002-04	2003-07
157	万家寨水利枢纽坝基化学灌浆试验	四川	1999-12	2000-02
158	四女寺枢纽南运河节制闸底板裂缝化学灌浆工程	山东德州市	1998-07	1998-12
159	雅砻江锦屏一级水电站拱坝基础软弱岩体固结灌浆试验工程	四川凉山州	2001	2002
160	内蒙古三盛公水利枢纽拦河闸除险加固基础处理工程一、二期闸室底板补强灌浆及基础围封部分工程	内蒙古磴口县	2003-06	2003-12

续表

序号	工　程　名　称	施工地点	开工时间	竣工时间
161	乌江渡水电站扩机地下厂房防渗帷幕灌浆工程（640米灌浆廊道）	贵州遵义	2001-10	2002-06
162	姜射坝水电站引水隧洞JSB/C2 Ⅲ-1标段灌浆工程	四川阿坝州	2004-11	2005-08
163	姜射坝水电站引水隧洞JSB/C2 Ⅲ-2标段灌浆工程	四川阿坝州	2005-01	2005-06
164	小湾水电站坝基及南肩岩体灌浆试验工程	云南风庆、南涧	2001-11	2002-01
165	小湾水电站上游围堰右侧堰基可控帷幕灌浆工程	云南风庆、南涧	2004-11	2005-03
166	小湾水电站下游围堰堰基防渗工程	云南风庆、南涧	2004-11	2005-03
167	索风营水电站防渗帷幕工程帷幕灌浆试验（第1试验区）工程	贵州修文、黔西	2003-10	2004-02
168	索风营水电站防渗帷幕工程帷幕灌浆试验（第2试验区）工程	贵州修文、黔西	2004-02	2004-03
169	山西省万家寨引黄工程国际Ⅱ、Ⅲ标段6号洞缺陷处理灌浆工程	山西朔州	2003-03	2005-04
170	四川金康水电站引水隧洞（引0+000～引5+400米段）及拉角沟引水副洞灌浆工程	四川康定	2005-05	2006-03
171	乌江索风营水电站防渗帷幕灌浆工程	贵州修文、黔西	2003-06	2005-12
172	大渡河瀑布沟水电站防渗墙（下游）现场试验工程墙下基岩帷幕灌浆工程	四川汉源、甘洛	2004-04	2004-05
173	兴义市兴西湖水库除险加固坝基帷幕灌浆工程	贵州兴义	2003-03	2003-09
174	平安县干沟水库除险加固输水洞灌浆工程	青海平安	2004-08	2004-09
175	赛什塘病险水库加固帷幕灌浆工程	青海贵南	2003-10	2004-09
176	绿茵湖水库除险加固CⅢ标段帷幕灌浆工程	贵州都匀	2002-07	2003-12
177	东大河水库大坝塑性混凝土防渗墙帷幕灌浆工程	云南玉溪	2003-12	2004-11
178	磨盘山水库供水工程黏土心墙土石坝基础帷幕灌浆工程	黑龙江五常	2003-11	2005-04

续表

序号	工　程　名　称	施工地点	开工时间	竣工时间
179	老营盘水库除险加固帷幕灌浆工程	江西泰和	2004－10	2005－07
180	吉林省图们市东林水库除险加固第一标段帷幕灌浆工程	吉林图们	2004－05	2005－06
181	合群水库除险加固工程（Ⅰ标段）灌浆工程	青海化隆	2004－08	2005－08
182	青海省互助乔及沟水库除险加固工程	青海互助	2005－07	2005－10
183	青海省互助前头沟水库除险加固工程	青海互助	2004－10	2004－10
184	云南省永善县蒿枝坝水库除险加固工程	云南永善	2003－10	2004－12
185	吉林省磐石市官马水库除险加固工程	吉林磐石	2004－05	2004－09
186	小湾水电站尾水护岸混凝土防冲墙预爆预灌浓浆工程	云南风庆与南涧之间	2005－03	2005－05
187	索风营水电站防渗帷幕灌浆试验（第1试验区）工程	贵州修文与黔西交界	2003－01	2004－02
188	索风营水电站防渗帷幕灌浆试验（第2试验区）工程	贵州修文与黔西交界	2004－02	2004－03
189	山西省万家寨引黄工程国际Ⅱ、Ⅲ标段6号洞缺陷处理工程	山西朔州	2003－03	2005－04
190	四川金康水电站引水隧洞（引0＋000～引5＋400米段）及拉角沟引水副洞灌浆工程	四川康定	2005－05	2006－03
191	乌江索风营水电站防渗帷幕灌浆工程	贵州修文与黔西交界	2003－06	2005－12
192	大渡河瀑布沟水电站防渗墙（下游）墙下基岩帷幕灌浆现场试验工程	四川汉源和甘洛境内	2004－04	2004－05
193	兴义市兴西湖水库除险加固坝基帷幕灌浆工程	贵州兴义	2003－03	2003－09
194	平安县干沟水库除险加固输水洞灌浆工程	青海平安	2004－08	2004－09
195	赛什塘病险水库加固帷幕灌浆工程	青海贵南	2003－01	2004－09
196	绿茵湖水库除险加固CⅢ标段帷幕灌浆工程	贵州都匀	2002－07	2003－12
197	东大河水库大坝塑性混凝土防渗墙帷幕灌浆工程	云南澄江	2003－12	2004－11

续表

序号	工　程　名　称	施工地点	开工时间	竣工时间
198	磨盘山水库供水工程黏土心墙土石坝基础帷幕灌浆工程	黑龙江五常	2003-11	2005-04
199	老营盘水库除险加固帷幕灌浆工程	江西泰和	2004-01	2005-07
200	吉林省图们市东林水库除险加固Ⅰ标段帷幕灌浆工程	吉林图们	2004-05	2005-06
201	合群水库除险加固（Ⅰ标段）灌浆工程	青海化隆	2004-08	2005-08
202	青海省互助乔及沟水库除险加固工程	青海互助	2005-07	2005-10
203	青海省互助前头沟水库除险加固工程	青海互助	2004-01	2004-01
204	云南省永善县蒿枝坝水库除险加固工程	云南永善	2003-10	2004-12
205	吉林省磐石市官马水库除险加固工程	吉林磐石	2004-05	2004-09
206	阳江核电水库大坝坝基防渗工程	广东阳江	2006-03	2007-01
207	贵州东风水电站右岸坝前边坡加固处理固结灌浆工程	贵州清镇与黔西交界处	2004-09	2005-09
208	乌江思林水电站K30、K31岩溶系统处理工程	贵州东北部	2005-04	2006-06
209	海南省宁远河大隆水利枢纽大坝基础防渗处理帷幕及固结灌浆工程	海南三亚	2005-01	2005-09
210	瓦房店市松树水库除险加固副坝基础处理工程	辽宁瓦房店	2005-07	2005-11
211	四川沙湾水电站一期围堰补强防渗墙预灌浓浆工程	四川乐山	2006-05	2006-06
212	华能自一里水电站首部枢纽基础处理固结灌浆、帷幕灌浆工程	四川平武	2002-11	2004-05
213	华能木座水电站首部枢纽基础处理固结灌浆、帷幕灌浆工程	四川平武	2005-05	2006-09
214	西藏拉萨河直孔水电站碎石土心墙堆石坝防渗工程	西藏墨竹工卡	2002-07	2006-02
215	西藏狮泉河水电站基础处理固结灌浆、帷幕灌浆工程	西藏阿里	2004-08	2005-09
216	武汉阳逻长江公路大桥南锚碇基础灌浆工程	湖北武汉	2003-09	2004-01

续表

序号	工程名称	施工地点	开工时间	竣工时间
217	安徽广德卢村水库除险加固工程（灌浆）	安徽广德	2006-01	2006-10
218	溪洛渡工程导流洞施工期补充减渗灌浆及上游围堰基岩灌浆试验工程	四川雷波与云南永善交界处	2006-03	2006-06
219	溪洛渡水电站工程上游围堰基岩灌浆成幕技术	四川雷波与云南永善交界处	2006-05	2006-06
220	溪洛渡水电站坝基帷幕灌浆试验工程	四川雷波与云南永善交界处	2006-07	2006-09
221	内蒙古三盛公水利枢纽跌水闸除险加固基础处理工程	内蒙古磴口县	2005-11	2006-01
222	掌鸠河引水供水工程上公山隧洞未完工程上游段不良地质缺陷处理工程	云南昆明	2006-01	2006-06
223	掌鸠河引水供水工程土建Ⅴ标段特大涌水灌浆堵漏工程	云南昆明	2006-12	
224	掌鸠河输水工程马场隧洞特大涌水段灌浆堵漏工程	云南昆明	2006-12	
225	四川金沙江向家坝水电站一期围堰与子堰基础防渗工程	四川宜宾与云南水富交界处	2004-11	2006-01
226	四川南桠河冶勒水电站右岸基础处理工程CⅡ标段廊道内覆盖层帷幕灌浆工程	四川冕宁	2004-04	2004-09
227	湖北天堂水库除险加固工程2005年Ⅰ标段主、副坝帷幕灌浆工程	湖北罗田	2005-12	2006-05
228	湖北麻城浮桥河水库除险加固工程第Ⅰ标段帷幕灌浆工程	湖北麻城	2002-12	2003-09
229	辽宁瓦房店松树水库除险加固副坝基础处理防渗墙下帷幕灌浆工程	辽宁瓦房店	2005-08	2005-10

第二节　工　程　选　介

一、小浪底水利枢纽2、3、4号灌浆洞帷幕灌浆工程

小浪底水利枢纽工程位于河南省洛阳市以北40千米的黄河干流上，上距三门峡水利枢纽130千米，下距郑州市花园口128千米，是黄河干流三门峡以下唯一能取得较大库容的控制性工程。

（一）2号灌浆洞工程

2号灌浆洞位于右岸坝肩，桩号为DG0＋754.00～DG0＋847.99，总洞长93.99米。本项工程包括帷幕灌浆、衔接帷幕灌浆和GIN法帷幕灌浆试验。工程于1996年8月27日开工，1997年3月15日完工。完成钻孔11168.44米，其中GIN钻孔1888.7米，注入水泥1341.45吨，其中GIN注入水泥320720.7千克，浆液水灰比0.7∶1。

工程于1997年6月25日验收，验收结论是成功进行了GIN法帷幕灌浆生产性试验，符合国家有关施工规范和验收规范，验收合格。

（二）3号灌浆洞工程

3号灌浆洞位于主坝左岸岩体，总洞长614米。

施工地段地层主要为三叠系下统紫红色粉细砂岩，层状、层理分明，产状大致为南北走向，缓倾角向下游。该项目1996年6月由中国水利水电基础工程局中标，由于工作面受国际标进度的影响，所以分两期施工。

一期施工地段DG0＋200～DG0－170，灌浆方法采用自上而下孔口封闭，孔内循环灌浆，衔接帷幕孔采用纯压灌注。

一期工程于1996年9月4日开工，1997年3月30日完工。完成钻孔15367.83米，注入水泥2383.9吨，灌浆进尺14844.61米，最大孔深99.2米。

1997年5月28日验收，工程质量等级被评定为优良。

二期施工地段为DG0－170～DG0－414洞群地段，灌浆方法与一期相同。

二期工程于1998年6月8日开工，1998年11月9日完工。完成钻孔进尺6807.05米，灌浆进尺6534.1米，注入水泥1064.9吨。钻孔148个，148个合格，134个优良，合格率为100%，优良率为90.5%。

工程质量等级被评定为优良。

（三）4号灌浆洞工程

4号灌浆洞位于左岸山体内，总洞长792.67米。4号灌浆洞补强灌浆工程是为加强小浪底水利枢纽的整体防渗效果，在已完成的灌浆部位进行补强灌浆处理的标段之一，是左岸山体防渗帷幕体系的重要组成部分。

主要工程量：钻孔进尺33601.95米，GIN灌浆进尺1248.3米，水泥注入量55030.3千克，水灰比0.75∶1，最大孔深131.3米。工程于2000年4月3日开工，2001年2月14日完工。

二、龙羊峡水电站灌浆工程

龙羊峡水电站位于青海省共和县与贵南县交界处的黄河干流上游龙羊峡上口，工程以发电为主，兼有防洪、防凌、灌溉和工业用水等综合效益。混凝土重力拱坝，最大坝高178米，水库总库容276.3亿米^3，电站装机容量128万千瓦，保证出力58.9万千瓦，多年平均发电量59.42亿千瓦时。工程于1978年7月开工，1979年12月截流，1986年10月开始蓄水，1987年9月底第一台机组发电，1992年全部机组投运。

（一）龙羊峡水电站固结灌浆试验

断层带4～8米，角砾岩、碎块、断层泥，钻孔进尺918米。

（二）龙羊峡水电站左岸 2463 层

主廊道灌浆：钻孔进尺 152.15 米，回填灌浆 1448.97 米^2。固结灌浆于 1983 年 8 月开工，1984 年 10 月完工，完成钻孔进尺 1831.05 米，灌浆进尺 1587.42 米。帷幕灌浆于 1983 年 12 月开工，1984 年 10 月完工，完成钻孔进尺 8962.84 米，灌浆进尺 8051.69 米。6 甲段副帷幕灌浆于 1984 年 7 月 17 日开工，1985 年 4 月 1 日完工，钻孔进尺 914 米，灌浆进尺 694.66 米。

F18 廊道回填灌浆于 1983 年 12 月 7 日开工，1984 年 1 月 17 日完工，完成回填灌浆 850.18 米^2。固结灌浆于 1984 年 3 月 1 日开工，1985 年 10 月 11 日完工，完成钻孔进尺 1920.81 米，灌浆进尺 1651.54 米。

高压灌浆于 1984 年 4 月 9 日开工，1985 年 9 月 20 日完工，完成钻孔进尺 1871.11 米，灌浆进尺 1622.21 米。

（三）龙羊峡水电站右岸 2463 层

F120 廊道灌浆：地质构造为摩棱岩、构造块状岩、石英岩、角砾岩、压碎岩。1984 年 3 月 9 日开工，1984 年 4 月 14 日完工，完成回填灌浆 1862.02 米^2。固结灌浆于 1984 年 4 月 1 日开工，1984 年 9 月 19 日竣工。完成钻孔进尺 2296.8 米，灌浆进尺 1825 米。高压固结灌浆于 1984 年 5 月 10 日开工，1985 年 1 月 1 日完工，完成钻孔进尺 3251.69 米，灌浆进尺 2869.76 米。

（四）龙羊峡水电站左岸 2463 层

G4 帷幕廊道灌浆：回填灌浆于 1985 年 8 月 3 日开工，1985 年 8 月 29 日完工，完成钻孔进尺 204.35 米，回填灌浆 2124.37 米^2。固结灌浆 1985 年 8 月 25 日开工，1985 年 9 月 30 日完工，完成钻孔进尺 1575 米，灌浆进尺 1277.79 米。帷幕灌浆地层为 F2 断层和 G4 伟晶岩劈理带，花岗闪长岩，1985 年 9 月开工，1986 年 7 月完工，完成钻孔进尺 8087.55 米，灌浆进尺 6955.51 米。

（五）龙羊峡水电站左岸 2463 层

上游出渣洞回填灌浆：1986 年 9 月 22 日开工，1986 年 10 月 18 日完工，完成回填灌浆 1600 米^2。

廊道上游支洞封堵固结灌浆：于 1986 年 12 月 4 日开工，1986 年 12 月 11 日完工，钻孔进尺 703.8 米，灌浆进尺 673 米。

G4 帷幕灌浆廊道上游施工支洞封堵固结灌浆：于 1986 年 12 月 16 日开工，1986 年 12 月 19 日完工，完成钻孔进尺 273.5 米，灌浆进尺 260 米。

G4 水泥灌浆：回填灌浆于 1985 年 12 月 28 日开工，1986 年 3 月 16 日完工，完成钻孔进尺 431 米，回填灌浆 3154.25 米^2；固结灌浆于 1986 年 1 月 15 日开工，1986 年 4 月 13 日完工，完成钻孔进尺 2271.4 米，灌浆进尺 1681.9 米；帷幕灌浆于 1986 年 2 月 1 日开工，1986 年 10 月 10 日完工，完成钻孔进尺 9196.27 米，灌浆进尺 8394.77 米。

G4 伟晶花岗岩劈理带环氧树脂灌浆试验：于 1986 年 7 月开工，1986 年 12 月完工，完成钻孔进尺 954 米，灌浆进尺 660.38 米。

（六）龙羊峡水电站左岸 2497 层

G4 帷幕灌浆廊道施工支洞固结灌浆：于 1986 年 9 月 28 日开工，1986 年 10 月 5 日完工，完成钻孔进尺 690.1 米，灌浆进尺 630.55 米。

主帷幕灌浆廊道灌浆：于回填灌浆 1984 年 10 月 7 日开工，1986 年 5 月 3 日完工，完成钻孔进尺 334.47 米，回填灌浆 2887.94 $米^2$。固结灌浆于 1984 年 11 月 24 日开工，1986 年 5 月 11 日完工，完成钻孔进尺 1791.5 米，灌浆进尺 1412.94 米。帷幕灌浆于 1985 年 3 月 12 日开工，1986 年 10 月 17 日完工，完成钻孔进尺 6614.97 米，灌浆进尺 5730.97 米。

F18 断层高压灌浆：于 1986 年 1 月 31 日开工，1986 年 9 月完工，完成钻孔进尺 900 米，灌浆进尺 867 米。

F71 断层高压灌浆：于 1986 年 6 月 27 日开工，1986 年 9 月 14 日完工，完成钻孔进尺 295.77 米，灌浆进尺 251.32 米。

F73 廊道灌浆：回填灌浆于 1986 年 3 月 24 日开工，1986 年 4 月 6 日完工，完成钻孔进尺 629.2 米，回填灌浆 1639.46 $米^2$。

三、索风营水电站左岸帷幕灌浆工程

索风营水电站位于贵州省修文县与黔西县交界的乌江干流六广河段，其上、下游分别与已建的东风电站和乌江渡电站衔接，是乌江干流上的第 3 个梯级电站，电站装机容量 600 兆瓦（3×200 兆瓦）。

基础局主要承担左岸中、上层防渗帷幕灌浆施工任务，即左 783 及左 837 灌浆隧洞开挖、支护及灌浆施工，10 号施工支洞及左 837 临时施工支洞开挖支护施工。783 施工桩号 F0－45—F0－858.56；837 施工桩号 F0－67～F0－869.50。

工程于 2003 年 5 月 28 日开工，2004 年 3 月完成试验区灌浆试验。2004 年 6 月 29 日左 783 灌浆洞开挖、支护、衬砌施工全部完成，同时于 2004 年 5 月 15 日开始左帷幕灌浆部分施工，2005 年 12 月 5 日全部完工。累计合同金额 3613.9 万元。

主要工程量：开挖 22479.8 $米^3$，喷 C20 混凝土 1030.1 $米^3$，砂浆锚杆（ϕ22 米，$L=$2.5 米）429 根，砂浆锚杆（ϕ22 米，$L=3.5$ 米）1677 根，随机锚杆 1424 根，钢筋制作安装 214 吨，C20 混凝土 7169.34 $米^3$，回填灌浆 3617.06 $米^2$，固结灌浆 5565 米，帷幕灌浆钻孔 51078.19 米，帷幕灌浆 49706.31 米，帷幕灌浆 17449.4 吨，搭接帷幕灌浆 3066 米。

四、清江隔河岩水利枢纽基础左岸防渗处理工程

清江隔河岩水利枢纽位于湖北省西部清江下游长阳县境内，其为滚动开发清江流域打下基础，电站装机容量 121.2 万千瓦。

工程于 1990 年 9 月 3 日开工，1994 年 8 月 10 日完工。累计钻孔进尺 36135.9 米，灌浆进尺 26711.4 米。

五、构皮滩水电站渗控工程

构皮滩水电站位于贵州省余庆县长江上游右岸最大的支流乌江干流上，上距乌江渡水电站（已经建成）137 千米，下距乌江与长江的汇合河口重庆市涪陵区 455 千米，为规划的乌江干流开发的第 6 个梯级水电站。

构皮滩水电站水库正常蓄水位630米，校核洪水位638.33米，最低运行水位585米，总库容64.51亿米^3，调节库容31.54亿米^3，电站装机容量3000兆瓦。

主体工程：主要涉及两岸灌浆平洞的土建、防渗帷幕和基础排水以及山体排水。

左岸山体布置灌浆平洞4层，洞口高程分别为435.0、500.0、570.0、640.5米（利用12号公路隧洞及箐马公路）；右岸山体布置灌浆平洞5层，高程分别为415.0、465.0、520.0、590.0、640.5米。灌浆平洞为城门洞型，净断面尺寸为3.0米×3.5米和2.5米×3.0米，左岸高程435.0、500.0、570.0米3层，右岸高程415.0、465.0、520.0、590.0米4层，灌浆平洞采用钢筋混凝土衬砌，右岸高程640.5米灌浆平洞一般采用喷锚支护，地质缺陷部位采用钢筋混凝土衬砌。左岸布置灌浆平洞通风孔3个，右岸布置灌浆平洞通风竖井1个。

于2004年8月21日开始进行主体工程施工。

六、小湾水电站上、下游围堰堰基防渗工程

小湾水电站围堰堰基防渗工程由基础局承建。基础局在试验期间成立了项目经理部。为保证上下游围堰防渗施工任务的圆满完成，在围堰防渗施工期间加强了项目部的领导力量和技术力量，并聘请基础处理方面的老专家做顾问，保证施工质量和进度满足合同要求。

上游围堰堰基混凝土防渗墙自桩号0＋26.67～0＋133.21，轴线长106.54米。混凝土防渗墙最大深度48.52米，防渗墙最浅深度19.45米，防渗墙工程总量3855.44米^2，造孔总进尺5602.06米。墙底帷幕灌浆入岩深度5米，并满足设计要求透水率$q=7\sim10$吕荣，总计进尺338.7米，灌浆338.7米。根据多年在类似地区进行防渗墙施工的经验，并依照设计要求，基础局制订防渗墙工程总体施工方案，主要为钻劈法造孔。小湾上、下游围堰防渗工程为基础局2004～2005年头号工程。小湾上游防渗工程采用"左墙右幕"施工方案，共投入施工设备近70台(套)。下游可控帷幕灌浆共投入近40台(套)地质钻机。

下游围堰于2004年11月5日开工，帷幕灌浆于2005年3月6日完成，检查孔于2005年3月23日完工。

七、拉西瓦水电站右岸坝基帷幕灌浆及排水、断层带高压固结灌浆处理工程

拉西瓦水电站位于青海省贵德县与贵南县交界的黄河干流上，是黄河上游龙羊峡至青铜峡河段规划的大中型水电站中紧接龙羊峡水电站的第2个梯级电站。拉西瓦水电站是黄河流域规模最大、发电量最多、经济效益良好的水电站，是"西电东送"北通道的骨干电源，也是实现西北水火电"大捆"送往华北电网的战略性工程。基础局公司先后承建了拉西瓦水电站的上、下游围堰混凝土防渗墙工程和右岸坝基帷幕灌浆及排水、断层带高压固结灌浆处理工程。

拉西瓦水电站上、下游围堰混凝土防渗墙工程，合同订立时间为2003年12月19日，开工时间为2004年3月5日，于2004年9月1日竣工，合同金额为10951422.65元，主要工程量为土石方开挖880.20米^3，混凝土总浇筑量为7730米^3。

右岸坝基帷幕灌浆及排水、断层带高压固结灌浆处理工程，合同订立时间为2006年2月21日，主要施工项目包括固结灌浆、帷幕灌浆、高压固结灌浆、排水孔等。合同金额为 9100 万元，主要工程设计量为固结灌浆钻孔 87525 米，灌浆 79185 米；帷幕灌浆钻孔 151570 米，灌浆 146510 米；高压固结灌浆钻孔 26656 米，灌浆 25666 米；排水孔孔径 ϕ110 毫米入岩 17310 米，孔径 ϕ130 毫米入岩 35410 米。

第五章　国内振冲、桩基、高喷等基础工程

第一节　已 建 工 程 情 况

基础局从 1981 年以来先后完成的振冲、桩基分别见表 2-5-1、表 2-5-2；1987 年以来完成的高喷等基础工程见表 2-5-3。

表 2-5-1　　基础局 1981 年以来完成的振冲工程

序号	工 程 名 称	地 点	竣工时间
1	天津大港电厂水罐地基振冲加固工程	天津大港	1981
2	北京顺义向阳闸地基振冲加固工程	北京顺义	1981
3	山东龙口电厂振冲加固地基工程	山东黄县	1983
4	新天津染整厂扩建漂白帆布车间基础灌注桩工程	天津	1985
5	德州东关服务大楼振冲桩工程	山东德州	1985
6	天津市绍兴道丁家桥联建住宅楼振冲桩工程	天津河西	1985
7	山东德州基地振冲桩工程	山东德州	1985
8	德州市二轻局展销楼振冲桩工程	山东德州	1986
9	南开大学学生十六宿舍楼振冲工程	天津南开	1985
10	天津市武清县建行支行办公楼地基振冲工程	天津武清	1986
11	天津市蓟县税务局办公宿舍楼基础振冲桩工程	天津蓟县	1986
12	盘锦炼油厂改建工程常减压蒸馏装置振冲工程	辽宁盘锦	1986
13	盘锦炼油厂改建工程加氰裂化装置压缩机厂房振冲工程	辽宁盘锦	1987
14	天津南郊供销社 1000 吨冷库振冲碎石桩工程	天津市	1987
15	基础公司南院 3 号楼振冲工程	天津武清	1987
16	武清县水泥厂综合大楼振冲桩工程	天津武清	1987
17	天津市和平区卫生防疫站新建楼地基加固工程	天津和平	1987
18	北京高碑店十七中学 2 号教学楼基础振冲工程	北京朝阳	1987
19	廊坊供销社办公楼地基处理碎石桩工程	河北廊坊	1987
20	德州站劳动服务公司综合楼锅炉房基础振冲工程	山东德州	1987
21	天津东郊大毕庄乡何兴庄商品住宅楼基础振冲工程	天津东郊	1987

续表

序号	工 程 名 称	地 点	竣工时间
22	河北固安石油部通讯公司宿舍楼振冲桩工程	河北固安县	1987
23	廊坊中心支行营业楼基础振冲桩工程	河北廊坊	1988
24	天津团校教室振冲桩工程	天津市	1988
25	武清县农业技术推广中心综合培训楼基础振冲工程	天津武清	1988
26	武清县三街商业楼基础振冲工程	天津武清	1988
27	天津印染厂成品库振冲桩工程	天津河北	1988
28	天津民权门住宅基础振冲桩工程	天津市	1988
29	武清县河西信用社地基加固振冲桩工程	天津武清	1988
30	武清县杨村一街锯条联营厂厂房基础振冲桩	天津武清	1989
31	廊坊农校教学试验楼振冲桩工程	河北廊坊	1989
32	宝坻县畜牧局综合楼振冲桩工程	天津宝坻	1989
33	天津河北区杨桥大街住宅楼基础振冲工程	天津河北	1988
34	天津市大港电厂扩建工程地基加固振冲工程	天津大港	1989
35	廊坊市建行房地产开发公司商品住宅楼基础振冲桩工程	河北廊坊	1989
36	宝坻黄庄职业中专教学楼振冲桩工程	天津宝坻	1989
37	河北省永清县工商管理局办公楼基础振冲桩工程	河北永清	1999
38	天津师专杨村分校宿舍地基加固振冲桩工程	天津武清	1990
39	廊坊炮校综合楼振冲桩工程	河北廊坊	1990
40	永清县农业银行振冲桩工程	河北永清	1990
41	香河县政府招待所振冲桩工程	河北香河	1990
42	公司德州基地 3 号住宅楼振冲桩工程	山东德州	1991
43	宝坻粮食局锅炉房浴室振冲桩工程	天津宝坻县	1991
44	宝坻县劳动局培训中心楼振冲桩工程	天津宝坻县	1991
45	武清县雍阳宾馆东楼地基加固振冲工程	天津武清区	1991
46	武清县东马圈乡木糖醇厂水塔振冲桩工程	天津武清区	1991
47	海委防汛大楼基础碎石桩工程	天津	1991
48	廊坊市管道局职工学院培训楼振冲桩工程	河北廊坊	1991
49	天津市海委防汛调度楼地基振冲桩工程	天津市	1991
50	河北固安粮食局面粉厂加工车间碎石桩工程	河北固安	1991
51	东马圈木糖厂主车间振冲加固工程	天津武清	1991
52	河北廊坊市广播电视局大楼基础振冲工程	河北廊坊	1991
53	河北省霸州市粮食局面粉加工厂面粉车间基础振冲桩工程	河北霸州	1991

续表

序号	工　程　名　称	地　　点	竣工时间
54	德州商场扩建营业楼振冲碎石桩工程	山东德州	1992
55	安平农贸市场楼基振冲桩工程	河北香河	1992
56	香河县蒙特克斯皮业有限公司办公楼振冲碎石桩工程	河北香河	1992
57	武清县劳动局综合楼振冲桩工程	天津武清	1992
58	香河供销社综合楼振冲桩工程	河北香河	1992
59	青海省格尔木温泉水库振冲加固地基工程	青海格尔木	1991～1992
60	天津二七二医院地下救护站宝坻农业银行综合办公楼基础振冲桩工程	天津市	1992
61	武清县卫生局综合楼振冲桩工程	天津武清	1992
62	武清县劳动局综合楼振冲桩工程	天津武清	1992
63	宝坻县商业局营业楼办公楼振冲桩工程	天津宝坻	1992
64	宝坻县邮电局通信楼办公楼振冲桩工程	天津宝坻县	1992
65	永清县财政局办公楼振冲桩工程	河北永清县	1992
66	小浪底上游围堰混凝土防渗墙施工平台振冲加固	河南洛阳	1993
67	德州市黄河涯1号楼振冲桩工程	山东德州	1993
68	廊坊市农机公司1号宿舍楼碎石桩工程	河北廊坊	1993
69	天津铁路分局宜白北里锅炉烟筒碎石桩工程	天津北辰	1993
70	武清工商局营业住宅楼振冲桩工程	天津武清	1993
71	武清县中医院西小区1号住宅楼振冲碎石桩工程	天津武清	1993
72	武清工商局营业住宅楼振冲桩工程	天津武清	1994
73	昆明滇池水域分隔工程拦湖坝节制闸振冲碎石桩工程	昆明市	1994～1995
74	昆明滇池水域分隔工程船闸振冲碎石桩工程	昆明市	1994
75	岷江茂县铜钟水电站厂区振冲碎石桩工程	四川茂县	1999
76	天津市德恩里小区住宅楼振冲碎石桩工程	天津河西	1998
77	宝坻建委岳家园商住楼振冲碎石桩工程	天津宝坻县	1988
78	昆明海埂草海副坝加固工程振冲碎石桩工程	云南昆明	1995
79	双流基地3号楼地基加固振冲工程	四川双流	1997
80	四川金康水电站大坝基础加固处理工程	四川康定	2004
81	新疆永安堤振冲碎石桩工程	新疆巴楚	2004、2006
82	四川大渡河龙头石水电站大坝基础振冲碎石桩工程	四川石棉	2006

表 2-5-2　　基础局1981年以来完成的灌注桩工程

序号	工　程　名　称	地　　点	竣工时间
1	大港电厂海泵房闸门储藏间基础灌注桩工程	天津大港	1981
2	深圳湖心花园大厦Ⅰ、Ⅱ号楼灌注桩工程	深圳罗湖	1982
3	深圳国际贸易中心楼裙灌注桩工程	广东深圳	1983
4	深圳泰山大厦桩基工程	广东深圳	1983
5	深圳国际公寓Ⅲ号楼桩基工程	广东深圳	1984
6	深圳蔡屋围层大队办公楼灌注桩工程	广东深圳	1983
7	深圳蔡屋围层二队办公楼灌注桩工程	广东深圳	1984
8	深圳水泥厂扩建灌注桩工程	广东深圳	1984
9	德州百货公司第二商店基础灌注桩工程	山东德州	1987
10	深圳福田大厦桩基工程	广东深圳	1985
11	广州第三轧钢、铁合金厂彩带涂层钢板车间桩基工程	广东广州	1986
12	河北石家庄市上安电厂一期灌注桩工程	河北石家庄市井陉县	1986
13	河北石家庄市上安电厂二期灌注桩工程	河北石家庄市井陉县	1987
14	河北石家庄市上安电厂三期灌注桩工程	河北石家庄市井陉县	1987
15	天津西郊粮库钢筋混凝土煤气管道立交桥基础灌注桩工程	天津西郊	1987
16	津北南曹线子牙特大桥墩灌注桩工程	天津北郊	1987
17	天津市鱼牧公司武清分公司综合楼基础灌注桩工程	天津武清	1988
18	天芝通讯有限公司车间办公楼基础灌注桩	天津塘沽	1988
19	河南周口市中心大桥灌注桩工程	河南周口	1988
20	山东德州印染厂灌注桩工程	山东德州	1988
21	云南宣威水泥厂灌注桩工程	云南曲靖	1988
22	天津酒精厂武清分厂灌注桩工程	天津武清	1988
23	河南漯河市沙河南堤老门潭除险加固灌注桩工程	河南漯河	1988
24	武清县税务局综合楼灌注桩工程	天津武清	1989
25	秦皇岛热电厂主厂房西区桩基工程	河北秦皇岛	1990
26	天津蓟县发电厂桩基工程	天津蓟县	1990
27	德州百货公司综合楼基础灌注桩工程	山东德州	1990

续表

序号	工　程　名　称	地　　点	竣工时间
28	安居船闸桩基墩板式下游外导墙和船闸下游船栓施工	四川铜梁	1990
29	安居电站船闸系船栓灌注桩工程	四川铜梁	1991
30	新天津染整厂扩建漂白帆布车间基础灌注桩工程	天津市	1983
31	京津三线杨村铁路桥墩灌注桩工程	天津武清	1990
32	德州市百货公司营业楼基础灌注桩工程	山东德州	1990
33	张家口市沙岭子电厂灌注桩工程	河北张家口	1991
34	蓟县火电厂主厂房灌注桩工程	天津蓟县	1991
35	宝珠寺电站左岸 499 拌和系统基础灌注桩工程	四川广元	1992
36	重庆长江工桥桥墩基础钻孔桩工程	重庆市	1992
37	水口电站 220 千伏开关站灌注桩工程	福建闽清	1992
38	水口电站导航墩桩基工程	福建闽清	1992～1994
39	长江三峡杨家湾码头灌注桩工程	湖北宜昌	1995
40	华能上安电厂二期扩建 3 号冷却塔灌注桩工程	河北石家庄	1994
41	昆明三和商务大厦桩基工程	云南昆明	1995
42	北京地铁王府井站中孔钻孔灌注桩工程	北京市	1995
43	广汉市金雁大桥冲孔灌注桩工程	四川广汉	1995
44	广州市金雁大桥基础冲孔灌注桩工程	四川广汉	1995
45	阿坝州红叶电站厂房基础灌注桩工程	四川羌族自治州	1996
46	天生桥二级水电站Ⅱ号引水洞特殊大溶洞桩基工程	贵州省安龙县	1995
47	天津祥运武清开发区楼沙岭子电厂二期扩建烟囱桩工程	天津河东	1996
48	葛洲坝电厂 17、18 号楼桩基工程	湖北宜昌	1996
49	三峡八河口重件码头钢筋混凝土灌注桩及钢管桩处理工程	湖北宜昌	1996
50	三峡李家沱特大桥 3 号桥桩基	湖北宜昌	1996
51	广东肇庆西江大堤景福围段安全加固灌注桩工程	广东肇庆	1997
52	湖北黄石港 2、3 号码头扩建工程水上钻孔桩工程	湖北黄石	1997
53	邯郸热电厂改造工程 1 号转运站翻车机室及汽车卸煤支护桩工程	河北邯郸	1997

续表

序号	工　程　名　称	地　　点	竣工时间
54	二滩水电站过木机道出口入水段桩基工程	四川攀枝花	1996
55	盘山发电厂二期扩建工程冷却塔振动沉管灌注桩工程	天津蓟县	1999
56	宜宾市五粮液酒厂综合楼基础灌注桩工程	四川宜宾	2000
57	德州市交警支队办公大楼灌注桩工程	山东德州	1997
58	紫平铺水利枢纽工程2号导流洞出口滑坡应急处理工程	四川都江堰	2001
59	珠海市夏宫国际花园A栋桩基工程	广东珠海	1998
60	赵山渡引水工程纵向隔墙灌注桩工程	浙江瑞安	1998
61	四川省泸州市集装箱码头桩基工程	四川泸州	1998
62	北京东单地铁站中洞灌注桩工程	北京市	1995～1996
63	济南市经十路立交桥桩基工程	山东济南	1997～1998
64	中华世纪坛灌注桩工程	北京市	1999
65	成雅高速公路K76＋240滑坡整治抗滑桩工程	四川浦江	1972
66	邯峰电厂灌注桩工程	河北邯郸	1997～1998
67	中国水利水电基础工程局办公楼桩基工程	天津武清	2003
68	索风营水电站下游索桥上下游混凝土灌注桩工程	贵州修文	2004
69	曹娥江大闸枢纽施工2标段（基础试验工程）	浙江绍兴	2004
70	仙女堡电站闸坝坝基基础处理灌注桩工程	四川	2006
71	内蒙古大唐锡林郭勒盟煤化工打桩工程	内蒙古多伦	2006
72	向家坝水电站马延坡蠕滑变形体抗滑桩工程	四川宜宾与云南永善交界处	2006-06

表2-5-3　　基础局1987年以来完成的高喷工程

序号	工　程　名　称	地　　点	竣工时间
1	蓟运河防潮闸闸基加固工程	天津蓟县	1987
2	海南省宁远河大隆水利枢纽大坝基础防渗处理工程	海南三亚	2002
3	天津市大港发电厂切换闸北侧堰基础处理工程	天津大港	1988
4	乌拉泊水库坝基槽孔塑性混凝土高压旋喷灌浆处理泥皮接缝工程	新疆乌鲁木齐	1987-09
5	云南鹤庆羊龙潭水库除险加固振动沉模防渗及振冲加固工程	云南鹤庆	2005-04
6	包头第二热电厂锅炉车间基础处理工程	内蒙古包头	1990-02

续表

序号	工　程　名　称	地　　点	竣工时间
7	小浪底主坝防渗墙接缝高喷灌浆防渗处理	河南济源	1996-06
8	天津市于桥水库高喷防渗墙工程	天津蓟县	1995-09
9	天生桥二级（坝索）电站工程	贵州	1996-06
10	立达国际商场扩建工程连排桩间高喷防渗墙工程	天津	1997-11
11	蓟运河防潮闸基础加固与试验工程	天津市蓟县	1997-10
12	尼那水电站一期围堰高压喷射防渗墙工程	青海省贵德	1997-10
13	天津市和平区南浮二区平改工程东区	天津市和平	1998-05
14	浙江玉环东风引水一期工程双庙水库主坝高压旋喷防渗墙工程	浙江省玉环	1999-05
15	天津港南疆煤码头翻车机房地连墙防渗处理工程	天津市	1998-07
16	平帘冲渣水复用改造高压旋喷桩工程	河南平顶山	1996-08
17	天津市于桥水库坝基加固高压摆喷防渗墙工程	天津蓟县	1995-09
18	哈尔滨市城区堤防消险加固截渗工程	黑龙江哈尔滨市	1999-11
19	黄河尼那水电站一期围堰高压喷射防渗墙工程	青海贵德	1997-01
20	蓟运河防潮闸基础加固工程	天津北塘区	1998-04
21	大连市旅顺口区三涧堡地下水库截潜工程	大连旅顺口	2001-09
22	铜钟水电站首部帷幕灌浆工程	四川茂县	1999-09
23	九江市城市防洪工程大桥堤段除险加固单项应急工程	江西九江	1999-02
24	浙江省温州市赵山渡引水工程上横围堰高喷防渗墙	浙江温州	1997-12
25	二滩上下游围堰基础高喷防渗墙工程	四川攀枝花	1994-02
26	内蒙古三盛公水利枢纽进水闸除险加固基础处理工程	内蒙古巴彦县	2002-10
27	齐齐哈尔市城市防洪堤西堤垂直防渗工程	黑龙江齐齐哈尔	2003-06
28	河北省壶流河水库除险加固工程高压摆喷灌浆防渗墙工程	河北蔚县	2003-08
29	四川舟坝电站大坝下游围堰及厂房围堰旋喷防渗墙工程	四川乐山	2004-03
30	黄河尼那水电站工程左副坝高压喷射防渗墙工程	青海贵德	2003-03
31	景洪水电站二期下游围堰渗水点灌浆处理工程	云南景洪	2005-07
32	河南南水北调中线一期穿黄工程ⅡA标北岸竖井土体加固高压旋喷灌浆工程	河南郑州	2006-07

第二节 工 程 选 介

一、索风营水电站 Dr2 危岩体处理工程

索风营水电站位于贵州省修文县与黔西县交界的乌江干流六广河段，其上、下游分别与已建的东风电站和乌江渡电站衔接，是乌江干流上的第 3 个梯级电站，电站装机容量 600 兆瓦（3×200 兆瓦）。

Dr2 危岩体处理工程分为地表处理工程、上部处理工程和下部处理三大块工程。地表处理工程包括截水沟、裂隙回填、地梁浇筑、1000 千牛预应力锚索。上部处理工程包括 Dr2－1 区处理、Dr2－2 区处理、锚索施工栈桥、2000 千牛预应力锚索、裂隙回填。下部处理工程含封堵灌浆、930 米和 940 米高程的锚固洞工程，坡脚堆积体的贴坡混凝土及 PD 平洞混凝土回填、固结灌浆、钢筋桩、抗滑桩、2000 千牛预应力锚索。

主要工程量：植被清理 17168 米^2，土石方开（井）挖 87123.23 米^3，土石方填筑 10500 米^3，C20 混凝土 22721.696 米^3，C25 混凝土 17689.67 米^3，钢筋 2071 吨，钢丝网 6100 米^2，型钢制作安装 577.6 吨，锚杆 20611 根，2000 千牛锚索 176 根，1000 千牛锚索 47 根，灌浆 8032.56 吨，砂 5171.24 吨，固结灌浆 3390 吨，回填灌浆 4661 吨。合同金额 102224872.59 元。工程于 2003 年 8 月 8 日开工，计划于 2011 年 6 月 30 日完工。

二、深圳市国际贸易中心楼裙基础冲孔灌注桩工程

工程位于广东省深圳市罗湖区外运路与人民南路交叉口东北侧，上部结构采用现浇钢筋混凝土框架下部基础全部采用冲孔灌注桩，为一般民用建筑。

1982 年，基础局承担了该冲孔灌注桩的基础施工。工程于 1982 年 4 月 25 日开工，1982 年 8 月 28 日竣工。共计完成冲孔桩 258 根，其中直径 100 厘米桩 90 根，直径 80 厘米桩 168 根。钻孔累计深度为 5085.15 米，其中直径 100 厘米桩 1759.55 米，直径 80 厘米桩 3325.6 米。实浇桩长总延米 3953.25 米，共计灌注混凝土为 3580.61 米^3。

三、深圳市国际公寓Ⅲ号楼基础冲孔灌注桩工程

深圳市国际公寓Ⅲ号楼基础冲孔灌注桩工程位于深圳市深南路南侧红岭路以西，为框架结构 28 层的民用建筑，其占地面积 1420 米^2，下部基础均采用冲孔灌注桩，使用端承桩承受上部荷载。

1983 年 1 月，基础局承担了该冲孔灌注桩的基础施工。该工程于 1983 年 3 月 25 日开工，1983 年 5 月 31 日竣工。完成冲孔桩 73 根，冲孔 2545.65 米，混凝土量 2588.67 米^3，桩长 2388.58 米，最大孔深 49.3 米，桩长 47.1 米，平均桩长 32.72 米。

四、福建 LNG 振冲挤密工程

福建 LNG 振冲挤密工程位于福建省莆田市秀屿港附近，施工场地由粗砂填海而成，面积约 25 万米^2，振冲挤密处理约 200 万米^2。为了解决工程中粗砂地层造孔困难，贝克含量高，不易挤密等难题，基础局在借鉴以往经验的基础上攻关，对振冲器供水系统进行了改造。改造后的振冲器减小了造孔难度，提高了挤密质量，提高了工效，节约了时间。

第六章　国内非水电工程

第一节　已建工程情况

基础局已完成的国内非水电工程见表2-6-1。

表2-6-1　　基础局已完成的国内非水电工程

序号	名　　称	地　点	开工时间	竣工时间
1	青海宾馆地基灌浆加固工程	青海西宁	1985-10	1985-12
2	廊坊市爱民道立交桥泵站涵管钻孔灌浆工程	河北廊坊	1990-06	1990-06
3	牡丹江市郭家沟生活垃圾处理场截污坝帷幕灌浆工程	黑龙江牡丹江	1996-07	1996-10
4	唐钢超薄带钢生产线技术改造工程连轧卷曲区地基处理工程	河北唐山	2001-03	2001-04
5	德州市新湖公园明月桥除险加固工程	山东德州	2001-08	2001-09
6	天津大吉里基坑支护墙工程	天津市	1991	1992
7	包头市—达拉特电厂联合取水工程取水泵地下连续墙工程	内蒙古包头	1992	1993
8	威海房改配套开发公司综合楼地下连续墙工程	山东威海	1993	1993
9	天津市鸿吉商贸中心地下连续墙工程	天津	1994	1995
10	天津杨柳青电厂三期工程补水泵房混凝土地下连续墙工程	天津西青区	1997	1997
11	岭澳核电站防渗地连墙工程	广东深圳	1997	1998
12	深圳西部电厂5、6号机组续建工程循环水排水沟及地下连续墙工程	广东深圳	2001	2001
13	武汉阳逻长江公路大桥南锚碇基础工程	湖北武汉	2003	2004
14	渭河咸阳城区段综合治理工程中隔墙Ⅰ标段防渗、防冲墙工程	陕西咸阳	2004	2005
15	上海500千伏静安（世博）输变电地下连续墙工程	上海静安区	2005	2006
16	阳江核电水库大坝工程	广东阳东	2005	2006
17	岭澳一、二期防渗地连墙工程	广州深圳	2005	2005
18	润扬长江公路大桥南汊悬索桥北锚碇地连墙工程	江苏镇江	2001	2002

第二节 工 程 选 介

一、广东岭澳核电站地下连续墙（永久段）工程

岭澳核电站的厂址位于广东省深圳市龙岗区大鹏镇茅东湾，在已运行的广东大亚湾核电站东北约1千米。

海域工程位于厂区南侧。防渗地下连续墙设于防波堤直线段中部至西端拟建的临时围堰上以及临时施工引堤和西护岸上，主要用于排水渠外侧的防波堤防渗及施工期间取排水构筑物施工的基坑防渗。

工程于1998年1月20日开工，1998年8月10日完工，合同金额1985.5万元。完成防渗墙成墙面积13391.6米^2（墙厚0.8米）。

二、润扬长江公路大桥南汊悬索桥北锚碇地下连续墙工程

润扬长江公路大桥是我国桥梁建设史上“工程规模最大、建设标准最高、技术最复杂”的特大型桥梁工程，全长23.56千米。南汊悬索桥有南、北两个锚碇斜拉，其中北锚碇设计拉力达68000吨，北锚碇因其承受的巨大拉力及其庞大的体积，被誉为“神州第一锚”。

2001年2月26日，基础局承担了润扬长江公路大桥南汊悬索桥北锚碇地下连续墙工程施工任务。工程于2001年5月18日开工，2001年10月28日主体工程完工。

该工程总工程量为15013.03米^3，共划分42个单元槽段，墙体最大深度约60米，平均深度56米，墙厚1.2米，墙底嵌入基岩，平均嵌岩深度约6米，造孔进尺18313.3米^2，浇筑混凝土15128米^3。

三、武汉阳逻长江公路大桥南锚碇地连墙工程

武汉阳逻长江大桥是武汉境内的第6座过江大桥，既是京珠、沪蓉国道主干线武汉跨江咽喉，又是杭州至兰州重点干线公路及湖北省公路主骨架的组成部分。

武汉阳逻长江公路大桥南锚碇工程是阳逻大桥的重点、难点和关键控制性工程。基础局承担的圆形地连墙工程更是南锚碇的“咽喉”。圆形地连墙工程内径70米、外径73米，最大墙深62米、墙厚1.5米。于2003年10月8日正式开工，2003年12月27日完工，历时约80天，圆满完成地连墙50个槽孔，浇筑混凝土20206米^3，加工钢筋笼3138.13吨。

四、北京地铁东单站洞中混凝土灌注桩工程

北京东单地铁站位于北京市长安街与东单大街路口处以东的长安街下偏南，桩基施工在距地面13米深洞内进行，在窄小的洞内（4米×5米，长240米）施工。工程于1995年5月28日开工，1996年1月6日完工，共完成灌注桩81根，进尺2308.5米，混凝土浇筑3255.3米^3。

五、北京地铁王府井站混凝土灌注桩工程

王府井地铁站为北京地铁复八线新建工程之一，钻孔灌注桩为临时摩擦桩。工程于1995年5月20日开工，1995年12月21日完工，共完成ϕ1250毫米灌注桩82根，进尺2173.6米，混凝土浇筑 2909.7 米^3。

六、上海 500 千伏静安（世博）输变电地下连续墙工程

上海 500 千伏静安（世博）输变电工程位于上海市静安区成都路、北京西路、山海关路和大田路所包围的地域中，全部为地下结构，基坑开挖深度 33.4 米，地下主体结构采用框架剪力墙结构，基坑维护采用圆形地下连续墙。

上海 500 千伏静安（世博）输变电站采用框架剪力墙结构，基坑维护所采用的圆形地连墙由基础局承建，其外径 130 米，墙厚 1.2 米，周长 408.41 米，深度 57.5 米，成槽方量 26451 米^3，预计浇筑混凝土 26451 米^3。是当时国内孔斜率要求最高（1/600）的地连墙工程。

工程于 2006 年 1 月 18 日开工，2006 年 7 月 13 日竣工，共完成 51 个槽段，成槽 18060.62 米^2，现浇水下混凝土 16909.61 米^3。本工程采用了液压铣槽机进行施工。

七、广东阳江核电站水库防渗工程和主厂区防渗墙工程

阳江核电站位于广东西部沿海，采用我国自主品牌的改进型压水堆核电技术——CPR1000，将连续建设 6 台百万千瓦级核电机组，是我国核电建设史上首个按厂址建设规模一次核准机组数量最多和规模最大的核电项目。

基础局承建水库坝体防渗工程和主厂区防渗墙工程。该工程于 2005 年 9 月 20 日开工。

八、武汉世界贸易中心深基坑支护地下连续墙工程

武汉世界贸易中心深基坑支护地下连续墙工程是地连墙技术在武汉市深基坑支护的首次应用。工程地处武汉展览馆旧址，北为汉口解放大道，南临原京广铁路市内线，西为武汉商场新建楼、协和广场、湖北省广播电视台宿舍，东为游子乡大厦、医院宿舍。本基坑开挖面积约 4.017 万米^2，挖深 11.9 米，局部最大挖深 12.5 米，周边总长 920 米。基坑的东、西、北三侧采用地下连续墙支护，地下连续墙轴线总长度 653 米，最大墙深 25 米，墙厚 0.8 米。

地下连续墙工程自 1997 年 2 月 26 日开工，1997 年 8 月 24 日完工，共完成挖槽 12518 米^3，下设钢筋笼 804 吨，浇筑混凝土 10727 米^3。

第七章　国　际　经　营

第一节　国际经营概况

基础局国际业务起步于 20 世纪 70 年代，其发展主要经历了两个阶段。第一阶段是从 20 世纪 70 年代到 20 世纪末，实施的工程项目主要包括参建援外项目、分包工程项目和技术劳务合作项目，分别在 6 个国家完成了 6 项国外工程项目的建设。第二阶段从 2001 年 4 月起，在此期间，基础局积极响应、深入贯彻落实水电集团公司“走出去”和“国际业务优先发展”战略，成立专门从事国际工程业务经营管理的国际工程部，积极主动地开

拓国际工程市场。自2001年4月以来，基础局已先后分别在10个国家承包或分包了31项国际工程，签订合同额57711.22万元人民币，完成国际业务收入35646.65万元人民币，派遣近600人（次）参加国外工程的建设。

第一阶段承揽并完成的国外工程项目包括：1970年，基础局承建了中国援建阿尔巴尼亚的伐沃·代耶省毛泽东水电站防渗墙工程，这是基础局自成立以来第一次走出国门进行基础处理施工；1979年，基础局再次走出国门，承建了中国援建非洲喀麦隆的拉格都（Lagdo）水电站主坝防渗墙工程；1987年，基础局承揽并实施了伊拉克巴士拉船闸工程，这是基础局历史上第一次真正意义的"走出国门"；1989年，基础局以技术劳务合作方式，参与了尼泊尔马相迪水电站压力隧洞灌浆工程建设；此后，基础局又分别于1996年和1997年成功承揽并实施了马来西亚槟城供水工程TB水库高喷灌浆防渗墙工程和越南拜尚堰防渗墙工程。

第二阶段完成的国外工程项目包括：2004～2006年在苏丹完成的工程项目有苏丹麦洛维大坝基础工程、料场勘探孔工程、2B段倒垂孔工程、2C段仪埋孔工程、黏土心墙减压井施工，喀土穆北电站灌注桩工程，2002～2006年在马来西亚完成的工程项目有：马来西亚克拉隆供水大坝基础工程，巴贡水电站基础帷幕灌浆工程、进水口固结灌浆工程、溢洪堰和边坡固结灌浆工程、溢洪堰体及岸坡接缝灌浆工程、导流洞勘探孔工程、导流洞回填钻孔灌浆工程、导流洞出水口边坡勘探孔工程、溢洪道1MN级高强度锚杆工程、溢洪道挑流坎固结灌浆工程，泗里街水闸灌浆工程；2002～2003年，基础局完成了伊朗塔里干水电站基础防渗墙工程；2002～2004年，基础局完成了新加坡多美歌和艺术博物馆两个地铁站地下连续墙工程。

经过近40年的打拼，基础局国际业务从无到有，从小到大。特别是2001年4月以来，通过积极实施"走出去"和"国际业务优先发展"战略，基础局国际业务呈现出了良好的发展势头，施工领域也从最初的水电基础施工拓展到城市交通、港口码头、环保等领域。目前，基础局在马来西亚、巴基斯坦、约旦、斯里兰卡、沙特、阿联酋6个国家，共有马来西亚巴贡水电站大坝基础处理工程、班谷水电站灌浆工程、姆鲁水电站勘探孔工程，巴基斯坦杜伯华灌浆工程，阿联酋阿布扎比诺富特—艾比斯宾馆桩基工程等在建国际工程项目。

在国际业务开拓及实施的过程中，基础局不仅积累了丰富的国际工程施工管理经验，取得了较好的经济和社会效益，更培养、锻炼了一批能够开拓国际基础工程承包市场和胜任国际工程项目施工、管理的人才，为进一步拓展国际市场、更好地贯彻落实"国际业务优先发展"战略打牢了坚实基础。

第二节　国际经营组织机构

2000年8月，基础局成立了中国水利水电工程总公司天津直属国际工程部，将国际业务挂靠在基础局经营部，由经营部主任、副主任分别兼任部门主任、副主任，期间担任水电总公司天津直属国际工程部主任的是张树宸，副主任的是黄灿新、王国民、龚木金。

在2001年4月召开的基础局六届三次职代会上，基础局响应水电集团公司号召，第一次提出了“走出去”发展战略，会后，明确了由基础局总经济师黄炳福主抓国际工程。2002年1月，聘任徐方才为基础局国际工程部主任。2002年3月，成立了真正意义上的基础局国际工程部。2005年2月28日，中国水利水电基础工程局整体改制为中国水电基础局有限公司后，部门名称随之变更为中国水电基础局有限公司国际工程部。为深入贯彻落实集团公司提出的“国际业务优先发展”战略，加快国际业务发展，规范国际项目管理，并使之尽快成为基础局新的经济增长点，2006年12月20日，基础局在原国际工程部的基础上成立了中国水电基础局有限公司国际公司。

2002年3月，基础局国际工程部成立后，徐方才担任了国际工程部主任，先后担任国际工程部副主任的有郭洪波、王碧峰。

2006年12月，基础局国际公司成立后，聘任徐方才为国际公司总经理，王碧峰为副总经理。

第三节　国外工程选介

一、越南拜尚堰钢筋混凝土防渗墙工程

越南拜尚堰钢筋混凝土防渗墙工程由河南省水利第二工程局承建。该工程位于越南社会主义共和国清化省楚河之上，担负着清化省的农业与生活用水，设计灌溉流量40米^3/秒，可灌50000千米^{2}稻田。堰体、冲沙闸和渠首结构由卵石混凝土填充表面砌石组成，高约17米，长约175米，冲砂闸位于堰体右端，长15.5米，共分3孔，渠首包括7孔闸和1孔船闸。

基础局主要承担了该工程溢流堰段和冲闸段防渗墙的造孔、泥浆制备、用水下直升导管法进行混凝土浇筑、槽段与槽段之间的垂直“止水”安装等内容，合同金额为672.53万元人民币，合同工期为1997年4月10日～1998年2月28日。

工程自1997年12月21日正式开工，1998年7月5日全部竣工，基础局共计完成造孔2724.8米，其中岩石进尺937.1米，占全部钻孔的34%；卵石覆盖层1787.7米；浇筑混凝土3481米^3；下设钢筋笼110吨；下设PVC止水带506米，重量2.02吨。

二、马来西亚克拉隆供水大坝基础工程

马来西亚克拉隆供水大坝基础工程由JSB－CWHEC联营体承建。该工程位于马来西亚沙捞越洲民都鲁市以西27千米处，为民都鲁市后备水源。该工程由鞍形坝、主坝、溢洪道、进水塔和左副坝5部分组成，其中进水塔高30多米。

基础局承建了该工程帷幕灌浆、检查孔、抗拔微型桩和无黏结锚筋桩的施工任务，合同工期为18个月。

工程于2002年6月23日开工，2003年2月24日竣工，共完成施工产值1350万元人民币。

三、伊朗塔里干水电站基础防渗墙工程

伊朗塔里干水利枢纽工程总承包单位为水电集团公司。该工程位于伊朗北部地区德黑

兰省的塔里干河上，距首都德黑兰市约 50 千米，合同总额 1.43 亿美元，合同工期 46 个月。工程用途为蓄水供水和发电，其中供水为工程的主要用途，整个工程分为大坝工程和发电工程两大部分。大坝工程为黏土芯墙堆石坝，坝高 101 米，坝顶长度为 1090 米；发电工程包括取水口、引水洞、压力管道、发电厂房、调压井及尾水洞、开关站等。

基础局承建了该水电站基础防渗墙工程施工任务，防渗墙厚 1.0 米，总面积 12900 米^2，合同金额为 1855 万元人民币，合同工期为 9 个月。

工程于 2002 年 8 月 15 日开工，2003 年 7 月 15 日竣工。

四、新加坡地铁站地连墙工程

新加坡多美歌和艺术博物馆地铁站地连墙工程是基础局以水电集团公司名义总包的工程，也是基础局涉足国际建筑市场承担施工的第一个大型项目。

多美歌和艺术博物馆地铁站相距不足 500 米，位于新加坡市中心交通主干道地下，施工场地非常狭窄，施工期间不得影响道路交通。工地周围存在大量敏感建筑物及私人建筑，其中多美歌地铁站地连墙有 1/3 施工段距已运行的东西线地铁不足 6 米；艺术博物馆地铁站地连墙有 1/3 施工段距已有百年历史的新加坡艺术馆外墙不足 5 米，对沉降有严格的要求。此外，新加坡政府对公共噪声、粉尘控制及废水排放都有严格的立法要求。

基础局于 2001 年年底承建该工程。施工内容主要包括车站基坑开挖、地连墙建造和钢筋笼制作、安装等，合同金额 6280 万元人民币。

工程于 2002 年 9 月开工，2003 年 10 月完工。在历时 14 个月的施工过程中，基础局共建造地连墙 2.24 万米^3，浇筑 C40 水下混凝土 2.61 万米^3，制作安设钢筋笼 6110 吨，挖掘深度 28.00～58.55 米。

五、苏丹麦洛维大坝基础处理工程

麦洛维大坝位于苏丹王国北方省境内，北距埃及约 1000 千米，南距首都喀土穆约 480 千米，坐落在北方重镇卡瑞玛城东北部 27 千米的尼罗河上。其主要用途是发电和灌溉，总装机容量 125 万千瓦。中国水利水电对外公司（CWE）和中国水利水电建设集团公司（SINOHYDRO）组成的联营体 CCMDJV 于 2002 年 10 月联合投标，2003 年 5 月获得 2A＋2B＋2C 全部土建标。

基础局承担的麦洛维大坝基础处理工程包括：①右岸 2C 标段的混凝土面板堆石坝趾板钻孔灌浆，轴线长 4364.47 米，趾板宽 3.5 米，厚 0.5 米，最大孔深为 50 米；②左岸 2A 标段的心墙坝两岸坝肩岩石灌浆；③防渗墙墙下灌浆；④水上勘探孔（最大孔深 150 米），钻孔灌浆及勘探孔总量为 89965 米。合同金额为 14979.83 万元人民币，合同工期为 2004 年 5 月 20 日～2006 年 11 月 30 日。

六、苏丹新阿姆瑞泵站灌注桩工程

苏丹新阿姆瑞泵站工程由中国水利电力对外公司承建，该工程主要为新阿姆瑞农业浇灌服务。

2005 年 7 月 27 日，基础局承建了该工程的灌注桩工程，其工程量包括直径 0.8 米的灌注桩 24 根，钻孔进尺累计 472 米；直径 0.6 米的灌注桩 67 根，钻孔进尺累计 972 米。共计灌注桩钻孔进尺 1444 米，混凝土总方量 534.69 米^3。后经工程量变更补充协议确认，合同金额为77.18万元人民币，绝对工期为50天。

工程于2005年8月25日竣工。

七、苏丹喀土穆北电站灌注桩工程

苏丹喀土穆北电站三期扩建工程由中国机械设备进出口总公司承建。该工程位于苏丹喀土穆市工业区，距尼罗河较近，气候非常炎热，电站临近沙漠地区，交通条件主要通过苏丹港运输。

2006年8月16日，基础局承建该电站灌注桩工程。主要工程量包括：直径0.8米灌注桩19根，桩长13.5米，钻孔进尺累计256.5米；直径0.6米灌注桩3根，桩长13.5米，钻孔进尺累计40.5米。共计灌注桩钻孔297米，C25混凝土总方量140.13米^3，钢筋总重量11.36吨。合同金额为100.55万元人民币。

工程于2006年11月30日竣工。

八、马来西亚泗里街水闸灌浆工程

泗里街水闸工程由杨桂林工程公司承建。该工程位于马来西亚沙捞越州泗里街市，是马来西亚沙捞越州的引水工程。

2006年1月，基础局承建了马来西亚泗里街水闸灌浆工程。工程项目主要包括：帷幕灌浆、接触面灌浆、排水孔及边坡喷护。主要工程量为灌浆4735米。合同工期为2006年1月～2007年10月，合同金额为704.8万元人民币。

工程于2006年3月2日开工，基础局分三个阶段对泗里街水闸灌浆工程进行了施工。

九、马来西亚诗巫公路工程

2006年4月，基础局与水电集团公司马来西亚分公司联营合作中标马来西亚诗巫公路工程。该工程由中方（水电集团公司马来西亚分公司和基础局）与当地上市的NAIM公司组成大联营体负责项目整体运作。其中，中方以51%的股份为大股东。该工程中标价为7760万马币，约合16600万元人民币。合同工期为2006年4月～2008年10月，共30个月。

诗巫公路全长16.89千米，设计标准为一级路面双向四车道。主要工程项目为路基工程、路面工程、配套的附属设施及通信、供水管道改线等。主要工程量为土方开挖237万米^3，路基土方填筑140万米^3，5.3万米的各种排水沟，88条各种直径排水涵管，混凝土浇筑总量1.50万米^3，路基碎石填筑21万米^3，路面沥青混凝土7.70万吨。

受联营体及水电集团公司委托，基础局国际部派出了3位员工参与该项目的实施和管理。

第三篇　科 学 技 术

第三篇　科　学　技　术

第一章　科技管理体制

第一节　管　理　机　构

一、机构沿革情况

（一）初建时期（1959年10月～1969年4月）

原水电建设总局基础处理工程总队设有技术科，下有2名工程师，技术科设有试验室。总队下辖6个工程队和修配厂，分别设技术组管理本单位的施工技术。

（二）重建时期（1978年11月～1982年4月）

1982年以前为基础局筹建时期，时间较短，筹建处下设有技术科，各工程队设有技术组；从1982年11月开始，基础局设总工程师并成立施工技术处和科研所。基础局下属各工程处、队设工程科，修配厂设技术科。

（三）发展时期（1982年4月～2004年12月）

1985年3月成立总工程师办公室，1988年被撤销。

1988年5月，质量、安全职能由施工技术处分出，单独成立质量安全处。2001年6月撤销施工技术处，分别成立技术中心和质量安全技术部。2002年3月局机关机构调整，分别成立技术信息中心和工程管理部。各工程处设施工技术科。

1984年10月成立基础工程技术咨询中心，1985年1月更名为咨询服务中心，1990年5月更名为工程技术咨询公司。1985年1月成立地勘设计室，1994年11月成立设计公司。

从1983年开始，各工程处和科研所开始设主任工程师，1994年后改称二级单位总工程师。

1990年成立技术委员会，由基础局技术骨干和退休专家组成，主任委员为总工程师。

（四）建立现代企业制度时期（2005年3月始）

2005年，基础局改制为中国水电基础局有限公司后，技术和工程管理机构未变，公司技术管理部门仍为技术信息中心，工程管理部门仍为工程管理部，技术开发机构仍为科研所。各分公司设工程技术部，各项目部设工程部。

二、各时期技术机构的主要职能

（一）初建时期和重建时期

1. 技术科的主要职能

（1）负责全总队施工技术管理工作，制订各级、各岗位技术人员责任制度；

（2）制订施工项目整体施工方案，提出主要技术措施；

（3）收集国内外有关技术资料，为各工程队提供技术支持；

（4）编制内部施工技术、质量、检测、定额等标准；

（5）开展新技术、新工艺、新材料研究试验工作，为以后的施工任务提供技术储备。

2. 各工程队技术组的主要职能

（1）根据设计要求和现场情况，编制详细的施工计划、材料计划和安全技术操作规程；

（2）组织项目施工，向施工机组进行技术交底，并提供技术指导文件；

（3）负责施工调度工作，每天24小时全过程监控施工质量、安全和进度，及时发现和处理施工中存在的问题；

（4）负责组织施工质量检测、验收和质量问题的处理工作；

（5）负责施工、检测记录的整理、统计、保存工作；

（6）与设计单位和总包单位协商解决施工中遇到的问题；

（7）编写施工总结，准备竣工资料，参加竣工验收。

（二）发展时期和建立现代企业制度时期

1. 总工程师主要职责

（1）在总经理（局长）的领导下全面负责公司（基础局）的技术工作；

（2）组织贯彻国家技术政策、法规、标准和关于技术工作的决定；

（3）主持制订、贯彻公司的技术管理制度和技术标准；

（4）主持编制公司的科技发展规划，审定近期开发、研究项目；

（5）组织审查大型、重要工程的施工组织设计，审定重要的安全、技术措施；

（6）组织研讨施工中遇到的重大技术问题，并作出决定；

（7）审定签发重要的施工技术、质量、安全文件；

（8）指导大中型工程的施工过程控制，主持工程验收，批准竣工报告；

（9）领导技术革新工作，推广应用新技术、新工艺、新材料、新设备，主持科技成果鉴定；

（10）组织领导工程技术人员的业绩考核和专业技术职称评定工作；

（11）参与重大技术、质量、安全事故的调查、分析和处理。

2. 施工技术处（技术中心）主要职能

（1）在总工程师的领导下负责公司技术管理工作；

（2）贯彻国家技术政策，执行各项技术管理规定和各级现行技术标准；

（3）制订公司科技工作体系、技术标准，建立健全技术管理制度，并组织实施；

（4）编制或审查工程实施阶段的施工组织设计、作业指导书，提出保证施工质量、安全和提高劳动效率的技术措施；

（5）对在建工程项目提供技术服务，指导解决施工中遇到的技术问题；

（6）依据公司的发展战略，制订公司科技发展规划；

（7）组织公司科技项目的立项评审、过程监控、鉴定验收和推广应用工作；

（8）审查竣工项目的技术总结报告，汇总、归档竣工资料；

（9）负责公司信息化建设和管理工作；

(10) 负责各类工程技术学会、行业协会的日常事务管理工作；

(11) 参与重大施工技术、质量、安全事故的调查、分析和处理。

3. 市场开发部（经营处）主要技术职能

(1) 贯彻国家技术政策，执行上级各项技术管理规定和各级现行技术标准；

(2) 负责公司投标阶段施工组织设计的编制及管理工作；

(3) 负责中标工程项目的施工组织设计和报价交底工作；

(4) 参与、指导、审查各分公司（工程处）编制的工程项目投标施工组织设计；

(5) 收集国内外先进的施工组织方案，建立与投标相关的技术资料库及相应的计算机管理系统。

4. 各分公司（工程处）工程部（科）主要技术职能

(1) 贯彻执行现行各项技术法规、技术标准及技术管理制度；

(2) 编制或初审本单位施工项目的施工组织设计，并报公司（基础局）技术处审批；

(3) 编制本工程处年度及分月施工作业计划和技术资源供应计划，并监督实施；

(4) 为本单位施工项目提供技术支持，帮助解决施工中的问题；

(5) 建立施工项目管理台账，及时按公司要求上报技术资料和统计数据；

(6) 负责编写或初审技术总结报告和竣工资料的收集、整理、归档工作；

(7) 配合劳动人事部门进行职工技术培训工作；

(8) 负责本单位试验、检测与监控设备的管理工作；

(9) 开展科技创新活动，收集、整理优秀科技成果，组织推广应用；

(10) 参与重大施工质量、安全事故的调查、分析和处理。

5. 各项目经理部主要技术职能

(1) 贯彻执行各项技术管理规定和各级现行技术标准；

(2) 编制本项目的施工阶段施工组织设计、实施细则和技术质量管理制度，并报批；

(3) 严格按照审批后的施工组织设计组织施工；

(4) 参加图纸会审，对施工班组进行技术交底，对设计中的问题及时提出修改建议；

(5) 及时采取适当措施解决施工中的技术问题；重大的技术方案变更应提前向上级部门汇报；

(6) 大力开展创新活动，积极采用有利于施工质量和进度的新技术；

(7) 收集、整理本项目施工资料，编制竣工报告，参加工程验收；

(8) 收集、整理本项目中的优秀技术成果和重要技术资料上报公司；

(9) 严格按照技术管理制度对分包人进行技术管理；

(10) 参与施工技术、质量、安全问题的调查、分析和处理。

6. 科研所主要职能

(1) 贯彻执行国家科技政策、法规、标准和公司的科技发展规划；

(2) 组织完成国家下达的科技攻关任务；

(3) 组织完成公司安排的科技开发、引进任务；

(4) 结合公司目前施工任务，开展基础处理技术研究，为施工项目提供技术支持；

(5) 跟踪国内外基础处理技术发展动态，为公司未来的高难度施工任务提供技术储备，不断增强公司的施工能力；

(6) 为公司提供拥有自主知识产权的先进技术装备和建筑材料；

(7) 协助各工程处解决在施工中遇到的各种技术问题；

(8) 为公司的新技术应用提供指导和服务；

(9) 为公司的施工项目和社会建筑工程提供试验、检测服务。

7. 公司技术委员会主要职能

(1) 负责对科技项目的立项进行论证和评估，并向公司科技领导小组提供决策依据；

(2) 负责对已立项的科技项目进行过程指导，并对已完成的科技项目进行鉴定、验收；

(3) 负责向上级主管单位和部门科技进步奖评审机构推荐优秀项目；

(4) 负责对重大工程项目的施工组织设计和投标报价方案进行指导；

(5) 负责审定公司科学技术发展规划；

(6) 对重大技术引进和合作项目进行咨询和指导；

(7) 对基础工程科技进步状况进行调研，提供国内外水电施工技术发展动态信息；

(8) 根据在建工程的实际需要和水电建设的发展趋势，负责拟定公司近期科技开发、引进项目；

(9) 负责对重大技术、安全、质量问题和经济纠纷进行原因、责任分析，并提出处理意见。

8. 技术咨询中心主要职能

(1) 提供地基与基础工程专业技术咨询服务，推广应用新技术；

(2) 研究基础处理工程设计方法，承担基础处理工程项目设计任务；

(3) 参加公司内部技术会议，对重大技术问题、方案、文件提出咨询意见；

(4) 跟踪国内外各行业基础处理工程及基础处理技术发展动态，为公司制定发展规划提供咨询意见。

第二节　技术管理模式

一、计划体制下的技术管理模式及特点

在计划经济条件下，施工企业是一级行政组织，其主要职能是完成国家根据基本建设计划下达的施工任务，没有明确的科技创新责任。在此环境下，公司（基础局）和各二级生产单位的技术管理机构只是各级行政领导组织生产的办事部门，没有总工程师，没有技术责任制度，也没有专职科技开发机构，是粗放型的管理模式。

计划体制下技术管理的特点：

(1) 公司（基础局）和下属二级施工单位均没有技术总负责人；

(2) 技术管理机构与生产管理机构合为一体，主要职能是组织完成生产任务；

(3) 技术管理制度和技术责任制度不健全；

（4）技术应用与技术创新合为一体，没有新技术开发的机构和责任；

（5）施工技术发展缓慢，管理水平落后，经济效益低下；

（6）技术手段单调，业务范围狭小，施工能力不能适应施工对象和施工条件的变化。

二、市场经济条件下的科技管理体制及特点

在市场经济条件下，我国的国民经济高速发展，水电施工企业面临严峻的市场竞争和艰巨的施工任务两大考验。在这种情况下，公司加强了技术管理和技术开发工作，实行了总经理领导下的公司总工程师负责制，设立了技术信息中心、科研所、技术委员会等技术机构，建立了技术管理制度、技术责任制度、技术创新制度等规章制度，逐步向集约型、效益型管理模式过渡。

公司工程技术委员会是在总经理领导下的工程技术最高决策和仲裁机构，技术信息中心是公司施工技术的归口管理部门，科研所是公司的专职科技研发机构。

公司工程施工技术的业务管理实行分层分级管理原则，公司设置技术信息中心、市场开发部、科研所；分公司设置工程技术部；工程项目部设置工程部、试验室、测量队等。

分公司的在建工程项目施工技术管理，实施分公司经理领导下的分公司总工程师负责制，归口管理部门是分公司的工程技术管理部门。

在建工程项目经理部的工程施工技术管理，实行项目经理领导下的项目总工程师负责制，归口管理部门是项目工程部。

现有技术管理体制的特点：

（1）分别设立生产管理、技术管理和技术开发机构，加强技术管理和技术开发工作；

（2）设立各级技术负责人，充分发挥技术骨干的作用，明确了技术责任；

（3）建立健全规章制度，实行规范化、精细化管理，逐步与现代企业管理接轨；

（4）责任人决策与民主决策相结合，充分发挥技术专家和集体智慧的作用；

（5）加强了技术开发、引进、革新、交流工作，加快了技术创新和新技术应用的步伐；

（6）加强了科技人才培养工作，选拔了大批年轻技术干部；

（7）加强了信息建设和信息管理，逐步向现代企业管理方式过渡；

（8）大批新技术的应用使公司的施工效率和施工质量大幅度提高，技术进步对经济效益的贡献率逐年提高。

第三节　科技管理制度

一、1984年以前制订的技术质量管理制度

（1）技术管理暂行制度。技术工作管理制度主要内容包括：①技术管理工作的内容和要求；②技术管理工作体制；③技术文件；④质量与安全；⑤各级技术责任制。

（2）基础处理工程质量检查实施办法。主要内容包括：①工程质量检查的依据和工作内容；②质量检查组织机构；③施工准备工作检查；④施工检查；⑤竣工验收；⑥质量事故检查；⑦质量事故报告和总结；⑧施工质量等级划分标准；⑨质量事故分类办法。

(3) 质量责任制度。主要内容包括：①经理责任；②总工程师责任；③工程处处长(分公司经理、直属队队长、厂长) 责任；④工程处主任工程师及直属队、厂主管工程师责任；⑤工长及现场值班人员责任；⑥机、班长责任；⑦生产工人责任；⑧公司质量安全科责任；⑨工程处质检人员责任；⑩施工技术处及生产技术科责任；⑪试验、测量组责任；⑫其他有关职能部门责任。

(4) 优质工程项目和优质施工单位评选办法。主要内容包括：①制订本办法的目的；②评选频次；③参加评选的条件；④负责评选工作的部门；⑤评选工作程序；⑥对评选工作的要求。

(5) 安全生产管理制度。主要内容包括：①安全管理机构；②安全生产责任制；③伤亡事故报告处理制度。

(6) 技术档案管理办法。主要内容包括：①技术档案管理的体制和要求；②主管部门及主要工作内容；③二级单位的责任及负责人；④应归档技术文件、资料的内容；⑤对归档技术文件、资料的使用、保管要求。

(7) 合理化建议和技术改进奖励办法。主要内容包括：①奖励范围和条件；②奖励的方式和等级；③奖励的申报和评审；④有关技术资料的整理和保存。

二、1984～1991 年制订的科技管理制度

(1) 科技管理制度。主要内容包括：①总则 (目的和要求)；②管理体制；③技术文件管理要求；④各级技术责任制。

(2) 合理化建议和技术改进奖励办法。主要内容包括：①总则：目的、依据和奖励范围；②奖励的方式和等级；③奖励的申报和评审；④奖金分配原则；⑤违纪处理。

(3) 科技档案管理制度。主要内容包括：①总则：科技档案管理的目的、范围、体制和要求；②归档内容、办法及要求；③科技档案的借阅、鉴定及销毁；④保管期限和密级划分。

(4) 工程质量管理制度。主要内容包括：①工程质量管理的依据、方法、程序和要求；②各施工阶段的质量检查内容 (试行)。

(5) 质量责任制度。主要内容包括：①经理责任；②总工程师责任；③工程处处长(分公司经理、直属队队长、厂长) 责任；④工程处主任工程师及直属队、厂主管工程师责任；⑤工长及现场值班人员责任；⑥机、班长责任；⑦生产工人责任；⑧公司质量安全处责任；⑨工程处质检人员责任；⑩施工技术处及生产技术科责任；⑪试验、测量组责任；⑫其他有关职能部门责任。

(6) 安全工作管理制度。主要内容包括：①总则：制订的目的和依据，适用范围，安全工作的基本原则；②各级人员的安全生产职责；③安全管理工作的内容和要求；④伤亡事故报告处理制度；⑤施工现场安全管理；⑥机械、电器设备安全管理；⑦锅炉和压力容器安全管理；⑧油库安全管理；⑨安全生产奖惩办法。

(7) 计量管理制度。主要内容包括：①总则：制订的目的和依据；②计量管理的体制和职责；③计量管理的任务和要求；④计量原始记录和技术档案的管理；⑤能源计量管理制度；⑥计量管理实施办法；⑦计量数据管理暂行办法。

三、1991～2004 年制订的科技管理制度

（1）科技项目管理办法。主要内容包括：①总则：制订的目的和依据；②立项原则；③立项申请；④项目评审；⑤项目合同；⑥项目管理。

（2）技术进步考核办法（试行）。主要内容包括：①制订本办法的目的；②考核内容；③考核指标及标准；④考核评定。

（3）科学技术进步奖励实施办法。主要内容包括：①制订本办法的目的；②奖励的范围；③奖励的申报与评审；④奖励的方式与等级。

（4）科学技术委员会管理办法。主要内容包括：①制订本办法的目的；②科学技术委员会的性质；③科学技术委员会的组成；④科学技术委员会的工作职责。

（5）《企业技术标准》

基础局于 1991 年初开始建立包括管理标准和工作标准在内的企业标准化体系，并于 1992 年颁布了工程局《企业技术标准》（第一版），在施工生产中发挥了较好的作用。1999 年，根据当时国家建设管理和技术发展的要求，对该标准进行了修订，于 1999 年 11 月 8 日颁布了《企业技术标准》第二版，自 2000 年 1 月 1 日起实施。

第二版《企业技术标准》分为技术基础标准、设计技术标准、产品标准、采购技术标准、工艺技术标准、工艺装备技术标准、设备技术标准、检验和试验方法技术标准、检验测量和试验设备技术标准和安全技术标准 11 个类别，共计包含 107 个自编技术标准。

四、2004 年以后制订的科技管理制度

（1）工程施工技术管理职责。主要内容包括：①施工技术管理的目的和原则；②施工技术管理体系；③各级技术机构技术管理职责；④各级技术人员技术管理职责；⑤技术人员职责考核。

（2）施工技术文件编制与审批程序。主要内容包括：①目的和范围；②施工技术文件的种类；③施工技术文件的编制；④施工技术文件的审批；⑤审批部门及审批人员责任；⑥工程设计图纸（文件）会审；⑦技术核定；⑧施工组织设计的优化和合理化建议。

（3）工程施工技术文件交底规定。主要内容包括：①技术交底的目的和要求；②技术交底的类型；③技术交底的内容。

（4）工程技术文件整理、归档规定。主要内容包括：①工程技术文件整理、归档的目的和要求；②工程技术文件整理、归档的职责；③应整理、归档技术文件的种类；④归档技术文件的保管与使用。

（5）科技进步管理办法（试行）。主要内容包括：①制定本管理办法的目的和依据；②科技进步工作的宗旨、指导思想、战略目标、基本原则、管理体制和主要内容；③科技进步工作的组织机构及职责；④科技进步规划、计划的编制与管理；⑤科研立项与项目（课题）管理；⑥科研经费与管理；⑦成果管理（鉴定/评审/验收/奖励）；⑧科技进步工作检查、统计、总结与考核。

（6）科研经费预算及管理办法。主要内容包括：①制定本管理办法的目的和适用范围；②科技创新项目（课题）经费预算原则；③科技创新项目（课题）经费预算的项目与标准；④科研项目经费的审定；⑤科技创新项目（课题）经费的管理与控制。

（7）科研项目中间检查管理办法。主要内容包括：①制定本管理办法的目的和适用范围；②职责和权限；③管理程序；④工作程序。

（8）科研项目结题验收管理办法。主要内容包括：①制定本管理办法的目的和适用范围；②术语；③职责和权限；④管理程序；⑤工作程序。

（9）合理化建议和技术改进管理办法。主要内容包括：①制定本管理办法的目的和适用范围；②组织领导；③合理化建议的内容；④管理流程；⑤奖励办法；⑥合理化建议和技术改进项目的推广应用。

（10）科技进步考核办法。主要内容包括：①制定本办法的目的和适用范围；②考核对象；③考核的基本内容和要求；④考核指标；⑤考核评定。

（11）科技进步奖励办法。主要内容包括：①制定本办法的目的和依据；②奖励的原则和范围；③奖励的方式、等级和标准；④奖励的申报和评审；⑤违纪处理；⑥获奖项目向上选报。

（12）优秀论文评选及奖励办法。主要内容包括：①制定本办法的目的；②评选频次；③评选条件与范围；④申报程序及要求；⑤奖励的方式与等级；⑥评审机构与评审方式。

（13）科学技术保密暂行规定。主要内容包括：①制定本办法的目的；②适用范围；③科技保密责任制；④科技保密事项和密级；⑤科技秘密的保密管理要求。

（14）知识产权管理办法。主要内容包括：①制定本办法的目的；②适用范围；③知识产权的标的；④职责和工作内容、工作程序；⑤行政与法律责任；⑥对职务科技成果转化的奖励。

第四节　科技发展规划

一、第一次科技大会制定的科技发展规划（1983～1990年）

（一）防渗墙方面

（1）防渗墙技术向大颗粒深厚覆盖层中快速施工发展，造孔机具应装备自动测斜与纠偏装置，使造孔工效提高5～8倍，造孔垂直精度提高到1/500～1/1000。

（2）墙段接头逐步采用双反弧法、接头管法等新工艺施工，特别是较深接头孔的施工方法要加速研究。

（3）逐步实现采用优质膨润土泥浆护壁，尽快落实造孔泥浆净化回收的措施，提高泥浆性能，降低泥浆消耗。

（4）冲击反循环造孔的研究。

（5）装配式钢槽板及钢筋混凝土导墙的试验研究，取得成果后尽快推广应用。

（6）高强混凝土、塑性混凝土、自凝灰浆、固化灰浆等新型墙体材料的研究。

（7）防渗墙施工质量检测器具的研制与试验。

（8）混凝土防渗墙内预留灌浆孔和预埋灌浆管的试验研究。

（二）水泥灌浆方面

（1）小口径无塞灌浆技术的进一步研究和推广应用。

（2）钻孔工艺逐步向全断面人造金刚石钻孔技术过渡。

（3）全断面风动、水动冲击回转钻进技术的研究。

（4）自动化集中制浆系统的研究。

（5）新型液、气压灌浆塞具的研制。

（6）灌浆自动记录仪的研制。

（7）用物探方法检测灌浆效果的研究。

（8）系统地进行灌浆理论研究工作。

（三）化学灌浆方面

（1）以环氧树脂为主剂的各种改善地层力学性能的化灌研究。

（2）以水玻璃为主剂的各种改善地层渗透性的化灌研究。

（3）对氰凝及水溶性氰凝等新型化灌材料进行分析研究。

（4）研究上述材料的污染机制、污染程度及密闭化施工方法。

（四）振冲桩方面

（1）引进大功率振冲器，提高加固深度，扩大施工能力。

（2）研究不同地层中振冲加固施工的方法、特点和扩大应用范围的措施。

（3）具备地基土质勘探、试验和加固效果检测手段。

（五）钻孔灌注桩方面

（1）采用反循环钻机、潜水电钻、螺旋钻、冲抓钻机等高工效钻孔机具和施工方法，大幅度提高钻孔速度。

（2）具备牙轮钻进技术和能力，解决基岩钻进问题。

（3）研制大直径钻孔机具，具备大直径钻孔灌注桩施工能力。

（4）抗滑桩高强度材料及施工方法的研究。

（六）城市地下连续墙方面

（1）研制适合城市地下连续墙施工的高工效、无公害造孔机具。

（2）研制适合城市地下连续墙施工的泥浆拌制、储存、回收净化设备。

（3）掌握地下连续墙内下设钢筋笼、接头管、特殊墙段接头、接缝止水及墙体锚固施工技术。

（七）预应力锚固方面

（1）研究掌握各种预应力锚固施工技术，做好技术储备，并进行小型试验。

（2）逐步将预应力锚固技术应用于坝基高压灌浆、大坝锚固、滑坡体锚固、地下连续墙等工程项目。

二、第二次科技大会制定的科技发展规划（1991～1995年）

（一）地下连续墙施工技术

（1）改造所有的冲击钻机，以提高工效和减少泥浆消耗。

（2）完善新研制的冲击反循环钻机使之尽快形成生产能力。

（3）完善所有的抓斗挖槽机使之尽快成为定型产品。

（4）做好抓斗挖槽机的配套工作，以便尽快形成城市地下连续墙施工能力。

（5）推广应用塑性混凝土、固化灰浆等墙体新材料，研制配套固化灰浆的专用施工机具。

（6）研究简便、快速、准确的基岩鉴定手段。

（7）研究简便、快速、准确的孔斜、孔径、孔深、淤积厚度、混凝土面深度的检测方法和设备。

（8）改造泥浆搅拌机，使之提高工效，并研究简易的泥浆回收及再生工艺。

（9）改进清孔方法，提高墙底及墙段接缝质量。

（二）灌浆技术

（1）研制或引进高效的钻孔机械，大大提高钻孔工效。

（2）推广应用和完善小口径金刚石钻进、冲击回转钻进、绳索取芯、高压无塞灌浆、集中制浆等先进技术。

（3）试验研究喀斯特地质条件下100米以上孔深钻孔灌浆保证施工质量、加快施工进度的方法。

（4）研究总结大孔隙土石坝帷幕灌浆保证施工质量、提高工效、降低消耗的有效措施。

（5）完善灌浆自动记录仪和水压式灌浆塞，并大力推广应用。

（6）进行全断面钻进和其他快速钻进技术的研究，以取得工效上的较大突破。

（7）进行深厚覆盖层坝基帷幕灌浆技术的研究。

（8）引进和研究先进的灌浆效果检测技术。

（9）推广应用电子计算机整理灌浆资料。

（10）研究发展酸性水玻璃等无毒或微毒的化学灌浆材料和施工技术。

（三）钻孔灌注桩

（1）研制高效的桩基施工设备。

（2）引进并掌握钻孔压浆成桩法。

（3）具备钻孔灌注桩质量检测和荷载试验的必要手段。

（4）研究开发无泥浆循环回转钻进机具及施工方法。

（四）其他施工技术

（1）完善预锚施工设备和机具，尽快形成生产能力。

（2）研制大功率振冲器以扩大施工能力。

（3）研究掌握干振法的机具、工艺特点和使用条件。

（4）研究塑料排水机具及工艺，形成施工能力。

三、第三次科技大会制定的科技发展规划（1996～2000年）

（一）地下连续墙施工技术

（1）逐步改造和更新基础局现有的冲击钻机，以提高工效和减少泥浆消耗。

（2）继续完善新研制的冲击反循环钻机及其配套设备。

（3）尽快熟悉新引进的意大利BH－12型液压抓斗的性能、操作和维修方法。

（4）加强对钢丝绳抓斗和日本真砂抓斗的检查维护，保证性能完好，配套齐全。

（5）引进或研制薄墙施工设备。

（6）继续对高强混凝土、塑性混凝土、固化灰浆等墙体材料进行研究，并推广应用。

（7）研制孔斜、孔径、孔深、淤积厚度、混凝土面深度等简便、快速、准确的检测方法和设备。

（8）研究泥浆储存、回收及再生的方法和设备。

（9）研究超深及复杂地层中的综合施工方法。

（二）钻孔灌浆技术

（1）对已引进的SM－400型全液压工程钻机要充分利用，再引进一定数量的同类钻机，以提高钻孔效率。

（2）继续扩大应用和完善小口径金刚石钻进、冲击回转钻进、绳索取芯、高压水泥灌浆、集中制浆等先进技术。

（3）进行深厚覆盖层坝基帷幕灌浆技术的研究。

（4）试验研究在喀斯特地质条件下，100米以上孔深钻孔灌浆施工工艺。

（5）加强对无毒、稳定、混合等多种灌浆材料的研究。

（6）进行GIN快速灌浆工艺的试验研究和应用。

（7）引进、研究、应用先进的灌浆效果检测技术。

（8）完善并大力推广应用灌浆自动记录仪和用计算机整理灌浆资料。

（三）钻孔灌注桩技术

（1）开发或引进无泥浆循环回转钻进机具和施工方法。

（2）增添深层搅拌桩施工设备，扩大开展此项工程业务。

（3）引进并掌握钻孔压浆成桩法。

（4）具备桩基质量检测和荷载试验的必要手段。

（四）其他施工技术

（1）完善高压喷射注浆设备及工艺，引进钻喷一体化高效设备。

（2）完善大吨位预应力锚固施工设备和工艺。

（3）引进或研制大功率振冲器，以扩大施工能力。

（4）研究塑料纸板排水施工机具及工艺，掌握施工方法。

（5）扩大计算机应用范围，建立基础局网络中心。

四、第四次科技大会制定的科技发展规划（2000～2005年）

（一）地下连续墙（防渗墙）技术

（1）推广应用“两钻一抓”快速施工方法，逐步减少钢丝绳冲击钻机的应用范围。

（2）推广应用钢丝绳抓斗在砂卵石地层中造孔成槽技术。

（3）完善冲击反循环钻机及其配套设备，使之操作更方便，运行更可靠。

（4）研制或引进适合密实砂土地层快速施工的多头潜水钻机和双轮铣槽机。

（5）继续进行墙体材料的研究，全面深入地掌握各种墙体材料性能的变化规律和改善途径，制定塑性混凝土、固化灰浆等新型墙体材料的配合比设计标准、工艺标准及检验标准。

(6) 研究简便、快速、准确的检测方法和设备。

(7) 推广应用泵吸反循环清孔和气举反循环清孔，淘汰落后的抽砂筒清孔方法。

(8) 继续进行泥浆性能、配合比、制浆工艺及对孔壁稳定和混凝土浇筑质量影响的研究。

(9) 继续进行泥浆储存、回收、再生、废弃方法及设备的研究。

(10) 继续进行墙段连接方法及设备的研究，逐步淘汰钻凿法；完善大直径、深孔及特殊接头形式的施工措施，并制订相应的技术标准。

(11) 加强孤石地层和坚硬基岩中造孔技术的研究。

(二) 水泥灌浆技术

(1) 引进具有钻孔参数监测装置的高性能全液压工程钻机，大幅度提高钻孔质量、钻进效率和岩芯获取率。

(2) 完善和推广应用小口径金刚石钻进、冲击回转钻进、绳索取芯、高压水泥灌浆、集中制浆等先进技术。

(3) 继续完善和推广应用 GIN 灌浆法。

(4) 继续完善和推广应用智能灌浆记录仪和多路灌浆监测系统，增加浆液浓度监测装置，使之达到国内同类产品的先进水平。

(5) 继续进行灌浆过程自动控制和用计算机整理灌浆资料的研究，使之达到能够实际应用的程度。

(6) 完善和推广应用磨细水泥、超细水泥灌浆的材料、工艺和设备。

(7) 开发或引进用于大坝裂缝灌浆和堵漏灌浆的新型水泥外加剂。

(三) 化学灌浆技术

(1) 完善和推广应用水玻璃灌浆材料、工艺和设备。

(2) 完善和推广应用环氧树脂灌浆材料、工艺和设备。

(3) 研究或引进其他防渗、堵漏化学灌浆材料和外加剂。

(4) 研究或引进土壤固化剂。

(四) 桩基施工技术

(1) 开发、引进无泥浆循环的旋挖钻进、短螺旋钻进、冲抓钻进等工艺方法。

(2) 开发、引进大口径钻孔灌注桩施工技术和设备。

(3) 开发、引进水上施工群桩和大直径独桩的技术。

(4) 引进并掌握长螺杆钻钻孔压浆成桩法（CFG 法）。

(5) 引进并掌握桩底压浆以提高承载力的技术。

(五) 地基处理技术

(1) 开发、引进大功率振冲器及大直径、大深度振冲桩施工技术。

(2) 开发、引进二重管高压喷射灌浆施工技术和设备。

(3) 开发、引进高压喷射灌浆自动监控记录系统，推广应用钻喷一体化高效设备。

(4) 推广应用覆盖层扩孔钻头跟管钻进技术。

(5) 开发、引进大吨位双绳无钩程序控制强夯设备及工艺。

（六）岩土锚固技术

（1）引进专用钻孔机具，提高钻孔效率和钻孔质量。

（2）完善和推广应用无黏结锚固技术和二次灌浆技术。

（3）开发研究锚根孔段扩孔技术。

（4）开发、引进新型锚头、锚具和张拉设备。

（5）具备先进的检测、试验仪器和能力。

第二章　科　技　进　步

第一节　科 技 发 展 概 况

一、初建至重建时期技术发展概况（1959～1980年）

1958～1960年修建北京密云水库时，密云水库基础处理总队承担了白河主坝坝基防渗处理施工任务，其中包括混凝土防渗墙和帷幕灌浆。1959年11月开始施工，1960年5月全部完成。

（一）混凝土防渗墙技术

混凝土防渗墙技术1950年起源于意大利，我国是引进较早的国家之一，首先应用在水利工程上。1958年，湖北明山水库创造了连锁管柱防渗墙，同年在山东青岛月子口水库建成了连锁桩柱防渗墙。密云水库坝基混凝土防渗墙长568.86米，墙厚0.8米，墙底嵌入基岩0.5米，最大深度44米；墙体材料为黏土混凝土，粉质黏土掺量为75千克/米^3，抗压强度$R_{28}\geqslant 100$千克/厘米^2，抗渗标号S8；造孔施工采用从前苏联引进的乌卡斯钢丝绳冲击钻机，用当地优质黏土泥浆固壁。为提高成墙质量、加快施工进度，在连锁桩柱式防渗墙的基础上，创造了钻劈法工艺和槽孔式混凝土防渗墙。此后，通过云南毛家村水电站坝基防渗墙、北京崇各庄水库坝基防渗墙等工程的修建，工艺逐渐得到完善，技术更加成熟。在与灌浆方案不断比较的实践中，混凝土防渗墙的技术、经济优势越来越明显。因此，逐渐确立了防渗墙在覆盖层地基防渗处理中的主导地位。

1965～1970年，通过龚嘴、映秀湾、渔子溪、窄巷口等电站坝基、围堰防渗墙的修建，将防渗墙的应用范围由砂卵石地层扩展到含大孤石的漂卵石地层，逐渐形成了一整套有效的孤石爆破技术和架空地层堵漏、防漏技术，从此可以在各种复杂地层中修建混凝土防渗墙，为我国西南地区的水电开发创造了条件。1967年，四川龚嘴电站围堰首次采用防渗墙防渗，将防渗墙的应用范围由坝基防渗扩展到土石围堰防渗，逐渐成为大中型水利水电工程围堰堰体、堰基防渗的主要手段。

从20世纪70年代初开始，随着广西澄碧河水库、甘肃黄羊河水库、江西柘林水库、河北邱庄水库等病险水库坝体、坝基防渗墙的建成，混凝土防渗墙的应用范围进一步扩大，逐渐成为大中型病险水库大坝加固的主要措施。

1970年，建成阿尔巴尼亚毛泽东水电站坝基防渗墙。1978～1981年，建成喀麦隆拉格都水电站坝基防渗墙。在国际上初步展现了我国的坝基防渗处理水平。

（二）灌浆技术

密云水库坝基覆盖层帷幕灌浆位于河床中部，轴线长度240米，其中包括左右两端与混凝土防渗墙搭接长度14米；设计幕厚10米，共布置三排灌浆孔，排距3.5米，孔距4.0米；中排伸入基岩5米，边排伸入基岩2米；灌浆材料为水泥黏土浆。此外，对单位吸水率大于0.2升/分钟地段的墙下基岩进行了水泥灌浆处理。

密云水库坝基砂砾卵石层灌浆先后试验过套管循环灌浆法、边钻边灌法、砂塞灌浆法、无压提升灌浆法、预埋穿孔管法5种方法。经过比较灌浆效果，最终选定预埋穿孔管法作为正式施工的灌浆方法，并在施工中对灌浆装置和灌浆工艺进行了改进和完善，为先进的袖阀花管法在国内推广应用打下了良好的基础。当时钻孔采用手把式钻机和铁砂钻进工艺。

20世纪60年代，水利水电建设总局基础处理工程总队相继完成了下马岭电站、岳城水库、黄坛口水库、映秀湾电站等坝基覆盖层帷幕灌浆工程；在坝基及隧洞围岩岩石灌浆方面则有海子水库、青铜峡水电站、渔子溪水电站、丹江口水库等工程。这些灌浆都取得了良好的效果。

进入70年代，手把钻机逐渐被液压钻机取代。70年代末，基础局副总工程师王志仁在贵州乌江渡水电站首创了“小口径金刚石钻孔、孔口封闭、孔内循环灌浆法”和用高压（5兆帕）灌浆处理岩溶充填物的技术，加快了施工速度，提高了灌浆质量，降低了所需费用，取得巨大成功，为我国在岩溶地区修建高坝奠定了基础。此后，孔口封闭灌浆法在全国范围被推广应用，现已成为水利水电工程灌浆施工的主要工法。

在此时期内，基础局一直有专门的人员和机构在从事水玻璃、丙烯酰胺、甲基丙烯酸酯等化学灌浆材料、工艺的研究和应用。

二、重建以后技术发展概况（1981～2006年）

（一）地下连续墙（防渗墙）技术

进入20世纪80年代以后，葛洲坝、铜街子、岳城、宝珠寺、水口等一批难度更大、技术要求更高、工期更紧的防渗墙、防冲墙相继施工，使基础局防渗墙的施工技术提高到一个新的高度。

80年代初建成葛洲坝水利枢纽大江围堰混凝土防渗墙。该防渗墙最大深度47.3米，厚0.8米，总面积74421米^2，其规模在当时是最大的。该墙施工首次引进了日本“真砂”液压导板抓斗挖槽机，首次进行了用拔管法施工防渗墙接头的试验。

1986年，建成四川省铜街子水电站左深槽承重防渗墙和围堰固化灰浆防渗墙。两道承重墙之间用5道横隔墙连接，墙厚1米，最大深度74.4米，面积6896.2米^2；部分墙段连接进行拔管法施工试验；在4个部位埋有观测仪器，首次采用水压法埋设土压力盒。大型防渗墙兼作承重墙，这是第一例，其深度也创当时全国纪录。此外，铜街子围堰防渗墙首次使用了固化灰浆墙体材料，墙厚0.8米，最大深度25米，总计成墙面积6839米^2。

1989年，建成了由44个“工”字形断面单元墙段组成的河北省岳城水库溢洪道出口防冲墙，工字高12.6米、宽7.3米，墙厚1.3米。

1990 年，建成了福建省水口水电站主围堰防渗墙。该围堰高 44.55 米，防渗墙最大深度 43.6 米、厚 0.8 米，总面积 17800 米^2。该墙首次应用塑性混凝土墙体材料，取得良好效果，防渗效率达 98%，受到世界银行专家的好评。此后，很多工程相继采用了塑性混凝土防渗墙，如山西省册田水库、北京市十三陵水库、黄河小浪底水利枢纽上游围堰以及长江三峡大江围堰等。水口工程的另一个进步是在部分地段首次采用了“两钻一抓”法建造槽孔，加快了施工进度，提高了施工质量，创造了月成墙 5416 米^2/月的全国纪录。

1992 年，建成四川宝珠寺水电站左岸下游护坡钢筋混凝土防冲墙，墙厚 1.4 米，是我国当时最厚的混凝土防渗墙。1993 年 4 月～1994 年 1 月，建成小浪底上游围堰塑性混凝土防渗墙，成墙面积 13832 米^2，最大墙深 73.4 米。施工中首次采用了冲击反循环钻机，将抽砂筒间断出渣方式改变为反循环连续排渣方式，避免了钻渣在孔底的重复破碎，使造孔工效大幅度提高。这是混凝土防渗墙施工技术的重大进步。

1993 年 2 月～1994 年 10 月，建成小浪底右岸坝基高强混凝土防渗墙，墙厚 1.2 米，最大墙深 81.9 米，截水面积 10541 米^2，墙体混凝土设计强度 35 兆帕，成墙深度和混凝土强度均创新高。施工中通过多次试验研制出一种缓凝型高强混凝土材料，大幅度降低了混凝土的早期强度，解决了钻凿接头孔的困难。

1993 年 6 月～1994 年 7 月，建成三峡一期围堰防渗墙，墙厚 0.8 米，最大墙深 43 米，截水面积 59000 米^2，墙体材料为柔性混凝土。

1994 年和 1999 年，基础局在汉江王甫洲水电站砂卵石地层中用纯抓法分别建成了围堰固化灰浆防渗墙和坝基塑性混凝土防渗墙，成墙面积分别为 34181 米^2 和 28020 米^2。自此，基础局的固化灰浆防渗墙和塑性混凝土防渗墙施工技术进一步成熟。坝基防渗墙施工时首次使用了接头板。

1994～1995 年，先后建成天津吉利商厦和鸿吉商贸中心深基坑支护墙。1997 年，又建成武汉世贸中心深基坑支护墙，墙段连接采用了接头管、“王字钢”等技术。至此，基础局已基本具备了城市地下连续墙的施工能力。

1997 年 2 月～1998 年 8 月，建成三峡二期上游围堰防渗墙，墙厚 0.8～1.0 米，最大墙深 73.5 米，截水面积 42244 米^2，墙体材料为以风化砂作骨料的“柔性材料”，是当时综合难度最大、工期最紧的防渗墙工程，最大月施工强度达到 6440 米^2/月。为确保在一个枯水期内完成，大量采用冲击反循环钻机与抓斗配合进行“两钻一抓法”成槽施工；同时，很快掌握了业主引进的德国 BC30 型液压铣槽机的操作、维护技术，使其能够充分发挥作用。为了解决漏浆、块球体、陡坡基岩等问题，施工中采取了以下技术措施：①对漏失地层预灌浓浆；②用孔内爆破与重锤冲砸相结合的方法处理块球体；③采用定位钻孔爆破的方法处理陡坡基岩；④采用定位架固定预埋灌浆管；⑤墙段连接大量采用铣削法和双反弧法。

1998 年，建成广东岭澳核电站堆石防波堤防渗墙和越南拜尚堰加固工程墙段接头骑缝镶止水带钢筋混凝土防渗墙，积累了在大空隙堆石体中建造防渗墙和施工止水墙段接头的经验。

1999～2002 年，承接了大量的长江堤防加固工程，采用自行研制的薄型抓斗和小型拔管设备施工墙厚30～40厘米的薄型混凝土防渗墙，成墙面积总计68500米²。同时，也在外协单位的配合下逐步掌握了锯槽法、深层搅拌法、射水法、链斗挖槽法、振动切槽法等江河堤防垂直防渗加固处理的新技术。

2000～2002年，在地质条件极易漏浆塌孔的情况下建成了工程量最大的黄壁庄水库除险加固混凝土防渗墙，成墙面积80290米²，最大墙深64米，平均月施工强度约10000米²/月。

2001年，承担了润扬长江大桥北锚碇深基坑地下连续墙施工任务，这是基础局首次进入大型桥梁基础工程领域。该地连墙平面布置为矩形（69米×50米），墙厚1.2米，轴线总长235.2米，平均深度53.2米，最大深度56.5米；墙底入岩深度平均4.5米，最大7.1米；墙体材料为C30钢筋混凝土，单槽钢筋笼重量72.72～99.39吨；墙段连接为V形钢板接头。该地连墙施工采用了液压铣槽机、机械式抓斗、冲击反循环钻机等高效造孔设备，基岩中造孔使用了重锤；地连墙施工前，用双轴搅拌桩对地基上部16.5米厚的淤泥质土进行了加固。

2001年8月5日，在润扬长江大桥北锚碇深基坑地下连续墙施工现场进行了直径1.2米大型接头管拔管成孔试验。拔管设备为新研制的BJ-1200型抱拔式液压拔管机（最大拔管力3600千牛），拔管深度50.6米。由于设备性能良好、工艺过程控制严密，首次直径1.2米大型接头管拔管成孔试验取得成功，实际起拔力最大1672千牛、最小456千牛、平均988千牛。

2002年，基础局在较短的时间内建成黑龙江尼尔基水利枢纽坝基防渗墙。该防渗墙轴线长度1356.25米，墙厚0.8米，最大深度39.7米，总工程量40425米²，最高月施工强度达1.4万米²/月；共投入冲击钻机46台、液压抓斗6台，采用“两钻三抓法”成槽。225个槽孔的墙段连接全部采用接头管法施工，共投入4套BG350/800型拔管机，拔管成孔6833米，最大拔管深度39.6米，成功率100%，共节约混凝土4000米³，减少工期30天，为本工程的提前完成提供了强有力的保证。这是基础局首次在深厚覆盖层防渗墙施工中全面使用大型接头管。

2002年11～12月，新型墙体材料自凝灰浆首次应用于三峡三期上游围堰防渗墙。该防渗墙轴线长144.51米，设计墙厚0.8米，成墙面积约4000米²，工期仅一个月。自此，基础局基本掌握了自凝灰浆防渗墙施工技术。

2002～2003年，基础局承建了新加坡地铁艺术博物馆站、多美哥站地下连续墙和伊朗塔里干水利枢纽主坝防渗墙等国外工程，这些高难度工程的建成，标志着基础局的地连墙施工技术达到了世界先进水平。新加坡地铁艺术博物馆站、多美哥站地下连续墙墙厚1.0～1.5米，在孤石和硬岩中的造孔工作量超过60%，按工期要求每天必须成墙90米²，墙段连接处要镶2条橡胶止水带。为保证工期和质量，施工中共投入液压铣槽机3台、泥浆净化机3台、液压抓斗3台、机械抓斗1台、旋挖钻机2台、履带吊车3台、液压反铲2台、CWS型接头板340米等专用机具40余台套。

2002年10月～2004年3月，完成了四川冶勒水电站洞内混凝土防渗墙施工。防渗墙施工廊道宽6米，高6.5米，防渗墙轴线长度302米，墙厚1.0米，最大深度78米，总工程量 21000 米^2，墙内预埋钢筋笼和双排灌浆管。2002 年 10 月 5 日～2003 年 6 月 15 日，投入 6 台改制的低桅杆 CZF－1500 型冲击反循环钻机施工，累计完成 7276.5 米^2，平均工效 4.92 米^2/(台·日)；2003 年 9 月 2 日～2004 年 3 月 29 日，用德国宝峨公司制造的 CBC25/MBC30 型低净空双轮铣槽机施工，累计完成 12501 米^2，平均工效 67.55 米^2/(台·日)。

2003 年 9～12 月，建成武汉阳逻长江大桥南锚碇深基坑围护圆形地下连续墙。该地连墙内径 70 米，墙厚 1.5 米，墙底入岩 2.62～12.35 米，最大深度 62 米，最大槽孔钢筋笼重量 91.72 吨，成墙面积近 14000 米^2，施工时间只有 3 个月。施工中共投入液压铣槽机 2 台、大型抓斗 6 台、大型吊车 4 台。此外，自凝灰浆再次应用于本工程的外围挡水幕墙，设计墙厚 0.8 米，成墙面积 15120 米^2，最大墙深 63 米。

2004 年 3 月 17 日，在瀑布沟水电站进行的拔管施工取得重大突破，直径 ϕ1.2 米拔头管拔管深度达 63.4 米，创造了国内拔管深度新纪录。

2004 年，在海拔 3600 米的西藏高原建成直孔电站坝基防渗墙。该项目将抓斗施工深度提高至 74.5 米，打破了在三峡二期围堰防渗墙施工时创造的 73 米的全国纪录。

2004～2005 年，完成了金沙江向家坝电站一期围堰防渗墙施工任务。该防渗墙总长 1168.78 米，最大深度 81.3 米，墙厚 1.0 米，总工程量 51850 米^2，墙体材料为塑性混凝土，施工时间 5 个月。施工高峰时投入的设备主要有冲击钻机 137 台、抓斗 6 台、液压铣槽机 1 台，最高施工强度月成槽 15661.5 米^2/月，浇筑混凝土 23485.5 米^3，再创新纪录。

2005～2006 年，建成四川阿坝州狮子坪水电站坝基防渗墙。该防渗墙总长 85.38 米，墙厚 1.2 米，混凝土强度等级 C40，最大深度 101.8 米，这是我国已建成的第一道深度超过 100 米的防渗墙。同时，墙段连接最大拔管成孔深度达到了 93.5 米，双排灌浆预埋管下设深度 101.8 米，防渗墙钻孔取芯深度 91.73 米，墙底嵌岩岩面坡度超过 85 度等均打破了国内防渗墙施工纪录。

2006 年，承建了南水北调中线穿黄工程北岸竖井和上海 500 千伏地下变电站两道高难度圆形深基坑地下连续墙。南水北调穿黄工程北岸竖井地下连续墙内径 18 米、墙厚 1.5 米、墙深 77 米，总工程量 5072.4 米^2，单槽钢筋笼最大重量约 100 吨；墙段连接上部采用梯形接头板，下部采用套铣法。外围挡水灰浆墙厚 0.8 米、深 71.6 米。主墙施工采用德国宝峨 CBC25/MBC30 型双轮铣槽机成槽，外墙施工采用 2 台意大利土力公司的 BH－12 型液压抓斗成槽。外墙灰浆浇筑首次采用了泵送置换法。上海静安 500 千伏变电站地下连续墙直径 130 米、墙厚 1.2 米、墙深 57.5 米，孔斜率要求不大于 1/600，墙段连接采用“H”形钢接头，单槽钢筋笼最大重量 115 吨。施工中使用了 BC－40 型液压铣槽机、MBC－30 型铣切成槽机、LIEBHERR－855 型抓斗、日本真砂抓斗、200 吨及 400 吨履带式起重机等大型先进设备，采用特制重锤清理 H 钢接头。

2006 年 4～10 月，首次在深厚冰碛层中建成新疆下坂地水利枢纽坝基防渗墙。该防渗墙设计墙厚 1.0 米、最大深度 90 米，墙下接 4 排帷幕灌浆，覆盖层最大厚度 150 米。施工中使用了大功率（75 千瓦）冲击钻机和 YBJ1200 型大吨位液压拔管机，最大拔管成孔深度 90 米。

2006 年 5～11 月，6 个月内完成了四川大渡河沙湾电站一期围堰补强混凝土防渗墙工程施工任务，成墙面积 61514 米^2，高峰期施工强度高达 16800 米^2/月，平均施工强度超过 1 万米^2/月，再创漂卵石地层中混凝土防渗墙施工速度新高。该防渗墙总长 998.83 米，墙厚 1.0 米，最大墙深 80.5 米，平均墙深 61 米，墙体材料为塑性混凝土。投入的施工设备主要有冲击钻机 166 台、机械式抓斗 3 台、泥浆净化机 7 台、75 米^3 全自动混凝土搅拌机 2 套、拔管机 6 套、混凝土搅拌车 7 辆。施工中采用了气举反循环清孔、高速黏土泥浆搅拌机、预灌浓浆等先进技术。接头孔拔管成孔 10100 米，成功率 99.5%。

（二）钻探灌浆技术

20 世纪 80 年代初，小口径金刚石钻孔、孔口封闭灌浆和高压灌浆技术继续在龙羊峡、隔河岩、小浪底等工程的坝基帷幕灌浆中推广应用，均取得了良好的效果。该技术在应用过程中逐步完善，并纳入了《水工建筑物水泥灌浆施工技术规范》。

1983～1986 年，在龙羊峡电站坝基处理灌浆施工过程中主要取得以下技术进步：

（1）首次采用高压水泥灌浆辅以环氧树脂灌浆的复合灌浆方法处理断层破碎带、软弱夹层等复杂地基，取得了良好效果。

（2）研制并应用了新型（JX－1 型）环氧化灌材料及其灌浆工艺和密闭装置。

（3）研制并采用了日制浆能力 360 米^3 的大型集中制浆站。

（4）消化吸收了由日本引进的 OYO 型静弹模测试仪。

（5）研制并应用了灌浆资料计算机统计分析系统。

（6）完成了垂直度要求极高的垂线孔施工，最大孔深 81.17 米，钻孔垂直精度达到 0.5‰～0.8‰，创全国水电系统新纪录。

（7）进行了全断面钻头和无岩芯钻孔的试验。

1987 年，基础局和天津大学自动化系联合研制成功我国第一台 J31 型灌浆自动记录仪，第一个试用的是贵州红枫水电站堆石坝灌浆工程，然后很快推广到基础局承担的所有灌浆工程。第一代记录仪以后又经过多次改进，先后推出了 J31－B 型、J31－C 型等型号。1995 年 8 月 6 日，J31 型灌浆自动记录仪经法国地基公司全权代表马传杰、夏路通先生考察后获准在小浪底灌浆工程中使用。

1987～1988 年，基础局研制的非碱性水玻璃化灌材料首次用于江苏范楼闸和温庄闸闸基粉细砂层防渗灌浆，取得良好效果。

1989 年，基础局研制的改性水泥和湿磨细水泥在新安江水电站坝基补强灌浆中应用。同年，基础局研制的 DYS 型液压灌浆塞在红枫电站和隔河岩水电站帷幕灌浆工程中应用，取得良好效果。

1990～1991 年，基础局研制的膏状稳定性浆液成功应用于红枫电站坝体防渗帷幕灌浆，在孔隙率高达 38%的堆石坝体中建成了灌浆帷幕，避免了放空水库修复面板所造成的损失。同时也摸索出一套大孔穴堆石体内的钻孔技术。此项技术的开发为堆石坝和土石围堰的防渗处理开辟了一条新路，在国际上也属首例。

1992 年 2 月 3 日～10 月 13 日，完成了天生桥二级水电站 1 号引水隧洞不良地质洞段高压灌浆及锚杆加固施工任务。该引水洞需要加固的地质不良地段有 11 处，累计长度

1617 米，灌浆工程量 96854 米，锚杆 12956 根，固结灌浆最大压力 6 兆帕。部分地段增加了环氧树脂类化学灌浆，化灌材料采用基础局科研所提供的配方。由于洞径较大(8.7～9.8 米)，为便于施工，基础局突击研制了 47 部钻灌台车，同时在需要通行车辆的洞段搭设了总面积 5000 $米^2$ 的台架。

1995 年，从意大利进口了第一台 SM－400 型全液压履带式钻机和配套空压机。该钻机可进行冲击回转钻进和扩孔跟管钻进，使灌浆钻孔、高喷钻孔、孤石爆破钻孔等工效大幅提高，在三峡等工程的施工中发挥了重要的作用。

1995 年，完成了清江隔河岩水电站坝基帷幕灌浆，总工程量 110883 米，最大孔深达 140 米。

1995～1996 年，完成了 GIN 灌浆法现场试验，并在小浪底水利枢纽 2 号洞的帷幕灌浆中投入应用，取得了良好的效果。自此，基础局基本掌握了 GIN 法灌浆技术，并将孔口封闭灌浆工艺与 GIN 法相结合，取二者之长，形成了一套适合我国国情的新灌浆方法。

1997 年，在黄河小浪底水利枢纽坝基帷幕灌浆工程施工中，引进美国 EASTMAN 公司生产的 DUZ－D 型多点照相测斜仪，其顶角测量误差不大于 0.25 度，方位角误差不大于 0.5 度。这是国内首次将照相测斜仪用于帷幕灌浆工程。

1998 年，基础局研制成功具有 8 个信号通道、可同时监测 8 台灌浆泵的 J31D 型第二代智能灌浆记录仪。2000 年开发了 G2000 灌浆监控系统，该系统可同时监控多个灌浆过程，可采集压力、流量、密度 3 个参数的数据，可输出 16 种灌浆成果分析统计图表，并实现了远距离监测。

2002 年，基础局科研所研制成功工作压力 10～15 兆帕高强度、高压力灌浆塞，并结合锦屏电站高压灌浆进行了试验。试验结果表明，ϕ56 毫米和 ϕ66 毫米两种新型灌浆塞可以满足 15～20 兆帕超高压灌浆工程的需要。

2002 年，完成了清江水布垭电站面板土石坝趾板下灌浆试验，初步掌握了在近似无盖重情况下提高灌浆压力、控制抬动变形的技术。

2003 年，完成了马来西亚巴贡水电站和克拉隆水电站的地质勘探和灌浆施工。施工中首次采用了三管钻具，大幅度提高了取芯率。同时减少了起下钻的次数，加快了施工进度，降低了工人的劳动强度。

2003 年，总承包包括灌浆洞在内的贵州乌江索风营水电站渗控工程，施工范围扩展至隧洞的开挖和支护技术。

2004 年，基础局研制成功能同时监测流量、压力、密度、抬动 4 个参数的 J41A 型和 GMS2004 型第三代智能灌浆记录仪。

2004 年 11 月～2005 年 3 月，在小湾水电站下游围堰和上游围堰部分地段的防渗处理施工中采用了膏状浆液灌浆技术，取得很好的效果。

2005 年，结合锦屏二级水电站交通辅助洞、掌鸠河水库引水洞、田湾河水电站引水洞等工程，开展了一系列高压涌水封堵技术的研究，开发了适用于封堵不同类型涌水的新设备和新材料。

2005～2006 年，完成了清江水布垭电站面板土石坝趾板下固结灌浆和帷幕灌浆施工，总工程量45600米，最大深度130米。在施工中较好地解决了盖重小、趾板坡度陡、施工场地狭窄、地层岩溶发育、冒漏浆严重等难题，最大灌浆压力达到了4兆帕。标志着基础局的面板土石坝趾板灌浆技术已达到了较高的水平。

2006年，在苏丹麦洛维水电站坝基帷幕灌浆工程施工中，采用了冲击回转全断面钻进工艺。投入2台SM-400型全液压冲击回转钻机，同时配置高压和中压空压机各1台，分别用于覆盖层和基岩的钻孔施工。平均钻孔工效可达5～6米/小时，是常规清水回转钻进的7～8倍。

2006年先后推出了GMS2006型和GMS2007型用计算机进行数据处理、能通过网络传输数据的第四代便携一体式高智能灌浆监控记录仪。

（三）振冲技术

基础局在20世纪80年代初引进了振冲法软基处理技术，至80年代末先后完成了北京向阳闸、潮白河防潮闸、天津大港电厂、天津南开大学宿舍楼、山东龙口电厂、盘锦炼油厂等40多项工程、5万余米的振冲碎石桩施工，加固了近20余万米^{2}的软土地基，使用效果良好。当时的主要施工设备是30千瓦振冲器，最大成桩深度在10米左右。

1993年，完成了昆明滇池水域分隔工程淤泥地基振冲加固施工，累计完成振冲碎石桩5992根，总进尺70224.5米，填料65547米^3，平均填料量0.933米^3/分钟。该工程主要施工设备为ZCQ-30型振冲器，施工深度约20米。振冲加固后，地基的允许承载力由60千帕提高到190～225千帕，地上建筑物建成后的沉降量满足设计要求。

2004年，完成了福建液化天然气接收站及管线填砂地基振冲挤密工程，总进尺120000米，平均深度8.3米，最大深度16.5米。该工程采用ZCQ-75型和ZCQ-125型大功率振冲器施工。施工中对振冲器进行了技术改造，成功地解决了在强漏水地层中造孔困难的问题。

2004～2005年，完成了四川省甘孜州康定县金康水电站闸基振冲加固施工，一、二期工程累计完成振冲碎石桩1164根，制桩19389.10米，填充碎石28808.9米^3，平均填料量1.49米^3/米，孔深12～28米。为了穿透10多米厚的砂卵砾石层，施工中投入了4台ZCQ-125型大功率振冲器和2台ZCQ-75型振冲器。

2005年，完成了浙江绍兴市曹娥江大闸闸基振冲挤密工程，共施工19976孔，总进尺255475.7米，施工深度8～18米。该工程施工设备为ZCQ-75型振冲器。施工中采用了双振冲器同步振冲、辅助加气等新技术，使施工效率大幅度提高，每组振冲器日工效达600～700米/(组·日)。

（四）桩基技术

1982～1986年，基础局在深圳市先后完成了湖心大厦、国际贸易中心大厦、国际贸易中心公寓、泰山大厦、福田大厦等一批高层建筑的钻孔灌注桩1000余根，最大桩深58.75米，最大桩径1.5米。这些桩基工程主要采用常规钢丝绳冲击钻机进行成孔施工。

1987～1988年，完成了天津子牙河铁路桥、天津二道闸公路桥、石家庄上安电厂、秦皇岛电厂、德州百货大楼等20多项灌注桩工程。

1989年，完成了伊拉克巴士拉船闸扩底灌注桩工程施工。该工程桩深30米，最大桩径 2.0 米，是当时我国能够施工的最大直径扩底灌注桩。业主要求采用欧洲标准，技术要求高、施工难度大。这是基础局重建后首次承接国外施工任务，为了确保国家和基础局在国际市场的信誉，基础局在施工中投入了最强的技术力量，采用了国外最先进的意大利产 RT3－S 型大口径旋挖钻机和国内最新型号的 GJD－1500 型、GJC－40H 型大口径反循环回转钻机。经过一年多的努力，圆满完成任务，基础局的灌注桩施工技术和施工能力有了很大的提高。

1993 年，完成了福建水口水电站船闸下游导航墩桩基施工。该工程根据基础局的建议采用了条形钻孔灌注桩方案（每个导航墩下设 4 个长度 4.5～7 米的条形钻孔灌注桩），从而避免了水下施工的困难，加快了整个工程的施工进度。

1994 年，完成了三峡工程杨家湾港口码头水上沉桩施工。施工中采用了基础局新研制的 CZF－1200 型冲击反循环钻机。通过这次施工，基础局基本掌握了桩基水上施工技术。

1995 年，完成了北京地铁东单站中洞灌注桩施工。共完成直径 1.25 米、深 28.5 米的钻孔灌注桩 81 根。该桩基工程在距地面 13 米的地下洞内施工，成孔施工采用 CZF－1200 型冲击反循环钻机。由于洞高只有 4.7 米，故将钻机桅杆改短为 4.6 米。

1996 年，完成了生桥二级水电站Ⅱ号引水隧洞内充填型溶洞段灌注桩施工。该桩基工程由两排群桩组成，每排 6 根桩，共 12 根桩。桩径 1.4 米，桩底扩孔至 1.8 米，最大深度 64 米，最小深度 39.2 米。桩孔施工采用 CZ－30 型冲击钻机，扩底采用了定向爆破方法。

1998 年，完成了二滩水电站过木机桥承台桩基施工。共完成直径 1.2 米、长 32～56 米的钻孔灌注桩 115 根，成孔施工采用 CZ－30 型冲击钻机。由于该工程地表为松散大块石堆积层，采用一般的护筒难以保持孔口稳定，故采用了类似人工挖孔桩的支护方法分节下设预制钢筋混凝土护筒，护筒下设深度 4～5 米。

1999 年，完成了二滩水电站电厂办公大楼和生活区抗滑桩施工。共完成矩形截面人工挖孔桩 14 根，截面尺寸有 2.5 米×2 米和 1.5 米×2 米两种，最大桩长 22.5 米，最小桩长 16 米。

2000～2002 年，采用大口径回转式工程钻机和潜水钻机完成了一批软土地基钻孔灌注桩工程，其中包括基础局新办公楼桩基。

2003 年，仅用 32 天时间完成了天津蓟县盘山电厂 3 号冷却塔振动沉管灌注桩施工。成桩 1672 根，桩径 360 毫米，有效桩长 7 米，沉管设备为 60 千瓦振动锤。

2004 年，完成了贵州乌江东风水电站右岸坝前边坡加固小口径钢管桩工程施工。成桩 200 根，桩径 210 毫米，最大桩长 74.6 米。小口径抗滑钢管桩是一种新技术，要求在 ϕ220 毫米的钻孔中下入外径 ϕ210 毫米的钢管，然后浇筑 C40 高强度混凝土将钢管内外的空隙充满。为此，项目部研制了专用的钢管下设工具和混凝土浇筑工具，圆满完成了施工任务。

2005 年，完成了浙江省绍兴市曹娥江大闸 PHC 管桩施工。成桩 2208 根，总工程量 95310 米，桩径 800 毫米，桩长 60 米。PHC 管桩是一种预应力高强度混凝土管桩，具有很多优点，大量应用于软土地基。通过这次施工，基础局基本掌握了 PHC 管桩的施工和检测技术。

2006 年，完成了内蒙古锡林郭勒盟大唐国际煤基烯烃项目灌注桩工程。成桩 175 根，桩径 0.8 米，桩长 25～40 米。该桩基工程采用了后压浆技术，使桩基的承载力和安全度显著提高，从此基础局基本掌握了这项新技术。

（五）高压喷射注浆技术

1993 年，完成了河南坞罗水库坝基除漏高喷防渗墙施工，累计钻孔 6295 米，喷浆 1697 米。该工程为单排旋摆结合型防渗墙，孔距 1.1 米，最大孔深 52.3 米；钻孔采用 SGZ－Ⅲ型岩芯钻机，泥浆固壁；喷浆采用三管法，水压 40 兆帕，水量 75 升/分钟，浆压 0.3～0.8 兆帕，浆量 60～70 升/分钟。

1994 年，完成了汉江王甫洲电站厂区围堰高喷防渗墙施工，成墙 6883 米^2，最大孔深 13.8 米。该工程为单排旋摆结合型防渗墙，孔距 1.0～1.5 米。旋喷采用单管法；摆喷主要采用三管法，部分采用了二管法。旋喷施工时采用了钻灌一体化设备（SGP5 型高喷台车和 XZ－1 型震动锤）和 815 型水泥车，三管摆喷施工设备为 SGP30－4 型高喷机和 3D2－SZ 型 50 兆帕高压泵。

1995～1996 年，完成了三峡水利枢纽隔流堤高喷防渗墙施工，成墙 28000 米^2，最大孔深 50 米。该工程为单排旋摆结合型防渗墙，采用三管法施工。

1997 年，完成了马来西亚槟城供水工程坝基旋喷防渗墙，共完成高喷孔 385 个，总进尺 11000 米，最大孔深 37 米。该旋喷工程钻孔采用国产 SGZ－ⅢA 型岩芯钻机；注浆采用三管法施工，施工设备为国产 SGP30－5 型高喷台车。

1998 年，基础局完成了天津蓟运河防潮闸闸基加固高喷防渗墙施工，总工程量 3500 米，最大孔深 16 米。该工程采用旋喷桩将原有的灌注桩连成一体形成复合桩和防渗墙。施工中针对淤泥质地基的不利影响改进了工艺，采用了新的施工方法，即单（双）管双高压液分喷置换法。

1999 年，基础局完成了江西九江长江堤防加固高喷防渗墙施工，累计进尺 8500 米，施工深度 20 米。该防渗墙为摆喷搭接薄墙，采用三重管法施工。

2001 年，基础局完成了黄河尼那水电站二期围堰高喷防渗墙施工，共计钻孔 237 个，喷浆 3415.6 米，成墙 4274.6 米^2。该防渗墙采用旋摆结合形式，钻孔采用全断面硬质合金偏心跟管钻进工艺，钻孔设备为 QDG－2 型全液压锚索钻机，喷浆采用三管法。

2001 年，基础局完成了润扬长江公路大桥北锚碇地连墙接缝封堵和外围高喷灌浆施工，分别完成喷浆 1714.1 米、11152.4 米，施工深度 50 米。为满足孔斜率不大于 5‰的要求，施工中采用了高塔架一次成孔减压钻进新工艺和钻喷一体机；喷浆施工采用二管法，浆压 35～38 兆帕，浆量 80～90 升/分钟。

2002 年，基础局完成了三峡工程三期下游围堰高喷防渗墙施工，成墙面积 8000 米^2，墙深 11～25 米，墙厚不小于 1.0 米。该防渗墙采用振动沉管方法施工，双排旋喷桩套接成墙；主要施工设备为 XJZ90 型、XJZ60 型振孔高喷机和 XPB－90C 型高压注浆泵，振孔高喷机上分别配有 90 千瓦和 60 千瓦振动锤；注浆采用二管法（浆管和风管），双泵并联供浆，注浆流量可达 140 升/分钟以上，注浆压力 35～37 兆帕。振孔高喷具有施工速度快、成墙质量好的特点，生产效率可达 100～140 米^2/(台·日)，是同样条件下常规高喷的 2.5～3.5 倍。

2005 年，基础局完成了向家坝水电站一期围堰旋喷防渗墙施工，共施工 94 孔，累计高喷长度 2261.22 米，施工深度 16.8～22.8 米。该防渗墙由两排旋喷桩组成，钻孔施工采用风动潜孔锤跟管钻进，喷浆采用二管法。钻孔前预埋了长度 3.5～4.0 米的 ϕ160 毫米 PVC 孔口管，钻孔后在套管内下入特制的 ϕ110 毫米 PVC 薄塑料管。

（六）预应力锚固技术

自 1986 年开始，基础局根据国家“七五”科技攻关计划的安排，对岩体预应力锚索结构、张拉设备、锚具、夹具、灌浆材料、锚索施工工艺以及锚固机理等方面进行了系统、全面的研究，取得了一系列成果。

1988 年，基础局科研所研制的 YKD 系列张拉千斤顶、LYM 型锚具和 GYM 型锚索夹具应用于丰满水电站 19 号坝段和 51 号坝段锚固；其中 51 号坝段设计锚固荷载为 5.1 兆牛，锚索长 61.6 米，钻孔直径为 220 毫米，实际最大张拉力为 6.167 兆牛。施工中首次采用了早强、高强、微膨胀锚固浆体；钻孔采用铁砂钻进，孔斜率仅 0.56‰，孔底最大偏距仅 33.5 毫米。经过一年多的长期观测，锚索荷载基本稳定在 5.7～5.9 兆牛范围内，预应力损失仅为锁定荷载的 1.2%，表明该大吨位锚索的锚固效果良好，安全可靠。这一成果将我国预应力锚索的锚固荷载由 4 兆牛级提高到了 6 兆牛级，锚索长度由 48 米增加到 61.6 米，将我国的锚索施工技术提高到一个新水平。

1991 年，基础局完成了天津吉利大厦基坑支护地连墙和土层锚索施工，共施工锚固力 200～250 千牛锚索 90 束。该工程为单层锚杆，锚索与水平面的夹角为 30 度，单根锚索的总长度为 21.5 米；其中锚固段长度为 14 米，自由段长度为 7.5 米；钻孔直径为 150 毫米。

1993～1994 年，基础局完成了湖北清江隔河岩电站厂房高边坡加固锚索施工，共完成 2000 千牛预应力锚索 228 束。锚索孔直径 150 毫米，孔深 40 米，与水平夹角最大不超过 8°，内锚固段长度为 8 米。在钻孔接近水平的情况下，为保证注浆饱满，施工中首次采用了设置充气止浆环的新技术。该工程预应力损失在 15%以内，实际有效拉力大于 1500 千牛，满足设计要求。

1995 年，基础局完成了石泉水电站大坝锚固工程，共安装锚固力 6000～8000 千牛级预应力锚索 30 束。锚索孔直径为 240 毫米（6 兆牛）和 300 毫米（8 兆牛），孔深 42～75 米。施工中采用了早强、高强、微膨胀锚固浆体，该浆体的可灌性好，且对钢材不产生腐蚀。对 8 兆牛级锚索采用了小吨位千斤顶分组张拉方式。观测结果表明该工程大吨位锚索预应力稳定，运行正常，锚固效果良好。

1996～1997 年，基础局完成了三峡水利枢纽永久船闸边坡锚固工程，共完成 1000～3500 千牛预应力锚索 63 束，单索长度 28.5～31.5 米。施工中采用了在锚索结构中设置充气止浆环的技术。

1997 年，基础局完成了天津杨柳青电厂补充水泵房基坑支护土层锚索工程，共完成

400 千牛预应力锚索 30 束，单根锚索长度 26 米。该工程施工中采用了二次注浆技术，使锚索的承载力大幅度提高。

1997 年，基础局完成了潘家口水库大坝 41 号坝段裂缝处理预锚工程，共完成锚固力 3000 千牛级预应力锚索 9 束；对穿锚孔深为 13.7 米，端头锚孔深有 29 米和 31 米两种，该加固工程全部采用无黏结型锚索，为防止应力集中对坝体的危害，分两次成型内锚头，各承担 50%的锚固荷载。近一年的观测资料显示锚索的平均永久存留拉力为 3011 千牛，荷载损失率为 1.83%，锚索的工作状态正常，运行效果良好。

2003 年，基础局完成了湖北青江水布垭水电站沈家坡抗滑桩预应力锚固施工，共完成锚固力800～1200 千牛预应力锚索 44 束。该工程为无黏结型锚索，钻孔采用 HD－50 型钻机及配套 DHD 型风动冲击器全断面钻进，钻孔前先预埋 ϕ150 毫米钢管。施工中采用了二次注浆技术。

2006 年，基础局有限公司完成了湖北青江水布垭水电站下游右岸防淘墙预应力锚固工程，共完成锚固力 2000 千牛预应力锚索 205 束。该工程大部分为防淘墙与山体拉锚洞之间的对穿式锚索，小部分为内锚式锚索，均为多重保护无黏结型预应力锚索；锚索长度 38～53 米，间距 3.0 米，钻孔直径 165 毫米。对穿式锚索的施工在两层拉锚洞内进行，成孔采用 MZ165 型锚索钻机潜孔冲击钻进。为解决孔径大、倾角小的问题，在锚索结构中增加了外套波纹管和波纹管封堵器。

（七）计算机应用及信息化技术

1983 年，基础局成立计算机站负责计算机应用工作，站长为王明柳，购置日本夏普 9 英寸显示器计算机和美国 IBM PCXT 计算机各 1 台。计算机站自编程序，从工资计算入手，逐步向预算、物资、人事等领域扩展计算机的基础应用。

1990 年，基础局的计算机数量开始增加，至 1994 年局机关的计算机增至 8 台；科研所拥有计算机 5 台，并开始用计算机进行辅助设计。

1999 年，基础局技术处成立了信息科，负责利用计算机通过互联网采集工程信息和工程档案收集整理、图书资料管理等工作。此时，局机关有台式机 26 台（含设计公司 4 台），针式打印机 9 台，喷墨打印机 4 台。

2001 年 7 月，设立基础局网站。2002 年后逐步由“基础型网站”向“品牌型网站”发展，2006 年后建成“功能型网站”。这时的网站不仅提供信息，还可将企业的一部分业务放到网上进行，以提高工作效率、优化工作流程。同时，功能型网站还具有对局内各应用系统网站集成管理的功能。

2002 年 8 月，基础局局域网建成，实现了总部办公楼内单台计算机之间的信息互通、24 小时专线访问互联网、E－mail 通信等功能。当时局机关有台式计算机 43 台。

2005 年一季度，完成了新办公楼局域网综合布线系统，具备了计算机网络通信、IP 电话通信、普通语音业务及可视电话会议等功能；二季度基础局新办公大楼计算机房建成并正式投入运行。从此，基础局局域网中的计算机访问互联网的速度和稳定性均有了明显提高，基础局的外部网站也切换到计算机房内运行，首次在自己的服务器上开通了企业自己的电子邮件服务器，每个员工都可以有自己的企业邮箱。当时基础局在杨村地区的计算机数量已达到173台。

2006年9月，按照集团公司的统一部署，基础局有限公司技术信息中心在总经理工作部的协助下，在总部办公楼八楼建立了视频会议分会场，并在当年成功地参与了集团公司主持的视频会议开通暨信息化工作研讨会及集团公司年终财务会议等视频会议。

三、参加国家科技攻关所取得的成果

（一）“六五”科技攻关

1980年，基础局开始参加制定国家“六五”科技攻关计划，1983年8月，正式签订了承担两项水利水电建设重要课题研究任务的合同。经过三年的努力，完成了《混凝土防渗墙造孔机具、工艺、墙体材料、检测手段的研究》和《复杂地基基础处理的设计与施工技术的研究》两大项目共26个子项的研究；其中，1项获国家级科技进步奖三等奖，2项获部级科技进步奖二等奖，2项获部级科技进步奖三等奖，2项获部级科技进步奖四等奖。“六五”期间共研制成功8种新技术，5种新材料和4种新工艺。“六五”科技攻关主要成果见表3-2-1。

表3-2-1　“六五”科技攻关主要成果

序号	课题名称	主要成果	评审结果	主要完成单位	课题负责人
1	CF-1型冲击反循环钻机及泥浆回收设备的研制	研制成功国内第一台冲击反循环钻机及配套泥浆回收净化系统，试用效果基本良好，为冲击反循环钻机的进一步开发打下了基础	基本达到了计划任务书的要求，通过了部级评审	科研所机具室、中试组	范锦华
2	混凝土防渗墙接头孔拉、拔管成孔机具及工艺的研究	研制成功国内第一台200吨级抱拔式大型液压拔管机及接头管、牵引管、托架等配套设备，最大拔管直径900毫米，最大拔管深度60米。结构、工艺设计合理，应用效果良好	基本达到了计划任务书的要求，通过了部级评审	科研所软基室、机具室、中试组	肖树斌
3	防渗墙“双掺”混凝土的研究	通过室内正交试验，掌握了掺粉煤灰和外加剂高流态混凝土物理力学性能的主要影响因素和多因素之间的关系，为以后防渗墙“双掺”混凝土的配合比设计提供了依据	基本达到了计划任务书的要求，通过了部级评审	科研所试验室	张静兰
4	防渗墙墙体新材料——固化灰浆的研究	通过室内配方试验、模型试验、现场试验和有限元分析，掌握了固化灰浆性能的变化规律和影响因素，得出了适合我国情况的配方和泥浆固化成墙施工工艺，实际应用效果良好	达到了计划任务书的要求，通过了部级评审	科研所软基室、试验室、中试组	肖树斌

续表

序号	课题名称	主要成果	评审结果	主要完成单位	课题负责人
5	防渗墙高强混凝土的研究	通过室内正交试验，掌握了高流态、高强度混凝土性能的一般变化规律，找到了配制高强度防渗墙混凝土的方法	基本达到了计划任务书的要求，通过了部级评审	科研所试验室	陈新余
6	大体积混凝土自升式钢模板研制	国内首次研制成功大体积混凝土自升式钢模板。这种钢模板安装迅速、提升可靠、不用吊车、节省劳力，适用于各种大体积混凝土工程施工	达到了计划任务书的要求，通过了部级评审	科研所钢模室	程聚辰
7	超声波检测防渗墙墙体质量的研究	研制了超声波检测设备，通过试验掌握了利用防渗墙上预留孔检测墙体混凝土质量及墙段连接质量的方法和相关数据，试用效果良好	基本达到了计划任务书的要求，通过了部级评审	科研所测试室	王化君
8	超声波检测防渗墙孔形孔径的研究	改制成功适用于防渗墙造孔质量检测的超声波测孔仪，改制后的超声波测孔仪具有简便、快速、经济、准确等特点，试用效果良好	基本达到了计划任务书的要求，通过了部级评审	科研所测试室	张新光
9	混凝土防渗墙观测仪器埋设技术的研究	国内首创用水压装置就位土压力盒的观测仪器埋设方法——JK法，这种方法具有结构简单、下设方便、适应性强、造价低廉等优点，应用效果良好	基本达到了计划任务书的要求，通过了部级评审	科研所测试室	孟庆林
10	环氧树脂灌浆材料的研究	研制成功适用于高坝破碎、软弱地基加固处理的JX型化学灌浆材料，采用JX浆液可大大提高软弱破碎岩石的承载能力，具有低毒、高强、渗透性好、施工简便、造价较低等优点，应用效果良好	达到了计划任务书的要求，通过了部级评审	科研所岩基室	张良秀
11	非碱性水玻璃灌浆材料的研究	国内首次研制成功非碱性水玻璃灌浆材料、设备及工艺。非碱性水玻璃具有不污染环境、耐久性好、黏度低、渗透性强、料源广、价格低等优点，在可灌性较差的粉细砂中能取得良好的灌浆效果	达到了计划任务书的要求，通过了部级评审	科研所岩基室	扈竹芳

续表

序号	课题名称	主要成果	评审结果	主要完成单位	课题负责人
12	化学灌浆密闭装置的研究	研制成功国内第一台化学浆液密闭配制装置，该装置具有防泄漏、防爆功能，有利于生产安全和环境保护。在龙羊峡电站化灌工程中应用效果良好	达到了计划任务书的要求，通过了部级评审	科研所机具室	刘日新
13	悬臂式钢模板研制	研制成功轻型桁架组合面板螺栓式悬臂钢模板，具有用料省、重量轻、拆装方便的优点，适用于大体积混凝土重力坝、拱坝快速施工，使用效果良好	达到了计划任务书的要求，通过了部级评审	科研所钢模室	贾宗唐

（二）“七五”科技攻关

“七五”期间，基础局承担了国家重点科技攻关项目水电工程筑坝技术中的《高坝地基处理技术的研究》和《面板堆石坝筑坝技术研究》两项专题中的5个子题、40个子项的研究工作。《高坝地基处理技术的研究》的总负责人是总工程师高钟璞。5个子题的主要参加人员见表3-2-2。

表3-2-2　“七五”国家科技攻关基础局承担的科研项目及参加人员

序号	项目名称	负责人	参加人
1	断层破碎带及软弱夹层加固灌浆处理及效果的研究	夏可风	张良秀、扈竹芳、胡迪煜、高永康、龙达云、王鸣柳等
2	提高帷幕防渗能力及耐久性的研究	刘纪昌	张良秀、刘英伟、王瑞苓等
3	岩体锚固处理技术的研究	王泰恒	凌伦匡、李际春、赵亚英等
4	覆盖层防渗技术研究	高钟璞	肖树斌、冯霞芳、贺瑞明等
5	混凝土滑模机具及其施工技术研究	王瑞良	程聚辰、李军、贾宗唐、谭景春、刘纪昌等

经过五年的努力，研究工作全部完成，其中，4项获国家级科技进步奖三等奖，1项获部级科技进步奖一等奖，3项获部级科技进步奖二等奖，3项获部级科技进步奖三等奖，1项获部级科技进步奖四等奖，3项获国家科技成果奖，1项获国家重大技术装备表彰项目二等奖，1项获国家级发明四等奖。“七五”科技攻关专题及主要成果见表3-2-3。成果包括6台新设备、6种新材料、8项新工艺和3种应用程序软件。

表 3-2-3　“七五”科技攻关主要成果

序号	课题名称	主要成果	评审结果	主要完成单位	课题负责人
1	JX 化学灌浆材料及其在加固软弱破碎岩体中的应用	JX 浆液的主要成分、配合比、性能、配制方法等室内试验成果；在龙羊峡水电站软弱破碎岩体中的应用成果	基本达到了计划任务书的要求，通过了部级评审	科研所岩基室	张良秀
2	稳定性浆液试验研究	稳定性浆液的主要成分、配合比、性能、配制方法等室内试验成果	基本达到了计划任务书的要求，通过了部级评审	科研所岩基室	扈竹芳
3	稳定性浆液在红枫水电站土石坝坝体防渗灌浆中的应用	稳定性浆液在红枫水电站土石坝坝体防渗灌浆中的应用成果	基本达到了计划任务书的要求，通过了部级评审	第四工程处	胡迪煜
4	新型灌浆塞及管路系统的研究	DYS 型液、气压灌浆塞及配套管路、器具的构造与性能；DYS 型灌浆塞在红枫水电站土石坝坝体防渗灌浆中的应用成果	达到了计划任务书的要求，通过了部级评审	科研所机具室	高永康
5	智能化灌浆自动记录装置研制	灌浆自动记录仪的功能、原理、技术指标、组成部分；J31 型灌浆自动记录仪在红枫水电站土石坝坝体防渗灌浆中的应用成果	基本达到了计划任务书的要求，通过了部级评审	科研所测试室 天大自动化系	龙达云 刘正光
6	单孔单机自动化灌浆装置研制	自动化灌浆装置的功能、技术路线、计算机仿真、系统组成、程序流程、压力控制方法；自动化灌浆装置在新安江水电站坝基帷幕补强灌浆中的应用	达到了计划任务书的要求，通过了部级评审	科研所测试室 天大自动化系	龙达云 林孔元
7	自动调压阀研制	自动调压阀的作用、结构、性能及工作原理	基本达到了计划任务书的要求，通过了部级评审	科研所测试室	龙达云

续表

序号	课题名称	主要成果	评审结果	主要完成单位	课题负责人
8	灌浆资料统计分析系统研究	灌浆资料计算机自动统计分析系统的功能、程序软件及适用环境；灌浆资料统计分析系统在徐州温庄闸灌浆施工中的实际应用成果	基本达到了计划任务书的要求，通过了部级评审	科研所测试室	王鸣柳
9	国内坝基帷幕灌浆防渗能力衰减情况及原因调查分析	对国内15座坝基进行了调研，初步得出了帷幕防渗能力衰减的规律	基本达到了计划任务书的要求，通过了部级评审	科研所	王瑞苓
10	湿式磨细水泥灌浆技术的研究	湿式磨细水泥的性质、制浆装置的性能及结构、制浆工艺、湿式磨细水泥在新安江水电站坝基帷幕补强灌浆中的应用成果	基本达到了计划任务书的要求，通过了部级评审	科研所岩基室 科研所机具室	张良秀 刘英伟
11	改性水泥灌浆工艺试验研究	结合新安江水电站坝基帷幕局部补强灌浆工程，总结一套改性水泥灌浆的工艺	基本达到了计划任务书的要求，通过了部级评审	科研所岩基室	张良秀等
12	GYM－6000型锚索的研究	6000千牛预应力锚索施工设备、工艺及丰满电站大坝加固中的应用；钢绞线预应力锚索模型试验；预应力锚索防腐材料	达到了计划任务书的要求，通过了部级评审	科研所岩基室 东北院科研所	王泰恒 田裕甲
13	无黏结预应力锚索的研究	无黏结预应力锚索的功能、结构、原理；2000千牛无黏结预应力锚索在丰满水电站17号坝段加固中的应用	达到了计划任务书的要求，通过了部级评审	科研所岩基室	王泰恒
14	YKD型系列张拉千斤顶的研制	YKD型系列张拉千斤顶的性能、结构；YKD型系列张拉千斤顶在丰满水电站大坝加固中的应用	达到了计划任务书的要求，通过了部级评审	科研所岩基室	王泰恒
15	预应力锚固机理的研究	模型试验成果、内锚固段三向光弹试验成果、钢绞线与水泥黏结—滑移性能试验成果	达到了计划任务书的要求，通过了部级评审	科研所岩基室	王泰恒

续表

序号	课题名称	主要成果	评审结果	主要完成单位	课题负责人
16	微膨胀锚固浆体的研究	微膨胀锚固浆体的性能、成分、配合比等室内试验成果；实际应用成果	达到了计划任务书的要求，通过了部级评审	科研所试验室	李际春
17	塑性混凝土的研究	塑性混凝土性能、配合比室内试验成果；在福建水口水电站主围堰防渗墙中的应用成果	达到了计划任务书的要求，通过了部级评审	科研所试验室 水库项目部	高钟璞
18	混凝土防渗墙快速施工技术的研究	福建水口电站主围堰防渗墙施工中所采取的加快施工进度的措施及所取得的效果	达到了计划任务书的要求，通过了部级评审	水库项目部	高钟璞
19	JK－1 型液压导板抓斗的研制	JK－1 型液压导板抓斗的结构、性能等研制成果及在福建水口电站主围堰防渗墙施工中的应用成果	基本达到了计划任务书的要求，通过了部级评审	科研所机具室	贺瑞明
20	土石坝面板混凝土滑模机具及施工技术的研究	土石坝面板混凝土滑模机具的功能、结构及施工工艺；混凝土对面板滑动模板浮托力的试验成果	达到了计划任务书的要求，通过了部级评审	科研所钢模室	王端良

（三）“八五”科技攻关

“八五”期间基础局承担了《混凝土防渗墙施工及检测技术研究》任务。包括新设备5项（CZF－1200型、CZF－1500型冲击反循环钻机，6SB－220型反循环砂石泵组，JHB－100型泥浆净化机，液压双反弧钻具），新仪器1项（CFJ型超声波防渗墙槽孔检测仪），新工艺2项（冲击反循环钻进工艺、双反弧墙段连接工艺），该项目获1996年电力部科技进步二等奖。

（四）科技攻关所取得的效果

“六五”科技攻关成果的应用使基础局的全员劳动生产率由1982年的4675元提高到1986年的9638元。“七五”科技攻关成果的应用使基础局的全员劳动生产率由1986年的9638元提高到1991年的19138元，与1982年相比提高了3.1倍。

第二节 施工工艺创新

一、灌浆技术

（一）小口径孔口封闭灌浆技术

孔口封闭灌浆又称无塞灌浆，这是一种小口径钻孔、孔口封闭、自上而下分段、孔内循环、不待凝的灌浆工艺，适用于砂砾石层和岩层灌浆，特别适用于高压水泥灌浆工程，在破碎带中灌浆使用此方法的效果更好。

孔口封闭灌浆法具有以下优点：①孔内不需下设灌浆塞，施工简便，劳动强度低；②每段灌浆结束后不需待凝，节省工时；③能对地层多次重复灌注，有利于提高灌浆质量；④可以使用较大的灌浆压力；⑤不会发生铸塞事故。

孔口封闭灌浆法自 1983 年始纳入《水工建筑物水泥灌浆施工技术规范》，该规范的修订版 SL62—1994 和 DL/T 5148—2001 进一步对该工法作了详细规定。

（二）GIN 法灌浆技术

GIN 即灌浆强度值，它用灌浆孔段上最终灌浆压力 P 和单位段长浆液灌入体积 V 的乘积 PV 表示，其含义是单位灌浆段长上消耗的能量。GIN 法灌浆的基本原理是：在灌浆过程中保持 GIN 为常数，并限制最大灌浆压力和最大注入量；这样就可以自动地对宽大裂隙限制其注入量，而对可灌性较差的微细裂隙提高灌浆压力，以形成一道大致均匀的防渗帷幕。

GIN 法灌浆的要点是：①采用一种固定配合比的稳定浆液，灌浆过程中不变浆；②用 GIN 曲线控制灌浆过程，避免出现高压力与大注入量、低压力与小注入量两种不利组合；③用电子计算机监控灌浆全过程，绘制 $P-V$ 过程曲线，并掌握灌浆结束条件。

（三）膏状浆液灌浆技术

膏状浆液灌浆技术是针对大漏失地层开发的一种灌浆技术。围堰堰体及堰基中往往既有含大块石架空漏失地层，又有可灌性较差的粉细砂层，在地下水流的作用下难以形成完整的灌浆帷幕。膏状浆液灌浆的基本原理是针对不同的地层采用不同的灌浆方法和浆液，其技术要点是：①根据不同作用水头布置 3～5 排灌浆孔，由外向内逐排施工，即先施工边排，最后施工中间排；②采用掺有较多膨润土的稳定浆液或膏状浆液灌注，其水胶比为 2、1、0.8、0.6、0.46 五个比级；③对于钻孔正常返水的孔段采用稳定浆液逐级灌注，对于不返水的孔段采用膏状浆液开灌；④中间排的Ⅰ、Ⅱ序孔在原覆盖层中的孔段先进行水玻璃化学灌浆，然后再进行水泥灌浆。

云南小湾水电站下游围堰和上游围堰的部分地段的防渗采用了膏状浆液帷幕灌浆方案，较好地解决了工期紧、上部地层严重漏浆、下部地层可灌性差等问题，取得了良好的效果。

（四）复合灌浆技术

复合灌浆是水泥灌浆与化学灌浆相结合，用以处理断层破碎带、软弱夹层等复杂地基的一项新技术；其基本原理是先对较大的空隙进行高压水泥灌浆，然后对细微裂隙进行环氧树脂灌浆。复合灌浆可提高防渗效果 10～100 倍，提高变形模量 2～3 倍，提高抗剪强度近 2 倍。复合灌浆可部分地代替传力洞或开挖置换混凝土。

复合灌浆技术 1986 年首次应用于龙羊峡水电站坝基 F_{120}、F_{18} 断层破碎带和 G_4 伟晶岩劈理带加固处理，取得了良好的效果，创造了 300 万元的经济效益。在三峡工程坝基 F_{215} 断层和永久船闸闸基 f_{1096} 断层的处理中也采用了复合灌浆技术，并有所发展。

（五）高压灌浆技术

高压灌浆是指压力 3 兆帕以上的灌浆。高压灌浆适用于高水头坝基的帷幕灌浆和固结灌浆，特别适用于对岩溶充填物的挤密灌浆。灌浆效果一般与灌浆压力成正比；当灌浆压力小于 2 兆帕时，灌浆帷幕的防渗能力不易达到 $q=1$ 吕荣，水泥结石的干密度也不会超过 1.5 克/厘米^3；如果采用 4～6 兆帕的灌浆压力，其灌后防渗能力可达到 $q<0.1$ 吕荣，水泥结石的干密度可达到 2.0～2.2 克/厘米^3。采用高压灌浆的关键是要根据不同地质情况确定与不同注入率相对应的最优灌浆压力，在避免发生有害变形的前提下，尽可能采用较高的压力进行灌浆。

高压灌浆应用于乌江渡水电站和天生桥二级水电站的溶洞充填物灌浆，以及龙羊峡水电站的断层破碎带固结灌浆均取得了较好的效果。

（六）灌浆施工自动化技术

灌浆施工自动化技术包括灌浆过程数据自动记录、灌浆数据自动分析统计、灌浆过程自动控制和灌浆成果图表自动生成四大部分。采用灌浆施工自动化技术不仅可以适时记录灌浆施工参数的变化，而且可以根据这些变化进行逻辑判断，自动进行压力调节、浆液变换、工序转换，直至完成一段灌浆施工的全部任务，然后自动进行分析统计，并自动生成施工规范要求的灌浆施工成果图表；因此可以避免人为因素对灌浆参数和灌浆过程的不利影响；同时可以节省人力，提高工作效率。1986 年起，基础局在国内率先开发和应用灌浆施工自动记录技术，研制了具有一定的人工智能灌浆自动记录仪和单孔单机自动灌浆系统，以后又经过多次改进，应用范围不断扩大；为保证大中型水利水电工程灌浆质量和加快施工进度发挥了重要的作用。灌浆施工自动记录技术的应用是基础局乃至我国灌浆技术进步的重要里程碑。

（七）化学灌浆技术

化学灌浆是加固细微裂隙岩体和粉细砂等可灌性较差地基的重要手段，其施工布置和施工方法与常规水泥灌浆不完全相同。由于化学灌浆材料的价格较贵，且对环境在不同程度的污染，故灌浆工艺要求更为严格。基础局在开发应用新型化学灌浆材料的同时，也逐步形成了与这些化灌材料配套的化学灌浆技术；其内容主要包括：灌浆方法、灌浆压力、浆液变换、段长划分、结束标准、浆液计量配制方法、安全防护措施等。这些技术措施保证了基础局在龙羊峡水电站、天生桥二级水电站、小湾水电站等工程中的化学灌浆施工任务顺利完成。基础局研制的改性环氧树脂和非碱性水玻璃灌浆材料详见本章第四节。

（八）垂线孔施工技术

在坝体和基岩内设置正垂线和倒垂线是大坝变形和位移观测的重要手[illegible]垂线孔和保护管的垂直度要求极高，采用一般的钻孔偏斜检测控制方法难以满足要求。基础[illegible]合龙羊峡水电站垂线孔施工，研究掌握了一套行之有效的垂线孔防斜、测斜及纠偏技术，[illegible]成施工任务。龙羊峡水电站的垂线孔共有 900 米，最大孔深 80.47 米，孔斜率为 0.7‰～1.[illegible]有效孔径 115～198 毫米，是国内最深的。

二、防渗墙施工技术

（一）“钻劈法”成槽技术

“钻劈法”成槽技术为基础局在北京密云水库坝基防渗墙施工时首创，一直沿用至[illegible]

"钻劈法"是单纯用钢丝绳冲击钻机施工、先钻进主孔、后劈打副孔的成槽方法，适用于各种地层，具有适用范围广、设备简单、施工成本低等特点，成槽的深度和宽度基本不受限制，且容易调整。常用的施工设备为CZ－22型和CZ－30型冲击钻机，其额定钻具重量分别为1.5吨和2.5吨；对于设计墙厚在1.0米以上的防渗墙，应选吊挂能力更大的钻机。

（二）"两钻一抓"法成槽技术

"两钻一抓"成槽法是用冲击或回转钻机先钻主孔（导孔），然后用抓斗挖掘其间副孔形成槽孔的一种防渗墙成槽施工方法；不同长度的槽孔，也可三钻两抓成槽或四钻三抓成槽。"两钻一抓"成槽法适用于砂卵石或漂卵石地层。主要特点是冲击钻机与抓斗配合施工，充分发挥两种设备各自优势，从而加快了施工进度。"两钻一抓"成槽法的副孔长度较大，主要成槽工作量由抓斗完成；冲击钻机的破岩能力较强，钻孔垂直度容易控制，所钻主孔可为抓斗施工副孔提供导向作用和较大的临空面，使抓斗的高效特性能得到充分的发挥。

（三）反循环冲击造孔技术

为改变冲击钻进工效较低的落后局面，基础局在国内率先开发成功反循环冲击钻进机具及施工工艺；将抽砂筒间断出渣方式改变为反循环连续排渣方式，避免了钻渣在孔底的重复破碎，使造孔工效大幅度提高；这是混凝土防渗墙施工技术的重大进步。冲击反循环造孔技术由双绳平衡冲击钻机、阶梯式空心钻头、反循环排渣系统、泥浆回收净化系统等部分组成。

1994年，基础局在小浪底水利枢纽围堰防渗墙施工中首次采用了泵吸反循环冲击钻进技术，取得经验后又在三峡、冶勒、黄壁庄、向家坝、沙湾等工程中推广应用，取得了巨大的技术经济效益。

（四）防渗墙墙段连接施工技术

1. 接头管法墙段连接施工技术

我国从1980年开始在葛洲坝大江围堰防渗墙施工中试用接头管法，1982年后接头管法纳入了国家"六五"科技攻关项目，基础局开始研究大型专用液压拔管机具及相应拔管成孔工艺，研制了我国第一台大型液压拔管机（BG200/900型液压拔管机）和配套接头管，最大起拔力2000千牛，拔管直径800～900毫米；这套设备在铜街子水电站、天津鸿吉大厦等工程中进行的试验和应用取得了初步的成功。此后基础局相继开发出BG350/600、BG350/800、BG450/1000、BG500/120、BG400/100、BG300/80、YBJ－1000/1200等型号的液压拔管机和配套接头管，起拔力1200～5000千牛，拔管直径300～1200毫米；先后在尼尔基、向家坝、下坂地、狮子坪、沙湾、泸定、伊朗塔里干等水利水电工程中应用，均取得了较好的效果。

目前，基础局的最大拔管成孔深度已超过了100米，最大拔管直径可达1200毫米，成功率达到了95％～100％，在国内外处于领先地位。

2. 接头板法墙段连接施工技术

基础局于1999年在汉江王甫洲电站混凝土防渗墙施工中率先采用接头板法进行墙段连接施工，用自己研制的JTB200型液压拔板机和宽度800毫米的接头板，拔板成孔216个，成功率100％。

2002～2003 年，基础局在新加坡地铁车站地下连续墙的施工中，为满足墙段接缝镶止水带的要求，研制了专用的 DWS 型接头板，接头板有 1.0、1.2、1.5 米，完成了艺术博物馆和多美哥两个地铁车站地下连续墙所有墙段连接施工，最大施工深度 36 米。

2005 年，基础局在南水北调中线穿黄工程北岸竖井圆形地连墙施工中，采用了梯形接头板，最大下设深度 54 米（最大墙深为 76.6 米），全部用特制的液压拔管机成功拔出，对加快该工程的施工进度发挥了作用。

3. 双反弧法墙段连接施工技术

基础局于 1974 年在江西柘林水库大坝加固防渗墙施工中率先采用固定弧板双反弧钻具施工双反弧接头孔。1994 年结合三峡一期围堰防渗墙工程，研制了与 CZF－1200 型冲击反循环钻机配套使用的双反弧接头孔施工机具。新型双反弧钻具采用双绳吊挂，防止偏转的性能更好；而且液压清理器的弧板可伸缩，还可装上特制的钢丝刷子，在双重清理作用下，能达到很高的接缝质量。

双反弧法墙段连接先后应用于三峡工程一期围堰防渗墙、冶勒水电站超百米深墙试验、三峡工程二期围堰防渗墙、武汉国贸大厦基坑支护墙等工程，检查结果表明接缝紧密、胶结良好、混凝土强度满足要求。双反弧法的成功开发和应用，为提高墙段连接质量和加快施工进度开辟了新途径。

4. 骑缝镶止水带墙段连接技术

国外对于防渗要求较高的地下连续墙一般要求在墙段连接处骑缝镶止水带，并形成榫槽形墙段接缝，这是一种施工难度较高的墙段连接形式，国内较为少见。为进入国外市场，基础局从 1996 年开始研究骑缝镶止水带墙段连接技术，逐步完善了施工机具和施工工艺，具备了骑缝镶止水带墙段连接的施工能力，圆满地完成了有此要求的越南拜尚坝混凝土防渗墙和新加坡地铁车站地下连续墙施工任务。

（五）防渗墙泥浆固化成墙技术

1. 原位搅拌法泥浆固化成墙技术

原位搅拌法是固化灰浆施工常用的方法，适用最大深度一般为 30 米，宽度不受限制。原位搅拌是指成槽后将水泥、水玻璃、砂等固化材料加入槽孔泥浆中，直接在槽孔中搅拌，省去了下设导管的工序；一般用压缩空气搅拌，也可用特制的机具搅拌，最好是两种搅拌方法联合运用；关键是要在槽内混合浆液丧失流动性之前搅拌均匀，不留死角。气拌法泥浆固化成墙技术已在大渡河铜街子电站围堰防渗墙、汉江王甫洲电站围堰防渗墙等工程中应用，总成墙面积超过 5 万米^2，取得了较好的技术经济效益。

2. 泵送置换法泥浆固化成墙技术

泵送灰浆材料置换孔内泥浆成墙技术为基础局在南水北调中线穿黄竖井工程中首创；该工程外围灰浆防渗墙轴线总长 215.6 米，设计墙厚 0.8 米，墙深 71.6 米，成墙面积 15437 米^2。采用泵送置换法建造灰浆防渗墙具有施工深度不受限制、浇筑压力大、墙体材料均匀、操作简便、浇筑速度快等优点。

3. 灰浆自凝成墙技术

灰浆自凝成墙技术是与自凝灰浆墙体材料配套的一套施工方法，包括灰浆的配制和输送。由于自凝灰浆在造孔过程中兼作护壁浆液，槽孔造孔结束后自行凝固成墙；故没有单独的浇筑工序。自凝灰浆的配制分两步进行，即先配制足够的泥浆备用，然后根据挖槽进度需要在泥浆中加水泥、缓凝剂等配制成灰浆。灰浆要有足够的缓凝时间，制输能力满足挖槽进度的要求。灰浆的输送可采用大型灰渣泵或活塞泵。2002 年，基础局在三峡工程三期围堰防渗墙施工中首次应用灰浆自凝成墙技术。2004 年，又在武汉阳逻长江大桥南锚碇工程中应用，均取得了较好的效果。

（六）防渗墙内预埋灌浆管技术

基础局从 1974 年江西柘林水库大坝加固防渗墙施工时开始研究和应用此项技术，当时的防弯措施是上下固定，并用千斤顶加力绷紧；这种方法在孔深较大的情况下效果不理想。以后在河北邱庄水库大坝加固防渗墙和葛洲坝大江围堰防渗墙施工时，采用起拔带有自动启闭底阀的 ϕ150 毫米管模预留灌浆孔取得了较好的效果，成功率达到了 90%以上。从三峡工程二期围堰防渗墙开始，基础局全部采用钢筋定位架整体下设墙内灌浆管，成功率接近 100%。有的工程已开始试用 PVC 管代替钢管，以降低造价。

（七）陡坡基岩定位钻孔爆破技术

当要求防渗墙墙底入岩而岩面坡度又较大时，由于稳不住钻具，在基岩中造孔较困难，工效低且质量难以保证。基础局在三峡工程二期围堰防渗墙施工时所采用的陡坡基岩定位钻孔爆破技术成功地解决了这一问题；其工艺要点如下：①冲击反循环钻机钻孔至陡坡岩面最高点时，将钻头提出孔外；②用冲击反循环钻机将定位器和套管下至孔底；③全液压钻机通过套管和定位器下钻至孔底钻基岩爆破孔；④下设爆破筒至基岩爆破位置，将套管和定位器提离孔底后爆破。

（八）防渗墙墙体内观测仪器埋设技术

基础局科研所承担了大量的混凝土防渗墙观测仪器埋设任务，具有埋设各种观测仪器的能力。在 1986 年以前，防渗墙中只要求埋设应变计和无应力计，埋设方法一般采用吊绳法。自铜街子水电站开始，增加了土压力计的埋设。土压力计的埋设除位置必须准确外，还必须始终与孔壁紧贴，埋设难度较大。经过大量的室内和现场试验，研发成功“水压法”和“挂布法”两种防渗墙土压力计埋设方法；在该工程中用“水压法”埋设土压力计 26 支，用“挂布法”埋设土压力计 6 支，全部合格。2000～2001 年，在黄壁庄水库副坝防渗墙中用“水压法”埋设土压力计 20 支，全部成功应用。

第三节　施工机具创新

一、防渗墙施工机具

（一）CF－1B 型冲击反循环钻机

CF－1B 型冲击反循环钻机采用泵吸法排渣工艺，所配砂石泵上装有深度助力装置，最大工作深度可达 75 米。钻进过程中，钻头和排渣管互为导向，互为保护。钻头用 2 根钢丝绳吊挂；依靠钢丝绳随动平衡装置，钻头在提升、下降和冲击过程中，两根钢丝绳均能保持长度一致。该钻机的主要技术性能参数如下：钻孔直径：ϕ500～ϕ1200 毫米；钻孔深度 75 米；冲击行程 500～2000 毫米；钻机总重 130 千牛；钻头重量 15 千牛；排渣管直径 ϕ145 毫米；总功率 58 千瓦。

（二）CZF 系列冲击反循环钻机

CZF 系列冲击反循环钻机是基础局根据国家“八五”科技攻关计划安排，在原用 CZ 型钢丝绳冲击钻机基础上研制的深厚覆盖层地基防渗墙造孔施工新型设备，其工效是原用 CZ 型冲击钻机的 2～4 倍；从此改变了我国防渗墙造孔施工设备单一、落后的局面。CZF 系列钻机由传动系统、冲击机构、同步双筒主卷扬、辅助卷扬、操纵机构、桅杆、底盘、机架、电动机、电器箱、行走系统等部件组成。配套机具主要包括：反循环砂石泵组、泥浆净化机、套筒式钻头、排渣管、平台车等。

（三）JK－1 型液压导板抓斗

JK－1 型液压导板抓斗是 1989 年基础局结合水口电站主围堰防渗墙施工研制的第一台防渗墙施工专用抓斗，也是第一台国产液压导板抓斗。该抓斗的外形尺寸为：斗体厚 0.78 米，闭斗时高度 6 米，开斗时宽度 2.0 米；斗身为钢结构，总重 7 吨，所用液压件均为国产标准件，造价只有进口液压抓斗的 1/8。该抓斗的配套主机为同时研制的国产 QU－32 型专用履带吊车。

该抓斗为保证水口电站主围堰防渗墙按期完工发挥了重要作用，大部分的副孔施工均由抓斗完成，纯抓工效达到 3.4 米/(台・时)，接近国外同类产品的性能指标，稍加改进即可替代进口产品。

（四）薄型防渗墙施工抓斗

1998 年长江大水后，我国投入大量资金对长江堤防进行集中整治，基础局承担了其中部分防渗加固处理施工任务。江堤承受的水头一般较小，设计要求的防渗墙厚度也相应较小，而且大多采用高喷灌浆、深层搅拌之类的水泥土防渗墙；但对于深度较大的重要部位则要求采用混凝土防渗墙。基础局在较短的时间内研制了厚度仅 30～40 厘米的薄型抓斗，在长江堤防的加固处理中发挥了重要的作用。此后，该型抓斗又大量应用于病险水库加固工程，取得了较好的效果。

（五）泥浆净化机

泥浆净化机集筛分、离心分离和沉淀 3 种泥浆净化方法于一身，适用于地下连续墙施工时固壁泥浆的净化除渣，它既是冲击反循环钻机的配套设备，也是反循环清孔时不可缺少的泥浆回收净化设备。由于泥浆的循环使用，大大降低了费用，减少了环境污染。

首台泥浆净化机于 1986 年 12 月研制成功，以后又经过了多次改进。主要型号有NZ－2A 型泥浆振动筛、JHB－200 型泥浆净化机、JHD 型系列泥浆净化机等。

（六）防渗墙接头孔施工机具

1. 拔管机具

基础局研制了各种防渗墙接头孔施工机具，包括 BG200/900 型液压拔管机，YBJ－1000/1200 型全液压大口径拔管机、BG350/600、BG350/800、BG450/1000 型大口径液压拔管机、BG500/120、BG400/100、BG300/80 型卡键式拔管机、YBG300/1000 型液压拔管机、YB－120/30 型液压拔管专业设备、YJT150 型双翼式接头板和液压拔管机等。

2. 双反弧钻具

双反弧钻具包括双反弧冲击钻头和液压双反弧清理器，是基础局1994年研制的双反弧接头孔施工机具，适用于不含大粒径漂石和孤石的地层。

液压双反弧清理器由液压站、油管卷盘、双反弧清理钻头、孔口导向架等组成；双反弧清理钻头上带有可伸缩的左、右弧板，弧板表面可镶钢丝刷，用于清除双反弧接头孔两端一期墙段混凝土上附着的泥皮和残留物；它在液压系统的控制下可适应孔形的变化，紧贴左右两侧的孔壁，液压系统工作压力为10兆帕。双反弧钻具先后应用于三峡工程一期围堰防渗墙、冶勒水电站超百米深墙试验、三峡工程二期围堰防渗墙、武汉国贸大厦地下支护墙等工程，经超声波和开挖检查，接缝质量优。

二、灌浆施工机具

（一）灌浆自动记录仪

基础局先后研制出了各种型号的灌浆自动记录仪，包括J31型、J31C型、J31C－T型、J31D型、J41A型灌浆自动记录仪、GMS系列灌浆监控记录仪等。

新型GMS系列灌浆监控记录仪可同时监控8套灌浆设备、64个不同类型的传感器，还可同时进行几种不同方法的灌浆，并支持多台记录仪联网采集数据；在采集灌浆数据的同时可实时显示灌浆过程中的各种参数、记录和曲线；能进行智能处理，使采集的数据自动生成灌浆规范所要求的各种统计分析图表、曲线。GMS系统是目前我国灌浆行业唯一支持网络互联、自动采集四参数（压力、流量、密度、抬动），并适合大小循环灌浆方法的一体式灌浆记录仪。

（二）新型灌浆塞具

液、气压灌浆塞及配套设备主要由灌浆塞、手压泵或压缩气瓶、胶管轮车组成。进行灌浆工作时，将灌浆塞送入指定位置；然后用手压泵或压缩气瓶将水或气通过缠绕在胶管轮车上的细管压入灌浆塞胶囊，使胶囊膨胀封隔钻孔，此后便可开始灌浆。浆液是由灌浆泵通过胶管轮车上的粗胶管输入灌浆塞进行灌浆。孔深在50米以内时宜使用手压泵和水作为胀塞工具；孔深50米时宜使用压缩气瓶和空气作为胀塞工具。DYS型灌浆塞已在红枫水电站、隔河岩水电站、小浪底水利枢纽等工程中应用。

新型高强度高压灌浆塞能满足15～20兆帕超高压灌浆工程的需要，灌浆工作压力≥15兆帕；最大胀塞压力40兆帕；适用孔径ϕ56～76毫米；灌浆塞外径ϕ44～67毫米；灌浆塞长度1200毫米。

（三）水泥浆集中制浆系统

水泥浆集中制浆系统分为大型和小型两种，生产能力分别为250升/分钟和100升/分钟。大型集中制浆系统为固定式安装，采用散装水泥制浆，适用于大中型灌浆工程；小型集中制浆系统为移动式安装，采用散装水泥或袋装水泥制浆，适用于小型和工作面较分散的灌浆工程。集中制浆系统首先在龙羊峡电站坝基灌浆工程中应用，取得了良好的效果；现已推广到所有灌浆工程，生产效率大幅度提高，既加快了施工进度、节约了大量的劳动力和施工成本，又使工人的工作环境大为改善，劳动强度显著降低。

（四）化学灌浆密闭化装置

化学灌浆密闭化装置中采取了一系列防泄漏及防爆措施，使化学浆液的配制在密闭的条件下进行，以达到减少操作者接触、吸入有毒液体、气体的目的；同时使浆液的配料更准确，搅拌更充分。

密闭化装置的搅拌桶容积为100升，电机功率为0.6千瓦，转速为51转/分钟，每小时制浆400升；拌制时根据配方要求，用耐腐蚀泵将原材料打入计量桶中进行电子秤计量。本装置主要适用于环氧树脂为主剂的化学浆液配制，稍加改变也可用于其他化学浆液的配制。

本装置经天津市劳动卫生职业病研究所测定，空气中有害气体的含量低于国家规定的最高浓度，有利于工人身体健康和环境保护。本装置在龙羊峡电站化学灌浆施工中应用效果良好。

（五）XL型和LSJ型系列旋流式高速搅拌机

XL型系列卧式旋流高速搅拌机和LSJ型系列立式旋流高速搅拌机是基础局科研所研制的用于搅拌各种浆液的专用设备。该系列搅拌机可根据水泥浆液的水灰比来控制水泥、水、外加剂等的投入量；同时也可用于搅拌膨润土浆及带有一定粒径颗粒（$d \leqslant 5$毫米）的浆液。XL型系列旋流式高速搅拌机主要由水泥搅拌罐、PN型泥浆泵、电机、管路和阀门等组成。有XL-150、XL-400、XL-600、XL-1500等型号，单槽搅拌量分别为150、400、600、1500升。

（六）自控灌浆阀门

阀门是控制灌浆压力的重要部件；过去使用的手动水暖阀门存在操作不便、不耐磨、容易引发超压事故、需专人看管等缺点。自控阀门以耐磨合金材料制造阀芯、阀座，增设专用弹簧控制阀芯开度，具有手动和自动双重功能，实现了灌浆压力的半自动化控制。

自控灌浆阀门在新安江水电站、隔河岩水电站灌浆工程中的应用效果良好；将阀门调节到某一开度后，阀门即稳定在某一压力下自动工作，灌浆压力连续平稳，优于手工控制效果。

（七）防铸钻孔口封闭器

传统孔口封闭器当用于深孔、浓浆灌注时，容易发生铸钻（灌浆管被孔内水泥浆凝死）事故，防铸钻孔口封闭器对传统封闭器的封闭长度、封闭胶球、压盖、钻杆光洁度等作了改进。

防铸钻孔口封闭器在小浪底、蒿枝坝水库、云荞水库等工程中应用均取得良好效果；封闭器在9兆帕的压力下不冒浆，在4兆帕的压力能连续旋转6个小时，而且不会发生钻杆脱落现象。采用新型孔口封闭器后，钻杆始终处于旋转状态，很少发生铸管事故。

三、预应力锚固机具

（一）新型锚索结构

新型锚索包括以钢绞线为锚索体的GYM系列锚索、以精轧螺纹钢筋为锚索体的LYM系列锚索及以钢绞线为锚索体、自由段保持长久弹性伸缩能力的无黏结预应力锚索。

GYM型锚具包括工作锚、工具锚和限位板，它能保证6000千牛预应力锚索所需要的锚固力；锁定时夹片无碎裂，无断丝、滑丝；索体回缩量仅5.8毫米，小于国际规范的规定，从而使预应力损失减小到1.2%～2.0%。

用精轧螺纹钢筋作为锚索体具有承载能力大、受力条件好、锁定损失小、施工简便、抗腐蚀能力强等优点。LYM型锚具包括工作锚、工具锚、内外螺帽、球形垫座和钢筋连接器；其中球形垫座起调整钢筋受力方向的作用，以达到最佳的锁定效果。

无黏结预应力锚索的自由段钢绞线被包封隔离，与被锚固岩体不发生黏结，能长久地传递预应力，可随时调整预应力的大小。无黏结预应力锚索已成功应用于丰满水电站大坝加固工程，锚固力达2200千牛，锚索长度为44.7米。

（二）YKD系列张拉千斤顶

YKD系列张拉千斤顶是大吨位预应力锚索张拉的关键设备；该系列千斤顶采用空心式结构，经严格检验其行程、内外泄漏量、耐压、油缸变形等性能指标均满足大吨位预应力锚索张拉的要求。

YKD-6000型张拉千斤顶是目前国内最大的空心千斤顶，用于丰满电站51号坝段6000千牛级锚索张拉所提供的最大张拉力为6167千牛。YKD-3000型张拉千斤顶应用于丰满电站19号坝段加固和桦树川电站边坡加固所提供的最大张拉力为2777千牛。

（三）JKZ系列扩孔钻具

JKZ系列扩孔钻具为机械伸缩式扩孔钻具，适用于预应力锚固和其他用途钻孔底部或中部的扩大，有JKZ-91、JKZ-110、JKZ-130 3种规格，原孔直径分别为91、110、130毫米，扩孔直径分别为150、166、173毫米。具有操作简便、效果可靠的特点。

四、混凝土浇筑机具

（一）悬臂式钢模板

轻型桁架组合面板式悬臂式钢模板主要由面板、轻型桁架与连接件三部分组成。此种模板与国内外同类模板相比，具有结构合理、用料少、重量轻、拆装方便、用途广泛的优点；应用于大体积混凝土重力坝、拱坝浇筑，不但可以垂直立模，也可在斜坡立模，有利平仓振捣作业和快速施工。该模板也可用于浇筑闸墩、墙柱等上升速度较快的结构物。1981～1982年，该型悬臂式钢模板在浙江奉化亭下水库进行了试用，各种测试结果表明其结构强度和性能满足要求；浇筑的坝面光滑美观，使用效果良好。

（二）自升式钢模板

自升式钢模板的支承系统为轻型桁架结构，面板采用组合钢模板，浇筑层高为3米，最大浇筑上升速度为0.6米/时。该模板除具有悬臂式钢模板的优点外，不用任何起重设备，自行爬升；可广泛应用于混凝土坝体、混凝土挡墙及闸墩工程。该模板在官厅水库经过近2个月的试运行，各项性能达到设计要求。

（三）面板混凝土滑模机具

面板混凝土滑模机具适用于混凝土面板土石坝的面板及河道护坡等工程的斜坡面滑模施工，它具有施工简便、速度快、经济效益显著等特点。该滑模施工技术达到了国际先进水平，于1991年3月13日获得国家专利。

面板混凝土滑模成套机具包括自行式滑模、无轨滑模和翻转侧模。自行式滑模为有轨滑模，具有独立液压牵引、双向行走、锁紧装置简单可靠等特点。无轨滑模为轻型梁板钢结构，不设轨道，滑模自重由侧模和仓内混凝土承受；由坝顶卷扬机牵引，直接在混凝土表面滑行。翻转侧模由几何模块组合而成，施工中每侧仅立设20米长，随滑模滑升逐次将下部侧模向上翻转，循环使用。该侧模拆装方便，拆立模作业可在浇筑面板的过程中进行，缩短了施工时间。

无轨滑模技术经济效益显著，在西北口工程应用节约钢材50吨、木材46米^3、劳动力7000多工日；在小干沟工程应用节省钢材22.4吨、木材20米^3、劳动力4000多工日，提前2个月完工；在广州抽水蓄能电站上库应用省钢材35吨、资金20余万元，同时简化了施工程序，加快了施工进度。该技术后来成为行业工法。

第四节　材　料　创　新

一、灌浆材料

（一）稳定性水泥浆液

稳定浆液是指掺有稳定剂，水灰比较小，2小时析水率不大于5%的水泥浆液。稳定浆液有以下优点：①基本不泌水，可对基岩中的裂隙进行完整的充填；②水泥结石具有较高的强度和黏结力；③结石密度大，具有较强的抗化学溶蚀能力；④析水量小，抬动岩体的危险性减小；⑤当被灌介质孔隙很大时，浆液的扩散范围不会很大。1990年，稳定浆液首次应用于红枫水电站土石坝防渗灌浆，避免了放空水库修复防渗面板，取得了可观的社会、经济效益。1995年以后，又大规模应用于小浪底工程固结灌浆和帷幕灌浆，总工程量在50万米以上，节省了大量的工时和材料，灌浆质量满足设计要求。

（二）改性细水泥

改性细水泥是以42.5级普通硅酸盐水泥为基料，加入适量的膨胀剂、促凝剂干磨而成的细度较小的水泥；其平均粒径为8～10微米，粒径小于6微米的颗粒≥40%，粒径小于30微米的颗粒≥95%，比表面积为5000～6000厘米^2/克。改性水泥的流动性、稳定性和可灌性较好，适用于灌注岩石中的细微裂隙。大黑汀水库改性细水泥灌浆的单位注灰量为20.93千克/米，平均透水率由灌前的0.57吕荣降至0.27吕荣，效果明显优于同期进行的普通水泥灌浆。

（三）湿磨细水泥

湿磨细水泥是把普通水泥浆通过湿式磨细机在施工现场直接碾磨成细度特性更好的水泥浆，其性能和作用与改性水泥基本相同。这种灌浆材料可根据地基情况任意改变水泥粒径，现磨现用，加工方便，不存在细水泥容易吸水变质、难以长期保存等问题；加工比较方便，价格较低。湿磨细水泥结合新安江电站坝基补强灌浆进行了试验；以后又大规模应用于三峡工程二期主体工程帷幕灌浆和固结灌浆，总工程量20余万米，灌浆效果满足设计要求。

（四）膏状浆液

膏状浆液是一种高稠度、高密度、高黏聚性浆液，其水固比为0.45～0.55，屈服强度大于35帕，塑性黏度大于0.4帕秒。膏状浆液适用于特大空隙地层中的堵漏灌浆。基础局在贵州红枫水电站土石坝坝体防渗灌浆中，为防止浆液扩散范围过大，大量使用了掺赤泥的膏状浆液，取得了良好的效果。在小湾水电站围堰堰体和堰基覆盖层防渗灌浆中，将水固比 0.46∶1 的膏状浆液列为五级稳定浆液的最后一级；当钻孔不返水时，直接采用膏状浆液开灌，起到了很好的堵漏作用。这两个工程都是大空隙地层灌浆的成功范例。

（五）JX 型化学灌浆材料

JX 型浆液是基础局科研所研制的一种新型化灌材料，它由主剂环氧树脂、稀释剂糠醛和丙酮以及附加剂、固化剂和促进剂合成。调整浆液中各成分的比例可以获得 JX 浆液的系列配方，其主要性能指标见表 3-2-4。

表 3-2-4　　　　JX 浆液的系列配方的主要性能指标

编号	比重	黏度（10^{-3}帕秒）	接触角（度）	表面张力（兆牛/米）	抗压强度（兆帕）		抗拉强度（兆帕）	弹性模量（吉帕）
					28 天	1 年	90 天	2 年
1	1.065	9.9	20	35	53.3	94.5	10.1	4.1
2	1.065	16.8	22	41	51.3	89.3	8.8	5.3
3	1.051	9.8	21	39.2	39.2	79.1	8.0	4.6
4	1.042	7.6	18	39	31.0	75.4	7.3	3.6
5	1.035	6.0	17.5	38.5	29.0	72.7	6.7	2.4

在高压水泥灌浆的基础上采用 JX 浆液灌浆，可以大大提高软弱破碎岩体的弹性模量和抗拉、抗剪强度，解决单纯水泥灌浆难以解决的问题；同时这种浆液是一种低毒、弱致敏性材料，有利于改善工人劳动条件，防止污染环境。JX 浆液与国内同类材料相比，具有力学性能指标高、施工简便、工效高、造价低、料源广等特点。

JX 型浆液已应用于龙羊峡水电站等工程的坝基断层破碎带加固处理。龙羊峡水电站在三排高压水泥灌浆的基础上又进行了 JX 浆液化学灌浆，灌浆后进行了大口径钻孔取芯、岩芯力学试验、物探、压水试验等检查；检查结果表明，JX 浆液渗入岩体裂隙，各项技术指标均达到了设计要求；与单纯水泥灌浆相比，变形模量、抗剪和抗拉强度都有大幅度提高。

（六）非碱性水玻璃灌浆材料

非碱性水玻璃浆液是先将水玻璃材料酸化，然后用碱性胶凝剂使其在中性或弱酸性范围内胶凝。

非碱性水玻璃浆液的初始黏度低、流动性好，可灌入平均粒径 0.05 毫米以下的细砂层；浆液的胶凝时间可在几秒至几十分钟甚至几小时内调节。非碱性水玻璃固砂体的抗渗性能好，渗透系数可达 10^{-6}～10^{-7}厘米/秒。非碱性水玻璃浆液料源广泛，价格低廉，特别适用于低水头闸基粉细砂层防渗加固处理。在江苏徐州市范楼闸、温庄闸等工程应用均取得良好效果。

（七）水泥锚固浆体

新型水泥锚固浆体用普通硅酸盐水泥掺加适量的减水剂和膨胀剂配制而成；这种预应

力锚索内锚固段胶结材料具有高强、早强、微膨胀、可灌性好、对钢材无锈蚀危害等优良性能。这种水泥浆体的早强性能明显，在常温条件下浆体结石强度 2 天龄期可达 30 兆帕，7 天可达 60 兆帕。采用这种胶结材料灌注的内锚固段 3 天即可张拉，可加快锚索施工进度，而且预应力损失小。

二、防渗墙墙体材料

（一）黏土混凝土

为降低弹性模量，在胶凝材料中掺用了一定数量黏土的高流动性混凝土叫黏土混凝土。黏土的掺加量占胶凝材料总量的 20%左右，最多不宜大于 25% 。黏土混凝土的早期强度较低，后期强度增长较多，通常 180 天强度可达到 28 天强度的 1.5 倍。黏土混凝土拌和物具有良好的和易性。黏土混凝土的抗压强度一般在 10 兆帕左右，抗渗等级可以达到 W6 以上。

自 1959 年修建北京密云水库以来，我国已修建的防渗墙中约有 76%的工程用的是黏土混凝土。目前黏土混凝土仍然是中、低水头永久防渗墙的首选墙体材料。

（二）塑性混凝土

塑性混凝土是一种水泥用量较少（80～180 千克/米^3），并掺加较多的膨润土或黏土等材料的大流动性混凝土，它具有低强度、低弹模、低弹强比和大极限变形等特性；其主要优点是：①变形性能较好，能适应地基的变形，改善墙体的应力状态，在变形较大的情况下墙体不会开裂；②水泥用量较少，造价较低；③和易性较好，施工方便，不易发生堵管事故；④墙段接头孔施工简便；⑤当作为临时围堰防渗墙时容易拆除。塑性混凝土的抗压强度一般为 2～5 兆帕，渗透系数为$i\times10^{-7}\sim i\times10^{-8}$厘米/秒。

1990 年，塑性混凝土首先应用于福建水口水电站主围堰防渗墙，以后又大量应用于小浪底水利枢纽、太和水库、王甫洲水电站、岭澳核电站、长江干堤等大中型水利水电工程，总工程量超过 30 万米^2，取得了巨大的技术经济效益。

（三）固化灰浆

固化灰浆以固壁泥浆为基本浆材，在其中加入水泥、水玻璃、粉煤灰等固化材料以及砂和外加剂，经搅拌均匀后固化而成的一种低强度、低弹模和大极限应变的柔性墙体材料。与自凝灰浆不同的是固化材料在造孔完成后才加入泥浆中；这样造孔时间可不受限制，浆液浓度也可适当增加，固结体的密度更高。固化灰浆的抗压强度一般为 0.3～1.0 兆帕，渗透系数为 $i\times10^{-6}\sim i\times10^{-7}$厘米/秒。固化灰浆作为防渗墙墙体材料具有弹性模量低、抗渗性能好、施工简便、造价低廉、容易拆除等优点，特别适用于中、低水头围堰防渗墙工程。

固化灰浆 1985～1986 年首次应用于大渡河铜街子电站围堰防渗墙，以后又应用于王甫洲电站、太平驿电站、南水北调等工程，成墙面积总计超过 5 万米^2。使用固化灰浆代替混凝土作为墙体材料，每立方米可节约水泥 100～150 千克、粗细骨料 1 米^3。

（四）自凝灰浆

自凝灰浆是以水泥、膨润土等材料拌制的浆液，在建造槽孔时起固壁作用，槽孔建造完成后该种浆液可自行凝结成一种低强度、低弹模和大极限应变的柔性墙体材料。自凝灰浆防渗墙省去了浇筑工序，具有弹性模量低、变形性能好、施工速度快、无墙段接缝、造价较低、容易拆除等优点，特别适用于中、低水头围堰防渗墙工程。自凝灰浆的抗压强度一般为0.1～0.5兆帕，渗透系数为$i\times10^{-5}\sim i\times10^{-6}$厘米/秒。

自凝灰浆于2002年首次应用于三峡工程三期上游围堰防渗墙；该防渗墙轴线长144.51米，墙厚0.8米，成墙面积约4000平方米，工期仅一个月。2003年再次应用于武汉阳逻长江大桥南锚碇深基坑外围挡水幕墙，设计墙厚0.8米，成墙面积15120米^2，最大墙深63米。

（五）双掺混凝土

双掺混凝土是在防渗墙混凝土中掺用粉煤灰和外加剂，以改善其性能并节约水泥的一种高流动性混凝土。粉煤灰的掺量可根据混凝土性能要求在30%～50%之间选择。双掺混凝土具有和易性好、终凝时间长、浇筑过程顺利、节省水泥等优点。

双掺混凝土1985年首次在四川草坡水电站坝基防渗墙应用，其混凝土总量为2564米^3，粉煤灰掺量为24%～30%，节约水泥650吨。

（六）高强混凝土

高强混凝土是一种采用高强度水泥、高强度骨料和高效减水剂配制的，最高28天抗压强度可达75兆帕的高流动性防渗墙混凝土。高强混凝土适用于高土石坝深厚覆盖层坝基防渗墙，采用高强混凝土可减少防渗墙的厚度。强度等级C30以上的高强混凝土目前已大量应用于我国西南地区的高土石坝坝基防渗墙工程。

（七）缓凝型高强混凝土

缓凝型高强混凝土是一种早期强度较低，而后期强度较高的掺粉煤灰混凝土；其目的是为了便于防渗墙接头孔钻凿施工。1993年，缓凝型高强混凝土首次在小浪底工程坝基右岸防渗墙工程中应用；该防渗墙设计混凝土90天强度为35兆帕，前期采用常规混凝土因早期强度过高，接头孔采用钻凿法无法施工；后期采用了缓凝型高强混凝土，将7天强度降至15.8兆帕，14天强度降至19.4兆帕，成功地解决了接头孔钻凿问题。

三、新型泥浆

MMH正电胶泥浆由水、膨润土、MMH正电胶、纯碱组成，带有永久正电荷，具有黏度高、稳定性和流变性好、抵抗钙离子污染能力强、膨润土用量少等特点，对粉细砂等不稳定地层有较强的抑制作用。正电胶泥浆的配合比为每立方米浆液用膨润土40～60千克、正电胶0.1%～0.3%、纯碱1.0%～2.0%。在使用时可根据膨润土的质量和地层情况及槽孔深度进行调整。必要时可加一定量的抗滤失剂CMC。MMH正电胶泥浆在泸定电站坝基防渗墙等工程中应用取得了良好的效果，使漏浆、塌孔事故和膨润土用量大为减少。

第五节　获奖成果和专利

一、获奖科技成果

基础局获得国家和省部级科技成果奖的情况见表3-2-5。

表3-2-5　基础局获得国家和省部级科技成果奖情况

序号	任务来源	项　目	课题名称	负责人	主要参加人员	完成时间	获奖级别	获奖时间
1	—	—	混凝土防渗墙技术		基础工程局	1978	全国科学大会奖	1978
2	—	—	化学灌浆材料及工艺	张良秀	扈竹芳、高钟璞、董云英、李旺雷	1978	全国科学大会奖	1978
3	国家“七五”科技攻关	高坝地基处理技术的研究	大吨位预应力岩体锚固技术研究	田裕甲	王泰恒、刘纪昌、高钟璞、赵长寿、王永年、李际春	1990	国家科技进步三等奖 能源部科技进步一等奖	1992 1991
4	国家“七五”科技攻关	高坝地基处理技术的研究	防渗墙塑性混凝土试验研究及应用	冯霞芳	高钟璞、夏可风、刘纪昌、董云英	1990	国家科技进步三等奖 能源部科技进步二等奖	1992 1991
5	国家“七五”科技攻关	高坝地基处理技术的研究	防渗墙快速施工技术的研究	高钟璞	安致文、肖树斌、杜玉书、贺瑞明	1990	国家科技进步三等奖 能源部科技进步二等奖	1991
6	国家“七五”科技攻关	面板堆石坝筑坝技术研究	面板堆石坝混凝土面板浇筑机具及施工系统研究	王端良	程聚辰、李　军、谭景春、刘纪昌	1990	国家科技进步三等奖 能源部科技进步二等奖	1992 1991
7	国家“七五”科技攻关	高坝地基处理技术的研究	高坝地基处理技术的研究	高钟璞	夏可风、刘纪昌、田裕甲、王泰恒、张良秀、扈竹芳、龙达云、许国安、杨晓东	1990	国家科技进步三等奖 电力部科技进步二等奖	1996 1993
8	国家“八五”科技攻关	高坝建设关键技术的研究	混凝土防渗墙施工及检测技术研究	蒋振中	高钟璞、张杭生、刘纪昌、张良秀、谭景春、李　军、胡迪煜、高永康、刘日新	1995	国家科技进步三等奖 电力部科技进步二等奖	1998 1996
9	自选	—	天生桥二级水电站引水隧洞不良地质段高压固结灌浆和锚杆快速施工	郝鸿禄	夏可风、张景秀、王志平、赵存厚、李俊杰	1992	国家科技进步三等奖 电力部科技进步一等奖	1996 1993

续表

序号	任务来源	项　目	课题名称	负责人	主要参加人员	完成时间	获奖级别	获奖时间
10	自选	—	长江三峡工程二期围堰防渗墙施工技术研究	蒋振中	胡迪煜、宗敦锋、李　军、刘克华、高永康、解同芬、胡　斌、郭宏波、鲁志军	1996	国家科技进步二等奖	2005
11	国家“六五”科技攻关	水工建筑物模板	悬臂式钢模板	贾宗唐	程聚辰	1983	水电部科技成果三等奖	1984
12	国家“六五”科技攻关	混凝土防渗墙造孔机具、工艺、墙体材料、检测手段的研究	防渗墙墙体新材料——固化灰浆	肖树斌	路玉玲、于志强、沈兆清	1985	国家科技进步三等奖 水电部科技进步二等奖	1987 1986
13	国家“六五”科技攻关	水工建筑物模板	真空滑模的研制及在水工建筑物溢流面施工中的应用	王端良		1985	水电部科技进步三等奖	1986
14	国家“六五”科技攻关	混凝土防渗墙造孔机具、工艺、墙体材料、检测手段的研究	防渗墙接头孔施工机具及工艺	肖树斌	贺端明、赵慧君、于志强、丁　华、沈兆清	1986	水电部科技进步二等奖	1988
15	国家“六五”科技攻关	混凝土防渗墙造孔机具、工艺、墙体材料、检测手段的研究	防渗墙原型观测仪器埋设技术	孟庆林	陈友光、付作奇、李仁盛、李纯龄	1986	水电部科技进步四等奖	1988

续表

序号	任务来源	项　目	课题名称	负责人	主要参加人员	完成时间	获奖级别	获奖时间
16	国家“六五”科技攻关	复杂地基基础处理的设计与施工技术的研究	以水玻璃为主剂的灌浆材料	扈竹芳	李德富、张良秀、贺瑞明	1986	水电部科技进步四等奖	1988
17	国家“七五”科技攻关	高坝地基处理技术的研究	CF－1B型冲击反循环钻机	范锦华	王根柱、丁　华、谭景春、邱信彪	1990	国家重大技术装备表彰项目二等奖	1991
18	国家“七五”科技攻关	高坝地基处理技术的研究	改性灌浆水泥的研究及其应用	刘纪昌	谢尧生、夏桂清、薛滔清、马晓辉	1990	能源部科技进步三等奖	1991
19	国家“七五”科技攻关	高坝地基处理技术的研究	稳定性浆液试验研究	扈竹芳	胡迪煜、夏可风、张良秀、杨晓东	1990	能源部科技进步三等奖	1991
20	国家“七五”科技攻关	高坝地基处理技术的研究	湿式磨细水泥灌浆技术研究	张良秀	刘英伟、顾恒和、解同芬、宋贞盛	1990	能源部科技进步三等奖	1991
21	国家“七五”科技攻关	面板堆石坝筑坝技术研究	堆石坝混凝土面板的无轨滑模及翻转测模施工技术	王端良	程聚辰、李　军	1990	国家级发明四等奖	1992
22	国家“七五”科技攻关	高坝地基处理技术的研究	深厚覆盖层防渗处理技术	高钟璞	冯霞芳、贺瑞明、董云英、李叔楚、陈新余	1990	国家科技成果奖	1993
23	国家“七五”科技攻关	高坝地基处理技术的研究	断层破碎带及软弱夹层加固灌浆处理及效果研究	夏可风 张良秀	王鸣柳、龙达云、刘纪昌、陈友光、胡迪煜、高永康、扈竹芳	1990	国家科技成果奖	1993

续表

序号	任务来源	项　目	课题名称	负责人	主要参加人员	完成时间	获奖级别	获奖时间
24	国家"七五"科技攻关	高坝地基处理技术的研究	提高帷幕防渗能力及耐久性的研究	刘纪昌	刘英伟、张良秀等	1990	国家科技成果奖	1993
25	国家"七五"科技攻关	高坝地基处理技术的研究	应用炼铝废渣作为灌浆材料的试验研究	扈竹芳	胡迪煜、张良秀、王庆祥、贾　丽、李小欣、高继华	1990	国家科技成果奖	1993
26	国家"八五"科技攻关	高坝建设关键技术的研究	CZF系列冲击反循环钻机研制	蒋振中	高钟璞、张杭生、刘日新、刘纪昌、谭景春、李　军、高永康、解同芬	1995	国家重大科技成果奖	1996
27	国家"八五"科技攻关	高坝建设关键技术的研究	混凝土防渗墙墙体材料及接头形式研究	高钟璞	冯霞芳、刘纪昌	1995	电力部科技进步三等奖	1997
28	自选	—	红枫堆石坝坝体帷幕灌浆技术	胡迪煜	郑　治、凌伦匡、扈竹芳、杨晓东	1990	贵州省科技进步一等奖	1992
29	自选	—	岳城水库溢洪道"工"字形防冲墙工程	林绍先	齐宗久、宋　伟	1993 1994	水规总院科技二等奖 水利部科技三等奖	1993 1994
30	自选	—	隧洞高压灌浆新工艺	郝鸿禄	夏可风、张景秀、王志平、赵存厚、李俊杰	1992	天津市合理化建议和技术改造特等奖	1994
31	自选	—	J31型智能灌浆记录仪	夏可风	刘正光、林孔元、龙达云、黄瑞祥、陈友光	1995	电力部技进步三等奖	1997
32	自选	—	小浪底水利枢纽GIN法帷幕灌浆技术研究	高钟璞	林秀山、曹征齐、高广淳、夏可风、赵存厚、韩　伟	1995	黄委会科技一等奖 水利部科技进步三等奖	1998 1999

续表

序号	任务来源	项　目	课题名称	负责人	主要参加人员	完成时间	获奖级别	获奖时间
33	自选	—	山东淄博市太河水库大坝混凝土防渗墙施工	汪文生	肖树斌、刘建发、王俊成、陈　军、刘志珍	1995	山东省优质水利工程奖	1998
34	自选	—	大连市瓦房店东风水库大坝混凝土防渗墙施工	张聚生	许维强、马美庚、高学贤	1995	中国建筑工程鲁班奖	1997
35	自选	—	润扬长江公路大桥北锚碇基础地下连续墙施工技术研究	蒋振中	田学良、黄灿新、胡　斌、郭宏波	2002	集团公司科技进步二等奖	2003

二、科技专利

基础局拥有专利权的科技开发项目见表3-2-6。

表3-2-6　　基础局获拥有专利权的科技开发项目

序号	专利名称	专利类别	发明人	发证机关	发证时间	专利证书号
1	侧面模板	实用新型	程聚辰、王端良、李　军	国家专利局	1991-03-13	ZL89215761 5
2	高压灌浆调压限压阀	实用新型	龙达云、夏可风	国家专利局	1993-09-05	ZL93202093 3
3	高压注浆塞	实用新型	夏可风、郝鸿禄、李俊杰	国家专利局	1993-10-17	ZL93200626 4
4	冲击反循环钻机	实用新型	蒋振中、哈秋龄、张杭生、贺瑞明、刘日新	国家专利局	1994-01-16	ZL93217445 0
5	腹吸式真空滑动模板	实用新型	程聚辰、王端良、李　军	国家专利局	1994-07-12	ZL93221476 2
6	砂石泵组真空自动转换装置	实用新型	谭景春、刘日新、蒋振中	国家专利局	1994-08-24	ZL93244594 2

续表

序号	专利名称	专利类别	发明人	发证机关	发证时间	专利证书号
7	液压可张式双反弧钻具	实用新型	李　军、蒋振中、程聚辰	国家专利局	1996－05－09	ZL94224972 0
8	混凝土防渗墙施放止水带液压脱模装置	实用新型	李昌华、贺瑞明	国家专利局	1999－01－16	ZL97225840 X
9	一种超薄液压抓斗成槽机	实用新型	李昌华、丁　华	国家知识产权局	1999－11－20	ZL98246551 3
10	一种地下连续墙造孔机	实用新型	蒋振中、李　军、郗海君、陈　航、李　富	国家知识产权局	2001－06－09	ZL00236973 7
11	卡键直顶式拔管机	实用新型	潘三行、解同芬、丁　华、陈　航	国家知识产权局	2003－07－30	ZL02243684 7
12	泥浆净化机	实用新型	郗海君、肖恩尚、李　军	国家知识产权局	2003－10－08	ZL02235356 9

第三章　科　技　活　动

第一节　技术工作会议

一、第一次科技大会

基础局第一次科技大会于1983年3月1～8日，在天津杨村召开，着重讨论了党的知识分子政策、公司技术人员状况、技术责任制、工程质量、科技发展规划、工程处的技术工作等六个方面的问题。

二、第二次科技大会

基础局第二次科技大会于1990年11月在天津杨村召开，制订了基础局1991～1995年科技发展规划。

三、第三次科技大会

基础局第三次科技大会于1996年11月5～8日在天津杨村召开，出席代表79人，来宾有原总公司总工程师何本善、原水电部科技司司长王圣培、原水利部建设开发司技术处处长李允中、水利部咨询中心知名专家孙钊等9人，水利部副部长陈赓仪、张基尧分别发来了贺信和贺电。

会上高钟璞总工程师作了《实施科技兴局战略，加大科技开发力度，努力开创科技工作新局面》的工作报告和《关于基础处理技术赴国外考察的报告》，郝鸿禄局长作了《科技进步是企业兴旺发达的生命之源》的讲话，陈治先副书记作了《科技兴局，开拓创新，为实现“九五”和跨世纪的宏伟目标而奋斗》的讲话，夏可风副局长宣读了《中共中央、国务院关于加速科技进步的决定》和《关于加速科技进步的实施意见》，安致文处长作了《关于质量安全工作的报告》。

会议期间发表了9项学术交流报告和3项事故分析研究报告；对先进科技工作者和优秀科技成果进行了表彰；先进科技工作者代表宣读了倡议书。本次大会制订了基础局1996～2000年科技发展规划。

四、第四次科技大会

基础局成立四十周年暨第四次科技大会于1999年11月8～12日天津杨村召开；局长蒋振中作了题为《求实创新、科技兴局，以崭新的面貌迎接新世纪的挑战》的讲话，夏可风总工程师作了题为《发扬创新精神，促进科技进步，开创基础局发展新阶段，迎接新纪元》的工作报告，张源智书记作了题为《加快实施科技发展规划步伐，开创科技兴局工作的新局面》的总结讲话。

会议期间进行了16项学术交流；对133名先进科技工作者、40项科学技术成果、2项优秀设计成果、21篇优秀科技论文、9项施工组织设计和5项优秀投标书给予表彰和奖励。本次大会制订了基础局2000～2010年科技发展规划。

五、其他重要技术工作会议

1997年4月28日，基础局召开贯彻质量管理体系ISO 9002标准动员大会，郝鸿禄局长在会上作了动员报告。此后，基础局质量管理实现了与国际接轨。

2002年12月16日，基础局召开2000版质量体系文件发布会，新版质量体系文件将于2003年1月1日起正式生效。

第二节　编写行业技术标准和施工手册

一、基础局主编的行业技术标准

(1)《水利水电工程混凝土防渗墙施工技术规范》(SL 174—1996)

主要编写人：组长高钟璞，副组长肖树斌，成员齐宗久、蒋振中、王学彦。

发布日期：1996-08-23；实施日期：1996-09-01。

(2)《水工建筑物水泥灌浆施工技术规范》(DL/T 5148—2001)

主要起草人：夏可风、孙钊、杨晓东、杨月林、张景秀、郑治、赵存厚。

发布日期：2001-12-26；实施日期：2002-05-01。

(3)《水利水电工程混凝土防渗墙施工技术规范》(DL/T 5199—2004)

主要起草人：蒋振中、宗敦峰、李允中、肖树斌、王学彦、张树宸、夏可风、胡迪煜、郭宏波。

发布日期：2004-10-20；实施日期：2005-04-01。

(4)《水电水利工程高压喷射灌浆技术规范》(DL/T 5200—2004)

主要起草人：夏可风、孙钊、查振衡、李允中、张福贤、王明森、蒋振中、赵存厚、肖恩尚、黄灿新。

发布日期：2004-10-20；实施日期：2005-04-01。

(5)《水工建筑物滑动模板施工技术规范》(SL 32—1992)

主要起草人：贾宗唐、刘纪昌、冯丹宇、金诚和、周英、杨有霖、夏可风、王泰和、杨英山。

发布日期：1992-02-29；实施日期：1992-06-01。

二、基础局参编的行业技术标准

(1)《水工建筑物水泥灌浆施工技术规范》(SL 62—1994)

主编孙钊（水利部水工程技术咨询中心），副主编夏可风，参编人员：杨晓东、张景秀、杨月林。

发布日期：1994-05-21；实施日期：1994-10-01。

(2)《水电水利基本建设工程单元工程质量等级评定标准 第1部分：土建工程》(DL/T 5113.1—2005)

主要起草单位：中国长江三峡工程开发总公司；基础局参加起草人员：夏可风、龚木金、王晓喜、贺永利。

发布日期：2005-02-14；实施日期：2005-06-01。

(3)《水电水利工程施工安全防护设施技术规范》(DL 5162—2002)

主要起草单位：中国水利水电工程总公司；主要起草人：李福生、熊成超、杜鸿镇、郑霞忠、郑根保、王景忠、贺永利（基础局参加人员）。

发布日期：2002-04-27；实施日期：2002-09-01。

三、参加《水利水电工程施工手册》编写

基础局是《水利水电工程施工手册·地基与基础工程》的组编单位，主编为夏可风，顾问为宗敦峰、郝鸿禄，秘书长为赵存厚，编委中有基础局的肖树斌、张福贤和张志良。该卷共有11章及附录，共计105.3万字，于2004年8月出版发行；其中第一章综述、第二章水泥灌浆、第四章化学灌浆、第七章混凝土防渗墙、第八章灌注桩、第十章岩体预应力锚固和附录主要由基础局起草。基础局参加编写的人员有：夏可风、赵存厚、肖树斌、肖恩尚、张良秀、张志良、龚木金、王泰恒、王晓喜，参加审稿的人员有：郝鸿禄、张福贤、胡迪煜、宗敦峰、张志良、肖树斌。

第三节 学会与信息活动

一、学会活动

进入20世纪80年代后，基础局陆续加入了中国水利学会、中国水力发电工程学会、中国岩石力学与工程学会、国际岩石力学学会、中国土木工程学会、中国建筑业协会等10个国家级和天津市级的行业组织和专业学术组织，积极参加了这些社会组织开展的各项学术活动。基础局是中国水利学会地基与基础工程专业委员会、天津市水利学会施工专业委员会和天津市水力发电工程学会施工与基础处理专业委员会的挂靠单位。

基础局总经理赵存厚任中国水利工程协会理事、中国建筑业协会深基础施工分会理事、中国水力发电工程学会第五届理事会理事、中国岩石力学与工程学会理事会理事、天津市水利学会第七届副理事长。赵存厚和肖恩尚为国际岩石力学学会会员。

地基与基础工程专业委员会的前身为中国水利学会、水力发电工程学会施工专业委员会基础处理学组，组长为基础局原副总工程师王志仁。1997 年，基础处理学组由施工专业委员会分出，升格为地基与基础工程专业委员会；第一届委员会名誉主任为陈赓仪，高级顾问为李鹗鼎，主任为孙钊，蒋振中任副主任，夏可风任秘书长；第二届委员会主任为夏可风，赵存厚等任副主任，肖恩尚任秘书长。

中国水利学会地基与基础工程专委会成立前召开了三次学术会议，第一次于 1983 年在天津杨村召开，第二次于 1985 年在陕西武功召开，第三次于 1993 年 3 月在天津杨村召开。地基与基础工程专委会成立后已召开了五次学术会议：第一次于 1998 年 8 月在三峡工地召开，第二次于 2000 年 6 月在武汉召开，第三次于 2002 年 9 月在大连召开，第四次于 2004 年 8 月在宜昌召开，第五次于 2006 年 3 月在南京召开。总计召开了八次地基与基础工程学术交流会议，各次会议出版论文集的情况如下：

1985 年出版《基础处理学组论文集》，主编王志仁。

1993 年出版《1993 年基础处理技术交流会论文集》，主编李允中、高钟璞、夏可风。

1998 年出版《'98 水利水电地基与基础工程学术交流会论文集》，主编孙钊、夏可风，天津科学技术出版社出版。

2000 年出版《堤防及病险水库垂直防渗技术论文集》，主编：孙钊、夏可风，天津科学技术出版社出版。

2002 年出版《水利水电地基与基础工程新技术》，主编夏可风，天津科学技术出版社出版。

2004 年出版发行《2004 水利水电地基与基础工程技术》，主编夏可风，内蒙古科学技术出版社出版。

2006 年出版发行《2006 水利水电地基与基础工程技术》，主编夏可风，中国水利出版社出版。

二、信息收集与交流

基础局与“水利水电施工技术信息网”、“水利水电文献信息网”、“岩石力学与工程信息网”、“土石坝工程信息网”、“水利水电钻探信息网”、“建筑工程勘察科技情报网”等 6 个情报网建立了长期的技术情报交流关系，并和 257 个单位建立了不定期的技术期刊交流关系。自 1980 年基础局重建以来，基础局与各单位交流的科技期刊共 13000 余册，其中公开发行的 25 种，内部交流的 55 种；订购科技书刊 10000 余册；出版《科技简报》共 40 期，《书刊简报》共 10 期；整理、归档科技档案 909 卷。

由基础局主办的内部刊物《基础处理技术》1983 年创刊；自 2001 年第 1 期（总 23 期）开始改为由中国水利学会地基与基础工程专业委员会和中国水利水电基础工程局联合主办，编辑部挂靠中国水利水电基础工程局；同时调整组成了新一届的编辑委员会，原水利部副部长陈赓仪任名誉主任委员。从此，《基础处理技术》成为地基与基础工程专业委员会的专刊，自2002年始办为季刊，自2005年第2期（总39期）始更名为《基础工程技术》。各届编辑委员会及编辑部主要人员见表3-3-1。

表3-3-1　《基础工程技术》各届编辑委员会及编辑部主要人员

届次	编辑委员会		编辑部		编辑期数
	主任委员	副主任委员	主编	副主编	
第一届	刘继庆	王志仁、李德富	刘继庆	王志仁、袁荣涛、沈振国	1～9
第二届	郝鸿禄	高钟璞、蒋振中、夏可风	高钟璞	夏可风、肖树斌、蒋振中	10～14
第三届	高钟璞	蒋振中、夏可风、张源智、杜增明	高钟璞	蒋振中、夏可风、齐宗久	15～17
第四届	蒋振中	夏可风、张源智	夏可风	张树宸、黄灿新	18～22
第五届	孙　钊	宗敦峰、夏可风	夏可风	谭景春、龚木金	23～34
第六届	赵存厚	夏可风、肖恩尚	夏可风	黄灿新、宋　伟	35～54

《基础工程技术》辟有“施工技术”、“设备与工艺”、“地基处理”、“企业管理”、“计算机应用”、“专题研究”、“学术争鸣”、“项目管理”、“海外工程”、“质量与安全”、“试验研究”、“理论研究”、“学术讨论”、“监测仪器”、“施工管理”、“测试技术”、“译文”等栏目，为全国水利水电基础工程建设者提供了一个传播科技情报、交流工作经验、讨论技术问题的平台，使广大的科技人员能及时了解到国内外水利水电工程基础处理技术的发展动态；为推广新技术、新设备、新材料的应用，促进基础处理技术进步发挥了积极的作用。

1994年3月、1999年11月，在《水力发电》杂志编辑出版了中国水利水电基础工程局专辑。

2000年，基础局前总工程师高钟璞出版了《大坝基础防渗墙》一书（中国电力出版社）；1992年，张景秀出版了《坝基防渗与灌浆技术》一书（中国水利水电出版社，2002年再版）；2006年，张志良出版了《英汉汉英地基处理与基础工程常用词汇》一书（中国水利水电出版社）。

第四节　技术管理上等级活动

1991年，根据水利水电建设总公司的安排，基础局开展了企业管理上等级活动；开展这项活动的目的主要是为了改变以往粗放型管理的落后状态，全面提高企业的管理水平、技术质量水平和经营效益，以适应市场经济环境的要求。企业管理上等级活动的主要工作内容是制定企业上等级规划和建立企业标准化体系，其中包括技术标准、管理标准和工作标准。

“公司技术系统上等级规划”的主要内容包括：①指导思想；②基本原则；③特点和现状；④目标；⑤措施。上等级活动中制定的技术标准有基础标准、产品标准、设计标准、设备标准、方法标准、工艺标准、计量和测试仪器标准、安全卫生环境标准等10大类；与生产、技术、质量有关的管理标准有生产管理、工艺管理、标准化管理、科技档案管理、科技情报管理、新产品和技术开发管理、全面质量管理等7大类。实行标准化管理后公司的管理水平、施工质量和经济社会效益有了明显的提高。

通过这次上等级活动，基础局对原有的技术管理制度进行修改和扩充，重新制订了《技术管理制度》、《工程质量管理制度》、《安全工作管理制度》、《计划统计管理制度》、《计量管理制度》等制度。从此，基础局的技术管理的技术管理制度基本健全，规范化管理体制基本形成。

第五节　内部评审、表彰活动

一、2000～2001年度基础局科技进步奖

根据《工程局科学技术进步奖励实施办法》的有关规定，2002年2月7日及2月25日局技术委员会研究，2000～2001年度基础局科技进步奖评定结果见表3－3－2。

表3－3－2　　2000～2001年度基础局科技进步奖

序号		获奖项目名称	获奖单位	主要完成人
一等奖 3项	1	大黑汀水库坝基改性水泥补强灌浆	四处	赵存厚、李建军、孟凡辉、邓百印、董学君
	2	溪洛渡水电站拱坝基础软弱岩带固结灌浆试验	技术中心	龚木金、胡迪煜、唐玉书、邢峻、刘松富
	3	财会电算化信息管理系统应用与推广	财务处	杜增明、王庆成、刘光荣
二等奖 4项	1	混凝土防渗墙笼式接头的研究及应用	三处	岳广润、石峰、陈军、李忠林、刘典忠
	2	水泥灌浆简易自动制浆系统的设计和应用	小浪底经理部	赵存厚、韩伟、刘锦平
	3	KH-180液压抓斗液压站的技术改造	一处	贺瑞明、赵远学、肖恩尚、张金山
	4	2001年度《基础处理》杂志编辑	技术中心	谭景春、龚木金、高晓范、李玲
三等奖 3项	1	防渗墙造孔抓捞工具研制与应用	四处	魏良
	2	液动胶球灌浆塞的研制和应用	小浪底经理部	赵存厚、韩伟、石军利、刘光太
	3	旋转式灌浆孔封闭器研制和应用	小浪底经理部	赵存厚、韩伟、石军利、肖恩尚、解北程

续表

<table>
<tr><th colspan="2">序　　号</th><th>获奖项目名称</th><th>获奖单位</th><th>主 要 完 成 人</th></tr>
<tr><td rowspan="3">特别奖
3项</td><td>1</td><td>长江堤防防渗墙成墙技术</td><td>机械化施工处</td><td>先泽祥、东义军、李富、李昌华</td></tr>
<tr><td>2</td><td>黄壁庄水库防渗墙成槽堵漏技术</td><td>第四工程处科研所黄壁庄经理部</td><td>邓百印、李建军、赵玉杰、赵军、丁华、郗海君、潘三行</td></tr>
<tr><td>3</td><td>YBJ－1200型拔管机及工艺研究</td><td>技术中心</td><td>陈志先、王学彦、汪文生、刘忠、鲁志军、高小江、刘鹏程、曹宝海、孟祥润、李昌华、丁华</td></tr>
</table>

二、2002年度基础局科技进步奖

根据《工程局科学技术进步奖励实施办法》的有关规定，经2003年3月4日局技术委员会评选推荐，局科技领导小组批准，2002年度基础工程局科技进步奖获奖项目见表3－3－3。

表3－3－3　　　2002年度基础局科技进步奖

<table>
<tr><th colspan="2">序　　号</th><th>获奖项目名称</th><th>获奖单位</th><th>主 要 完 成 人</th></tr>
<tr><td>特等奖
1项</td><td>1</td><td>润扬长江大桥北锚锭地下连续墙施工技术</td><td>润扬大桥经理部</td><td>蒋振中、田学良、胡斌、黄灿新、郭宏波、李富、李军、张祥、吕显军</td></tr>
<tr><td rowspan="5">一等奖
5项</td><td>1</td><td>自凝灰浆的研究及在三峡三期围堰工程中的应用</td><td>机械化施工处</td><td>蒋振中、东义军、邓百印、李富、先泽祥、郑喜彦、寇　晶、陈正雄</td></tr>
<tr><td>2</td><td>BG 350/80液压拔管机的研制及在尼尔基工程中的应用</td><td>科研所</td><td>潘三行、肖恩尚、解同芬、丁华、陈航、郗海君、高永康</td></tr>
<tr><td>3</td><td>四参数灌浆自动记录仪开发及应用</td><td>小浪底经理部</td><td>赵存厚、韩伟、赵聪、刘锦平、石军利</td></tr>
<tr><td>4</td><td>锦屏一级水电站拱坝基础软弱岩体固结灌浆试验研究</td><td>科研所</td><td>夏可风、龚木金、肖恩尚、刘松富、李春鹏、吴金伟、邢　峻</td></tr>
<tr><td>5</td><td>工程局网站建设</td><td>技术信息中心</td><td>宗敦峰、夏可风、赵存厚、杜增明、李昌华、谭景春、杜永昌、杨立丰、黄金花、张树宸、张超魁、贺永利</td></tr>
</table>

续表

序号		获奖项目名称	获奖单位	主要完成人
二等奖 6项	1	辽宁大连三涧堡橡胶坝工程施工技术	第一工程处	龚木金、马美庚、肖瑞、王军强、吴成民
	2	青海尼那水电站二期围堰高喷灌浆施工技术	第二工程处	彭善民、张福贤、王虎山、王昭、齐国强
	3	四川凉山瓦都水库坝基防渗墙墙体接头施工技术	第三工程处	石峰、李忠林、李振远
	4	湖北汉江遥堤防渗施工技术综合运用与项目管理	第四工程处	邓百印、崔义光、卜云峰、王志、李铅、韩拥军、刘中秋、边福存
	5	JHD系列泥浆净化机的研制	科研所	郗海君、肖恩尚、潘三行、李军、何仁义
	6	J31C－TOUCH型智能灌浆记录仪的研制	科研所	肖恩尚、龙达云、苗志斌、王琦、徐德华

三、2003年度基础局科技进步奖

根据《工程局科学技术进步奖励实施办法》的有关规定，经2004年3月15日局技术委员会评选推荐，局科技领导小组批准，2003年度基础工程局科技进步奖获奖项目见表3－3－4、表3－3－5。

表3－3－4　　2003年度基础局科技进步奖（施工技术类）

序号		获奖项目名称	获奖单位	主要完成人
特等奖 2项	1	黄壁庄水库除险加固工程塌坝段施工技术研究	第二工程处 第三工程处	赵瑞峰、王建明、王金良、张世荣、沈增良、罗玉林、杨晓蓉、俞静动
	2	下坂地水库坝基防渗墙工程试验研究	下坂地项目部	刘建发、龚木金、刘新权、陈军、刘继明、刘树国
一等奖 6项	1	湖北清江水布垭水利枢纽工程灌浆试验	第二工程处	智埭、王振海、丁全新、李吉林、范青林
	2	武汉市阳逻长江公路大桥南锚锭工程施工技术	第四工程处	邓百印、胡斌、郭宏波、董学君、孟凡辉、高小江、魏良、崔文光、刘中秋、吕显军、王海云、卜云峰、韩拥军、周文泉
	3	向家坝水电站软弱岩体深层固结灌浆试验研究	科研所	夏可风、肖恩尚、王根柱、刘松富
	4	拔管机及拔管施工工艺研究	科研所	潘三行、肖恩尚、解同芬、李建军、姚朝铭、李富、李会勇、李振远、郗海君

续表

序	号	获奖项目名称	获奖单位	主要完成人
一等奖 6项	5	CBC25/MBC30双轮铣槽机引进项目	技术信息中心	宗敦峰、夏可风、李昌华、孔祥生、涂益仁、张聚生、岳广润、石峰、邱信彪
	6	新加坡地铁工程施工技术研究	新加坡项目部	黄炳福、徐方才、李军、黄灿新、陈航、刘忠、张学仁、魏良、吕常珍、纪广肇
二等奖 6项	1	张家口市壶流河水库除险加固振动沉模工程	第一工程处	韩伟、赵明、李江林、缪光辉
	2	泥浆密度传感器	科研所	何仁义、肖恩尚、陈友光、汤晓峰
	3	XH型循环式液、气压灌浆塞的研制	科研所	夏可风、肖恩尚、高永康
	4	可控性浆液及工艺试验研究	科研所	赵存厚、夏可风、胡迪煜、张良秀、肖恩尚、唐玉书、孙亮、邢峻
	5	直孔水电站防渗墙施工工艺研究	西藏项目部	李建军、姚朝铭、李会勇、李振远、李明宇、姚福拴、李富、郭晓义、李振远、陈峰、孙志鑫、林为、白应忠、谭修桥
	6	基础局互联网站基于WEB的数据库开发	技术信息中心	赵存厚、杜永昌、谭景春、杨立丰
三等奖 7项	1	200A型高速搅拌机改造	第二工程处	孙仲彬、李书林
	2	四川华能自一里水电站混凝土防渗墙工程	第三工程处	岳广润、刘典忠、李忠林
	3	水牛家电站坝基覆盖层振冲碎石桩生产性试验	第三工程处	岳广润、刘典忠、李忠林、张友庆
	4	风化砂地层灌浆技术研究	机械化施工处	先泽祥、戴育良、胡迪煜、张景秀、东义军、李新社、夏洪华、李明宇
	5	天津海河堤岸改造工程土层锚杆试验	科研所	肖恩尚、王根柱、付作奇、赵国斌
	6	马来西亚卡拉龙水坝基础工程	马来西亚项目经理部	徐方才、唐玉书、王金良、李毅、张友庆、王延军
	7	工程竣工技术资料档案整理	技术信息中心	高晓范、翁嘉玲

表3-3-5　2003年度基础局科技进步奖（施工组织设计、论文类）

序号	获奖项目名称	作者
1	武汉阳逻长江公路大桥南锚碇工程	经营一部
2	四川省瀑布沟水电站大坝防渗墙工程	经营一部
3	黄河小浪底水利枢纽配套工程——西霞院反调节水库坝基基础处理工程	经营二部
4	湖北清江水布垭水电站防渗墙建筑与安装工程右岸段	经营二部
5	索风营水电站 Dr2 危岩体处理工程	第一工程处
6	湖北清江水布垭水电站防渗墙建筑与安装工程右岸段	第二工程处
7	黄壁庄水库副坝 IV76+1 槽位塌坝处理工程	第三工程处
8	武汉阳逻长江公路大桥南锚碇工程	第四工程处
9	湖北省富水水库除险加固工程	机械化施工处

四、2004年度基础局科技进步奖

根据《工程局科学技术进步奖励实施办法》的有关规定，经2005年3月15日公司技术委员会评选推荐、公司科技领导小组审核批准，2004年度基础工程局科技进步奖获奖项目见表3-3-6。

表3-3-6　2004年度基础局科技进步奖

序	号	获奖项目名称	获奖单位	主要完成人
特等奖1项	1	冶勒水电站廊道防渗墙施工技术	第三工程处	岳广润、石峰、陈军、陈金山、李中华、宋天伟
一等奖3项	1	四川瀑布沟水电站大坝防渗墙试验研究	第三工程处 科研所	王建明、张世荣、王文范、王芬、潘三行、何仁义、丁华、汤晓峰、齐建华
	2	小湾水电站下游围堰灌浆试验	科研所 第四工程处	肖恩尚、胡迪煜、张良秀、唐玉书、孟凡辉、崔文光
	3	苏丹麦洛维大坝基础处理工程施工技术方案	局项目部	黄炳福、韩　伟、王碧峰、赵瑞峰、郭宏波、王振海
二等奖6项	1	振动沉板施工工艺	第一工程处	胡斌、王军强、赵克欣、缪光辉、张富军
	2	GMS2004 灌浆数据采集与处理系统	第一工程处	夏可风、赵存厚、韩伟、缪志荣、刘京平
	3	自动灌浆压力控制系统	第二工程处	孙仲彬、王振海、李书林、黄炳福、彭善民
	4	高压旋喷灌浆及锚固技术应用于桐子林水电站基坑边坡支护	科研所	肖恩尚、王根柱、赵国斌
	5	编审《2004水利水电地基与基础工程技术》论文集	技术信息中心	夏可风、谭景春、李玲、翁嘉玲、汪涛
	6	溪洛渡水电站拱坝基础固结灌浆试验研究	科研所	肖恩尚、龚木金、刘松富、唐玉书

续表

序	号	获奖项目名称	获奖单位	主要完成人
三等奖9项	1	液压拔管机在处理事故钻头中的应用	第一工程处	马美庚、石军利、刘加朴、李旺时、赵建民
	2	第一工程处信息化应用	第一工程处	韩伟、胡斌、缪志荣、李志成、王涛、杨伟
	3	索风营水电站隧洞灌浆钢模台车研制	第一工程处	韩伟、胡斌、贾立维、袁宗洪、黄晓勇、刘光太、唐文智、孟宪良
	4	自动制浆系统	第二工程处	孙仲彬、王昭
	5	黑龙江省哈尔滨市磨盘山基础防渗墙工程	第四工程处	高小江、杨永强、王洪尤、杜海、李文勤
	6	双液高压灌浆塞	科研所	陈航、李春鹏、肖恩尚
	7	低温条件下混凝土裂缝的化学灌浆处理	科研所	唐玉书、孙亮、肖恩尚、张良秀
	8	财务管理信息会计报表系统的应用与推广	财务管理部	杜增明、王庆成、孙纲、杨凤琴、李彬、肖洪星
	9	公司新办公楼综合布线系统	技术信息中心	赵存厚、谭景春、李昌华、杨立丰、李仁盛

五、2005年度基础局科技进步奖

经2006年3月24日基础局技术委员会评选、科技领导小组审核批准，2005年度基础局有限公司科技进步奖获奖项目见表3-3-7。

表3-3-7　　2005年度基础局科技进步奖

序	号	获奖项目名称	获奖单位	主要完成人
特等奖2项	1	小湾水电站上下游围堰堰基防渗技术研究与应用	四公司	肖恩尚、刘建发、孟凡辉、崔文光、董学君、胡迪煜、贺永利、魏良、张金海、刘中秋、李辉龙、唐玉书
	2	向家坝水电站一期围堰基础防渗墙施工技术研究	向家坝项目部	赵存厚、肖恩尚、田学良、黄灿新、郭宏波、孔祥生、郗海君、胡斌、彭善民、吕显军、王学松、郭卫东、邢书龙、鲁志军、李军、李辉龙、曹建华、杨紫江、邢俊、俞静动、王建生、张世荣、张学仁、赵凡、艾立伟、曾贵海、郑国全、金益刚、王龙、谭修桥、王建明、宋怀贵

续表

序	号	获奖项目名称	获奖单位	主要完成人
一等奖5项	1	《水利水电施工手册·地基与基础工程》	编写组	夏可风、赵存厚、肖恩尚、肖树斌、张良秀、龚木金、张志良、王晓喜
	2	微型钢管桩技术在东风水电站边坡加固工程中的应用	一公司	韩伟、黄灿新、杨伟、杜鹏、张洪波、李江林
	3	地连墙异型接头板与拔管机设计与应用	科研所	肖恩尚、刘建发、龚木金、潘三行、解同芬
	4	直孔水电站坝基防渗墙高原深厚覆盖层造孔与冬季施工技术	三公司	韩伟、姚朝铭、李振远、谭修桥、白应忠、姚福拴、郭晓义、李君、黄新尧、罗庆松
	5	马来西亚巴贡水电站面板堆石坝趾板帷幕灌浆技术	国际工程部	徐方才、李毅、缪志荣、刘锦平、李林伟、吴家刚
二等奖6项	1	田湾河仁宗海大坝基础防渗墙气举反循环施工技术	田湾河项目部	韩伟、石峰、孔祥生、刘勇、陈金山
	2	马山抽水蓄能电站输水系统岔管区域高压渗透与高压灌浆试验	科研所	王根柱、肖恩尚、夏可风、胡迪煜、陈友光、李春鹏、苗志斌、白雪
	3	水布垭防渗墙建筑与安装工程右岸段施工技术	二公司	彭善民、李吉林、王昭、陈烽、赵诗涛
	4	狮泉河水电站深厚覆盖层防渗墙施工技术	二公司	彭善民、东义军、李彦东、李明宇、凤宏亮、陈正雄、王亦鹏
	5	仁宗海电站引水隧洞漏水封堵灌浆试验	科研所	王根柱、张良秀、肖恩尚、韩伟、石峰、孔祥生、孙亮、李春鹏、杨振中、陆作海
	6	环境和职业健康安全体系的建立	工程管理部	贺永利、王国民、张佳钰、冯丽、张卫、徐玉琦、杨晓蓉
三等奖10项	1	超柔性墙体材料的研究及在富水水库大坝防渗墙工程中的应用	二公司	彭善民、东义军、戴育良、夏洪华、刘永波、方浩、艾立伟
	2	大伙房浑河闸消力池钢筋混凝土防掏齿墙钢板导墙技术	四公司	王富强、王龙、赵月旺、王辉、张国华、姜运飞、张晨云
	3	财务会计报表模板及钩稽关系应用系统	财务产权部	杜增明、王庆成、肖洪星、翟旭辉、李明

续表

序	号	获奖项目名称	获奖单位	主要完成人
三等奖 10项	4	曹娥江大闸枢纽基础试验工程技术的研究	四公司	肖恩尚、陈连田、刘健、戢守铭、白晓光、陆作海
	5	大水量振冲挤密技术在福建液化天然气（LNG）站线围海填砂工程中的应用	四公司	赵军、刘中秋、高连武、卜云峰、陈光明
	6	景洪水电站二期上下游围堰高喷防渗墙堵漏灌浆技术的研究	四公司	李辉龙、刘中秋、卜云峰、符晓军、张国芬
	7	拉西瓦水电站上下游围堰混凝土防渗墙工程	二公司	王虎山、齐国强、房小波
	8	扁平钻头冲击钻进技术在薄墙施工中的应用	一公司	杨功成、解北程　刘彬、成卫军、解广程
	9	狮子坪电站坝基防渗墙直径1米接头管拔管施工试验	科研所	潘三行、程昌伟、张金山、陈航、何仁义
	10	木座电站二期防渗墙超前支护、挖孔成槽技术	三公司	韩伟、丁庆丕、邢辉、丁海龙

六、2006年度基础局科技进步奖

2006年度基础局科技进步奖获奖项目见表3-3-8。

表3-3-8　　2006年度基础局科技进步奖

序	号	获奖项目名称	获奖单位	主要完成人
特等奖 1项	1	狮子坪水电站大坝101.8米深防渗墙施工技术	三公司	韩伟、肖恩尚、潘三行、姚朝铭、杨伟、张世荣、李凯庭、刘继明、陈海龙
一等奖 2项	1	沙湾水电站一期围堰防渗墙快速施工技术	沙湾项目部	赵军、白银忠、谭修桥、姚福栓、董雄勇
	2	锦屏交通洞高压涌水封堵技术	科研所	肖恩尚、韩伟、智[illegible]THE、唐玉书、刘松富、郭卫东、孙亮、陈航
二等奖 6项	1	Dr2危岩体处理工程锚索栈桥（高空作业）设计与施工	一公司	胡斌、陈红刚、袁宗洪、潘振海、刘才高、冯源、李文
	2	掌鸠河特大涌水段堵漏技术	一公司	杨功成、解北程、阎君、魏伟
	3	水布垭水利枢纽防渗墙建筑与安装工程右岸段预应力锚索施工工艺研究	二公司	彭善民、李吉林、王昭、陈烽、赵诗涛、袁一强、王波
	4	可变断面平移式钢模台车制造与应用技术	三公司	王虎山、陈军、王勇、余静动、刘成军
	5	南水北调中线一期穿黄工程北岸竖井外围灰浆防渗墙工程施工技术	四公司	刘建发、崔文光、肖树斌、董学君、刘健
	6	杜伯华水电站上游围堰覆盖层灌浆技术	国际工程部	黄炳福、徐方才、程长宏、胡斌、赵克欣

续表

序号		获奖项目名称	获奖单位	主要完成人
三等奖5项	1	溪洛渡水电站坝基帷幕灌浆试验工程	一公司	田学良、智塨、刘松富
	2	全断面金刚石钻头在构皮滩电站左岸渗控工程中的应用	一公司	贾立维、高强、鲁莉丽、刘云举
	3	西藏雪卡水电站厂房基坑垂直防渗工程	三公司	姚福拴、邢辉、闫建国、罗国浩、靳玉拴
	4	上海500千伏静安（世博）输变电地下连续墙高垂直精度控制技术	四公司	孟凡辉、戢守铭、卜云峰、齐建刚、张林、张佳滨
	5	全自动8立方米黏土泥浆搅拌机	局沙湾项目部	韩伟、侯国成、张聚生、马美庚、沈增良

第六节 技术比武活动

一、2004年技术比武活动

2004年4月28日，基础局成立了以局长宗敦峰和党委书记张源智任组长的2004年度技术比武领导小组。2004年度职工技术比武的项目，工人岗位有：钻探灌浆、地下连续墙、车工，管理岗位有：计算机应用。技术比武采用笔试、面试加实际操作考核的方式进行，笔试、面试分数及格才可参加实际操作考核。

2004年7月5日，计算机技术比武在天津杨村举行，共有26名选手参赛，比赛成绩第一名至第五名的选手程林刚、苗志斌、缪志荣、匡建国、李勇，荣获技术标兵称号；第六名至第十名的选手李林伟、杨建、夏洪华、颜湘华、陈光普，荣获技术能手称号。

2004年7月4～5日，车工技术比武在天津杨村举行，共有6名选手参赛，比赛成绩第一、第二名的选手郭玉春、李群，荣获技术标兵称号；第三、第四名的选手孙书稳、王亚荣，荣获技术能手称号。

2004年7月26～28日，钻探灌浆技术比武在贵州索风营工地举行，共有19名选手参赛，比赛成绩第一名至第五名的选手邱剑、陈仕勇、钟力、刘强、张诚礼，荣获技术标兵称号；第六名至第十名的选手张庆国、李云生、李明、王建立、赵玉明，荣获技术能手称号。

2004年8月10～12日，地下连续墙技术比武在河南小浪底工地举行，共有22名选手参赛，比赛成绩第一名至第五名的选手贾晋友、陈刚强、党明、刘艳波、王宝军，荣获技术标兵称号；第六名荣至第十名的选手郭卫民、闫建国、唐卫斌、孟昭成、倪德玉，荣获技术能手称号。

二、2005年技术比武活动

2005年12月4～5日，基础局开展2005年度工程技术人员业务比武活动。比武内容为钻孔灌浆、混凝土防渗墙、高压喷射灌浆、预应力锚固所从事的施工技术和有关安全知识，比武参赛人员为基础局所属各单位工程师以下（含工程师）的工程技术人员。技术比武采用笔试加面试的方式进行。本次技术比武共有基础局机关和各二级单位推荐的69名选手参赛，其中得分在前10名的选手被授予“业务标兵”光荣称号，得分在11～25名的选手被授予“业务能手”光荣称号。获奖选手名单如下（按名次排列）：

“业务标兵”：缪志荣、王勇、程林刚、陈红刚、周国锋、李明宇、杨建平、金益刚、张世荣、梁荣。

“业务能手”：赵克欣、刘加朴、程长宏、王海云、刘勇、王龙、李会勇、杨健、刘永波、吴金伟、王军、宋怀贵、黄晓勇、房小波、刘振国。

比武活动结束后，基础局夏可风、张福贤等专家为全体选手和杨村基地的部分员工授课，重点讲解了高喷、防渗墙和灌浆等方面的关键技术。

三、2006年技术比武活动

2006年12月11～12日，基础局举办首届外来务工人员技术比武活动。比武参赛人员均为从事本行业工作多年，具有一定实际操作经验的外来务工人员。比武内容为钻探灌浆和地下连续墙施工知识和技能，比武采用笔试加面试的方式进行。共有各二级单位推荐的59名选手参加了比赛，马涛、柴忠、王国栋、申明德、程宝哲、李宗良、兰小飞、程旦旦、王新文、邢振忠10人获得一等奖，王国良、代斌、肖德全、黄金国、刘刚、陈清田、赵克军、季强元、倪天荣、李伟10人获得二等奖，陈楚坤、王社云、罗道轩、卢国良、李学均、袁金喜、郑清虎、陈彬、张国辉、陈绪伍10人获得三等奖。

第七节 技 术 咨 询

一、基础局技术咨询中心的技术咨询活动

中国水利水电基础工程局工程技术咨询中心始建于1984年10月，具有国家发展和改革委员会颁发的乙级咨询资质和国家电力公司颁发的丙级监理资质，专门从事水利电力工程、土木建筑工程的地基与基础工程的技术咨询、水利水电工程监理等业务。

二十多年来，工程局技术咨询中心依托基础局40多年所积累的地基与基础工程施工经验和科技进步成果，以雄厚的技术实力致力于水电、交通以及城市建筑的地基与基础工程领域的技术咨询服务，所完成的主要咨询项目见表3-3-9。

表3-3-9 基础局技术咨询中心完成的主要工作项目

序号	类别	项 目 名 称	委托单位	主要参加人员	完成时间
1	技术咨询	自凝灰浆在黄冈长江干堤赤东B段防渗工程中的应用研究	长委会长江科学院	蒋振中、黄灿新、李富、东义军	2003-04
2		雅砻江锦屏一级水电站可行性研究——拱坝基础软弱岩体固结灌浆试验研究	国家电力公司成都勘测设计研究院	夏可风、肖恩尚、龚木金、刘松富、李春鹏、吴金伟	2003-09

续表

序号	类别	项目名称	委托单位	主要参加人员	完成时间
3	技术咨询	金沙江向家坝水电站可行性研究——大坝基础Ⅲ2类岩体固结灌浆试验研究	国家电力公司中南勘测设计研究院	肖恩尚、王根柱、刘松富	2003-12
4		环保泥浆在汉江遥堤加固工程第二标段防渗工程中的应用研究	长委会长江科学院	蒋振中、黄灿新、邓百印、李富、东义军、徐水	2003-09
5		金沙江溪洛渡水电站拱坝基础可利用岩体固结灌浆工程试验研究	国家电力公司成都勘测设计研究院	龚木金、王根柱、李春鹏、苗志斌	2004-06
6		雅砻江桐子林水电站优化调整设计阶段河床覆盖层高压旋喷灌浆及锚固试验研究	国家电力公司成都勘测设计研究院	肖恩尚、王根柱、赵国斌	2004-08
7		福建街面水电站混凝土面板堆石坝趾扳基岩灌浆试验	福建尤溪流域水电建设管理公司	张景秀、赵凤英	2005-05
8		山东章丘大战水库除险加固工程	大战水库建设管理处	白丽萍	2005-05
9		无锡马山抽水蓄能电站输水系统岔管区域高压渗透试验与高压灌浆试验	无锡太湖抽水蓄能电力有限公司	王根柱、李春鹏、陈友光、苗志斌	2005-08
10		云南景洪水电站二期围堰防渗堵漏工程	云南华能澜沧江水电开发有限公司	夏可风、龚木金、白丽萍	2005-08
11		雅砻江锦屏一级水电站初设阶段研究——拱坝基础弱卸荷岩体固结灌浆试验	中国水电顾问集团成都勘测设计研究院	肖恩尚、夏可风、龚木金、刘松富	2005-08
12		锦屏一级电站拱坝基础处理工程招标设计	中国水利水电建设总公司	夏可风	2006-01
13		深圳市公明供水调蓄工程关键性技术	深圳市水务局	夏可风	2006-01
14		山东烟台门楼水库大坝防渗加固	烟台市水利设计院	李玉林	1996-08
15		青海南门峡水库坝基帷幕灌浆	青海省水利厅	李玉林	2001-02
16		青海干沟水库大坝防渗加固	青海省水利水电设计院	李玉林	2004-03
17		江苏东海县闸基灌浆	淮委会工程管理局	李玉林、王国民	1994-11

续表

序号	类别	项目名称	委托单位	主要参加人员	完成时间
18	技术咨询	塘沽南疆港翻车机室深基坑底隆起处理	塘沽港务局	李玉林、王学彦	1995
19		大港电厂翻车机室支护	大港电厂	李玉林、高钟璞	1986
20		天津西河闸边坡稳定	海委下游局	李玉林	2000
21		包头市达拉特电厂泵房防冲堤支护墙	西北电力设计院	李玉林	1994－12
1	项目设计	大港电厂油罐地基振冲加固工程	大港电厂	李玉林、张志良	1985
2		天津和平区防疫站大楼地基振冲加固工程	天津和平区卫生防疫站	李玉林、张志良	1988
3		华北市政设计院住宅楼地基振冲加固工程	华北市政设计	李玉林、张志良	1988
4		蓟县税务局宿舍楼地基振冲加固工程	蓟县税务局	李玉林	1987
5		宝坻邮电大楼地基振冲加固工程	宝坻邮电局	李玉林	1987
6		宝坻百货大楼地基振冲加固工程	宝坻商业局	李玉林	1988
7		宝坻农业银行大楼地基振冲加固工程	宝坻农业银行	李玉林	1987
8		宝坻畜牧局大楼地基振冲加固工程	宝坻畜牧局	李玉林	1988
9		廊坊供销总社大楼地基振冲加固工程	廊坊供销总社	李玉林、张志良	1987
10		廊坊农业局大楼地基振冲加固工程	廊坊农业局	李玉林	1987
11		廊坊电视台大楼地基振冲加固工程	廊坊电视广播局	李玉林	1988
12		廊坊建设银行大楼地基振冲加固工程	廊坊建设银行	李玉林	1987
13		廊坊技校教学楼地基振冲加固工程	廊坊技校	李玉林	1988
14		廊坊管道学院教学楼地基振冲加固工程	廊坊管道学院	李玉林	1989

续表

序号	类别	项 目 名 称	委托单位	主要参加人员	完成时间
15	项目设计	德州外贸大楼地基振冲加固工程	德州外贸局	李玉林	1985
16		德州中医院地基振冲加固工程	德州中医院	李玉林	1986
17		河北永清财政局大楼地基振冲加固工程	河北永清县财政局	李玉林	1988
18		海委防汛大楼地基振冲加固工程	海河水利委员会	李玉林	1990
19		威海建行地基加固及深基坑支护工程	威海市建设银行	李玉林	1994
20		天津吉利大厦深基坑支护工程	天津市第六建筑公司	李玉林、肖树斌	1989
21		天津鸿吉大厦深基坑支护工程	天津市第六建筑公司	李玉林	1993
22		天津杨柳青电厂泵房深基坑支护工程	天津杨柳青电厂	李玉林	1995
23		四川黄桷庄电厂泵房深基坑支护工程	黄桷庄电厂	李玉林	1990
24		山西省电力局大楼深基坑支护工程	山西省电力局	李玉林	1991
25		福建水口电站主围堰防渗墙工程	华东水电设计院	李玉林、高钟璞	1988
26		青海黑石山水库防渗加固工程	青海省海西州水务局	李玉林	2001-04
27		青海大南川水库防渗加固工程	青海省湟中县水务局	李玉林	2002-04
28		青海塞石塘水库防渗加固工程	青海省贵南县水务局	李玉林	2003-11
29		青海本坑沟水库防渗加固工程	青海省互助县水务局	李玉林	2004-07
30		武汉世界贸易中心基坑支护工程	长江勘测规划设计研究院	李玉林	1997-01
31		内蒙古水利水电勘测设计院综合楼基坑支护工程	内蒙古水利水电勘测设计院	李玉林、夏铨波	2004

续表

序号	类别	项 目 名 称	委托单位	主要参加人员	完成时间
1	项目监理	黄河小浪底水利枢纽工程建设监理	小浪底工程咨询有限公司	王瑞苓	1998.02
2		新疆乌鲁瓦提水利枢纽主坝趾板灌浆监理	新疆乌鲁瓦提建管局	东义军、吕显军	1999－03
3		河北黄壁庄水库除险加固工程施工监理	河北黄壁庄水库除险加固工程建设管理局	孟庆林、王瑞苓、扈竹芳、曹建华、孙忠明、杨永强	2003－08
4		水东大坝补强加固工程施工监理	福建省尤溪水东水电有限责任公司	王化君、东义军、李显军	2003－10
5		鄂尔多斯市东胜区泊江海子镇土地整理补助项目工程监理	鄂尔多斯市东胜区国土资源局	王宏远、李亭、孙亮、赵凤英	2006－02

二、基础局技术专家参与的工民建设计项目

基础局拥有一批工民建设计专家，从1987年以来他们在天津及其周围，设计了一批工民建项目。基础局技术专家参加的工民建设计主要项目及参加人员见表3－3－10。

表3－3－10　　基础局技术专家对外设计的主要项目

序号	项 目 名 称	委托单位	主要参加人员	完成时间
1	天津渔牧开发公司综合营业楼	天津畜牧水产局	邢乘槎、王士杰、张家骏、朱政斌、王久光	1987
2	天津武清建筑材料总公司综合楼	天津武清物资局	邢乘槎、关志超、张家骏、朱政斌、王久光	1987
3	天津市渔用颗粒饲料示范厂厂房	天津水产局	邢乘槎、关志超、张家骏、朱政斌、王久光	1988
4	天津武清人民保险公司综合楼	天津保险公司	邢乘槎、王士杰、关志超、张家骏、朱政斌、王久光	1988
5	天津武清招商市场甲乙丙丁营业楼	天津武清工商局	邢乘槎、王士杰、关志超、张家骏、朱政斌、王久光	1989
6	天津北港森林公园办公楼	天津武清林业局	邢乘槎、王士杰、张家骏、朱政斌、王久光、付萍	1989
7	天津腾飞化工厂综合楼、铸造车间	天津武清农委	邢乘槎、王士杰、关志超、张家骏、朱政斌、王久光	1990
8	中水基础局德州基地3号住宅楼	中水基础局	邢乘槎、关志超、张家骏、朱政斌、王久光	1991

续表

序号	项 目 名 称	委托单位	主要参加人员	完成时间
9	天津武清雍阳宾馆贵宾楼	天津武清县政府	邢乘楼、关志超、王士杰、张家骏、朱政斌、王久光	1991
10	河北省香河县供销总公司办公楼	河北省香河县供销社	邢乘楼、关志超、王士杰、张家骏、朱政斌、王照	1992
11	水电五局亚华总公司基地	水电五局安装分局	邢乘楼、关志超、王士杰、张家骏、朱政斌、王久光	1992
12	华北油田采油二厂车间	华北油田采油二厂	邢乘楼、关志超、王士杰、张家骏、朱政斌、王照	1993
13	河北香河石油公司办公楼	河北香河石油公司	邢乘楼、关志超、王士杰、张家骏、朱政斌、王照	1993
14	天津建设银行宁河支行	天津建设银行	邢乘楼、关志超、王士杰、张家骏、朱政斌、王照、付萍	1994
15	中水基础局 8 号住宅楼	中水基础工程局	邢乘楼、关志超、王士杰、张家骏、朱政斌、王照、朱建乐	1994
16	天津建设银行静海支行营业楼	天津建设银行	邢乘楼、关志超、王士杰、张家骏、朱政斌、王照、朱建乐、付萍	1995
17	天津建设银行武清支行营业楼	天津建设银行	邢乘楼、关志超、王士杰、张家骏、朱政斌、王照、朱建乐、付萍	1995
18	天津农村信用合作社武清支行营业楼	天津农村信用合作社	邢乘楼、关志超、王士杰、张家骏、朱政斌、王照、朱建乐、付萍	1996
19	中水基础局四川双流基地 3 号住宅楼	中水基础工程局	邢乘楼、王士杰、张家骏、朱政斌、王久光	1996
20	天津武清红鼎大酒店	天津腾达集团	邢乘楼、关志超、张家骏、朱政斌、王久光	1997
21	天津港虹地毯厂综合楼	天津港虹地毯厂	邢乘楼、关志超、张家骏、朱政斌、王久光	1997
22	水电五局亚华总公司图书馆	水电五局安装分局	邢乘楼、王士杰、关志超、张家骏、朱政斌、王久光、王照、朱建乐、付萍	1998

续表

序号	项目名称	委托单位	主要参加人员	完成时间
23	中水基础局北院4号住宅楼	中水基础工程局	邢乘楼、王士杰、关志超、张家骏、朱政斌、王久光	1998
24	天津武清武林食品有限公司厂房	新加坡武林公司	邢乘楼、王士杰、张家骏、朱政斌、王久光、王照	1999
25	天津武清林业局1、2号住宅及营业楼	武清林业局	邢乘楼、王士杰、关志超、张家骏、朱政斌、王久光	1999
26	天津双悦工贸公司生活楼、主车间	天津市双悦工贸公司	邢乘楼、关志超、王士杰、张家骏、朱政斌、王照	2000
27	天津美达铸造公司厂房	台湾美达公司	邢乘楼、关志超、王士杰、张家骏、朱政斌、王久光	2001
28	中水基础局南院9、10号住宅楼	中水基础工程局	邢乘楼、关志超、王士杰、张家骏、朱建乐、朱政斌	2001
29	天津武清电力局幼儿园综合楼	天津武清电力局	邢乘楼、关志超、王士杰、张家骏、朱政斌、王久光	2001
30	天津市丽特服装厂厂房	天津丽特服装有限公司	邢乘楼、关志超、王士杰、张家骏、朱政斌、王照	2002
31	青海铝品厂生产车间	青海铝品厂	邢乘楼、关志超、王士杰、张家骏、朱政斌、王照	2002
32	天津武清招商市场A、B、C、D楼	天津武清工商局	邢乘楼、关志超、王士杰、张家骏、朱政斌、王照	2003
33	天津市力生木业公司1号车间	天津力生木业有限公司	邢乘楼、王士杰、张家骏、朱政斌、王照、朱建乐	2003
34	天津武清锦绣花园规划设计	天津武清梅厂乡	邢乘楼、王士杰、张家骏、朱政斌、王照、朱建乐，付萍	2004
35	天津武清聚海兴大酒店	天津农村信用合作社	邢乘楼、王士杰、张家骏、朱政斌、王照、朱建乐、付萍	2004

第四篇　企 业 改 革

第四篇　企　业　改　革

第一章　概　　况

改革开放之后，为适应国家经济建设发展和生产需要，基础局解放思想，制定了一系列改革措施，进行了有益的探索，生产快速发展，效益大幅度提高，企业的活力和竞争力大幅提升。

一

1982年5月，水利部地质勘探基础处理公司和电力工业部地质勘探基础处理公司正式合并为水利电力部地质勘探基础处理公司。公司成立后，致力于艰苦创业，锐意改革，逐步实现公司的科学技术现代化和管理现代化。

1982～1985年，是基础局成立后的整顿期，亦是公司改革的起步阶段。在首届一次职代会后，公司采取了切实有力的措施，对公司班子、经济责任制、劳动纪律、财经纪律、劳动组织5个方面进行了整顿，并经水电总局和天津市委工交部组成的联合检查组验收合格。经过整顿，1982～1985年，连年超额完成生产经营计划，经济效益显著提高。

基础局成立后的最初两年，按企业化、社会化的方向组建，完成了对水电部第七工程局基础处理队伍的收编和将原水利部施工研究所划归公司领导、由事业单位改为企业单位的工作，组建了基础处理科学研究所；对下属施工单位进行了合并整编，组建为四个工程处，一个分公司，两个直属队和一个修配厂，成立了职工学校，组建了杨村地区生活服务公司和劳动服务公司。

1984年9月，基础局颁发了《关于当前改革管理体制若干问题的决定》，在改革领导体制、组织机构、劳动人事制度、分配制度，改革物资、资金、基建管理办法，改革内部经济责任制方面迈出了一步。1984年四季度进行了一些改革试点，成立了软基工程分公司，科研所和修配厂实行所（厂）长负责制，工程处实行百元工资含量包干试点、浮动升级、职务津贴和岗位津贴等改革工资奖金办法。1985年，按照《中共中央关于经济体制改革的决定》，对机关职能处室进行了调整，合并了一些处室，新建了审计处、第三产业管理处，成立了企业管理协会，设立了技术咨询室，机关人员近300人压缩到不满200人，组建了软基分公司、深圳分公司。在人事制度上，实行了干部任期制和招聘制。在分配制度上，全面推行了百元产值工资含量包干办法。在领导体制上，实行由党委领导下的经理负责制向经理负责制过渡，逐步在二级单位实行经理领导的工程处处长负责制。公司改革取得了丰硕成果，1985年自揽工程项目占全年工程项目总数的89.47%，多种经营的收入达70.25万元。

1986～1990年，是基础局实现经营战略目标的关键期。1985年，在首届二次职代会上，审议通过了《公司1986～1990年度发展规划》，《规划》对公司的经营目标、市场开发、科技进步、人才开发、职工福利进行了部署，按照规划要求，公司全面开展了经济体制改革。同时，会上还通过了《关于进一步增强企业活力的暂行规定》，从改革经营方式、扩大经营范围，改革领导体制，改革劳动人事制度，改革职工教育管理办法，改革分配制度，加强质量管理、推进技术进步，降低消耗、节约成本，扩大二级单位的自主权，通过集资加强基地建设，大力兴办第三产业等方面进行了详细安排。

1988年，是基础局全面推行内部承包经营责任制的第一年，也是机关机构改革、转变公司职能的第一年。这一年，公司制定了《公司改革总体方案》，方案提出，要引入竞争机制，拓宽经营面，以实行多种承包经营责任制为中心，调整二级单位和机关机构为重点，完善负责制，充实考核内容，严格规章制度，把经济责任制同技术进步、管理现代化、企业上等级结合起来，用3～5年的时间，逐步把公司变成技术、教育与管理相结合的智力密集型承包公司。根据该方案，1988年公司全面推行了内部承包经营责任制，并于当年3月，将第一工程处、103队、105队合并重新组建为第一工程处。

1990年，是贯彻中央提出的进一步治理整顿和深化改革方针的关键一年，也是基础局治理整顿、深化改革关键的一年。在三届二次职代会上，审议通过了《水电部基础公司企业升级规划》。按照《规划》提出的企业升级的各项经济技术指标、企业升级的实施步骤及实施措施，职代会后，公司立即开展了企业升级的各项工作。

二

实行市场经济体制以来，基础局结合自身实际情况，按照中共中央、国务院关于国有企业改革和发展的总体部署以及水电总公司的安排，在改革经营管理体制、转变经营机制、进行制度创新以及加强企业科学管理等方面，进行了积极的探索和实践。

在1991年企业升级的基础上，1992年狠抓了转换企业经营机制工作，重新修订和完善了《内部承包经营责任制办法》和《百元产值工资含量系数包干办法》，出台了《房改方案》。5月中旬，工程局就转换企业经营机制、改革干部人事制度、劳动用工制度、工资分配制度以及职工养老保险制度5个方面的内容举办了为期一周的专题讲座，对深化改革进行了深入的研讨，为实施改革方案做了充分准备。

1993年，基础局出台了《转换经营机制深化内部改革规划》，《规划》指出，在劳动用工制度上推行全员劳动合同化管理；在干部人事制度方面，机关和二级单位所有管理岗位干部全部实行聘任制；在工资和奖金分配上，向脏、苦、累、险岗位倾斜，岗移薪变，向岗位技能工资过渡。同时，继续完善承包经营责任制，大力发展多种经营。

1998年，基础局的改革迈出了较大步伐。为使企业成为适应市场的法人实体和竞争主体，基础局计划用3年左右的时间，初步建立起现代企业制度。这一年，基础局进行了机构调整，按区域将二级单位合并为一、二、三、四处；对二级单位的经营承包指标进行全面认真考核，规定党政“一把手”在处里每月只先发工资，奖金到年底依据考核情况，由局发放。

2000年，基础局被水电总公司确定为总公司系统进行整体改革的试点单位之一。根据水电总公司“剥离、改制、重组”，初步建立现代企业制度的总体部署，基础局成立了全局改制工作领导小组和工作机构，抽调专门人员成立了局改制办公室。在调研的基础上，起草了基础局《公司制改革改造方案》、《职能和人员分立、剥离方案》、《职工持股、配股方案》等一系列整体改制相关文件，并于3月份上报水电总公司。2001年，根据市场竞争的需要以及企业改制建立现代企业制度的要求，基础局新成立了企业策划部。2001～2002年，基础局先后完成了原生活服务公司、职工医院的剥离。

2003年3月10日，基础局向水电集团公司提出公司制改造的申请，3月14日，水电集团公司正式批复基础局为企业改制试点单位。同年，提出了《基础局公司制改造总体实施方案》，并经过反复讨论、修改，于2004年3月3日上报集团公司。3月9日，水电集团公司批复基础局《公司制改造总本实施方案》，同意将方案提交职代会讨论。2004年12月中旬，基础局将修改了十余次的《主辅分离改制分流总体实施方案》上报水电集团公司。12月20日，水电集团公司批复同意基础局按照此方案进行公司制改造。

三

2005年，是中国水电基础局有限公司成立的第一年。1月22日召开了第一届股东会第一次会议，通过了《中国水电基础局有限公司章程》，选举产生了公司第一届董事会、监事会，召开了第一届董事会、监事会第一次会议，选举产生了董事长、监事会主席，聘任了总经理，至此，基础局初步建立了法人治理结构。2005年2月28日，中国水电基础局有限公司经天津市工商行政管理局批准注册。自此，基础局完成了体制的转换。2005年6月26日，召开了公司成立庆典大会，宣布中国水电基础局有限公司成立。

公司成立以来，根据建立现代企业制度要求，积极稳妥地推进各项改革，以此促进企业管理水平、生产管理水平，经济效益不断提高。公司成立之初，本着“精干高效、权责明确、管理职能和经营职能分离”的原则设置了六个二级核算单位、八个职能管理部门、五个专业管理部门，对管理部门岗位实行竞聘上岗，建立了“小机关、大服务，一专多能，满负荷运行”的管理机制，提高了工作效率，降低了人工成本。2005年以来，基础局在企业经营管理上进行了一系列创新：实行了劳动合同制、岗位聘用制、绩效工资制，进一步建立健全现代企业制度体系，实行资金集中管理、收支两条线，物资设备共享式管理，推行项目目标成本管理，建立了资金集中、网络管理、互相配合、互相监督的运行机制，使公司人力、物力、财力等资源配置科学合理，企业管理逐步纳入制度化、科学化、规范化轨道，促进了经济效益和管理水平的提高。

第二章　走　向　市　场

第一节　领导体制的变革

基础局在组建合并之后，随着国家改革发展的进程，在管理体制上先后经历了党委领导下的经理负责制、经理负责制（局长负责制）、股份制公司三个阶段。经过筹建时期的分开与合并，1983年5月中组部［1983］干字342号文任命余少先为公司党委书记，何时英为公司经理，基础局的领导机构正式产生，实行党委领导下的经理负责制。党委领导下的经理负责制是国家计划经济时期国有企业的管理体制，企业的重要决策由党委集体讨论决定，经理负责生产经营和主持行政工作。党委负责制时期，主要是执行国家指令性计划，参加大型水电施工项目的建设和对外援建项目。二级单位（处、队、厂）实行党的集体领导，行政负责人负责生产经营工作。

1984年，中共中央十二届三中全会通过的《中共中央关于经济体制改革的决定》中规定：企业实行厂长（经理）负责制，企业中党的组织要积极支持厂长行使统一指挥生产经营活动的职权，保证和监督党和国家各项方针政策的贯彻执行，加强企业党的思想建设和组织建设，加强对企业工会、共青团组织的领导，做好职工的思想政治工作。

基础局在1984年召开的首届职工代表大会上提出公司内部改革措施，在二级单位试行处长负责制，改革人事、用工、分配制度，为领导体制改革打好基础。

1987年二届一次职代会确定进行基础局领导体制改革，根据中共中央颁发的《全民所有制工业企业厂长工作条例》、《中国共产党全民所有制工业企业基层组织工作条例》、《全民所有制工业企业职工代表大会条例》，基础局实行经理负责制，按照《三个条例》的要求，明确经理对企业的生产指挥和经营管理工作的统一领导，全面负责；明确党委改善和加强企业中党的领导，发挥党组织的保证监督作用；明确职工代表大会是企业实行民主管理的基本形式，是职工行使民主管理权利的机构。结合实施《三个条例》，制定公司（局）发展的长远发展目标和实现长远发展目标的经理任期责任目标。并进一步划分公司（局）与二级单位的责、权、利关系，实行以处长为承包人的“内部承包经营责任制暂行办法”。1992年，水利电力部地质勘探基础处理有限公司改名为中国水电基础工程局，实行局长负责制。

2003年3月，水电集团公司批准中国水利水电基础工程局为公司制改革试点，2004年6月，国资委正式批准基础局作为水电建设集团首批主辅分离整体分流改制单位。2005年1月，公司召开一届股东会一次会议，选举张源智为董事长、邓孟元为监事会主席、聘任赵存厚为总经理。2005年2月28日，经天津市工商行政管理局批准，基础局正式注册了“中国水电基础局有限公司”，实行公司制管理。根据《公司法》的相关规定，形成了公司法人治理结构，建立了“三会一层”的规范运行机制。依法规范劳动关系，在册的全民职工解除原有劳动合同，变更国有职工身份，与改制后的公司签订三年的劳动合同。改制后的水电基础局有限公司所有制性质为职工控股、国有参股的混合制有限责任公司，水利水电集团公司以大股东的身份参与公司管理。

第二节　经营方式的变革

基础局成立以来，不断深化改革，逐步建立起适合自身发展的经营承包运行机制和奖励约束机制，促动和推进了基础局内部配套改革，提高了基础局经济运行质量。

1982～1984 年，基础局在推行经济责任制过程中经历了三个阶段。第一阶段是按上缴施工利润计奖阶段，施工单位按上缴施工利润额计提奖金的经济责任制，按其专业不同确定不同的利润奖金率。第二阶段是推行以利润为基础按全面八项技术经济指标为考核内容的经济责任制，辅以重点工程签订经济合同及加发工期奖的办法，来促进施工生产单位全面改进生产经营管理，提高经济效益。在此阶段中各施工单位把工程量及其形象进度、质量、安全、材料等技术经济指标落实到机组，并按单位核算进行考核。第三阶段是推行生产经营责任制合同。1984 年初，公司与工程处（队）签订了包保合同，明确包、保条件及各自经济责任。合同的主要内容是：完成八项技术经济指标，完成企业整顿五项工作及文明建设等，以达到改善经营管理、提高经济效益的目的。各工程处（队）在完成合同规定的任务过程中，得到公司的"五项保证"，即：保有施工生产任务；保领导班子、主要业务骨干和特殊工程配套；保主要施工机械和主要配件、部管器材物资的及时供应；保施工组织技术措施设计和技术交底；保资金的调剂供应。公司按季考核，根据施工单位完成任务的情况按百元产值工资含量包干系数如数提取工资额。各工程处（队）根据本单位具体情况，又分别与机组、班组签订了经济责任制合同。机关实行岗位经济责任制"指标考核，百分计奖"。

1985 年，继续完善与各工程处（队）的经营责任制，由各工程处（队）负责人在包保合同上签字，并对合同负责，公司将根据合同执行情况对负责人实行奖惩。1985 年，在劳动服务公司试行集体所有、集体经营、照章纳税、自负盈亏的承包形式。

1988 年，基础局全面推行内部承包经营责任制，出台了《公司内部承包经营责任制暂行办法》。《办法》明确规定，实行处长负责制的二级单位，处长即为承包人，如现任处长不愿承包或不愿承担经营责任和义务，可由公司选派承包人或者决定通过招标方式确定承包人。承包人应与公司签订内部承包经营合同，其主要内容包括：经营责任、权利与义务、经营目标（产值、利润）、收益、分配以及对承包人的奖惩等。《办法》还明确划分了公司与二级单位责、权、利，规定了内部承包经营指标的确定方式，对利润分配和利润留成的使用、固定资产和流动资金的使用、各单位应上缴和承担的费用、奖励与处罚、合同的兑现、变更和解除作了详细规定。

1994 年，基础局继续深入落实承包责任制，以各二级单位为基本核算单位，二级单位又以各班组为基础。在承包上，各二级单位向局承包，机班组向处里承包，个人向机组承包，责任层层落实到人。

1998～2004 年，基础局进一步总结、完善经营承包责任制，对二级单位经营承包指标进行全面认真考核，党政“一把手”在处里每月先只发工资，奖金到年底依据考核情况，由局发放。合同的主要内容包括：承包内容、基础局的权利与义务、施工单位的权利与义务、奖惩规定。承包期满，有关部门考核后，由局长决定对施工单位主要党政领导奖励或惩罚，奖励数额按《工程处主要领导奖金发放办法》的规定计算确定。

2005年，基础局有限公司成立后，由过去的承包经营转变为授权经营，对二级单位经营班子的考核也由承包经营经济责任合同制转变为授权经营绩效考核制。公司与二级单位在职代会上签订绩效考核责任书，责任书中规定了绩效考核指标、绩效考核职责、绩效考核期限。考核期满后，公司按照《绩效考核办法》对二级单位进行年度经营考核，根据考核结果对二级单位经营者进行奖惩。

第三节　深化三项制度的改革

基础局根据水电总公司的统一部署，1994年3月～1995年7月进行了人事、劳动用工和工资分配三项制度改革（以下简称“三项制度改革”）。

基础局“三项制度改革”分为五个阶段。

第一阶段为准备阶段。包括建立机构、学习、宣传发动、制订方案。

第二阶段为基础工作阶段。包括①定编、定岗制定机关改革方案和二级单位改革方案，定职定责（包括编写岗位规范）。②岗位测评与归级。③建立试题库。

第三阶段为组织实施阶段。包括个人申报岗位、考试考核、聘任组合（含下岗人员安置）。

第四阶段为总结验收阶段。公司对二级单位进行验收，在此基础上写出总结报告，向总公司申请验收。

第五阶段兑现岗位工资。

企业的“三项制度改革”是建立现代企业制度的一个初步探索，通过改革，形成一个“职工能进能出、干部能上能下、工资能升能降”的内部动态管理机制。“三项制度改革”对当时国有企业职工头脑中“大锅饭”思想，有了一定程度的转变。

在工资分配制度改革中，全公司对局机关126个岗位，二级单位126个岗位根据劳动评价四要素进行测评，进行了岗位归级，每个岗位按照“公开、平等、竞争、择优”的原则，实行双向选择，经过考试、考核、合格后上岗。

1995年7月15日，水电总公司对基础局“三项制度改革”验收合格，同意兑现岗位工资。“三项制度改革”后兑现的岗位工资、技能工资、年功工资三项全公司人均增幅为209.30元/（人·月），是历年（1995年前）增幅最大的一次。在此之前，每次调整一般为7～16元/（人·月）。

在劳动用工制度改革上，1996年，全公司1622人签订了劳动合同，其中无固定期为514人，10年期限为470人，5年期限为289人，3年期限为340人，1年期限为19人，根据本人意愿有15人没有与公司签订劳动合同。劳动合同的签订，打破了传统的固定工制度。企业与员工以劳动合同的形式确定劳动关系，明确双方的权利和义务，使双方的合法权益能够受到法律的有效保护。

在干部人事制度改革方面，打破了干部任用终身制，克服了“论资排辈”的用人观念，拓宽了用人渠道，建立了新的用人机制，公司提拔了34名青年（有些人当时是工人身份），走向了公司中层领导岗位，进一步实现了干部队伍革命化、年轻化、知识化、专业化的要求。

第三章　建立现代企业制度

第一节　产权制度改革

2003年3月，经中国水电建设集团公司批准，中国水利水电基础工程局作为公司制改造的试点单位。2004年6月，经国资委正式批准作为集团公司首批主辅分离辅业整体分流改制单位之一。按照建立现代企业制度“产权清晰、权责明确、政企分开、管理科学”的总体要求，进行了以产权、组织与劳动制度为主要内容的制度性分离。并于2005年2月底成功登记注册；2005年6月26日，举行了中国水电基础局有限公司成立庆典和挂牌仪式。至此，基础局以产权、组织与劳动制度为主要内容的体制变革宣告完成，改制为由国家和职工共同参股的混合所有制的有限责任公司，初步探索出了“整体改制、资产补偿、员工持股、身份转换”主辅分离改制的基本模式。

整体改制分流是企业法人财产处置权与职工解除劳动合同政策有机结合的一种改制形式。根据集团公司关于整体改制分流政策规定和要求，局整体改制按照改制的前期准备、具体实施和完善提高三个阶段进行，严格履行了改制立项、清产核资、财务审计、资产评估、土地处置、改制方案报批、解除劳动合同、人员安置、资产处置、法人治理结构建立、工商登记注册等程序。在整体改制分流过程中，每一项改制工作都有多种处置形式可供选择，选择一种既规范又符合改制单位实际情况的处置形式至关重要。公司从实际出发，紧紧抓住产权多元、建立法人治理结构和解除原有劳动关系等关键环节，认真研究和解决改制中遇到的各种问题，严格按照国家法律、法规和政策操作，确保每一项改制工作从形式、内容到程序的规范，整个改制过程规范有序、扎实平稳，取得了比较好的效果。

建立产权明晰、股权多元的资本结构。为使改制后的新公司建立全新的机制，在改制的方案设计中，坚持职工个人持股、经营者相对持大股和国有资本参股的原则。改制后新公司的资本结构形成了以职工个人股为主要成分，国有法人股为补充的股权结构。

一、职工个人股

职工个人股是新公司股本结构中占比例最大的股份。其形成的渠道是，参加改制的1490名职工，根据国家有关政策法规的规定，依法与原中国水利水电基础工程局解除劳动合同，根据劳动者在公司工作年限，每满一年发给相当于一个月工资的经济补偿金。职工经济补偿金的工资计算标准按企业改制前12个月的月平均工资计算。经济补偿金用净资产支付，并在自愿的基础上转为新公司的等价股权，作为职工个人在新公司的股份，产权归个人所有。按照《公司法》、《信托法》的有关规定，公司采取了职工持股信托的方式。即企业职工基于对受托人的信任，出资委托受托人认购本公司股权或直接将职工已持有的股权委托给受托人，受托人按职工意愿以自己的名义行使股东权利，为了职工的利益或特定的目的管理或处分股权的一种股权管理处置方式。

根据《公司法》、《信托法》、《公司登记管理条例》等相关规定，由中国水利水电建设集团公司以国有净资产出资，并委派了2名股东代表；职工出资根据总股本的大小，按照《中国水电基础局有限公司股东代表产生办法》的规定，推选了37名股东代表作为受托人，基础局参加整体改制分流的职工作为委托人，以有偿解除劳动合同，用净资产支付的经济补偿金和经营者群体及管理技术骨干的现金出资，设立股权信托。委托人基于对受托人的信任，将其股权委托给受托人，由受托人按照委托人的意愿以自己的名义，用于“中国水电基础局有限公司”的股权投资，进行公司登记，代表全体出资职工以职工股东代表的身份参加公司股东会会议，行使股东重大决策和选择管理者参与公司管理的权利。职工与经营者作为委托人与受托人（推选的股东代表）签订“职工持股信托协议”，职工持股信托协议的内容包括：委托人、受托人的姓名、住所，信托目的，信托财产，受益人取得信托利益的形式、方法，信托当事人的权利和义务，信托投资中的风险承担，信托终止事由，发生纠纷的仲裁方式等事项。明确了委托人与受托人各自的权利和义务。职工与经营者同时作为信托受益人享有信托利益或者叫资本收益。

二、经营者群体和管理技术骨干现金股

为了提高管理者和管理技术骨干的风险意识，增强职工对经营者的信任度，增强经营者和管理技术骨干与新公司“风险共担、受益共享”的利益共同体关系，在改制方案设计股权结构时，规定公司经营者群体和管理技术骨干（包括中层管理人员、具备高级职称人员、高级技师）采取用现金分期购买公司股权的方式，出资总额占注册资本的3.07%。管理技术骨干可自愿购买股权，最少为1万元。管理技术骨干正职（包括正高级工程师）最高限额为15万元，管理技术骨干副职（包括副高级职称、高级技师）最高限额为9万元。公司的风险效益与管理者的利益更紧密地联系在一起，既调动管理层积极性，又增强了管理层的责任心。

三、国有法人股

中国水电集团公司是国有法人股代表。集团公司明确表态：一是改制后的公司依然是集团公司的成员企业；二是放飞辅业，集团公司对改制后的公司不控股只参股。这样，经集团公司指定的资产评估机构评估后的净资产，扣除职工解除劳动合同的经济补偿金，预留离退休人员等有关费用后，剩余部分作为集团公司投入新公司的股份。改制后的新公司，参加改制职工出资占新公司注册资本的75%，集团公司的国有法人股占25%。

第二节　身　份　转　换

中国水电基础局有限公司主辅分离改制的基本模式是：“整体改制、资产补偿、员工持股、身份转换。”该模式的基本内涵是：

一、整体改制

中国水电建设集团公司把中国水利水电基础工程局作为辅业分离，包括人员、资产整体进行改制分流。改制后的公司与中国水利水电集团公司不再具有行政隶属关系，转变为资产纽带关系，集团公司仅以出资额为限承担有限责任，并通过法人治理结构，委派股东代表，推荐董事会、监事会成员，行使股东的资产收益、重大经营决策和经营者选择权，来参与改制公司的管理活动，体现出资人的意愿，实现所有权与经营权的分离。有限公司是独立承担民事责任的市场主体，股东各方利益共享，风险共担。

二、资产补偿

由于整体改制为非国有法人控股的有限公司，全部在册全民职工与原中国水电基础工程局依法办理解除劳动合同手续，并依法获得经济补偿金。根据国家有关政策法规的规定，对解除劳动合同支付的经济补偿金，用经中介机构评估后的国有净资产方式予以补偿。再用其出资与其他出资人一起组建新公司，新公司的资产性质因而发生了变化，产权实现了多元化。

三、员工持股

对参加改制进入新公司的员工，解除劳动合同用国有净资产支付的经济补偿金，在自愿的基础上转为公司等价股权，公司经营者群体和管理技术骨干再以现金出资入股，成为具有股东身份的新公司员工。

四、身份转换

原来国有独资全民所有制企业的职工，通过有偿解除劳动合同，与改制后的公司依法重新签订劳动合同，因此就失去了国有全民企业职工身份，转换为非国有法人控股的混合所有制有限公司的员工；同时也由原来企业单一的劳动者身份转换为新公司既是劳动者又是股东的双重身份。作为劳动者可以通过劳动领取工资，作为股东又可以通过股权获得股利收益。

五、建立了新的劳动关系

职工劳动关系涉及改制职工个人的切身利益，必须妥善处理好，这是辅业改制工作能否顺利推进的关键，也是国经贸体改［2002］859号文件在改制政策方面的重大突破。在理顺和建立劳动关系中，公司始终坚持对国家、改制单位和改制单位职工负责的原则，严格规范，有情操作。重点抓好三个环节：①全员解除劳动合同，区分不同情况进行补偿，不漏一人。由于整体改为非国有法人控股的有限公司，在册全体职工（包括内退、待岗和外借的职工），与原中国水利水电基础工程局的劳动合同在改制时全部依法解除。对改制后愿意进入新公司的职工依法重新签订不少于3年的劳动合同，并依法用国有净资产支付经济补偿金，职工个人所得经济补偿金，在自愿的前提下转为公司等价股权。对改制后不愿进入新公司、自愿走向社会自谋职业的职工，解除劳动合同不签订新合同，按有关规定以现金方式支付经济补偿金。②充分发扬民主，充分考虑和听取职工意见。对改制分流方案经过职工代表大会讨论，广泛听取职工意见。并对方案中全员解除劳动合同，重新签订不少于3年的劳动合同；工龄计算截止日、工资收入计算时间和标准；职工个人收入低于或高于企业平均工资的计算标准等职工安置和用于职工安置的资产处置问题，两次在职工代表大会和代表团（组）长会上形成决议和补充决议予以通过。职工心理平衡，较为满意。③以书面协议形式理顺改制职工的劳动关系，并通过地方劳动部门的签证。所有职工都签订《解除劳动合同协议书》和《解除劳动合同程序表》，协议中明确约定双方按照国经贸体改［2002］859号文件及相关配套文件规定，原中国水利水电基础工程局与改制职工解除劳动关系，用国有净资产支付解除劳动关系经济补偿金，并自愿将经济补偿金转为对新公司的股权。新公司与进入公司的职工签订3年以上劳动合同。事实证明，以书面形式理顺劳动关系有利于明确双方的权利和义务，避免误解和纠纷。

第三节 建立法人治理结构

组建一个规范有效的法人治理结构是保证改制企业生存和发展的组织保证。为使新公司的所有者、决策者、经营者、监督者四方都到位，并能形成一种既能相互协作，又能相互制衡监督的机制。①抓好法规政策宣传。利用局处两级职工代表大会、职工大会、党政工作会、科级以上干部会、离退休人员座谈会等各种会议，让职工充分认识到改制的目的和意义，让广大职工尤其是领导干部了解《公司法》规定的法人治理结构中股东会、董事会、监事会和经理班子的职能、职权和作用，了解他们之间的相互制约关系。②上级人事部门适当帮助推荐。中国水利水电建设集团公司按照国经贸体改［2002］859号文件的要求，综合考虑原班子成员的合理安置、新班子成员的合理组合和主要领导成员的分工协调，提出“三会一层”的建议人选。③严格依法产生。按照《公司法》对有限责任公司的要求，严格按照程序，在公司首次股东会上通过了《公司章程》、《公司职工股权管理办法》、《公司第一届董事会董事产生办法》和《公司第一届监事会监事产生办法》，对中国水利水电建设集团公司推荐第一届董事、监事建议人选的资格进行审查确认后，由股东代表记名投票选举通过产生了公司董事会和监事会。再分别召开会议，选举董事长、副董事长和监事会主席。由董事长提议，董事会讨论通过聘任总经理、副总经理、“三总师”和董事会秘书。

在公司股东会、董事会和监事会的选举过程中，充分尊重职工的意愿和权利，始终坚持公开、公平、公正、透明的原则，当场计票、当场公布结果，监票人、计票人当场签字。

公司法人治理结构是公司制的核心。改制后，公司建立起了由股东会、董事会、监事会和总经理层组成的公司法人治理结构，制定了公司章程、公司股东会、董事会、监事会和总经理的工作条例，明确了“三会一层”各自的职责，相互制衡、相互协调的机制基本形成。股东会是公司的最高权力机构，由39名股东代表代表1491个股东组成。主要职责是对公司的重大决策如决定经营方针和投资计划等行使表决权。董事会是公司的决策机构，主要职责是决定公司的经营计划和投资方案，聘任高管人员，执行股东会的决议，等等。公司董事会由4名董事组成，其中，2名董事由集团大股东推荐产生。监事会是公司的监督机构，主要职责是检查公司财务状况，检查公司董事、总经理等高管人员是否违反法律、法规、公司《章程》及股东会决议的行为，检查公司劳动工资计划、职工福利待遇等是否侵犯职工合法权益，等等。公司监事会由3名监事组成，其中，1名由集团大股东推荐。总经理层是由以总经理为首的经营管理班子组成。总经理层负责实施公司董事会的各项决策事项，组织公司日常经营管理活动。以上法人治理结构中，股东会、董事会和经理层实行层层负责制，一级对一级负责，董事会对股东会负责，总经理层对董事会负责，都要按照公司法和公司章程的规定行使职权。监事会作为监督机构，执行全体股东和职工赋予的监察职能，向股东会负责并报告工作。通过明确法人治理各层次的责、权、利关系，做到各司其职，各负其责，协调运转，有效制衡，确保了公司在经营和发展过程中不违规、不违法。这种激励和制衡机制的并存，使企业的决策逐步走向科学合理，企业的运转更加协调，所有者和经营者之间的关系更加符合市场经济运行规则。

公司自2005年改制成立以来，严格按照现代企业制度的规范要求，不断完善法人治理结构，提高法人治理水平，确保公司的经营、管理步入规范运作的轨道，保持了持续发展，显现了良好的发展态势，树立了良好的“中国基础”品牌形象。

第五篇　企 业 管 理

第五篇　企　业　管　理

第一章　战　略　管　理

第一节　机　　构

基础局在1990年12月成立了企业管理办公室（处级单位，定员4人）。企业管理办公室主要职能：贯彻国家和上级有关企业管理的政策法规，制定企业管理各项制度；制定企业发展中长期战略规划；负责基础局企业管理上等级的具体工作。

部门主任：滕于谟

副主任：侯位

1990年3月，基础局三届二次职工代表大会通过了《公司企业升级规划》，基础局上下立即开展企业升级的各项工作。在档案管理、质量管理、安全管理、合同管理、财务管理等方面都取得明显成效后，1991年10月经天津市企业管理领导小组批准：基础局为天津市市级先进企业。

2001年5月，基础局发文（基劳人18号文件）成立了企业策划管理部。全局企业发展战略研究工作、改制和法律事务有了一个常设机构。

主要职能：

（1）贯彻国家和上级有关国有企业改革的方针、政策、法规，研究制定工程局管理制度；

（2）研究制定工程局发展战略和规划；

（3）负责基础局的改革、改制日常工作；

（4）负责基础局重大经营决策的可行性研究工作；

（5）负责基础局有关法律事务工作。

部门主任（副主任主持工作）：张义新

部门人员编制：2人

2005年企业改制，初步建立了现代企业制度。2005年3月以公司人4号文件把企业策划管理部更名为企业发展部。

主要职责为：

（1）负责制定公司发展战略和中、长期发展规划的建议，经公司决策后组织实施；负责市场调研，进行信息收集和综合分析，对公司管理方面重大问题的前瞻性和对策性研究，并进行操作性的策划；研究制定企业经营管理方面的规划、措施等并组织落实；

（2）负责公司重大改革方案的制定，推进企业改革的深化；协调处理改革工作中的有关问题；负责公司资产重组方案的策划、论证，以及协调实施；负责公司股权管理等有关工作。负责董事会有关日常工作；

（3）制定公司对所属单位和部门的绩效考核办法，负责牵头对二级单位负责人和公司部门领导进行绩效考核；

（4）负责公司法律事务工作，为公司领导投资、转让、参股和资产重组等重大决策提供法律论证，出具法律意见书；

（5）参与公司重大合同的论证、审核、起草和谈判工作，帮助公司避免合同风险，保障公司合同全面正确的履行；

（6）接受公司法定代表人的委托，代理公司参加诉讼和非诉讼活动，协调外聘律师开展工作，维护公司合法权益；负责法制宣传教育工作；

（7）负责公司基地规划和实施，负责公司各地公产购房的验收与调拨等工作，协调和处理各方面的关系；负责基地建设的统计及资料管理工作；

（8）完成公司领导临时交办的各项工作任务。

第二节 发展战略和规划

企业发展战略和规划是基础局根据国家发展规划和产业政策及水电建设集团公司发展战略和规划，在分析外部环境、内部条件和主要竞争者现状及其变化趋势的基础上，为确保企业的长期生存和可持续发展所做出的未来一定时期内的方向性、整体性、全局性的定位、发展目标及相应的实施方案。正确的企业发展战略是企业兴旺发达和持续发展的保障。

基础局在由计划经济到市场经济的转变过程中，非常重视企业发展战略的研究与实施。公司在1986年制定了《1986～1990年度发展规划》，以后经过历年滚动编制和修改，使公司沿着正确的方向前进。按照发展规划，1990年公司制定了《公司企业升级规划》，经过发展，1992年公司企业总产值达到8756万元。1993年建设部、国家统计局与中国建设企业评价中心共同进行的“1992年中国建筑企业综合实力100强”的评价中公司名列第37位。

基础局的战略形成有一个过程，虽然在1998年班子任期目标提出了企业发展战略，但它只是一个雏形。在1999年以后，经过多次修改和充实，逐步形成了比较符合企业实际的企业发展战略。

1998年在《1998～2001年领导班子任期目标》提出了基础局的发展战略：坚持以基础工程施工为主业，以“立足水电、面向全国、站稳国内、走向世界”作为企业开拓国内外市场，谋求生存和发展的途径；全体员工齐心奋斗，不断提高企业营业额和知名度；努力将基础局发展成为国内一流，世界知名的专业化“中基公司”。

1999年，又提出了走“专、精、特、新”之路，到2010年，将基础局建成一个集设计、科研、施工为一体的国际一流的现代化基础处理专业公司作为基础局中长期的战略目标。

2001年，由于面临的严峻形势又提出了“跨越式发展”的思路。

2002年，是中国加入世界贸易组织后的第一年，面临新的形势，重申实现跨越式发展的发展战略。

2003年，提出了分两步走的战略思路：用2～3年的时间，通过改革，建立科学的法人治理结构，实现股权多元化。建立以分配、用人、成本管理以及项目法施工为鲜明特征的、高效健全的管理制度，实现规范化管理，初步建立现代企业制度。从经济指标、科技创新等方面提出了具体指标，提升基础局综合实力，目标实现后，进入全面实现战略目标的第二步，向国内领先、国际一流的现代化专业公司迈进。

2004年，提出了基础局改制的总体目标：通过改制建立起较为完善的现代企业制度和法人治理结构，形成自主经营、自负盈亏、自我约束、自我发展的法人实体和市场竞争主体；通过明确出资人、职工控股，水电建设集团公司参股，高层管理人员持股，实现投资主体多元化。筹集资金，扩大经营规模，提高技术装备率，加快技术进步，向国外拓展市场；通过主辅分离，改制分流，实现管理层与劳务作业层的相对分离，从劳务密集型向管理技术密集型转变，优化队伍结构，突出以专业施工总承包为其核心业务的主业；优良资产，积极寻求与国内国际有关企业的合作与联合，逐步使基础局发展成为具有集设计、科研、技术开发、设备租赁、施工总承包为一体的、具有一定投融资能力和在行业领域具有较强竞争能力的、在施工工艺和施工技能方面有自己专、精、特、新特点的国际一流的地基基础处理施工企业。

2005年2月28日，基础局实现了建立现代企业制度的目标，公司按照科学的法人治理结构运行。在公司第一届股东会上通过了《公司2005～2007年三年规划》，公司目标更加明确，规划了企业发展的具体路径，既振奋人心，又切实可行。公司的发展战略是：以邓小平理论和“三个代表”重要思想及科学发展观统揽全局，加速转换机制，健全和完善公司法人治理结构；大力开拓国内和国际市场，提升企业综合实力和核心竞争力；健全管理制度，谋求管理创新，实现公司从劳务密集型向技术密集型、管理粗放型向集约型转变；优化资源配置，拓宽经营领域，调整产品结构，努力建设效益型企业，实现股东利益最大化；实施科技兴企和人才强企战略，实现可持续发展，使公司逐步成为集施工、设计、科研、咨询为一体的国内领先、国际知名的现代企业。

第三节　战　略　实　施

一、公司战略编制的依据

企业策划管理部成立后，加强了公司战略的研究，按照有关规定和集团公司的战略思路对基础局的形势进行研究。2001年，局五年计划到期，企业策划管理部根据基础局实际情况，认真研究企业发展战略，初步构思了2002～2006年企业发展规划，形成初稿。按照中水电企［2001］25号关于做好战略规划编制工作的通知，对公司战略进行滚动编制，构思了2003～2006年企业发展规划。提出了分两步走的思路。

2004年，根据国资委《关于开展中央企业发展战略与规划编制工作的通知》(国资厅发规划[2004]10号)、《关于开展中央企业发展战略与规划编制工作的补充通知》(国资厅发规划[2004]68号)和《中央企业发展战略与规划管理办法(试行)》(国资委第10号令)的文件精神，在《中国水利水电建设集团公司发展战略》(中水电企[2004]5号)的基础上对公司战略进行精心细致的编制。

企业发展战略和规划包括下列主要内容：

(1) 现状和发展环境。包括企业基本情况概述、企业发展环境分析和竞争力分析等；

(2) 企业发展的指导思想和发展思路；

(3) 企业的战略定位和战略目标；

(4) 规划期发展、调整重点与实施计划；

(5) 规划实施的保障措施，

(6) 需包括的其他内容。

2005年，根据公司战略和规划的主要内容，编制了2005～2007年公司三年发展规划并在公司股东会上通过。

在做好公司总体战略规划的同时，公司各有关部门编制了公司的子战略，主要包括：科技战略、人才战略、市场开发战略、非水电业务战略、国际业务开拓战略等。

二、战略与规划的实施措施

公司战略制定后，必须有得力的保障措施来保证目标的实现。主要有以下措施。

(一) 强化市场开拓与经营，大力拓展非水电市场

1. 继续发挥公司优势，巩固和提高水电基础工程市场的份额

始终把市场开发工作作为生产经营的龙头来抓，通过积极调动市场开发人员的工作积极性，充分发挥公司本部和二级单位市场开发机构的作用，强化市场开发激励机制，保持国内市场开发的稳定性。充分发挥企业品牌优势，继续巩固和扩大市场份额。

2. 优先发展国际业务，努力提高国际化经营水平

认真落实“国际国内市场开发双向拓展、良性互动”的经营策略，坚定不移地大力实施国际业务优先发展战略。提高国际工程业务在企业总营业收入中的比重，逐步形成公司发展的重要支柱。

3. 加大非水电市场开拓力度

“十一五”期间，机场、港口、码头及国土资源整治、水利水务工程、城市地下建筑等建设市场都将有较大的投资，铁路市场投资将达12500亿元，城市轨道交通也达5000亿元，高速公路规划里程达8万千米，为基础局开拓非水电市场提供了非常广阔的前景。努力提高非水电业务在企业总营业收入中的比重，成为公司发展的重要支柱。

4. 开拓综合性土木工程市场，努力扩大非基础工程业务

要加大力度实施业务延伸。努力开拓隧洞开挖衬砌、土石方开挖、混凝土工程、金属结构制作安装等工程领域，使非基础工程业务成为公司新的经济增长点。

5. 积极实施多元化发展战略，努力拓宽发展渠道

充分发挥飞科公司、天峰公司和天津大地隧道公司的功能，谋求多元化发展。

(二) 不断强化管理，提高企业赢利能力

1. 加强人才队伍建设，创新人力资源管理

人才队伍建设是关系公司长远发展的根本性问题，人才战略是公司实现持续快速发展的关键。建立适应现代企业制度要求的人力资源培养、选用、评价和激励约束机制。牢固树立“以人为本”的理念，研究制订各种人才的培养和引进计划，努力创造有利于各种人才成长的环境和机制。依据竞争择优、人才市场化原则，努力创新人才选用机制；采取有效措施，不断优化企业人才结构，着力加强经营者、技术带头人、项目经理、国际业务人才、非水电经营人才、高技能人才队伍的建设。积极探索更加符合市场形势，更加适应公司特点的分配制度，进一步激发人才活力，调动员工的积极性。

2. 推进科技兴企，建设创新型企业

充分发挥公司的整体实力，提高自主创新能力，实现技术创新与应用的良性循环，大力推进新技术的应用，扩大新技术产业化规模，引领和支持公司的经济发展。广泛利用优势资源，加强联合研究与开发，坚持创新，提高技术创新的效率和水平。在继续保持国内水利水电领域基础处理行业领先地位的同时，充分发挥科技进步的优势，为开拓非水电市场和国际工程市场提供强有力的技术支撑。加强企业信息化建设，不断完善OA办公自动化平台建设，认真做好工程项目管理系统的开发和应用。

3. 进一步加强物资设备的管理

加强对大型设备和常规设备管理的研究，努力提高大型设备的保养维修能力，努力实现配件的自产化和国产化。加强物资采购管理力度，建立网上比价采购系统，增加物资采购的透明度，实施大宗设备物资招标采购，统一配送的物流管理模式，规范物资设备采购流程，降低采购成本。

4. 不断强化工程项目的精细化管理

深入推行以成本控制为核心的目标管理，不断完善项目管理标准化模块和公司、分公司两级目标成本管控体系，充分发挥项目监管机构的作用。加大项目管控力度，加强项目赢利能力建设。

5. 完善内部管控体系，提高内部管控力

要以制度建设为主线以提高企业控制力，增强企业执行力为重点，完善内部控制体系，努力实行科学化、规范化、精细化管理。继续强化财务监督控制，提高资金监控力，强化审计监察职能，充分发挥监察作用，强化法律意识，加强风险防范，强化安全管理，保障安全生产，加强质量、环境和职业健康安全体系的建设。

（三）加强党的建设和企业文化建设，努力构建和谐企业

全面加强党的建设，为建设可持续快速发展质量效益型先进企业提供强有力保证。坚持“融入中心，服务大局；适应变革，努力创新；结合实际，注重实效；保证监督、发挥作用”的总体思路，围绕生产经营的中心任务和新形势下出现的新情况、新问题，建立以“创新、融合、服务、务实、和谐”为中心内容的党建工作新机制；继续深入开展“四好班子”创建活动，努力打造政治素质过硬、经营管理水平高、协同作战能力强、市场博弈能力突出的领导班子；继续研究和探索新形势下党组织发挥政治核心、战斗堡垒作用，党员发挥身先士卒、先锋模范作用的途径和方法，进一步加强党的基

层组织建设和党员的教育和管理；大力加强党风廉政建设，认真落实党风廉政建设责任制，深化党风廉政建设和反腐倡廉工作，营造风正气顺、清正廉洁的政治环境和工作环境。

要大力推进企业文化建设，大力弘扬“基础成就未来，诚信追求卓越”的企业理念。要继续加强对基础局企业文化的研究，通过完善企业制度、规范企业管理、强化员工培训、树立公司典型、增强企业执行力、打造“中国基础”品牌等措施，通过公司网站、展览室、报纸等媒体，大力宣传基础人“特别能战斗、特别能吃苦、特别能奉献、特别能创新”的精神，努力构建具有基础局特色的企业文化。加强员工思想教育和宣传工作，开展各种形式的文明创建活动，提升公司的形象和品牌。积极营造融洽和谐、团结友爱的氛围，为公司发展创造良好的环境。

三、战略实施的成果

多年来，通过公司战略的实施，公司的经济得到了快速的发展，从1982年实现产值960万元，到1995年实现10688万元，从千万元到亿元产值用了13年时间；2000年实现产值31166万元，利润313万元，从亿元产值到突破3亿元产值用了5年时间。公司在2005年进行了企业改制，经济发展更是进入了发展的快车道，2005年实现产值5.2亿元，利润1431万元，从3亿元产值规模到5亿元产值规模用了5年时间。2006年实现产值6.7亿元，实现利润3399万元。基础局实现了从产值规模的扩大到追求显著的经济效益型企业转变，企业品牌在国内外市场知名度显著提高，“中国水电基础”第一品牌得到了巩固和提升，圆满实现了企业发展战略与规划目标。

第二章　经　营　管　理

第一节　机　　构

一、计划体制时期（1989年以前）

1982年6月～1983年11月，设立水利电力部地质勘探基础处理公司经营管理处。

1983年11月～1985年3月，设立公司计划处。计划处的主要职能是编制公司的长远规划、中期规划和年度计划；负责综合平衡；对计划执行情况进行统计和监督检查；进行定额制定和管理；负责对外承揽任务、签订合同、编制预算，对基层下达任务。

1985年3月～1986年3月，设立公司经营生产处。

1986年3月～1989年6月设立公司经营处。

二、市场经济时期（1990～2004年）

1989年6月～1994年12月，设立公司计划处。

1994年12月～2001年6月，设立中国水利水电基础工程局经营计划处。经营计划处的主要职能是做好全局生产经营形势分析和目标预测，主持编制基础局的长远生产经营发展规划和年度生产经营计划，并进行平衡和协调，确保年度生产经营计划的落实；做好信息网的建立工作，充分掌握建筑市场的信息，不断开拓市场，提高市场占有率；负责组织招标工程项目的考察、标书编制和承包合同的签订，指导和协助工程处（公司）或项目经理部落实承包合同，按时保质完成合同任务；加强合同管理，实现合同专用章、合同文本、法人委托书、营业执照、资质证书等管理规范化，指导施工单位或项目经理部严格执行合同条款，协助搞好承包工程的价款结算和有关索赔事宜。负责全局生产情况和各项技术经济指标完成情况的综合统计和经济活动分析，为局领导加强和改进生产经营提供科学的决策依据；负责全局定额工作的综合管理，主持预算、施工定额的编制、调整和修订工作；根据生产经营需要，组织研究制订经营承包经济责任制方案，对各施工单位完成各项技术经济指标的考核检查；对各二级单位计划经营部门的工作进行业务指导。

2001 年 6 月～2004 年 12 月，设立工程局经营一部、二部。

2004 年 12 月，成立基础局经营部。经营部的主要职能是贯彻基础局质量方针和目标，制定工程投标和合同管理制度，并组织实施；进行市场调研与工程项目跟踪；组织管理合同评审，保存评审记录；投标报价、签订合同、提出施工任务的分配方案和组织形式的建议；将合同内容向管理和施工单位通报、交底；了解并报告合同执行中遇到的问题，提出解决办法；审查施工单位选择的分承包方评价结果，检查工程分包合同的执行情况；组织实施对顾客的服务。

三、实行公司制后的状况

2005 年 2 月 28 日公司改制后，于 2005 年 3 月成立中国水电基础局有限公司市场开发部，不属公司本部管理部门，为专业管理部门。

市场开发部的主要职能为在工程投标过程中，组织对标书及合同进行评审、编制施工方案和投标报价，并同时提出环境保护和保障安全生产的技术措施和所需费用；在投标的过程中，负责与业主的信息沟通和协商。在工程中标后，代表公司签订施工合同，将工程项目的施工技术措施和环境保护与安全保障法律、法规及措施、信息向施工单位进行交底；提出施工任务的分配方案和组织形式的建议，并将合同内容向管理和施工单位通报、交底，了解并报告合同执行中遇到的问题，并提出解决办法；组织对顾客满意度的调查，分析并解决存在的问题；参与编制公司的管理体系文件。

四、基础局经营部门领导人任职情况

自 1982 年以后，先后担任基础局经营部门正职的领导有魏洪涛、王学彦、朱玉洁、许维强、张树宸、李凤国。

先后担任基础局经营部门副职的领导有薛景信、孙化龄、郝鸿禄、邢乘槎、王志平、王莉萍、黄炳福、刘才高、宋伟、鲁志军、黄灿新、董学君、夏铨波、于向峰。

先后担任基础局经营部门高级主管的有程林刚、王永福。

第二节　招　投　标

1984 年以来，随着国家逐步推行工程建设招投标制，投标直接关系到基础局的经济效益和生存发展。基础局不等不靠，转变观念，适应新形势，主动承揽施工任务。二十多年来，基础局的投标工作取得了稳步、有序、深入的发展。

一、信息搜集

为更好地开展投标工作，基础局组织投标人员认真学习《中华人民共和国招投标法》，利用不同渠道进行招标信息搜集，包括设在外地的办事处、在建工程项目的辐射、网站、报纸、兄弟单位或其他同行等。为避免重要信息的遗漏，基础局指定专人负责招标信息的搜集和分析工作，负责收集市场潜在的顾客名单及需求、竞争对手、工程招标等方面的信息，建立潜在的顾客档案，找准招标的关注点和应对策略，定时对招标信息和动态进行分析。这些工作由市场开发部负责。

2005 年 7 月，市场部下发了《关于工程投标信息管理的通知》，要求各单位设立信息员，各二级单位和项目经理部经常收集、整理、掌握与基础局业务有关的工程信息，并将工程信息及时、准确地汇集到市场部。市场部为工程信息的管理单位，对有价值的信息安排力量跟踪，保持联系渠道畅通和连续性，并通过走访、信访、电话等方式完成。

二、编制标书

通过资格预审或收到招标邀请书后，基础局派专人购买招标文件和施工图纸，仔细勘踏现场，了解现场的环境和周边情况，搜集施工等多方面的信息。标书编制主要分两部分：一部分人员专门编制技术标；一部分人员专门编制商务标。在编写施工方案和施工工法时，认真分析该项目的施工特点、施工重点、施工难点，力争做到施工工法、措施及进度可行、科学、合理。技术标编制完后均经过有丰富经验的专家审核。在编制报价时，仔细做好成本的分析和测算，分析几种不同的情况，结合历史经验、评标办法及商业情报，择优做出最终报价决策。

在制作标书时，投标部门对计算数量如工程量、单价、总价等指标反复审核，消除误差，文字表达准确无误；投标语言缜密，投标资料齐备，做到关键细节实事求是；标书制作干净整洁，装订和排版便于评委阅读；投标文件的份数、签署、装订、密封严格按照招标文件的要求和内容去做。

第三节　合　同　管　理

在社会主义市场经济初创阶段，受计划经济思想的束缚，基础局所签订的合同仅以协议的形式对承包内容、工期、质量、造价等进行简单约定，没有规范的合同文本。随着社会主义市场经济的日臻完善，随着施工企业在建筑市场中主体地位的增强，随着建筑法规的日益完善，基础局与发包方签订的工程合同逐步正规。

一、评审管理

基础局合同管理划归市场开发部门归口管理。在合同签订前，市场开发部门都要组织相关部门对合同进行评审，审查合格后由部门负责人签字，最后由公司领导审查批准后方可对外签订合同，以确保其合法性与合理性。评审的主要内容包括：

（1）合同内容是否明确、是否有不合理和特殊要求条款，能否满足和接受这些条款的要求及合同条款修改意见；

（2）与相关的法律、法规有关要求是否一致；

（3）基础局的施工能力能否与施工条件、施工难点和所需的关键技术相适应；

（4）能否满足规定的要求，保证工程质量、进度、环境及职业健康安全要求，需要创造的条件和可承担任务的施工单位；

（5）效益及风险分析；

（6）决定是否接受合同。

合同评审后需填写“合同评审记录”。

二、签订管理

经过评审的合同，按照《中华人民共和国合同法》，由法定代表人或委托代理人签订。合同签订后均进行登记，填写《合同登记表》，重要的工程合同，由市场开发部门向有关职能部门提供合同副本复印件。

三、履行管理

基础局加强合同履约过程的动态管理。根据合同约定，对施工过程进行全面监控，合同管理部门和有关职能部门不定期对合同履约情况进行检查，使项目的节点工期和总工期、分部工程质量和总体质量、安全和员工健康防护措施、文明施工和环境保护、材料采购和管理、机械设备和人力资源配置、工程款和资金运作等环节都处于受控状态。

四、档案管理

合同管理部门按国家《档案法》及有关规定，认真整理合同并移交档案室保管。

基础局建立健全企业合同管理体系。包括合同管理机构和制度的建设，由上而下地建立和健全合同的管理机构，使合同管理覆盖各个层次，延伸到各个角落。本部设合同管理专职部门，分公司设合同管理兼职部门，项目经理部设合同管理岗位。还设立了法律事务部，对合同进行法律把关。2005年以来，基础局分别出台了《中国水电基础局有限公司工程分包管理办法》、《中国水电基础局有限公司工程（工序、劳务）分包合同》范本、《中国水电基础局有限公司法律事务管理办法》等规章制度，对合同管理进行了详细规定。

第四节　企业资质管理

一、公司资质概况

1. 施工资质

基础局根据1989年6月28日发布的《施工企业资质管理规定》（中华人民共和国建设部令第2号），于1989年11月10日填报了《施工企业资质等级申报表》及相关附件材料，于1990年2月24日取得了水利水电基础处理工程施工和地质勘探，以及其他基础处理工程施工的资质证书，证书编号为：37134196，企业法人代表：鲁永才，企业技术负责人：高钟璞。

基础局于2001年9月8日填报了《建筑业企业资质申请表》及相关附件材料，于2002年1月16日取得了主项资质：水工建筑物基础处理工程专业承包一级；增项资质：地基与基础专业承包一级、堤防工程专业承包一级。证书编号：B1411112022201，法定代表人：宗敦峰，企业负责人：宗敦峰，技术负责人：夏可风。

2. 地质灾害资质

基础局于2002年6月30日取得地质灾害防治工程施工单位资质证书，资质等级：甲级，证书编号：国土资（环）施资字第（0231004）号，法定代表人：宗敦峰，技术负责人：夏可风，主营：地质灾害防治工程施工，兼营：与地质环境治理和地质灾害防治有关的岩土工程施工。发证机关：中华人民共和国国土资源部。

根据2005年5月20日颁布的《地质灾害治理工程勘查设计施工单位资质管理办法》（国土资源部第30号令），基础局于2005年11月18日按管理办法进行了重新申报，于2006年3月21日取得了地质灾害治理工程施工单位资质证书，资质等级：甲级，证书编号：国土资地灾施资字第20064102004号，法定代表人：张源智，技术负责人：肖恩尚，业务范围：地质灾害治理工程施工。发证机关：中华人民共和国国土资源部。

3. 设计资质

1984年10月，基础局地勘设计室取得工程设计证书，证书编号：0210122。主行业：大中型水利水电工程基础及工业民用建筑岩土工程设计，等级：乙级。跨行业：建筑工程设计；混凝土配合比、岩土试验；泥浆、水泥浆试验，等级：丙级。

1993年7月1日，基础局设计公司取得工程设计证书，证书编号：0210122，证书等级：乙级。主行业：大、中型水利水电工程基础处理设计，跨行业：建筑工程设计；混凝土配合比、岩土试验；泥浆、水泥浆试验，等级：丙级。

2002年11月6日，基础局设计公司取得工程设计证书，证书等级：乙级，证书编号：021012－sy，承接任务范围：电力行业［水力发电（限枢纽建筑物）］乙级，单位法定代表人：邢乘槎，单位负责人：邢乘槎。2005年11月15日，单位法定代表人变更为赵存厚。

4. 勘察资质

2002年11月6日，基础局设计公司取得工程勘察证书，证书级别：甲级，证书编号：021012-kj，单位法人代表：邢乘槎，单位负责人：邢乘槎，承接任务范围：工程勘察专业类岩土工程（设计、测试监测检测、咨询、监理）甲级、劳务类。

2005年3月9日，基础局设计公司取得工程勘察证书，证书级别：甲级，证书编号：021012-kj，单位法人代表：赵存厚，单位负责人：赵存厚，承接任务范围：工程勘察专业类岩土工程（设计、测试监测检测、咨询、监理）甲级、劳务类。

5. 咨询资质

2003年10月26日，基础局工程技术咨询中心取得工程咨询资格证书，资格等级：乙级，证书编号：工咨乙2030602001，法定代表人：蒋振中，承担工程咨询业务范围：专业：水电（基础处理）、水利工程（技术处理）、建筑（技术处理），服务范围：编制项目建议书、编制项目可行性研究报告、评估咨询、招标咨询。

6. 监理资质

2002年7月16日，中国水利水电基础工程局工程技术咨询中心取得工程监理企业资质证书，资质等级：丙级，证书编号：［建］工监企第（023010）号，法定代表人：蒋振中，技术负责人：张志良，企业经理：蒋振中，监理工程范围：水利水电工程监理丙级。

二、资质管理

1. 资质申请

资质按照《建筑业企业资质管理规定》（建设部令［2001］第87号）和《关于工程勘察、设计、施工、监理企业及招标代理机构资质申请及年检有关问题的通知》（建办市函［2005］456号）、《关于印发〈建设工程企业资质申报材料清单〉、〈建设工程企业资质申报示范文本〉和〈建设工程企业资质规定和标准说明〉的通知》（建办市函［2006］274号）、《地质灾害治理工程勘查设计施工单位资质管理办法》（中华人民共和国国土资源部令第30号）等文件要求，在符合条件的情况下办理企业资质以及升级和增项事宜。

2. 资质年检

资质年检原由建设部负责，根据《关于工程勘察、设计、施工、监理企业及招标代理机构资质申请及年检有关问题的通知》（建办市函［2005］456号）文件，自2005年起，建设部不再进行资质年检工作，天津市建委于2006年6月28日下发了《关于开展2006年度建筑业企业资质年检的通知》（建筑［2006］674号），于2006年起，企业资质在天津办理年检。

3. 资质管理

基础局的施工资质由安全生产管理部负责进行管理，设计和勘查资质由科研所负责管理，资质管理由主管部门按资质文件要求进行申请、年检工作。基础局资质主要用于基础局工程的招投标、财务开户等，资质使用采用借用制度，由借用单位/人向资质管理人员签字、借用。

第三章　施工技术管理

第一节　施工技术管理体制

一、施工特点与施工技术管理的目标

（一）地基与基础工程的特点

作为水利水电系统的地基与基础工程专业化施工企业，其管理体制与所承担施工任务的特点有关。水利水电地基与基础工程的主要特点如下：

(1) 地基与基础工程地位重要，是整个工程成败的关键，稍有不慎就可能造成严重的后果；大部分不能发挥效益和失事的水利水电工程都是由于地基问题所造成。

(2) 地基与基础工程技术含量高，专业性强，涉及的知识面广；同时，施工任务的单件性、随机性很强，选择施工方法和制定技术措施有赖于本单位长期积累的经验。

(3) 施工受地质、地形、气象、水文等自然条件的影响较大。由于水利水电工程地处深山峡谷，自然条件千变万化，往往给施工造成不利影响；施工中必须随时注意调查了解施工条件的变化，及时调整施工方案。

（4）地基与基础工程是地下隐蔽工程，地质条件难以完全了解，施工质量难以及时准确判断，发生质量问题很难处理，保证施工质量主要依靠严格的过程控制。

（5）施工地点和施工队伍分散，远离基地，远离城镇，转移频繁，物资供应困难，上级管理部门难以及时全面了解施工现场情况，具体管理工作主要依靠第一线管理人员。

（6）为保证度汛安全，水利水电地基与基础工程一般要求在一个枯水期内完成，时间紧、任务重、施工难度大；施工方案不能有过大的变更，否则来不及准备。

（二）施工技术管理的目标

工程施工技术管理是公司经营管理中的重要组成部分，施工技术管理是否有效直接关系到工程施工质量、安全、进度和成本，对公司的生存和发展将产生重要的影响。

在保证质量、安全的前提下加快施工进度、降低施工成本，多快好省地完成施工任务，是基础局建局以来一贯的基本目标。进入市场经济时期后，技术管理目标又有了新的内涵；这就是保质、保量、保安全、按期完成合同规定的工作任务，同时要为企业创效益创信誉。

1990 年以后，基础局通过企业升级、贯彻 ISO 9000 质量管理标准等活动，明确提出了施工技术管理水平提升目标：实现施工技术管理制度化、规范化、标准化，变粗放式管理为集约式精细化管理，使所有施工过程均处于有效受控状态，全面采用先进技术，消除由于计划失误和管理不当对施工质量、安全、进度和成本造成的不利影响。

（三）施工技术管理的基本原则

在长期的施工实践活动中，基础局逐步形成以下技术管理工作的基本原则。

（1）技术管理要为施工生产服务，要针对施工难点和关键问题制定技术措施。

（2）制订施工方案应因地制宜，一切从实际出发，既要参考以往的施工经验，也不能完全照搬。

（3）实行制度化、规范化、标准化管理，严格按照施工规范和经过审批的设计文件施工，施工指导文件应发放到施工班组，并向所有施工人员进行技术交底。

（4）施工技术管理应充分体现民主化和科学化，要发动群众参与技术管理，要加强调查研究工作；对于特殊、重大问题决策，事先应展开充分的讨论，广泛征求意见。

（5）施工技术管理应以质量和安全为核心；在制定施工措施时，必须同时制定质量、安全保证措施，质量、安全具有否决权。

（6）充分体现“科学技术是第一生产力”的方针，大力推广应用先进技术，不断提高新技术的贡献率。

二、计划经济体制时期的施工技术管理体制

（一）计划经济体制时期的施工技术管理体系

基础局初建时期（1959 年 10 月～1969 年 4 月）施工技术实行总队、工程队、机组三级管理；当时的水利水电建设总局基础处理工程总队设有技术科负责施工技术管理工作。总队下辖各工程队设有技术组，由组长、工长、试验员和若干技术员组成，技术组组长在队长的领导下负责本队所施工项目的技术管理工作。各工程队下辖若干个施工机组，由机长、班长、班员组成，部分班员兼任记录员和安全员，机长负责本机组的施工技术管理工

作。工程队一般只承担单个工程项目的施工，随工地转移，没有固定的基地。

基础局1978年11月重建后，施工技术管理体系与初建时期基本相同，仍为总部、工程（处）队、机组三级管理；技术科升格为技术处，各二级单位的技术组升格为技术科或工程科。从1982年11月开始，公司实行总工程师负责制，各二级单位实行主任工程师负责制。

（二）计划经济体制时期制定的施工技术管理制度

基础局1990年以前制定的与施工技术管理有关的制度主要有：技术管理制度、工程质量管理制度、质量责任制度、计量管理制度、安全生产管理制度、基础处理工程质量检查实施办法、技术档案管理办法、合理化建议和技术改进奖励办法、安全技术操作规程、泥浆试验规程等。

（三）计划经济体制时期施工技术管理的特点

计划体制时期的施工技术管理主要有以下特点：

（1）技术管理机构与生产管理机构合为一体，主要职能是组织完成生产任务，没有明确的技术责任；

（2）技术管理制度和技术标准不健全，不少生产活动无章可循；

（3）业务范围狭小，技术手段单调，设备陈旧，施工技术发展缓慢，施工能力不足；

（4）管理水平落后，管理系统联络不畅，管理方式粗放，经济效益低下；

（5）没有新技术开发、应用的责任，不同程度地存在各种短期行为。

三、市场经济时期的施工技术管理体制

（一）市场经济时期的施工技术管理体系

在市场经济时期，随着国民经济的快速发展，基础局的经营范围逐渐扩大，施工项目逐渐增多；为适应市场激烈竞争的形势，基础局开始实行公司、工程处、项目部三级管理体制，技术管理的重点逐渐向项目部转移。

1990年以后，公司的工程施工技术管理仍然实行总经理领导下的公司总工程师负责制，并以此构建公司工程施工技术管理体系。公司工程技术委员会是在总经理领导下的工程技术最高决策和仲裁机构。技术处－技术信息中心是公司施工技术的归口管理部门。

公司工程施工技术管理实行公司、分公司（工程处）、项目部三级管理。公司设置技术信息中心、市场开发部、工程管理部、科研所等部门；分公司设置工程（技术）部；工程项目部设置工程（技术）部、试验室、测量队等。

对于在建工程项目，技术信息中心主要负责施工组织设计、总体施工方案、施工报表、施工文件和竣工资料管理；工程管理部主要负责监督各施工项目的质量、进度情况，并协助解决施工中遇到的问题；科研所主要负责提供新技术应用方面的支持。

分公司的施工技术管理实施分公司经理领导下的分公司总工程师负责制，归口管理部门为分公司的工程技术管理部门。分公司负责本单位的在建工程项目施工技术管理。

在建工程项目经理部的施工技术管理，实行项目经理领导下的项目总工程师负责制，归口管理部门是项目工程部。项目经理部负责所承建工程项目的施工技术管理。

自1982年以后，先后担任基础局技术管理部门正职的领导有张学俭、齐宗久、张树

宸、李昌华、李建军、黄灿新。

先后担任过基础局技术管理部门副职的有郝鸿禄、安致文、王学彦、赵存厚、王国民、龚木金、谭景春、宋伟。

自1982年以后，先后任科研所所长的有魏洪涛、高钟璞、夏可风、刘纪昌、张良秀、程聚辰、肖恩尚、龚木金、李富。

先后任科研所副所长的有范锦华、李玉林、张新光、王学彦、顾恒和、王泰恒、李军、潘三行、鲁志军、王根柱。

（二）市场经济时期制定的施工技术管理制度

基础局1990年以后制定的与施工技术管理有关的制度主要有：计划统计管理制度、工程预算管理制度、定额工作管理制度、技术管理工作制度、工程质量管理制度、安全工作管理制度、计量管理制度、计量管理实施办法、工程施工技术管理职责、工程施工技术文件交底规定、工程技术文件归档整理规定、企业技术标准等。

（三）市场经济时期施工技术管理的特点

市场经济时期的施工技术管理主要有以下特点：

(1) 设立各级技术负责人，明确了技术责任，充分发挥技术骨干的作用；

(2) 建立健全了规章制度，实行规范化、精细化管理，逐步与现代企业管理接轨；

(3) 实行民主化、科学化施工技术管理，充分发挥技术专家和集体智慧的作用；

(4) 加强了施工项目的技术管理工作，充实了第一线的技术力量，提高了项目部独立作战能力；

(5) 项目技术管理直接受到业主与监理的监管，与施工监理的配合、互动项目较多，管理工作量加大，项目部主要负责人必须具有较强的应变和沟通能力。

(6) 工期短、技术标准高、单价低，质量与进度和成本的矛盾突出，项目技术管理的难度加大；

(7) 计算机和网络通信的普及使施工技术管理的工作效率大幅度提高；

(8) 加大了新技术开发、引进的力度，加快了新技术应用的步伐，施工效率、施工质量和经济效益大幅度提高。

第二节　施工技术管理工作的程序与内容

一、施工技术管理的工作程序

计划经济时期施工技术管理的工作程序为：设计文件审查→编制施工组织设计→施工组织设计报上级审批→施工组织设计审批→编制操作规程→技术交底→测量放线→施工过程质量检查控制→统计施工班报→工序质量检查验收→最终质量检查验收→整理竣工资料→编写竣工报告。

市场经济时期施工技术管理的工作程序为：招标文件研究→设计文件审查→现场察勘→设计答疑→编制投标阶段施工组织设计→投标→中标→审图→编制施工阶段施工组织设计→报监理审批→监理审批→编制作业指导书→技术交底→测量放线→施工过

程质量检查控制→收集实际地质资料→统计施工班报→填写施工日报、周报、月报→工序质量检查验收→填写单元工程质量评定表→最终质量检查验收→整理竣工资料→编写竣工报告。

二、施工技术管理的工作内容

（一）施工技术管理工作

1. 总工程师的主要施工技术管理工作

（1）贯彻执行国家及上级部门的有关技术政策及法规，贯彻执行公司的质量管理方针和质量目标。

（2）主持制定基础局的施工技术管理制度、技术责任制度和技术标准，监督技术管理制度和技术标准的执行情况。

（3）审批工程项目投标施工组织设计、实施阶段施工总组织设计、阶段性施工组织设计等施工组织设计文件及重大施工方案变更文件。

（4）审定、签发重要的施工技术文件和有关工程质量、安全的技术文件。

（5）检查、指导大中型工程项目的施工过程控制情况。

（6）主持直管工程项目的内部验收，审批工程竣工报告。

（7）主持召开重要的技术工作会议，参与重大质量事故、安全事故的调查和处理。

（8）针对施工中的关键问题组织科技攻关，推广应用新技术、新材料、新设备。

（9）领导科技成果鉴定及工程技术人员的工作业绩和专业技术职称的考评工作。

2. 市场开发部的主要施工技术管理工作

（1）详细审阅招标文件，通过现场踏勘和答疑充分了解工程项目的施工内容、要求和条件。

（2）根据招标文件和施工条件编制投标项目的施工组织设计，并报总工程师审批。

（3）建立健全公司投标阶段施工组织设计编制管理规章制度。

（4）向施工单位进行中标工程项目的施工组织设计交底。

（5）参与、指导、审查分公司编制的工程项目投标施工组织设计。

（6）参与、指导中标工程项目实施阶段施工组织设计的编制工作。

（7）收集国内外与投标相关的先进施工组织方案，建立先进的施工设备库、施工工艺库、技术方案库、图库及相应的计算机管理系统。

3. 技术信息中心的主要施工技术管理工作

（1）制定公司科技管理的工作体系，建立健全各项技术管理规章制度。

（2）根据招标文件、投标文件、施工图纸和实际施工条件编制重大施工项目实施阶段的施工组织设计，并报总工程师审批。

（3）审查、批复各分公司施工项目实施阶段的施工组织设计及施工中提出的施工技术措施和重大施工方案变更。

（4）监督检查各分公司、各项目部技术管理制度和技术标准的执行情况。

（5）监督检查各分公司、各项目部施工计划执行情况，协助解决施工中遇到的技术问题。

（6）为各分公司、各项目部提供技术支持和技术服务。

（7）收集、整理、保存与公司施工技术有关的技术资料、技术标准和技术书刊。

（8）收集、整理、归档保存公司所有施工项目的施工资料。

（9）组织技术革新活动，推广应用新技术、新材料和新设备，评审优秀技术成果。

（10）组织召开重要施工技术方案研讨会议，参与重大质量、安全事故的调查和处理。

4．工程管理部的主要施工技术管理工作

（1）收集所有施工项目的施工组织设计、作业指导书等施工技术文件，掌握各施工项目的施工内容、施工要求、施工方法和施工技术措施。

（2）监督检查各在建施工项目的施工质量、安全、进度情况。

（3）协助各二级施工单位和各项目部解决施工中存在的技术问题。

（4）主持贯彻ISO 9000质量管理标准工作，监督检查各二级施工单位和各项目部质量保证体系的运行情况。

（5）主持施工项目竣工验收工作，审批施工项目的竣工报告、技术总结、管理报告。

（6）主持施工质量、安全事故的调查和处理。

5．科研所的主要施工技术管理工作

（1）完成基础局下达和二级单位委托的施工项目试验工作，并对公司所有施工项目的试验工作进行技术指导。

（2）为所有施工项目的新技术开发、应用提供服务和技术指导。

（3）调查、了解、推广新材料及材料试验的新技术、新标准。

（4）负责所有试验人员的培训、考核、办证、年审等资质管理工作。

（5）对所有施工项目试验室所配置的人员和设备进行审定和考核。

（6）收集、整理、分析、汇总、保管所有施工项目的试验资料，为公司的施工质量管理提供依据。

（7）对科研所自己承担的施工任务进行技术管理。

（二）分公司的主要施工技术管理工作

（1）根据公司的委托和招标文件编制本单位所承揽施工项目投标阶段的施工组织设计。

（2）根据招标文件、投标文件、施工图纸和实际施工条件编制本单位施工项目实施阶段的施工组织设计，并报上级和监理审批。

（3）根据本单位施工项目的具体情况，配置必要的技术管理人员、施工设备、检测器具等技术资源，明确各岗位人员的职责。

（4）初审本单位各项目部实施阶段的施工组织设计、作业指导书、竣工报告等技术文件。

（5）监督检查本单位各项目部施工计划执行情况和质量、安全、进度情况。

（6）为本单位各项目部提供技术支持，协助解决施工中遇到的技术问题。

（7）开展技术培训工作，确保本单位的施工管理人员和技术工人均能胜任本职工作。

（8）做好本单位施工资料的收集、整理、保存和上交工作。

（三）项目部的主要施工技术管理工作

(1) 详细审阅招标文件和施工图纸，发现问题及时提出修改建议或合理化建议。

(2) 根据招标文件、施工图纸和实际施工条件编制本项目施工阶段的施工组织设计，并报上级和监理审批。

(3) 根据批准的施工组织设计编制作业指导书，并向所有施工人员进行技术交底。

(4) 开工前完成测量放线、报表印发等技术准备工作。

(5) 严格按照设计要求组织施工，在生产的全过程中派员赴现场检查、监督施工过程和施工质量，了解地层变化情况，协助施工机组解决遇到的技术问题，并做好记录。

(6) 按施工规范和监理要求及时完成定期报表填写、施工资料统计整理等内业工作。

(7) 配合施工机组进行质量自检工作，配合监理进行工序质量检查验收和最终质量检查验收工作。

(8) 针对施工中存在的重要问题提出处理、解决方案，报监理和上级批准后组织实施。

(9) 结合本项目组织开展技术培训和技术革新活动。

第三节 施工技术文件管理

一、施工技术文件的种类

施工技术文件主要有投标阶段的施工组织设计、施工阶段的施工组织设计、阶段性施工组织设计、关键项目施工组织设计、单项工程施工组织设计、专项施工组织设计、单项施工技术措施和专项施工技术措施、试验与测量技术大纲、专题报告、施工技术总结、竣工报告、施工管理报告等。

二、施工技术文件的编制

施工技术文件由项目经理组织、项目总工程师（项目技术负责人）主持、项目部工程技术部门负责编制。公司内切块、划片分包的工程由分包单位编制，报项目经理部汇总审定。

施工技术文件应根据施工合同、施工条件、公司资源状况、项目管理目标、设计图纸、国家和行业技术标准编制。施工组织设计的编制应以保证安全、质量、进度为核心，要充分体现科学、合理、重在实效的原则；最终目标是在圆满完成施工任务的基础上降低施工成本，提高经济效益；为此应积极采用新技术、新材料、新设备。施工项目竣工报告、技术总结、管理报告由项目部编制。

三、施工技术文件的审批

基础局直属工程项目的施工组织设计、阶段性施工组织设计及重要施工技术文件，由基础局审批。分公司所属的工程项目技术文件，由分公司初审后报局审批。局技术信息中心形成审批意见后（技术信息中心可邀请公司专家讨论）报局总工程师审定。项目经理部应及时根据局审批意见进行修正完善，再按合同要求报经监理工程师批准后实施。

对于单项施工组织设计、专项施工组织设计及单项和专项施工技术措施等技术文件，项目部认为有必要上报或基础局指令上报的，按技术管理职责程序初审后报局审批。

对于一般工程的单项施工组织设计、专项施工组织设计及单项和专项施工技术措施等技术文件，由项目部总工程师审批。

合同文件规定报监理工程师审批的重要施工技术文件，项目经理部应将其批文报公司技术信息中心备案。

施工项目竣工报告、技术总结、管理报告由分公司初审后报局工程管理部审批。

四、施工技术文件的整理和归档

施工技术文件是公司施工生产和试验的历史记录，是以后施工借鉴和参考的文字资料，具有重要的保存和使用价值。

技术信息中心负责施工技术文件的收集、整理、编目和密级确定等项工作；对超过保管期限的技术档案进行鉴定，提出处理意见；负责对技术档案进行必要的修缮工作。总经理工作部档案室负责施工技术文件保管、借阅工作。

各二级公司、科研所设专人负责收集、整理各自工程项目的施工技术文件，每个工程项目的施工文件、资料收齐后送交技术信息中心整理、编目、装订成册，然后移交总经理工作部档案室保存。

施工（或试验性施工）项目应归档的工程技术文件有：

（1）招标文件（包括技术规范、图纸、商务条款等），设计变更文件；

（2）中标通知书、施工命令、监理文件、来往文件；

（3）工程合同书（协议书）、预算书（市场开发部负责归档）；

（4）施工组织设计、施工细则（施工技术要求、作业指导书）；

（5）测量记录及成果；

（6）质量检查记录及检查成果一览表；

（7）材料性能及配合比调整的试验报告及单项成果试验分析报告；

（8）工程技术总结、竣工报告；

（9）分阶段验收文件、单项工程验收文件、工程竣工验收文件（工程管理部负责归档）；

（10）工程日志、照片、录像、电影及重要会议的录音材料或会议纪要；

（11）技术革新和合理化建议的有关文件、图表、试验成果、经济效益比照及审定意见；

（12）存在问题分析及处理意见，重大事故报告及改进措施；

（13）工程经济效益分析（包括工程投资、追加预算、单位造价、利润总额、单位成本降低率、财务决算等项）；

（14）有关专题试验的研究分析报告；

（15）其他有关的文件、资料、图、表或报告等。

第四章　质　量　管　理

第一节　机 构 及 职 能

1980年，基础局重新组建以后，积极贯彻和落实国家有关质量方针和政策，组织和建立了质量管理机构，不断完善了质量管理职能，特别是自1997年贯彻质量体系标准以来，各级质量管理职能更加规范，质量职责和权限更加清晰和明确，为进一步开展各项质量工作打下了基础。

一、质量管理机构设置情况

1982年6月，成立了施工技术处，在施工技术处设置了质量安全科；1986年2月成立了质量安全处；1988年5月～1990年6月，质量安全处与施工技术处合署办公；1990年7月，质量安全处单独设立；2001年6月，撤销质量安全处成立质量安全技术部；2002年3月，撤销质量安全技术部成立工程管理部；2005年3月，基础局改制后设立工程管理部。

自1982年以后，先后担任基础局质量安全管理部门正职的领导有安致文、袁国俊、贺永利。

先后担任过基础局质量安全管理部门副职的有孙化龄、秦肖明、王国民、孔祥生、张佳钰。

二、质量管理部门职能

据1984年基础局岗位职责汇编规定，施工技术处为质量管理责任部门，其职责为：编制质控、质检方案；负责施工质量的监督检查和参加竣工验收移交工作；组织有关部门进行质量事故检查，提出处理措施和意见。

据1991年基础局岗位职责汇编规定，质量安全处的质量职责为：贯彻实施国家和上级部门有关质量、计量工作的方针、政策、法规、条例；做好全局质量、计量工作的宣传教育和检查、督促、指导；组织制定或修订质量、计量各项规章制度；组织重大质量事故调查并提出处理意见；负责全面质量管理（TQC）工作。

1997年11月～2002年12月，质量安全处(质量安全技术部、工程管理部)的质量职责执行基础局质量体系文件中的作业文件——职能处室岗位职责，具体规定为：贯彻国家有关工程质量的法规、标准及基础局质量方针和目标，组织宣传、贯彻GB/T 19002标准；组织质量体系文件的编制和管理；组织制定质量、计量管理制度并指导、监督、检查、实施；组织或参加重大质量事故、严重不合格品调查、处理或提出处理意见；组织检验、试验人员和内审员的培训工作；组织内部质量审核和管理评审的有关工作。

2003年1月～2005年12月，工程管理部的质量职责执行基础局质量体系文件（D版）中的作业文件——职能处室岗位职责，具体规定为：贯彻国家有关工程质量的法规、标准及基础局质量方针和目标，组织实施主管质量体系文件的控制；组织宣传、贯彻

GB/T19001 标准；组织制定质量管理制度并指导、监督、检查、实施；组织或参加重大质量事故、严重不合格品调查、处理或提出处理意见；组织检验、试验人员和内审员的培训工作；组织内部质量审核和管理评审的有关工作。原来负责的计量工作划归设备物资部管理。

2006 年 1 月起，安全生产管理部（原工程管理部）的质量职责执行基础局有限公司质量管理制度汇编中各相关职能部门质量职责，具体规定为：贯彻公司质量方针和目标，制定各项质量管理制度，指导、监督、检查各单位行使质量管理职能；负责内部审核和管理评审的准备工作，汇总审核结果，报告质量体系运行情况，组织质量改进，验证纠正措施；组织编制或修改质量体系文件，并对质量体系文件和质量记录进行管理；负责对施工过程、工程产品标志和可追溯性、工程产品防护及交付的监督管理；负责对不合格品、过程产品的监视和测量以及纠正和预防措施的监督管理；参加重大质量事故的调查处理，组织制订事故的处理方案和纠正措施。

第二节　质　量　责　任

基础局组建以来，始终围绕国家质量方针和政策开展质量工作，建立、健全了质量责任制度，特别是 1997 年贯彻质量管理体系标准后，不断完善和改进质量责任体系，明确规定了各级管理、执行、验证等与质量有关人员的质量责任。

1983 年，基础局制定了《质量责任制度》。1991 年，进行了修编。该制度规定了公司经理、总工程师、工程处处长、处主任工程师、质量管理部门、相关职能部门、工程处质检员、施工员（包括工长、机长、班长）、生产工人以及试验、测量、材料供应等各级人员的质量责任。

1997 年，基础局制定了一套完整的质量体系文件，在《质量手册》中规定了最高管理层领导、职能部门、工程处、项目经理部以及试验室的质量职责，并要求各部门、各单位制定本部门和本单位各级人员的质量职责；在作业文件中编制了《施工单位负责人岗位职责》和《职能部门负责人岗位职责》，进一步强化了施工单位和职能部门负责人的领导责任。

1998 年、1999 年、2002 年分别对质量体系文件作了修订，各级领导、部门、单位与质量有关人员的质量职责也适当作了修改，使质量职责划分上更趋于合理，责任更加明确。

基础局改制后，按照改制后的机构设置，于 2006 年 1 月发布了《质量管理制度汇编》，重新确定了各级领导、部门、各基层单位所有与质量有关的人员的质量职责，从最高领导层、职能部门、二级公司、项目经理部以及施工技术人员、质检员和试验员、机长、班长，均规定了明确的质量责任。

2006 年 7 月，基础局修订发布的《质量体系文件》要求各部门、单位制定与本部门、单位有关的质量职责、权限和相互关系。

第三节　质　量　保　障

一、质量制度保障

质量管理制度是开展质量工作的指导性文件，是质量管理的基本保证。基础局成立以来，逐步建立和完善了各项质量管理制度，保证了质量管理工作的严肃性和规范性。

1983 年，基础局制定了《质量责任制度》和《基础处理工程质量检查实施办法》，是当时进行质量管理和质量控制的重要文件。特别是《基础处理工程质量检查实施办法》，依据水电总局 1981 年颁发的《水电基本建设工程施工质量检查暂行办法》，从施工准备、施工过程、竣工验收和质量事故 4 个方面对质量检查工作作了详细规定，对控制全过程工程质量发挥了重要作用。

1983 后，基础局陆续制定和补充了一些质量管理制度，并于 1991 年进行了汇总和修改，编制了一套《工程质量管理制度》，该制度依据水电部 1987 年颁发的《水利水电基本建设工程质量管理若干规定》，遵循“谁施工谁负责”和“预防为主”的原则，从组织机构、质量管理、事故检查处理及报告、质量奖惩各个方面作了明确规定。另外，还依据《水利水电基本建设工程单元工程质量评定标准》（SDJ 249—88），制定了《单元工程质量等级评定标准和统计办法》。

1997 年，基础局按照质量体系文件要求，在作业文件中编制了《工程质量管理制度》，该制度依据《水利水电基本建设工程单元工程质量等级评定标准（1988 年）》、《水利水电工程施工评定规程（1996 年）》、《水电建设工程质量管理暂行办法（1997 年）》和《水利工程质量管理规定（1997 年）》，对公司的工程质量评定规程、单元工程质量等级评定标准、质量统计上报、质量事故管理以及质量奖惩均作了详细规定。另外，在作业文件中还单独编制了《质量检查工作规定》。

1998 年、1999 年、2002 年分别对质量管理制度作了修订。

2006 年 1 月，基础局发布了《中国水电基础局有限公司质量管理制度汇编》，共涉及 6 项管理制度，分别是：质量职责，质量监督和检查规定，工程质量等级评定规定，工程质量统计、上报及资料的归档规定，工程质量事故管理规定和工程质量管理奖惩规定。

二、质量体系的建立和改进

随着 ISO 系列标准对国际市场影响的不断扩大，我国于 1994 年开始在各行业推行质量认证工作。1995～1996 年，水电总公司多次在本系统召开贯彻 ISO 9000 标准会议，基础局贯标工作从此起步。

1995 年 4 月，基础局着手培养了首批质量体系内部审核员，1996 年 8 月组织编写了《贯标认证工作安排意见》，并下发到各职能部门和单位。1996 年 9 月，成立了贯标工作领导小组，贯标办公室设在质量安全处，从此，贯标调研工作深入展开。在前期学习和调研的基础上，基础局于 1997 年 4 月 28 日召开了贯标动员大会，局、处两级领导及专业技术人员近百人参加了会议，把贯标工作推向高潮。1997 年 8 月 4 日，基础局与河北质量咨询公司正式签订了质量体系认证咨询合同，1997 年 8 月 14～15 日，河北质量咨询公司派专家对质量体系文件编写成员进行了培训，1997 年 8 月 20 日～11 月 17 日，依据 GB/T 19002—1994《质量体系生产、安装和服务的质量保证模式》进行了质量体系策划，编制了质量体系文件，于 1997 年 10 月 21 日，将质量体系文件正式提交中质协河北质量认证公司，并在同一天，与河北质量认证公司签订了质量体系认证合同。1997 年 11 月 17 日质量体系文件正式发布和实施，标志着基础局的质量保证体系正式建立。

质量方针为：严格管理、精心施工、技术先进、质量优良。

质量目标为：单元工程合格率 100%，优良率不低于 75%；工程交验合格率 100%，优良率不低于 70%。

经过半年多的质量体系运行，于 1998 年 5 月基础局组织了内部质量体系审核，1998 年 6 月接受了中质协河北质量认证公司的预外审核，1998 年 7 月，进行质量体系认证审核，1998 年 9 月获准了中质协质量保证中心的审核认证。1999～2006 年，连年通过了中质协质量保证中心的监督审核或复评审核，保持了质量认证证书的有效资格。

质量体系建立以来，基础局根据企业改革、机构调整和质量改进的需要，以及质量管理体系标准换版的要求，5 次修订了质量体系文件，所依据的标准也由 GB/T 19002—1994 过渡到 GB/T 19001—2000 。基础局继 1997 年 11 月发布了 A 版质量体系文件后，于 1998 年 5 月发布了 B 版质量体系文件，1999 年 3 月发布了 C 版质量体系文件，2002 年 12 月发布了 D 版质量体系文件，2006 年 7 月发布了 E 版质量体系文件。

三、质量教育和培训

1986 年，国务院颁发了《关于加强工业企业管理若干问题的决定》，要求全国工业企业“抓管理、上等级、全面提高素质”，切实搞好职工培训，不断提高职工队伍素质。国家经委下发了《关于 1986 年大中型工业企业推行全面质量管理计划》的通知，要求企业把质量管理教育纳入职工教育计划。“八五”期间，国家进一步加强企业升级工作，对全面质量管理普及教育工作提出了很高的要求。基础局积极响应国家号召，于 1987 年 6 月选派 9 名技术业务骨干参加了天津市质量协会组织的全面质量管理辅导员培训，培训期满取得合格证书后，在公司开展全面质量管理普及教育工作。截至 1991 年 7 月，职工全面质量管理普及教育率达到 95%以上，为基础局上等级进入市级先进企业行列创造了条件。

贯彻 ISO 9000 标准，建立质量体系，是基础局质量管理工作的又一个里程碑。为保证质量体系符合标准、适应公司发展需要并持续有效运行，基础局从提高各级、各类人员素质入手，广泛开展贯标培训工作。1995 年以来，基础局多次举行贯标培训班，高层领导、职能部门和基层单位负责人、专业技术骨干、与质量有关的管理人员和作业人员均参加过培训。1995 年 4～9 月，基础局培训了第一批质量体系内部审核员 20 名，1997 年 6～9月培训了第二批质量体系内部审核员 23 名，2002 年 1 月培训了第三批质量体系内部审核员 51 名，2005 年 2 月培训了第四批质量（环境、职业健康安全）体系内部审核员 85 名，他们中多数人成为贯标的骨干，对维护基础局质量体系有效运行发挥着重要作用。另外，还先后培养了 5 名质量体系外审员，对改进和提高基础局质量体系管理水平起到了促进作用。

质量检验和试验人员的素质，直接影响着基础局对工程质量的控制水平。早在 1984

年，质量责任制度就做出了规定：质检人员要“熟悉施工图纸、技术要求、质量检查标准等技术文件”，要“指导初检、做好复检、参加终检”；试验人员要“做好控制施工质量的试验和测量鉴定工作”。岗位责任决定质量检验和试验人员必须掌握相关的专业知识和技能，因此，对质量检验和试验人员的培训十分必要。一直以来，质量检验和试验人员多数由工程技术人员担任，他们主要通过自学和师徒对口提高业务能力。“八五”期间，基础局曾选派质量检验和试验人员参加天津市技术监督局组织的质量监督培训，进一步提高了质检人员的管理素质，增强了基础局对工程质量的监控能力。质量体系建立后，基础局对质量检验和试验人员的培训更加重视，明确规定质量检验和试验人员必须持证上岗，截至2006年底，质量检验持证人员290名，试验持证人员239名，他们分布在各分公司、科研所和工程项目上，肩负着对工程质量的检验和试验任务。

四、质量监督检查

质量监督检查是质量管理活动中一项重要的职能，是贯彻质量方针、落实质量管理制度、执行质量法规和标准的保障手段。基础局组建以来，对工程质量监督检查工作一贯严格要求，1983年，《基础处理工程质量检查实施办法》中明确规定了工程质量三级检查程序，即机班组“初检”、质检人员“复检”、发包单位设计人员和质检人员联合“终检”，并要求施工单位要把机班组自检、互检和专职人员检查结合起来，共同把好质量关。建立质量体系后，“三检制”被写入《质量手册》并重新定义，即机班组“初检”、现场技术值班员或质检人员“复检”、施工单位、设计单位、监理单位联合“终检”。

依据GB/T 19001—2000标准关于监视和测量条款，基础局于2002年底发布了《过程产品监视和测量控制程序》，要求对质量管理体系的过程进行监视和测量，即通过内部质量审核活动，掌握质量管理体系的各个过程是否符合质量计划的安排；通过质量监督检查，督促各单位落实有关质量工作的机构、人员、设备、方案、措施及管理制度等，从而保证工程质量。质量体系建立以来，基础局每年均组织对职能部门、科研所、各施工单位和工程项目部的内部质量审核，对审核中发现的不符合项及存在的问题要求责任单位限期整改，并就审核结果输入管理评审，以持续不断地改进和提高质量管理体系。为进一步强化质量管理职能，从2006年起基础局实行“三级质量监督检查制”，即公司重点抽查、二级单位定期检查、项目经理部及施工机班组经常性检查，取得了良好的效果。

五、质量奖惩

建立质量奖惩制度，是质量管理工作中采取的激励和约束手段，也是贯彻落实质量责任制的一项重要举措。通过质量奖惩，增强各级人员的质量意识，从而提高工作质量，最终达到提高工程质量的目的。

早在1983年，基础局就制定了《优质工程项目和优质施工单位评选办法》，该《办法》的实施，对促进工程质量管理，创建优质工程发挥了重要作用。1991年以来，基础局在全国狠抓产品质量的背景下制定了《质量奖惩办法》，逐步推行“质量否决权”、工资含量指标考核制度，将工程质量情况纳入各单位“一把手”年终考核的内容，对有效控制质量事故，提高工程质量起到了积极的作用。

1997年以后，随着质量体系的建立，质量管理工作逐步规范，基础局在有效控制不合格工程产品（工序）的同时，更加注重对质量管理工作的考核和评价，并不断总结经验，于2005年底重新制定了《工程质量管理奖惩规定》。该《规定》的出台和实施，促进了质量责任制的贯彻落实。

基础局在实行《工程质量管理奖惩规定》的同时，还实行了绩效目标责任书和项目管理目标责任书制度，其中质量指标均作为二级公司和项目经理的重要考核指标，与其个人收入紧密挂钩，极大地调动了主要负责人落实各项质量工作的积极性。

第五章 安 全 管 理

第一节 机 构 及 职 能

为加强对安全生产工作的管理，基础局组建以来，组织成立了安全生产管理部门，并根据国家和上级的政策要求，结合企业生产经营实际多次进行调整，不断地完善安全生产管理职能。

一、安全生产管理机构设置情况

1982年6月，成立了施工技术处，在施工技术处设置了质量安全科；1986年2月成立了质量安全处；1988年5月～1990年6月，质量安全处与施工技术处合署办公；1990年7月，质量安全处单独设立；1996年12月成立安全监察部，与质量安全处合署办公；1998年5月撤销安全监察部，恢复质量安全处；2001年6月，撤销质量安全处成立质量安全技术部；2002年3月，撤销质量安全技术部成立工程管理部；2002年10月，成立安全监察部，与工程管理部合署办公；2005年3月，改制后设立工程管理部；2005年8月成立安全生产管理部，与工程管理部合署办公；2005年9月，安全生产管理部更名为安全生产监督管理部。

二、安全生产管理部门职能

据1984年岗位职责汇编规定，施工技术处为安全生产管理责任部门，其职责为制定施工安全操作规程，制定职工防尘、防毒、防潮、防暑降温、防寒、职业病防治措施，以及环境保护工作，协同有关部门对职工进行安全教育工作；组织有关部门进行人身事故、机械事故和其他事故的检查，提出处理措施和处理意见，负责工伤的鉴定和管理工作。

据1991年岗位职责汇编规定，质量安全处的安全生产职责为贯彻实施国家和上级部门有关安全、劳动保护工作的方针、政策、法规、条例；做好全局安全、环境保护、劳动保护工作的宣传教育和检查、督促、指导；组织制定或修订安全规章制度，搞好本专业系统的业务建设；定期或不定期地组织全局安全生产检查，对严重安全隐患组织整改；组织对重大安全事故的调查、处理、统计工作，起草和审核事故调查报告，并提出对事故责任者的处理意见报局审批；负责劳动保护计划的制订和实施，审定各基层单位的劳动保护计划。

1997 年 11 月～2005 年 6 月，质量安全处（质量安全技术部、安全监察部）的安全生产职责执行质量体系文件中的作业文件——职能处室岗位职责，具体规定为贯彻国家有关安全生产的法规、标准；组织制定工程局安全生产管理制度并指导、监督、检查、实施；组织或参加重大安全事故的调查、处理或提出处理意见。

2005 年 7～8 月，工程管理部（安全监察部）的安全生产职责执行《环境和职业健康安全管理手册》中的职责规定，具体为认真贯彻环境、健康安全生产方针、法规、标准，负责检查环境、健康安全生产工作的执行情况；负责组织和协助制定、修改公司环境和健康安全生产管理制度、规定、重大事故应急处理预案的编制，经主管领导批准后发布执行，并监督检查其执行情况；组织或督促各单位开展环境、健康安全生产宣传教育活动；不定期地做好项目负责人及专职安全员的培训工作；负责对施工单位进行定期或不定期的环境、健康安全检查和考核；组织研究防止职业病工作；参加伤亡事故的调查处理，及时、如实向有关部门报告安全事故，负责统计、分析、报告及伤亡事故的归档工作；组织修订劳动保护用品的发放标准和审定标准以外的（特殊情况）劳保用品计划，并对劳动保护用品发放标准的执行情况进行监督检查；负责全公司环境、健康安全事故应急预案的监督实施，对存在重大危险的工程项目，组织或指导相关单位制定相应的应急预案；负责检查落实各单位防汛、度汛项目的措施制定情况；督促施工单位做好施工现场文明生产的管理；负责制定安全生产奖惩办法，并进行奖惩兑现；负责公司安全生产委员会的日常工作。

2005 年 9 月以来，安全生产管理部（原安全生产监督管理部）的安全生产职责执行《安全规章制度汇编（1）》中各职能部门安全职责，具体规定为认真贯彻安全生产方针、法规、标准，负责检查执行情况；负责组织和协助制定、修改公司安全生产管理制度、规定，经批准后发布执行，并检查其执行情况；组织或督促各单位开展安全生产宣传教育活动；不定期地做好项目负责人及专职安全员的安全培训工作；负责对施工单位进行定期或不定期的安全检查；参加伤亡事故的调查处理，及时、如实向有关部门报告安全事故，负责统计、分析、报告、归档伤亡事故工作；组织修订劳动保护用品的发放标准和审定标准以外的（特殊情况）劳保用品计划，并对劳动保护用品发放标准的执行情况进行监督检查；对存在重大危险因素的工程项目，指导其制定相应的应急预案；参加年度安全生产责任制的考核及有关人员的考评，提出安全奖励建议；监督检查各有关单位对安全规章制度执行情况；负责检查落实各单位防汛、度汛项目的措施制定情况；督促施工单位做好施工现场文明生产的管理；负责公司安全生产委员会的日常工作。

第二节　安 全 生 产 责 任

基础局组建以来，始终把安全生产工作放在首位，管理模式不断改进，管理水平也逐步提高，特别是按照 GB/T 28001—2001 标准建立了职业健康安全管理体系以后，安全生产工作由被动变为主动，由事后处理变为事前预防，安全生产职责和权限更加清晰，安全生产责任体系逐步得到健全。

基础局于 1983 年制定了《安全生产责任制》，规定了公司经理、总工程师、工程处处长、处主任工程师、安全管理部门、相关职能部门、工程处安全员、施工人员（包括机长、班长和生产工人）等各级人员的安全生产责任。

1991 年，基础局重新修订了《安全生产责任制》。该制度规定了“管生产必须管安全”的原则，进一步强调了高层领导中主管生产工作的副职的安全领导责任；对职能部门与施工单位业务部门的安全职责界定更加明确，特别是突出了安全职能部门对安全生产工作的检查责任。

1997 年，公司制定了一套完整的质量体系文件，在作业文件《安全管理制度》中编制了《安全生产责任制》，明确规定各级行政正职是本单位的安全生产第一责任人，对安全生产负全面的领导责任；各级行政副职是自己分管工作范围内的安全生产第一责任人，对分管工作范围内的安全工作负领导责任。对与安全生产有关的各级管理、执行人员，主要包括最高管理层、职能部门负责人、施工单位主要负责人、项目经理、施工单位安全科长、生产机（班）长，以及班组操作人员的安全生产职责均作了具体规定。

1998 年、1999 年、2002 年，基础局分别对《安全管理制度》作了修订，但对《安全生产责任制》修改内容不多，只是在 2002 年《安全生产责任制》中增加了对工程处和项目经理部科室相关人员的安全生产职责进行细化和分解的要求。

2005 年 7 月，基础局建立了安全生产管理体系后，先后编制了《安全规章制度汇编(1)》和《安全规章制度汇编 (2)》，在《安全规章制度汇编 (1)》中，制订了《安全生产责任制》，并于 2005 年 9 月正式发布实施。按照安全管理体系的组织结构，基础局重新确定了最高管理层领导、部门和基层单位负责人、基层安全部门人员、项目部各级人员的安全生产职责，并要求各部门和基层单位根据本部门、本单位的安全职责进行职能细化和分解。与以前安全生产责任制度相比，该制度不仅规定了各级、各位领导人员的安全生产责任，同时也强调了全体员工对所从事岗位的安全生产责任，体现了全员性的、全过程的安全生产管理理念。

第三节　安 全 生 产 保 障

一、安全生产制度保障

为规范员工的行为，协调生产经营过程中人、机、环境三者之间的关系，从而保证安全生产，企业必须建立和不断完善安全生产管理制度。基础局组建以来，逐步建立和完善了各项安全生产规章制度，不断地规范安全生产管理，为保持安全生产良好态势打下了坚实的基础。

1983 年，基础局制订了《安全生产管理制度》，主要规定了安全生产管理机构、安全生产责任制和伤亡事故报告处理程序。该制度从机构上明确了最高管理层与安全管理部门（质安科）、安全管理部门与施工单位安全员之间的工作关系，提出了对安全员的素质和安全员配置的基本要求；在安全生产责任制上，规定了各级人员在本职工作中的安全生产职责；在伤亡事故的报告和处理方面也作了初步规定。

1983 年以后，基础局陆续制定和补充了一些安全生产管理制度，并于 1991 年进行了汇总和修改，重新编制了《安全工作管理制度》。该制度共十章，包括总则、各级行政领导人员各职能处室安全生产职责、外包工程安全管理暂行办法、安全管理通则、施工现场安全管理、机械电器设备安全管理、锅炉和压力容器安全管理、油库安全管理、安全生产经济奖惩办法、职工个人劳动防护用品发放管理制度和发放标准（1987 年开始执行），涉及内容主要有目的、原则、适用范围、各级人员职责、外包工程安全管理、安全员配置、安全培训、安全检查、事故报告和处理、施工现场安全管理、机械电器设备安全管理、锅炉和压力容器安全管理、油库安全管理、安全生产经济奖惩、劳动防护用品管理等。

1994 年，基础局组织编制了《安全技术工作规程》。《规程》根据国务院和电力工业部关于安全生产的决定，依照《水利水电建筑安装安全技术工作规程》（SD267—88），结合基础处理实践经验编制而成。《规程》包括总则、施工现场安全、施工用电安全、施工供风和供水安全、施工运输安全、起重安全、焊接与切割安全、基础处理安全共 8 篇，其中基础处理篇分为一般规定、钻孔灌浆、化学灌浆、混凝土防渗墙、液压抓斗操作及保养、打桩共 6 章。《规程》还编录了《企业职工伤亡事故报告和处理规定》（中华人民共和国国务院令第 75 号）、电力工业部《关于安全工作的决定》、《水利水电职工安全生产守则》，是广大职工掌握安全生产知识和技能的重要依据。

1997 年，基础局建立了质量体系，将《安全生产管理制度》和《安全技术工作规程》均纳入质量体系文件的作业文件中。1998 年、1999 年、2002 年随着质量体系文件的修订，对《安全生产管理制度》也一并作了修改。2002 年 12 月发布的《安全管理制度》主要内容包括总则、安全组织管理、安全生产责任制、安全生产教育、安全生产检查、事故管理、施工现场环境保护、安全预测和危险源控制、劳动防护用品发放标准和使用规定、安全生产奖惩办法，与以前《安全生产管理制度》相比，质量体系框架下的《安全管理制度》对安全预测和危险源控制作了初步规定。

1999 年，基础局组织修订了《安全技术规程》，并于 2000 年 1 月 1 日发布实施。该《规程》结合基础局生产经营实际，在地基处理与基础工程施工安全技术规程中，编制了混凝土防渗墙、基础灌浆、灌注桩基、振冲、高喷灌浆、预应力锚固 7 项常用的施工方法，同时对现场安全技术、施工用电安全技术、起重安全技术、高空作业安全技术、施工运输安全技术、消防安全技术、压力容器安全技术和危毒物品使用均作了详细规定，另外还编录了有关劳动安全卫生法规、安全常识和安全警句供职工学习，对提高广大职工特别是施工人员的安全知识水平具有重要意义。

2005 年 7 月，基础局建立职业健康安全管理体系以来，先后编制了《安全规章制度汇编（1）》和《安全规章制度汇编（2）》，并分别于 2005 年 9 月和 2006 年 12 月发布实施。两册《汇编》共编制 25 项安全生产规章制度，其中《汇编（1）》编制了《安全生产责任制》、《安全生产检查制度》、《安全生产会议管理制度》、《安全教育培训管理制度》、《分包队伍（外协队）与外雇人员的安全管理制度》、《安全生产投入管理制度》、《安全生产伤亡报告制度》、《安全事故调查处理制度》、《安全生产责任追究制度》、《安全生产考核奖惩管理制度》、《重大事故“说清楚”制度》、《重大危险因素（源）控制管理制度》、《生产安全事故应急救援预案管理制度》;《汇编(2)》编制了《安全技术措施管理制度》、《施工安全现场资料管理制度》、《职业病防治管理办法》、《施工生产用电安全管理制度》、《设备安全管理制度》、《特种作业安全生产管理制度》、《消防安全管理制度》、《交通安全管理办法》、《防汛工作管理制度》、《施工现场礼仪标志规定》、《安全事故及灾害应急处理预案》、《安全生产伤亡事故统计规定》。两册《安全规章制度汇编》的发布和实施,使基础局安全生产制度建设得到了完善并形成体系。

二、环境和职业健康安全体系的建立和改进

中国加入WTO后,面对国际、国内市场对环境和职业健康安全方面越来越高的要求,基础局贯彻环境和职业健康安全管理体系势在必行。

2005年3月20日,基础局在职工代表大会上决定建立环境和职业健康安全管理体系。为确保环境和职业健康安全管理体系符合GB/T 24001—2004标准和GB/T 28001—2001标准的要求,并能满足企业内部环境管理和安全生产管理水平不断提高的需要,在多年来贯彻质量体系标准实践经验的基础上,基础局认真策划环境和职业健康安全管理体系。2005年2月,基础局组织了环境和职业健康安全管理体系文件编写人员和内审员共86名参加了培训,邀请了河北质量协会的专家授课,为建立和实施环境和职业健康安全管理体系打下了基础。3月,基础局开始进行环境和职业健康安全管理体系文件策划并组织管理手册和程序文件的编写工作。5月底完成了环境和职业健康安全管理体系手册和程序文件的初稿,经公司领导、各相关部门审核并进行修改后,于2005年6月上旬提交河北省认证中心审核,2005年6月30日发布,2005年7月1日开始实施。从此,基础局的环境和职业健康安全管理体系正式建立。

环境和职业健康安全管理方针为:遵守法规、保护环境、预防危害、安全作业、强化管理、持续改进。

环境目标为:制定保护环境措施率达到100%,作业场所排放符合环境标准或指定地点排放。节约能源资源,降低能源消耗。

职业健康安全目标为:杜绝重大责任伤亡事故,减少各类危害事件的发生,重伤率不超过1‰,轻伤率不超过5‰,职业病率不超过1‰。

2005年8～10月,基础局组织内部审核,并对审核中发现的问题和不符合事项组织整改。2005年10月25～26日,基础局接受河北质量认证公司的预外审核,并于2005年11月25～26日进行了认证审核,经河北质量认证公司审核组推荐,于2005年12月28日获得了中质协质量保证中心的环境和职业健康安全管理体系认证证书。2006年通过了中质协质量保证中心的监督审核,保持了环境和职业健康安全管理体系认证证书的有效资格。

通过建立和改进环境、职业健康安全管理体系,基础局提高了对危险源和环境因素的预控能力,使环保工作和职业健康安全工作由被动变为主动,变事后处理为事前预防;增强了员工的自我保护意识、环保意识和守法意识,有利于保护环境、防范和减少人员伤亡、职业病发生以及设备、设施事故;提高了企业的总体管理水平,树立了企业的良好形象,增强了企业在国内、国际市场上的竞争力。

三、安全生产教育培训

早在1954年，劳动部就下发了《关于进一步加强安全教育的规定》，并把“三级”安全教育列入其中。1980年以来，国家广泛开展“安全月”、“安全周”和“安全年”活动，安全教育形式更加丰富。2002年11月，国家《安全生产法》颁布实施，安全生产教育被赋予了新的内涵，对生产经营单位的主要负责人、安全生产管理人员、各类从业人员和特种作业人员的安全教育培训均作出了明确规定。

基础局组建以来，认真执行国家有关安全生产教育和培训的政策规定，始终坚持“三级”安全教育制度，坚持开展安全宣传教育活动，坚持特种作业人员持证上岗制度，积极组织施工生产负责人、专职安全员、特种作业人员等参加水电系统、水利系统、建筑行业及地方劳动部门、安监部门主办的各类安全知识和安全技能培训。特别是在国家《安全生产法》实施以来，基础局对“三类人员”，即企业负责人、工程项目负责人和专职安全员的安全生产知识培训极为重视，截至2006年底，共组织培训“三类人员”363名，对提高各级、各类人员的安全生产法规知识和安全技术知识水平，防止不安全行为发生，减少各类安全生产事故，确保企业安全生产方针和目标的贯彻执行，实现安全生产和文明生产具有重要意义。

四、安全生产检查

安全生产检查是安全生产管理工作的重要内容，是消除隐患、防止事故发生、改善劳动条件的重要手段。基础局组建以来，一贯重视安全生产检查工作，各时期的安全生产管理制度中，都规定了安全生产检查的内容。特别是建立了职业健康安全管理体系以后，基础局专门编制了《安全生产检查制度》，对安全生产检查的形式和内容均作了详细规定，检查的形式主要有值班员和班组日常检查、项目部组织检查、特殊危险作业项目专项检查、季节性检查和综合检查；检查内容有安全管理、施工场地、施工用电、施工机械及其他应注意的事项，通常采用检查表形式进行现场打分。

多年来，基础局对重点项目和高危险项目十分关注，如长江三峡、黄河小浪底、广西天生桥、润扬大桥、湖北隔河岩、河北黄壁庄，清江水布垭、西藏直孔和老虎嘴、贵州索风营、四川的锦屏、武都、向家坝、沙湾等基础处理工程，都特别注重日常隐患的排查工作，并适时组织高层领导、专家、安全管理部门负责人和专职安全员深入现场进行安全检查，特别对安全风险较大的施工项目，往往要组织专项检查和现场监控，督促工程项目部认真落实安全生产规章制度，并针对工程特点和危险因素制定切实有效的安全技术措施和必要的应急预案，保证了重点项目和高危险项目的安全生产。

五、安全生产责任制的落实

安全生产责任制是各项安全生产管理制度的核心。基础局组建以来，把建立安全生产责任制放在建立各项安全生产规章制度的首位，并经过多年实践经验的积累，形成了一个“横到边、纵到底、全员化、全过程、职责明确、分工协作”的安全生产责任制度。

为了从组织上保证安全生产责任制的落实，20世纪90年代初期，基础局就开始成立了安全生产委员会，研究解决企业安全生产工作中遇到的重大问题；各二级公司（工程处）分别成立了安全生产领导小组，针对本单位实际情况组织开展安全生产工作。安全生产委员会主任由最高管理者担任，成员由职能部门负责人和二级公司（工程处）负责人组成，并随着机构的调整和人员的变化多次进行了调整。在安全生产委员会的领导下，安全管理部门组织监管，职能部门各负其责，基层单位层层落实，已经实现了“统一领导、综合协调、分级监管、全员参与”的安全生产责任体系。

为激励各单位安全生产第一责任人履行安全生产职责，从1992年起基础局实行了《安全生产责任书》制度，每年根据水电集团公司（总公司）下达的安全生产指标，结合本企业生产计划和安全生产目标制订《安全生产责任书》，明确基层单位安全生产第一责任人的责任和义务，拟订奖罚条款，并由最高管理者与基层单位安全生产第一责任人在年初签订，经年终考核，奖罚兑现。另外，各基层单位依据基础局下达的安全生产指标，与各工程项目负责人订立了安全生产责任书，各工程项目部与施工机组订立了安全生产责任书，经年终或工程项目竣工后考核，奖罚兑现。经过对安全生产指标的层层分解和对安全责任的逐级细化，激励各级人员进一步重视安全生产工作。

第六章 人事劳动管理

第一节 机构沿革

1959年，密云水库修建总指挥部基础处理指挥部（1963年在此基础上成立基础处理工程总队），设立了人事保卫科、劳动工资科，这是基础公司历史上第一个人力资源管理的两个部门。

1969年7月，由于“文革”的冲击，基础处理工程总队下放到各水电工程局。

1979年，水利电力部决定成立地质勘探基础处理公司，组建初期由于电力工业部和水利部的分设，也曾经历一段水、电两公司分设时期。1982年5月水、电两公司合并后设立干部处（组织部）、劳资处。1985年3月设立劳动人事处，这是基础公司干部、劳资管理机构第一次合并。

1990年12月，基础公司又分设了干部处（组织部）、劳资处。1991年4月，教育科划归劳资处，劳资处更名劳资教育处。1998年11月，干部处与劳资教育处合并为劳动人事处。2002年1月，劳动人事处更名为人力资源部至今。

部门领导任职情况：

1966年以前曾经担任过人事保卫科长的有陈相图、副科长王同云。

1966年以前曾经担任过劳动工资科负责人的有徐德才、李庆甫、陈相图、曹善平、王双成。

1980年以后曾经担任过干部处长的有刘正安、慈玉贵、陈治先、贡礼荃。

担任过干部处副处长的有邵瑞敏。

1980年以后曾经担任过劳动工资处长的有邓志光、郑荣光。

担任过劳动工资处副处长的有滕于谟、张新光。

担任过劳动人事处处长的有任烽光、范学禹、郑荣光、黄卫平、王金良。

担任过人力资源部主任的有李建军、黄金花、彭善民。

担任过人力资源部副主任的有张佳钰、张超魁、王学松。

担任过人力资源部高级主管的有部玉秀、鲁青。

第二节　干　部　管　理

一、干部来源

基础局成立后，干部来源在任何一个时期的特点是来自五湖四海。这个特点从1959年基础总队成立时就是如此，组建时期的干部既有丰满、官厅、三门峡、水利二师的老水电，又有北京、河北、山东的地方干部，他们在都是经过抗日战争和解放战争的老同志，为组建基础局立下了不朽的功勋。

1979年，基础局重新组建时，水电部从各工程局抽调了一部分管理、技术干部，充实到机关各个部门，加上原基础总队的干部，成为20世纪80年代基础局的中坚力量。

1969年下半年，从各大中专院校分配而来的毕业生有100余人，这批人大多数在20世纪90年代成为基础局的中层骨干。

从1982年起，基础局每年陆续接收大中专毕业生，截至2006年底一共招收611人。现在局级领导、大部分中层领导都是这些在基层长期工作中经受了锻炼和考验，具有较强的事业心和责任感的优秀大中专毕业生。

二、干部管理体制

1966年以前，基础总队的副科级以上干部由水电总局任命。

1982年合并为水利电力部地质勘探基础处理公司时，实行党委负责制的领导体系，处级干部的任免由水利电力部水电建设总局负责。科级干部由基础局组织部考核管理，党委讨论任命。

1982年，副处级干部任免权下放到基础局。1984年，处级干部任免权也下放到了基础局。任免权为基础局党委。

1983年5月6日，中央组织部以［1983］干任字342号文任命基础局主要领导，全文如下：中央同意余少先为水利电力部地质勘探基础处理公司党委书记；何时英为水利电力部地质勘探基础处理公司经理。

1986年在推行公司经理负责制的过程中，首先在工程处试行处长负责制，公司机关部门负责人和科级干部实行任期制。下放工程处科级干部的管理权，由工程处任命，向公司备案。

1987年实行经理负责制后，行政干部由干部处管理，机关的处、科级和工程处的处级行政干部实行聘任制，聘期三年，试用期半年，到期后以不免即聘的方式续聘。聘任权限由经理聘任。党群干部由组织部管理，实行任期制，任期和试用期与行政干部相同。由公司党委任命。

1998年，首次实行机关处级干部竞争上岗制度，同时实行因年龄原因退居二线的咨询制度。干部管理由劳动人事处负责。

2005年，中国水电基础局有限公司成立后实行第二次竞争上岗制度，中层管理人员由总经理聘任，党群干部由有限公司党委任命。干部管理由人力资源部负责。

第三节 劳 动 管 理

一、工人来源

基础总队在密云水库组建时间，老工人队伍有从三门峡调来的原丰满水电局钻孔灌浆队150余人，从官厅水库工地调来的水利发电建设总局钻探队伍200余人。加之1959年底从北京、河北（含天津）各县建设密云水库的民兵转为固定工近1000人，组成了密云水库基础处理指挥部的工人主体。

1971年，水电六局基础大队在四川渔子溪电站施工时，有250余名四川籍临时工招录为正式工。

1971～1976年，水电五局在碧口水电站工地施工招收工人时分配给五大队（基础大队）先后130余人。根据当时国家建设三线的有关规定，其中大部分是职工子女。

1978年，水电六局在江西柘林电站施工时，招录100名固定工，其中多数为下乡知识青年，少部分为职工子女。

1981～1984年，基础局在杨村组建后，先后承揽了龙羊峡等水电站的钻探灌浆任务，由于原划归其他工程局的基础队伍，归属时一些当地籍的工人没有随队回归，造成劳动力不足，加上一些老工人身体素质不适应高原施工作业，经水电总公司批准，先后在杨村、四川、德州招录200余名新工人，当时国家允许煤炭，石油、地质勘探、森林四大艰苦行业内招子女，因此大部分是老职工子女。

1991～1995年，国家允许老工人退休后可由一名农村户口的子女顶替就业，这个时期招收了250余名老工人子女。

二、劳动保障年检

1996年《中华人民共和国劳动法》实施后，劳动行政部门每年对用人单位进行劳动保障年检。年检主要内容是劳动合同订立及履行情况；缴纳社会保险费情况；支付职工工资情况；执行工作时间情况；执行劳动管理规章制度情况；劳动安全、卫生情况；职业培训、技能鉴定情况等。

由于基础公司模范地遵守各项劳动保障法律、法规，严格执行劳动保障各项管理制度，劳动保障各项工作走在市、区各企业前列，经市区劳动保障局审查，1996～2008年，每年劳动保障年检均是合格单位，其中2000年获天津市劳动保障工作信得过的百佳企业，2003年、2006年获武清区“劳动保障先进单位”称号。

第四节 工 资 管 理

一、工资计划及工资总额控制

1983年以前，基础局的工资计划与全国各企业一样，即上年度末根据下年施工生产情况、职工人数等在编报劳动计划的同时上报工资计划，经水电总局批复后方能执行。这个时期对工资和招工指标，控制相当严格，每个职工指标就有一份相应工资，绝对不能突破。

1984年开始，国家对施工单位实行了百元产值工资含量办法，水电总局每年根据各施工单位的施工任务、工资总额，职工人数等因素核定百元产值工资含量系数，基础局的系数历年都核定在17％～19％。

工资总额的计算范围，按照国家统计局关于工资总额组成的现行规定并与核定工资总额含量的基础相结合。包括计时工资、计件工资、奖金、各种工资性质的津贴（含施工津贴、生活补贴、夜餐津贴、发给个人的冬季取暖津贴、副食补贴、粮煤补贴、班组长津贴、岗位津贴、回民津贴、学徒服装津贴以及高空、洞内、廊道、高温等保健津贴等），附加工资、加班工资以及其他形式支付的工资，均应包括在内。但劳动竞赛奖、材料节约奖，发明创造合理建议奖等，不列入工资总额的计算范围。

基础局也根据施工任务、利润、工期、质量、安全情况核定各二级单位的工资含量包干系数，施工主体（如灌浆、防渗墙）一般核定在13％～14％。

由于基础局一直坚持工资总额增长速度低于企业效益增长速度，平均工资增长速度低于劳动率增长速度及以丰（年）补欠的原则，故历年工资含量均有节余。

2006年以后，为了使企业工资总额与企业有效劳动更紧密地联系在一起，建立健全收入分配调控机制，切实发挥工资的激励和约束机制，基础局开始实行工资总额同企业总产值和实现利润相结合的复合指标挂钩形式。新办法规定产值基数按当年计划产值的70％计算；利润基数按当年计划产值的1.5％计算。

应提挂钩工资总额的计算办法：

应提挂钩工资总额＝核定的工资总额基数＋新增效益工资

新增效益工资计算办法：新增效益工资实行双挂钩提取。

（1）与实现利润挂钩新增效益工资计算办法：

新增效益工资1＝利润增加额×利润新增效益工资系数

利润增加额＝当年实际利润完成数－利润基数

（2）与企业总产值挂钩新增效益工资计算办法：

新增效益工资2＝产值增加额×产值新增效益工资系数

产值增加额＝当年实际产值完成数－产值基数

新增效益工资＝新增效益工资1＋新增效益工资2

新增效益工资系数确定：

完成当年下达的计划经营指标内利润增加额和产值增加额的，利润新增效益工资系数按0.32计算，产值新增效益工资系数按0.02计算。超过计划完成的，超过的部分，产值新增效益工资系数按0.03计算，利润新增效益工资系数按0.4计算。

二、工资标准

工资标准分为工人工资标准及干部工资标准，其中1985年以前的工资标准几乎是长达30年未变，1985～1995年的工资标准变化5次，1996年“三项制度改革”后实行了岗位、技能、年功工资，2006 年实行岗位绩效工资标准。

1958～1985 年工人、干部工资标准见表 5－6－1。

1996 年岗位、技能工资标准见表 5－6－2、表 5－6－3。

2006 年岗位绩效工资标准见表 5－6－4。生产操作岗位工资标准见表 5－6－5。历年员工情况见表5－6－6。2000～2006 年历年工资简况见表 5－6－7。

表 5－6－1　　1958～1985 年工人、干部工资标准　　单位：元

工人		干部		工人		干部	
等级	月工资	等级	月工资	等级	月工资	等级	月工资
1	34.00	十七	33.00			八	100.00
2	40.05	十六	38.00			七	112.00
3	47.19	十五	44.00			六	125.00
4	55.59	十四	49.00			五	141.00
5	65.48	十三	56.00			四	158.00
6	77.15	十二	64.00			三	175.00
7	90.88	十一	71.00			二	194.00
8	107.10	十	80.00			一	215.00
		九	89.00				

表 5－6－2　　1996 年岗位工资标准　　单位：元

岗级	24	23	22	21	20	19	18	17	16	15	14	13	12	11	10	9	8	7	6	5	4	3	2	1
标准一	216	208	200	192	184	176	168	160	152	144	136	128	120	112	104	96	88	80	72	64	56	48	40	32
标准二	290	280	270	260	250	240	230	220	210	200	190	180	170	160	150	140	130	120	110	100	90	80	70	60
标准三	330	320	310	300	290	280	270	260	250	240	230	220	210	200	190	180	170	160	150	140	130	120	110	100

表 5－6－3　　1996 年技能工资标准　　单位：元

原企业工资等级	干部	十七	十六		十五		十四		十三		十二		十一		十		九		八	
	工人	一	二		三		四		五		六		七		八		九		十	
	正副级		副	正	副	正	副	正	副	正	副	正	副	正	副	正	副	正	副	正
现技能工资等级		1	2	3	4	5	6	7	8	9	10	11	12	13	14	15	16	17	18	19
原企业工资标准		54	59	64	69	75	81	87	93	100	107	114	121	128	135	143	150	158	165	173
1993 年部颁技能工资标准		59	64	69	75	81	87	93	100	107	114	121	128	135	143	150	158	165	173	181
1994 年部颁技能工资标准		75	81	87	93	100	107	114	121	128	135	143	150	158	165	173	181	190	198	207
调整后技能工资标准		100	107	114	121	128	135	143	150	158	165	173	181	190	198	207	216	226	238	250

续表

原企业工资等级	干部	七		六		五		四		三		二		一		特一		特二			
	工人	十一		十二		十三		十四		十五		十六		十七		十八		十九		二十	
	正副级	副	正	副	正	副	正	副	正	副	正	副	正	副	正	副	正	副	正	副	正
现技能工资等级		20	21	22	23	24	25	26	27	28	29	30	31	32	33	34	35	36	37	38	39
原企业工资标准		181	190	198	207	216	226	238	250	263	277	290	304	317	331	344	358	371	385	399	413
1993年部颁技能工资标准		190	198	207	216	226	238	250	263	277	291	305	319	333	347	361	375	389	403	417	431
1994年部颁技能工资标准		216	226	238	250	263	277	291	305	319	333	347	361	375	389	403	417	431	445	459	473
调整后技能工资标准		263	277	291	305	319	333	347	362	377	393	409	426	443	461	481	507	542	577	622	667

表5-6-4　　2006年岗位绩效工资标准

岗　位	岗位工资（元）	绩效系数	工作年限
主任（副总师、正咨询）	2990	2.3	25年以上
	2900		15～24年
	2815		14年及以下
副主任（副咨询）	2480	1.5	20年以上
	2400	1.5	副主任10～19年
高级主管（博士研究生）		1.4	高管25年以上
	2320	1.5	副主任9年及以下
		1.4	高管20～24年
	2260	1.4	10～19年
	2200	1.4	9年及以下
主管（原科级、副科级协助人员，硕士研究生）	1700	1.2	20年以上
	1640	1.2	10～19年
	1460	1.2	主管9年及以下
主办（原科员级协助人员、双学士学位本科生）		1.1	主办15年以上
	1400	1.1	6～14年
	1300	1.1	主办5年及以下
业务员		1.0	业务员10年以上本科转正定级
	1100	1.0	业务员3～9年，专科转正定级
	1000	1.0	业务员2年及以下，中专转正定级
见习业务员	1100	0.8	本科
	940		专科
	880		中专

注　二级单位所属部门的主任对应上表的主管级，副主任岗位工资按本人工作年限所对应主管和主办的岗位工资标准中间值确定，岗位系数按照1.15执行。

表 5-6-5　　生产操作岗位工资标准　　单位：元

工种	工长	机长(组长)	班长	初级工		中级工或工作年限8～13年	高级工			技师	高级技师
				工作年限3年以下	工作年限3～8年		工作年限14～20年	工作年限21～28年	工作年限29年以上		
液压铣、抓斗	—	1600	1450	1050	1250	1300	1350	1400	1480	1530	1610
灌浆工、防渗墙工、高喷工、锚索工	1500～1700	1560	1420	1000	1200	1250	1300	1350	1430	1480	1560
制浆工、浇筑工、拔管工、钢筋工、电工(工地)、车工、电焊工、铣工、刨工、钳工、修理工、起重司机、装载司机、客车司机	—	1450	1390	950	1150	1200	1250	1300	1380	1430	1510
小车司机、货车司机、电测工	—	—	1350	950	1100	1150	1200	1250	1300	1350	1400
基地电工、锅炉工、物资采购、食堂管理员	—	—	1310	920	1070	1120	1170	1220	1270	1320	1370
水泵工、烧结工、试验工、库工、机话务员、厨师、维修工(水暖房屋维修、基地临时修理)、空调运行与维护	—	—	1270	890	1050	1100	1150	1200	1250	1300	—
服务与勤杂人员(收发、茶炉工、复印打字员、绿化、收费、门卫、保洁、食堂服务员、招待所服务、售货员、制纯净水员)	—	—	1180	860	980	1020	1060	1100	1140	—	—
专科(中专)试用期、学徒工	—	—	—	850	—	—	—	—	—	—	—

表 5-6-6　　历年员工情况　　单位：人

年份	职工人数		工资		按性别分组		按年龄分组				按学历分组				备注
	期末人数	平均人数	工资总额（千元）	人均收入（元/年）	男	女	29岁及以下	30～40岁	41～50岁	50岁及以上	本科及以上	专科	中等教育	初中及以下	
2006	1547	1562	61002	39054	1135	412	430	632	353	132	330	258	381	578	
2005	1527	1509	49070	32518	1121	406	377	619	402	129	312	249	386	580	
2004	1501	1524	50371	33052	1088	413	371	609	397	124	286	242	382	591	
2003	1490	1497	39526	26403	1071	419	369	624	374	123	283	240	374	593	
2002	1492	1471	34940	23753	1066	426	358	689	307	138	179	184	446	683	
2001	1482	1470	28508	19393	1011	471	350	663	344	125	168	172	442	700	
2000	1488	1329	27053	20356	992	496	380	645	358	105	151	156	440	741	
1999	1470	1434	22537	15716	1044	426	368	673	336	93	128	133	453	756	
1998	1511	1383	19321	13970	1014	497	380	673	323	135	117	131	438	825	
1997	1566	1557	19105	12270	1048	518	424	528	366	248	124	139	468	835	
1996	1600	1535	17482	11389	1112	488	530	538	356	176	119	104	413	964	
1995	1589	1567	15441	9854	1087	502	593	457	343	196	114	109	414	952	
1994	1599	1589	15491	9749	1108	491	612	414	352	221	103	102	418	976	
1993	1622	1952	8328	4266	1152	470	573	294	452	662	107	97	399	1019	
1992	1621	1613	8192	5079	1175	446	550	358	451	262	83	93	342	1103	
1991	1636	1563	5573	3566	1215	421	524	329	446	337					
1990	1559	1559	4575	2935	1166	393	415	302	444	398					
1989	1609	1659	4948	2983	1145	464	403	300	528	378					
1988	1739	1993	3827	1920	1287	452	453	347	610	329					
1987	1893	1928	3987	2068	1466	427	492	385	721	295					
1986	1975	1944	4868	2504	1521	454	535	414	794	232					
1985	2020	1998	3956	1980	1619	401									
1984	2047	2015	3365	1670	1522	525									
1983	2029	2037	2626	1289	1538	491									
1982	2094	1847	2267	1227	1638	456									
1981	1694	1600	1795	1122	1552	142									
1980	1471	1027	1048	1020	1347	124									
1979	69	16	16	1000											

表 5-6-7　　2000～2006 年历年工资简况

年份	工资								
	总计（千元）	计时工资（元）	占全部工资总额的比率（%）	绩效工资（奖金）（元）	占全部工资总额的比率（%）	各种津贴（元）	占全部工资总额的比率（%）	加班加点工资（元）	占全部工资总额的比率（%）
2006	61002	26623	43.64	26118	42.81	2574	4.22	5693	9.33
2005	49070	22965	46.80	18042	36.77	3271	6.67	4792	9.77
2004	50371	22796	45.26	18868	37.46	4013	7.97	4693	9.32
2003	39526	21485	54.36	11179	28.28	2824	7.14	3711	9.39
2002	34940	20780	59.47	8692	24.88	1848	5.29	3191	9.13
2001	28508	15142	53.11	6910	24.24	3079	10.80	3376	11.84
2000	27053	19254	71.17	7269	26.87	5374	19.86	3557	13.15

第五节　专业技术职称评定与聘任

1969 年以前，基础总队有工程师 3 人：吴安庸、梁仲章、刘继庆。他们的职称是上级根据资历、业绩任命的。

中共十一届三中全会后，国家开始重视专业技术人员的职称评定及聘任工作。

1986 年，国家进行职称改革，基础局按照国家和上级有关规定，经报水电总公司批准先后成立了工程、经济、会计、政工、教育、卫生等系列评审委员会或评审小组。通过调查摸底，掌握了专业技术人员的基础情况，制订了公司《专业技术职称实施细则》，把岗位设置任职条件，基本职责及评审办法纳入《细则》，使应聘人员进一步明确任职条件，填写《专业技术职务呈报表》提交反映自己水平的工作总结(或论文)。

中级职称以上加试外语，外语由总公司或水电部统一命题。1989 年随着电子计算机的普及，计算机知识的考核也作为必备条件之一。外语、计算机考试合格后，每年由各专业委员会根据申报人的其他条件进行评审，最后投票确认专业职称的资格，高级职称须经上一级专业评审委员会确认。

2000～2003 年，根据原国家电力公司深化职称改革总体部署，水电总公司系统各级各类职称评审委员会停止了评审工作，由国家电力公司重新组建评审委员会，基础局参加由国家电力公司统一组织评审工作。

2004 年，集团公司为了适应国家电力体制改革以及集团公司改革发展的需要，促进专业技术人才队伍建设，根据国家有关规定成立了工程、经济 、会计、政工四个系列高级专业技术资格评审委员会。并要求集团公司所属单位可根据国家有关规定，组建工程、政工系列中级专业技术资格评审委员会。

从2004年起，基础局工程、经济、会计、政工四个系列高级专业技术资格评审统一参加集团公司组织的评审。同时，经报集团公司审批，组建了工程、政工系列中级专业技术资格评审委员会，负责对本单位申报工程和政工系列中、初级资格人员进行评审。另外，对于集团系统原则上不组建的其他各级各类专业技术资格评审，采取委托国家电网公司、所在地方政府等国家认可的评审机构方式评审。对于国家全日制高等院校毕业生，具备中专、大专、本科、硕士、博士和博士后学历或学位者，按照有关规定，经公司考核批准，可分别直接认定员级、助理级、中级和副高级专业技术资格。从1996年开始对于全国统一开考的会计、经济、统计等专业的专业技术资格，一律要求参加全国统一考试，成绩合格后方可确认其资格。

截至2006年底，基础局有49人获教授级高级工程师资格；114人获高级工程师资格；22人获高级经济师资格；10人获高级会计师资格；30人获高级政工师资格；2人获高级统计师资格；1人获主任医师资格；11人获副主任医师资格(含副主任药师)；3人获高级教师资格。

专业技术资格评定工作，建立以能力、业绩为导向，体现客观、公正、公平的人才评价体系为目标，经过数十年的发展与演变，逐步形成一套与社会主市场经济相适应，具有竞争激励机制的科学的职称管理制度。调动了专业技术人才积极性、创造性，为公司建立了一支高素质的专业技术人才队伍。

第六节　职　工　培　训

1969年以前，基础总队没有设立专门的培训教育机构。密云水库施工结束后，总队考虑到工人中文盲、半文盲较多，利用晚上和业余时间举办扫盲班，教师一般都是由技术人员担任，主要课程是识字、识图及机械维护、防渗墙、钻探灌浆等。

1978年基础局重新组建后，开始重视员工培训工作，历届领导认识到技术、管理型人才的培养，关系到公司发展的后劲，关系到公司兴衰存亡。因此公司根据自身的特点，多层次地培训多方面的人才。

培训机构沿革。1982年4月成立职工学校，6月成立教育科，1983年11月教育科与职工学校合并为教育处，1989年撤销教育处，成立教育科隶属于经理办公室，1991年4月，教育科划归劳资处，改名为劳资教育处后培训工作归人力资源部至今。

先后担任职工学校校长的有邓志光(兼)、金克礼。

先后担任教育科长的有蔡小来、王书藩。

先后担任职工学校副校长的有潘家荣、刘宝林、王文雅、宋玉栓。

一、文化技术补课

1982～1985年，根据国务院《关于加强职工教育工作的决定》和水电总公司关于搞好青壮年职工文化技术补课的决定，基础局职工学校举办了六期(每期90人左右)培训班，每期学员脱产学习四个半月，主要开设了初中语文、数学、技术知识等课程，使一大批在

“文革”期间荒废学业的青工提高了文化技术素质。

“双补”后，职工学校又举办一期高中班，高中班学生毕业后，大部分学员进入了水电系统各大中专学校学习深造。

1997 年，根据水电总公司的要求，基础局劳资教育处对 20 世纪 90 年代顶替家长名额进入基础局的子女进行了培训。这次培训共举办了五期，每期 30 人左右，培训课程有语文、数学、机械、防渗墙工、钻探灌浆工。经培训考试合格者，发给中级工证书。不合格者不予晋升技能工资。

二、继续教育

基础局自 1978 年组建后，由于管理、技术人员缺乏，满足不了施工需要，因此通过成人高考，送培及联合办学等形式，培养技术、管理骨干。

联合办学的主要班次有：

(1)1985 年 9 月，与天津市广播电视中专联办工业会计专业，该班学员于 1988 年毕业。

(2)1987 年，与天津市广播电视中专联办行政人事管理专业，该班学员于 1989 年毕业。该班学员大部分是具有初中文化程度的公司中层干部。

上述两个班学员毕业证由天津市第二教育局颁发。

(3)1995 年，与天津市武清县成人中专联办的工业企业管理专业，该班学员于 1998 年毕业，学员毕业证书由天津市教育委员会颁发。

(4)1995 年，与水电十三局技校联办钻探与灌浆专业，该班学员于 1998 年毕业，其毕业证书由山东省劳动厅颁发。

与有办学资源的单位联合办学，大大地节省了公司资源、师资、资金。

送培：为不断提高基础公司职工的文化素质和业务能力，从 1981 年起，公司有计划地根据专业定向向大中专院校选送学员。如清华大学、天津大学、南开大学、葛洲坝水电工程学院等十几所院校。

三、岗位适应性培训

岗位适应性培训内容包括政治、文化、技术、业务、管理，培训对象从工人到工长，以及各类管理人员和科、处、局级干部。

1985 年 3 月，职工学校举办了一期劳资、财务培训班，每个班 25 人。这批学员毕业后，充实到各基层劳资、财务岗位上，解决了两个岗位人员力量薄弱之需。

从 1986 年起，公司在“一五”、“二五”……每个五年普法期内都举办了普法学习班，相关法律(如安全生产法、招投标法、劳动合同法、企业所得税法、合同法)的学习，使公司各层次人员守法意识得到了提高，从而保障了基础公司依法经营，规范经营，诚信经营。

1997 年，基础公司进行了 ISO 9000 贯标认证工作，全公司开展了质量认证手册和程序文件的学习，先后 392 人次参加学习，179 人次获得全国质量管理和质量保证标准化技术委员会颁发的内部质量体系审核员资格证书。

截至 2006 年末，基础公司先后安排职工参加计算机、外语、统计、物资、质量、劳动合同、职业经理人等内外部培训3000人次，党群系统也根据上级要求，组织党务、监察、工会等干部到各级党校、工会进修。

四、岗位培训

对要求持证上岗的人员包括：局长(经理)、总经济师、总工程师、总会计师、项目经理、工长、质检员、材料员、预算员、试验员等进行培训。

1983年，根据国务院《关于对企业经理、厂长进行国家统考的决定》，基础局先后有16名局、处级领导干部参加了水电部的统考培训并取得了国家统考证书。

1999年，基础局与中国地质大学(武汉)培训部联合办建筑企业项目经理培训班，结业后有63名学员获企业项目经理资格证。

截至2006年底，经过岗位培训，有44人取得一级建造师资格，29人取得二级建造师资格。100余人取得会计、统计岗位证书，还有一定数量的注册会计师，注册安全工程师、监理工程师、质量工程师、法律顾问等。

第七节　职业技能鉴定

中国水电基础局有限公司职业技能鉴定站，全称为天津市水电建设国家职业技能鉴定站，成立于1998年11月，受天津市职业技能鉴定指导中心和中国水利水电建设集团公司职业技能鉴定中心双重领导。

职业技能鉴定站建立后，参与了水电建筑职业技能鉴定规范的编写工作，并按照劳动和社会保障部制定的国家职业标准担纲了电力工程水电施工专业地下连续墙工、钻探灌浆工两个工种的职业技能鉴定指导书、职业标准试题库的撰写与编制任务。《地下连续墙工》、《钻探灌浆工》职业技能鉴定指导书、职业标准试题库共55万余字。此项工作有10余名专家参与，历时一年。

职业技能鉴定站建立8年来，根据指导书中的培训鉴定要求，组织技能鉴定培训考核组深入项目，分期分批地对公司一线操作岗位的钻探灌浆工、地下连续墙工采取了自学与集中辅导相结合形式的专业等级培训，并进行了职业技能等级鉴定。据统计，至2006年末，公司共有20名员工取得了高级技师职业资格；680名员工取得了技师职业资格；624名员工取得了高、中级工职业资格。

在进行钻探灌浆工、地下连续墙工技能培训、鉴定的同时，公司技能鉴定站还积极主动地与属地武清区劳动局技能培训中心联系，组织带领武清区劳动局专业培训考核组深入一线工地，对公司电工、电气焊工、起重机械工、叉车司机、装载机司机、场内机动车辆作业人员等通用工种进行了特种作业操作培训及取证和职业技能等级培训、鉴定。据统计，至2006年末，有871名通用岗位员工经过专业培训取得了岗位操作证。通过以上对水电施工专业工种和国家通用工种的岗位操作培训与技能鉴定，不断提高了一线操作员工的专业技能和水平，也为提高公司整体素质奠定了基础。

第八节　养　老　保　险

一、养老保险

1991 年 6 月，国务院发布了《关于企业职工养老保险制度改革的决定》，从此，养老保险工作也成了各企业人力资源工作的一项重要组成部分。

养老保险在国务院《关于企业职工养老保险制度的决定》发布前，企业职工退休后按规定发给本人在职时工资的 60%～75%不等的退休费。退休费由本人所在企业负担。退休人员的生活费用由企业负担，一批老企业随着退休人员的增多，支付养老保险费用成为很多企业的沉重负担。1991 年，国家决定建立新的养老保险制度，这个制度提出了养老保险金社会统筹的模式；规定了个人缴费设立个人账户的原则；确定了国家基本养老保险，企业补充养老保险和个人储蓄性保险相结合的多层次养老保险制度。根据这个《决定》，基础局 1992 年 7 月建立了职工个人养老保险账户，1996 年 1 月建立了企业补充和个人储蓄养老保险。

电力工业部从 1986 年实行了行业离退休人员养老保险费用统筹，由于和电力行业的发供电企业在一起进行养老金统筹，大大地减轻了水电施工企业养老保险费用的负担。

1998 年 10 月，根据国务院的决定，行业统筹移交各省市地方统筹，基础局移交给天津市地方养老保险统筹，实现了养老保险的社会统筹。

在建立养老保险个人账户初期，为了不增加职工个人的负担，1992 年职工养老保险基数按本人上年平均工资总额的 1%缴纳，这个比例逐年提高，至 2000 年按本人上年月平均工资 8%缴纳并记入个人账户。

1986 年以前，职工退休后由基础局发放每月退休费；1986～1998 年，基础局职工退休后由电力部(由所在企业代发)发放养老金；1998 年 10 月后，由天津市社保中心发放邮寄养老金，并按照国家和天津市有关规定执行养老金增长机制。

二、企业年金

基础局企业年金是在 1996 年 1 月建立的企业补充个人储蓄养老保险的延续和发展。

基础局根据国家关于建立多层次养老保险体系的要求，为了提高养老保险待遇水平，调动职工积极性，增强企业凝聚力，经基础公司职代会讨论通过自 1996 年 1 月 1 日起，为在职职工建立补充养老保险，职工在职时把一部分工资收入储蓄起来，推迟到退休后消费。

基础局企业补充和个人储蓄养老保险的前后分为三个阶段：

(1)1996～1999 年，个人储蓄和企业补充的具体标准为：

连续工龄满 5 年至 9 年的职工，个人每月储蓄 5 元，企业补 5 元；

连续工龄满 10 年至 14 年的职工，个人每月储蓄 10 元，企业补 10 元；

……

连续工龄满 30 年至 34 年的职工，个人每月储蓄 30 元，企业补 30 元；

连续工龄满 35 年及以上的职工，个人每月储蓄 35 元，企业补 35 元。

(2)2000～2003 年的具体标准为：

职工个人工龄每一年每月储蓄 1 元，企业按职工工龄每月补充 2 元，即比例为 1∶2。

(3)2004～2006 年的具体标准为：

职工个人按工龄每一年每月储蓄 1 元，企业按职工工龄每月补充 3 元，即比例为1∶3。

企业补充水平依据公司承担能力进行动态调整。

员工按国家规定的退休条件办理手续时，可从本人企业年金个人账户存储额一次性领取年金。

第七章　财　务　管　理

第一节　机　构　沿　革

1959 年，密云水库修建总指挥部基础处理指挥部(1963 年在此基础上成立基础处理工程总队)成立时即设立了财务科。

1978 年，水利电力部以基础总队为基础，开始筹建基础处理施工专业工程局成立了水利电力部第二机械施工局筹备处，筹备处财务机构为财务组。1979 年，水利电力部分为水利和电力两个部后，筹备处和财务机构相应一分为二。1980 年，水利部和电力部分别成立基础处理公司，两个公司都设立了财务处。1982 年 4 月，两个公司合并，两个公司的财务处同时合并。2002 年 3 月，财务处更名为财务管理部，2005 年 3 月更名为财务产权部。

领导人任职情况：1969 年以前曾担任过基础总队财务科科长的是杨晓如，副科长田忠义。

1980 年以后，曾担任过财务处处长的有田忠义、王庆成；担任过财务处副处长的有王海山、李继明、韦树桐、杜增明、贾铭芬、刘光荣、孙纲。

第二节　管　理　体　制

基础局的财务管理体制，经历了计划经济时期的统一核算和市场经济条件下的分级核算两个时期。

一、计划经济时期，实行统一收支，统一核算

基础总队下属施工队财务机构为财务组，财务组负责办理各施工项目的财务收支和会计核算事项，总队财务科负责财务管理和核算盈亏，统收统支，形成利润归国家所有。

二、市场经济条件下实行分级管理，分级核算

1979 年，国家开始进行经济体制改革，基础局从恢复组建开始，其机构就按照市场经济体制模式设置，并在水电施工企业中，最早走向市场。遵循经济核算与生产经营管理相适应的原则，基础局按照统一领导、分级管理、分级核算的原则，设置财务机构和运行机制，随着企业改革的深化，财务机构也在不断进行调整。在恢复组建初期(1979～1988年)，实行公司和二级单位两级核算，实行公司资金统一调度、盈亏统一核算的管理模式。自1988年开始，对二级单位实行内部经济责任制，放权让利，财务管理体制开始实行三级管理(公司、二级单位、二级单位的下属工程项目)三级核算。公司是一级法人，财务处是公司负责财务管理的职能部门，在公司主要负责人领导下，全面负责公司财务管理的各项工作、组织公司的会计核算。二级单位实行内部独立核算，是公司内部施工生产和企业管理的基层单位。二级单位在公司规定范围内，在生产经营、工资分配等方面有一定的自主权和相对独立性，二级单位分别确定收入、计算利润，公司对二级单位按下达指标和实际完成经营目标进行考核兑现奖惩，二级单位下属工程项目和施工队(机班组)，由二级单位组织实行项目成本核算和考核奖惩。

第三节　筹　资　管　理

资金是企业进行生产经营活动的前提和基础，筹资是对生产经营所需资金筹措和集中的过程。基础总队时期，基本建设投资是由国家把投资项目的建设和施工任务直接下达给工程局，工程局是自营建设单位，基础总队是专业施工队伍，生产任务由国家统一安排，承担工程项目中的基础工程施工，所需资金由建设项目按概算(或预算)和实际需要划拨。总队流动资金来源一是占用技术装备费、固定资产折旧基金、职工福利基金等专用基金；二是占用参建工程项目的承建工程局拨付的工程款和材料款剩余所形成的基建结余资金，国家未对水电施工企业核拨过流动资金。

1969年，基础总队撤销时，其所有财产资金全部随人员移交各工程局。

1979年，基础局重新组建，下放到各工程局的施工队伍成建制划归基础局，从各工程局带回了部分材料、应收账款和货币资金等，形成基建结余资金计131万元，还通过当时水电部水电总局无偿调入设备净值467万元，再就是在水利部和电力部两个公司筹建过程中，为征地、建房等先后拨入基建款1636万元，以上三项为国家投入资金，共计2234万元，公司作国家基金入账。

1995年以前，基础局生产经营所需资金主要是通过承建工程的预收款和结算工程款取得，企业发展所需资金的来源主要是：①工程款中的技术装备费；②1994年利改税前实现利润留企业部分(利润总额的70%～75%)，形成的三金(生产发展基金、职工福利基金、后备基金)；③固定资产计提折旧形成的更新改造资金；④大修理基金；⑤工资含量包干结余。这些资金在账面做专用基金反映，实际作为企业的流动资金使用。

在这期间，公司没有国拨流动资金，也没有银行贷款。

随着基础局生产规模的扩大和被拖欠工程款不断增加，1995年12月由水电总公司向建行总行统一申请，公司向武清建行办理了流动资金借款600万元，随着生产规模的继续扩大，贷款规模也在逐步增加，2006年公司银行贷款余额为6500万元。

1982～2006年基础局有限公司资产总额和资金来源情况见表5-7-1。

表 5-7-1　　1982～2006 年基础局有限公司资产总额和资金来源情况　　单位:万元

年份	资产总额					资金来源						
	流动资产	固定资产		其他资产	小计	国家基金	专用基金	内部负债	银行贷款	股东权益	其他负债	小计
		净值	原值									
1982	820.04	1049.33	1370.96	104.16	1973.53	1172.92	406.28	69.83	—	—	324.50	1973.53
1983	982.71	1591.41	1934.47	252.50	2826.62	1715.00	674.75	—	—	—	436.87	2826.62
1984	1013.25	2103.77	2531.19	234.94	3351.96	2227.36	675.16	—	—	—	449.44	3351.96
1985	1248.20	2341.73	2849.30	328.12	3918.05	2465.32	1082.09	—	—	—	370.64	3918.05
1986	1412.70	2505.55	3139.49	410.71	4328.96	2646.42	955.13	174.37	—	—	553.04	4328.96
1987	1362.38	2506.31	3222.61	514.90	4383.59	2647.18	1155.37	194.20	—	—	386.84	4383.59
1988	1459.56	2565.37	3288.38	424.66	4449.59	2706.24	1071.64	194.42	—	—	477.29	4449.59
1989	2224.88	2715.62	3493.89	255.56	5196.06	2860.58	1188.60	270.22	—	—	876.66	5196.06
1990	2147.87	2774.64	3562.95	286.58	5209.09	2911.14	1349.40	264.22	120.00	—	564.33	5209.09
1991	2402.17	2912.48	3732.93	412.26	5726.91	3063.62	1611.61	345.00	20.00	—	686.68	5726.91
1992	4034.53	3200.62	3991.37	246.07	7481.22	3424.69	2990.37	295.00	—	—	711.16	7481.22
1993	6189.51	3931.55	5029.96	144.42	10265.48	—	140.08	2049.43	315.00	4375.79	3385.18	10265.48
1994	7495.41	3978.62	5516.41	178.05	11652.08	—	116.02	2531.82	265.00	4455.34	4283.90	11652.08
1995	9709.49	4801.49	6709.39	149.46	14660.44	—	315.64	3039.90	1344.06	5003.17	4957.67	14660.44
1996	12683.32	4614.38	7203.67	256.84	17554.54	—	448.69	3754.83	1130.86	5391.33	6828.83	17554.54
1997	13864.89	4875.30	7999.02	446.84	19187.03	—	572.78	4166.93	1064.93	5533.88	7848.51	19187.03
1998	16173.69	5165.35	8804.29	256.97	21596.01	—	349.46	4545.63	772.60	5609.70	10318.62	21596.01
1999	17542.50	5245.90	9783.20	147.80	22936.20	—	237.70	4695.50	769.60	5765.50	11467.90	22936.20
2000	21531.00	4684.70	9768.10	209.00	26424.70	—	458.40	4800.60	800.00	6662.30	13703.40	26424.70
2001	20338.70	4666.00	10577.80	235.80	25240.50	—	185.50	4762.80	800.00	7280.50	12211.70	25240.50
2002	23638.77	4837.25	10848.28	123.21	28599.23	—	164.71	4770.36	3300.00	7582.31	12781.85	28599.23
2003	21314.73	8795.13	14927.19	1071.38	31181.24	—	121.40	5056.57	6000.00	7939.64	12063.63	31181.24
2004	27039.49	9216.25	16697.14	2358.05	38613.79	—	122.32	4933.95	8000.00	7897.34	17660.18	38613.79
2005	34604.72	18062.75	25659.93	98.42	52765.89	—	—	6031.14	7500.00	12685.36	26549.39	52765.89
2006	34088.08	17749.70	26683.01	165.31	52003.09	—	—	5779.82	4500.00	15465.62	26257.65	52003.09

第四节 投 资 管 理

基础局有限公司投资分为内部投资和对外投资两部分，内部投资包括房屋建筑物购建，设备购置、支付征地补偿费、购置土地使用权等；对外投资主要是股权投资。公司投资统一由公司本部实施，二级单位无投资权。

房屋建筑物建造和土地使用权的受让，是根据公司发展的需要和公司资金状况，由公司主要负责人提出，领导班子会议研究决定，按照规定的程序报批，经上级和地方相关部门批准后实施。设备购置，每年年末由物资部门根据生产需要和各二级单位申报情况，编制下年设备购置计划，公司领导同意后，纳入年度预算，经职代会通过后执行。因生产需要需增加设备购置，由使用单位提出申请，经公司物资财务部门审核同意，报公司主要领导批准，由公司购置，拨付二级单位使用。

对外投资方面，公司吸取 20 世纪 80 年代办“三产”的教训，严格禁止二级单位对外投资，公司对外投资也非常慎重，在进行可行研究的基础上，公司领导班子会议讨论决定，报集团公司批准后实施。

1982～2006 年基础局有限公司投资情况见表 5-7-2。

表 5-7-2　　1982～2006 年基础局有限公司投资情况　　单位：万元

年份	内部投资				对外投资		
	房屋建筑物	设备购置	无形资产（指支付的土地出让金）	小计	长期股权投资	其他投资	小计
1982	—	177.66	—	177.66	—	—	—
1983	27.97	488.50	—	516.47	—	—	—
1984	6.57	525.11	—	531.68	—	—	—
1985	—	167.68	—	167.68	—	—	—
1986	—	258.12	—	258.12	—	—	—
1987	70.90	58.45	—	129.35	—	11.28	11.28
1988	—	150.15	—	150.15	—	7.60	7.60
1989	—	251.34	—	251.34	—	—	—
1990	42.40	181.79	—	224.19	—	—	—
1991	27.79	330.73	—	358.52	—	—	—
1992	213.48	369.79	—	583.27	—	—	—
1993	118.51	1174.09	—	1292.60	—	2.01	2.01
1994	66.07	474.08	—	540.15	—	45.50	45.50
1995	412.40	1540.98	—	1953.38	—	—	—
1996	483.53	186.81	—	670.34	—	—	—
1997	—	1084.43	—	1084.43	—	—	—

续表

年份	内部投资				对外投资		
	房屋建筑物	设备购置	无形资产（指支付的土地出让金）	小计	长期股权投资	其他投资	小计
1998	650.90	670.30	—	1321.20	—	—	—
1999	—	1196.21	—	1196.21	—	—	—
2000	71.70	882.00	—	953.70	—	—	—
2001	—	1451.30	—	1451.30	—	—	—
2002	115.64	1666.78	—	1782.42	—	—	—
2003	—	5398.46	—	5398.46	—	40.40	40.40
2004	98.07	2032.96	—	2131.03	—	—	—
2005	7927.27	1833.14	—	9760.41	—	—	—
2006	—	1737.01	—	1737.01	20.00	—	20.00

第五节　资　产　管　理

基础局的资产从实物形态和价值形态两个方面进行管理，根据公司相关制度的规定，公司的机械设备、房屋建筑物、土地、库存物资、在用物资、行政办公用品等实物形态的资产分别由物资部门、总经理办公室和资产使用单位进行实物管理。公司财务部门负责实物资产的价值管理以及货币资产、债权资产等非实物资产的管理和产权管理。

一、实物资产管理

在计划经济时期，企业资产属于国家所有，资产使用在国营企业之间可以无偿调拨，公司财务部门资产管理的主要任务是对物资部门的物资采购，验收出入库，发出耗用，期末库存进行价值核算，对固定资产建立台账管理，办理固定资产的购置，建造安装、交付使用、调入、调出的财务审批手续和账面价值反映。

在市场经济条件下，国有企业建立了出资人制度，明确了公司财产的所有权和使用权的关系，明确了公司所有财产都是企业法人财产，公司对全部财产拥有使用权和处置权。公司财务部门对公司资产的管理除对资产的价值管理外，还负责公司资产的产权管理。

基础局有限公司物资设备管理方面，公司规定物资设备管理公司是公司物资设备管理的职能部门，公司所有设备都是公司资产、二级单位只有使用权，并按规定承担应提的设备折旧费和设备维修费用。公司对物资设备的管理无论在计划经济时期还是市场经济时期，一直都有比较完善的管理制度，二级单位和各施工项目点都设置物资管理机构，配有专职物资管理人员，各级物资管理部门对物资采购、验收入库，领料耗用，都办理相关手续、登记实物账簿，进行实物量和价值明细核算。物资部门每月向财务部门提供所管物资的进出库报表，由财务部门专人稽核后，登记分类明细账，并核对财务账与物资账的分类余额，做到账账相符、账实相符。公司根据公司生产经营、社会环境和组织机构调整变化情况，不断修订完善公司设备物资管理制度，在总结多年公司物资管理经验的基础上，公司制定了《物资采购管理办法》、《物资设备管理办法》，办法中对物资管理的部门的职能、机构设置、物资设备的采购、验收、保管、领料、调拨、出售都做出明确的规定。在物资设备管理方面，物资部门还制定了物资设备网络资源共享实施方案，通过网络了解物资设备动态，通过网络传递文件、报送报表，节约了管理成本。

公司的房产、土地、行政办公设施由公司办公室设专人负责管理，包括登记台账，对外办理宗地、房产相关登记年检手续，办公设施使用维修的管理等。

二、资金管理

资金是企业生存和发展的重要条件，资金管理是企业资产管理的重要内容。计划经济时期，全国执行统一的财务制度，统一的开支标准，遵守严格的财经纪律，施工任务由国家统一安排，工程款结算按概算或预算价格计算，机构转移，生活临建都有专项费用，基础局各施工队所需资金由建设项目直接取得，总部所需费用由各施工队向在建的建设项目收取，资金比较充裕。

20 世纪 80 年代初，国家经济体制开始由计划经济向市场经济转化，建筑业是较早进入市场的行业，基础局在水电施工企业中是最早开始通过投标方式承揽工程的企业，这时开始出现中标价低于预算价的情况，但结算资金还较为及时，直到 1986 年公司资金还能够满足生产经营的需要。从 1987 年开始，国家经济体制改革过程中出现了较为严重的“三角债”现象，建筑市场出现了日益严重的拖欠工程款问题，这时，又正遇基础局生产经营开始进入低谷，公司资金出现了较为严重的短缺状况，公司把加强资金管理提到了重要的位置。1988 年 2 月，基础局以［1988］基财字第 15 号文下发了《公司内部承包经营责任制暂行办法》，开始在全公司范围内实行的二级单位为主体的经济责任制，明确了各二级单位的责权利，明确规定了用货币资金上缴利润，上缴费用，上缴款完成情况与内部承包人的奖惩挂钩。这一办法的实施，对保证局本部开支，满足设备购置、基地建设等所需资金发挥了积极的作用。这期间，资金管理存在的另一个问题是各二级单位分别在所在地和各施工项目所在地开立账户，资金分散存放，基础局出现了一方面报表汇总银行存款余额较大；另一方面公司财务处能够支配和动用的资金极为有限的情况。

为保证基础局资金集中统一管理，有效利用资金流量资源，公司于 1992 年初成立了内部银行。基础局规定，撤销二级单位在杨村的全部银行开户。所有二级单位，包括在山东德州一处、六处、七处，在四川双流的三处、九处、十处，都必须在内部银行开立账户，公司所有二级单位发生对外银行存款收付业务，全部通过内部银行办理。公司把内部银行设为独立的会计单位，内部银行属财务处领导，业务上遵守“谁的存款谁支配使用”的原则，公司不通过内部银行强行收款，内部银行对二级单位存款按银行利率计息。二级单位根据存款额多少，经批准可向内部银行办理内部贷款，贷款利率低于同期银行贷款利率，内部银行的设立使公司资金较好地发挥了作用，降低了公司资金成本。

为加强资金管理，激励促进二级单位把施工所在地多余资金及时存入内部银行，1993 年，公司把二级单位与财务处的往来款全部转为内部银行贷款并收取一定利息，这一措施也对集中资金起到了一定作用。

内部银行在成立时，只是把基础局外部银行存款集中起来，以现有存款为基础开展业务，从1995年12月起，基础局增加向外部银行办理流动资金贷款的业务，这项业务由内部银行办理，贷款先存入内行银行存款账，根据资金需要情况，向财务处和公司内部单位借出。内部银行存贷款产生的利息差额，年末并入财务处，冲减公司财务费用。

2004年下半年，根据当时基础局赵存厚局长对加强财务管理，实行公司财务资金集约化管理的工作安排，在基础局进行改制的同时，加快资金集中管理的进程，开始在向家坝项目部进行资金集中的试点。2005年上半年，基础局把财务处所属的内部银行分离出来，成立了资金结算中心，由基础局副总会计师雷土祥担任资金结算中心主任，加强了领导，强化了资金结算中心功能。公司规定，从2005年1月1日起，公司要求所属各单位的所有外部银行账户（包括一、三公司本部账户和各公司直属项目部），均实行“收支两条线”的资金管理方式。为实现全公司所有的工程项目、会计单位全部纳入公司资金结算中心的管理范围，增加公司资金结算中心的现金流量和现金存量，基础局先后制订出台了《中国水电基础局有限公司资金管理办法》、《资金业务相关核算办法》、《网上银行业务管理办法》、《资金预算管理办法》、《银行中间业务办理管理办法》等文件，完善了资金收支两条线管理制度体系。为落实资金管理的相关制度，切实提高资金集中度，公司还采取了以下措施：

把资金集中列为各单位的绩效考核的重要内容，并加大资金集中度的权重。财务人员可直接办理，不需要每笔业务经过领导同意。把结算资金是否按规定存入公司结算中心，列为审计工作的内容之一，强化监督机制。年末，资金结算中心按照各会计单位的资金集中发生额和累积存留结算中心总额的多少计算，给予经办人员一定的奖励。

通过十几年的实践，基础局资金管理建立起了切合实际运转流畅有效的管理模式，较好地发挥了公司现金流量资源的作用，将局外部银行贷款规模压缩到了较低的水平，节约了财务费用。2006年末，流入资金结算中心货币资金45496万元，资金集中度达到81.55％。

三、债权管理

债权类资产在施工企业总资产中占有较大的比重，债权类资产管理是资金管理的重要内容。

在计划经济时期，债权类资产较少，发生债权纠纷也较少，单位间往来清算都能正常进行。债权管理的重点是：禁止个人借公款，及时清理备用金，督促经办人员报账，防止形成个人欠款。

公司进入市场经济后，伴随着国家招投标制全面推行，拖欠工程款问题日趋严重，因各种原因形成的职工私人借款也出现较多，基础局把加强债权管理提到了重要位置。1985～1995年期间，在每年进行的财务物价大检查中，都把清理私人借款作为检查的重要内容进行检查，督促收回。同时开始加强了应收账款的清理催收工作，开始几年，由财务部门督促有关人员进行催收。1998年，基础局以基财［1998］4号文，下发了《关于做好清理催收被拖欠工程款工作的通知》。内容包括成立公司清欠领导小组，下设清欠办公室；明确责任，规定了在谁账上的债权谁负责清欠，债权形成的当事人为清欠责任人，即哪个项目经理形成的拖欠工程款，哪个项目经理负责清收；规定了建立清欠奖励制度、分别清欠工作的难度，以实际收回欠款的0.5%～15%给予有关人员奖励。从这时起，公司对清理拖欠工程款形成了制度以后，又发了基财［1999］16号、基财［2002］17号、基财［2003］1号、公司财［2005］20号、公司财［2006］8号，根据每年出现的新情况，提出具体要求，使制度逐步完善。从2006年开始，除执行原来的规定外，公司把资金到位率作为项目考核兑现项目经理资金的重要条件，完成指标只给部分奖励，收回全部工程款后，兑现全部奖金。

另外，基础局自1989年开始，一直聘请外部资深律师担任常年法律顾问，协助催收工程款。自1996年以来，采用发律师函和直接提起诉讼等方式，追回追讨难度较大的被拖欠工程款近千万元，对加强债权管理发挥了较好作用。

第六节　成　本　管　理

计划经济时期，基础局施工生产是以完成上级下达的生产任务为目的。成本管理的内容主要是严格执行财经纪律和费用开支标准，开展增产节约运动，贯彻勤俭办企业的方针，反对铺张浪费，发挥群众监督的作用，在当时条件下，也取得了较好的效果。成本核算方面执行基本建设会计制度，采用完全成本法核算成本。

进入计划经济向社会主义市场经济过渡时期，企业生产经营的目的由完成任务向实现利润转变，1982年公司开始建立成本管理的规章制度，通过加强管理，加强核算，不断提高企业的利润水平。

1982年，基础局开始执行施工企业会计制度，根据会计制度的规定，结合基础局实际，基础局制订了《成本管理办法》，其主要内容是：①分级管理责任；②部门分工负责；③做好基础工作；④成本计划；⑤正确划分成本开支范围；⑥成本核算对象；⑦建筑安装工程成本项目；⑧辅助性生产成本项目；⑨独立费用、奖金、闲工费的核算；⑩加强成本的日常管理；⑪开展班组核算；⑫进行成本分析。这个《办法》是基础局成本管理的基础，以后根据不同时期会计制度的变化，不断进行修订调整。其中1986年基础局又制订了《关于实行成本责任制度和成本核算流程图的暂行规定》，明确了从公司经理、各职能部门、二级单位各部门在成本核算中的职责，详细规定了成本核算所需要原始凭证、原始记录的传递流程。这时，公司已建立起了比较完整系统的成本管理、成本核算制度和实施体系。

为加强成本管理，基础局1982～1987年每年7～8月召开一次规模较大的经济活动分析会，对上一年和上半年的经济活动全面总结分析，交流经验，提出加强成本管理的要求，经济活动分析对加强企业管理，加强成本核算，曾经发挥了较好的作用。

1988年开始，公司实行内部承包经营经济责任制。通过实行“二级单位职工分配和对二级单位主要负责人的奖惩与经营成果挂钩”的办法，调动二级单位和全体职工加强管理、降低成本的积极性。在这一时期，各二级单位在施工生产中，对机班组进行班组考核，采用按完成工程量计算产值，扣除材料消耗等费用支出后的降低额计算实发奖金的办法，极大地调动了班组多干工程，减少消耗的积极性。进入21世纪，随着改革开放不断深入，公司成本管理也不断改进，主要是不断加大对内部独立核算单位利润指标的任务，加大利润指标在考核中的权重，同时加大对二级单位主要负责人的奖惩力度，直到2005年开始，对二级单位实行年薪制。年薪按各二级单位实际完成指标考核计算，其中利润指标占30%。

各二级单位对工程项目部分别下达指标，项目部对机班组也实行降低成本和职工经济收入直接挂钩的经济责任制考核办法。多数二级单位实行是按完成进尺和消耗考核计算机组奖金，三公司实行钻机内部租赁承包，对降低工程成本也起到了较好的作用。

2006年，公司成立项目监管办公室，对每个项目进行目标成本测算，公司与项目经理签订《项目目标责任书》，并逐步实行项目成本的过程控制和实施监控。

1982～2006年公司完成产值实现利润情况见表5-7-3。

表5-7-3　　1982～2006年公司完成产值实现利润情况　　单位：万元

年份	完成总产值	利润总额	产值利润率(%)	年份	完成总产值	利润总额	产值利润率(%)
1982	959.57	262.46	27.35	1995	10688.00	189.10	1.77
1983	1297.04	402.68	31.05	1996	12018.80	138.48	1.15
1984	1548.94	370.84	23.94	1997	14436.30	181.36	1.26
1985	2232.80	380.54	17.04	1998	16573.40	170.77	1.03
1986	2314.60	281.22	12.15	1999	17450.30	187.90	1.08
1987	1886.78	134.12	7.11	2000	31166.23	313.10	1.00
1988	1437.74	1.31	0.09	2001	26588.04	323.10	1.22
1989	2496.26	34.12	1.37	2002	30960.50	360.88	1.17
1990	2603.30	84.97	3.26	2003	41917.64	413.14	0.99
1991	3234.01	121.87	3.77	2004	41021.19	428.86	1.05
1992	8756.00	391.61	4.47	2005	52036.00	1430.74	2.75
1993	7722.00	158.00	2.05	2006	67501.59	3399.14	5.04
1994	9505.60	162.47	1.71				

第八章　物资设备管理

第一节　机　构

一、机构改革的历史进程及各个时期的职能

1. 计划经济体制下物资处的管理职能

根据1982年6月总局［1982］水建劳字7号文，水利电力部地质勘探基础处理工程公司设立物资处。下设工程处（队）、厂、部门下设物资科（组）或专职管理人员。机组、

车间（班组）设兼职材料、设备员。

物资供应管理是施工企业经营活动中的一个重要环节。施工项目落实后，物资必须先行，物资部门必须千方百计确保物资供应，物资供应管理关系着施工、生产、基建、科研、维修等任务的完成，关系着企业的经济效益，关系着水电事业的大干快上，关系着国家四个现代化的建设。

物资工作必须认真贯彻执行中共和国家的各项政策。坚持按经济规律办事，从供应到管理的每一步骤都应加强经济核算，讲究经济效益。坚持“艰苦奋斗，勤俭建国”、“以计划经济为主，市场调节为辅”，“供管并重”等方针。

物资工作要做到面向生产，面向基层，面向群众。搞好基层建设，抓好基础工作，练好基本功，努力提高工作效率和业务水平。提倡雷厉风行，反对拖拉疲沓。要严明物资纪律，抵制、纠正一切不正之风，提高对经济领域内犯罪活动斗争的自觉性。把专业管理和群众管理有机地结合起来，做好物资供应管理工作。

根据国家和上级业务部门颁发的有关政策、规定、办法，结合公司情况，拟定“实施细则”，经公司批准，负责贯彻实施；负责公司直属施工项目与生产、维修、科研所需统配部管物资的供应管理工作；负责公司所属各单位所需地质勘探基础处理专用钻具、工具、材料、配件的供应管理工作；负责全公司的机电设备（固定资产）的供应管理工作；负责贯彻、执行有关物资方面的各项定额，组织、督促物资清仓查库和节约工作；负责组织全公司物资人员的业务培训。指导工程处（队）、厂属物资科（组）业务工作。

2. 市场经济体制下设备物资公司的管理职责

1994年12月，根据中国水利水电基础工程局［1994］基劳字第15号文，成立局机电物资公司，下设物资供应科、机电科、储运科、综合办公室等科室。局属工程处及项目经理部下设物资科。物资科根据工作需要可设保管员、检验员、采购员等职。机组车间设兼职材料、设备员。

机电物资公司主要负责全局物资、设备的采购、供应，协调各二级单位、工程项目之间所需物资、设备的有偿租赁或调配。贯彻执行国家有关物资和机电设备管理的方针、政策法规和条例，根据上级主管部门要求，结合基础局实际情况，组织制定物资、设备管理制度和办法，并组织实施，不断提高机电设备的使用、维修和管理水平。主持编制全局施工机械发展规划、施工机械设备的购置使用计划和设备更新改造计划。根据施工生产情况，大力压缩库存物资和流动资金占用。在有关部门配合下，负责主持设备事故的调查、分析和处理，并负责指导二级单位物资、设备管理部门的工作。

3. 公司制条件下物资设备管理公司

2005年3月，根据中国水电基础局有限公司［2005］公司人4号文，成立物资设备管理公司，负责对采购人员的监督管理，审查各单位报送的设备、器材及A、B类物资采购计划、供货厂家。采购的材料、设备要保证质量，并适用于施工环境、确保施工安全的需要。监督、检查、选择和评定所采购产品的供货商资格符合规定要求，以有利于保护环境、安全生产和改善劳动条件需要的设备。负责对采购的材料、设备按规定程序进行进货检验和验收，确保产品质量符合要求。负责材料、设备采购运输和工地转移运输、保管的管理监督工作。做好库存物资的存放、保管、标志和维护工作，以保证材料、设备的质量、存放环境和安全符合规定要求。负责编制各种机械、电器设备的使用规程和维护制度，检查公司范围内的机械、电器、压力容器等设备的安全保护设施，保证其处于良好状态。负责公司监视和测量设备的管理工作。负责有关设备的保险管理工作。参与编制公司的管理体系文件。

二、改革后机构的特点

机构体制改革后，物资设备管理公司由原来的单一管理职能，转化为现在的既围绕企业生产经营的共同目标，运用现代化管理的理论、方法和手段对企业的固定资产行使管理职能，又按照市场需求从设备租赁、设备维修业务中获得盈利，实行独立经营、自负盈亏、独立核算的经济组织。

三、基础局物资管理部门领导任职情况

自1980年以后先后担任基础局物资管理部门正职的有：王贵年、牛庆增、张月来、李昌华、张聚生、李富。

先后担任过基础局物资管理部门副职的有：陈岩、刘玉珍、刘振江、袁国俊、涂益仁、郗海君、郑喜彦、李军、孙仲彬。

第二节　物资供应保障和制度

一、计划经济体制下物资供应的保障和制度

在材料供应上，根据水利电力部［1988］水电物字第16号文，《关于物资供应管理的几项规定》和《关于加强物资计划管理的几点意见》的通知精神，为了认真贯彻执行以计划经济为主，市场调节为辅的方针，进一步加强物资计划管理，规定公司所属各单位承担公司直属施工项目与生产、维修、科研所需统配部管物资，统归物资处申请、分配、供应、管理。

各单位需要上述物资必须按部规定的时间和要求，编制年度、半年度“物资申请计划表”报到物资处审核、汇总、平衡，确定申请数，经有关部门会审后上报申请，组织供应。

由于确定计划较晚或计划欠周，临时需要上述物资时，可提前一个月编制追加“物资申请计划表”报基础局，局物资处尽力组织供应。

各单位所承包的施工项目需要上述物资时，按建设单位规定、要求、渠道办理申请。

编制申请计划时，必须实事求是，精打细算。核算根据需要充分按照设计资料、实际工程量和消耗定额计算需要量，认真执行先利库，后申请的原则，提高计划准确性，准确程度要求达到90%以上。

在配件供应上，凡地质勘探基础专业所需设备的配件由基础局物资处统一订货、加工、采购、供应。工程处（队）、厂需要上述配件时可编制季度“配件需用计划表”，于需用季度前一个半月报基础局物资处组织供应。两级物资部门要做好专业配件的正常储备，逐步编制合理的储备定额，经基础局批准后认真实施。工程处（队）、厂对机组、车间、班组要逐步创造条件，实行按配件消耗定额供应。作为考核单机核算条件之一。

二、市场经济条件下物资供应的保障和制度

（1）贯彻局质量方针和目标，制定基础局物资管理制度，指导监督检查基础物资系统的工作。

（2）负责采购控制程序。

（3）负责顾客财产控制程序。

（4）负责专用器材，大、中型装备及其配件的采购、运输、保管和供应工作。

（5）评定和选择所采购产品的供货方，按程序进行进货检验和验收，确保产品质量符合要求。

（6）审查各单位报送的设备，器材 A、B 类物资采购计划、选择供货厂家。

（7）做好库存物资的存放、保管、标志和维护工作。

（8）负责全局监视和测量设备的管理工作。

三、改制后物资供应保障的特点和制度

（1）参与公司有关物资质量、存放环境和保证职业健康安全体系文件的制定及组织在全公司物资系统的贯彻实施。

（2）负责编制物资设备管理公司主管的相关程序文件，监督检查相关程序文件运行的符合性、有效性，并定期反馈有关部门。

（3）负责组织制定《物资管理制度》及其他相关作业文件，并组织在全公司物资系统贯彻实施。

（4）负责贯彻执行国家有关机电物资的政策法规。

（5）负责物资设备管理公司主管的专用配件、物资、大中型机电设备采购及机电物资管理工作。

（6）做好物资文件、资料的管理，负责向上级有关部门报送统计报表。

第三节　设备管理和制度

一、计划经济体制下设备管理和制度的基本内容

在设备供应上，按国家规定，统配部管机电产品均应按隶属关系和物资供应渠道逐级向主管部门申请。由物资处统一组织订货；属于技术上有特别要求的设备订货，物资处可会同技术部门进行，并由技术部门提供图纸、资料。

设备购置要贯彻［1981］电物字第 20 号文精神先利库后订货生产，对经综［1981］168 号文所列通用设备都要按规定逐级利库后报部，由部的订货卡片上加盖“准予订购”鉴证章，方可订货购置。

基础局所属各单位需要设备，必须在上一年 8 月底前编制年度设备申请计划，报物资处审核、汇总、平衡，确定申请数量，经计划处、财务处会审，主管经理批准后，上报申请，组织供应。临时增加施工任务所需设备，应于两个月前提出计划，以便组织供应。

在各工程处组建原则确定后，由物资处会同有关处拟定技术装备规划，经公司主管总工程师审核，主管经理批准，由物资处执行。做到技术装备定型化，并逐年配齐。

编制技术装备规划的原则是：根据基础局生产任务分散野外施工，计划性差、施工周期短、队伍流动性大的特点，要注意选用体积小、重量轻、工效高、机动性大、坚固耐用和一机多用的机械设备。同时要有计划地进行机械设备的更新换代，保证技术装备的先进性。

机械设备要根据设备目录进行统一分类编号，局和工程处两级业务部门都要建立台账，登记卡片，并做到账卡物对口。机械设备每年应进行一次清查鉴定工作。盘盈、盘亏都要查明原因，并按有关规定进行财务处理。大型设备要建立履历书，内容包括机械性能、辅机、附属设备及附件、工具登记表、运行、修理、改装、事故和调拨等记录。

新购或调入设备，一般情况下由储运组保管员根据业务部门提出的合同、协议、资料进行验收，遇有大型、复杂设备应由保管员会同业务、技术人员共同验收。验收范围和内容包括主机、辅机技术状况，随机工具、备件、资料等。拆箱时不要损坏原包装，验收完要恢复包装，做出记录，业务经办人填制验收单，保管员签章登账并转有关部门。验收过程中发现问题，要及时做出详细记录，参加验收人员签章，并由业务部门负责向供货单位或调出单位交涉处理。

经基础局订货、购置直接拨各工程处（队）、部门的设备，也按此程序办理。要求手续及时，有问题尽快反映给基础局。

各工程处（队）、厂设备退库需事先提出清单，经物资处核准方能进行，同时必须保持完好，该修理的应修好后退库。经验收，如有缺损应由退库单位负责配齐、维修或承担修理费用。

基础局调拨给各工程处（队）、厂的设备，由计划供应组根据核准的计划，开出固定资产调拨单，由调入单位到仓库提运。需要代托运者，由调入单位经办人办妥手续，计划供应组委托仓库代运。运杂费用由调入单位负责。

各工程处（队）、厂部门之间设备调拨时，由物资处下达调拨令，调出单位凭以开出固定资产调拨单，调入单位凭以办理验收提运。

调出的机械设备，必须保持完好，不许拆换原机零部件，并将机附件、专用备件、随机工具、卡片、履历书、技术资料一并移交调入单位，如有缺损，应由调出单位负责修好配备，或负担修配费用。

机械设备租赁时，租赁双方应签订租赁合同，并按有关规定计取租金。租赁机械设备，由局批准，对主要大型机械设备的出租要报总公司备案。

机械设备的技术改装（改造）要本着施工适用，技术可靠，经济合理的原则。实施方案要经过“三结合”小组讨论研究，经基础局主管总工程师批准后方可进行。主要大型设备改变性能或用途，要报总公司审批。

机械设备的报废，必须慎重对待，要经过“三结合”小组进行详细的技术鉴定，逐台填写“报废申请表”，由物资处和有关技术负责人审核，并按规定办理报废审批手续。单机原值在3万元以下者，由局批准，报总公司备案。3万元以上的，报总公司审批。申请报废的机械设备，在未经批准前，仍应妥善保管，不得将零部件拆做他用。经批准报废的机械设备，对其中尚能利用的材料、零部件及辅机应加以充分利用，作价入账，并将残骸处理结果报局备案。

二、市场经济体制下设备管理和制度的基本内容

（一）设备购置计划

按照国家规定，企业的施工设备属固定资产，各工程处及项目经理部需要购置设备，必须在上年十一月底前，编制年度设备申请计划，报机电物资公司审核汇总后，编制基础局年度设备申请购置计划，经局施工技术处、经营计划处、财务处会审，并局长办公会讨论通过。待资金落实后，由机电物资公司统一组织订货，编制年度设备申请计划。工程处或项目经理部临时增加任务急需购置设备时，各单位应填报设备追加购置申请表，经机电物资公司批准后，按批复文件执行。进口大型设备的申请计划，报局进口设备办公室审核，局长办公会批准。年度设备申请购置计划的内容应包括设备名称、规格型号、主要技术性能、台（套）数、单台参考价格、主要生产厂家、拟用于工程项目等。

（二）设备订购

设备订购实施前，机电物资公司应对主要生产厂家的产品质量和保证产品质量的能力进行考查。大中型设备还要考查厂家的生产能力和管理水平。进口大型设备，必要时主管局长或总工程师组织有关技术人员实施考查，考查要有记录。根据考查评价记录，确定合格供货方名单并予保存。供货方落实后，要以签订供货合同的方式订货，供货合同应详细写明设备名称、规格型号、主要技术性能指标、订购数量、配套附机、单台（套）价格、交货时间、发运方式、到货地点，并对检验方法、违约责任以及出现质量问题的解决办法等做出明确规定。

（三）新设备验收

新设备到货前，大、中型设备必要时，应当去供方货源处进行发货前的验收。新设备到货后，必须开箱检验，检查出厂合格证明、设备使用说明书、装箱单、随机附件和随机工器具及出厂标牌是否齐全，规格型号是否相符，外观是否完好无损并做好记录。接电源试运转，检验其性能是否满足规定要求，操作是否灵活，并进行必要的调整维护工作。对安装永久工程中的观测设备和用于混凝土浇筑的孔内设备，应在使用前进行测值率定及性能检验工作和必要的承载能力试验。外协委托制作的施工设备，在委托书中应明确规定技术、质量工艺及检验要求，制作过程中，物资部门或责任部门应派专业技术人员赴加工单位逐项检查验收。新设备验收过程中如发现质量问题，要做出详细记录，并由业务人员负责向供货方交涉处理。

（四）设备管理

基础局所有机械设备，都应按设备目录进行统一分类编号，便于管理。局、处两级设备管理部门对要建立固定资产台账和卡片，做到账、卡、物三相符。大型设备要建立履历书，内容包括：机械性能、附属设备及附件、随机工具登记表、运行、修理、改造、事故等记录。履历书一式两份，一份随机调使用单位，另一份由机电物资公司随同机械技术资料一并存档。根据工程需要，经机电物资公司核准，由局调拨给工程处或项目经理部的设备，以及二级单位需办理退库的设备，都必须保持完好，该修理的应修理好后再调出或退

库。经验收如有缺件或损坏，应由调出或退库单位负责修理或承担修理费用。机械设备对局外或对局内各二级单位办理租赁时，租赁双方应签订租赁合同，并按有关规定计取租金。租赁期满退回仓库时应当保持完好，经验收如有缺件或损坏，应由租赁方负责修复或承担修理费用。机械设备的技术改造，要本着施工适用、技术先进、质量可靠的原则，可行性报告和实施方案需报机电物资公司备案，并经主管局长批准方可进行。对于使用年限已到期，且技术落后、质量低劣、耗能高、工效低或损坏严重、无修复价值的机械设备可申请报废，并由使用单位逐台填写设备报废申请表报机电物资公司审批。经批准报废的设备，对能用原机改造新机种的，可充分利用；不能用的主要施工机械退回局仓库，其他报废设备处理残值由所在单位财务科负责。开展红旗设备竞赛活动是加强设备管理的一项重要内容，要进行定期检查和评比，评上的要挂红旗设备标牌，红旗设备的操作保管人员要予以适当奖励。凡在施工现场的设备（包括在用和备用的）其使用操作及维护作业，必须符合作业指导书的要求。要保证施工现场的主要设备具有一定的备用量，以具有连续生产的能力。各工程处及项目经理部物资科应于每季度末，根据本单位设备运行记录统计，编制机械设备使用情况统计季报表。

主要设备的大、中型主要施工设备的大修，应由各单位物资部门根据设备使用时间和技术状况提出大修计划，填写机械设备大修表并报项目经理或处长审批，报机电物资公司备案。机械大修应尽可能安排在闲工期，对需要提前或延长修理期限的，需由技术人员和使用操作人员共同进行技术鉴定，经鉴定后确定送修时间，并按计划执行。

三、改制后设备管理和制度的基本内容及新的特点

（一）设备购置计划

按国家规定，国有企业原值两千元及以上的施工设备，属固定资产，产权在局，各单位拥有使用权。各二级公司及项目经理部需用设备，必须在上年十一月底前，编制××年度设备购置申请计划报物资设备管理公司，由物资设备管理公司审核汇总后编制局××年度设备购置申请计划，经局财务处等有关部门会审，并经总经理办公会讨论通过，待资金落实后，由各单位物资设备管理部门统一组织订货。各二级公司或项目经理部临时急需购置设备时，应先填报设备追加购置申请，报物资设备管理公司批准后按批复文件执行。

（二）设备订购

设备订购实施前，采购单位应对该设备主要生产厂家的技术、生产、管理、质量检验、安全技术参数、售后服务等能力进行考察，优先选用环保安全性能良好的设备生产厂家，禁止采购国家明令淘汰，禁止使用的危及安全和危害环境的设备。特种施工设备必要时要经过国家专业部门检测鉴定，进口大型设备，必要时分管副总经理或总工程师组织有关技术人员实地考察。考察应有记录、资料；应由厂家填写生产厂家情况调查表。提供产品生产许可证、质量体系认证证书、优质产品证书（这些小证书必须在有效期内，否则视为无效证件）等资料的复印件，由设备采购单位填写合格供货方考察评价表，根据这些考察评价记录、资料，由采购单位主要负责人确定合格供货方，其中 20 万元以上设备的合格供货方名单连同考察资料和评价记录及时上报物资设备管理公司。

供货方落实后，要以签订供货合同的方式订货，供货合同应详细写明设备名称、规格

型号、订购数量、配套附件、单台（套）价格、交货时间、发运方式、到货地点；并对检验方法、违约责任以及出现质量问题的解决办法等做出明确规定。并要求厂家提供产品的环境保护、安全性能检测的技术参数。

（三）新设备验收

大、中型设备，在必要时应当去供方货源处进行发货前的验收。新设备到货后，必须开箱检验，检查出厂合格证明、设备使用说明书、装箱单、随机附件和随机工器具及出厂标牌是否齐全，规格型号是否相符，外观是否完好无损，同时要核定其环保安全设施是否符合技术要求，并填写进货检验记录，发现问题及时交涉处理。接电试运转，检验其性能是否满足规定要求，操作是否灵活，并进行必要的调整维护工作。对监视和测量设备，应在使用前进行鉴定和校准。外协委托制作的施工设备，在委托书中应明确规定技术、质量工艺及检验要求，制作过程中，物资部门或责任部门应派专业技术人员赴加工单位逐项检查验收。新设备验收过程中如发现质量问题，要做出详细记录，并由业务人员负责向供货方交涉处理。设备检修后，验收要由本单位专业人员参加并做好验收记录，存入设备记录档案。对于不符合维修质量要求，安全设施不健全，环境措施不到位的设备，必须重新完善后再继续使用。有特殊规定的设备，需经国家专业部门鉴定，获取合格证，并妥善保管。

（四）施工设备使用与操作

各单位设备使用前，组织设备操作人员培训，进行环境因素识别危害辨识及风险评价和技术交底。设备操作人员必须持证上岗，严格执行操作规程的有关规定。班前、班中、班后要认真检查施工设备、消除环境影响及安全隐患，一旦发现问题及时上报。主要大型设备严格实行定人定机，并保持相对稳定，持证操作，严格实行岗位责任制。未经设备主管部门批准，任何人不准随意拆除设备的安全装置和零配件。机械设备不得带病运转和超负荷作业。经过大修、改装和重新安装的施工设备，必须先进行试运行，严格按规定的磨合期运转正常后，方可投入施工。设备在不同的气候条件下施工时，要制定相应的安全预防措施，落实到位，落实到人。机械设备进入冬季施工，必须做好防冻防滑措施，严格按冬季施工规定进行。操作人员要加强设备的维护与保养，必须按规定执行，尽可能杜绝影响环境因素和不安全因素的发生，对超出有关规定的噪声、气体排放应采取相应措施。为了加强安全生产监督管理，防止和减少机械事故，根据国家安全生产法规定，生产经营单位应在有较大危险因素的生产经营场所和有关设施、设备上，设置明显的安全警示标志。同时不得使用国家明令淘汰、禁止使用的危及生产安全的设备。

（五）施工设备的维护和保养

根据水电施工特点，维护保养种类可分为例行保养、适时保养、停放（库存）保养、转移前保养。各级保养均由各单位物资设备部门牵头，物资设备科应有保养记录。各级保养，无论机况如何，均应按规定的间隔期和作业项目强制执行，超保时间不得超过周期的10%。对于已不能达到环境保护和安全性能要求的设备，及时修理、改造，使之满足其使用要求，否则需做报废处理。设备修理、保养时，确保设备处于安全、稳定状态和安全的作业环境。废油、废弃物要妥善处理，不得污染环境。大型设备修理时，要有专业人员在场指挥，制定有效的安全措施，避免拆卸、吊装过程中造成对员工的伤害。设备维修、保养更换的配件，尽可能使用原厂配件，保证其安全性能。采用替代品或自制加工配件时，对有安全影响的重要部件慎重使用，替代配件不能低于原厂配件级别等级的技术指标。设备修理时，要认真恢复其环保、安全设施，达到规定要求，不得随意舍弃。特种设备修理后或超过鉴定期限时，要经过国家专业技术部门鉴定，获取合格证后方可使用。

（六）设备转移

施工设备转移时，要选择足够吨位的运输、吊装车辆，专人指挥作业，绑扎牢固，防止出现坠落物体。精密、易丢失的部件一定要妥善保管，必要时装箱运输。对于超长、超重构件及大型设备的运输及装卸，应事先了解沿途道路情况，制定相应的搬运方案和安全措施，并由具备熟练操作技术的人员操作。大型自行走的施工设备移动时，一定要摸清路况，专人指挥，缓慢行驶。有可能破坏水土保持的地方，要采取措施。大型设备运输时，一定要投保货物险，选择性能良好的运输车辆和有信誉的运输公司，并委派操作人员押运。施工设备进行内部调试时，有关该设备的标志记录和资料应随机转移并由专人保管，机械配件发运时应有装箱单随货同行，装箱单上应注明主要的标志内容。

（七）设备存放

设备存放超过一个月时，除定期防腐外，应对内燃机部分发动并作短时间运行。设备停放期间要定期检查，不同季节采取相应的防护措施，保证设备始终处于安全存放状态。有渗漏油液时，要及时处理，防止污染环境。防止停放期间被盗、丢失，出现人为损坏现象。

第九章 信息化管理

第一节 机 构

1982年，水利部和电力部合并后，水电建设总局在杭州召开了水电系统微机应用座谈会，会上提出应该尽快建立数据库，将多年来水电系统建设的重要历史数据存储共享。会议要求各工程局成立计算机应用领导小组，或者计算机应用办公室。基础局根据会议要求成立了计算站，参加会议的工程师王明柳被任命为站长，负责计算机应用工作。他们自编程序，从工资计算入手，逐步向预算、物资、人事等领域扩展计算机基础应用，引导员工了解、认可计算机应用技术。计算站还多次举办计算机普及培训班，为企业培养了许多优秀员工。

1993～1998年，基础局未设计算机应用管理机构，但计算机在全局范围内逐渐展开应用，局科研所和计划处最为活跃，部分工程处和项目部也开始使用计算机，并利用计算机进行工作统计。

1999～2002年，基础局技术处成立了信息科，负责企业的计算机应用培训及推广工作，负责采集互联网上的工程信息，负责工程档案收集整理及图书资料管理等工作。

2002～2005年，基础局按照集团公司加强企业信息化建设的要求，将技术处一分为二，一部分人成立基础局经营二部，其余的人成立了技术信息中心。技术信息中心下设技术科和综合信息科，对应原技术处的职能及企业的信息化建设工作。设一名副主任主抓全局的信息化建设。信息化工作职能有：基础局网站建设及运维管理；基础局的信息数字化、信息储存、管理、安全与维护；基础局的旧办公楼局域网改造及新办公楼综合布线系统规划建设和运行维护管理；起草企业计算机综合信息网络建设规划方案、企业网络信息系统安全运行管理规定、企业网络中心机房管理规定、企业信息化建设规划等文件；负责局属各单位信息化建设的指导和基础培训；组织利用计算机进行统计的研究应用工作；科技、工程项目竣工资料的收集整理和归档工作；组织国家和行业技术标准、规范最新版本的检索并及时更新技术标准文件控制清单；组织图书资料室的管理及网上图书馆拓展工作，利用各种渠道寻找最新的图书、资料，向局属各单位提供最新的图书资料，及时为局属各单位技术人员提供所需技术资料的查询和传递等服务；组织《基础处理技术》和《科技简讯》期刊的组稿、排版、校对等具体工作，每季度进行一次图书资料的信息检索工作，向局属各单位技术人员提供主要技术资料清单；做好基础局技术委员会、水利学会等的日常工作，管理技术信息中心的来往文件。

2005 年 6 月，基础局改制后，技术信息中心对信息化机构做了调整，下设一名信息高级主管和一名信息数字化管理主办。为了充实信息化建设力量，年末又增加了一名计算机专业人员。

第二节　信 息 化 建 设

一、计算机及其外围设备

1983～1985 年期间，基础局利用水利水电建设总局下拨的两次计算机专款，采购了 1 台日本夏普 9 英寸显示器计算器（人民币 4 万多元）和 1 台 IBM PCXT 计算机（10M 硬盘）。1986 年，基础局在科研所二楼建立了两间机房，之后又购买了一批日本 PC1500 袖珍计算机。1990 年前后，基础局各施工处逐渐添加了计算机和打印机，CPU 由 8086，80286 到 1994 年的 80486，硬盘容量由 10 兆扩大到 1994 年的 200 兆。

1994 年 10 月，基础局科研所因研制的 CZF 系列冲击反循环钻机成果突出（1996 年 10 月获国家“八五”科技攻关重大科技成果奖），从三峡项目部获得 10 万元专款，以每台 19550 元的价格，采购了 2 台硬盘为 420 兆的 AST P75 奔腾电脑（当时中关村市面上最高配置的 PC 机），并首次使用中文视窗 95 系统（基础局首次使用非 DOS 中文视窗系统）。购买了 20 英寸日立显示器 1 台，A0 幅 HP 黑白喷墨绘图仪 1 台，A3 幅佳能喷墨打印机 1 台，机械 CAD 软件一套等计算机软硬件资源。科研所为此建立了机房，并作为基础局的一个窗口，供外宾参观。当时科研所有台式机 5 台，局机关有 8 台。

1999 年 5 月，基础局技术处信息科建立后作过统计，基础局机关有台式机 26 台（含设计公司 4 台），针式打印机 9 台，喷墨打印机 4 台，计算机硬盘最大 2G。

2002 年 7 月，基础局技术信息中心成立时再次统计，基础局机关有台式机 43 台，网络打印机 3 台，计算机硬盘最大 40G，CPU 速度奔腾 2.0G。

2005 年 9 月，基础局进入新办公楼之后，大楼局域网拥有网络设备共计 173 台，计算机硬盘最大 80G。

另外，1998 年三峡经理部购买了 1 部 HP Designjet A0 黑白喷墨绘图仪；1999 年基础局设计公司购买了 1 部 HP Designjet A1 黑白喷墨绘图仪；2001 年基础局新加坡工地购买了 1 台 HP Designjet A0 彩色喷墨绘图仪；2003 年基础局机关购买了 1 台具有联网功能的 HP Designjet A0 彩色喷墨绘图仪。到 2006 年 10 月，各种 A3 激光或喷墨网络打印机，已经遍布基础局各单位。这些硬件的投入为基础局普及计算机辅助设计奠定了坚实的物质基础。

2004 年以来，基础局计算机网络设备数量呈加速度上升阶段，2006 年基本进入了饱和期。

二、计算机网络通信系统

基础局的计算机局域网始建于 2002 年 8 月，目标是解决总部办公楼内单台计算机之间的信息网络互通，并且实现 24 小时专线访问互联网，实现 E-mail 互联网通信等功能。

基础局的网络发展与计算机数量规模有着密切的关系，大体上可分为三个时期。

1982～1999 年，属于单机应用时期。1999 年基础局科研所拥有 5 台计算机，基础局机关总部拥有 22 台计算机，基础局科研所和基础局计划处用上了打印机共享器，建立了部门及局域网。基础局的计算机应用始于 1985 年，但是到了 1999 年，机关多数员工基本上还摸不到计算机，对于 E-mail、网址、互联网等概念还模糊不清。

1999～2005 年，属于计算机网络快速发展时期。2002 年 8 月，基础局北院旧办公楼进行局域网互联明线改造：办公楼内共有 43 台计算机，机械化施工处、经营一部、经营二部、万基公司、技术信息中心等部门共引入了 6 条 ISDN 上网专线，实现楼内联网。有出口为 0.5 兆带宽的 ADSL 线路和 1 台代理服务器，网内最多代理计算机记录 98 台。从此，大楼中的计算机网络设备开始发挥着的重要作用，员工对计算机网络的重要性特别认可，一些临近退休的技术人员也开始认真学习计算机技术，机关员工基本上都可以摸到计算机，半数以上的员工会使用 E-mail 收发邮件，基础局有了自己的企业网站和 12 个缴费信箱，互联网加快了员工认识世界和转变观念的过程。基础局的形象通过互联网向世界展现，世界的信息通过互联网流进基础局的办公大楼，基础局开始进入了互联网时代。

2005～2006 年，属于网络规范建设时期。基础局 2005 年一季度完成了新办公楼局域网综合布线系统，实现了千兆光纤进竖井，百兆光纤进桌面的通信速率，具有计算机网络通信、IP 电话通信、普通语音业务及可视会议等功能的统一通信网络；二季度基础局新办公大楼计算机房建成并正式投入运行，通信接入线路为网通 10 兆光纤。从此，基础局局域网中的计算机访问互联网的速度和稳定性均有了明显提高，基础局的外部网站也切换到计算机房内运行，首次在自己的服务器上开通了企业自己的电子邮件服务器，每个员工都可以有自己的企业邮箱。局域网是总部员工的基本工作环境，计算机操作技能是员工上岗的基本要求，机关员工对网络存储、网上信息流动及网上协同作业等信息化概念有了初步的认识。

三、视频会议系统

2006 年 9 月，按照集团公司的统一部署，基础局技术信息中心在总经理工作部的协助下，经过一个多月的建设，在总部办公楼八楼建立了视频会议分会场，并在当年成功地参与了集团公司主持的“视频会议开通暨信息化工作研讨会”及“集团公司年终财务会议”等视频会议。

四、企业域名网上保护

基础局企业域名保护有：中国万网网址、通用网址、中文域名、手机域名、无线网址等。信息中心负责网上域名的早期发现与申请保护。

基础局从2001年起，先后注册了“Chinafec”相关的域名（由于公司对企业域名重要性的认识原因，“Fec”相关的域名此前已被其他公司注册）。2005年二季度，按照水电集团公司的文件要求，又注册了“Sinofec”相关的域名。基础局域名注册保护情况详见表5-9-1。

表5-9-1 基础局域名注册保护情况

<table>
<tr><th>序号</th><th>域　名</th><th>注册人</th><th>备　注</th></tr>
<tr><td>1</td><td>Chinafec. com</td><td>中国水利水电基础工程局</td><td rowspan="6">中国万网</td></tr>
<tr><td>2</td><td>Sinofec. com</td><td>中国水利水电基础工程局</td></tr>
<tr><td>3</td><td>Sinofec. com. cn</td><td>中国水利水电基础工程局</td></tr>
<tr><td>4</td><td>Sinofec. cn</td><td>中国水利水电基础工程局</td></tr>
<tr><td>5</td><td>Chinafec. com. cn</td><td>中国水利水电基础工程局</td></tr>
<tr><td>6</td><td>Chinafec. cn</td><td>中国水利水电基础工程局</td></tr>
<tr><td>7</td><td>中国基础 . com</td><td>中国水电基础局有限公司</td><td rowspan="5">中文域名</td></tr>
<tr><td>8</td><td>中国基础 . 中国</td><td>中国水电基础局有限公司</td></tr>
<tr><td>9</td><td>中国基础 . cn</td><td>中国水电基础局有限公司</td></tr>
<tr><td>10</td><td>中國基礎 . cn</td><td>中国水电基础局有限公司</td></tr>
<tr><td>11</td><td>中國基礎 . 中國</td><td>中国水电基础局有限公司</td></tr>
<tr><td>12</td><td>Chinafec. mobi</td><td>中国水电基础局有限公司</td><td>手机域名</td></tr>
<tr><td>13</td><td>Fecyc. com</td><td>一公司</td><td rowspan="6">基础局二级单位域名</td></tr>
<tr><td>14</td><td>Fec2gs. com</td><td>二公司</td></tr>
<tr><td>15</td><td>Fecsc. com</td><td>三公司</td></tr>
<tr><td>16</td><td>Fec4. com</td><td>四公司</td></tr>
<tr><td>17</td><td>Sinofec. net</td><td>科研所</td></tr>
<tr><td>18</td><td>Fectech. cn</td><td>恒昌物业公司</td></tr>
<tr><td>19</td><td>中国水利水电基础工程局</td><td>中国水利水电基础工程局</td><td rowspan="2">通用网址</td></tr>
<tr><td>20</td><td>中國水利水電基礎工程局</td><td>中国水利水电基础工程局</td></tr>
<tr><td>21</td><td>jcj. sinohydro. com</td><td>中国水利水电基础工程局</td><td>集团公司负责解析的二级域名</td></tr>
<tr><td>22</td><td>www. ic. sinofec. com</td><td>中基国际公司</td><td>基础局负责解析的二级域名</td></tr>
</table>

五、企业网站的建设

基础局网站建设的原则是“交流有用信息，贯彻公司意图，凝聚企业人心，展示企业形象，彰显企业文化，凸显功能应用”。总体上网站规划有基础型网站、品牌型网站和功能型网站三个建设阶段，技术信息中心负责网站发布信息的全面监管及运行维护工作。

1996年10月，基础局总工夏可风叮嘱科研所员工谭景春，要跟踪互联网技术，注重网站建设技术的储备；基础局第一个企业网站规划方案由技术处信息科于2001年6月正式提出，当年10月公司正式批准建设。

首个企业网站属于基础型网站。总工程师多次对网站规划内容进行审改，并多次组织基础局已退休及在职专家以图文并茂的方式撰写各自熟悉的重点历史工程简介等工作。网站收集整理了大量的企业历史图文资料，网站雏形于2002年12月建成并投入运行。最初是租用天津互联网服务商的50兆硬盘空间，运行到2006年7月6日，切换到基础局新办公楼机房服务器上。首个网站专业性很强，整体上以静态页面为主，只有外网没有内网，没有分级权限管理功能，美工设计要求不高，目标是尽快将企业推上互联网。虽然，网站在运行中不断地改进，但是，有些功能需要改变网站的整体结构才能实现。

2002年12月始，技术信息中心在公司的网站、杂志、报纸等多处刊登了“中国水电基础局网站新闻稿件及新闻图片征稿启事”，在多个著名户外传媒网站上宣传域名，在国家互联网注册中心进行多项企业网上域名保护；同时，根据公司领导的意图及员工对基础型网站的意见和建议，下力气构思、规划、建设企业的新型网站。

新型网站属于品牌型网站，注重部门分级权限管理和美工设计，具有后台数据库的动态支持和“内、外”网结构。内网供企业员工信息收集交流，部门形象展示和工作反映，对企业员工提供服务等。各部门可以根据部门的特点，灵活设计本部门的栏目。外网主要功能是，充分发挥基础局各部门“集体办网”的积极性，全力将企业形象、企业文化、企业品牌及企业产品推上互联网。在互联网上树立企业形象，彰显企业文化，展示企业经营的业务及企业的综合实力，宣传企业产品，打造品牌网站。新版网站于2006年7月6日投入运行。

2002年以来，基础局的一至四分公司及科研所陆续建立了自己的基础型网站。

功能型网站是企业网站建设长期追求的目标。功能型网站不仅仅是提供信息，而是通过互联网的跨区域性、互动性将企业的一部分业务搬到网上进行，以提高工作效率、优化工作流程。同时，功能型网站还具有基础局各应用系统网站的集成管理功能，避免产生新的更大的企业信息孤岛。互动、集成、统一、安全以及与中国水电建设集团公司网站保持一致的风格是建设“功能型网站”的努力方向。

六、办公自动化系统（OA）与人力资源管理系统

基础局OA于2005年3月提到议事议程上。2004年6月，技术信息中心邀请了金和企业集团总裁栾润峰来基础局做了一次精确管理思想讲座，向员工灌输协同办公的理念，之后信息中心又考察了多家办公自动化软件产品。

经过不断地学习及案例分析，决定从“适合性”角度选择OA：一是基础局的计算机数量用发展的眼光看也不会超过2000台，所以不需要特别高端的数据库；二是基础局工作流相对简单，所以不需要特别复杂的功能；三是基础局管理体系不太规范，IT人才缺乏，所以需要产品的易用性和维护性俱佳；四是基础局的规模小，资金有限，需要信息化产品的价格也相对低廉；五是企业处在改制转轨初期，流程再造环节困难很大，所以对软件的流程设置功能应特别强调方便实用；六是需要有强大而具有责任心的服务商及行之有效的实施方案，这样信息化起步就快，见效也快。

基础局最后选择了金和OA系统和人力资源管理系统，于2006年12月21日签订了采购合同，乙方技术人员随后进驻基础局，进行为期两个月的部门调研与软件个性化开发部署。

第三节 信息化的运用

一、关于计算机辅助设计

基础局计算机辅助设计始于1994年10月。当时，由于三峡的科研课题经济效益突出，三峡项目部拨付10万元给科研所，筹建了计算机辅助设计系统。软件是清华大学爱克斯特软件公司的机械CAD（含电器CAD）产品，开发商来科研所进行一周的现场培训及一年的电话服务。科研所课题的机电设计与绘图速度较手工提高数十倍至数百倍，出图质量更标准化、规范化。科研所谭景春、高永康、张杭生、丁华等员工，首先开始了“甩图板运动”。

例如：在CZF1200钻机研制成功后，研制CZF2000重型钻机的过程中（为三峡二期围堰防渗墙做技术储备），经过对济南矿山机械厂试验钻机等进行现场测试，并对相关的电机转矩公式进行了化简，然后利用数学CAD软件进行电机转矩模拟计算，并利用绘图仪绘出转矩曲线组，找出转矩拐点，为重型钻机电机功率定位提供了重要依据，缩短了样机的研制时间。如果用计算器计算，绘图板绘图，需要近千倍的时间，而且准确性不好保证。

又如：转机齿轮的设计与绘图，仅需要输入几个参数，计算机辅助设计系统几分钟后即可完成设计与制图，是手工速度的数百倍。

1999年，在技术处的组织下，教授级高级工程师高永康还自编讲义，为基础局举办过多期CAD机械制图短期培训班，技术处对其讲义进行了整理，以科技简讯专刊方式在基础局内部推广。高永康还将具有自主版权的国产CAD软件普及版推荐给技术处，由技术处复制光盘50份，免费在企业内部散发，推动企业的“甩图板运动”。

2002年8月以后，基础局在计算机网络硬件方面的投入逐渐加大，逐渐普及了计算机辅助设计工作。

二、关于企业网站

基础局网站运用上分为三个阶段。

1. 第一阶段——基础型网站

2002年12月建成并投入运行的基础局第一个企业网站，在基础局领导的关怀下，认真贯彻执行国家有关互联网站工作的方针政策，明确目标，狠抓建设。网站整体风格上力求严谨、简捷、实用、专业；在消息报道上力求准确、快捷；在图片显示上力求迅捷。并且在各种媒体上做了大量的网址宣传，很快成为在中国地基与基础工程领域及相关行业有一定影响的专业网站。

首个网站共13个版块，发布了基础局有史以来的几乎全部工程的目录信息和重点工程简介，还有基础局的获奖证书、专利证书、荣誉证书、企业资质证书、《基础工程技术》杂志论文目录和简介等信息。为企业在互联网上推上世界，让世界在互联网上了解企业迈出了关键的一大步，也为基础局以后的网站改版储备了大量的基础数据与图文资料。第一个网站在互联网上共运行了43个月，日均浏览229/人次，由于网站信息量大，专业性很强，许多业内人士（包括业主甲方）经常访问网站寻求帮助。一个现象是网站发布一年后，全国各地打电话到技术信息中心（原名技术处），寻求购买《基础工程技术》（原名《基础处理技术》）杂志的次数由原来的年逾30次几乎降到零。为此，网站荣获了基础局的“工程局网站建设一等奖”。获奖者为宗敦峰、夏可风、赵存厚、杜增明、李昌华、谭景春、杜永昌、杨立丰、黄金花、张树宸、张超魁、贺永利。

2. 第二阶段——品牌型网站

基础局2006年7月6日投入运行的企业新网站属于品牌型网站。根据公司领导的意图及员工对第一个网站的意见和建议，信息中心多次组织相关部门会议，研讨网站的风格、布局、各级栏目设置等问题。新网站各二级栏目的内容及维护权限下放到相关部门，稿件通过互联网投到各部门的信箱中，栏目编辑修改后，经栏目审核人审查通过后，发布到相应的栏目中。新网站具有很强的后台权限分级管理功能及方便的稿酬分类统计功能。新网站方便了部门（或栏目）信息的自主录入与管理，因而信息录入更及时，这一点在“公司要闻”及“公告栏”等版块表现的特别突出。新网站在美工设计上进步较大，网站更美观，服务功能更强。信息中心主要负责网站的安全及运行维护管理。

3. 第三阶段——功能型网站

基础局前两个企业网站都是将重点放在信息的发布上，主要功能是用“推”的方式在互联网上宣传企业，是企业强有力的宣传工具，这是网站必备的功能。但这还不够，因为企业就像一台机器，追求的永远是运转效率。我国网民的上网方式，正在从信息获取、娱乐沟通方面，逐步向生活助手方面变化。因此，网站不仅是企业在互联网上的一个门户，还应该是“机器”上的传感器和仪表盘，应该对用户多提供帮助。这就是基础局的第三代网站——功能型网站。

功能型网站具有很强的权限管理功能和非常方便的自助功能，紧紧围绕企业的发展战略。对企业外部互动功能很强，客户查找信息方便，联系信息完备，网站中增加许多业务表单做成的网页，严格的权限设置，具有主动亲近客户的“拉”的功能，通过让业务伙伴通过网站与企业进行业务往来与处理，逐步涉及电子商务的某些方面；对内整合企业中各种应用系统，实现统一编码、统一通信、统一数据、统一管理等协调管理功能。

功能型网站的功能是否通过网站得以体现，是企业网站是否专业化的一个重要标志，网站需要在前进中不断地调整自身（必要时保留数据，重建结构），才能对企业的发展拥有积极的意义。

三、关于计算机网络的安全问题

基础局总部局域网为基础局机关、二四公司机关、中基国际公司、科研所及其他机构员工提供办公环境。既要保证网内（特别是部门内）计算机之间的信息流通方便（不变实施“生活小区”的局域网管理策略），又要保证计算机之间（特别是部门之间及来访计算机）的信息安全，为此采取如下措施。

1. 网络安全

原则上将公司办公楼局域网按部门划分 VLAN，公司领导、小车班、来访计算机归属于独立的 VLAN。VLAN 之间的计算机通信依靠 OA、FTP、E-mail 等完成。

在机房安装了趋势公司 NVW 安全网关设备，在局域网网关处拦截来自互联网的网络层病毒。同时，NVW 网关设备与趋势网络版杀毒软件结合，较好地解决了局域网中计算机不安装趋势客户端的问题。采取以上措施后，总部局域网的运行稳定性有了较大的提高。

2. 系统安全

及时更新操作系统补丁，加强系统日志的审查工作，强调机房管理制度的执行力度，对系统重要配制进行定期自动备份。针对市电停电的不确定性，特别是办公楼夜间或周末停电，易引起服务器数据丢失或系统损坏等问题，强化了服务器系统的自动安全管理功能。当市电停电后，机房所有服务器，将按服务功能的重要程度，在规定时间内，按顺序自动退出系统，并自动关机。同时，调整了机房 UPS 电源的相关策略参数，确保预警准确，延长电池寿命。由于采取了这些措施，机房服务器系统的断电再来电恢复时间，由原来的大于 1 小时缩短到不足 20 分钟。

3. 数据安全

由于存储技术及存储空间的原因，一直是采取机房本机每日自动重写备份及手工异地定期重写备份的方式，平时密切监视机房每个服务器的运行状态，特别是硬盘的工作情况。

总体上讲，基础局的信息化建设，以技术支持为主的计算机应用时期，今后将进入以管理支持为主的信息资源管理时期，而技术支持的效果将长期伴随于企业管理的过程之中。然而，影响企业管理的深层原因是企业文化，企业文化都要经历一个培育、完善、深化和定型的过程。在这个过程中，企业习惯必须经过广泛宣传、反复培训才能逐步被员工所接受。这需要数十年历程的自然演进，还需要规范的管理及一定的强制手段，促使员工行为规范的不断积淀、升华，最终形成为企业文化。因此，企业信息化建设的信息资源管理时期，道路是漫长的。在这个过程中，企业流程再造环节一直影响信息化的运用效果。

第十章 工程项目管理

第一节 工程质量和安全生产

一、质量保证体系和保证措施

我国《建筑法》和《建设工程质量管理条例》明确规定，施工单位要对建设工程的施工质量负责。多年来，基础局为了确保所承担工程项目的施工质量，始终严格执行国家有关质量的法规、政策、标准和行业施工技术规范，认真履行施工合同，不断加强工程项目质量管理，实践和总结出一套有效的施工质量保证体系和保证措施。

（一）质量保证体系

质量保证体系主要包括质量方针、质量目标、组织结构、质量职能、质量程序、质量过程和所需资源。

（1）质量方针执行基础局制定的质量方针。

（2）质量目标由工程项目部制定，建设方或合同有要求的按要求制定质量目标，没有特别要求的根据基础局的质量目标进行分解。

（3）质量管理组织结构设置（一般采用组织结构图形式）：

领导层为项目经理、主管生产的项目副经理（常务经理）、总工程师（技术负责人）；

职能部（科）室有综合办公室、人力资源部、施工技术部、质量安全部、检验试验室（可由质安部主管）、设备物资部，不设部室的必须根据管理职能配备相应的管理人员；

作业队伍为生产机组、供料机组、其他辅助班组。

（4）质量职能由项目部确定，要根据基础局质量管理体系要求制定符合项目质量管理需要的质量责任制度。

（5）质量程序执行基础局质量管理体系程序文件，并根据项目实际制定必要的作业指导书，如质量计划、施工细则、专业技术方案等。

（6）质量过程是实施质量保证体系的一系列质量活动，各项质量活动必须相互协调，接口清晰。

（7）资源是完成质量活动的重要因素，包括人员、设备、设施、资金、技术和方法。

（二）质量保证措施

质量保证措施主要有制度保证、质量教育和培训、技术保证、质量监测、质量责任追究。

1. 制度保证

工程项目部要认真执行基础局质量体系文件，落实各项质量管理制度，结合工程项目具体特点制定质量目标责任制及质量管理实施细则。

2. 质量教育和培训

（1）质量意识教育：向职工宣传贯彻基础局质量方针和项目质量目标，教育职工牢固树立“百年大计，质量第一”的思想，遵守有关质量法规、标准、规范、规程、施工技术要求及各项质量管理制度。

（2）开工前培训：工程开工前，针对不同岗位人员进行岗前业务、技能培训，并分层次进行技术交底。

（3）专业知识培训：根据工程特殊需要，安排相关人员进行专业培训。

3. 技术保证

（1）开工前进行周密的质量策划。组织专业技术人员进行图纸会审，编制详细的施工组织设计和作业指导书，并严格执行审批程序。

(2) 发挥专家对工程项目的指导作用。针对工程技术要求高、施工难度大或施工人员经验不足的特殊情况，在项目策划或施工过程中要适时派专家进行技术指导。

(3) 尽量采用新设备、新材料、新技术、新工艺。

4. 质量监测

(1) 加强对施工物资的质量控制。对采购的原材料，特别是A、B类物资，项目部按物资管理控制程序进行检验和验证，不合格的材料严禁用于工程施工。

(2) 加强对施工过程的质量监控。施工过程中，项目部严格执行“三检制”，即机班组“初检”，现场技术值班员或质检人员“复检”，施工单位、设计单位、监理单位联合“终检”，凡上道工序不合格的，严禁进入下道工序。

(3) 工程需要时，建立能满足施工现场试验要求的工地试验室，配备有检验、试验资质的操作人员，具有性能良好、齐全的试验仪器和设备，具有可靠的检测手段和严密的检测制度。

(4) 为保证测量精度，项目部要按规定做好检测、试验设备、器具的检定、校准工作。

5. 质量奖惩

项目部均制定有《工程质量奖惩办法》，机组的效益与工程质量紧密挂钩，并严格执行工程产品不符合控制程序，对施工中发生的严重不符合工程产品，特别是对构成质量事故的不符合产品，要按工程质量事故调查规定进行处理，对事故责任人要追究责任，做到奖罚分明。

二、工程质量和安全

确保安全生产的具体措施：主要分三个阶段。

(一) 第一阶段——1991年企业升级前后采取的措施

(1) 建立安全生产责任制度，明确施工人员的安全职责。

(2) 组织学习上级有关规定和单位制定的安全技术操作规程和制度。

(3) 建立安全生产定期和不定期检查制度，督促消除隐患。每月召开一次安全生产例会。

(4) 开展安全教育，督促工人正确使用安全装置、防护设备、安全工具及劳动防护用品。

(5) 发生事故，立即上报，确定事故责任提出处理意见。

(二) 第二阶段——2002年11月起实施《中华人民共和国安全生产法》后采取的措施

(1) 健全安全生产责任制度，根据“谁主管谁负责”的原则，建立项目经理为第一责任人的各级安全生产责任制，做到“纵向到底，横向到边”。

(2) 施工前，负责项目管理的技术人员对有关安全施工的技术要求向施工作业班组、作业人员作出详细说明，并由双方签字确认。

(3) 全体施工人员明确自己的安全目标，严格执行党和国家有关安全生产方针、政策、法令和安全生产技术规程，自觉遵守有关安全生产规章制度及规定，正确使用安全防护用品、机械设备等。

（4）安全投入符合安全生产要求，用于改善安全设施，进行安全教育，更新安全技术装备、器材、仪器等其他安全生产设备设施，按产值的1.5%提取安全生产经费。

（5）参加“安康杯”、“安全月”等活动，经常性进行安全教育，狠抓习惯性违章；采用新技术、新工艺、新设备、新材料时，对作业人员进行相应的安全生产教育培训。

（6）施工现场的安全防护用品、机械设备、施工机具及配件由专人管理，定期进行检查、维护和保养。

（7）严格执行特种行业人员一律持证上岗制度。

（三）第三阶段——2004年1月施行《安全生产许可证条例》，2005年7月公司实施职业健康安全管理体系后新增的措施

（1）项目部成立以项目经理为第一责任人的安全生产领导小组。项目负责人由取得相应执业资格的人员担任。项目部成立安全生产管理部门，配备专兼职安全管理人员，作业班组配兼职安全员。专职安全生产管理人员经建设行政主管部门或者其他有关部门考核合格后方可任职。

（2）在施工组织设计中编制安全技术措施，对达到一定规模的危险性较大的工程编制专项施工方案。

（3）项目部为施工现场从事危险作业的人员办理意外伤害保险。

（4）根据工程施工的特点，对施工现场易发生重大事故的部位、环节进行监控，制定施工现场生产安全事故应急救援预案建立救援组织或应急救援人员，配备必要的应急救援器材、设备。

（5）项目部采购、租赁的安全防护用品、机械设备、施工机具及配件，具有生产许可证、产品合格证，并在进入施工现场前进行查验。

（6）施工用电线路及电器按施工安全用电方案进行架设布置，无乱拉乱接现象。

（7）办公、生活、库房等临时设施设置在安全区域。

（8）要求分包单位具备相应的安全资质和能力。

（9）遵守有关环境保护法律、法规的规定，在施工现场采取措施，防止或者减少粉尘、废气、废水、固体废物、噪声、振动和施工照明对人和环境的危害和污染。

（10）随时接受业主及监理单位对安全生产的督促、检查、考评，对提出的问题，马上确定方案组织实施，确保安全生产。

（11）消防、危险化学用品及易爆物品的管理满足有关规定。

第二节　项目目标成本管理

一、推行项目目标成本管理

2006年，基础局强力推行了项目目标成本管理，强化以目标管理为基础的项目核算，把项目部作为成本中心，积极推行目标责任成本管理，健全以“目标成本测算、成本过程监控、竣工成本核算分析及绩效考评”为主要内容的项目目标成本管理体系，以单项工程为核算对象，对各项工程费用进行逐项分解，实行动态控制，按期进行成本偏差和效益责

任的分析评价，使各项成本费用控制在预算之内。公司根据在建项目的实施情况，在不同的二级单位选取具有代表性的4个试点作为公司直控项目，然后以点带面，逐步在全公司范围内展开项目目标成本管理。

（一）项目目标成本管理的组织保证

基础局本部成立了项目目标成本管理工作领导小组，下设目标成本管理考核中心；二级单位成立了工程项目目标管理中心。

（二）项目目标成本管理的制度保证

推行了项目目标成本上报制度、项目过程监控上报制度、项目竣工成本上报制度、项目亏损责任追究制度等。

（三）项目目标成本管理所遵循的原则

成本最低化原则、全面控制原则、过程监控原则、目标管理原则、节约原则、例外管理原则、责权利相结合原则。

通过推行目标成本管理，各级人员对项目成本的关注度有了显著提升，项目经理的成本管理能力、履约能力、索补能力有所提高，预防、抑制、消除亏损的积极性和责任感有所增强，项目管理人员的管理观念由“生产型”向“效益型”转变。同时，目标管理的推行提高了公司对在建项目的掌控力，使公司的决策机构能够及时了解项目的进展状态和目标的执行情况，对发生偏离的项目能及时采取有效措施。经过一年的强力推进，项目目标管理效果显著，2006年基础局实现利润3660万元，比2005年同期提高158.7%。

二、加强分包管理

结合工程局质量体系文件和分包管理文件，项目分包首先确定分包项目立项审批，由发包单位对分包商资质进行审查，对其能否完成分包项目进行考核，力求做到项目分包管理程序化，分包管理公平、公正、公开，阳光透明，实现了社会资源与基础局资源的有机整合，从而实现共赢，为基础局又好又快发展提供制度保障。

第十一章 综 合 管 理

第一节 机 构

工程局的文秘、信访和文书档案管理工作由局办公室负责。1959年8月，密云基础处理总队，1963年5月，水利水电建设总局基础处理总队，都设立了办公室。1982年6月1日，成立公司办公室。1985年3月，因公司机关机构调整，公司办公室改为经理办公室。1988年5月改为公司办公室，1992年，公司办公室改为局办公室。1998年1月，局机关进行机构调整，撤销保卫处，保卫职能归入局办公室。2002年3月，机关机构调整，成立局办公室。2005年3月，基础局进行公司制改制，局办公室改为总经理工作部。

自1982年以后，历任基础局办公室（总经理工作部）正职的有曲惠清、任烽光、王化君、孔祥生、王金良、张洪波。

历任基础局办公室（总经理工作部）副主任的有陈德明、王建国、邹立嵩、黄卫平、张义新、韩少辉、杜永昌、张洪波。

第二节　文　秘　工　作

一、文书管理

文书工作是办公室日常工作中的组成部分，是实现机关职能的重要手段之一。公司一直有成系统的围绕公文的拟制、处理与保管而进行的撰稿、审稿、签发、印刷、收发、登记批办、催办、立卷归档等环节所构成的整个流程，并有专人负责管理。1981 年 5 月，转发水利部办公厅《国家行政机关公文处理暂行办法》的通知。1996 年 9 月，印发《基础工程局公文拟制办法》的通知。2005 年改制后，印发修订了《基础局有限公司公文处理办法》。2006 年 7 月，引进了 OA 办公平台，实现了部分网上公文办理。

文印工作以前使用油印机，20 世纪 80 年代末，成立了打字室，使用四通打字机、复印机。到 90 年代中期，添置了电脑、速印机等新的设备。

二、用印管理

建局以来，工程局机构名称经常变更，内部机构变化频繁。20 世纪 80 年代中期，制定了用印管理办法。尤其是公司 2005 年改制后，制定了新的《印章管理制度》，明确了公司印章刻制的权限、程序、使用、管理等要求，印制了《用印审批表》和《用印登记表》。

三、机要保密

公司一贯加强对机要文件和资料的保密工作，对保密性较强的文件资料的管理，为相关管理人员专门安排了办公室，以保证保密工作做到万无一失。

第三节　信　访　接　待

基础局办公室负责接待处理来信来访工作。1994 年以前重点在平反“文革”冤假错案、离休干部的认定、60 年代精减下放人员的认定等问题。局党委非常重视信访工作。信访工作人员严格按党的政策办事，使上访人员的一些难题，都获得圆满的解决。1994 年 8 月基础局被评为中共天津市委城建工委信访先进单位。1994 年以后，信访工作分为两部分，离退休人员的信访由离退休工作部接待。这个时期局信访工作的内容主要是调动工作、解决家属户口、子女工作、反映员工生活方面等问题。信访部门也按着基础局的实际，分门别类、逐人解决问题。在此期间，基础局为“0”上访单位。

第四节　档　案　管　理

1980 年以前，由于历史原因，基础局机构反复分合，档案资料残缺不全。1980 年公司重新组建，加强了档案管理工作，并在 1991 年成立了档案室，购置了档案密集架，配备了专职档案管理人员，对档案资料进行了全方位的收集和整理，使档案管理工作上了一个台阶。1991 年 8 月，天津市档案局向基础局颁发了企业（省、市级）档案管理合格证。1992 年 4 月，基础局获天津市人大常委会法制工作委员会及市档案局颁发的“档案法执法先进单位”奖状。

第五节 会 务 通 信

20 世纪 80 年代初公司成立后，除了党委会外，还有年度工作会，经济工作分析会。工程局建立了职工代表大会会议制度，每年召开会议一次。实行局长负责制后，增加了局长（总经理）办公会、局务会以及专业会，2006 年起，基础局为加强内部沟通与交流，决定每月初召开工作例会。大型会议一般由办公室负责组织。

建局以来，基础局的通信管理工作以服务生产经营和行政管理为主，局机关总部设立机房和电话室，以保证生产经营和工作需要。2005 年，由于机构改革变迁，机房管理归口恒昌公司。工程局承担的施工项目分布在全国各地，各项目部的对外通信、联络，主要依靠在工地设立的固定电话机来进行。

第六篇 基地建设

第六篇　基　地　建　设

基础局始建于1959年8月，其前身是密云水库基础处理总队，参建的第一个工程是北京密云水库。在基地建设方面实行的是计划经济模式，机关工作生活基地所用房屋主要由水电总局提供，施工生产一线人员住房各队自行解决，主要住帐篷、芦苇棚等。1969年在“文革”期间基础总队解散，人员被分到各工程局，基地房屋被总局收回。1979年，基础队伍恢复重建，基地建在天津杨村，从此基础局才有了真正意义上的工作、生活基地，揭开了基地建设的新篇章。根据工程管理、生活服务等需要，之后，基础局又相继在山东德州，四川双流建设了生活基地。这三个基地为基础局发展提供了强有力的后勤保障。

为了加强对天津杨村、山东德州、四川双流基地的管理，基础局在1982年成立了基建处，后改名为基建公司、建筑公司。关志超任基建处处长（1985～1998年），侯位曾被聘任为基建处副处长；张家俊任建筑公司经理（1998～2002年），鲁志军被聘任为建筑公司副经理。

第一章　地　　产

基础总队即基础局的前身，始建初期，在北京密云水库自己没有独立征购地产，总队机关办公、生活所用房产由水电总局划拨。尔后，根据需要在北京通县北苑征用土地一块，面积48亩，在1969年基础总队解散后被北京市革委会收回。20世纪70年代末、80年代初基础局恢复重建，在天津杨村建设基地，征用土地总面积约15万米^2。尔后，随着基础局市场占有份额的不断扩张和队伍的不断壮大，根据需要基础局又在山东德州和四川双流建设基地，征地面积分别为23426.67米^{2}和26174.40米^2。基础局所征用土地，均有国家有效证件，在征地的土地上基础局建筑办公楼、职工宿舍楼、职工食堂、车库、活动室、厂房、铺建道路，从事生产经营、生活等各种活动。

第一节　总　部　地　产

1979年至80年代初，基础局在天津杨村恢复重建并建设基地，相继征购五宗地块。1978年11月成立水利电力部第二机械施工局筹备处，次年初征购武清县农场土地90亩，方位在京津公路以东，农场西北角。1979年上半年水电两部分家，又分别成立了水利部基础工程公司筹备处和电力工业部第二机械施工局筹备处。水利部基础工程公司征用土地两块，一块为河务局大院，面积为13亩，土地性质为划拨，方位在京津公路以东，紧邻京津公路，杨村三号路南，2001年京津公路拓宽政府占地2亩。另一块为光明道以南，建设路以西坐落号为建设北路1号面积为50亩，统称基础局北院。电力工业部第二机械施工局征用土地一块，面积为50亩（两次征用），方位为雍阳西道以南，泉州路以东，坐落号为雍阳西道83号，东面紧邻杨村七街（回民）居民平房，西面紧邻泉州路市场工商局宿舍和环保局，南面紧邻三支渠（已改造）。而后，又征购了23亩地，即过去的职工医院，现在的公司新办公大楼所在地，方位为雍阳西道以北，坐落号为雍阳西道86号，东邻武装部，西邻卫校，北邻三建院区公路。1982年4月两部合并，成立水利电力部地质勘探基础处理公司。基础局总部地产情况详见表6-1-1。

表6-1-1　　基础局总部地产情况

序号	征购时间	土地面积（米^2）	土　地　方　位
1	1980	14256.06	雍阳西道86号（现公司机关）
2	1979	32400.00	雍阳西道83号（现在公司南院）
3	1979	29641.75	建设北路1号（现在公司北院）
4	1979	7358.80	京津公路东三号路南（原软基院）
5	1979	58352.91	武清农场西北角（现公司设备物资库）

基地征地时间均在国家实行计划经济时期，受大环境影响征地较现在容易些，且价格也比较低。北院征地单价为1920元/亩，南院首期征地30亩单价为1500元/亩，后期征地20亩，单价为5000元/亩，其他地段差别不大，农场仓库地段差些，价格也相对低一些。在面积方面，有的地块征地面积与实际使用面积缩水不大，相比而言北院地块面积与实际使用缩水较大，在征地丈量时东边以建设北路中心线为界，北边以围墙外当时的公路中心线为界，南边靠西侧，现在围墙外的一栋平房，即武清自来水场宿舍，在征地丈量时，该平房所占地块属基础公司征地面积。在建围墙时才知道该平房地块不属于土地卖方所有，故基地征购面积在此又缩减了一块。为了协调关系，北院在征地过程中拨给卖方单位解放牌汽车计划指标1辆，东方红75马力拖拉机计划指标1台，还有部分建材指标，只给指标不给钱。

另外，在小王庄离铁路货场不远处征购土地一块，据说当初是总公司计划作物资、设备储运用地，因在政府规定期限内未开发利用，被政府收回。

第二节　外　地　地　产

一、德州

根据基础局职工生产生活、管理和发展的需要，1983年在德州建设基地征地8.7亩，作为当时的103队、105队，后来的一处、五处，现在的一公司的生活基地，地产的坐落号为德州市新岭路30号。该地段为长条形，建成居民楼后，前后空间狭窄，给居民生活造成不便，基础局领导从实际出发，为居民着想，经过与十三局多次沟通协商，于2002年由十三局划拨6.44亩（使用权），在生活区的后面增加了宽15米、长286米的一块土地，从而使生活区土地面积由原来的 8.7 亩增加到了 15.14 亩。对增加的土地全部进行了硬化，为居民的生活和出行提供了方便。

1988 年，基础局又在德州征地 20 亩，作为一处、五处、八处办公用地现在由一公司管理使用。所谓 20 亩，实际是 15.79 亩，10520.03 米^2。坐落位置在山东德州城区东地路（堤岭村）。

二、双流

四川水力资源丰富，水电施工市场前景广阔，且四川籍员工较多，根据实际情况，基础局决定在四川成都双流华阳建设基地。1984 年共计征地面积为 16931.12 米^2，主要为办公、住宅、仓储、道路用地，其中办公住宅用地 9607.8 米^2，仓储用地 7056.31 米^2，进厂道路用地 267.01 米^2。1992 年再次征地 9243.28 米^2，土地性质为工业用地，主要用于仓储和商住。

三、其他

（1）1983 年 1 月基础处理公司成立深圳分公司，生活基地所用土地由中国水电总公司划拨，附带楼房一栋（深圳南头区后海 28 号楼）和 2500 米^2 厂房。后因施工队伍撤出深圳，此处房地产于 1989 年 3 月被总公司收回。

（2）基础处理公司在河北丰润邱庄水库施工时，于 1981 年以协议形式征购土地 70 亩（未形成实质的征购）附带房屋 120 余间，有独立的变压器，小礼堂，食堂等，另有大树约 120 余棵，该地段紧邻水库，地产房产征购款 9 万元。工程完工后，公司曾在此处办过“三产”（养鸡、鸽），因管理不善下马，而后闲置。该处地产于 1994 年被公司以 14 万元价格卖出。

第二章　房　　产

基础总队始建初期，在密云水库施工期间，机关办公、生活用房主要由水电总局提供，用的是北京零件厂的两栋楼房，其中一栋由基础总队单独使用，另一栋与安装处 3 队合用，除此之外还有两个食堂。总队下属 6 队 1 厂除部分自建半永久砖瓦房外，多数以租房或住芦苇棚为主。1969 年，基础总队解散后，房子划归安装处。

1979 年，基础局恢复重建，在天津杨村建设总部基地。之初分为水利、电力两个单位，其总部分为北院和南院，北院为水利大院，南院为电力大院。1982 年合并为一个单位，其单位名称为中国水利电力地质勘探基础处理公司，总部机关设在北院，后来改名为中国水电基础工程局，2005 年基础工程局改制后，单位名称为中国水电基础局有限公司。公司总部除在杨村建设有独立的房产外，在山东德州、四川双流各设有基地，并有独立的房产。

基础局从 1979 年恢复重建，到 2007 年底，杨村、德州、双流 3 个基地建房总面积为 97334.99 米^2，其中杨村 68842.86 米^2，德州 15552.56 米^2，双流 12939.57 米^2，原河务局软基院房产、农场仓库房产属危房，未做统计。

第一节　总　部　房　产

基础局总部房产在杨村基地分布情况：①建设北路1号，即公司北院；②雍阳西道83号，即公司南院；③雍阳西道86号，即公司新办公大楼所在地。公司自1980年开始建房，建筑承包单位是天津地方建筑公司，前期建筑承包方式是包工不包料，执行的是北京76住1改标准，建筑单价46元/米^2，实际执行价为48元/米^2。房屋结构为砖混结构多层建筑，楼板和房顶采用的是混凝土预制板。从基础处理，墙体砌筑，屋面整体处理均符合当时国家建筑标准。在后期，到1998年建北院4号楼和2002年建南院9号楼，10号楼及公司新办公大楼时淘汰了预制楼板，采用整体浇筑的办法，由于建筑标准的提高，使房屋的防震抗震性能和使用寿命得到提升。

在1981～2002年公司恢复重建这段时间内，前10年为公司大兴土木建房高峰期，完成房屋建筑面积68842.86米^2，占公司总部全部房产的60%。后期的建筑，比较有影响的就是公司新办公大楼，这项建筑从设计到施工要求都很高，使用性能比较齐全，是公司的标志性建筑。公司重建以来基础局总部建房情况、职工住宅建筑情况、生产办公建筑情况分别见表6-2-1～表6-2-3。

表6-2-1　　1981～2002年基础局总部建房情况

年份	永久性建筑	房屋建筑面积（米^2）	年份	永久性建筑	房屋建筑面积（米^2）
1981	砖混	29825.92	1991	砖混	3140.64
1982	砖混	1931.30	1993	砖混	2580.00
1983	砖混	868.40	1995	砖混	2720.70
1984	砖混	103.00	1998	砖混	4000.00
1985	砖混	1883.97	1999	砖混	159.75
1986	砖混	4437.98	2002	砖混、框架	14963.50
1987	砖混	1995.90	合计		68842.86
1988	砖混	231.80			

表6-2-2　　基础局总部职工住宅建筑情况

名称	年份	层数	单元楼	建筑面积（米^2）	结构	备注
南1号楼	1981	3	3	1436.50	砖混	私产
南2号楼	1981	3	3	1436.50	砖混	私产
南3号楼	1987	4	3	1995.90	砖混	私产
南4号楼	1981	4	3	1966.00	砖混	私产
南5号楼	1981	4	3	1966.00	砖混	私产
南6号楼	1993	5	4	2580.00	砖混	私产
南7号楼	1985	4	3	1883.97	砖混	私产
南8号楼	1995	6	4	2200.00	砖混	私产
南9号楼	2002	3	3	1740.00	砖混	私产

续表

名称	年份	层数	单元楼	建筑面积（米²）	结构	备注
南 10 号楼	2002	4	3	2320.00	砖混	私产
北 1 号楼	1981	5	4	3265.042	砖混	私产
北 2 号楼	1991	5	5	3140.64	砖混	私产
北 3 号楼	1981	5	4	3248.60	砖混	私产
北 4 号楼	1998	5	5	4000.00	砖混	私产
北 5 号楼	1981	5	4	3265.040	砖混	私产
北 6 号楼	1986	5	4	2580.00	砖混	私产
合计				39024.93		

表 6-2-3　　基础局总部生产办公建筑情况

名称	结构	年份	层数	建筑面积（米²）	备注
南综合办公楼	砖混	1981	主 5、副 4	5165.00	
南锅炉房	砖混	1981		392.00	2006 年拆除
南水泵房	砖混	1981		50.00	2006 年拆除
南警卫室、车库	砖混	1981		408.00	
南托儿所	砖混	1981	2	650.00	
南食堂	砖混	1982		903.00	
南活动室	砖混	1982		236.00	
南纯净水厂	砖混	1983		60.00	
南小卖部	砖混	1984		60.00	
南小锅炉房	砖混	1984		43.00	2006 年拆除
北办公楼	砖混	1981	4	6200.00	
北锅炉房	砖混	1981		305.50	
北水泵房	砖混	1981		21.00	
北水泵房	砖混	1981		50.00	2006 年拆除
北车库	砖混	1982		478.30	
北活动室	砖混	1982		314.00	
北大门	砖混	1983		130.00	
北食堂	砖混	1983		678.40	
北商店	砖混	1995		231.80	
北托儿所	砖混	1995	2	520.70	
北车库	砖混	1999		159.75	增建
职工医院	砖混	1986	2	1857.98	2002 年拆除
公司新办公楼	框架	2002	9	9665.20	
东西副楼	砖混	2002	2	1238.3	
合计				29817.93	

总结基地总部房产情况，从1979年恢复重建，1980年开始搞基地建设，到2006年底基础局基地总部建设生产、办公用房29817.93米^2，住宅用房39024.93米^2，合计建房总面积为68842.86米^2。

第二节　外　地　房　产

一、德州

基础局德州基地从1985年起共建4栋职工住宅楼及锅炉房、配电室、活动室等，建筑面积为13640.81米^2。1988年之后又相继建设生产、办公用房1911.75米^2，合计总建筑面积15552.56米^2。德州基地的房产由一公司自用自管，具体情况见表6-2-4。

表6-2-4　　德州基地生产办公建筑情况

名称	结构	年份	层数	单元数	建筑面积（米^2）	备注
住宅1号楼	砖混	1985	5	3	2558.38	私产
住宅2号楼	砖混	1987	5	3	2558.38	私产
住宅3号楼	砖混	1991	6	3	2993.49	私产
住宅4号楼	砖混	1996	6	6	5260.97	私产
锅炉房	砖混	1985			98.18	
配电室	砖混	1985			101.03	
活动室	砖混	1985			70.38	
传达室	砖混	1988			33.28	
变压器室	砖混	1988			19.27	
办公室	砖混	1992	3		796.80	
办公室	砖混	1992	2		195.40	
员工宿舍	砖混	1992			480.00	
员工宿舍	砖混	1995			268.00	
仓库	砖混	1988			119.00	
合计					15552.56	

二、双流

基础局四川双流华阳基地1987年建综合办公楼一栋，建筑面积为3646.40米^2；1989年建住宅楼一栋，建筑面积为2857.00米^2；1997年建住宅楼一栋建筑面积为2878.30米^2；1987年建仓储用房一栋，建筑面积为520.50米^2；1993年建仓储用房一栋，建筑面积为1831.45米^2；1995年建商住楼一栋，建筑面积为1205.92米^2。双流华阳基地房产总面积合计12939.57米^2。双流华阳基地的房产由三公司自用自管，具体情况见表6-2-5。

表 6-2-5　　　　华阳基地生产办公建筑面积一览

名称	结构	年份	层数	单元数	建筑面积（米^2）	备注
综合办公楼	砖混	1987	5		3646.40	
住宅楼 1	砖混	1989	6	4	2857.00	私产
住宅楼 2	砖混	1997	6	4	2878.30	私产
仓储 1	砖混	1987			520.50	
仓储 2	砖混	1993			1831.45	
商住楼	砖混	1995	2		1205.92	
合计					12939.57	

第三章　个　人　住　房

第一节　优　惠　售　房

按照津房改字［1993］2 号文件精神，为了解决基础局职工住房问题，推进住房制度改革，促进住房商品化的进程，基础局决定向在杨村、德州、双流三个基地居住的职工出售公有住房。基础局的优惠售房工作是从 1993 年 7 月开始启动的。在此之前，基础局自从恢复重建以来，一直执行的是福利分房政策。住房改革，向职工优惠出售公有住房，这一政策的出台，掀开了基础局职工住房的新篇章。通过房改，使职工有了真正意义上的属于自己的房产，从此职工的生活发生了质的变化。通过房改，基础局在三个基地共向职工优惠出售公有住房楼房 16 栋，672 套（户），建筑面积 39732.18 米^2。其中，杨村基地楼房 12 栋，489 套，建筑面积 28764.93 米^2；德州基地楼房 3 栋，135 套，建筑面积 8110.25 米^2；双流基地楼房 1 栋，48 套，建筑面积 2857.00 米^2。具体情况见表 6-3-1。

表 6-3-1　　　　基础局住房制度改革优惠售房情况

基地	建筑名称	年份	层数	单元数	户数	建筑面积（米^2）	备注
杨村	南院 1 号楼	1981	3	3	24	1436.50	
	南院 2 号楼	1981	3	3	27	1436.50	
	南院 3 号楼	1987	4	3	36	1995.90	
	南院 4 号楼	1981	4	3	36	1966.00	
	南院 5 号楼	1981	4	3	36	1966.00	
	南院 6 号楼	1993	5	3	40	2580.00	
	南院 7 号楼	1985	4	3	36	1883.97	
	北院 1 号楼	1981	5	4	56	3265.42	
	北院 2 号楼	1991	5	5	50	3140.64	
	北院 3 号楼	1981	5	4	48	3248.60	
	北院 5 号楼	1981	5	4	60	3265.40	
	北院 6 号楼	1986	5	4	40	2580.00	

续表

基地	建筑名称	年份	层数	单元数	户数	建筑面积（米²）	备注
德州	1号楼	1985	5	3	40	2558.38	
	2号楼	1987	5	3	42	2558.38	
	3号楼	1991	6	3	51	2993.49	
双流	1号楼	1989	6	4	48	2857.00	
合计					672	39732.18	

基础局实行住房制度改革，向职工优惠出售公有住房执行的政策依据是津房改［1993］2号文。按照文件精神，结合实际情况制订了《工程局1993年出售公有住房实施意见》。详细情况作如下介绍：

基础局1993年出售公有住房实施意见

为了解决局内职工住房问题，推进住房制度改革，促进住房商品化的进程；基础局决定向在三个基地居住的职工出售公有住房。将1993年出售公有房实施意见公布如下：

一、基本原则

从1992年7月1日起，按照津房改字［1993］2号文件精神，向居住在基础局三个基地家属楼房的本单位职工出售旧房屋。具体售房实施意见，结合工程局的事际情况制定。

二、买房条件

（1）正式合法分配给职工租用的现住房承租人，且签订了租赁合同的单元楼房。

（2）符合基础局分房条件的正式职工（固定职工、劳动合同制工人、农民合同制工人、大集体工人、离退休人员）由基础局分配的新旧单元楼房。

（3）职工借用住房，在未明确租赁关系之前暂不出售。

（4）家属为农业户口的职工不能购买基础局住房。

（5）现已住基础局房屋的外单位职工暂不能购买基础局住房。

（6）单元住房成套出售。

三、控制标准

（1）购买新建住房，按买房职工家庭同户籍本单位职工人数，每人不得超过30米²建筑面积（本单位双职工可购一套两居室单元楼房）。腾出的旧房按局分房条件分配后购买。

1993年6月1日以前任命的处级干部和被评为高级工程师的职工现住两居室的或无房产的可购买三居室一套单元楼房，符合分房条件享受其他标准的无房户职工也按分房标准售给住房。

（2）购买现住的，仅限买房职工家庭现在租住的房屋。

杨村基地改套住房需搬迁新房的职工，购买新房成新率折扣按原住房年限计算。

（3）买房职工须有住房所在地的城镇户口。

四、出售价格

1993 年向职工出售公有住房执行两种价格。

1. 标准价

基础局出售房屋价格按天津 1992 年以来新建的砖混二等单元或多层楼房的标准价为每平米建筑面积 210 元。

现住房的标准价结合成新折扣计算。

2. 准成本价

基础局出售房屋价按天津 1992 年以来新建的砖混二等单元或多层楼房的准成价为每平方米建筑面积 395 元。

现住房的准成本价结合成新折扣计算。

每套住房的应售价，按标准价或准成本价加调剂因素计算。

(1) 地段调整系数：三个基地均按每建筑平方米房价减 10%。

(2) 房屋成新折旧率：

5 年以内按 100%计算；

6～10 年按 90%计算；

11～20 年按 80%计算。

(3) 楼房调整系数（详见表 6-3-2）。

表 6-3-2　　楼房调整系数情况　　单位：%

楼层	三层楼房	四层楼房	五层楼房	六层楼房
六层				−10
五层			−5	0
四层		0	+5	+5
三层	+5	+10	+10	+10
二层	+10	+10	+10	+10
一层	+0	−0	0	0

(4) 朝向调节系数：南、北向单元+5%。

五、产权处置

(1) 按标准价买房的享有部分产权。部分产权的份额按标准价（包括 1993 年基础局给职工买房减收费用部分）与准成本价之比划分。部分产权暂定享有占用权、使用权，在本单位工作的子女可以继承。不能出租和出售。如调离基础局需要出售时由基础局收购。出售时售房增值资金，扣除 1993 年基础局职工购房减收费用及有关税收费用后按产权比例分配。

(2) 按准成本价买房的享有全部产权（包括 1993 年基础局给买方职工减收费用部分）。全部产权暂定为享有占用权，使用权可以出租给本人单位工作的职工，在本单位工作的子女可以继承。出售时扣除 1993 年基础局给职工购房收费用后按私产交易的有关规定办理。基础局有优先购买权，可卖给在基础局工作的职工。

六、优惠政策

为鼓励干部、职工早买房，1993年基础局给购房职工以下优惠政策：

（1）买全部产权住房的。

1）在应售价的基础上给予一次性买房优惠，买新房的优惠5%；买现住房的优惠15%。

2）在一次性买房优惠后再给予工龄优惠。工龄优惠以一次性买房优惠后的房价为基础，优惠率为：建国前的工作年限或连续工龄每年1%；建国后的工作年限或连续工龄，每年0.5%。建国前和建国后工龄分段计算。工作年限或连续工龄按1991年底前累积工龄计算，具体计算方法按人事、劳动部门的有关规定执行。工龄优惠可按职工家庭中在基础局工作的工龄最长的成员的工龄计算，已去世的离退休人员的配偶，仍可享受离、退休人员的工龄优惠。工作年限或连续工龄以基础局干部处和劳资处提供的为准。

3）职工购房后，按住房补贴标准每月发住房维修费。

4）职工购房可免收房产税、土地使用费和一次性契税。售房单位免缴营业税、投资方向调节税和交通能源基金。

5）职工买房可使用基础局“建房集资券”、“企业发展债券”，也可以使用现金。工龄按1991年底前计算。以劳资处、干部处提供的为准。本局职工子女和父母同住一个单元的购房时均可享受同等待遇，但购房后不能再调整和申请购买其他住房。

6）职工买房交购房款的1%作为公用部分和公用设施维修基金。

（2）买房分产权的，除不享受一次性买房优惠外，给予上述优惠政策中的(2)～(6)条。工龄优惠以实际售价为基数，优惠率同上。以上各项优惠政策，每户只能享受一次。

七、售房计算办法

实际售价计算方法：连乘法

公式：

买全部产权的住房实际售价＝准成本价×成新率×(1＋调剂系数之和)×(单元房屋建筑面积×(1－一次性买房优惠率)×(1－工龄优惠之和)

买部分产权的住房实际售价＝标准价×成新率×(1＋调剂系数之和)×单元房屋建筑面积×(1－工龄优惠率之和)

八、付款方式

职工买房实行两种付款方式：

（1）一次付清房款的减收实际售价的20%；

（2）分期付款，10年付清房款的首次交款不低于实际售价的30%，多付10%减2%。余款按月从职工工资扣缴。

九、售后维修与管理

住房出售后，单元以内的自用部分的维修，由购房人自理。公共部位和共用设施的维修，由共同使用的产权人分担。

公共部分和共用设施的维修费由基础局从售房款中提取15%建立共用部分和公用设

施维修基金，维修资金不足时，在局经济效益好的情况下按局现行维修办法执行。维修资金由基础局承担。

房屋售后的行政管理和公用部位，共用设施维修的组织工作，暂由局房管理部门负责。

十、售房资金的使用

住房的出售资金，除提取15%用于公共部位和共用设施维修外，其余资金存入县房地产信贷部。

十一、住房售后的资金处理

(1) 住房出售属部分产权的，基础局按共用产权房屋建账，属全部产权的进行固定资产注销。

(2) 按部分产权出售的，基础局仍可提取固定资产折旧费。

十二、其他事项

(1) 基础局住房出售价格，按照天津市房改会同市建委、市房管局、市物价局每年调整一次，基础局按公布执行价格的有关规定进行调整。

(2) 超标准住房的职工在购买现住房五年内不能出售，如需出售时基础局有权按职工原买房实际出资费用收购。

(3) 本实施意见由基础局售房领导小组负责解释并监督执行。

(4) 本实施意见从 1993 年 8 月 1 日起开始公布执行。

第二节　集　资　盖　房

国家实行住房制度改革以后，单位为职工解决住房的途径大致分为鼓励职工购买商品房，单位集资建房和合作建房几种形式。基础局因不具备商品房开发、建筑条件，在为职工解决住房困难问题方面实行的是集资建房的形式。

一、集资建房的政策依据、分配办法

《关于在杨村基地 8 号楼申请购房有关事项的通知》基行［1994］4 号文件。

二、集资建房情况

根据基础局实际情况和需要，基础局以集资建房的形式先后建了杨村基地南院 8 号楼，北院 4 号楼；德州 4 号楼；双流 2 号楼；通县北苑甲 55 号楼的一部分（15 户）。其中通县北苑甲 55 号楼为基础局与北运河管理处联合协作建房，一、二单元归属北运河管理处，三、四单元归属基础局。该楼房层高为 6 层，三单元一梯 2 户，四单元一梯三户。在楼房竣工后，三单元的住房全部由基础局以成本价划拨给总公司，四单元共 18 套住房，其中基础局 15 套，葛洲坝工程局 3 套。

三、其他

2002 年，基础局在杨村基地南院以集资建房的形式建了 9 号楼和 10 号楼，除拿出部分房源解决部分副处级干部房改优惠售房遗留问题外，其余全部以市场价格售给本单位职工。

第三节　住房公积金、住房补贴

一、住房公积金

按照国务院统一部署和天津市有关住房公积金缴存实施办法的要求，基础局印发了［1992］基办字第1号文《关于印发〈公司有关住房补贴发放、住房公积金缴存和住房租金收缴等事项的管理办法〉的通知》。《办法》对住房公积金缴存的实施作了具体安排和规定。按天津市房改实施方案的规定企业事业单位的在职职工均实行住房公积金制，住房公积金由职工个人和所在单位双方同时各缴存月标准工资的5%（以1991年12月标准工资为准加5元副食补贴）。基础局开始实行住房公积金缴存的时间为1992年1月1日。

随着公司产值利润的不断提高，按照天津市住房公积金中心的规定和要求，公司职工住房公积金的缴存在2000年由5%调整到8%。

根据天津市住房公积金中心天津公积金委［2006］8号文《关于调整2006年住房公积金缴存额的通知》及有关政策，基础局对公积金缴存进行第三次调整并印发了公司资［2006］2号《做好2006年住房公积金缴存额调整工作的通知》。经总经理办公会研究决定，职代会团组长表决通过，职工住房公积金缴存额由8%调整为12%，从2006年7月1日起执行。

二、住房补贴

在20世纪90年代初，伴随着国家、政府一系列房改政策的出台，基础局的住房制度改革工作也在稳步推进，按照上级房管部门要求和有关规定，1992年1月基础局相继出台了《公司有关住房补贴发放、住房公积金缴存和住房租金收缴等事项的管理办法》。《办法》规定对职工（包括离退休职工）租住公有住房的租金收缴标准是每平方米月租金为0.30元，并对租住公有住房的职工（包括离退休职工）每月按月标准工资的2%发给住房补贴。随着住房制度的改革不断深入，基础局逐步将职工租住的公有住房以优惠价格出售给个人，所有权由公产变为私产，住房制度改革初期出台的住房补贴和住房租金收缴标准自行废止。

第七篇　生 活 服 务

第七篇　生　活　服　务

第一章　物　业　公　司

基础局的后勤管理服务单位是恒昌实业公司，其前身为公司服务处，成立于1982年6月，之后几次更名。1983年11月撤销服务处成立劳动生活服务公司；1984年8月撤销劳动生活服务公司成立生活服务公司；1985年3月机关调整成立公司总务处；1988年4月撤销总务处组建服务公司；1989年6月成立行政处；1994年12月成立局生活服务公司；2001年10月撤销原生活服务公司成立局恒昌物业管理公司；2005年3月基础局改制后成立公司恒昌物业公司，实行以收抵支，定额补贴、分年递减，直至独立核算的管理方式；2006年6月恒昌物业公司更名为恒昌实业公司。恒昌实业公司有员工82人，下设劳资财务、综合办公室、小区物业管理服务、新办公大楼物业管理服务、医疗服务5个部门，党政工组织机构健全，为基础局二级单位。

自1982年以后，先后担任基础局生活服务管理部门正职的有曲惠清、郭培金、王建中、王永德、贺锡铭、马美庚。

先后担任过基础局生活服务管理部门副职的有邢军、周汉山、孙嘉琪、郑鑫、岳光、朱坤龙、杨伟。

第一节　服务的职责范围

从生活服务公司、行政处到恒昌实业公司，其主要职责就是生活后勤服务，包括供水、供电、供暖、供气、房屋管理维修、保洁、保安、绿化、医疗服务、食堂管理、托儿所等。基础局杨村生活基地分为南北两个大院，两个院各有独立的供暖锅炉房、深水井以及生产、生活供水系统等设备。供暖和供水由本单位自行解决。建局之初所建的房屋已使用20多年，行政处、物业公司有计划地进行了维修。在公司实施分房、售房时期，生活服务公司、行政处都做了大量工作。2003年以前职工生活用的液化气由服务公司、行政处采购、管理、领发。到2003年底南院供暖与地方供热站并网，实行集中供暖。同年年底居民生活用水也与地方自来水厂并网，单位深水井封闭，停止运行。同年10月对居民楼进行改造，安装燃气管道，与供气站并网，实行管道供气。2003年，撤销了南北院托儿所。北院小区自来水、燃气管道改造是在2004年上半年进行的。南北院改造后供暖、(南院）供水、供气系统交给地方管理和收费。公司杨村生活基地南北院物业小区，新建办公楼物业服务，办公、生活用电，北院小区供暖由恒昌实业公司负责管理和服务。

德州基地由一公司自用自管，双流基地由三公司自用自管，大的维修改造项目报公司总部立项、审批拨款。

第二节　医　　疗

基础局医疗服务机构早期隶属于生活服务公司，分为南北院两个医务室，无定员限额，在通常情况下，南院医务室为2～3名，北院医务室为5～7名。主要工作职责为医疗、防疫及计划生育工作。1991年4月成立公司职工医院，隶属于行政处，为科级单位，实行独立核算，定员人数在30人以内。职工医院主要职责以医疗、保健、防病治病、计划生育为主。1992年9月，公司改名为中国水利水电基础工程局，1993年6月职工医院也改名为局职工医院，划归局独立核算单位。2003年3月，职工医院撤销，医院划归恒昌物业公司，成立南北院医务室。机构人员设置：①医务科，人员编制2～3人；②北院医务室人员编制8人；③南院医务室人员编制5人。南北院医务室实行竞聘上岗，压缩机构和人员，撤销了医务科，保留南北院医务室，人员由15名压缩到10名，工作性质、职责范围不变。对其他人员进行了转岗安置。

第三节　食　　堂

一、基地食堂

基地食堂分为南院食堂和北院食堂，两个食堂的建设标准都比较标准和规范，硬件设施齐全，管理也比较到位。南院食堂1982年施工建设，由单位职工个人承包，实行对内服务，对外经营，是基础公司最早实行经济承包的后勤经营项目。北院食堂1983年施工建设，建成后作为职工食堂使用。因基础公司职工居住分散，野外施工人员流动性大，不适合成立职工集体食堂，因此该食堂到1994年12月关门停业。

二、生产一线食堂

生产一线食堂一般由项目部或二级单位独立设立，灵活性比较大，其规模的大小，一般随工程量的大小、用餐人数的多少而设定。生产一线职工食堂是生产施工一线的后勤保障，各个项目部、二级单位都比较重视。生产一线食堂在炊事、服务、管理人员配备，南北地域风味调剂，主副食米面搭配和采购都有严密的管理流程。

第四节　内　　保

基础局1982年6月成立保卫科。

保卫科的主要任务是负责公司机关的安全保卫工作。

保卫科的主要职责是：

（1）主要负责公司机关的保卫工作，打击反革命分子和其他刑事犯罪分子的破坏活动，协助公安机关侦破重要案件。负责各工程（队）所发生的政治、刑事案件的存卷，搞好全公司的保卫工作专档。

（2）组织领导各基层单位治保会，依靠群众搞好经济保卫和防范工作。

（3）保卫要害和国家机密，协同有关部门做好要害部门的工作以及重要设备、机密资料、档案文件的安全保卫工作和参与要害部门的政审工作。

（4）负责杨村地区的消防工作，认真贯彻“以防为主，以消为辅”的方针，搞好易燃、易爆物品的检查防范工作。

（5）加强“四防”工作，维护社会治安，负责户口管理工作。

（6）负责警卫人员的组织领导，安排好警卫值班，严格执行门卫制度，确保国家财产安全。

（7）负责公司在杨村地区各单位的交通安全管理工作。保证车辆行车安全。

（8）协同干部、劳资部门审查申请办理领取边防证明工作。

1991 年 2 月成立公司保卫处，1998 年 1 月撤销局保卫处，局机关机构调整，保卫处并入局办公室。2005 年基础局改制成立基础局有限公司，保卫科并入公司总经理工作部，对外保留保卫科牌子，以便于归口管理，协调工作。

基础局保卫科科长邢文荃（1985 年 3 月～1991 年 12 月）

基础局保卫处副处长李建华（1991 年 12 月～1996 年 11 月）

基础局保卫处处长李建华（1996 年 12 月～1998 年 1 月）

第五节　绿　　化

基础局从恢复建设初期，对绿化工作就比较重视，基础工作比较扎实，对绿化工作硬件投入大，设施齐全，并设置专职人员养护，定期修剪、打药、浇水、施肥。连续多年被当地政府评为绿化先进单位，多次受到表彰。2005 年，基础局有限公司新办公大楼投入使用后，前后院区的绿化工作承包给地方城建绿化委维护管理。南北院生活小区在保留维护好原有绿化的基础上，物业公司对闲置废弃建筑进行拆除，腾出场地扩大美化绿化面积，努力为居民创造优美和谐的生活环境。

第二章　离 退 休 工 作

第一节　概　　述

基础局于 1985 年 5 月成立老干部科。1989 年 1 月，随着离退休职工的不断增加，公司成立了离退休办公室。公司共有离退休职工 1098 人。436 人居住在杨村、德州、双流基地，662 人居住在京、津、冀地区和四川甘肃等地。公司离退休办公室成立后，几任领导对抓好离退休人员的管理与服务、组织建设、精神文明建设中狠下工夫；围绕着宣传贯彻党的路线方针政策、养老金的按时足额发放、医药费按时报销、组织离退休人员参观学习、开展寓教于乐活动、来信来访接待、走访慰问、困难补助等方面开展工作。

基础局 1985 年 5 月成立老干部科，1989 年 1 月成立离退休办公室，2005 年更名为离退休工作部（社会保障中心）。

先后担任离退休工作部门正职的有杨品芳、王金良、黄卫平。

先后担任过离退休工作部门副职的有龚润福、刘作高、尚维生、王军、项树礼、王永德。

第二节 离退休党组织建设

1990年4月，建立了杨村基地北院离退休党小组和南院退休党小组。1996年初，离退休党总支成立，随后组建了杨村基地的离休党支部、北院退休党支部和南院退休党支部。2000年初，又组建了德州基地党支部，建立了通州区家属院党小组、四川双流基地党小组。对于居住在农村的党员，把他们的组织关系转到地方，由当地党组织管理。组织健全后离退休党总支把组织建设和提高党员素质作为主要任务来抓。

（1）建立例会制度。党总支坚持每月开一次研究和布置支部活动的工作会，根据党员的思想状况及离退休管理工作出现的不足，提出改进意见，制订学习计划，发放学习资料。

（2）各支部坚持“三会一课”制度，根据党总支的安排加强政治学习，使广大党员能够发挥先锋模范作用，关心国家大事。

（3）建立联系互助制度，对年老多病，参加活动不便的党员和离退休人员，帮助他们解决实际困难，对于思想落后的党员进行批评教育。

（4）学习参观。党总支不仅组织大家学习党的路线、方针、政策，还结合国内外形势，请专家进行专题讲座。不仅让大家交流对改革开放所取得成就的看法，还理论结合实际，组织离退休人员参观了解城市建设和工农业发展情况，既提高了离退休人员的活动情趣，也从中提高了党员的素质。离退休党总支因为成绩突出连续三年被天津市城建工委评为先进党组织。还多次被公司评为先进党总支。

第三节 离退休人员的管理与服务

一、为离退休老同志服务

确保离休干部的政治待遇，公司定期组织公司老干部学习中央文件和学习参考及公司文件，开座谈会，把公司的重大决策和生产经营情况向离休老干部汇报，还组织老干部参观、考察、撰写革命回忆录。

确保离休干部的生活待遇，管好用好离休干部的活动经费和特需经费，公司按时发给防暑降温费、住房补贴、取暖补贴和无固定收入配偶（遗孀）生活困难补助费。离休干部病故后，发给一次性抚恤金。公司的工作人员上门服务为老干部取、送报纸、信件，传递文件和学习资料，对那些身体不好、行动不便的老干部，将报销的医药费和其他费用及时送到他们手中。老干部生病住院，工作人员为老干部办好住院手续，痊愈后接他们出院；为老干部祝寿，冬天送温暖，夏天送凉爽，安排好离休干部用车。

公司每年为老干部做一次健康体检，每两年为退休人员做一次健康体检；为退休后依旧发挥余热技术专家服好务；对生病住院的老干部到医院慰问，并送去支票解决他们的住院费不足问题。身患重病的离退休干部住院、出院时，公司派工作人员抬着担架接送他们，离休干部和退休职工逝世，协助其家属为他们办理后事。每年春节，公司发给离退休人员过节费，对生活困难的退休人员进行了走访慰问，发放困难补助金。

公司的离退休工作得到了市退管会和市委城建工委的嘉奖，市退管会先后授予基础局为2000～2001市退管工作先进集体和2002～2004年模范退休职工之家称号；市委城建工委授予基础局2002年度、2004年度、2005年度老干部工作先进集体称号。

二、基地离退休人员的管理和文体活动

公司对居住在杨村、德州、双流基地的离退休人员设置专人集中管理，组织他们学习和开展活动。1992年在杨村基地建立了离退休人员阅览室、棋牌室。1995年初，扩建成老年活动中心。活动中心有阅览室、台球室、乒乓球室、棋牌室、声乐舞蹈室。同年，在德州和双流基地建成了离退休活动室，使老同志们有了学习娱乐的场所。1999年初，组建了公司夕阳红艺术团，下属合唱团、舞蹈队、秧歌队、健身队。经过半年的训练和学习，当年就取得了较好的成绩。

公司夕阳红合唱团在参加武清区组织的庆祝建国50周年歌咏大赛上获武清区政府颁发的二等奖。健身队获天津市退管会组织的庆祝建国50周年文艺演出组织奖。秧歌队在武清区庆祝澳门回归金狮杯秧歌大赛，荣获铜狮奖。2000年健身队有2名队员代表天津市在三亚参加世界太极拳健康大赛。2001年，健身队在参加天津市太极拳锦标赛中获集体二等奖。2002年，健身队在天津市第二届太极拳锦标赛中又获集体二等奖。2002年10月，健身队参加市退管会组织比赛，桃花扇获表演奖。2006年，舞蹈队获公司庆祝中国共产党建党85周年文艺汇演一等奖。

时至今日，每当国庆到来之际，公司都组织离退休老同志举行诗歌、书法、摄影比赛，并在老年活动中心展出。每逢重大活动都进行庆祝，如港澳回归，党的十六大、十七大召开、迎奥运等。公司多次评夕阳红艺术团为精神文明先进集体。

公司先后组织离退休老同志参观了建国50周年成就展，登天安门城楼和王府井金街，参观周恩来、邓颖超纪念馆、平津战役纪念馆和中国军事博物馆，还去承德、宜昌、泰山、西青等小康村进行参观，使退休老同志们对我国改革开放后取得的成就有更深刻的了解。

三、外省市离退休人员的管理与服务

公司对分散在京、津、冀地区居住的300多位退休人员，采取走访慰问办法，每年走访50余人；对甘肃、山东、四川等地的退休人员，采取提前发信通知到某地集合，公司派人到集合地去了解他们的生活情况。十几年来工作人员走访了四川、山西、山东、甘肃、河北、江苏、河南等省市的离退休人员。在退休人员比较集中的地方建立同乡会。公司在四川崇州地区的退休人员，在崇州成立了同乡会。同乡会根据公司要求组织退休人员开展活动，起到上情下达的作用。

公司把离退休人员的来信来访工作当做大事来抓。每年处理来信来访信件数百封，寄出信件上千封，接打电话上万次，还帮助外地的老同志办理户口迁移、换发第二代身份证、补办身份证。对远离天津的外省市的老同志住院，工作人员打电话向医院了解该同志病情。

按照社会保险基金管理中心规定，公司每两年对在外地居住的退休人员、遗孀、20世纪 60 年代精减人员进行一次生存调查。

第八篇　党群工作

第八篇　党　群　工　作

第一章　党　建　工　作

第一节　历次党员代表大会

中国共产党水利电力部地质勘探基础处理公司第一次代表大会，于1986年12月1～4日在杨村水电部基础处理公司南院礼堂召开。

出席会议的正式代表65名，名单如下：牛庆曾、何福清、慈玉贵、任烽光、范学禹、贡礼荃、董平、高光陆、王保珍、黄华安、曲惠清、刘玉珍、邢军、刘继庆、王建国、曹珍珠、关志超、齐宗久、滕于谟、李继明、顾士庆、丁秀清、许宗岐、商树先、朱瑞宏、何时英、陈岩、何武、梁柱、刘志岭、赵凤才、田永昌、岳广润、林正志、罗世维、杨学俭、朱大元、高学贤、王金良、牛昌民、马振西、蒋振中、岗成华、冯学成、郭艳秋、陆之礼、杨峻岭、刘云、李国良、陈万荣、蒙士林、王自生、郝鸿禄、陈治先、生广学、高钟璞、杨世田、杨景生、张祥、项树礼、何顺生、董瑞斌、李文龙、陈连田、邱信彪。

列席代表16名，名单如下：邓志光、李德富、白宝寅、魏洪涛、张长源、刘凤阳、刘英、王志仁、陈大为、王海山、郭培金、郑荣光、杜增明、王学彦、李建华、顾恒和。

何时英代表党委作了题为《团结奋斗、开拓前进》的工作报告。

牛庆曾代表中共水电部地质勘探基础处理公司纪律检查委员会向公司第一次党代表大会作工作报告。

大会通过了《关于中共水电部地质勘探基础处理公司委员会工作报告的决议》和《公司纪律检查委员会工作报告的决议》。

大会选举产生了中共水电部地质勘探基础处理公司第一届委员会，由何时英、牛昌民、生广学、任烽光、陈岩、贡礼荃、范学禹7人组成，何时英任书记，牛昌民任副书记。

大会选举产生了中共水电部地质勘探基础处理公司第一届纪律检查委员会，由牛昌民、牛庆曾、杜增明、高光陆、董平5人组成，牛昌民任书记，牛庆曾任副书记。

中国共产党水利电力部地质勘探基础处理公司第二次代表大会，于1990年6月9～12日在杨村水电部基础处理公司南院礼堂召开。

出席会议的正式代表63名，名单如下：袁雨林、刘志岭、项树礼、侯清福、石进峰、丁庆峰、李进前、况建华、袁银海、范学禹、高学贤、马美庚、王志文、蒋振中、刘永贵、李淑楚、龚润福、陈治先、朱瑞宏、何武、张合、任烽光、王金良、陈连田、张成先、张普光、王伯忠、高钟璞、滕于谟、杨维成、刘晶、段怀泽、戢守铭、李建华、商树先、周学发、岳广润、黄明发、鲁永才、刘保林、张有顺、倪书云、张祥、白明海、陈希奎、李莉、邵瑞敏、董平、齐宗久、黄卫平、朱玉洁、王志明、王海山、杜增明、王普英、关志超、杨焕春、郭培金、顾仕庆、丁秀清、张长源、黄华安、郝鸿禄。

列席代表8名，名单如下：刘纪昌、宋玉栓、何福清、蒙士林、高光陆、牛庆曾、贡礼荃、刘作高。

范学禹作了题为《加强党的建设，保证公司经济工作持续、稳定、协调地发展》的工作报告。

邵瑞敏代表第一届纪律检查委员会向中国共产党水电部地质勘探基础处理公司第二次代表大会作工作报告。

大会通过了《关于中共水电部地质勘探基础处理公司第一届委员会工作报告的决议》和《关于公司纪律检查委员会工作报告的决议》。

大会选举产生了中共水电部地质勘探基础处理公司第二届委员会，由鲁永才、任烽光、陈治先、邵瑞敏、张长源、郝鸿禄、高钟璞、蒋振中8人组成，鲁永才任书记。

大会选举产生了中共水电部地质勘探基础处理公司第二届纪律检查委员会，由邵瑞敏、陈治先、杜增明、董平4人组成，邵瑞敏任副书记。

中国共产党中国水利水电基础工程局第三次代表大会，于1998年12月31日在杨村水电基础工程局南院礼堂召开。

出席会议的正式代表78名，名单如下：丁宁辉、马美庚、王俊成、田学良、李亚楼、刘云、刘德胜、肖恩尚、陈连田、邵云湘、张聚生、宗敦锋、袁雨林、高晓光、贾立维、蒋振中、马振西、王永德、刘建发、先泽祥、仲国维、陈治先、张君、张祥、何剑英、杜增明、杨紫江、郭卫东、唐建辉、惠武林、韩晓林、王根柱、白应忠、孙纲、岳广润、李长生、李中华、宋伟、陈万树、张源智、张涛、李军、邱信彪、赵存厚、徐方才、夏可风、王兴军、王孟章、刘保林、刘英、任烽光、孟凡辉、李建军、杜元洪、李秀宽、张国芬、张新光、郑岩、赵军、黄炳福、龚润福、王化君、王金良、邢尔康、张义新、张绍坤、张洪波、张树宸、张佳钰、张素华、杜永昌、贺锡铭、贺永利、袁国俊、黄卫平、韩霞、鲁青、蔡世昌。

列席代表35名，名单如下：余少先、何时英、鲁永才、王学彦、王莉萍、王庆成、张良秀、生广学、郝鸿禄、黄华安、徐建华、王建中、项树礼、邢乘槎、曲惠清、白宝寅、慈玉贵、张家骏、李昌华、程聚辰、许维强、邵瑞敏、董平、邓志光、张志良、孔祥生、朱瑞宏、李建华、刘继庆、张普光、肖树斌、贡礼荃、段怀泽、杨品芳、高钟生。

张源智代表党委作了题为《以邓小平理论为指导，不断加强党的建设，为把基础局建设成为一流的施工企业而奋斗》的工作报告。

田学良代表第二届纪律检查委员会向基础局第三次党代会作工作报告。

大会通过了《关于中共中国水利水电基础工程局第二届委员会报告的决议》、《关于中共中国水利水电基础工程局纪律检查委员会工作报告的决议》及《关于中国水利水电基础工程局1999～2002年精神文明建设规划的决议》。

大会选举产生了中共中国水利水电基础工程局第三届委员会，由张源智、田学良、陈治先、张新光、杜增明、夏可风、蒋振中7人组成，张源智任书记，田学良任副书记。

大会选举产生了中共中国水利水电基础工程局第三届纪律检查委员会，由田学良、张佳钰、张素华、杜增明、贺锡铭5人组成，田学良任书记。

中国共产党中国水电基础局有限公司第一次代表大会，于2006年3月26日在杨村基础局办公楼九楼多功能厅召开。

出席会议的正式代表85名，名单如下：王学松、张源智、李亚楼、陈代平、陈红刚、罗根根、胡斌、赵先锋、贾立维、智埭、马美庚、朱坤龙、宋凯、岳光、张绍坤、李富、郗海军、丁宁辉、张洪波、王昭、王峰、王俊成、邓百印、东义军、田学良、李新社、郭卫东、彭善民、蒋君、刘才高、刘建发、李凤国、寇晶、宋伟、徐方才、黄炳福、张义新、毛玉忠、何剑英、王克祥、石峰、刘鹏、安秀国、邢书龙、张晓林、杨伟、汪玉良、姚朝铭、高建斌、韩伟、王金良、王根柱、刘宏云、李军、肖恩尚、龚木金、潘三行、袁国俊、黄灿新、黄金花、王海云、石凯伟、李辉龙、杨婷、孟凡辉、郑岩、赵存厚、高小江、耿守铭、赵静莉、鲁志军、黄卫平、王军、杜增明、雷土祥、张素华、陈治先、屈恩才、贺永利、王勇、王自生、刘宝林、孙珍、杨品芳、蒙士林。

列席代表15名，名单如下：程林刚、郑喜彦、张爱丽、贺锡铭、郜玉秀、王晓喜、张佳钰、王碧峰、孔祥生、于向峰、王国民、韩霞、赵明华、鲁青、徐建华。

张源智代表党委作了题为《与时俱进，开拓创新，加强党建，为推动公司持续快速发展而努力奋斗》的工作报告。同时代表上届纪律检查委员会向中国共产党中国水电基础局有限公司第一次代表大会作报告。

大会通过了《中国共产党中国水电基础局有限公司第一次代表大会关于党委工作报告的决议》和《中国共产党中国水电基础局有限公司第一次代表大会关于纪委工作报告的决议》。

大会选举产生了中国共产党中国水电基础局有限公司第一届委员会，由张源智、赵存厚、袁国俊、田学良、黄炳福、刘建发、肖恩尚、韩伟8人组成，张源智任书记，赵存厚、袁国俊任副书记。

大会选举产生了中国共产党中国水电基础局有限公司第一届纪律检查委员会，由袁国俊、何剑英、雷土祥3人组成，袁国俊任书记。

第二节　组　织　机　构

1959年8月，经中国共产党密云水库委员会批准，组建基础总队党委，党委由7名委员组成。韩林光、陈赓仪任党委书记，邸志忠任副书记，杨海峰、刘继庆、周汉山、夏锦灿任委员。

1961年6月，调整基础总队党委成员，邸志忠任党委书记，王文修任党委副书记。

基础总队党委成立后，设立党委办公室、政治处职能部门，下设一队党支部、二队党支部、三队党支部、四队党支部、五队党支部、六队党支部、修配厂党支部、机关党支部。

1968年春，基础总队成立革命委员会，房洪涛任革委会主任。

1969年6月，基础总队解散，职工队伍分别划归有关工程局：一队去甘肃碧口电站工地，划归水电五局；二队去四川映秀湾电站工地，划归水电六局；三队划归云南省水利厅，后划归葛洲坝工程局；四队去四川龚咀电站工地，划归水电七局；五队划归云南省地方水利局；六队一部分划归北京市水利局，一部分划归北京水利总队，一部分划归三门峡水电十一局；修配厂整建制划归水电十一局。

1982年5月，水电两公司合并，组建水利水电地质勘探基础处理公司，经中共水利电力部水利水电建设总公司委员会批准并商得天津市委同意，成立中共水利水电地质勘探基础处理公司委员会（下文时间1983年2月）。党委由7名委员组成。余少先任党委书记，何时英、王林书任副书记，张剑英、刘继庆、生广学、慈玉贵任委员。

水利水电地质勘探基础处理公司党委成立后，设立党委办公室、组织部（干部处）、宣传部。下设党组织有第二、第三、第四、第五工程处及深圳分公司五个基层党委，一个机关党总支，101队、103队、105队、基建处、科研所、修配厂等18个基层党支部。

1985年调整公司党委委员，由何时英、牛昌民、生广学、刘继庆、慈玉贵5位同志组成，何时英任书记，牛昌民任副书记。

1986年4月，由于党员人数的增加，公司机关党总支撤销，成立公司机关党委。基层党委有第二、第三、第四、第五工程处和深圳分公司、机关党委。103队、105队、修配厂、科研所、软基、一处等26个基层党支部。

1988年5月，公司党委下设党委工作部，撤销党委办公室、组织部、宣传部，下属单位党组织有一处、二处、三处、四处、五处党委、机关党委，科研所等25个基层党支部。

1990年3月，公司撤销党委工作部，设立党委办公室、组织部、宣传部。成立公司干部处，与组织部合署办公。下属单位党组织有6个党委、25个基层党支部。

1992年12月，根据水电总公司要求，原水利电力部地质勘探基础处理公司更名为中国水利水电基础工程局，公司党委也更名为中国共产党中国水利水电基础工程局委员会。下属基层党委8个，根据工作需要，成立了第八工程处党支部，基层党支部有30个。

1993年9月，根据工作需要，成立了第九工程处党委和第十工程处党委，成立双流基地管理科直属党支部。

1995～1998年，二级单位党组织先后进行了换届选举。

1998年，机关机构调整，撤销组织部、干部处、宣传部。干部处职能划归劳动人事处，成立党委政治工作部。下属基层党委5个，基层党支部25个。

1999年2月，根据工作需要，成立万基土木工程有限公司党委。局下属基层党委6个，基层党支部25个。

2000～2004年，由于基础局机构设置相对稳定，局党委下属党组织一直保持基层党委6个，基层党支部25～28个。

2005年，单位整体改制为中国水电基础局有限公司，局党委变更为中国共产党中国水电基础局有限公司委员会，党委政治工作部与纪检监察部、工会、团委合并为公司党群工作部。二级单位党组织也进行了相应的变更，原第一、第二、第三、第四工程处党委改为第一、第二、第三、第四公司党委，原机关党委进行调整，将专业管理部门分离，单独成立公司直属党支部，机关党委直管公司机关本部。恒昌实业公司党总支改为恒昌实业公司党委，离退休党支部改为党总支。下属党组织有基层党委 6 个，党总支 1 个，党支部 33 个。

1982～2006 年基础局党组织与党员统计情况见表 8-1-1。

自 1982 年以后，先后担任过公司党委工作部门正职领导的有慈玉贵、商树先、何福清、范学禹、段怀泽、田学良、袁国俊、黄金花、先泽祥、王金良、张洪波。担任过党委工作部门副职的有张长源、刘作高、张绍坤、张义新、杜永昌、韩霞。

自 1982 年以后，先后担任过基础局党委工作部门组织部长的有刘正安、慈玉贵、陈治先、贡礼荃。担任过副部长的有邵瑞敏。

自 1982 年以后，先后担任过基础局党委宣传部长的有范学禹、张绍坤。担任过党委宣传副部长的有任烽光、高学贤、张长源。

担任过党委工作部门高级主管的有何剑英。

表 8-1-1　　1982～2006 年基础局党组织与党员统计情况　　单位：个

年份	党组织			党员	年份	党组织			党员
	党委	总支	支部			党委	总支	支部	
1982	5	1	18	350	1995	9		32	394
1983	6	1	19	354	1996	9		31	405
1984	4	1	27	361	1997	9		31	417
1985	5	1	24	379	1998	5		25	441
1986	6		26	395	1999	6		25	457
1987	6		27	404	2000	6		25	487
1988	5		25	384	2001	6		26	510
1989	5		25	376	2002	6		26	527
1990	6		25	375	2003	6		28	548
1991	8		29	367	2004	6		28	580
1992	9		30	377	2005	6	1	34	610
1993	10		38	379	2006	6	1	33	634
1994	9		33	378					

第三节　组　织　工　作

公司建立初期，党的组织工作主要是随着工程建设的需要，建立健全党的各级组织，贯彻党的干部路线和干部政策为主要内容，检查督促下级党组织贯彻党的路线及公司党委决议，根据党的干部政策，按照干部管理权限对干部进行管理、考核、调配和任免，对公司、处级后备干部进行管理。党的十一届三中全会以后，加强各级领导班子建设，培养选拔优秀中青年干部，不断改善领导班子结构，进行干部管理体制的改革，建立健全有关管理制度和运行机制，规范领导干部的行为，同时配合党的纪检部门，加强党员队伍和干部队伍的党风廉政建设和反腐倡廉教育，不断加强干部队伍和党员队伍的建设。

一、党支部建设

1959年公司建立初期，公司党委根据工作需要，及时建立了基层党支部，注重发挥党支部的战斗堡垒作用。随着形势的发展，基层组织建设也在不断发展。从1982年水利水电地质勘探基础处理公司组建以来，首先加强党的组织建设，健全组织机构，完善党内的生活制度，坚持“三会一课”制度。结合各个时期的中心任务，不断加强基层党支部建设。从1985年开始，开展了“创先争优”活动，促进了改革和经济建设。1990年开始，把民主评议党员活动和创先争优活动作为党支部建设的重要内容来抓，坚持以加强项目党建工作为重点，在落实好“三同时”的同时，坚持“四个同步”：①组织同步设置，在组建项目经理部与建立项目党支部同步进行。根据工程项目的变化，及时调整党员分布，确保每个项目都有条件建立党支部，每个关键岗位都有党员。做到哪里有项目，哪里就有党组织。②人员同步配备。在选好配强项目经理的同时，选派政治素质高、懂经营、善管理、熟悉党务工作的优秀党员担任项目党支部书记，保证项目党建工作有专人负责。③制度同步跟进。与项目文明施工、质量安全、岗位职责等规章相配套，先后制定了《基层党支部工作条例》、《加强项目党建实施办法》《公司加强和改进新形势下党建工作实施细则》等制度。④素质同步提高。根据新的形势和任务的要求加强对支部书记的培训，采取集中培训和轮岗交流等多种形式，不断提高项目经理和党支部书记组织推动重点工程建设的能力、化解不和谐因素和解决社会性事件的能力。

2006年以来，党支部按照上级党组织的布置和要求，结合工程实际，开展了“党员立功奉献本在本岗”、“党员责任区”等主题实践活动。党支部根据党章要求，做好入党积极分子培养考察工作，对基本具备共产党员条件的发展对象，及时做好组织发展工作，不断为党组织增添新鲜血液。党支部结合形势的不断变化，做好职工的思想政治工作，加强精神文明建设的基础工作；加强对工会和共青团工作的领导等。

二、发展党员

根据《中国共产党章程》规定的党员标准，围绕党的中心工作，公司党委始终把发展党员工作放在重要的位置，按照“坚持标准，保证质量，改善结构，慎重发展”的工作方针，为党组织不断输入新鲜血液，保持生机活力，使党员既保持一定的数量又有一个合理的结构。1990年以前，组织工作发展的重点大多是施工一线的工人，1990年以后，发展对象的重点逐步转移到优秀青年知识分子、35岁以下施工一线工人和高知识群体。近几年来，随着新招收的大学毕业生的不断增加，这部分人员正在成为公司组织发展工作的重点。到2006年底，共发展党员401名，其中生产一线工人137名，占发展党员总数的32%，管理和专业技术人员274名，占发展党员总数的68%。

1982～2006年发展党员情况见表8-1-2。

表 8－1－2　　1982～2006 年发展党员情况　　单位：人

年份	发展党员人数	性别		民族		年龄			文化程度							职业	
		男	女	汉族	少数民族	35 岁及以下	36～59 岁	60 岁及以上	研究生	大学本、专科	中专	高中	初中	小学	文盲	工人	管理及专业技术人员
1982	2	2		2			2										2
1983	4	4		4			4			2				2		2	2
1984	13	13		13		1	12			6	1		3	3		7	6
1985	23	23		23		4	18	1		7	4	2	5	5		8	15
1986	23	16	7	23		4	19			4	12		3	4		8	15
1987	16	13	3	15	1	8	8			6	2		5	3		7	9
1988	5	5		5		2	3			1		2	2			4	1
1989	17	12	5	17		9	8			8	3	1	4	1		4	13
1990	5	4	1	5			5			2	1			2		2	3
1991	6	5	1	5	1	2	4			2	2		1	1		1	5
1992	20	19	1	20		10	10			8	5	2	3	2		7	13
1993	19	17	2	19		10	9			3	5	2	8	1		11	8
1994	12	10	2	12		7	5			6	2	2	2			4	8
1995	25	21	4	25		15	10			5	6	6	8			9	16
1996	14	12	2	14		9	5			5	6	2	1			5	9
1997	16	14	2	16		14	2			9	3	4				3	13
1998	29	22	7	28	1	21	8			10	7	5	7			11	18
1999	15	9	6	14	1	11	4			6	6	2	1			3	12
2000	9	5	4	9		6	3			3	3	2	1			4	5
2001	22	19	3	22		13	9			9	8		5			7	15
2002	17	14	3	17		13	4			9	6		2			4	13
2003	24	18	6	23	1	17	7		1	11	3	2	7			11	13
2004	26	20	6	25	1	16	10			15	6	1	4			7	19
2005	20	18	2	20		16	4			13	4	1	2			6	14
2006	19	15	4	19		16	3			16	1	2				2	17

三、党员教育

党员教育是组织部和宣传部共同负责的一项重要工作，主要是围绕党的中心任务，联系实际对党员进行教育。

1959～1966年，主要是组织党员学习中共八大文件，学习毛泽东建党理论等，教育的方式以党支部、党小组为单位组织学习讨论。

1982年，组建公司党委以来，根据上级指示精神，在全体党员中大力开展“学雷锋，树新风”、“五讲四美”和“文明礼貌月”活动，结合工作实际制定了《关于加强思想政治工作意见》。

1985年，正式开始整党工作，在思想上对党员进行了教育，在组织上进行了清理整顿。

1987年，根据天津市委、市纪委要求，公司党委结合深入进行坚持四项基本原则、反对资产阶级自由化的全面教育，加强对改革的舆论宣传教育，对全体党员进行了 次《党章》、《准则》的再学习、再教育。

1988年，开展了加强党的基本路线教育、党的基本知识教育和党员模范作用的教育，在党员干部中，进行权力观、金钱观、人情观、用人观、苦乐观教育。

党的十二大以后，开展了精神文明建设活动。其后，以党的十三大、十四大、十五大、十六大、十七大精神教育党员，在党内开展学党章，学邓小平理论，学习江泽民同志“三个代表”重要思想、胡锦涛同志重要讲话等活动。坚持以“三个代表”重要思想和“八个坚持、八个反对”为主要内容的教育。

在党员教育上坚持“三会一课”制度，把党委书记讲党课作为各级党组织一项有效的教育手段，同时利用重大契机，开展电化教育、重温入党誓词教育、革命传统教育、知识竞赛等教育方式，不断提高党员队伍的素质。

2005年，公司党委开展保持共产党员先进性教育活动。7月8日召开动员大会，公司中层以上管理人员、杨村基地全体党员和入党积极分子计160人参加，天津市委规划建设工委督导组和集团公司巡回检查组全体成员参加了会议。

学习阶段。为了使党员先进性教育活动深入人心，公司党委利用公司网站和《水电基础人》报开辟保持共产党员先进性教育活动专栏，编发先进性教育活动工作简报和《学习参考》，悬挂各种标语口号，在项目部建立学习墙报专刊，开展知识竞赛等各种形式进行广泛的宣传和发动。同时，公司党委还结合先进性教育在各级党组织中开展了“争创一流业绩，树立先进形象”为主题的党性实践活动。公司所属6个党委、1个党总支、4个党支部和471名党员参加了先进性教育活动。

分析评议阶段。开展谈心活动，征求意见，查找党组织和党员个人存在的问题，每个党员撰写党性分析材料，召开公司两级领导干部专题民主生活会，开展批评与自我批评，各级领导干部带头并作出表率。

整改提高阶段。全公司提出4个方面20条整改措施，在先进性教育活动中，各单位共修订完善制度40多项，为群众办实事19件，解决实际问题13个，对一些一时解决不了的问题，确定责任部门研究解决措施。

通过先进性教育活动，基本上做到了“两不误，两促进”，达到了“提高党员素质，加强基层党组织建设，服务人民群众，促进各项工作”的目的。群众满意度测评达到了98.1%。制定了《关于加强和改进基层党组织工作实施意见》、《党委理论中心组学习制度》、《关于两级领导班子民主生活会制度》、《基层党支部工作条例》等制度。

四、创先争优

1985年，公司党委根据上级党组织指示精神，为充分发挥党组织的战斗堡垒作用和共产党员的先锋模范作用，根据不同时期工作的要求，结合生产经营的实际，决定在全公司范围内开展“创先进党支部、争优秀共产党员”活动（简称创先争优）。由公司党委制定“创先争优”的评比条件。每年5月左右进行总结、评比，一般在“七一”前表彰。

由于1987～1989年公司生产经营处于低谷，所以未开展此项活动。

从1990年开始恢复“创先争优”活动，评比方式与民主评议党员相结合，同时又增加了评选“优秀党务工作者”活动，使“创先争优”与“民主评议党员”这两项活动紧密结合起来，成为加强对党员进行教育、管理和监督的有效形式。

从2000年开始，增加评选“优秀共产党员标兵”活动，2004年以来，根据上级党组织要求，又增加评选“最佳党性实践活动集体”活动。

从1985～2006年，全公司共评选出先进党组织169个次，优秀共产党员标兵57人次，优秀共产党员543人次，优秀党务工作者149人次，最佳党性实践活动集体5个次。

从1992～2006年，全公司获天津市委表彰的优秀共产党员1人；获天津市委规划建设工委表彰的先进党组织15个，优秀共产党员16人，优秀党务工作者12人，优秀党员领导干部1人，最佳党性实践活动集体2个；获集团公司党委表彰的先进党组织3个，优秀共产党员2人，优秀党务工作者2人。

“创先争优”活动中受表彰的单位及个人情况见表8-1-3、表8-1-4。

表8-1-3　“创先争优”活动中受表彰的单位及个人情况

年份	先进党组织（个）	优秀共产党员（人）	优秀党务工作者（人）	优秀共产党员标兵（人）	最佳党性实践活动集体（个）
1985		27			
1986	4	11			
1987					
1988					
1989					
1990	4	17	1		
1991	6	17	8		
1992	6	17	8		
1993	9	17	7		
1994	7	14	9		
1995	8	15	4		
1996	6	25	5		
1997	7	22	7		
1998	10	27	4		

续表

年份	先进党组织（个）	优秀共产党员（人）	优秀党务工作者（人）	优秀共产党员标兵（人）	最佳党性实践活动集体（个）
1999	8	33	8		
2000	12	42	11	8	
2001	15	48	12	10	
2002	14	33	13	14	
2003	18	49	16	10	
2004	12	46	12	7	4
2005	11	42	11	6	
2006	12	41	5	6	1
合计	169	543	141	61	5

表 8-1-4　“创先争优”活动中受天津市委和市委规划建设工委、中国水利水电建设集团公司党委表彰的单位及个人

年份	先进党组织（个）	优秀共产党员（人）	优秀党务工作者（人）	优秀党员领导干部（人）	最佳党性实践活动集体（个）
1992	1	1			
1993	1	1	1		
1994	1	1	2		
1995	1	1	1		
1996	1	2	1		
1997	1	2	1		
1998	1	1	1		
1999	1	1	1		
2000	1	1	1		
2001	1	1（邓百印，天津市优秀共产党员）	1		
2002	2	1	1		
2003	1	1		1	
2004	1	1			1
2005	因开展保持共产党员先进性教育活动，天津市委规划建设工委未开展评比工作				
2006	1	2	1		1

五、领导班子建设

自公司党委成立以来，根据不同时期党的中心工作的要求，注重加强领导班子自身建设。

（1）坚持中心组的学习制度，按照上级要求，中心组学习有安排、有内容、有考勤、

有记录。并通过选派领导班子成员到中央和市委党校进行脱产学习，理论调研，业余党校等多种形式加强政治理论学习，不断提高领导班子成员的政治理论素质、思想水平和经营管理能力。

(2) 加强制度建设，注重用制度规范领导班子成员的行为，通过健全领导班子民主生活会制度、党委议事规则、“三重一大”民主决策、领导班子述职述廉等制度，工作中坚持“集体领导、民主集中、个别酝酿、会议决定”的民主集中制原则，使领导班子的科学民主决策，党内民主监督得到有效保证。

(3) 坚持党要管党、党管干部方针，按照“四化”要求，加大班子成员交流和交叉任职的力度，从公司建立以来，党委从班子成员年轻化、知识化考虑，大力选拔年轻干部进入领导班子，党政主要负责人都实现了交叉任职。

(4) 坚持每年不少于一次的民主生活会制度，坚持会前征求党内外群众意见，会上领导班子成员认真进行自我剖析、开展批评和自我批评，会后制定整改措施并将民主生活会召开情况向职工群众通报，达到了统一思想、增强团结、明确方向、促进整改的目的。

(5) 2006 年以来，按照上级精神，结合公司实际，开展创建“四好”领导班子（政治素质好、经营业绩好、团结协作好、作风形象好）活动。为加强对创建“四好”领导班子活动的组织和领导，成立了创建活动领导小组，设立了创建活动办公室，具体负责创建活动的落实和考核检查，为创建“四好”领导班子工作提供了组织保证。制定了创建“四好”领导班子活动实施方案、考评办法和考核细则等主要文件，结合实际，开展了各具特色的创建活动。公司党委每年年终根据考核细则对二级单位开展“四好”领导班子创建活动进行专项考核，考核内容主要以各单位开展创建“四好”领导班子活动情况为主线，公司与各单位签订的年度绩效考核责任书、精神文明建设责任书、党风廉政建设责任书、安全生产责任书、综合治理责任书和法制建设责任书落实情况为辅进行综合检查。考核分五个步骤进行：一是听取被考核单位党委书记关于本单位创建“四好”领导班子活动的详细汇报；二是检查基础资料；三是进行员工民主测评；四是与员工进行个别谈话；五是考核组组长向被考核单位党政“一把手”通报考核情况以及取得的成绩和存在的主要问题等。

2005～2006 年度，基础局有限公司被中国水利水电建设集团公司党委评选为“四好”领导班子。2006 年度，经公司党委考核，所属一公司、二公司、三公司、四公司 4 个二级单位被公司评选为“四好”领导班子。

第四节　宣　传　工　作

一、主要宣传工作

自 1959 年成立以来，党委办公室履行了宣传部的部分职能。

1959～1961 年，党委号召全体党员、全体职工，认真贯彻党的总路线，艰苦奋斗，鼓足干劲，力争上游，多快好省地把密云水库建好。

1961～1969 年，党委认真宣传贯彻中央精神，鼓励职工发扬艰苦奋斗、奋发图强的精神，战胜自然灾害。

1987年以来，党委认真传达贯彻党的十三大路线、方针、政策，认真传达贯彻了党的三中、四中全会精神和全国七届人大历次会议精神，通过报告、讲课、录音、录像、电影、电视，举办培训班、读书班，召开学习座谈会等，向广大职工进行时事政策教育、形势教育、理想教育、纪律教育、革命传统教育、法制教育。

1990年，党委工作指导思想：以党的四中、五中全会精神为指导，认真贯彻中央关于加强党的建设、改进和加强思想政治工作的指示，围绕企业抓管理、上等级，充分发挥党支部和党员的作用，带领全体职工，在稳定的前提下，振奋精神，团结拼搏，为实现公司的发展目标而奋斗。

基础局党委号召全体职工认真学习邓小平理论、江泽民重要讲话和《关于社会主义若干问题学习纲要（试用本）》，坚持四项基本原则，反对资产阶级自由化。

组织“迎七一，讲奉献”主题演讲活动。

1991年，开展纪念建党70周年等活动，将这些纪念活动同“双基”（基本国情、基本路线）、“三基”（党的基本知识、基本路线、马克思主义基本理论）教育有机地结合起来，同公司的工作实际结合起来。发现和宣传学习认真、扎实工作、成绩突出、开创局面的典型，宣传公司各个岗位上涌现出来的劳动模范、先进生产者、先进工作者的无私奉献精神。

组织“迎七一，歌颂党”有奖征文、歌咏大会等活动。

组织党员干部学习江泽民在庆祝中国共产党成立70周年大会上的讲话。

1992年，结合贯彻实施天津市委五届六次会议和公司工作会议精神，一是广泛开展经济形势和生产任务的宣传教育。二是强化对职工干部加大改革力度和回忆改革步伐的改革意识宣传教育。三是强化科学技术是第一生产力的宣传教育。利用现有的宣传阵地如刊物、黑板报、宣传栏、广播、录像等，大力宣传基础局公司生产经营和思想政治工作的好典型、好经验、好做法，表扬那些具有献身精神和高尚情操的先进模范人物，使他们在企业的宣传阵地成为主角，成为职工学习的榜样，用他们的事迹教育广大职工，弘扬正气，批评不正之风，打击歪风邪气。各单位以“四有”教育为核心，用多种形式，抓好日常教育，不断提高职工的文明素质。大力弘扬“团结拼搏，刻苦奉献，严细求实，开拓振兴”的企业精神。

1994年，各项目经理部办各种工程简报30多期，天津电视台、《中国水利报》、《中国电力报》、《水利水电工程报》等媒体报道企业新闻20多篇，闭路电视播放内部新闻154条。

1995年，为提高局知名度，增强凝聚力，加大宣传力度，在天津经济电视台播放了新闻稿，《中国水利报》、《水利水电工程报》共发表基础局新闻、通讯、图片9条（幅），《黄河小浪底工程施工进展顺利》电视新闻片获得全国电力系统“江河奖”，《天津工人报》、《天津晚报》报道了基础局三峡工程广大干部职工艰苦奋斗的事迹。

1996年，认真学习《国民经济和社会发展“九五”计划和2010年远景目标纲要》，将“全党学理论，学党章”活动引向深入。局处两级领导班子成员年内均完成了1篇既有一定深度又有指导实际工作内容的学习体会或调查报告。

1997 年，局党委以庆祝香港回归、中国人民解放军建军 70 周年、迎接党的十五大召开为契机，组织各种庆祝活动。

全局开展“讲文明、树新风”活动，形成崇尚文明、弘扬正气的社会风尚，展示了职工积极进取、奋发向上的精神风貌，促进了局改革、发展、稳定的工作大局。

编印了《集思广益》三期、《思想政治工作通讯》三期，展出局双文明建设图片五期。

对外宣传方面，全年在《中国电力报》、《中国水利报》、《水利水电工程报》、《城建政工研究》、《江河文学》、《运河文学》等报刊上发表了反映基础局两个文明建设稿件、文学作品共 31 篇。

1998 年，坚持不懈地抓好十五大文件的学习，继续做好十五大精神的宣传和贯彻落实，把广大职工的积极性引导到为完成 1998 年全局经营目标、加大改革力度，加快全局发展作贡献上来。

按照《中共中央在全党深入学习邓小平理论的通知》要求，认真领会《通知》精神，把深入学习邓小平理论重要性、紧迫性的认识提到一个新的高度。

宣传工作坚持团结、稳定、鼓劲，正面宣传为主。广泛开展宣传先进、学习先进活动，弘扬新时期创业精神。

结合 ISO 9002 质量体系认证和科技兴局工作，进一步提高全局职工主人翁责任感，提高质量、安全、管理水平，树立起水电基础人良好的社会形象。

1998 年，局三峡经理部主办《三峡工程简报》，出版《基础人写真》画册；二处王甫洲工地主办《王甫洲通讯》，四处主办《通讯简报》，局黄壁庄水库经理部主办《黄壁庄工程简报》等。

对外宣传方面，制作了首张反映基础局在三峡二期围堰防渗墙施工情况的光盘《铁壁铜墙，再创辉煌》。基础局三峡经理部在三峡工程施工中，先后在包括香港《文汇报》、《中国建设报》、《三峡工程报》、《天津工人报》在内的国内九家报纸上刊登自己采写和联合采写的新闻报道 38 篇，图片新闻 22 幅。

1999 年，基础局党委开展“讲学习、讲政治、讲正气”的三讲活动，采取自学与中心组集中学习相结合，开卷测验与主题报告相结合，办班培训与专题研讨相结合的方式。期间，在杨村片举办了三次主题报告会。学习结束前，所有副处级以上干部参加了测试。水电总公司在基础局召开了水电系统片区交流会。

1999 年 4 月，创办《水电基础人》报，成为企业宣传工作的一个重要阵地，使宣传工作走上一个新阶段。

1999 年，为迎接澳门回归，开展了一系列庆祝活动。

深入开展向全国劳动模范范玉恕学习活动，全局广大干部职工对照其精神，查找差距，制订措施，努力提高自己的政治和业务素质。

针对“法轮功”问题，集中开展学习教育。要求全体职工坚持正确的世界观、人生观、价值观；增强政治敏锐性和政治鉴别力，进一步认清“法轮功”的虚伪性和欺骗性，增强同“法轮功”违法组织斗争的自觉性和坚定性。

以迎接建局 40 周年为契机，全局开展形式多样的庆祝活动。

1999 年，继续办好《集思广益》、《思想政治工作通讯》，并在上档次上下工夫，对各二级单位和项目经理部创办的各种《通讯》、《简报》予以扶植和支持。

2000 年，宣传工作按照“围绕一个中心，搞好两个宣传，抓好三项工作，开展四项活动”的工作思路开展工作。

围绕一个中心：以全局的生产经营为中心。搞好两个宣传，一是克服过去坐在机关搞宣传的弱点；二是积极配合全局即将开展的改制工作，宣传改革的重要性和必要性。

抓好三项工作：一是建立和健全全局的通讯员网络。二是办好几期专版。三是推出几篇好的作品。

开展四项活动：　是认真抓好“二五”普法工作。二是开展　次“改革年”征文活动。三是以调查问卷的形式，在全局范围内开展一次对职工思想状况，对改革的心理准备情况以及基层党组织建设情况。四是继续抓好文明单位的创建活动。

全年在《中国水利报》、《西藏日报》、《黄冈日报》、《水利水电工程报》发表多篇报道。

2001 年是建党 80 周年，组织学习贯彻江泽民同志在庆祝中国共产党成立 80 周年大会上的讲话。以《增强党性，振奋精神，努力实现跨越式发展——纪念中国共产党成立 80 周年党员教育读本》为基本教材，对全体党员进行教育。

举办庆祝建党 80 周年图片展。在《水电基础人》开辟“党史纵横”栏目，宣传中国共产党的历史进程，并举办主题征文活动。

2001 年，中国即将加入世界贸易组织，中国企业将参与国际竞争，基础局进行的四方面改革（职工医院分离，向独立经营过渡；万基公司进行股份制改造；建立法人治理结构以及相配套的富余职工分流）进入攻坚阶段。通过宣传教育，解决职工思想中存在的疑难问题，统一了职工的思想和行动，保证了全局各项改革的顺利进行。

2001 年，下发《水电基础局开展法制宣传教育的第四个五年规划》，营造法制宣传教育的氛围。

润扬大桥项目部与镇江电视台联合制作了反映润扬工程建设的专题片，扩大了基础局在当地的影响。

2002 年，为适应新形势的需要，强化干部队伍和党员队伍建设，不断提高干部和党员的政治理论素养，成立了基础局业余党校。开办各种培训班，行使教育和培训干部、党员的职能。学习方式采取自学与集中研讨相结合、学习与调研相结合的原则。学习内容包括：政治理论知识，法律知识、市场经济知识、企业管理知识等。学员在学习过程中，根据学习内容完成作业，由指导教师阅批。党校建立每位学员的学籍，并把每次作业成绩记录在案。全部学习内容结束后，每位学员撰写了调研报告或论文。

认真落实《公民道德建设实施纲要》，组织全体职工参加“公民道德建设知识竞赛”。

2002 年，重点宣传全局上下认真实践“三个代表”重要思想，兴起学习宣传贯彻“三个代表”重要思想的热潮。

2003 年，采取多种形式做好预防和控制“非典”（即非典型性肺炎）疫情宣传教育工作。各项目部也在搞好施工任务的同时做好施工人员预防和控制“非典”疫情的工作。同时，基层党组织抓好先进典型的宣传，为战胜“非典”疫情创造了良好的环境。

在德州、双流、杨村三个基地和工期在六个月以上的所有工程项目部开展党员电化教育活动。规定每月至少播放一次电教片。

制定了对外宣传奖励办法。

2003年，举办首届新闻摄影作品评选展示活动，共征集摄影作品209件，评选出65件获奖作品，其中一等奖11件，二等奖19件，三等奖35件。

2004年，《水电基础人》开辟改制专版、专栏，使职工正确认识到国有企业改革的重要意义以及基础局改制的必要性和迫切性。

2005年，公司保持共产党员先进性教育活动全面启动，大造声势，搞好宣传，为先进性教育活动营造浓厚氛围。为了使先进性教育活动深入人心，利用各种形式进行广泛的宣传和发动。编发先进活动工作简报33期；编发《学习与参考》19期；在《水电基础人》报刊登稿件25篇；悬挂各种标语口号46条；在公司网站开辟保持共产党员先进性教育活动专栏，设立中央精神、学习资料、公司文件、工作简报、学习参考、先进事迹、经验交流七大版块，共上传照片20余幅、文字报道100余篇，共约10万字。天津市委规划建设工委简报编发基础局公司专刊3期，新闻5条，上集团公司网站2条。被天津市委先进性教育活动工作动态报道1篇。

对外宣传工作不断加强与《中国水利报》、《水利水电工程报》等行业报刊媒体的联系，借助媒体的作用加大新公司作为水电施工企业“王牌军”的宣传，扩大企业影响力。对内宣传重点发挥《水电基础人》、公司网站的阵地功能。不断加大对改革改制的宣传力度，加大了对公司法、公司章程的宣传力度。

2006年，认真组织学习贯彻胡锦涛树立社会主义荣辱观重要讲话精神，各单位充分利用局报、橱窗、网站等阵地和载体，采取讲党课、座谈会等形式，广泛开展宣传教育。

2006年10月，公司第一次宣传工作会议在四川沙湾召开，会议系统总结了过去几年来企业宣传工作的基本经验，明确了未来一个时期开展宣传工作的指导思想、主要任务以及具体措施。公司第一次工程项目管理工作研讨会召开。报纸、网站等载体认真做好宣传报道工作。

2006年，为纪念建党85周年和红军长征胜利70周年，举办诗词书画朗诵展示会。

2006年12月，公司第一届外来务工人员技术比武活动圆满成功，宣传报道紧密跟进。

二、宣传载体

在修建密云水库时期，把密云水库建设总指挥部创办的报纸《密云水库报》成为重要的企业宣传载体。

《水电基础人》——创刊于1999年4月，是基础局的内部报纸，有机关报的性质。由中共中国水电基础局有限公司委员会、中国水电基础局有限公司主办。是以公司员工为主要读者对象，辐射兄弟单位和业务相关单位的一份企业报纸。

《水电基础人》以“开拓创新、推动改革、交流思想、促进发展”为宗旨，以“讴歌先进、弘扬正气、贴近职工、树立新风、为公司两个文明建设服务”为任务。

基础局内部报纸创办后，成为企业对内对外宣传的重要载体和媒介，承担了企业的宣传工作功能。

《水电基础人》报共设置四个版面。第一版：要闻版。主要内容涉及集团公司、天津市有关新闻；我国水电建设、开发、经营、管理等有关信息；基础局有限公司有关生产经营、改革发展的新闻报道和评论性文章等。第二版：工程建设。主要内容涉及公司所属各项目部重点工程建设、生产经营改革、各部门工作开展情况以及全公司各类综合消息等。第三版：企业视点。主要内容涉及企业和员工关心的热点、难点、焦点问题深度评论；公司党建、思想政治工作、先进经验、新鲜视点的理论探索。第四版：基础文艺。主要内容涉及贴近公司员工生活的各类体裁文艺作品。包括“七彩石”摄影专栏。

《水电基础人》每月两期，每月 10 日、25 日发行，八开四版。每逢公司召开重要会议、举行重要活动的时候，报纸加刊或者加版。针对公司内一些重要工作组织稿件编排专刊。

创刊之初，该报用 Word 排版、复印机复印。后来采用专业的维思、方正等排版软件，大大提高了排版质量。

2006 年，《水电基础人》报电子版在公司网站同步发布，方便读者异地阅读。

《水电基础人》自创刊以来，共计出刊 234 期，刊发稿件近 460 万字，图片约 2000 幅。

《水电基础人》在公司各二级单位设有记者站，并在各大项目部设有通讯员。

《水电基础人》刊登的稿件、图片等作品均按照公司有关规定发放稿酬，对作者给予适当鼓励。

《水电基础人》创刊后，每年对刊发的作品进行评选并予以表彰和奖励，对工作出色的单位和通讯站也予以表彰和奖励。坚持评选“优秀通讯站”、“优秀通讯员”、“优秀特约通讯员”、“好新闻”、“好作品”。

《学习与参考》——是基础局针对本单位中层以上管理人员创办的一份理论性学习交流资料，于 2001 年创刊。主要刊发基础局干部职工撰写的理论文章和选摘社会上重要媒体、刊物刊发的重要理论文章。自创刊后，《学习与参考》共计出刊 147 期，刊发理论热点文章 400 余篇，累计刊发字数 300 万字。

宣传橱窗——创刊于 20 世纪 60 年代，是基础局本部、各二级单位、各施工项目部宣传党和国家方针政策、反映公司施工生产、员工工作、学习、生活的重要阵地。基础局本部设有三块宣传橱窗。2005 年以来，共制作近 50 块。各施工项目配合生产，也制作了多块内容丰富的宣传橱窗。

《集思广益》、《思想政治工作通讯》——《集思广益》、《思想政治工作通讯》创刊于 20 世纪 90 年代中期，由公司原党委政治工作部主办。不定期地刊发领导干部的专业论文，转载国内国际要闻，既在一定程度上解决了干部学习资料不足的实际问题，又适时地引导了干部的理论学习。创刊后，共出版 40 余期。2001 年停刊。

各二级单位宣传载体：

《一处通讯》、《二处通讯》、《三处通讯》、《四处通讯》、《科研所通讯》。

从 20 世纪 90 年代后期，各项目部编印了项目简报，计有《三峡工程简报》、《王甫洲简报》、《黄壁庄工程简报》、《黄冈工程简报》、《润扬简报》、《阳逻通讯》、《向家坝工程简报》、《沙湾工程简报》、《溪洛渡工程简报》、《京沪高铁工程简报》、《大渡河工程简报》等。

三、宣传成果

1999 年，庆祝建局 40 周年，出版《铸基江河》一书。

2004 年，庆祝建局 45 周年，出版《基础放歌 1》一书。

2006 年，为退休老同志张维安编辑出版文集《牵挂一生的真情》。

四、获奖情况

1995 年，《黄河小浪底工程施工进展顺利》电视新闻片获得全国电力系统“江河奖”。

2000～2006 年，获集团公司优秀记者称号的有：黄金花、毛玉忠、佘洪波；获优秀通讯员称号的有：刘鹏，张欣。此外，基础局还有多篇报道及文学作品获好新闻、好作品奖。

第二章　纪　律　检　查

纪律检查工作在企业发展的各个历史阶段起着不可替代的重要保障作用。特别是改革开放以来，纪检监察部门担负着企业反腐倡廉重任。按照“党委统一领导、党政齐抓共管、纪委组织协调、部门各负其责、依靠群众积极参与”的反腐败领导体制和工作格局，公司纪委和监察部认真贯彻落实上级部署和要求，不断深化对党风廉政建设和反腐败指导思想、基本原则、工作方针的认识，坚持党要管党、从严治党的方针，认真履行党章赋予的“教育、监督、保护、惩处”四项职能，坚决维护党的章程和其他党内法规，协助党委加强党风廉政建设和组织协调反腐倡廉工作，强化党内监督，提高党组织战斗力，弘扬正气，抵制各种不正之风和不良倾向，充分发挥了保驾护航作用。

第一节　组　织　沿　革

1982 年 3 月 19 日，据电力总局［1982］电地勘党字 17 号文，成立中共电力工业部基础公司纪委筹备组，余少先任组长，陈相图任副组长，成员邵瑞敏、龚润福、陈德明。后又增补慈玉贵为副组长，董平为成员兼秘书（电力总局［1982］电地勘党字 20 号）。

1982 年 6 月 1 日，成立水利基础公司纪委（水利总局［1982］水建党字 7 号）。

1983 年 9 月 27 日，成立水利电力部地质勘探基础处理公司纪委（水电总局［1983］水建党字 331 号）。王林书兼任书记，牛庆曾任副书记，委员刘正安、董平、高光陆。

1986 年 12 月 4 日，公司第一届党代会选举产生公司纪委（总公司［1986］水建党字 30 号）。牛昌明兼任书记，牛庆曾任副书记，委员杜增明、董平、高光陆。

1988 年 5 月 3 日，增补范学禹兼任纪委书记（水电总公司［1988］水建党字 41 号）。

1990年6月15日，公司第二届党代会选举产生公司纪委（天津市委组织部［1990］津党组62号）。邵瑞敏任副书记，委员陈治先、杜增明、董平。

1998年12月30日，工程局第三届党代会选举产生局纪委（津党组［1999］9号）。田学良任书记，委员张佳钰、张素华、杜增明、贺锡铭。

2006年3月26日，公司一届党代会选举产生了纪委（津党组［2006］45号）。袁国俊任纪委书记，委员何剑英、雷土祥。

第二节　党风廉政教育

党风廉政教育是纪检监察部门的重要职能，是党中央构建惩治和预防腐败体系三项任务的基础性工作。多年来，纪委紧紧围绕党的中心工作和党风廉政建设、反腐败斗争的阶段性任务，坚持开展普遍性、提示性、警示性和诫勉挽救性教育工作。

一是紧密结合施工企业实际，在创新教育形式、注重教育实效上下工夫。通过中心组学习、讲党课、办学习班、举办知识竞赛、条规测试，观看典型案例录像片等形式，组织党员干部认真学习毛泽东、邓小平、江泽民、胡锦涛关于党的建设和反腐败的论述；大力宣传党中央在党风廉政建设方面的重大决策、方针政策和工作部署，进一步提高党员干部对开展党风廉政建设和反腐败斗争重要性的认识，大力营造廉洁从业的浓厚氛围。特别是1992年以来，党中央、国务院相继颁发了《关于党内政治生活的若干准则》、《中国共产党党纪处分条例》、《中国共产党党员领导干部廉洁从政若干准则》、《关于党政机关厉行节约制止奢侈浪费行为的若干规定》等条规。纪委把学习贯彻这些条规作为党风廉政教育的主要教材，以教育党员干部加强主观世界改造、提高思想政治素质、加强党性修养、锤炼政治品质、提升道德境界为目的，紧密围绕公司的中心工作，进行党性党风党纪教育，同时结合企业实际制定贯彻落实的实施细则，使教育真正收到实效。

二是针对党员干部岗位特点，在突出教育重点、开展专题教育上下工夫。2000年以来，按照天津市委规划建设纪工委的部署要求，纪委坚持在每年3月集中开展党风廉政主题教育月活动。如围绕权力观这条教育主线在党员干部中开展“六抓”教育，即：①抓好职业道德教育、诚实守信教育和党性党风教育；②抓好廉洁从业先进典型示范教育；③抓好《廉洁从业若干规定》教育和党纪条规教育；④抓好处以上领导干部和管人、管钱、管物等重要岗位人员的警示教育；⑤抓好世界观、人生观、价值观和正确的权力观教育；⑥抓好经常性提示谈话教育。不断增强教育的针对性和实效性，努力营造企业反腐倡廉的良好氛围，构筑抵御腐蚀的思想道德防线和法制防线。

2004年初，中央颁发了《中国共产党纪律处分条例》和《中国共产党党内监督条例（试行）》两个重要法规，纪委以这两个条例为宣传教育重点，组织开展了以“为民、务实、清廉”为主题的廉政教育月活动。2005年，在党员干部中开展了以保证和促进经济建设健康发展、干部健康成长“两个健康”为主题的廉政教育月活动。在教育月活动中，组织党员干部重点学习《党章》、《“三个代表”重要思想反腐倡廉理论学习纲要》和《党内监督条例》、《党员权利保障条例》等党内法规及中纪委全会提出的领导干部必须做到的

“五不许”等有关廉洁自律规定，开展对照检查，认真解决党员干部在廉洁自律方面存在的突出问题。2005年下半年，按照国资委纪委、天津市纪委和集团公司要求，组织开展了《建立健全教育、制度、监督并重的惩治和预防腐败体系实施纲要》和《国有企业领导人员廉洁从业若干规定（试行）》知识竞答活动。同时结合企业改制、建立现代企业制度，组织党员认真学习《公司法》、《信托法》等法律法规，增强法律法制意识，促进企业依法经营。

2006年，在全体党员干部中集中开展了以“正确行使职权，做廉政勤政干部”为主题的党风廉政教育月活动。廉政教育月活动分集中学习、自我教育讨论和整改提高三个阶段进行。采取召开党风廉政建设专题教育学习交流会、上党课、观看党风廉政建设电教片、在局域网上开办网上论坛等多种形式，组织党员领导人员重点围绕如何“正确行使职权，做廉政勤政干部”的主题，开展学习讨论，引导党员特别是领导人员树立马克思主义的世界观、人生观、价值观和正确的权力观、地位观、利益观。认真查找自身不足和差距，明确行为规范，守住“思想品德、党纪国法、良心道德”三道防线，形成以廉为荣、以贪为耻的廉政态势。

第三节 领导干部廉洁自律

领导干部廉洁自律是党中央确定的反腐败三项重点工作之一。纪委根据党中央、中纪委、天津市纪委先后制定的几十个“不准”和“严禁”规定以及各项廉政制度要求，注重发挥监督检查职责，促进领导干部廉洁自律工作不断深化。

（一）干部廉洁自律自查自报制度

自1992年以来，坚持实行处以上领导干部廉洁自律每年自查自报制度。针对公务用车、公款消费、出国出境、通信工具配备、干部住房建房等中央要求开展了专项清理。根据中纪委、监察部制定的《国有企业领导人员廉洁自律若干规定》，坚持认真落实领导干部收入申报、礼品登记、重大事项报告等制度。局处两级领导班子成员还以每年职代会为载体向职工代表进行述职述廉，开展民主评议活动。纪委建立了全局处级干部的廉政档案，将民主评议结果、民主生活会发言、述职述廉、收入申报、礼品登记、重大事项报告等材料及时归档，同时按时向上级报送局级干部的廉政档案材料。一方面纪委牵头制定了一批规章制度。如《领导干部廉洁自律自查自报制度》、《关于工程分包签订保廉合同规定》、《领导干部诫勉谈话制度》、《领导干部廉洁承诺制度》等。另一方面会同人、财、物等重点部门共同制定了多项管理制度。如工程分包，历来是施工企业容易产生腐败的重要环节，纪委与市场开发部、工程管理部共同制订了《工程局分包项目管理规定》，并按照《中国水利水电建设集团公司〈保廉合同〉暂行管理办法》，要求全局各单项分包金额在10万元以上的项目必须签订《保廉合同》，报送纪委备案。针对业务招待费支出先后多次下发了《工程局业务招待费管理规定》，重申严禁铺张浪费、严禁内部吃喝等要求，对出现违反规定的情况及时通报批评，决不姑息迁就。

（二）干部廉洁谈话制度

近几年来，进一步加大了对中层以上领导人员的管理力度，印发了《中国水电基础局有限公司中层管理人员廉洁谈话制度》，纪委领导利用深入项目部检查工作，参加二级单位民主生活会等时机与中层干部、项目经理实施谈话，沟通思想，交换意见，掌握中层管理人员的思想状况和工作状况，通过对苗头性问题的及时发现，做到提醒在先，严格要求，防微杜渐。

（三）干部廉洁承诺制度

2006年开始，纪委提出了实行廉洁承诺制度的要求。公司领导班子成员和二级单位领导班子成员分别在两级职代会上通过述职述廉形式向全体职工代表做出了廉洁承诺。同时，纪委把监督检查规章制度的贯彻执行情况作为一项重要内容，列入党风廉政建设责任目标，坚持每年进行检查考核，对于规范人、财、物的管理，促进领导干部廉洁自律起到了积极作用。

（四）加强领导班子民主生活会制度

为了不断提高生活会质量，注重抓好“会前、会中和会后”三个环节。会前通过召开座谈会、发征求意见表、个别谈话等形式，广泛征求意见，进行汇总整理后反馈给班子成员，同时按照上级部署和确定的民主生活会主题，公布学习文件，要求班子成员认真学习，奠定思想理论基础，写出对照检查发言稿或生活会书面发言材料。生活会上，班子成员畅所欲言，针对群众提出的意见，联系个人思想工作等实际认真进行对照检查，成员之间还本着改进工作，增进了解，达成共识的态度，互相认真开展批评与自我批评。生活会后，局处两级领导班子及时将生活会情况，在一定范围内向群众反馈，根据群众提出的意见和生活会上提出的问题，制定整改措施，对存在的问题及时纠正和解决。

2004年，局纪委自身还召开了民主生活会，对纪委几年来的工作认真进行了总结回顾，找出了不足，明确了今后努力的方向。

2005年，为了巩固党员先进性教育成果，建立长效机制，公司修订和完善了《两级领导班子民主生活会制度》，使民主生活会进一步制度化、规范化，民主生活会质量进一步提高。在强化党内监督的同时，还结合企业民主管理，严格执行“三重一大”民主决策制度，注意发挥行政监督、法律监督、审计监督，监事会监督作用，形成监督合力。确保企业依法经营，领导干部廉洁自律。

第四节　党风廉政建设责任制

1998年11月，党中央颁布了《关于实行党风廉政建设责任制的规定》。这是从制度上保证全党抓党风廉政建设的一项重大举措。按照“党委统一领导、党政齐抓共管、纪委组织协调、部门各负其责、依靠群众的支持和参与”的领导体制和工作机制，局纪委注重发挥组织协调作用和监督检查职责，抓住“三个环节”积极开展工作，协助党委认真落实好党风廉政建设责任制。

一是年初结合工程局实际，提出工作计划和落实措施，制定年度责任目标和考核评分标准，并坚持把党风廉政建设工作与经济工作一起部署、一起落实、一起检查、一起考核。在每年职代会上，局党政“一把手”作为第一责任人分别与二级单位和局直属项目部党政主要领导签订党风廉政建设责任书。两级班子正职与副职、班子成员与分管机关各部门、各施工处与所属科室、项目点也都层层签订年度党风廉政建设目标责任书，做到“一岗双责”，层层落实责任制要求。

二是坚持每年年中和年底考核检查制度。为了突出党政齐抓共管的领导体制和工作机制，坚持一年至少召开两次党风廉政建设领导小组专题会议，认真总结党风廉政责任制的落实情况，逐条进行对照和检查，分析存在的主要问题，提出整改措施。并根据年度检查考核情况，实行奖惩兑现。纪委还利用两级职代会召开之机，向职工代表发出党风廉政民主测评表，深入了解党风廉政建设责任制落实情况。

三是完善配套制度和措施。为使党风廉政建设责任制的落实工作规范化、制度化，纪委先后制定了《党风廉政建设责任制检查考核评分标准》、《党风廉政月报季报制度》、《党风廉政建设责任制责任追究办法》等一系列落实责任制的配套制度和落实措施。2003 年以来，根据责任制内容还进行了任务分解，在领导干部述职、生活会发言、年度考核、民主测评中，要求各级领导必须对自己分管范围内的党风廉政责任制落实情况做出明示。2006 年，还转发了天津《规划建设系统关于实行党风廉政建设责任制问责制的实施办法》等。由于基础局在系统内是比较早开始探索实行党风廉政建设责任制并取得了一定成效的单位，1999 年，集团公司以简报形式向系统内介绍了基础局关于实行党风廉政责任制的主要做法。2002 年 9 月，在天津市规划建设系统纪检监察工作经验交流会上基础局纪委做了落实党风廉政建设责任制工作的典型发言，受到了好评。2004 年，在集团公司检查考核中，基础局有关基础资料的考核获得系统内唯一的满分。自 1999～2006 年，已连续 8 年获得集团公司检查考核优秀成绩。

第五节　案　件　查　处

严肃查处违纪违法案件是深入进行党风廉政建设的重要内容，也是企业纪委履行惩处职能取信于民的集中体现。多年来，纪委通过认真处理每一个信访件，充分发挥职工群众来信来访的主渠道作用，从中发现案件线索，及时妥善解决职工群众反映的问题。在查办案件中，始终坚持在党委统一领导下，坚持实事求是原则和“事实清楚，证据确凿，定性准确，处理恰当，手续完备”的十六字方针，认真落实办案责任制，严格程序、扎实严谨，根据《中国共产党纪律检查机关控告申诉工作条例》、《中国共产党纪律检查机关案件检查工作条例》、《党的纪律检查案件审理工作条例》规定的程序和时限办案，注意提高办案水平，保证办案质量，维护了党纪政纪的严肃性。

自 1984 年以来，全局共查处各种违纪案件 11 起，处分党员 8 名，其中开除党籍 2 名，留党查看 1 名，党内严重警告 1 名，党内警告 4 名；行政处理 22 人，其中开除 2 人，开除留用查看 1 人，撤职 2 人，警告 3 人，通报批评 14 人，移送司法刑事处理 3 人。为企业挽回经济损失上百万元。

通过 2000 年以来查办的 5 起案件，纪委监察部总结出如下特点：①从基础局查处的案件内容来看，违纪违法的易发、多发部位主要是财务、物资等重点经济部门和重要岗位人员。②从违纪违法人员来看，年轻的新提拔的党员干部占有较大的比例。如查处的5起案件中，涉案5人中有党员3人。涉及科级干部3人，处级干部2人，年龄均在40岁左右。因此必须加强对新提拔的年轻领导干部严格教育、管理和监督。③查处5起案件的来源和初核的线索主要是通过内部职能部门执法检查所发现。所以无论从拓宽案源的角度，还是从具体查办案件的需要来说，必须加强企业内部的执法监察和效能监察，加强纪委与各职能部门的通力合作，避免孤军作战，这是做好查办案件工作的重要前提和重要工作方式。④在查办案件的具体工作中，要严格按照案件查处程序进行，充分利用有关办案手段使案件顺利突破。

第三章　工　会　工　作

在修建密云水库的时候，就有了工会组织。蔺元昌为第一任工会负责人。

1963年春，召开密云水库基础处理总队第一届工会会员代表大会，会员代表由当时的五队一厂人员组织，约70人参加大会。选举陈恩普为第一届工会委员会主任——工会主席。

1963～1969年，密云水库基础处理总队共召开了三届工会委员会代表大会。陈恩普为工会委员会主任——工会主席。

工会组织健全之后，坚持每年开展劳动竞赛，年年开展评先工作（干部评为先进工作者、工人评为先进生产者），以流动红旗形式为主，对竞赛中出现的先进人物和单位进行鼓励。

工会组织健全后，广泛吸收职工加入工会组织，开展一系列文体活动。并开展维护职工利益为主的劳动保护、福利救助（劳动保险、医疗保险和直系亲属有生育、丧葬补助）。

1982年3月，中国电力工业部地勘基础处理工程公司工会筹备组成立。

1983年3月，中国水利部地勘基础处理公司工会委员会成立。

1983年11月，更名为中国水利电力部地质基础处理公司工会筹备组。

1984年，改名为中国水电部地质勘探基础处理公司工会委员会，下设财经委员会、生产技术革新（合理化建议）委员会、劳保福利委员会、教育委员会、提案委员会。

1993年改名为中国水利水电基础工程局工会委员会。2005年2月，改名为中国水电基础局有限公司工会委员会。工会将原下设的二部（组宣部、生产生活部），改为综合部，基层工会7个，基层分会40个。

基础局工会始终牢牢把握“两个维护”的原则：一是维护职工的劳动权益，包括就业的权利，获取劳动报酬的权利，得到劳动保护和社会保障的权利，休息休假的权利等；二是维护职工的民主权利，主要是指维护职工依法对企业进行民主管理、民主参与和民主监督的权利为主要任务，积极参与各项改革方案的制定、修改和讨论，对一些与员工利益密切相关的事项，大胆提出工会的意见，从源头上维护了员工的合法权益，出台了一系列政策措施，激发了广大职工的工作积极性和创造性，促进了企业和谐和稳定。

1982 年以来，基础局工会及各级工会组织始终坚持轻围绕局生产任务的完成和超额完成作为经常性的中心工作开展劳动竞赛、技术创新和合理化建议活动。

积极协助行政部门贯彻安全生产方针和安全操作规程，做好群众安全生产、生活工作。随着各项制度不断规范，工会自上而下建立健全了劳动保护监督检查机构，形成了一套群众安全管理体制。

第一节　职代会与会员代表大会

1963～1969 年，密云水库基础处理总队共召开了三届工会会员代表大会。陈恩普当选为工会主席。

1984 年 8 月 27 日～9 月 4 日，在杨村基地南院礼堂召开中国水利电力部地质勘探基础处理公司第一届职工代表大会。正式代表 83 人，列席代表 23 人。主席团成员由王麟书、商树先、郑荣光、邹立嵩、秦景武、生广学、田学良、任广和、李际春、王志仁、丁秀清、徐元清、王自生、刘志岑、林志清组成。经理何时英作了工作报告。大会通过了《公司工作报告决议》、《关于职工医疗费用包干试行的意见》、《企业全面整顿汇报提纲》、《“六好”企业规划（草案）》、《1983 年度财务决算和 1984 年度财务预算报告》、审议并通过《1986～1990 年发展规划（讨论稿）》、《关于进一步增强公司活力的暂行规定（征求意见第三稿）》、《关于劳动人事制度改革有关问题的实施意见（讨论稿）》、《1986 年百元产值工资含量包干办法（讨论稿）》和《关于开展立功创模活动的决议》等。

选举产生了中国水利电力部地质勘探基础处理公司工会第一届执行委员会。委员 15 人，常委 4 人，主席王林书，副主席商树先。委员会成员由王林书、商树先、高钟璞、李玉书、贾茗芬（女）、刘丰光、刘云组成。第一届职工代表大会共召开了两次大会。

1987 年 2 月 21～27 日，在杨村基地南院礼堂召开中国水电地质勘探处理基础公司第二届职工代表大会暨第二次会员代表大会。正式代表 114 人，列席代表 22 人。主席团成员由冯术益、任烽光、刘丰光、刘光明、刘作高、刘继庆、何时英、张祥、赵建秋、赵凤英、郝鸿禄、陶桂荣、贾茗芬、康学奇、曹玲、蔡为龙组成。经理生广学在会上作《艰苦奋斗，深化改革，增产节约，开拓前进》工作报告；公司党委书记何时英在会上作《关于公司领导体制改革的几点意见》的讲话；工会主席任烽光作《认清形势，深化改革，开创工会工作的新局面》的工会工作报告；贾茗芬代表工会作《工会经费收支情况说明》的报告，审议产通过了上述报告的决议和《百元产值工资含量包干办法》、《关于财务预决算的说明》、《工程质量系数参考办法》、《公司内部承包经营责任制暂行办法（修改稿）》、《1987 年职工福利基金使用结果和 1988 年计划使用方案》。选举产生了中国水利电力部地质勘探基础处理公司工会第二届工会委员会。委员 19 人，常委 5 人。委员会成员由冯述益、石进峰、任烽光、刘丰光、刘云、刘永贵、刘作高、刘志岭、刘志珍、李荷英、杨品芳、杨春富、侯清福、高钟璞、陶桂荣、贾茗芬、康学奇、逯同山、蔡为龙组成，主席任烽光。并选举产生了由 7 人组成的经费审查委员会。第二届职工代表大会共召开了两次大会。

1989 年 2 月 20～24 日，在杨村基地南院礼堂召开中国水电部地质勘探基础处理公司第三届职工代表大会。出席大会的正式代表 101 人，列席代表 27 人。主席团成员由王景贤、牛昌民、任烽光、杨立成、杨品芳、陈连田、何时英、张聚生、郝鸿禄、赵剑秋、夏可风、秦华辉、贾茗芬、高仲璞、涂益仁、商树先、戢守铭组成。天津市总工会副主席安亭洲致词。党委书记何时英作了重要讲话；经理牛昌民作《治理整顿图发展，增收节支踏新途》工作报告；工会主席任烽光作了《1988 年工作的回顾与 1989 年工作的设想》工会工作报告。大会审议通过了《公司内部承包经营责任制暂行办法》、《关于公费医疗管理改革暂行办法》、《1988 年计划完成情况及 1989 年计划安排意见》、《1988 年度财务决算和 1989 年度财务预算情况说明》、《1989 年公司对二级单位分配办法的意见》、《基础公司企业升级规划和规划决议》、《关于 1989 年分配办法的执行情况和 1990 年分配办法的说明》、《1990 年工资含量包干办法》、《计划统计考核指标、利润指标的考核办法》9 个文件的决议。第三届职工代表大会共召开了两次大会。

1991 年 2 月 27 日～3 月 3 日，在杨村基地南院礼堂召开中国水电部地质勘探基础处理公司第四届职工代表大会。出席大会的正式代表 92 人，列席代表 45 人。主席团成员由鲁永才、任烽光、蒋振中、高钟璞、郝鸿禄、王景贤、商树先、陈连田、张聚生、袁雨林、项树礼、孙 珍、夏可风、涂益仁、杨品芳、贾茗芬、顾仕庆、杨立成组成。天津市总工会副主席安亭洲到会致词。经理鲁永才作了《强化管理，提高两效，为实现企业升级规划而奋斗》的工作报告；工会主席任烽光作了《围绕企业升级，突出建设职能》的工会工作报告。审议通过了《企业升级规划实施方案》、《公司管理工作上水平考核细则（草案）》等文件的决议。第四届职工代表大会共召开三次大会和一次职工大会。

1995 年 4 月 10～13 日，在杨村基地南院礼堂召开中国水利水电基础工程局第五届职工代表大会。出席大会的正式代表 125 人，列席代表 33 人。主席团成员由郝鸿禄、陈治先、蒋振中、高钟璞、张源智、夏可风、张新光、杜增明、王景贤、陈连田、张聚生、刘志岭、项树礼、贡礼荃、田学良、岳广润、王永德、孙珍、张良秀、曹玲、王建明组成。天津市总工会副主席安亭洲到会致词。局长郝鸿禄作了《认清形势，统一思想，为实现基础局年产值超亿元而奋斗》的工作报告，局党委副书记陈治先作了《统一思想，团结奋进，为局两个文明建设再上新台阶而奋斗》的讲话，局工会主席张新光作了《以贯彻〈劳动法〉为契机，服务大局，努力提高工会工作水平》的报告。大会审议通过了《关于 1994 年任务完成情况和 1995 年计划安排的说明》、《关于工程局劳动、工资、教育工作的说明》、《关于工程局 1994 年财务决算情况与 1995 年财务预算草案的报告》、《中国水利水电基础工程局劳保医疗管理办法》、《关于机电设备更新改造及报废管理规定》、《劳动合同制度实施办法》、《1996～1997 年集体协商集体合同》、《企业补充和个人储蓄性养老保险实施方案》、《施工质量管理奖罚办法》、《中国水利水电基础工程局加强企业民主管理细则》等文件的决议。会上，基础局领导进行了述职，全体代表对局领导进行了民主评议。第五届职工代表大会共召开四次大会。

1999年3月8～12日，在杨村基地南院礼堂召开中国水利水电基础工程局第六届职工代表大会暨第三次会员代表大会。正式代表122人，列席代表37人。主席团成员由蒋振中、张源智、田学良、陈治先、张新光、夏可风、杜增明、宗敦峰、赵存厚、黄炳福、肖恩尚、刘建发、岳广润、李建军、先泽祥、程聚辰、张素华、毛玉忠、吴东升组成。天津市总工会副主席安亭洲到会致词。党委书记张源智在会上作了重要讲话；局长蒋振中作了《统一思想抓住机遇，团结奋斗夺佳绩》的工作报告；工会主席张新光作了《树立创新意识，突出维护职能，为落实基础局1999年各项工作目标努力奋斗》的工会工作报告。大会审议通过了《工会财务工作报告》、《关于1998年生产任务完成情况和九九年生产计划安排意见》、《关于劳动工资、社会保险工作的说明》、《职工下岗分流管理办法》、《1998年财务决算1999年财务预算的报告》、《1998年业务招待费使用情况的报告》、《1999年审计工作报告》、《关于1998年科技和质量工作说明》、《1999年度集体协商集体合同》等文件的决议。会议还过了《中国水利水电基础工程局改制工作总体方案》、《中国水利水电基础工程局剥离、重组方案》、《中国水电基础局有限公司章程》、《中国水利水电基础工程局职工持股会章程》、《中国水利水电基础工程局职工持股章程实施细则》、《中国水电基础局有限公司职工持股配股方案》、《关于"厂务公开"工作程序和公开内容、形式、时间及责任处室（负责人）的决定》《中国水利水电基础工程局物业管理实施方案》、《中国水利水电基础工程局富余职工分流安置办法》、《中国水利水电基础工程局万基公司改制实施方案》、《中国水利水电基础工程局职工医院分立实施方案》等报告。会议选举产生了评议监督干部领导小组。选举产生了水利水电基础工程局第三届工会委员会。委员9人，由张新光、毛玉忠、杜元洪、岳光、郑鑫、袁雨林、鲁青、韩霞、惠武林组成，主席张新光。选举产生了由5人组成的工会经费审查委员会。基础局领导在大会上进行了述职，全体代表对局领导进行了民主评议。第六届职工代表大会共召开了四次大会。

2003年3月16～19日，在杨村基地南院礼堂召开中国水利水电基础工程局第七届职工代表大会。出席大会的正式代表129人，列席代表29人。主席团成员由宗敦峰、张源智、张林、田学良、陈治先、夏可风、赵存厚、杜增明、黄炳福、张新光、李建军、刘建发、韩伟、彭善民、岳广润、邓百印、先泽祥、肖恩尚、陈连田、张素华、毛玉忠、吴东升组成。天津市总工会副主席安亭洲到会致词。党委书记张源智在会上作了重要讲话。局长宗敦峰作了《抓住机遇，深化改革，与时俱进，为把基础局建设成为具有国际竞争实力的国际一流的现代化企业而努力奋斗》的工作报告；局工会主席张新光作了《团结奋斗，与时俱进，为企业的发展建功立业》的工会工作报告。会上审议通过了《关于2002年生产任务完成情况和2003年生产计划安排意见》、《关于2002年业务招待费支出情况的报告》、《关于2002年人力资源工作情况及2003年工作安排意见》、《关于2002年质量、安全工作情况及2003年工作安排意见》、《关于2002年财务决算与2003年财务预算（草案）的报告》、《关于2002年局内部审计工作情况的报告》、《2003年度集体协商集体合同》、《2003年工资集体协商协议》、《中国水利水电基础工程局公司制改造的总体实施方案》等文件的决议。基础局领导在大会上进行了述职，全体代表对局领导进行了民主评议。第七届职工代表大会共召开两次大会。

2005年3月19～22日，在杨村基地南院礼堂召开中国水电基础局有限公司第一届职工代表大会暨第一次工会会员代表大会。出席大会的正式代表106人，列席代表43人。主席团成员由张源智、赵存厚、李志斌、袁国俊、杜增明、田学良、黄炳福、刘建发、韩伟、肖恩尚、胡斌、彭善民、宋伟、孟凡辉、鲁志军、王金良、马美庚、毛玉忠、白丽萍、李新杜组成。选举产生了中国水电基础局有限公司第一届工会委员会。委员9人，由袁国俊、王学松、蒋君、杨伟、戢守名、朱坤龙、韩霞、贺永利、黄金花组成。选举产生了由5人组成的工会经费审查委员会。天津市总工会副主席安亭洲到会致词。党委书记张源智在会上作了重要讲话；总经理赵存厚作了《加速转换机制，大力开拓市场，为建设可持续发展的现代企业而努力奋斗》；工会主席袁国俊作了《突出重点，稳定大局，为实现公司可持续发展建功立业》的工会工作报告。会上审议通过了《工会经费收缴及使用情况报告》、《关于财务工作的专题报告》、《关于国际工程的专题报告》、《关于科技开发的专题报告》、《中国水电基础局有限公司三年发展规划》、《公司高管层薪酬办法》、《集体协商集体合同和工资集体协商协议》、《中国水电基础局有限公司工资分配暂行办法》、《中国水电基础局有限公司管理部门岗位竞聘实施方案》、《中国水电基础局有限公司员工内部退休暂行办法》、《2006年住房公积金缴存额调整说明》、《中国水电基础局有限公司企业年金实施暂行办法》等文件的决议。基础局领导在大会上进行了述职，全体代表对领导进行了民主评议。第一届职工代表大会共召开三次大会。

第二节　职工权益维护

一、维权的主要内容

工会维护职工合法权益主要包括两方面的内容：一是维护职工的劳动权益，包括就业的权利、获取劳动报酬的权利，得到劳动保护和社会保障的权利，休息休假的权利等；二是维护职工的民主权利，主要是指维护职工依法对企业、事业单位事务进行民主管理、民主参与和民主监督的权利。

二、维权的主要措施

1996年2月2日，成立了中国水利水电基础工程局集体合同平等协商领导小组，召开了第一次集体合同平等协商（谈判）会议。

1996年9月24日，签订了《中国水利水电基础工程局集体协商集体合同》首份集体合同，到2009年连续14年签订集体协商集体合同，并在天津市劳动局备案。

1997年，《水利电力工运》（1997年第5期）全文刊登了公司集体协商集体合同文本。

2000年，基础局获“天津市集体合同先进企业”。

2003年3月19日，签订了《中国水利水电基础工程局工资集体协商协议书》，到2009年连续7年签订工资集体协商协议。

2001年，组织成立了“中国水利水电基础工程局职工素质工程建设”领导小组，2003年制定了《中国水利水电基础工程局实行厂务公开工作责任制的实施意见》、《中国水利水电基础工程局对违反厂务公开规定的行为实施责任追究的暂行办法》。在继续抓好“公司 2001～2005 年职工培训计划”实施的基础上，2006 年制订了《中国水电基础局有限公司职工素质工程实施方案》、《中国水电基础局有限公司学习型组织、知识型职工奖励办法》、《中国水电基础局有限公司开展创建“学习型组织、知识型职工”活动三年规划(2004～2006 年)》。

2005 年，基础局一届二次职代会上审议通过《中国水电基础局有限公司工资分配暂行办法》、《中国水电基础局有限公司管理部门岗位竞聘实施方案》。

2005 年 10 月 20 日下发《中国水电基础局有限公司“困难员工帮扶救助基金”管理试行办法》。

2005 年 5 月 11 日下发《中国水电基础局有限公司劳动模范评比暂行办法》。

2005 年 9 月 26 日下发《中国水电基础局有限公司 2005 年度工程技术比武规则》。

2005 年 5 月 11 日出台了《中国水电基础局有限公司厂务公开实施办法（试行)》。

2005 年制订了《中国水电基础局有限公司劳动保护用品监督管理实施细则》。

第三节　劳　动　竞　赛

一、劳动竞赛的内容

组织职工开展社会主义劳动竞赛，是工会的重要工作之一。是以“保证安全生产，提高经济效益，促进公司发展”为主题，是以群众性经济技术创新工程活动为主要内容的长线竞赛，以围绕企业阶段性的工作任务为主要内容的短线竞赛，以选拔专业技术能手和带头人为主要内容的技能竞赛，实施不同的形式，使竞赛显得丰富多彩，既能吸引职工参与，又能方便和满足不同层次的职工要求，使其成为真正群众性活动。

二、劳动竞赛的形式和取得的成果

1958～1962 年，建立基础大队以来，工会贯彻全国总工会（下称全总）“七大”确定的以生产为中心，生产、生活、教育三位一体的方针，围绕北京市打井工程和密云水库工程的建设，开展了以增产节约为主要内容，以流动红旗为奖励形式的劳动竞赛活动。

1978～1991 年，认真贯彻全总“九大”精神，工会恢复各项活动，号召全体员工围绕“创全优工程”为目标，积极开展了以“双增双节”为主要内容的劳动竞赛活动。活动的开展促使个单位的任务圆满完成，促进了解决过去几年由于水电施工企业普遍任务不足和效益不好带来的困扰，促进了产值和利润的增长，取得了显著的经济效益。

1992～2004 年，公司更名为中国水利水电基础工程局，工会开展了不同形式的劳动竞赛活动，其中三峡工程项目以“立功创模在三峡”为主题的劳动竞赛取得了显著成效，在三峡施工的 21 个机组中，从工程质量、工程进度、安全生产和文明施工等方面比高低，并且每月进行评比，优胜者授予流动红旗并发简报，通报全局进行表扬。结合开展“工程质量上水平、施工管理上等级、工程科技上档次、降低成本上效益、保证工程工期”为主要内容的劳动竞赛。三峡项目部还开展了“先锋杯”、“主人杯”等劳动竞赛；小浪底项目部开展了以“比施工质量、比施工进度、比安全生产”的劳动竞赛，在竞赛中分别设流动红旗和劳动竞赛奖。

基础局被天津市授予“九五”立功先进企业，李旺时被授予天津市劳动模范，还有3人被授予天津市“九五”立功先进个人，5个机组授予天津市“九五”立功先进集体等称号。

基础局工会设立了专项竞赛经费。

2005～2006年，组织开展“五比一创”劳动竞赛。基础局对在劳动竞赛活动涌现出的先进集体和个人进行了奖励，基础局连续两年获“天津市安康杯竞赛优胜企业”称号。开展理论研究征文活动，其中，惠武林、姜立顺撰写的《对企业开展劳动竞赛的几点思考》荣获天津市工运理论研究会城建分会成果发布三等奖。

三、技术创新（合理化建议、提案）

1982～1983年，全公司围绕着于桥水库重点工程开展了技术革新和劳动竞赛，科研成果初见成效。创新推广了小口径全断面钻进和边钻边灌的灌浆技术，设计出CF-1冲击反循环钻机，钢模板的研制也已见成效。以合同形式承担了国家两项重大科技攻关项目，即混凝土防渗墙造孔机具、工艺、坝体材料检测手段的研究和复杂地基的地基础处理设计与施工技术的研究。

1984年12月，开展群众性的技术革新活动，小改小革解决了大问题。在铜街子电站防渗墙造孔深度上创了74.4米的全国新纪录；在龙羊峡水电站成功地创造了一整套新的打垂线孔的施工工艺，创37天钻孔78.87米、偏斜52毫米、孔径180毫米的新纪录；水平观测孔一次试钻成功。还研制成功了“土火箭式”空心钻头，在深圳钻深60～70米、直径1.4米的冲孔桩，取得了良好的效果。

1994年，开展合理化建议活动攻克了许多技术难关，其中“隧洞灌浆工艺”和改进的“高压灌浆塞”获天津市总工会和天津市城建工委合理化建议特等奖。

1996年，研制的开放式隔离架、锚索下束专用车及提出的修理锚索用600吨级千斤顶的建议，创效益16.46万元。王泰恒被授予天津市城建系统合理化建议先进个人。

2000年，有7个科研课题在生产中应用创造了近千万元的经济效益。7个技术攻关项目荣获天津市技术创新明星集体，先进集体1个，技术创新明星个人1名，先进个人1名。基础局被评为天津市技术创新先进单位。

2004年，“混凝土防渗墙接头拔管技术”、“张家口壶流河水库除险加固振动沉模技术”、“200A型高速搅拌机改造”分别获天津市2004年度职工技协技术成果一等奖、三等奖和优秀奖。

2006年，“西藏直孔电站坝基防渗墙高原深原覆盖层造孔冬季施工技术”、“水布垭防淘墙建筑与安装工程右岸段施工”创经济效益2500万余元，分别获得了天津市职工技术成果一等奖、二等奖。

四、技术比武

2004年，组织开展了基础局首次职工技术比武活动（钻探灌浆工、地下连续墙工、车工和计算机应用等四项），有78名参赛选手参加了此次技术比武。钻探灌浆工、地下连续墙工、计算机应用选出了技术比武标兵各5名、技术比武能手各5名；车工选取了技术比武标兵2名、能手2名。

2005年，开展了工程技术人员技术比武活动，参加人员76名技术人员参赛。选取了10名标兵、15名能手。

2006年，开展首次外来务工人员技术比武活动。制定了《外来务工人员技术比武规则》，59名外来务工人员参加，评选出10名一等奖、10名二等奖、10名三等奖。公司对获奖者给予了重奖：一等奖奖金1000元，二等奖奖金800元，三等奖奖金600元。本次比武中获得三等奖及以上人员，经本人自愿且体检合格者，公司与其签订三年期劳动合同。

第四节　劳　动　保　护

一、劳动保护的内容

保护劳动者的安全与健康是工会组织的职责。就是依靠技术进步和科学管理，采取技术和组织措施，消除劳动过程中危及人身安全和健康的不良条件与行为，防止伤亡事故和职业病，保障劳动者在劳动过程中的安全和健康。

自1985年全国总工会颁发《基层工会劳动保护监督检查委员会工作条例》、《工会小组劳动保护检查员工作条例》、《工会劳动保护监督检查员工作条例》三个条例以来，公司工会、各基层工会建立了劳动保护监督检查委员会，项目部工委设立了工会劳动保护检查员，培训了检查员18名。

1996年，成立第一届劳动保护监督检查委员会，主任张新光，副主任安志文、黄卫平，成员袁雨林、任广和、蒙仕林、杜元洪、张绍坤、王军、韩霞。

1998年，第二届劳动保护监督检查委员会，主任张新光，副主任袁国俊、黄卫平，成员惠武林、王俊成、张涛、杜元洪、张绍坤、岳光、韩霞。

2001年，第三届劳动保护监督检查委员会，主任张新光，副主任贺永利、李建军，成员惠武林、王俊成、张涛、杜元洪、张绍坤、岳光、韩霞。

2004年，第四届劳动保护监督检查委员会，主任袁国俊，副主任贺永利、王学松，成员：惠武林、蒋君、赵先锋、戢守铭、刘宏云、朱坤龙、韩霞、冯丽、屈恩才。

二、劳动保护的具体做法

1986年，开展同行政生产部门一起进行现场安全检查，对职工进行安全生产教育。

1986年，为各施工单位配备了“神灯”，对有关节炎的职工加强了保护。

1990年，召开两次医务劳动鉴定委员会会议，讨论为44名已丧失劳动能力人员办理退休，组织430名职工进行体检事宜。

1991年，召开医务鉴定委员会会议，讨论为丧失劳动能力的51名职工办理提前病退，组织公司级先进个人去北戴河休养事宜。

1996年，接待信访来访职工20余人，解决劳动争议15人次。组织全体员工进行了两年一次的体检。建立《事故隐患报告书》、《事故隐患整改通知书》制度。

1996年，将职工劳动保护内容写入《公司集体协商集体合同》文本。

1998 年，在已筹集的 50 万元下岗再就业资金中，向集体和个人发放 23 万元贷款，扶植开办了职工消费合作社、小型加工企业及个体饭店、商店等。

对全局职工进行了体检。

成立了局处两级工会劳动保护监督检查委员会，实施了工会劳动保护监督检查员每季上报《事故隐患报告书》制度。

2000 年，对职工进行一次体检。对女职工进行妇科特别检查，对进西藏工作的职工进行进西藏前的体检和回来的体检。

2005 年，建立《工会小组劳动保护监督检查员事故隐患报告书》零报告制度。

公司工会被市总工会授予“天津市优秀工会劳动保护监督检查委员会”称号。

2006 年，开展多种形式的安全生产检查活动，定期进行基层劳动保护状况的检查，暑期投入资金 11 万余元，作为夏季防暑降温专项资金，为 2840 余人创造了良好的工作、生活环境。

第五节 职工之家建设

1986～2006 年，在三个基地相继建立职工之家，设立图书馆。共藏书 1 万余本。设立了游艺室，不断增添了棋牌、乒乓球、台球等活动用品。

1986～2006 年，开展职工读书学习活动，提高了职工的理论、文化、技术素质。陈友光 1994 年被评为电力工业部“求知、成才、贡献”主题读书活动先进个人、邱剑荣获 2004 年天津市知识型职工、程长宏荣获 2006 年中央企业知识型先进职工称号。

2004 年，在天津市总工会举办的原创作品中奖征集活动中，选送的《书香常伴》、《知识改变命运》两份作品分别获得二等奖、三等奖。在 2004 年天津市“共铸诚信”职工主题辩论赛上获得第三名。

2001 年，成立中国水利水电基础工程局工运理论研究分会。2005 年，更名为中国水电基础局有限公司工运理论研究分会。撰写论文共计 51 篇，其中二等奖 9 篇、三等奖 25 篇。公司工运理论研究分会荣获“2003～2004 年天津市工人运动理论研究会先进分会”，“2005～2006 年天津市工人运动理论研究会先进分会”称号。

自行编制的《职工技能大赛》纪录片获得天津市工会系统 2005～2006 年度工会工作创新实践优秀专题片三等奖。

第六节 文体活动

1990 年，组织选拔 21 名队员参加了市城建工委举办《亚运之光》火炬传递长跑比赛。

1984～1994 年，每周开办一次舞会。

1990 年，组建了公司文艺演出队，篮球、足球队和锣鼓、秧歌队。

2006 年 9 月，组织 49 人的队伍，参加天津市规划建设系统组织的职工体育运动会，参加的项目有田径；男子篮球、女子篮球；女子乒乓球、男子乒乓球；女子羽毛球、男子羽毛球；拔河；跳绳 6 类共 14 个项目。取得了女子篮球比赛第一名；拔河和集体跳绳第四名的好成绩。

文艺演出队在第二届天津市职工艺术家评选工作和“五一”放歌文艺展演活动中，取得了较好的成绩，获得了优秀组织奖。其中，舞蹈《喜庆的日子》获得二等奖，舞蹈《动感地带》获得三等奖，对口快板《再创辉煌》获得三等奖。

第四章　共青团工作

第一节　组织机构

1959 年 8 月，建立健全了团的组织机构，团组织隶属于密云水库修建指挥部团委。

1959～1969 年，先后由董秀英、董瑞斌、齐长林等三人担任团委书记。

1963 年 5 月，基础处理工程总队由水利电力部水电建设总局管辖，党、团关系按照属地化管理原则隶属于北京市有关单位管理。

1969～1978 年，基础处理工程总队解散后，团委随之解散。

1978 年，基础处理公司重建，基地选择在天津市武清区杨村镇，基础处理公司团委组织关系隶属于天津团市委。

1978～1984 年，因为水利、电力两部分分合合的原因，水利方面，由曲学艺担任团委书记；电力方面，由王建国担任团委书记。

1982 年 5 月，水利、电力两部合并，水利电力部地质勘探基础公司正式成立，团委也正常开展工作，白和平担任团委书记。

1982 年 7 月以来，担任基础处理公司团委书记的有：张长源、张洪波、毛玉忠。担任团委副书记的有：段怀泽、邹立嵩、王保珍、戢守铭、屈恩才、寇晶。

第二节　历次团代会

1998 年 5 月 17～18 日在天津杨村基地召开共青团中国水利水电基础工程局第一次代表大会。

出席会议的团员代表有 41 名：贾立维、袁建平、寇晶、林为、刘德胜、赵明、肖瑞、石峰、孙纲、贺自东、黄文福、叶红、王江丽、张洪波、毛玉忠、姚丽丽、朱建乐、徐冬、李彦、郑鑫、夏铨波、高志军、李斌、刘松富、赵瑞峰、朱小云、潘华纯、汤小波、朱洪波、朱瑜、王勇、杨玉、郝学军、武宇清、张卫、王志、郑岩、何敏、张利琳、史峡、顾芳川。

张洪波向大会作了题为《高举邓小平理论旗帜，全面提高青年素质，团结和带领全局团员青年在两个文明建设中发挥生力军突击队作用》的工作报告。

大会通过了《共青团中国水利水电基础工程局第一次代表大会关于工作报告的决议》。

大会选举产生共青团中国水利水电基础工程局第一届委员会，由张洪波、毛玉忠、郑岩、石峰、朱洪波、姚丽丽、朱建乐、贾立维、何敏 9 名同志组成，张洪波任书记。

2006 年 3 月 24～25 日在天津杨村基地召开共青团中国水电基础局有限公司第一次代表大会。

出席会议的团员代表有 39 名：马建成、毛玉忠、王明、王辉、王大勇、王晓颖、王海波、白雪、刘鹏程、严辉、佘洪波、张娜、张家俊、李娟、李云松、杨健、杨婷、杨月琴、杨立丰、肖红星、陈航、陈代平、单常、屈恩才、屈晓辉、苗志斌、姜立顺、胡大安、赵诗涛、赵雄彪、骆登峰、贾淑冰、郭晋君、顾芳川、寇晶、曹增强、董莹、董金光、缪志荣。

毛玉忠代表原共青团中国水电基础工程局第一届委员会向大会作了题为《勤奋学习，努力工作，无私奉献，为公司实现持续快速发展作出新贡献》的工作报告。

大会通过了《共青团中国水电基础局有限公司第一次代表大会关于工作报告的决议》。

大会选举产生了共青团中国水电基础局有限公司第一届委员会，由毛玉忠、张娜、杨婷、陈代平、陈航、屈恩才、寇晶 7 人组成，毛玉忠任书记，屈恩才、寇晶任副书记。

第三节　主　要　工　作

1988～1990 年，共青团结合青年特点，开展了“我爱公司、振兴公司”活动，深入基层，与青年交心谈心。

2000 年，开展了“创新创效”活动，在小浪底、黄壁庄和长江干堤等工程项目上取得明显成效。

为青年团员订阅报纸杂志 23 种，为青年活动室购买体育器材设备。

1998 年 6 月 11 日印发《关于开展“青年文明号”、“青年岗位能手”创建活动实施办法的通知》。

2001 年，开展团员思想政治教育工作。组织团员青年学习江泽民总书记“七一”讲话和党的十五届六中全会精神。

组织团员青年参观天津市“拒绝邪教——深入揭批‘法轮功’邪教组织大型图片展览”。

构建青年素质教育工程，开展送书（300 多册）到施工项目活动。有的工程项目团支部成立读书社，订购书籍杂志。

2002 年，组织广大团员青年认真学习“三个代表”重要思想和党的十六大精神、学习了江泽民同志在中国共青团成立 80 周年纪念大会上的讲话。

订购《“学习党的十六大，与时俱进我先行”团员青年知识竞赛辅导读本》。

围绕中国共产主义青年团成立 80 周年，开展了新老团干部座谈会，来自建局 40 多年来各个时期的团干部共 20 人参加了座谈会。

开展建团 80 周年知识竞赛。

三处瓦都工地、黑石山工地等团支部开展了以“团员青年如何在新形势下发挥主力军和突击队作用”为主题的讨论活动；四处遥堤工地团组织编排黑板报进行教育活动；石头河工地组织团员青年到西安革命历史纪念馆参观学习，进行爱国主义教育；机关团支部组织青年义务劳动，组织篮球队与武清区医院、卫生学校进行比赛交流。

围绕企业生产经营开展“青年文明号”、“青年岗位能手”和“青年示范岗”的创建活动。二处尼尔基项目部获得天津市“青年文明号”称号。

组织4名团干部6次计10天的培训，开拓团干部视野。

二处黄壁庄团支部自办图书室，解决青年员工读书难的问题。

完成推荐天津市青联委员工作。

2003年，在全局团员青年中开展学习党的十六大知识竞赛活动、“学习团的十五大”知识竞赛活动。

就青年关心的热点问题，确定辩题，举办了基础局第一次辩论赛。

湖北水布垭项目部召开团员青年座谈会。

组织撰写的《青年人才流失问题的分析》在《天津青年工作》杂志全文刊发，并在集团公司首次青年工作会议上进行经验交流。

2004年，开展了为重点工程作贡献活动，深入开展“青年突击队”、“青年安全生产示范岗”、“青年绿色环保行动”等活动。

2005年12月1～30日，分三个阶段开展了增强团员意识主题教育活动。学习团中央书记周强、杨岳同志电视电话会议讲话。

2006年，印发《中国水电基础局有限公司基层团组织和青年工作条例》、《公司团费收缴、使用和管理办法》、《公司团委领导班子学习暂行规定》。

制订《公司团委“与祖国共奋进，与企业同发展”主题教育实践活动实施方案》，并开展此项活动。

开展创建“遵章守法，关爱生命”为主题的“青年安全示范岗”活动。

制定“与祖国共奋进，与企业同发展”主题教育实践活动方案。

组织学习张高丽在共青团天津市第十二次代表大会开幕式上的讲话精神。

组织学习中国共产党第十七次全国代表大会精神。共青团组织和团员历次获奖情况见表8-4-1。

表8-4-1　　共青团系统获得上级组织表彰和奖励情况（1998～2006年）

时　间	受表彰单位/个人	荣誉称号	授予单位	备　注
1998	三峡液压铣抓斗机组	天津市1998年度新长征突击队	天津团市委	
1999	基础局团委	1999年度天津市共青团组织工作先进单位	天津团市委	
2000	基础局团委	2000年共青团组织工作先进单位	天津团市委	

续表

时 间	受表彰单位/个人	荣誉称号	授予单位	备 注
2000	基础局团委	2000年“技术创新”优胜单位	天津团市委	
2001-01	基础局团委	2000年度天津青年“技术创新”竞赛优胜单位	天津团市委	
2001-04	基础局团委	2000年共青团组织工作先进单位	天津团市委组织部	被授予称号，并予以通报表扬
2001-06	石军利	天津市新长征突击手	天津团市委	
2001-07	韩 伟	国家电力公司首届青年科技创新奖	国家电力公司、共青团中央	是受表彰的唯一一名水电总公司系统的科技工作者
2001-12-03	胡 斌	天津市第三届“优秀青年岗位能手”	天津团市委	
2001	石 峰	2001年度天津市优秀团员	天津团市委	
2002-02	基础局团委	天津市2001年度青年素质竞赛优胜单位	天津团市委	“新世纪青年创业实践行动”主题活动中作出突出成绩的单位
2003-06	石 峰	2002年度中央企业优秀共青团员	国务院国资委	
2003-08	第二工程处黄河尼那工程青年突击队	天津市新长征突击队	天津团市委	
2003-08	郭宏波	天津市新长征突击手	天津团市委	
2003	郭宏波	天津市第四届“青年岗位能手”	天津团市委	
2004-01	第一工程处工程科 第三工程处郑永康机组	2003年度天津市“青年文明号”	天津团市委	
2004-02	基础局团委	2003年度“共青团组织工作先进单位”	天津团市委	
2006-08	公司水布垭项目部	天津市“青年安全生产示范岗”	天津团市委和天津市安全生产监督管理局	

第四节　文　体　活　动

1991 年，举办迎新文艺汇演，“五一”、“五四”体育游艺活动，“国庆诗歌朗诵会暨友谊舞表演赛”等活动。

二处在湖北隔河岩工地投资上万元，购置卡拉 OK 机、电子琴、铜管号，组建了小乐队，自编节目。

五处在新疆乌拉泊工地建立了“阅览室、电视室、卡拉 OK 室、乒乓球室、篮球场、足球场”五室两场职工活动之家。

1995 年，举办迎世乒长跑活动。

十一期间开展升国旗、唱国歌爱国主义教育活动。

元旦组织劳动法知识竞赛和游艺活动。

2000 年，开展“迎国庆，爱工程局”主题教育活动，并在杨村基地举办了舞会、篮球赛活动。

组织了足球、排球比赛。

黄壁庄、大黑汀、黑河团支部还开展了羽毛球、象棋等比赛活动。小浪底团支部组织了升国旗仪式。

2001 年，以庆祝建党 80 周年为契机，开展丰富多彩庆祝活动，有的团支部还聘请了舞蹈老师，组织编排舞蹈节目，在“七一”汇演中取得良好效果。

2002 年，组织中秋节青年联欢会，联系三幼、英华的老师 30 多人与基础局青年联谊。

四处石头河团支部还联合业主单位团委举办文艺晚会。

组织青年参加了武清区委组织的计算机、歌唱比赛。

开展了“健康杯”五人制足球赛等活动。

2006 年，组织迎新毕业生入厂足球赛。

第五章　企业文化和精神文明建设

第一节　企业精神和优良传统

基础局自成立以来，在不断发展的各个阶段和各个时期，形成符合历史时代特征的企业精神和优良传统。

修建密云水库时期，是基础局的初建时期，当时的历史条件是，我国社会主义建设一穷二白，只能靠白手起家。基础局成立初期，设备简陋，物资匮乏，生产生活条件极为艰苦，基础局全体员工战天斗地，肩挑手扛，人拖马拉，凭借艰苦奋斗、顽强拼搏的精神胜利完成了施工任务，成功建造了我国第一道防渗墙。

在密云水库白河主坝坝基防渗工程完成之后，基础局一部分人员队伍转战全国，继续完成国家下达的基础处理工程任务，一部分按照北京市地方政府的要求，在北京四周郊县地区从事打井任务，为京郊农田水利设施建设服务。

在1959年基础局成立到1969年基础局因故解散这段发展历程里，基础局形成了艰苦创业、乐于奉献的企业精神，展现了特别能吃苦、特别能奉献、特别能战斗、特别能忍耐的精神面貌，为建国初期的社会主义建设作出了应有的贡献。

1978年，国家改革开放后，基础局获得了重新组建的历史机遇。在组建后的20世纪80年代里，我国的经济体制渐渐开始由计划经济时期向市场经济时期过渡，在这个特定的历史条件下，基础局一方面按计划完成国家下达的指令计划任务，一方面开始尝试走向市场，在市场经济中谋生存、求发展。

在这个时期，基础局总结和归纳了“团结拼搏，刻苦奉献；严细求实，开拓振兴”的企业精神，在企业经营相对较困难的背景下，基础局全体干部职工团结拼搏，争创效益，严格细致，实事求是，务求实效，同心同德振兴企业。

进入20世纪90年代，基础局成功完成了由计划经济条件下的企业生产经营方式向市场经济条件下企业生产经营方式的转变，驾驭市场、抢占市场的本领更加成熟。这个时期，基础局总结和归纳了“严格管理，精心施工；技术先进，质量优良”的企业质量方针，把质量放在企业生产经营管理的突出位置，追求质量的精益求精，力求为社会各界提供有竞争力的优良产品，并以此求得社会信誉和更大的市场份额。

到了21世纪，基础局逐步发展壮大，面对市场，更加成熟。根据时代发展的需要，基础局不断调整和适应时代要求，变革自身的经营管理体制和经营机制，企业经营机制更加灵活，并逐步建立和完善起现代企业制度，完成了公司制改造。

这个时期，基础局总结和归纳了“基础成就未来，诚信追求卓越”的企业精神，立足基础处理事业，掌握更加先进的基础处理技术，在保持水电市场份额的前提下，凭借雄厚的技术实力，积极拓展国际市场和非水电市场，用优质的产品和服务追求更高层次的社会竞争和企业奉献。

“基础成就未来，诚信追求卓越”的企业精神已经在基础局内部形成广泛的共识，应用于企业形象和宣传等方面。

第二节　企业文化建设

随着社会主义市场经济的形成和对外开放的深入，企业面临与国际接轨的机遇与挑战，企业间的竞争日趋激烈，企业文化建设的好坏直接影响企业的竞争力和企业内部的凝聚力，企业文化建设显得越来越重要。在对企业文化的认识日趋深入的基础上，基础局把加强企业文化建设列上了重要的议程。

2001年5月，基础局制定了《企业文化建设实施方法》（简称《方法》），《方法》阐述了企业文化建设对基础局发展的重要意义，指明了基础局企业文化建设的指导思想，具体要求基础局的企业文化建设内容包括建立企业制度文化、建立企业精神文化、建立企业物质文化等三大方面。基础局相应建立了建设企业文化的组织机构和办事机构。

2002年4月，为具体落实和开展基础局企业文化建设活动，基础局在原来已经建立的企业文化建设领导小组下，具体分设四个专业组，分别为形象传播组，环境美化组，行为准则组，礼仪标志组。又制定和下发了《基础局企业文化建设实施意见》，随即在全局范围内征集基础局企业文化主体内涵，企业文化主体范围包括企业精神、企业经营理念、企业价值观、企业发展战略、企业道德及宣传标语。

经过一段时期在全局范围内的征集意见和总结、归纳，基础局确定了自己的企业精神——基础成就未来，诚信追求卓越。

第三节　企业文化载体建设

改革开放以来，基础局创办了各类企业文化载体，载体形式丰富多样，先后创办了工程简讯、通讯、工作简报、内部报纸、内部杂志、企业网站、展览室、宣传栏、资料室等载体。其中最主要的有（基础局内部报纸《水电基础人》、内部刊物《学习与参考》已在宣传工作一节介绍）：

公司网站（www. sinofec. com）——基础局网站是依托现代互联网技术建立的企业网站，基础局网站于2002年11月25日正式开通。2004年1月，网站第一次改版。在第一次改版之前，基础局网站为静态页面，后来采用ASP（服务器端脚本语言）技术和数据库技术。第一次改版后，容量变大，易扩充，易统计和管理，便于前台和后台维护，具有交互功能，信息可以双向传达。

2006年7月，基础局网站第二次改版完成并投入使用。改版后，网站包含公司要闻，在建工程、已建工程、中标信息、党的建设、基础文艺、水电基础人、行业信息等方面的模块和内容，从各个方面宣传基础局，扩大基础局社会影响，成为基础局上情下达、下情上知和内外沟通的纽带和桥梁。访问量逾70万人次。

《基础工程技术》——《基础工程技术》是经原能源部、水利部科学技术情报所和天津市出版局审查批准的、用于行业内部的信息技术交流刊物，创刊于1983年，原名《基础处理技术》，2005年更名为《基础工程技术》。《基础工程技术》以水利水电行业为主，兼顾其他建筑领域。刊载内容主要为：大坝及其他水工建筑物的地基处理（加固、防渗）技术；基础工程与地下工程；岩土边坡处理技术；堤防、渠道、病险水库加固技术及其他等。与之相关的理论试验研究成果、勘测设计施工技术总结、质控监理经验、工程管理收获、新型设备材料均有所收录，内容具有创新性。

办刊宗旨是为水利水电基础处理建设者提供一个传播和交流科技情报的园地。通过这个园地，交流经验，推广科研和技术革新成果，开展专题讨论，传播专业知识，了解国内外科技发展动态，使刊物成为各工地之间共同前进的纽带。

《基础工程技术》创刊时，主办单位为水电部地质勘探基础处理公司，1993年公司更名为中国水利水电基础工程局，2001年主办单位为中国水利学会地基与基础工程专业委员会，中国水利水电基础工程局，2005年以后，主办单位为中国水利学会地基与基础工程专业委员会、中国水电基础局有限公司，截至2006年12月，共出版48期，发表文章560篇，其中译文28篇，科技短讯、小资料等若干，累计刊发文字500余万，图片近200幅。

2001年以后，聘请原水电部副部长陈赓仪为编委会名誉主任委员。

第四节 精神文明建设

1990年，制定了《基础局思想政治工作条例》、《基础局基层党支部工作条例》和《基础局机（班）组思想政治工作条例》，下发了《关于加强思想作风建设的决定》，并在大的工程项目施工中成立了项目部临时党委，主抓思想政治工作和党建工作，把思想政治工作做到了生产第一线，增强了思想政治工作的预见性、针对性、有效性和连续性。开展了以理想、信念、敬业、奉献和爱国主义教育为主的世界观、人生观教育。

1991年，下发《关于建立公司精神文明建设领导小组的通知》，建立精神文明建设领导小组和办事机构，对基础局的精神文明建设进行统一领导和规划协调。办事机构设在党委宣传部。从1991年起，每五年或者三年相应制定精神文明建设《五年发展规划》或《三年发展规划》。

1991年，基础局被评为全国水电系统双文明先进单位。

1992年，获得天津市文明单位称号。在全局范围内开展了“支部达标”和创建“合格职工之家”活动。多次被武清县政府评为支教、绿化、计划生育、社会治安综合治理先进单位。

1996年，制定《1996～1999年精神文明建设规划》，制定精神文明建设考核细则。机关党委还制定了精神文明建设实施办法和文明处室考核标准。

强化“四有”职工队伍建设，弘扬“团结拼搏、刻苦奉献、严细求实、开拓振兴”十六字企业精神。

组织全局“二五”普法知识竞赛，收回试卷270份，对“二五”普法进行总结、评选和表彰，完成了“三五”普法基础教材等准备工作。

开展募捐活动。向河北灾区捐资3万多元；开展了助教活动，向杨村一中捐资助教10万元；开展了扶贫活动，53名困难职工和家属得到救济，支付救济金14332元。

国庆节开展了升国旗、唱国歌爱国主义教育活动，各单位根据工地的环境条件举办了舞会和歌咏比赛。

1997年，实现了天津市精神文明单位称号五连冠，局机关被天津市城建工委授予机关建设“先进单位”称号，质安处被授予天津市城建系统“文明处室”称号。

加强思想首先建设和爱国主义教育，利用香港回归，深入开展了爱国主义和革命传统教育，加强社会公德、职业道德、家庭美德建设，引导职工树立共同理想和正确的世界观、人生观、价值观。

1998年12月，局党委制定了《中国水利水电基础工程局1999～2002年精神文明建设规划》，明确了精神文明建设的奋斗目标、指导思想、主要任务、基本原则，组织领导及办事机构、具体实施规划，成为这三年全局精神文明建设的指导性文件。

1999 年，基础局连续 6 年保持了天津市文明单位称号，连续两年保持了水电总公司系统双文明单位称号。

全局以建国 50 周年、局庆 40 周年、澳门回归等重大节日为契机，开展了汇演、扭秧歌、大合唱、长跑比赛等丰富多彩的活动。其中由基础局离退休职工组成的“夕阳红艺术团”，在武清县举行的迎国庆“腾达杯”歌咏比赛中荣获二等奖。

创建文明基地。通过清理卫生死角和饲养家禽，开辟绿洲化场地，拆除私搭乱建的违法建筑，整修混凝土道路，购置篮球架和修铺篮球场，更换生活用水给水管道和室外采暖管道，实行生活垃圾袋装化等措施，改善了职工群众的业余文化生活和工作环境。新建杨村宿舍楼，解决和改善了职工的住房问题。德州基地先后投资 20 多万元用于更换取暖锅炉和供水管道，华阳基地加强门卫管理，并对环境卫生进行了通盘整治，完善了图书阅览室和娱乐活动室，继续保持了“园林式单位”称号。

2000 年，组织参观“崇尚科学，反对迷信”展览，参观西柏坡革命圣地，观看党员教育录像片、观看影片《生死抉择》、党员佩戴党徽上岗等，对党员进行生动的教育，不断强化党员的自律意识。

基础局再次获天津市卫生先进单位称号。

离退休党总支开展了“好老伴”、“好儿媳”和“文明个人”的评选活动。

2000 年初，调整基础局思想政治工作研究会，制定并通过了思想政治工作研究会章程，为全局思想政治工作的开展提供了重要的组织保证。

对原“法轮功”修炼人员进行说服教育工作，采取有效措施，保证了无一人反弹。在地方政府的排查中，没有被列入重点的人员，地方政府对他们的工作表示满意。

2001 年，组织全局党员干部认真学习了江泽民总书记“七一”讲话和党中央十五届六中全会决定，学习了天津市委七届九次全会精神和水电总公司思想政治工作会议精神等。

在全局党员干部中开展了向优秀共产党员汪洋湖、陈钟槐学习的活动，形成了学先进、促工作的良好风气。

开展了“为跨越式发展做贡献，为党旗争辉”的学习实践活动。

召开首次思想政治工作研究会年会，全局各级干部写出了论文、调研文章共 86 篇，其中有 73 名处级干部撰写了调研文章或论文，内容涉及学习“三个代表”重要思想体会、企业管理、思想政治工作和企业文化建设等，评出一等奖 11 名，二等奖 18 名，三等奖 25 名。首次会上，交流了优秀论文，思想政治工作创新先进单位代表作了典型发言。年终经考评，二处、四处获 2001 年思想政治工作创新奖。

2001 年初，基础局成立企业文化建设领导小组，印发了《企业文化建设实施意见》。

2002 年，重新调整局精神文明建设领导小组。开展“三创建”活动，成立了领导小组，制定了基础局《文明工程、文明小区、文明机关考核细则》，开展了优质工程、精品工程的评选活动。

进行职业职责、职业道德、职业纪律教育。组织了广大干部职工学习《公民道德建设实施纲要》和《毛泽东邓小平江泽民论职业道德建设》组织全体职工参加了“公民道德建设知识竞赛”。开展了“爱岗敬业”征文活动，树立了王昭、王顺福等一批先进职工典型。

加强企业文化建设。围绕“重在建设”这一主题做了基础性的工作。基础局充实了企业文化建设领导小组，开展了企业文化主体内容问卷征答活动，职工群众积极参与，提出了很多建设性意见，反映出全局职工关心企业的良好风貌。

第一工程处家属区被评为德州城区文明住宅小区。

2003 年，在局属各单位党政领导班子间开展以“素质优秀、结构优化、作风优良、团结优胜”为主要内容的“四优班子”创建活动；在全局在职的处级领导干部间开展以做“勤奋学习、善于思考的模范，解放思想、与时俱进的模范，勇于实践、锐意创新的模范”为主要内容的“三个模范干部”创建活动。

2004 年，在全局开展了“四五”普法等多项教育活动。为全局各单位购买分发了《“四五”普法读本》。局工会、局团委利用重大节日，组织各类球赛、知识竞赛等活动；各施工项目部也利用节假日组织职工开展丰富多彩的文体活动，丰富大家的业余生活；离退办常年组织杨村片、华阳、德州离退休职工，开展有益身心健康的文娱、体育、健身活动。

2005 年，重新制定了《精神文明建设三年规划》。利用公司宣传载体加强对职工的形势任务教育。

开展了“四五”普法、先进性教育知识测试等多种形式的知识竞赛和答题活动。

2006 年，举办了多次文艺汇演，组织职工开展丰富多彩的文体活动。

文学艺术协会利用纪念红军长征胜利 70 周年之机，举办了书法、绘画、诗词展示会等多种活动。

投入 1 万多元成立了锣鼓队。

文艺队参加天津市总工会等五个单位组织的“五一放歌”职工文艺汇演和庆祝天津市规划建设工委建委 20 周年职工文艺展赛，分别取得了银、铜牌和第二名的成绩。

为一名离休老干部和一名退休职工编辑出版了各自多年来创作的诗歌、散文集。

2006 年，在四川沙湾工地召开了第一次新闻宣传工作会议，系统总结了过去几年来企业宣传工作的基本经验，对企业文化、公司网站、内部报纸、史志、文协工作进行了研究和讨论。

开展“五五”普法宣传教育活动，制定了公司“五五”普法宣传教育五年规划，健全基础局和各二级单位的普法教育机构。

建立了党组织、党员联系困难员工一对一帮扶机制，切实为员工办实事、做好事、解难事。

组织宣传和推广集团公司企业文化方案，坚持“有总有分，总分结合”，积极规范和完善企业文化建设。宣传集团的统一品牌，倾力打造集团“中国水电”大品牌下的“中国基础”品牌，全面推进品牌战略。

充分利用各种载体宣传公司的企业文化建设阶段成果。

第六章　社　会　团　体

第一节　思想政治工作研究会

中国水电基础局有限公司职工思想政治工作研究会，简称水电基础局职工政研会，成立于 1987 年。

水电基础局职工政研会是在基础局党委领导下、上级职工思想政治工作研究会指导下，负责组织和开展全公司职工思想政治工作研究的群众团体，是中国水利水电建设集团公司职工思想政治工作研究会的团体会员。

政研会以马列主义、毛泽东思想、邓小平理论和“三个代表”重要思想为指导，深入贯彻落实科学发展观，围绕基础局党委中心工作，结合基础局生产经营和改革发展稳定的实际，着力研究职工思想政治工作的新情况，解决新问题，总结新经验，探索新方法，为加强和改进思想政治工作，全面提高职工队伍素质，培养“四有”职工队伍，促进基础局持续快速发展服务。

政研会以团体会员为主。凡承认本会章程的基础局所属各单位政研会为本会会员。基础局所属各单位党委，直属党总支、党支部都应设立政研分会。

政研会设理事会。基础局党委委员、领导，纪委、工会、团委、党群工作部、总经理工作部、人力资源部、监察部等部门负责人和公司所属各单位（含机关党委）党委书记(包括直属党总支、党支部书记)、副书记、经理为常任理事。

政研会经费来源由基础局拨款，据实报销。

第二节　文 学 艺 术 协 会

公司文学艺术协会于 1991 年 12 月 4 日正式成立，后一度停止活动，于 2005 年 8 月 24 日恢复和健全组织机构。

文协是基础局员工文学、绘画、书法、雕塑、摄影、音乐爱好者自愿参加的群众性组织。刚刚成立时，受能源部和水利部两部文协、天津市文协和公司党委直接领导，协会挂靠在公司党群工作部。在《水电基础人》报创刊之后，由报社编辑部负责日常工作。

凡基础局员工，包括离退休人员，爱好文学艺术并有一定相关知识的员工，承认协会章程，由本人向文协递交书面申请，经协会秘书长征求理事会同意后均可入会。

文协将组织文学艺术的交流、讲座和培训，发现和培养文艺人才，扶植业余文艺创作，开展各项征文比赛，以《水电基础人》和公司网站等媒介为载体，开展文艺创作活动，不定期编辑专刊出版，提高公司总体文艺创作水平。

文协还根据条件，成立诗词、摄影、书法、音乐、舞蹈等专门组织。

文协基本任务是活跃员工业余文化生活，组织文学艺术的交流、讲座和培训；发现和培养文艺人才，扶植业余文艺创作，开展各项征文比赛；以《水电基础人》和武清区《运河文学》为载体，开展文艺创作活动；根据文艺作品的数量和质量状况，不定期编辑专刊出版；与会员保持密切联系，增进会员之间的交流和团结，提高总体文艺创作水平。

第三节 中国水利学会地基与基础工程专业委员会

中国水利学会地基与基础工程专业委员会的前身是中国水利学会施工专业委员会基础处理学组，挂靠在中国水利水电基础工程局，学组历届负责人是基础局王志仁、高钟璞、夏可风。学组有组长、副组长 10 人，组员 23 人，联系单位 28 个。

学组曾举行了几次学术活动，编印有两部论文集，共发表论文 110 余篇。

为了适应水利水电建设地基处理技术发展的需要，1996 年 3 月中国水利学会以水学[1996] 11 号文批复，同意在原施工专业委员会基础处理学组的基础上，升格设立中国水利学会地基与基础工程专业委员会。

经过多方面的磋商与筹备，并经中国水利学会以 [1997] 23 号文批准，中国水利学会地基与基础工程专业委员会于 1997 年 12 月 12 日在北京中国水利水电科学研究院岩土所召开会议，正式成立。

学会成立后，先后组织召开了 6 次学术会议，编印了 6 部论文集，共发表论文 600 余篇。

第九篇　企 业 监 督

第九篇　企　业　监　督

第一章　法　律　咨　询

第一节　形 式 与 机 构

1989年，随着市场经济体制的转变，国家经济运行中出现了“三角债”，基础局多种经营中出现风险和工程款追索工作都须法律咨询。10月，基础局正式聘用了常年法律顾问。基础局先后聘用的法律顾问有：李天力、吕常胜、祖建鹏。在近20年中，法律顾问向30多家债务人致律师函，进行了15场诉讼。通过诉讼，先后为工程局追回工程款近千万元，依法维护了企业的经济利益。

2005年5月，根据企业发展的实际需要，公司成立了企业策划管理部，其中有一项明确的职能：负责工程局有关法律事务工作。

同年6月，公司成立企业发展部（法律事务部），进一步明确其职能为：负责公司法律事务工作，为公司领导投资、转让、参股和资产重组等重大决策提供法律论证，出具法律意见书；参与公司重大合同的论证、审核、起草和谈判工作，帮助公司避免合同风险，保障公司合同全面正确的履行；接受公司法定代表人的委托，代理公司参加诉讼和非诉讼活动，协助外聘律师开展工作，维护公司合法权益；负责公司法治宣传教育工作。

是月，在集团公司企业法治建设座谈会上，集团公司领导肯定了基础局聘请常年法律顾问维护企业利益的形式。

2006年1月，公司聘任张义新为企业法律顾问。

第二节　普　法　教　育

基础局普法教育基本上与国家的普法教育是同步进行的。自1986年开展“一五”普法教育以来，普法教育经历了五个阶段。

一、第一阶段，1986～1990年，为“一五”普法阶段，职工法律意识初步树立

1985年11月，中共中央、国务院发出《关于向全体公民基本普及法律常识的五年规划》的通知，正式拉开了第一个五年普法的序幕。按照统一部署，“一五”普法分三步进行：1985年为普法准备阶段，1986～1988年为法律常识普及阶段，1989～1990年为检查验收阶段。全国“一五”普法启动后，成立了普法领导小组，下设普法办公室（设在公司宣传部），制定下发了《公司“一五”普法规划》。从1986年起，每年都印发普法工作意见。“一五”普法期间，主要内容侧重于“十法一条例”的法律常识的学习和普及。公司以领导干部和职工为教育重点，以宪法、刑法和治安管理处罚条例等为主要内容，通过培训骨干、抓好试点、以点带面、全面推进的过程，对不同对象开展了多种形式的宣传教育，使公司应学对象普遍受到一次比较全面的法律常识教育，参学率95％以上，并顺利通过上级的检查验收。“一五”普法使法律进家入户，广大干部职工不同程度地树立了法律意识，学法用法、遵纪守法、依法办事的自觉性得到了一定程度的提高。

二、第二阶段，1991～1995年，为“二五”普法阶段，依法治理工作局部展开

1991年，基础局“二五”普法规划开始实施。“二五”普法的重点是对公司职工开展以宪法为核心、以专业法为重点的普及教育。重点对象是处级以上各级领导干部。开展法律学习，进行了以宪法为核心的16个必学法律法规的普及教育工作，同时又开展了以经济法为主要内容的专业法的宣传教育。“二五”普法结束，经过考核验收合格。

三、第三阶段，1996～2000年，为“三五”普法阶段，依法治理工作全面开展

1996年，基础局开始进行“三五”普法，制定、印发了《关于在全公司职工中开展法制宣传教育的第三年五年规划》。主要“以宣传社会主义市场经济法律知识”为重点内容。5年中，公司开展了对宪法修正案、刑法、刑事诉讼法等法律法规的普及宣传工作。通过在全体职工中继续深入进行以宪法、基本法律和社会主义市场经济法律知识为主要内容的宣传教育，进一步增强职工的法律意识和法制观念，不断提高各级干部依法办事、依法管理的水平和能力。“三五”普法结束，经过考核验收合格。

四、第四阶段，2001～2005年，为“四五”普法阶段，全民法律素质得到提高

调整了领导小组，法制宣传教育办公室设在局政治工作部。2001年7月，制定印发了《基础局开展法制宣传教育的第四个五年规划》，“四五”普法工作启动。此后，按照“四五”普法规划确定的“两个转变、两个提高”（努力实现由提高全民法律意识向提高全民法律素质的转变，全面提高全体公民特别是各级领导干部的法律素质；努力实现由注重依靠行政手段管理经济和社会事务向注重运用法律手段管理经济和社会事务的转变，全面提高全社会的法治化管理水平）的工作目标，扎实开展以宪法为核心，以专业法为重点的法制宣传教育。通过“四五”普法规划的实施，努力实现由提高全民法律意识向提高全民法律素质的转变，实现由注重依靠行政手段管理向注重运用法律手段管理的转变，全方位推进了公司各项工作的依法治理，为依法治企奠定了坚实的基础。“四五”普法结束，经过考核验收合格。

五、第五阶段，2006～2010年，为“五五”普法阶段，向依法治企迈进

2006年10月基础局“五五”普法工作启动，印发了《公司开展法制宣传教育的第五个五年规划》，调整了公司的普法教育与法治领导小组成员和机构。2006年印发了《公司法制宣传教育和依法治理工作计划》，重点加强公司高级管理人员和经营管理人员的法制宣传教育，着力提高依法经营能力。公司高级管理人员、二级公司和公司部门管理人员带头学法用法，不断提高依法经营和管理的能力，规范决策和管理行为。在深入学习宣传宪法，深入学习宣传与公司员工生产生活密切相关的法律法规的同时，将“法律进项目”主题活动作为公司“五五”普法的重要内容，积极开展针对工程项目的法律宣传、法律咨询活动，引导员工学习法律知识，遵纪守法，逐步提高员工的法律素质，维护员工的合法权益。此项工作还正在进行中。

第三节　法　律　事　务

2001年以来，基础局的法律事务日益被提上议事日程，按照集团公司的要求，基础局高度重视法治建设，建立健全企业法治建设工作体系、依法决策、依法开展经营管理、依法维护企业利益，各方面取得了显著的成绩。

一、建立健全企业法治工作体系、法律风险防范体系

（一）成立专门的法治机构

2005年改制后，成立了法律事务部，与企业发展部合署办公，聘任了企业法律顾问。

（二）二级公司成立“五五”普法办公室

各二级公司设置法治经理和法律顾问，负责法治宣传工作。为了进一步加强基础局的法治建设，逐步建立健全法律风险防范体系，为企业改革与发展提供有效的法律支持，根据集团公司的要求，结合公司的实际情况，按照集团公司《关于加强法治建设的若干规定》的文件精神和公司“五五”普法规划，印发了《关于在公司所属各单位、项目部设置法治经理和法律顾问的规定》，在公司所属各单位聘任法治经理，在项目部聘任项目法治经理，主管分公司、项目法治建设及法律风险防范的相关事宜。同时在分公司聘任法律顾问，负责开展法律风险防范工作，分公司法律顾问，在工作上接受法治经理的直接领导，在业务上接受上级法治机构的指导。

（三）聘用职业律师

为进行法律诉讼，依法维护企业的经济利益，挽回经济损失，依法进行索赔与反索赔工作，当企业发生法律纠纷或企业合法权益受到侵害时，通过聘用的职业律师代理企业进行协商、调解、仲裁、诉讼等活动，依法维护企业的合法权益，避免或挽回企业的经济损失，发挥了法律事务的挽救功能。

（四）从制度保障入手

一方面，为了适应依法治企的需要，基础局以公司章程为核心，制定了公司股东会、董事会、监事会和总经理工作条例，建立健全了组织制度、学习制度、安全生产、党风廉政、责任监督制度等各项工作制度。这些制度与市场息息相关，与竞争行为紧密相连，对规范企业行为、保护企业权益有直接作用。2006年制定了《关于规章制度制定管理办法》，对所有新制定的规章制度进行合法性审查。发放到公司领导、各二级单位和机关各管理部门，供学习和执行，从而使各项工作逐步走上制度化、法治化的轨道。另一方面，为细化各项法律事务工作管理和处置的流程，印发了《法律事务管理暂行办法》，管理办法分为总则、公司法律事务的管理机构、企业法律顾问、重大经营决策的法律支持、合同的管理、法律文件的管理、法律纠纷的管理、外聘法律顾问、普法教育、考核与奖惩等章节，是基础局法律事务管理的纲领性文件，从而使法律事务的处理与企业其他各项管理程序能够得到较紧密地结合。同时也是企业在新形势下，维护合法权益、防范和化解法律风险、谋求生存的重要举措。

二、法律事务部、企业法律顾问参与重大经营决策提出法律意见

基础局实行了重大经营决策的法律咨询制度。企业有的重大经营决策会议，让企业法律顾问参加，并提出法律意见，辅助企业领导人把好决策关。如筹备公司上市、对外投资开发、股权收购、资产重组、政府土地征收、土地租赁等决策事项，都让法律顾问参与，进行法律咨询并提出法律意见。

三、建立规范的法人治理结构

按照“三会一层”（股东会、董事会、监事会以及经理层）建立了法人治理结构，董事长和总经理分开任职，实行层层负责制，一级对一级负责，董事会对股东会或股东负责，经理层对董事会负责，都要按照公司法和公司章程的规定行使职权。监事会作为监督机构，执行股东和职工赋予的监察职能，向股东会或股东负责并报告工作。通过明确法人治理各层次的责、权、利关系，做到各司其职、各负其责，协调运转，有效制衡，确保在经营和发展过程中不违规、不违法。

2005年～2006年12月，股东会、董事会和监事会都是按法定程序组织召开的，做到了会议召集、召开程序以及表决程序、表决结果合法有效。特别是董事会注重决策前的调查研究工作，保持与各有关方面的充分沟通，及时督办各项决策事项，确保决策得到有效执行。如公司董事会每年对董事会工作报告、生产经营计划议案、上年度财务决算方案、当年度财务预算方案、利润分配预案、董事、监事薪酬办法议案、当年总经理绩效考核责任书等进行审议，再在股东会上批准通过。另外对公司资产重组、投融资和公司上市等重大事项，都由董事会或股东会决策。

四、发挥宣传教育功能，增强了依法经营、办事、维权的意识

基础局把提高领导干部的法律意识和法律素质作为依法治企的首要任务来抓，在突出普法重点对象的同时又兼顾全面，深入开展面上的普及工作，以点带面，带动全员普法，把中层干部、一般管理技术人员、政工人员和青年员工等，全部纳入普法宣传对象范围，扩大普法工作覆盖面，区分层次，分类施教，做到全员参与，应学尽学。如工会为加强安全法制宣传工作专门发文，要求学习《工会法》、《职业病防治法》、《建筑法》、《消防法》、《环境保护法》。利用《学习与参考》全文印发了《保密法》，供处级领导干部学习。

采取多种方式学习法律知识。充分运用网络、报刊、橱窗、标语等阵地，开展了全方位的法制宣传教育。采取请专家举办法制讲座、个别座谈、普法考试、会议讲解和自学等多种方式，在深入学习宣传民主法治理论和依法治国、建设社会主义法治国家的基本方略的基础上，加强学习宣传宪法和国家基本法律，学习宣传与员工工作、生产、生活密切相关的法律法规知识，努力提高广大员工的法律素质。如《公司法》颁布后，在《水电基础人》报上开辟学习专栏，进行解读，供职工学习，成效显著。

依法签约严格履约。基础局严格按照《民法通则》和《合同法》的要求，本着“公平、协商”的原则，守法经营、依法签约、严格履约，合同履行率达98%以上。依法签约，严格履约，对合同签订及履行情况进行年度评审，合同管理人员对合同的履行、到期、续签及时做好记录台账，以便及时修订、续订、归档合同。通过广泛的法律事务工作和有关法律活动，宣传有关法律常识，提高企业职工的法律意识，使企业职工能够自觉地遵守法律，维护法律，并结合自己的实际工作运用法律武器维护企业的合法权益，发挥了宣传教育功能。

第二章　企　业　审　计

第一节　机　　构

基础局根据国家关于国营大中型企业建立内部审计机构、实施内审监督的有关规定，于1988年5月成立了审计监察处。1992年，机关机构调整，成立财务审计处。1996年1月成立审计处。2002年更名为审计部。

先后担任基础局审计部门正职的有邵瑞敏、张素华。

先后担任基础局审计部门副职的有王海山、秦肖明。

第二节　主要工作任务及职责

为加强基础局的自我约束机制，建立健全内部审计制度，规范企业经济行为，促进基础局的发展，根据《中华人民共和国审计法》、《审计署关于内部审计工作的规定》、《国家电力公司内部审计实施办法》、《中国水利水电总公司内部审计工作实施细则》的规定，结合基础局的实际情况，1999年印发了《中国水利水电基础工程局内部审计工作实施细则》，基础局依法实行内部审计制度，同时实行同级审和下审一级制度。促进基础局及所属二级单位加强内部管理和监督，遵守国家财经法规，促进廉政建设，维护基础局合法权益，改善经营管理，提高经济效益。基础局审计处在工程局分管审计工作负责人的领导下，依照国家法律法规及上级主管部门和工程局的有关规章制度，对基础局及所属二级单位和基础局出资兴办公司的财务收支及其经济效益，进行内部审计监督，独立行使内部审计监督权，通过检查和评价各项经营管理活动，为实现基础局的经营目标服务。基础局审计处对局及下属单位的下列事项进行审计监督：

（1）年度财务计划和年度预算和决算执行情况；

（2）经营收入、经营支出和经营成果的真实性、合法性、合规性；

（3）企业的资产、负债、损益及经济效益情况；

（4）基本建设工程项目开工前、在建与竣工决算的全过程；

（5）考核企业执行国家财经法规、国家电力公司及上级主管部门规章制度情况；

（6）企业内部控制制度的健全、有效与执行情况；

（7）本单位与境内外经济组织兴办的合资、合作经营企业及合作项目等合同契约、协议执行情况；投入资金、资产的经营状况及经济效益；

（8）基础局所属单位主要领导承包经营任期经济责任履行情况（并将审计结果作为对干部年度和届中考核的重要依据）。

内部审计工作实行报告制度。实行年度向职工代表大会报告审计工作制度；年度审计工作计划和年度审计工作总结、审计情况统计报表定期上报基础局领导和上级主管单位审计机构；重要审计报告、重大审计事项、专题报告、情况反映等随时上报。

2005 年 2 月，中国水电基础工程局改制，成立中国水电基础局有限公司，为了适应公司的改革与发展，建立健全内部审计制度，加强审计工作，根据国家有关文件规定，结合公司的实际情况，制定了《中国水电基础局有限公司内部审计工作规定》。公司依法实行内部审计制度，设立独立的内部审计机构，保障内部审计执业的独立性。内部审计机构在公司总经理领导下开展审计工作，依据国家有关法律规定、财务会计制度和企业内部管理规定，独立监督和评价本公司及所属单位财务收支、财务预算、财务决算、资产质量、经营绩效，以及有关经济活动的真实、合法和效益的行为，以促进加强经营管理和实现企业经济目标。按照国家有关规定，依照内部审计准则的要求，组织公司内部审计工作，及时发现问题，明确经济责任，纠正违规行为，检查内部控制的健全性、有效性，并对其评审；防范和化解经营风险，维护公司正常生产经营秩序，实现资产的保值增值。

基础局设立审计部，负责本部和所属各单位审计工作，负责建立健全审计制度，编制年度内部审计工作计划，经公司主管领导审批后实施，开展公司管理工作需要的专项审计调查，负责对安全生产专项费用的提取、使用情况，以及对事故处理费用情况等进行审计，定期或专题向公司主管审计工作领导和上级主管单位审计机构报告工作。

第三节　审计工作情况及效果

1987 年为完善基础局经济合同管理制度，加强法制观念，维护企业合法权益，以［1987］基审字 7 号文，制定了《经济合同审计管理暂行办法（试行）》。

1988 年以［1988］基审字第一号文，转发了《水利电力部厂长任期经济责任审计暂行办法》。

1992 年，对多种经营永清碱厂进行了效益审计，审计范围为 1989 年 4 月～1991 年 12 月末。1992 年，根据国务院《关于开展 1992 年税收财务物价大检查的通知》和《能源部电力系统 1992 年税收财务物价大检查工作实施方案》开展了对财务处和驻杨村各二级单位的自查工作。1994 年，根据电力部电审计［1994］377 号文件的有关规定，开展了清理整顿乱收费项目调查工作。

1995 年，对修配厂、科研所、第十工程处进行了审计。1995 年，根据财政部驻津财政监察专员办事处，财驻津监［1995］46 号文及中国水电总公司中水电财［1995］74 号文精神，在公司范围内开展了 1995 年税收、财务、物价大检查工作，结合财务大检查工作对三峡经理部、第一工程处、第二工程处、第五工程处、第六工程处、第八工程处进行了审计。

1996 年，审计工作围绕基础局“1996 质量效益年”活动，加强审计监督工作，对基础局所属 25 个二级财务核算单位的年终决算报表进行了审计，落实 1995 年度内部审计提出的整改意见执行情况。并对软基分公司、多种经营处、行政处进行了 1995 年经济承包合同兑现审计，在基础局首次开展了合同兑现审计，审计内容是合同中确定的各项承包指标完成情况，考核各单位经营成果的真实性、可靠性，维护经营合同的有效性、严肃性。通过审核，三个单位取得较好经济效益，基本上完成了合同中规定的各项指标，各项指标基本上是真实、可靠的，但是各单位也存在着不足之处，通过审计取得了共识，各单位承包人同意审计提出的管理方面建议，分别签署了意见，表示在1996年加以改进。1996年，对第七工程处小浪底工程队进行了审计；对第十工程处1995年经济效益审计发现问题的处理决定落实情况进行了核查。审计结果表明，大部分单位都能自觉执行财经法规及工程局有关规章制度，极少数单位还有违纪违规行为，通过审计查出并纠正了违规行为，促进了企业内部管理制度的健全，维护了国家和企业的利益。

根据水电工程总公司的布置，对截至1995年底基础局对外投资情况进行了调查；1996年在全局范围内进行了医疗费专项清查工作，对极少数退休人员报销医疗费方面的违纪行为在全局范围点名通报批评，根据不同情况分别处以不同金额的罚款，对有关部门提出了新的要求，加强了医疗费的管理。1996年，参与了基础局第三产业处所属永清化工厂破产清算工作；1996年，财政部大检查办委托天津市大查办派天津市审计局来基础局进行重点检查，在检查组进点前，在全局范围召开会议，布置开展税收、财务、物价大检查自查工作，配合审计局检查小组历时两周实施大检查工作。

1996年，在上级单位及基础局领导重视支持下，审计工作有了一定的进步，审计工作已由单一的审计模式向制度化的工作模式转变，逐步完善，形成制度，审计面覆盖全局，审计意识逐步深入到各级领导职工群众的头脑中，在审计中本着实事求是的态度，力求公正地反映被审计单位的财务管理状况和经营成果，为各级领导决策提供了真实情况，为加强企业经营管理堵塞漏洞，防微杜渐，提高经济效益，发挥了积极作用。

1997年审计工作紧紧围绕基础局开展“管理质量效益年”活动，学邯钢、练内功，继续强化内部管理、降低成本、挖潜增效，督促、帮助基础局内部各二级单位，严格执行各项财经法规和内部各项规章制度，整治经济秩序，建立健全内部控制制度，建立自我约束机制，使二级单位通过合法途径实现各项经济指标。开展了对基础局及下属财务报表29个单位1996年度财务决算报表审签工作，并对局属23个财务核算单位进行了财务收支审计。1997年，审计署京津冀特派办对基础局进行了为期28天的资产、负债、损益情况审计，除审计本部外，延伸审计了科研所、咨询中心、软基公司、多种经营处、三峡工程项目部、第八工程处、小浪底工程项目部、第四工程处、第六工程处。对审计组提出的审计建议和决定，逐项进行了落实，圆满完成例行审计的配合协调工作。1997年，完成了国家审计署京津冀特派办布置的企业基本情况及基本建设项目调查工作；按照电力部和水电总公司及天津市政府文件要求，参与组织工程局税收、财务、物价大检查自查工作，并参与水电总公司组织的检查组，对其他兄弟水电工程局进行税收、财务、物价大检查工作。1997年参与基础局开展的集体企业清产核资工作，进行资产清查和产权界定等阶段的工作；为加强内部管理工作，配合协助有关部门，起草《工程局小车班内部承包经营经济责任合同书》，承包期三年，节约提成，超额罚款，调动职工积极性，节约费用，提高服务质量。由于基础局各项养老保险基金和医疗保险金核算、报表工作移交社保局，各方面的财务关系有所变化，部颁办法不完全适合基础局实际情况及基础局开始实行新的医疗保险制度改革，为理顺养老保险基金和医疗保险基金核算，起草《关于养老金及医疗保险金核算办法及使用会计科目》文件，使新的医疗保险办法在基础局顺利实施。参与办理工程局所属的《京晋旅馆》及餐厅的转让、资产清理、移交等工作，经过6个月工作，使经营不善的旅馆、餐厅转让得以实现，减少了经济损失。审计结果表明基础局大部分单位都能自觉执行财经法规及基础局规章制度，按规定的开支标准开支各项费用，积极承揽工程任务，加强了各方面管理工作，取得了较好的经济效益，极少数单位还有违规行为，针对具体问题做出审计决定，指出应纠正的问题6项，提出审计建议34条，被审计单位进行了整改。

1998年，审计工作在加强监督的同时，大力支持改革，调整审计重点，在开展财务收支审计的同时，开展经营责任及经济效益审计，推动审计控制位置前移，以“三个有利于”为标准，解放思想，更新观念，同时防止审计风险。围绕“客观评价，抓住问题，提出建议”三个环节，不断提高审计工作的深度和层次，发挥审计的“一审、二帮、三促进”作用。1998年，开展了对基础局1997年度财务决算报表审签工作，保证年度决算报告所反映资产、负债、损益的合规性、真实性、正确性和公允性，维护国家和企业的合法权益。当年基础局撤销了11个工程处，按区域组建4个工程处和一个多种经营性质的公司，为核实原工程处1997年损益情况，划清原工程处领导班子与新班子的经济责任，对第二工程处、第三工程处、第四工程处、第五工程处、第六工程处、第七工程处、第八工程处、第九工程处、第十工程处进行了经济效益审计，对德州基地管理处和四川双流基地管理处进行了财务收支审计，对基础局设计中心、咨询公司、多种经营公司、社保中心、物资处、职工医院、科研所、生活服务公司分别进行了届中审计、经营责任等审计。对个别单位存在的问题，提出纠正要求，并要求将调账的凭证复印件交局审计处，促进有问题单位及时纠正，对各个单位经营管理及效益情况做出简要评价，对在经营管理及核算方面好的做法和取得的成绩予以肯定，基础局按照审计核实的各二级单位的损益情况，确定承包兑现奖的奖罚金额。

为加强对企业经营活动的审计监督，确保内部审计制度有效实施，1998年1月20日，基审［1998］2号文转发了《国家电力公司内部审计实施办法》、《国家电力公司实施同级审计规定》、《国家电力公司实施“上审下”审计的规定》。

1998年，完成国家电力公司布置的对楼堂馆所建设项目的审计监督工作，按要求对近几年来的建设项目进行了检查。配合天津市审计局、社保局、劳动局组成的审计调查组，对基础局养老保险基金收支情况进行全面审计调查，基础局养老保险基金收支符合国家有关政策及规定，得到审计调查组的好评；配合财政部驻天津市财政监察专员办事处，对基础局进行财务收支情况专项检查。

1999年主要是完成了对1998年度基础局25个二级单位财务决算和基础局财务决算报告审签工作，从1998年开始，企业年终决算报告要经过外部会计师事务所审签才能上报，在审计工作中采取了边审计边纠正的方法，要求报表单位立即纠正，使报表一次性顺利通过外部审计。1999年审计工作重点，主要是对基础局近年来成立的工程项目部进行审计，对基础局局属的10个工程项目部财务收支情况进行了审计，其中有：天津鸿吉里工程项目部、武汉工程项目部、贵州天生桥（1）工程项目部、云南五里冲工程项目部、烟台门楼工程项目部、山东泰河工程项目部、贵州天生桥（2）工程项目部、云南滇池工程项目部、湖北三峡工程项目部、河南小浪底工程项目部，对基础局局属的所有工程项目部进行了全面审计，大部分工程项目部成立较早，跨越会计年度最长达7年，平均算起来有5个会计年度，审计工作量大，对每个项目每个年度的财务收支情况都认真进行了审计。1998～1999年，对基础局所有财务核算单位全部进行了审计，通过两年全面系统的审计，彻底摸清了全部家底，为以后全面加强管理及决策，获取了比较全面可靠的经济数据。1999年，对第三工程处进行了经济效益审计。通过审计，及时发现基础局管理工作中存在的普遍性、倾向性、苗头性问题，从机制创新，体制创新角度，提出切实可行的审计建议，正确处理了监督与服务的辩证关系，注重实效，突出重点审计，取得了较好的效果，审计工作效率和工作质量得到提高。

对基础局CFE钻机研究经费收支情况及基础局技校班、基础局职工培训班经费收支情况开展了审计调查。

为了规范基础局审计工作，不断提高审计工作质量，使审计工作逐步制度化，1999年9月17日，基审［1999］5号文，制定下发了《中国水利水电基础工程局内部审计实施细则》，使审计工作有章可循，实施细则中规定了内部审计职责、权限等，为以后顺利开展内部审计工作奠定了基础。

根据水电总公司中水电审［1999］8号文转发国家电力公司审计［1999］18号文件《关于开展对审计成果运用和执行情况检查的通知》精神，结合基础局情况，1999年11月2日以基审［1999］6号文，下发了《关于开展对审计成果运用和执行情况自查的通知》，对审计意见和决定执行情况、对审计建议的采纳情况和落实情况、对审计中暴露出的薄弱环节的整改情况进行全面自查，并将自查结果，以基审［1999］7号文，将《关于审计成果运用和执行情况的总结》（附件：审计成果运用和执行检查情况表），上报国家电力公司审计部。为加强工程项目的管理工作，制定了《中国水利水电基础工程局施工项目内部审计试行办法》提交基础局施工项目管理经验交流会讨论。

2000年，审计工作重点对局属各工程处1999年度已竣工和2000年度在建部分重点工程进行经济效益和财务收支审计。分别对第二工程处湖北汉江王莆州工程项目经济效益情况进行审计，对第二工程处黄冈防渗墙工程项目进行财务收支审计，对第三工程处长江（和县）长江干堤工程项目进行了财务收支审计，对第三工程处甘肃昌马防渗墙及灌浆工程项目进行了经济效益审计，对第四工程处陕西神木防渗墙工程项目经济效益审计，对机械施工处安徽和县牛屯河工程项目进行了财务收支审计。通过审计查出的违规事项，已全部要求有关单位进行纠正及调账处理。

根据中国水电总公司中水电审［2000］9号文《关于开展审计划和统计报表填报情况检查的通知》，开展了报表填报情况自查，基础局按照国电公司要求，及时上报工作计划统计报表，统计上报了审计项目和审计检查出的各项金额。

2000年，基础局开始运用计算机报表软件上报审计情况统计报表。

2001年，对6个单位进行了审计，2001年职工代表大会提出的目标，属局办社会职能单位要逐步与基础局分离，是基础局改革的第一步，根据基础局改革的需要，开展了对基础局职工医院和生活服务公司的资产、负债、损益情况审计，通过审计摸清了家底，核实了资产与负债情况，为医院的分立做好前期准备工作。协助生活服务公司对1996年11月至2000年的水电费、取暖费等收缴与欠费情况做了全面清理，对生活服务公司进行审计，重点核实固定资产与债权债务，使即将成立的物业公司与基础局之间产权明晰，促使生活服务公司抓紧清理债权债务，为物业公司的成立做好准备。对科研所开展了任期经济责任审计，对前任所长离任时应交代的工作及遗留未处理完的事项，进行认真调查，划清前任所长与新所长的经济责任，使新任所长对科研所经济方面有全面的了解，有利于对科研所更好的管理。为加强物资管理，对物资公司进行了资产负债情况审计，物资公司停止对外销售业务后，对物资公司的经营状况、损益情况、固定资产管理情况进行了审计。以便在新的经济环境下，探索对物资材料和固定资产管理的好办法，保障资产、资金的安全，节约费用开支，降低成本，提高经济效益。对第一工程处开展了资产负债情况审计，对所属20个工程项目工程结算情况进行了清理，对以前年度遗留的问题，审计建议尽快处理，对管理及核算工作提出了改进的建议。对第三工程处2001年经济效益情况进行了审计调查，对第三工程处10个工程项目收入和成本费用进行了审核，对尚未入账的收入和成本费用进行了预估，对整体经济效益情况和各项指标完成情况进行了预估，促进工程处认真总结盈利工程项目的经验，分析亏损项目主客观影响因素，提高管理水平。2001年，审计查出的违规金额都已经进行了纠正，对被审计单位提出建议32条，被审计单位都已经采纳，促进了基础局及所属单位加强管理。

审计工作中摸索符合基础局实际情况的工作方法，根据基础局相对其他工程局规模比较小的实际情况，在审计内容和范围方面，将任期经济责任审计和其他常规审计相结合，经济效益审计与财务收支审计相结合等。从2001年开始，在审计工作中实行了承诺制，要求被审计单位对提供的会计资料、合同文书、财产盘点记录等资料的真实性和全面性做出承诺，防范和规避审计风险，以保证审计报告和审计结论的真实性、完整性。同时注重审计成果的运用，审计意见下达后，要求被审计单位以书面形式将审计意见的采纳情况和整改措施反馈给审计处，并将调账凭证复印件交审计处，以此促进审计意见和建议的落实。

2002年对第二工程处、第四工程处、机械施工处2002年资产负债情况进行了审计，重点放在资产负债核实方面，注重审计的深度和广度，将会计核算的真实性、合规性和合法性与实际经济活动结合起来核查，同时注意财务账面记录与资产、物资实物存量相比较，并对库存现金进行抽查监盘，考核现金管理情况等，审计资金管理情况，对流动资产、固定资产、负债情况、会计核算情况审计，注重审查内控制度执行情况、注重审查收入的完整性、注重审查支出的合规性和效益性，注重审查债权债务的真实性，注重审查财产物资的安全性。通过一系列的符合性审查，查找管理中存在的隐患，提出具有可操作性的审计建议。

对第一工程处开展了经济效益审计，对基础局的黄壁庄工程项目部1999年～2002年

9月将近4年的经济效益情况开展了审计，对江苏润扬大桥工程项目部2001年～2002年10月期间的经济效益情况进行了审计，对工程项目工程价款结算情况、产值完成情况、产值分配情况、工程成本费用情况、上交费用情况、各年实现利润情况、资产负债情况进行了审计核实。

2002年，对在建工程项目进行事中审计控制，对基础局尼尔基工程项目经理部及参战的第一工程处尼尔基工程项目部、第二工程处尼尔基工程项目部、第四工程处尼尔基工程项目部、第一工程处磐石黄河水库防渗墙工程项目、机械施工处内蒙古扎赉特旗防渗墙工程项目进行审计监督、检查，目的是对在建工程加强管理和监督，将审计和检查关口前移，做好事前和事中控制。

通过审计，总结了管理工作经验，找出了被审计单位管理工作中的不足之处，提出审计建议27条，被审计单位加强了管理，并以书面形式向基础局审计处报告，反馈了审计意见采纳和整改情况，审计建议全部都得到了采纳。

2003年，基础局审计信息工作受到集团公司的通报表扬。

2003年审计工作始终为实现基础局生产经营目标开展工作，为基础局的改革发展服务，使审计的实效性和预防性明显增强，随着基础局改革工作的进一步深化，基础局决定将职工医院分离撤并，对职工医院进行了资产负债情况审计，通过审计清查核实资产负债情况，对所有的账内外资产，包括房屋、医疗设备、医疗器械、药品、低值易耗品、办公用品等进行了清查盘点、造册、核实，为资产移交做好前期准备工作，保证资产的安全、完整。对债权、债务及内部单位往来账进行了清理，为职工医院纳入恒昌公司统一管理做好了前期准备工作。2003年还对设计公司、万基土木公司的资产负债情况进行了全面审计。

2003年，对基础局小浪底工程项目1999年～2003年3月的经济效益情况进行了审计，对4年来承担的外标段主坝灌浆工程、进水口固结灌浆工程以及国内标工程的产值结算情况、货币资金结算情况及代扣款项等进行了审计核实，审计核实了经济效益情况，并对资产管理、资金管理、会计核算等方面进行了审计。对第三工程处四川冶勒工程项目进行了经济效益审计，该工程工期较长，施工难度大，最终损益情况难以预测，核实已发生的成本费用，预测工程后期的成本费用，对工程施工和管理至关重要，对该工程2001年、2002～2003年上半年的经营效益情况进行了审计，对跨年度结算的产值及盈亏情况进行了分析，分析成本费用支出的合理性和效益性，对工程项目整体损益情况进行了预估，在经济核算方面做到心中有数，为基础局对该工程项目的施工和管理决策提供了参考数据。2003年，对基础局三峡三期围堰项目和基础局工程技术咨询中心进行了财务收支审计。

通过审计发现被审计单位管理工作中的薄弱环节，提出审计建议33条，被审计单位都比较重视审计意见和建议，认真进行了整改，加强了管理。

2004年，审计工作以基础局生产经营为中心，提高经济效益为目的，为基础局改革服务，发挥审计的监督与服务职能，促进基础局和二级单位建立健全内部控制制度，提高管理水平。2004年，审计工作根据基础局工作需要，有效地支持改革服务改革，参与清产核资和产权界定工作，与时俱进地把握改制工作的客观规律和发展趋势，克服因循守旧思想，适时转变角色，把内部审计工作向事前、事中推进，不仅当好“警察”而且当好

“参谋”，使审计职能更好地适应不同发展阶段的需要，随着改制工作的进展，防止资产流失，加强资产的管理，为改制做好前期准备工作，对第二工程处和第三工程处开展了资产负债情况审计；对资产、资金管理情况，债权债务情况进行清理，对收支情况、核算情况进行了审计。围绕基础局的经营生产和发展目标，充分发挥审计在企业经营和管理中的作用，积极开展经济效益审计，工作重点逐步由传统的财务收支审计开始向经济效益审计转移，着眼于挖掘企业增加利润的潜力，在实施审计中结合被审计单位的实际，找准切入点，抓住影响效益的重点环节，采取过程控制、结果检查等积极手段开展审计，并对经济核算和经营效果进行评价。2004 年，对第一工程处贵州索风营工程项目、第四工程处武汉阳逻大桥工程项目、基础局西藏直孔工程项目进行了经济效益审计。

2004 年，对在建工程项目进行事中审计检查、监督，对第二工程处湖北水布垭工程项目；第三工程处本部进行了事中审计检查，将审计和检查关口前移，防止发生管理方面的不严格，造成加大成本、影响经济效益、事后无法弥补的现象。通过审计，提出加强管理方面建议 26 条，被审计单位全部采纳。

2005 年，基础局改制为有限公司，重新制订了有关审计方面的规章制度，规范审计工作。2005 年 7 月 13 日，公司审［2005］4 号文制订下发了《中国水电基础局有限公司内部审计测评办法》。

2005 年 11 月 30 日，公司审［2005］6 号文制订下发了《中国水电基础局有限公司内部审计工作规定》。

2005 年 12 月 1 日，公司审［2005］7 号文制订下发了《中国水电基础局有限公司工程项目审计办法》，实现审计工作制度化、规范化，从制度上保证审计工作有效开展，严格审计工作，坚持依法审计。

2005 年是公司改制后的第一年，内部审计工作紧紧围绕公司改制这个中心开展，有效地支持改革、服务改革。公司改制后为转换经营机制，二级机构进行了变动，原机械施工处和第二工程处合并为二公司，万基土木公司和第四工程处合并为四公司，为了实现资产和资金以及财务方面的交接与合并，保证公司资产的安全、完整，为机构合并做好前期工作，年初对原机械施工处和原万基土木公司开展了资产负债和损益情况审计，主要是核实 2004 年末各项资产和各项经济指标完成情况及损益情况，摸清家底，并对债权和债务进行清理，对固定资产和物资材料库存情况进行审计，对在建工程结算情况、资金到位情况、资金管理情况等进行了审计核实，对实现的利润总额情况和费用上交情况进行了审计核实，对往来账款进行了审计核实，为新单位和合并前单位的经济责任和损益情况划分提供基础数据，为公司机构合并工作稳步顺利进行，保证公司资产的安全、完整，发挥审计部门的监督、服务、评价作用。2005 年，还对一公司、二公司、四公司的资产负债和损益情况进行了审计，重点审查各单位是否实行了资金收支两条线集中管理模式。由于二级单位合并及主要领导的变动，在审计过程中，重点对跨年度工程项目进行了审计，对收入和成本费用的划分是否规范进行了审计，对被审计单位的经济效益情况进行了核实。

2005 年，为加强工程项目的管理工作，检查基础局有限公司各项管理制度的落实和执行情况，进行了事中审计检查，对曹娥江工程项目部、湖北水布垭工程项目部、贵州东风工程项目部、贵州索风营工程项目部、贵州构皮滩工程项目部，共对5个在建项目的财务管理、资金管理，成本管理、会计核算、工程款结算、会计基础工作及各工程项目部的债权债务情况进行了综合检查。通过审计找出管理工作中的不足之处，针对具体问题，提出审计建议31条，被审计单位都比较重视审计意见，采取了措施，进行了整改。

2006年，基础局审计工作在水电集团公司审计部和基础局党政班子的领导下，按照一届二次职工代表大会工作报告对审计工作要求，贯彻科学发展观，紧紧围绕公司经营管理中心开展审计工作，准确把握内审定位，不断创新审计工作，积极稳妥地做好公司的审计工作，很好地完成年度审计工作计划目标，审计重点始终放在提高管理水平，降低成本，控制企业经营风险，提高经济效益方面。发挥审计的监督、评价、服务职能，针对内部管理失控点和薄弱环节提出改进建议，为公司正确决策和科学管理提供了可靠的数据，为促进公司及所属二级单位加强管理，堵塞漏洞发挥了应有的作用。2006年，开展6个审计项目，对四公司曹娥江工程项目部进行了资产负债及经济效益情况审计；对公司向家坝工程项目部进行了资产负债及经济效益情况审计；对恒昌实业公司庙岭水库除险加固工程项目进行了经济效益情况审计；对二公司安徽宿松钓鱼台水库除险加固工程项目进行了经济效益情况审计；对一公司进行了资产负债损益情况审计；对科研所进行了资产负债损益情况审计。

2006年，是基础局改制后的第二个年头，为保持良好的发展势头，内部审计工作紧紧围绕加强管理，提高经济效益中心开展。

工程项目管理是公司2006年管理工作的重点，工程项目是企业控制成本的核心，工程成本主要分布在施工准备、工程承包、项目施工和管理各个阶段，各环节的管理漏洞都会对成本产生影响，工程项目的管理情况、管理水平对公司整体经营效益有着重要的影响，加强对工程项目管理和监督控制，是审计工作的重点。审计工作紧紧围绕基础局的中心开展工作。加大了对工程项目的审计面，对工程项目的施工设备、材料管理情况、工程分包及工程结算情况，并对工程结算收入、成本费用支出及损益情况进行审计。在对被审计项目的财务收支合法性、合理性、效益性进行了审计，审查各单位是否执行了公司资金集中管理收支两条线的管理模式，注重资产、负债、损益的真实性、并对经济核算和管理情况进行评价。审查被审计单位遵守财经法纪和公司规章制度情况，严肃财经法纪，规范企业经营行为，促进企业健康发展。审计工作紧紧围绕工程局发展目标，充分发挥审计在企业经营和管理中的作用。

积极开展了事中审计检查。基础局2006年推行了以成本控制为核心的项目成本目标管理，建立了相应的组织体系和责任体系，为加强工程项目的管理工作，强化过程控制，检查各项管理制度的落实及执行情况，加大执行力度，减少损失，降低成本费用，对在建工程项目进行了事中检查监督，基础局组成综合检查组，领导亲自带队，成员由审计部与其他相关部门组成，对在建工程项目进行事中检查监督，对四公司吉林二道水库工程项目及二公司赤峰二道河子工程项目进行综合性检查，主要是对工程项目各方面管理情况和制度执行情况，对资金管理、成本管理、会计核算、工程款结算、会计基础工作及各工程项目部的债权债务情况进行了检查，进行过程控制。了解工程存在的困难和问题，促进工程项目加强管理，加强预测和财务核算，预先控制，不以成本核算代替成本管理，提高工程项目管理水平，降低成本。

审计部配合财务产权部、资金结算中心对基础局杨村地区的财务核算单位进行检查，先后对二公司、四公司、科研所、恒昌实业公司、社保中心、物资公司的财务基础工作及财经纪律等方面进行了检查，以此促进财务资金管理和会计核算工作水平的提高。

基础局重视内部控制制度的建立健全，公司领导高度关注和重视审计工作。审计工作实现了制度化、规范化，审计人员工作职责与分工明确，建立健全了的内审规章制度，规范审计工作程序和工作标准，从制度上保证审计工作有效开展，使审计权威性和审计作用得到了很好的发挥。

注重了审计部门建设，提高审计人员素质。为适应基础局发展对审计工作的要求，加强了思想政治理论和业务学习，审计人员全部参加了地方财政局举办的会计准则培训班学习，并参加集团公司组织的会计准则培训班学习，进行知识更新，通过学习使审计人员熟悉会计业务的新变化，提高业务水平，更新知识结构、掌握新的理论、新的知识、新的方法，提高审计的准确性、迅捷性，提高审计工作质量。公司内部审计工作取得了一定的成效，对公司加强管理，堵塞管理漏洞，发挥了很好的作用。

通过审计和在建工程项目的检查，总的看来，基础局各二级单位和工程项目部都能自觉执行财经法规及公司有关规章制度，按公司有关规定的开支标准开支各项费用，公司对工程项目开展了目标管理，取得了很好的成效，加强了各方面管理工作，各二级单位根据各自单位内部实际情况，制定了相应的管理办法，管理水平都较往年有所提高，取得了较好的经济效益。

通过审计没有发现较大的违法违纪问题，但是在管理工作中还存在着不足和薄弱环节，通过审计找出了管理工作中的不足之处，针对具体问题，提出审计建议 24 条，被审计单位都比较重视审计意见，进行了整改，采取了措施，加强了管理，并以书面形式向公司审计部报告，反馈了审计意见采纳和整改情况，审计建议基本全部被采纳。

第三章　效　能　监　察

效能监察是企业内部监督的一种有效方式。监察部门和有关业务管理部门共同实施对某一项目实施全过程监督和控制，能够形成职能结合、优势互补的监督合力，做到监督关口前移。同时，效能监察作为企业生产经营管理方面具有综合性较强的监督方式，能把监察职能贯穿到管理的全过程，能够在纵向监督和横向监督方面发挥作用，促进纪检监察工作深入开展。因此，企业开展效能监察是企业自我完善和发展的需要，是纪检监察工作服从服务于企业中心任务的有效途径和促进企业改革发展的内在要求，体现了企业反腐倡廉、标本兼治、重在治本的要求，并在实践中发挥了积极的作用。可以说效能监察是企业反腐倡廉与加强企业管理有机结合的最佳切入点。为此，基础局专门成立了由行政“一把手”亲自担任组长的效能监察领导小组，同时根据国资委和集团公司有关规定及要求，制定了《效能监察实施细则（试行）》，对效能监察应坚持的原则、效能监察的范围和内容、方法和程序、组织领导、奖惩等方面都做了详细的规定，以使效能监察工作程序化、制度化、规范化。自2000年以来，围绕生产经营各项管理中的重点热点问题和关键环节，监察部先后选择了工程项目管理、物资设备管理、新建办公大楼、业务招待费支出、清产核资等17个重点项目立项积极开展效能监察工作，产生直接经济效益数百万元，建章立制40多项，强化了管理，堵塞了漏洞，从源头上预防了腐败问题的发生。如2000年监察部围绕基础局提出加强工程分包管理和物资设备管理的要求开展效能监察，多次深入到各个项目部重点对工程分包情况和项目人、财、物进行监督检查。为切实加强合同管理，规范工程分包行为，堵塞漏洞，维护企业经济利益，保证分包工程满足承包工程的质量、进度和施工安全要求，还出台了《工程分包管理办法》对工程分包的审批、分包商的选择、分包合同的签订、分包的施工管理、工程款结算和支付、保廉合同的签订、责任追究等方面都做出了明确的条文规定，便于规范操作和监督管理。2003年，针对基础局个别项目上出现质量问题，局党政领导高度重视，组成有工程管理部、监察部、审计部等部门负责人参加的效能监察检查组，由总经理赵存厚和副总经理李志斌亲自带队，先后两次深入15个项目部进行事中检查。对具有潜在重大安全危险因素的水布垭工程、东风水电站右坝肩加固处理工程、索风营危岩体处理工程、锦屏二级水电站辅助洞封堵灌浆工程4个在建工程项目的检查结果在全公司进行了通报，同时结合施工难点提出了27条建议要求和应急措施，及时发现问题及时进行整改，确保不出现质量安全问题。2004年，基础局改制过程中，按照集团公司转发的国资委《关于组织中央企业纪检监察机构在清产核资工作开展效能监察的实施方案》和《中国水利水电建设集团公司效能监察暂行办法》，局处两级都把清产核资作为效能监察立项项目。并按照《暂行办法》规定的程序做好实施计划、监督检查和总结评定工作。为保证工作的顺利开展，纪委还举办了专兼职纪检监察干部培训班，就如何开展效能监察工作专门进行了研讨和培训。在整个清产核资过程中，监察部门严格按照程序和标准对照清产核资工作实施监督。特别是在清产核资各个阶段中，通过参加有关会议、查阅资料等形式加强监督检查，经各相关部门共同努力，全局清产核资做到了“五个无”即：①全面彻底，不重不漏，账实相符，无违反国家法律、法规和政策的行为；②在账务清理、资产清查和价值重估中，无虚列、隐瞒、故意高估低估情况和应列入清查范围的资产和负债而不进行清查等弄虚作假行为；③基础局货币资金严格按照国家财政法规、财经纪律、局财务制度进行管理，无私设小金库、账外账、公款私存、贪污、挪用、私分公款行为和会计出纳兼职、钱账不分管情况；④按照相关规定应通过银行转账的款项均通过银行转账，无坐支现金的行为；⑤在资产损失的认定中，严格按照合法手续，遵守损失认定的原则程序，无将不良资产核销或多列、少列资产损失的行为，受到了国资委和集团公司考核组的好评。2005年，针对基础局一度存在内部吃请问题，监察部将业务招待费使用立项开展效能监察，通过认真查看有关业务招待费明细账、原始凭证及台账，检查业务招待费申请、审批等程序，及时发现不当行为，坚决制止处理，使内部相互吃请的现象得到有效控制。2006年，基础局提出强化项目成本管理，监察部和项目管理部门先后深入到十几个公司直属项目部和二级单位项目点进行效能监察。

第十篇　人　　物

第十篇 人 物

一、人物简介

杨海峰 男，汉族，1921年2月16日出生，原籍吉林省舒兰县，初中文化。1946年10月加入中国共产党，1946年12月参加革命工作，1985年3月离休，享受局级待遇。1995年6月12日逝世。

1959年8月～1963年5月任密云水库党委委员、基础处理总队副总队长；1963年5月～1969年9月任水电部水电总局北京基础处理总队总队长。

韩林光 男，1959年8月～1962年11月任密云水库基础处理总队政委、书记。

邸志忠 男，回族，1928年3月15日出生，原籍河北省藁城九门村，初中文化。1947年12月参加革命工作，同年加入中国共产党，1985年10月离休。1987年7月23日在北京病逝。

1959年9月～1963年5月任密云水库基础处理总队党委副书记；1963年5月～1965年4月任水电部水电总局北京基础处理总队党委书记。

王文修 男，汉族，1925年6月出生，原籍山西省。

1960年秋～1963年5月任密云水库基础处理总队党委副书记；1963年5月～1965年任水电部水电总局北京基础处理总队党委副书记。1965年病故。

房洪涛 男，汉族，1917年3月5日出生，原籍山东省长清县杜家村，高中文化。1938年3月参加革命工作，1939年3月加入中国共产党，1983年6月离职休养，享受副局级待遇。1993年8月3日在郑州逝世。

1965年4月～1969年9月任水电部水电总局北京基础处理总队党委书记、革委会主任。

韩兴国 男，汉族，1922年2月出生，原籍安徽省来安县，初中文化。1940年10月参加革命工作，1941年5月加入中国共产党，1982年12月离职休养。1983年12月25日在北京逝世。

1964年3月～1968年任水电部水电总局北京基础处理总队副总队长；1968～1969年任水电部水电总局北京基础处理总队革委会副主任、党的核心组副组长。

韩玉琦 男，汉族，1920年1月出生，原籍山东省泰安县，高小文化。1946年6月参加革命工作，同年8月加入中国共产党。1982年10月5日逝世。

1979年7月～1980年6月任水利部基础公司筹备处负责人；1980年6月～1982年6月任水利部地质勘探基础处理公司党委副书记。

陈　岩 男，1941年3月出生，籍贯福建省龙海县。1964年9月毕业于华东水利学院水工专业，大学本科学历，同年参加工作，1982年10月加入中国共产党，高级经济师，1989年10月病故。

1984年10月～1987年2月任水利电力部地质勘探基础处理公司副经理；1987年2月～1989年10月任水利电力部地质勘探基础处理公司总经济师。

高钟璞 男，汉族，1939年1月出生，原籍天津市。1965年7月毕业于清华大学水工结构水电站建筑专业，大学本科学历，同年参加工作，1985年8月加入中国共产党，教授级高级工程师，享受政府特殊津贴。1987年度天津市劳动模范。1998年6月退休，1998年11月病逝。

1986年7月～1987年3月任水利电力部地质勘探基础处理公司总工程师；1987年3月～1992年9月任水利电力部地质勘探基础处理公司副经理兼总工程师；1992年9月～1997年12月任中国水利水电基础工程局副局长兼总工程师。

范学禹 男，1934年11月出生，山东省掖县人。天津私立广东中学高中二年肄业，1948年12月参加革命工作，1949年8月加入中国共产主义青年团，1956年11月加入中国共产党，1994年12月离休，1996年8月病故。

1988年5月～1990年6月任水利电力部地质勘探基础处理公司党委副书记兼纪委书记。

鲁永才 男，汉族，1934年2月出生，原籍山东省蓬莱县。1951年参加工作，1955年4月加入中国共产党，1986年6月进修河海大学管理干部学院工程专业，大学专科学历，高级政工师，1995年7月退休。

1989年3月～1990年7月任水利电力部地质勘探基础处理公司经理；1990年7月～1992年9月任水利电力部地质勘探基础处理公司经理兼党委书记（1992年5月被选举为中国共产党天津市第六次代表大会代表）；1992年9月～1994年12月任中国水利水电基础工程局局长兼党委书记。

商树先 男，汉族，1941年11月出生，原籍天津市武清区。1959年10月参加工作，1965年6月加入中国共产党，1984年取得南开大学哲学系专科学历，高级经济师。2001年11月22日于中国水利水电第二工程局退休，2003年5月1日去世。

1992年2月～1993年8月任水利电力部地质勘探基础处理公司副经理。

陈赓仪 男，汉族，1922年11月出生，原籍上海市。1940年12月加入中国共产党，1944年毕业于大夏大学土木系，曾任上海学生团体联合会副主席、大夏大学党支部书记、华北人民政府水利委员会职员。建国后，历任水利部专家工作室主任，水利电力部技术委员会科技情报处处长，密云水库修建总指挥部副总指挥，云峰水电工程局副局长、水利部第四工程局副局长，水利水电建设总局副局长，水利电力部基建司司长，水利部副部长，中国水利工程公司董事长，水利部水电建设总局总经理，中国长江三峡工程开发总公司筹建处主任兼临时党委书记，中国长江三峡工程开发总公司顾问。1995年7月离休。

1959年8月～1962年7月任密云水库总指挥部副总指挥，基础处理指挥部总指挥，基础处理总队总队长、党委书记。

夏锦灿 男，汉族，1925年2月出生，原籍江苏省灌云县，初中文化。1945年8月参加革命工作，同年加入中国共产党，1986年离休。

1963 年 5 月～1969 年 9 月任水电部水电总局北京基础处理总队副总队长。

何时英　男，满族，1930 年 1 月出生，原籍黑龙江省青冈县，大学专科学历。1945 年 11 月参加革命工作，1947 年 5 月加入中国共产党。1993 年 4 月离休。

1980 年 6 月～1982 年 11 月任水利部地质勘探基础处理公司党委第一副书记（主持党委工作）；1982 年 11 月～1983 年 5 月任水利电力部地质勘探基础处理公司党委副书记、代理经理；1983 年5 月～1984 年 10 月任水利电力部地质勘探基础处理公司经理；1984 年 10 月～1989 年 3 月任水利电力部地质勘探基础处理公司党委书记。

王林书　男，汉族，1932 年 6 月出生，原籍吉林省扶余县，初中文化。1950 年参加工作，1951 年加入中国共产党，1994 年 6 月退休。

1978 年 11 月～1979 年 7 月任水利电力部第二机械施工局筹备处负责人；1979 年 7 月～1980 年 6 月任水利部基础工程公司筹备处负责人；1980 年 6 月～1982 年 11 月任水利部地质勘探基础处理公司第一副经理（主持行政工作）；1982 年 11 月～1984 年 10 月任水利电力部地质勘探基础处理公司党委副书记（期间的 1983 年 9 月～1984 年 10 月兼任水利电力部地质勘探基础处理公司纪委书记；1983 年 11 月～1984 年 9 月兼任水利电力部地质勘探基础处理公司工会筹备组组长；1984 年 9 月～1984 年 10 月任水利电力部地质勘探基础处理公司工会主席）。1984 年 10 月调出。

生广学　男，汉族，1934 年 4 月出生，原籍吉林省双辽县，大学专科学历。1955 年 7 月参加工作，1956 年 11 月加入中国共产党，高级工程师，1995 年 7 月退休。

1980 年 6 月～1982 年 11 月任水利部地质勘探基础处理公司副经理；1982 年 11 月～1984 年 10 月任水利电力部地质勘探基础处理公司副经理；1984 年 10 月～1988 年 1 月任水利电力部地质勘探基础处理公司经理；1988 年 5 月～1992 年 8 月调任水电二局工作副局长（正局级待遇）；1992 年 8 月～1994 年 12 月任中国水利水电基础工程局副局长（正局级待遇）。

余少先　男，汉族，1924 年 11 月出生，原籍河北省威县，初中文化。1937 年 12 月参加革命工作，1938 年 7 月加入中国共产党，1986 年 5 月离休。

1980 年 11 月～1982 年 11 月任电力工业部地质勘探基础处理工程公司经理；1982 年 11 月～1983 年 5 月任水利电力部地质勘探基础处理公司党委代理书记；1983 年5 月～1984 年 10 月任水利电力部地质勘探基础处理公司党委书记（期间的 1981 年 2 月～1982 年 11 月任电力工业部地质勘探基础处理工程公司临时党委副书记；1982 年 3 月～1983 年 9 月任电力工业部基础公司纪委筹备组组长）。

武天杰　男，汉族，1927 年 12 月出生，原籍山西省霍州市。1941 年参加革命工作，1943 年加入中国共产党，初中学历，1996 年离休。

1980 年 11 月～1982 年 4 月任电力工业部地质勘探基础处理工程公司副经理；1982 年 4 月～1982 年 10 月任水利电力部地质勘探基础处理公司副经理。

刘继庆　男，汉族，1929 年 5 月出生，原籍山东省泰安县。1952 年 9 月毕业于同济大学土木系，大学本科学历，同年参加工作，1956 年 8 月加入中国共产党，高级工程师，享受政府特殊津贴，1989 年 11 月退休。

1978 年 11 月～1979 年 9 月任水利电力部第二机械施工局筹备处负责人；1979 年 9 月～1980 年 11 月任电力工业部第二机械施工局筹备处负责人；1980 年 11 月～1982 年 4 月任电力工业部地质勘探基础处理工程公司副经理；1982 年 4 月～1982 年 11 月任水利电力部地质勘探基础处理公司副经理；1982 年 11 月～1986 年 7 月任水利电力部地质勘探基础处理公司副经理兼总工程师；1986 年7 月～1989 年 11 月任水利电力部地质勘探基础处理公司副经理。

张剑英 曾用名张世权，男，汉族，1929 年 10 月出生，原籍山东省文登县。1947 年 3 月山东大学附属会计专科学校结业，1945 年 8 月参加革命工作，1947 年 4 月加入中国共产党，高级会计师，1990 年初离休。

1982 年 11 月～1984 年 10 月任水利电力部地质勘探基础处理公司副经理。

牛昌民 男，汉族，1936 年 9 月出生，原籍北京。1964 年 5 月加入中国共产党，1964 年 8 月毕业于清华大学水利工程系，同年参加工作，教授级高级工程师，享受政府特殊津贴。1998 年 3 月退休。退休前任水利部天津勘测设计研究院副院长，兼任中国勘察学会理事，天津水利发电学会副理事长。

1984 年 10 月～1987 年 3 月任水利电力部地质勘探基础处理公司党委副书记；1987 年 3 月～1988 年 1 月任水利电力部地质勘探基础处理公司副经理（主持行政工作）；1988 年 1 月～1989 年 3 月任水利电力部地质勘探基础处理公司代经理（期间的 1986 年12 月～1988 年 5 月兼任水利电力部地质勘探基础处理公司纪委书记）。

蒋振中 男，汉族，1944 年 9 月出生，原籍江苏省六合县。1967 年毕业于天津大学水利系河川枢纽及水电站建设专业，大学本科学历，同年参加工作，1983 年 1 月加入中国共产党，教授级高级工程师，享受政府特殊津贴。2004 年 10 月退休。

1984 年 10 月～1992 年 9 月任水利电力部地质勘探基础处理公司副经理；1992 年 9 月～1995 年 3 月任中国水利水电基础工程局副局长；1995 年 3 月～1997 年 12 月任中国水利水电基础工程局第一副局长；1997 年 12 月～2000 年 7 月任中国水利水电基础工程局局长。

任烽光 男，汉族，1932 年 10 月出生，原籍北京市延庆县。1951 年 1 月加入中国共产党，1952 年 1 月毕业于怀来师范学校，同年参加工作，高级政工师，1992 年 10 月退休。

1987 年 3 月～1992 年 10 月任中国水利水电基础工程局工会主席。

郝鸿禄 男，汉族，1940 年 9 月出生，原籍河北省鸡泽县。1965 年 7 月毕业于天津大学水利工程系水工专业，大学本科学历，同年参加工作，1974 年 4 月加入中国共产党，教授级高级工程师，享受政府特殊津贴，1998 年 6 月退休。

1989 年 8 月～1992 年 9 月任水利电力部地质勘探基础处理公司副经理；1992 年 9 月～1994 年 8 月任水中国水利水电基础工程局副局长；1994 年 8 月～1997 年 12 月任中国水利水电基础工程局代局长、局长。

陈治先 男，汉族，1946 年 10 月出生，原籍福建省福州市。1967 年 7 月毕业于水利水电建设总局闽江技工学校机械专业，中专学历，同年参加工作，1974 年 12 月加入中国共产党，高级政工师。

1994 年 12 月～1997 年 12 月任中国水利水电基础工程局党委副书记（主持党委工作)；1997 年 12 月～2004 年 12 月任中国水利水电基础工程局副局长。

夏可风 男，汉族，1943 年 2 月出生，原籍湖南省南县。1965 年 7 月毕业于武汉长江工程大学水工建筑专业，大学本科学历，同年参加工作。1985 年 11 月加入中国共产党。教授级高级工程师，享受政府特殊津贴，2003 年 2 月退休。现任中国水利学会理事、中国水利学会地基与基础工程专业委员会主任委员，中国岩石力学与工程学会常务理事、名誉常务理事。

1995 年 3 月～1997 年 12 月任中国水利水电基础工程局副局长；1997 年 12 月～2003 年 2 月任中国水利水电基础工程局副局长兼总工程师。

张源智 男，汉族，1951 年 12 月出生，原籍河北省东光县。1968 年 9 月参加工作，1979 年 11 月加入中国共产党，1993 年 3 月毕业于吉林省委党校党政管理专业，大学本科学历，高级政工师、高级经济师、高级职业经理人。

1995 年 3 月～1997 年 12 月任中国水利水电基础工程局副局长；1997 年 12 月～2005 年 3 月任中国水利水电基础工程局党委书记；2005 年 3 月任中国水电基础局有限公司董事长、党委书记，连任中国共产党天津市第七次、第八次、第九次代表大会代表。

杜增明 男，汉族，1947 年 10 月出生，原籍山东省潍坊市。1966 年 7 月毕业于山东省商业学校财务会计专业，中专学历，1985 年 6 月续读四川省财经学院基建财务与会计专业毕业，大学专科学历，1966 年 7 月参加工作，1975 年 6 月加入中国共产党，高级会计师。

1995 年 11 月～2005 年 3 月任中国水利水电基础工程局总会计师；2005 年 3 月任中国水电基础局有限公司董事、总会计师。

田学良 男，汉族，1960 年 9 月出生，原籍天津市宝坻县。1982 年 7 月毕业于华北水电学院工程机械专业，大学本科学历，2004 年 5 月续读天津市委党校经济学专业，取得研究生学历。1982 年 7 月参加工作，1988 年 12 月加入中国共产党，高级职业经理人，教授级高级工程师。

1997 年 12 月～2005 年 3 月中国水利水电基础工程局党委副书记兼纪委书记；2005 年 3 月任中国水电基础局有限公司副总经理。

宗敦峰 男，汉族，1962 年 11 月出生，原籍河北省辛集县。1983 年 7 月毕业于清华大学水电建筑专业，大学本科学历，同年参加工作。1993 年 11 月续读清华大学水工结构工程专业，研究生班毕业，1997 年 10 月加入中国共产党，教授级高级工程师，现任中国水利水电建设集团公司总工程师。

1997 年 12 月～2000 年 7 月任中国水利水电基础工程局副局长；2000 年 7 月～2004 年 10 月任中国水利水电基础工程局局长。

赵存厚 男，汉族，1960 年 10 月出生，原籍内蒙古土右旗。1983 年 7 月毕业于华北水电学院工程及水文地质专业，大学本科学历，同年参加工作，2002 年 3 月续读天津大学水工结构工程专业，取得工程硕士学位，高级职业经理人，教授级高级工程师，享受国家政府特殊津贴。2006 年度天津市劳动模范。

1997 年 12 月～2003 年 2 月任中国水利水电基础工程局副局长；2003 年 2 月～2004 年 10 月任中国水利水电基础工程局副局长兼总工程师；2004 年 10 月～2005 年 3 月任中国水利水电基础工程局局长；2005 年 3 月～2006 年 4 月任中国水电基础局有限公司副董事长、总经理；2006 年 4 月任中国水电基础局有限公司副董事长、总经理、党委副书记。

黄炳福 男，汉族，1961 年 2 月出生，原籍福建省泉州市。1982 年毕业于武汉电力大学水工建筑专业，大学本科学历，1994 年 8 月续读天津大学基本建设管理工程（国际工程）专业，取得国际工程管理学士学位，双学士学位。

1982 年 7 月参加工作，1996 年 11 月加入中国共产党，高级职业经理人，教授级高级工程师。

1997 年 12 月～2005 年 3 月任中国水利水电基础工程局总经济师；2005 年 3 月任中国水电基础局有限公司副总经理兼总经济师。

张新光 男，汉族，1943 年 11 月出生，原籍辽宁省本溪市。1969 年毕业于北京邮电学院通信及广播专业，大学本科学历，同年参加工作，1986 年 12 月加入中国共产党，高级工程师，2004 年 4 月退休。

1998 年 1 月～2004 年 4 月任中国水利水电基础工程局工会主席。

张　林 男，汉族，1945 年 3 月出生，原籍山东省曲阜市。1968 年 12 月毕业于大连工学院水工专业，大学本科学历，同年参加工作，1984 年 7 月加入中国共产党，高级工程师，2005 年 4 月退休。

2000 年 7 月～2005 年 4 月任中国水利水电基础工程局副局长（正局级待遇）。

袁国俊 男，汉族，1958 年 7 月出生，原籍天津市武清县。1982 年 2 月毕业于北京钢铁学院机械专业，大学本科学历，同年参加工作，1993 年 3 月加入中国共产党，高级经济师，高级职业经理人。

2004 年 4 月～2005 年 3 月任中国水利水电基础工程局工会主席；2005 年 3 月～2006 年 4 月任中国水电基础局有限公司董事、工会主席；2006 年 4 月任中国水电基础局有限公司党委副书记、纪委书记、工会主席。

李志斌 男，汉族，1957 年 11 月出生，原籍湖南省桃源县，1975 年参加工作，1990 年 12 月加入中国共产党，大学本科学历，高级工程师，2006 年 2 月调出。

2004 年 12 月～2005 年 3 月任中国水利水电基础工程局副局长；2005 年 3 月～2006 年 2 月任中国水电基础局有限公司董事、副总经理。

刘建发 男，汉族，1963 年 8 月出生，原籍天津市武清区。1985 年 7 月毕业于华北水电学院水利水电工程建筑专业，大学本科学历，同年参加工作，1984 年 12 月加入中国共产党，高级职业经理人，教授级高级工程师。

2004 年 12 月～2005 年 3 月任中国水利水电基础工程局副局长；2005 年 3 月任中国水电基础局有限公司副总经理。

韩 伟 男，汉族，1970 年 12 月出生，原籍陕西省横山县。1987 年 9 月毕业于武汉电力学校工程地球物理勘探专业，中专学历；2000 年 7 月后续读中国人民解放军空军工程学院建筑结构专业毕业，大学本科学历；2005 年 12 月后续读天津大学管理学院工商管理专业研究生班毕业。1991 年 9 月参加工作，1997 年 6 月加入中国共产党，高级职业经理人，高级工程师。2000 年度天津市劳动模范。

2004 年 12 月～2005 年 3 月任中国水利水电基础工程局副局长；2005 年 3 月任中国水电基础局有限公司副总经理。

肖恩尚 男，汉族，1965 年 2 月出生，原籍山东省潍坊市。1986 年 7 月毕业于河北地质学院水文地质与工程地质专业，大学本科学历，同年参加工作，1993 年 2 月加入中国共产党，高级职业经理人，教授级高级工程师。

2004 年 12 月～2005 年 3 月任中国水利水电基础工程局总工程师；2005 年 3 月任中国水电基础局有限公司总工程师。

二、企业中层管理人员名单（含高级主管）（按姓氏笔画顺序排列）

（一）建局以来曾担任过中层管理人员名单（共 121 名，截至 2006 年底）

丁立志	丁庆丕	邓志光	牛庆曾	王化君	王光琦	王庆成	王志仁	王志平
王学彦	王建国	王鸣柳	王海山	王莉萍	王景贤	王福强	韦树桐	冯述益
田忠义	仲国维	任广和	关志超	刘丰光	刘正安	刘永贵	刘玉珍	刘光荣
刘守田	刘纪昌	刘作高	刘志岭	刘志珍	刘进荣	刘宝林	刘振江	孙 珍
孙化龄	安致文	曲惠清	曲学艺	朱玉洁	朱瑞宏	许维强	邢 军	邢乘槎
齐宗久	何福清	宋放农	张 祥	张月来	张长源	张志良	张良秀	张学俭
张承先	张家骏	张景秀	张福贤	时中孚	李小光	李长生	李玉林	李建军
李建华	李昌华	李继明	李绪山	李德富	杜永昌	杨立新	杨品芳	汪文生
肖树斌	贡礼荃	邵瑞敏	邹立嵩	陈大为	陈湘图	陈文彬	陈连田	陈德明
周汉山	尚维生	林绍先	武凤岭	范锦华	郑荣光	郑裕君	侯 位	侯清福
段怀泽	胡迪煜	赵宗凯	赵振杰	项树礼	倪书云	凌伦匡	秦肖明	耿世印
袁雨林	袁荣涛	贾铭芬	郭宝锁	郭培金	顾恒和	高光陆	高学贤	黄华安
梅 寒	龚润福	揭建中	程聚辰	董 平	董瑞斌	慈玉贵	蒙士林	蔡小来
蔡为龙	滕于谟	薛景信	魏洪涛					

（二）在职中层管理人员名单（共 92 人，截至 2006 年底）

于向峰	马美庚	孔祥生	毛玉忠	王 军	王 峰	王永福	王永德	王克祥
王国民	王学松	王虎山	王金良	王建中	王俊成	王晓喜	王根柱	王碧峰
邓百印	东义军	冯亚东	石 峰	石军利	刘才高	刘宏云	刘松富	孙 纲
孙嘉琪	朱坤龙	邢书龙	何剑英	宋 伟	张义新	张国芬	张佳钰	张绍坤
张洪波	张素华	张树宸	张爱丽	张超魁	张聚生	李 富	李 军	李凤国
李文书	李辉龙	杜元洪	杨 伟	杨功成	沈增良	孟凡辉	岳 光	岳广润

郑 鑫 郑喜彦 姚朝铭 胡 斌 贺永利 贺锡铭 赵 军 赵先锋 赵瑞峰
徐方才 徐建华 涂益仁 郗海君 郜玉秀 唐玉书 夏铨波 贾立维 郭卫东
高小江 崔文光 黄卫平 黄灿新 彭善民 龚木金 惠武林 戢守铭 智 塨
程林刚 董学君 蒋 君 韩 霞 鲁 青 鲁志军 谭景春 潘三行 雷土祥
戴育良 魏 良 魏忠合

三、省部级劳动模范和先进工作者名单

省部级劳动模范和先进工作者

序　号	姓　名	荣　誉　称　号
1	刘志珍	1977 年度江西省先进生产（工作）者
2	王贵年	1976 年度、1977 年度甘肃省工业学大庆先进生产者； 1979 年度水利部“全国工业学大庆先进生产者”
3	刘　云	1984 年度水利电力部劳动模范
4	高钟璞	1987 年度天津市劳动模范
5	王建明	1989 年度能源部劳动模范
6	李旺时	1996 年度天津市劳动模范
7	张学仁	1998 年度天津市劳动模范
8	韩　伟	2000 年度天津市劳动模范
9	徐方才	2002 年度天津市劳动模范
10	彭善民	2004 年度天津市劳动模范
11	赵存厚	2006 年度天津市劳动模范
12	吴东升	1999 年度国家电力公司系统劳动模范
13	黄卫平	1997 年度获电力工业部劳动系统先进工作者
14	贺永利	2001 年度国家电力“九五”期间安全卫士

天津市“九五”、“十五”立功个人

序　号	姓　名	荣　誉　称　号
1	胡迪煜	1995 年天津市“八五”立功奖章
2	王　昭	1995 年天津市“八五”立功奖章
3	李旺时	1995 年天津市“八五”立功奖章
4	王泰恒	1995 年天津市“八五”立功奖章
5	王洪尤	1995 年天津市“八五”立功奖章
6	朱玉洁	1995 年天津市“八五”立功奖章
7	李进前	1995 年天津市“八五”立功奖章
8	刘光明	1995 年天津市“八五”立功奖章
9	魏　良	1995 年天津市“八五”立功奖章

续表

序 号	姓 名	荣 誉 称 号
10	王建明	1995年天津市“八五”立功奖章
11	黄灿新	1996年天津市“九五”立功先进个人
12	赵存厚	1996年天津市“九五”立功先进个人
13	李旺时	1996年天津市“九五”立功先进个人
14	王志平	1997年天津市“九五”立功先进个人
15	邱信彪	1997年天津市“九五”立功先进个人
16	肖恩尚	1997年天津市“九五”立功先进个人
17	吴东升	1998年天津市“九五”立功先进个人
18	岳广润	1998年天津市“九五”立功先进个人
19	蒋振中	1999年天津市“九五”立功优秀经营者
20	张聚生	1999年天津市“九五”立功先进个人
21	韩 伟	2000年天津市“九五”立功先进个人
22	黄灿新	2001年天津市“十五”立功先进个人
23	先泽祥	2002年天津市“十五”立功先进个人
24	王克祥	2003年天津市“十五”立功先进个人
25	姚朝铭	2004年天津市“十五”立功先进个人
26	王金良	2005年天津市“十五”立功先进个人
27	吴金伟	2005年天津市“十五”立功先进个人
28	石 峰	2006年度天津市“五一”劳动奖章
29	孟凡辉	2006年度天津市“五一”劳动奖章
30	何剑英	2005年度全国能源化学系统先进女职工
31	李新社	2006年全国电力行业优秀班组长
32	徐建华	2006年天津市优秀纪检监察干部
33	孙宝森	1996年税收财务物价大检查先进个人
34	张爱丽	1996～1997年度建筑业统计工作先进个人

天津市知识型职工、技术创新先进、规划建设系统技术创新先进

序 号	姓 名	荣 誉 称 号
1	邱 剑	2004年天津市知识型职工
2	韩 伟	2000年天津市技术创新活动先进个人
3	魏 良	2000年天津市技术创新活动先进个人
4	孙仲彬	2005年天津市职工技协工作先进个人
5	邱信彪	1998年全国电力行业技术能手；1999年城建系统十大能工巧匠
6	潘三行	2002年规划建设系统技术创新先进个人
7	程长宏	2006年中央企业知识型先进职工
8	陈友光	1994年度电力工业部“求知、成才、贡献”主题读书活动先进个人

四、享受政府特殊津贴人员名单（8 人，按获得资格的时间顺序排列）

王志仁　郝鸿禄　高钟璞　蒋振中　夏可风　胡迪煜　肖树斌　赵存厚

五、专业总负责人员名单（按时间顺序排列）

（一）密云水库期间技术总负责人（2 人）

吴安庸　梁仲章

（二）重组以来副总工程师、副总经济师（29 人）

1. 副总工程师（24 人）

李德富　王志仁　陈大为　张福贤　张学俭　胡迪煜　肖树斌　林绍先　李玉林
工学彦　张良秀　李昌华　张志良　黄灿新　李　军　孔祥生　许维强　张树宸
贺永利　宋　伟　鲁志军　刘才高　潘三行　龚木金

2. 副总经济师（5 人）

薛景信　郑荣光　王莉萍　黄卫平　李凤国

六、教授级高级工程师名单（按姓氏笔画顺序排列）

（一）离退休人员（22 人）

王化君　王志仁　王学彦　关志超　刘纪昌　刘继庆　邢乘槎　齐宗久　张志良
张良秀　张福贤　李玉林　李昌华　肖树斌　陈大为　胡迪煜　郝鸿禄　夏可风
高永康　高钟璞　黄华安　蒋振中

（二）在职人员（22 人）

丁　华　孔祥生　王根柱　邓百印　田学良　刘建发　宋　伟　张树宸　李　军
李凤国　肖恩尚　贺永利　赵存厚　郗海君　唐玉书　徐方才　黄灿新　黄炳福
董学君　鲁志军　解同芬　谭景春

（三）调出人员（1 人）

白丽萍

七、高级专业技术职称人员名单（按姓氏笔画顺序排列）

（一）高级工程师（共 101 人）

1. 离退休人员（49 人）

王久光　王志平　王鸣柳　王莉萍　王瑞苓　冯述益　冯霞芳　生广学　龙达云
任文浩　刘日新　孙化龄　孙继梅　安新儒　朱玉洁　朱政斌　吴威楚　张　林
张佩玉　张学俭　张家骏　张景秀　张新光　李际春　李秋霞　杜玉书　汪文生
沈振国　陈连田　孟庆林　范锦华　侯　位　段桂珍　贺瑞铭　徐惠珍　秦肖明
贾宗唐　顾恒和　扈竹芳　黄振川　揭建中　谢显斌　魏洪涛　冯　鉴　安致文
李德富　林绍先　廖长根　潘家荣

2. 在职人员（45 人）

于向峰　王　志　王永德　王丽娟　王克祥　王国民　王建生　王建中　王晓喜
东义军　冯　丽　先泽祥　刘　健　刘守田　刘艳妮　刘锦平　匡建国　孙　亮
张　峰　张国芬　张聚生　李　玲　李　富　李永兵　杨功成　陈　军　陈　烽
陈友光　苗志斌　姚朝铭　赵　军　赵凤英　赵明华　赵瑞峰　夏铨波　袁宗洪

贾立维　高小江　寇　晶　龚木金　彭善民　智　埗　程长宏　魏　良　魏忠合

3. 调出人员（7人）

刘克华　刘英伟　许维强　张杭生　李志斌　李建军　宗敦峰

（二）高级经济师（共22人）

1. 退休人员（7人）

方　毅　邵云湘　陈德明　郑荣光　党士奎　滕于谟　陈　岩

2. 在职人员（12人）

张义新　张洪波　张超魁　张源智　李月敏　岳　光　侯宜珉　徐建华　袁国俊

郭卫东　黄卫平　蒋　君

3. 调出人员（1人）

黄金花

（三）高级会计师（共10人）

1. 退休人员（6人）

王双凤　杜增明　张秀荣　张素华　黄安娴　王庆成

2. 在职人员（4人）

杨凤琴　慈　萍　雷土祥　樊　晔

（四）高级统计师（共2人）

1. 退休人员（1人）

陈效毅

2. 在职人员（1人）

张爱丽

（五）高级政工师（共28人）

1. 退休人员（16人）

王伟东　任烽光　刘珍珠　朱瑞宏　杨品芳　贡礼荃　武凤岭　段怀泽　袁雨林

陶桂荣　高学贤　董　平　刘永贵　何福清　范学禹　鲁永才

2. 在职人员（12人）

毛玉忠　王　军　仲国维　陈治先　何剑英　张绍坤　张源智　杜元洪　孟凡辉

郜玉秀　惠武林　韩　霞

（六）主任医师（1人）

宋　丹

（七）副主任医师（共11人包括副主任药师）

1. 退休人员（6人）

赵惠兰　秦华辉　李秀媛　唐建辉　陶永玲　王　平

2. 在职人员（4人）

安东霞　杨国仁　陈利　崔云燕

3. 调出人员（1人）

高钟生

（八）高级技师（共 14 人）

1. 退休人员（1 人）

邱信彪

2. 在职人员（13 人）

王　昭　刘新权　闫　锋　吴东升　张学仁　李书林　李文勤　李新社　杜品英　陈连营　范治乾　郭生义　蒋吉林

附　　录

选辑基础局历史上形成的重要文件和文献，主要有基础局最初成立的文件、公司章程、公司发展规划和发展战略、公司精神文明建设发展规划，重要的医疗、养老保险制度，人、财、物等主要要素的管理制度以及科技管理制度和科研立项可行性研究报告等。以确凿的历史事实反映基础局近50年来的历史概貌，增加基础局志书的真实性，为阅览者提供可靠的文件依据。

一、基础总队最初成立的有关文件

1. 中国共产党密云水库委员会文件

（总号［1959］库党字第13号）

经水库党委决定基础处理总队党委会由：韩林光、陈赓仪、邸志忠、杨海峰、刘继庆、周汉山、夏锦灿七位同志组成。

韩林光、陈赓仪任书记，邸志忠任副书记。

中国共产党密云水库委员会

1959年8月16日

2. 密云水库修建总指挥部文件

（库总字第94号）

经水库党委决定：

韩林光　任基础处理总队政委

陈赓仪　任基础处理总队总队长

杨海峰　任基础处理总队副总队长

密云水库修建总指挥部

1959年8月16日

二、《中国水电基础局有限公司董事会工作条例》

中国水电基础局有限公司董事会工作条例

（2005年10月19日公司第一届股东会第一次临时会议通过）

第一章　总　　则

第一条　为规范中国水电基础局有限公司（简称公司）董事会及其成员的工作行为，

保证董事会依法行使职权、履行职责，保证公司决策行为的民主化、科学化，适应建立现代企业制度的需要，根据《中华人民共和国公司法》（简称《公司法》）和其他有关法律法规和《中国水电基础局有限公司章程》（简称公司章程），特制定本工作条例。

第二条 董事会是公司经营管理的决策机构，维护公司和全体股东的利益，在《公司章程》和股东会的授权范围内，负责公司发展目标和重大经营活动的决策，对股东会负责。

第三条 公司董事会及其成员，除遵守《公司法》及其他法律、法规和《公司章程》外，亦应遵守本工作条例的规定。

第二章 董事会的组成和董事的产生

第四条 董事会由五名董事组成。其中：由中国水利水电建设集团公司推荐两名，股东会选举产生和更换；其余3名由股东会直接选举产生和更换。

第五条 董事会设董事长1人，副董事长1人。由董事会全体董事选举产生。

第六条 董事由股东会选举产生，每届任期3年，任届期满，连选可以连任。董事任期从股东会决议通过之日起计算，至本届董事会任期届满为止。每届董事候选人名单由上届董事会以提案方式提交股东会决议。出席股东会的股东代表（包括股东代理人）如对董事候选人名单有异议，有权按照《公司章程》的规定提出新的提案，由董事会按照《公司章程》的规定审查决定是否提请股东会决议。

第三章 董事会的职权

第七条 公司董事会依法行使下列职权：

（一）负责召集股东会，并向股东会报告工作；

（二）执行股东会的决议；

（三）制订公司的发展战略、经营计划和投资方案；

（四）制订公司的年度财务预算方案、决算方案；

（五）制订公司的利润分配方案和弥补亏损方案；

（六）制订公司增加或者减少注册资本的方案；

（七）拟订公司合并、分立、变更公司形式、解散的方案；

（八）决定公司内部管理机构和董事会工作机构的设置；

（九）聘任或者解聘公司总经理，根据总经理的提名，聘任或者解聘公司副总经理、“三总师”，并决定其报酬事项；

（十）对总经理及经营班子成员进行考核和奖惩：

（十一）拟订公司章程和章程修改方案；

（十二）制定公司的基本管理制度；

（十三）股东会授予的其他事项。

第四章 董事的任职资格

第八条 董事的任职资格：

（一）品行端正，公道正派，清正廉洁；

（二）能维护股东利益和保护公司资产的安全与增值；

（三）具有企业管理、行业技术经验、法律知识，并且具有较强议事决策能力等多种优良素质。

第九条　有下列情形之一的，不得担任公司董事：

（一）无民事行为能力或者限制民事行为能力。

（二）因犯有贪污、贿赂、侵占财产、挪用财产罪或者破坏社会经济秩序罪，被判处刑罚，执行期满未逾5年。

（三）担任因经营不善破产清算的公司、企业的董事或厂长、经理，并对该公司、企业的破产负有个人责任的，自该公司、企业破产清算完结之日起未逾3年。

（四）担任因违法被吊销营业执照的公司、企业的法定代表人，并负有个人责任的，自该公司、企业被吊销营业执照之日起未逾3年。

（五）个人所负数额较大的债务到期未清偿。

第十条　国家公务员不得兼任公司的董事。

第十一条　董事在任期届满前，不得无故解除其董事职务；自动辞职者除外。

第十二条　董事可以在任期届满以前提出辞职。董事辞职应当向董事会提交书面辞职报告。无须股东大会或董事会批准，辞职报告立即生效。但是下列情形除外：

（一）该董事正在履行职责并且负有的责任尚未解除；

（二）董事长或董事兼任总裁提出辞职后，离职审计尚未通过；

（三）公司正在或者即将成为收购、合并的目标公司。

如因董事的辞职导致公司董事会低于法定最低人数时，该董事的辞职报告应当在下任董事填补因其辞职产生的缺额后方能生效。余任董事会应当尽快召集临时股东会，选举董事填补因董事辞职产生的空缺。在股东会未就董事选举作出决议以前，该提出辞职的董事以及余任董事会的职权应当受到合理的限制。

任职尚未结束的董事，对因其擅自离职使公司造成的损失，应当承担赔偿责任。

第十三条　董事提出辞职或者任期届满，其对公司和股东负有的义务在其辞职报告尚未生效或者生效后的合理期间内，以及任期结束后的合理期间内并不当然解除，其对公司商业秘密保密的义务在其任职结束后仍然有效，直至该秘密成为公开信息。其他义务的持续期间应当根据公平的原则决定，视事件发生与离任之间时间的长短，以及与公司的关系在何种情况和条件下结束而定。

第五章　董事的权利和义务与责任

第十四条　董事享有下列权利：

（一）出席董事会会议，在董事会会议上充分发表意见，对表决事项行使表决权；

（二）根据公司章程规定或董事会委托代表公司和执行公司业务；

（三）董事有权对提交会议的文件、材料提出质疑，要求说明；

（四）董事有向董事长提出召开临时会议或特别会议的建议权；

（五）为了查询或调查董事会的专项工作，董事有权调阅公司档案、文件；

（六）有权获得相应的报酬或津贴；

（七）公司章程或股东大会授予的其他职权。

第十五条 董事履行下列义务：

（一）遵守公司章程、本工作条例和股东会、董事会决议；

（二）忠实履行职务，维护公司利益，不得利用在公司的职权为自己谋取私利；不得利用职权收取贿赂或者其他非法收入；不得侵占公司财产，不得泄露公司秘密；

（三）不得自营或者为他人经营与本公司同类的业务，或者从事损害本公司利益的活动；

（四）不得挪用公司资金或者将公司资金贷给他人；不得将公司资产为本公司股东或者其他个人名义开设账户存储；不得以公司资产为本公司的股东或者其他个人债务提供担保；

（五）董事违反前款规定对本公司造成的损失的，公司有权要求赔偿；构成犯罪的，依法追究刑事责任。

第十六条 董事承担以下责任：

（一）对因决策失误造成公司财产损失的，依损失程度给予扣发年薪、罚款和行政降职等处罚，直至引咎辞职；

（二）对董事会决议违反法律、行政法规或公司章程的规定，致使公司遭受严重损失的，参与决议的董事对公司承担赔偿责任，但经证明在表决时曾表示异议并记载于会议记录的，该董事可免除责任；

（三）董事在表决时，应认真负责的行使表决权，不得盲目赞成或否决。必要时，应对表决意见做出说明；

（四）承担《公司法》第十章规定应负的法律责任。

第六章 董事长的产生及任职资格

第十七条 公司设立董事长一名。董事长是公司的法定代表人，由董事会选举产生，任期三年，连选可以连任。

第十八条 董事长的任职资格：

（一）有高度的社会责任感、工作责任心、积极的上进意识、顽强的开拓精神；

（二）有丰富的市场经济知识，能够正确分析、判断国内外宏观、微观经济形势以及市场发展趋势，有统揽和驾驭全局的能力；

（三）有良好的思想作风和民主作风，密切联系群众，忠于职守，知人善任，诚实守信，清正廉洁，公道正派；

（四）有较强的协调能力，善于协调董事会、经营班子、党委和工会之间的关系；

（五）有丰富的企业管理或经济工作经验，熟悉本行业以及了解其他行业的生产经营情况，并能很好地掌握国家的有关政策、法律和法规；

（六）有强烈的求知欲望和远见卓识，能开创工作新局面。

第十九条　董事长行使下列职权：

（一）主持股东会会议，召集和主持董事会会议；

（二）督促检查董事会决议的实施情况；

（三）签署公司债券、出资证明书，签订或委托他人签订工程合同和其他经济合同；

（四）董事会授予的在董事会议闭幕期间的其他职权。

第二十条　董事长应承担下列义务：

（一）对董事会负责并报告工作；

（二）公司《章程》规定的董事应承担的义务；

（三）超越董事会的授权范围行使职权，给公司造成损害时，负主要赔偿责任；

（四）对公司经营班子的监管不力，给公司造成损害时，负连带责任；

（五）行使职权时应遵守回避制度，不与关联人或关联企业发生侵犯公司利益的行为；

（六）法律、法规及公司《章程》规定应承担的其他义务。

第七章　董事会组织机构

第二十一条　公司董事会设董事会秘书（专职或兼职），由董事长提名，董事会聘任或者解聘。董事会秘书是公司高级管理人员，对董事会负责。董事会日常事务由公司法律事务部和公司总经理工作部共同处理。

第二十二条　董事会秘书在一定意义上是法律事务工作者，一般应具有法律顾问资格，并参加过中国证监会或证券交易所等有关机构组织的公司董事会秘书培训，取得相应任职证书。

第二十三条　董事会秘书主要履行下列职责：

（一）保证公司董事会有完整的组织文件和会议记录；

（二）保证按时向股东会递交股东会所要求的报告和文件；

（三）妥善设立、保管公司股东名册；

（四）向有权得到公司有关文件和记录的人员提交有关资料；

（五）及时向全体董事送达参加董事会会议通知；

（六）受理提交董事会审议的议案；

（七）协助董事会依法行使职权，在董事会作出违反法律法规和公司章程有关规定的决议时，及时提醒董事会；

（八）为公司重大决策提供法律咨询和建议，协调董事会各工作机构相关业务工作；

（九）董事会委派的其他职责。

非董事的董事会秘书列席董事会会议。

第二十四条　董事会秘书在执行职务时，出现下列情形之一，董事会应当终止对该秘书的聘任：

（一）出现重大错误或疏漏，给公司或投资人造成重大损失时；

（二）违反国家法律、法规、公司章程等规定，给公司或投资人造成重大损失时；

（三）其他不应当继续出任董事会秘书的情形。

第二十五条 公司董事会解除对董事会秘书的聘任或董事会秘书辞去职务时，董事会应当及时按规定聘任新的董事会秘书，并及时公告。

第二十六条 董事会秘书离任，董事会应当对董事会秘书进行离任审查，有关档案材料、正在办理的事务及其他遗留问题在规定时间内全部移交。

第二十七条 董事会根据需要可以设立以下非常设专门委员会：

（一）发展战略与资产管理委员会。由董事会根据工作需要组织公司有关部门负责人和法律顾问组成，负责研究公司发展规划和年度投资计划，对重大投资发展项目提出意见和建议，供董事会决策时参考。

（二）经营预算委员会。由董事会根据工作需要组织公司有关部门负责人组成，负责研究讨论公司的财务预、决算方案，增资、扩股方案；对公司重要财务计划、重大奖励方案等提出评价意见，供董事会决策时参考。

（三）审计委员会。由董事会根据工作需要组织公司有关部门负责人组成，负责检查公司会计政策、财务状况、财务信息披露和财务报告程序；负责公司内部审计人员与外部审计机构进行交流；对公司的内部控制进行考核；检查、监督公司存在或潜在的各种财务风险。

（四）提名、薪酬与考核委员会。由董事会根据工作需要组织公司有关部门负责人组成，负责提议、审查董事、高级管理人员候选人；检查公司董事、高级管理人员的聘任程序；负责检查公司对董事、高级管理人员的激励与约束制度；考核董事、高级管理人员工作，建议其薪酬水平。

第二十八条 各专门委员会人员均为兼职，委员会主任由董事长提名，董事会聘任，对董事会负责。专门委员会的提案应提交董事会审查决定。各委员会的实施细则另行制定。

第八章 董事会议事规则

第二十九条 董事会的议事决策原则是：实行集体讨论，民主决策，逐项表决，记名投票。

第三十条 董事会对议案的审议实行会议制，董事会会议分为定期会议和临时会议。每年定期召开两次董事会会议。遇有特殊情况，三分之一以上董事提议可以召开临时董事会会议。

第三十一条 董事会会议由董事长召集和主持；董事长因特殊原因不能履行职务时，由董事长指定副董事长或者其他董事召集和主持。

第三十二条 召开董事会会议，应当于会议召开 10 日前（董事会临时会议除外）将载明会议事由、时间、地点、议程的通知送达全体董事。

第三十三条 董事会应由二分之一以上董事出席方可举行。出席会议的董事对决议事项逐项作出赞成、反对或弃权的表决意见，每一董事享有一票表决权；出现两种意见的票数相同时，董事长有多投一票的权利。

第三十四条 董事会会议，应由董事本人出席；董事因故不能出席，可以书面委托其他董事代为出席董事会，委托书中应载明授权范围。

第三十五条 董事会会议应做记录，并由出席会议的董事（含代理人）和记录人在会议记录上签名。出席会议的董事有权要求在记录上对其发言作出说明性记载。董事会会议记录作为公司档案保存，保管期限为十年。

第三十六条 董事会决策程序：

（一）投资决策程序：

（1）董事会委托总经理组织有关人员拟订公司中长期发展规划、年度投资计划和重大投资项目的可行性报告，提交董事会审议；

（2）董事会经充分论证，作出决议，并委托总经理组织实施，如投资额超出董事会授权范围，需提交股东大会审议通过后方可实施。

（二）人事任免程序：

（1）公司总经理、董事会秘书等的人事任免，由董事长提名，董事会通过会议讨论作出决议，由董事会聘任，董事长签发聘任书或解聘文件；

（2）公司副总经理、“三总师”等公司高级管理人员的任免由公司总经理提名，董事会通过会议讨论作出决议，由董事会聘任，董事长签发聘书或解聘文件；

（3）董事长或总经理提名人选，未获得董事会会议通过，则由董事总数三分之一以上董事提名，董事会过半数董事表决通过形成董事会决议，由董事会聘任，并发给聘书。

（三）经营预算决策程序：

（1）董事会委托总经理组织有关人员拟订公司年度财务预、决算、盈余分配和亏损弥补等方案，提交董事会审议；

（2）董事会经充分论证，作出决议，提请股东会审议通过后，委托总经理组织实施。

（3）由董事会自行决定的其他财经方案，由董事长主持有关部门和人员拟定、审议后，提交董事会审议通过，由总经理组织实施。

（四）信贷和担保的决策程序：

（1）公司每年年度的银行信贷计划由总经理或授权公司财务产权部按有关规定程序上报董事会，董事会在权限范围内根据公司年度财务资金预算的具体情况予以审议批准。一经董事会审议批准后，在年度信贷额度和董事会授权范围内由总经理或授权公司财务部按有关规定程序实施。

（2）董事会闭会期间，授权董事长审批经董事会审定的年度银行授信额度的资金使用报告，并由董事长授权总经理审批。董事长和总经理在行使董事会审批资金使用的授权时，应按有关规定和程序办理。公司应严格遵守资金使用的控制制度，严格控制资金风险。

（3）公司应遵守国家有关公司对外担保的规定，董事会授权董事长在董事会闭会期间签署经董事会审定的年度银行信贷计划额度内的担保合同，担保范围仅限于公司。

（五）重大事项工作程序：

董事长在审核签署由董事会决定的重大事项的文件前，应对有关事项进行研究，判断其可行性，必要时可召开专门委员会进行审议。经董事会通过并形成决议后再签署意见，以减少工作失误。

（六）董事会检查工作程序：

董事会决议实施过程中，董事长应责成董事会成员应就决议的实施情况进行跟踪检查。在检查中发现有违反决议的事项时，可要求总经理予以纠正。

第三十七条 董事会会议主要程序：

（一）董事长、董事、监事会、总经理等提出会议讨论议题，并于会议召开前五天将书面材料提交董事会秘书，由董事长根据具体情况决定是否列入本次会议的议题；

（二）董事会秘书负责收集需讨论议题的材料，并由董事长委托总经理组织有关人员制订方案，于会前两个工作日内送交参会董事及有关人员参阅；

（三）各董事及有关人员应在会议前充分思考及调研，咨询股东或员工意见；

（四）会议由董事长主持，各董事应在会议上充分发表各自意见，会议记录人应详细记录在案；

（五）董事长主持对会议议题进行投票表决，形成会议决议，董事会作出决议，必须经过全体董事的过半数通过；

（六）董事会秘书处于会后将决议整理，由董事签名后形成董事会文件，由董事长签署后，由董事会颁发执行。

第三十八条 对关联交易事项的表决，该关联交易所涉及的董事无表决权且应当回避。董事会就与某董事或其配偶、直系亲属有重大利害关系的事项进行表决时，该董事应当回避，且放弃表决权。对关联事项的表决，须经除该关联董事以外的其他董事的三分之二以上通过方为有效。

第三十九条 董事会审议或决策的重大事项包括：

（一）决定公司的经营计划和投资计划；

（二）审议公司的中长期发展规划和重大项目的投资方案；

（三）审议公司的年度财务预算和决算方案；

（四）决定公司的利润分配方案和弥补亏损方案；

（五）决定公司增加或减少注册资本、增发新股、发行债券或其他证券及上市方案；

（六）决定公司年度借款总额，决定公司资产用于融资的抵押额度，决定公司对属下公司的贷款年度担保总额度；

（七）决定收购、兼并其他企业和转让所属公司产权的方案；

（八）决定公司高级管理人员的聘任；

（九）制定公司的基本管理制度；

（十）拟订或审议所属公司合并、分立、解散的方案；

（十一）拟订公司《章程》及《章程》修改方案；

（十二）其他重大事项。

第九章　附　　则

第四十条 本条例未尽事宜，依据《公司法》及国家其他有关法律、法规和公司章程的规定执行。

第四十一条　本条例解释权属于公司董事会。

第四十二条　本条例经股东会通过后生效。

三、《中国水电基础局有限公司监事会工作条例》

中国水电基础局有限公司监事会工作条例

（2005 年 10 月 19 日公司第一届股东会第一次临时会议通过）

第一章　总　　则

第一条　为规范中国水电基础局有限公司（简称公司）监事会工作的程序和方式，保证监事会依法行使权力、履行职责，依据《中华人民共和国公司法》（简称《公司法》）等法律法规和《中国水电基础局有限公司章程》（简称公司章程），制定本条例。

第二条　监事会是公司的监督机构，依照法律和公司章程的规定行使监督权，保障股东及公司和员工的合法权益。

第二章　监 事 会 组 成

第三条　公司组建监事会，由 3 名监事组成。监事按公司章程规定由股东会选举产生和更换。监事会设主席 1 名，由股东会提名，全体监事过半数选举产生和更换。

第四条　监事的任期每届为 3 年，监事任期届满，连选可以连任。监事任期届满前，股东会不得无故解除其职务。

第五条　监事的任职资格、条件和行为准则，依照《公司法》和公司章程的规定。

第六条　公司监事一般为兼职，监事会日常事务由监事会主席指定监事处理。

第三章　监事会和监事的职责、职权

第七条　监事会和监事应当依照法律、行政法规、《公司章程》的规定，忠实履行以下职责：

（一）向股东会负责并定期报告工作；

（二）检查、监督公司贯彻执行国家有关法律法规和《公司章程》及主要规章制度的情况；

（三）检查公司财务，对公司财务预算提出审核意见，对公司财务决算、财务会计报告的真实性、合法性进行审核验证并提出审核验证意见，发现重大问题及时向股东会报告；

（四）检查公司经营活动，对经济效益、利润分配、资产保值增值、资产运营等情况进行审核验证并提出审核验证意见，发现重大问题及时向股东会报告；

（五）监督公司董事会执行《公司章程》、维护股东和公司利益情况，发现董事会的决议违反法律、法规、《公司章程》或损害股东和公司利益时，应要求董事会复议，董事会

不复议或经复议仍维持原决议的，监事会有责任提议召开临时股东会议解决。

第八条 监事会或监事行使下列职权：

（一）检查公司财务，包括对公司财务会计报告进行审查，签署审查意见；

（二）对董事、总经理履行公司职务时执行法律、法规或者公司章程的行为进行监督；

（三）当董事和总经理及其他高管人员的行为执行公司章程的有关规定，损害公司的利益时，要求董事和总经理予以纠正，并提出处理意见；

（四）监事列席董事会会议，有权陈述意见。对董事会的重大决策如有不同意见，经全体监事的二分之一以上表决，可以要求董事会进行复议；

（五）经全体监事的二分之一以上表决同意，监事会对违法行为和重大失职行为的董事、总经理等高级管理人员，有权向股东会提出更换董事，向董事会提出解聘总经理和其他高级管理人员的建议；

（六）监事会对公司提出的财务会计报表，必要时可以公司的名义聘请律师、注册会计师进行审查，其所需费用由公司承担；

（七）提议召开股东会临时会议；

（八）定期向股东会报告工作；

（九）股东会授予的其他职权。

第九条 监事会主席行使下列职权：

（一）组织和协调监事会工作；

（二）召集和主持监事会会议；

（三）检查监事会决议的实施情况；

（四）代表监事会向股东会报告工作；

（五）审定、签署监事会的报告和文件。

第十条 监事会履行监督检查职责，实施监督检查，可以采取下列方式：

（一）在公司召开与监督、检查有关的会议，听取公司及有关方面负责人关于经营管理、财务与资产状况等情况汇报；

（二）查阅公司财务预算、决算、会计账簿、会计凭证、会计报表等财务会计资料，以及与经营管理活动有关的其他资料；

（三）要求公司及有关方面负责人对有关事项作出说明；

（四）就有关事项进行调查、了解与核查；

（五）可以委托公司审计部门对有关事项进行审计；

（六）必要时，可聘请律师、注册会计师、执业审计师等专业人员协助，可以聘请会计师事务所进行审计，其所需费用由公司承担；

（七）监事会主席根据监督、检查的需要，可以列席或者委派监事会其他成员列席公司有关会议。

第十一条 监事应对监事会决议承担责任。因监事会决议违反法律、法规和公司章程给公司造成损害的，参与决议的监事对公司负赔偿责任；但经证明在决议时曾表明异议并记载于会议记录的，该监事可以免除责任。

第十二条　监事应当遵守公司章程，忠实履行职务，维护公司利益。

监事在执行职务时违反纪律、法规或者公司章程的规定，致使公司与股东利益遭受重大损失的，应当承担赔偿责任。

监事会成员具有下列行为之一的，应依照有关法律、法规追究责任，并按规定的程序解除其监事职务：

（一）利用在公司的地位，侵占公司的财产或谋取非法利益的；

（二）违反“除按照法律规定或者经股东会同意外，不得泄露公司秘密”义务的；

（三）对监督检查发现的重大违法、违规问题隐匿不报或者严重失职的；

（四）与有关人员串通编造虚假检查报告或者有意泄露检查报告内容，给公司造成重大损失的。

第四章　监事会议事内容

第十三条　监事会的议事内容为其职责权限范围内的事项，主要包括：

（一）审定公司拟提交董事会、股东会的财务预决算、会计报告、营业报告和利润分配方案等财务资料，审查核对结论性意见；

（二）审定监事会工作报告；

（三）审定对董事会决议复议的建议；

（四）讨论对董事和总经理等高级管理人员的违法行为和重大失职行为的处理意见，向股东会提出更换董事的建议，向董事会提出解聘总经理和其他高级管理人员的建议；

（五）讨论对公司的重大生产经营活动的意见；

（六）讨论公司内部审计部门有关财务收支、基建工程项目、经济责任、管理控制、投资回报等事项的审计报告结论；

（七）监事会认为需要决议的其他重大事项。

第五章　监事会会议和监督程序

第十四条　监事会会议由监事会主席召集和主持。监事会主席因特殊原因不能履行职务时，可委托其他监事召集和主持监事会会议，委托时应出具书面证明，并列举授权范围。

第十五条　监事会每半年召开一次定期会议。遇有特殊情况，监事会主席可决定召开监事会临时会议。监事有正当理由，可提议召开临时监事会，是否召开，由监事会主席决定；但经三分之一以上监事提议的，临时监事会必须召开。

第十六条　监事会会议应有三分之二以上监事出席方可召开。

第十七条　监事会会议议项，由监事会主席根据监事提出的议案确定。确定的会议议项，由负责的监事提出意见和方案，并分发各监事。

第十八条　监事会会议的召集人，应在会议（临时会议除外）召开 10 日以前将会议的时间、地点、内容及表决事项通知全体监事。

第十九条　因故不能出席监事会会议的监事，可以事先提出书面意见或书面表决，也可委托其他监事代为出席监事会，委托书中应载明授权范围。

无故缺席且不提交书面意见或书面表决的，视为同意监事会的决议。

第二十条 监事会的决议应当由全体监事的二分之一以上表决通过。对需要向公司公布的决议，由监事会主席签署后公布。

第二十一条 监事会会议所议事项应形成会议记录。会议记录应记载会议的时间、场所、决议方法、议事经过及结果，出席会议的监事和记录员应在会议记录上签名。会议记录应与出席会议的监事签名簿及代理出席委托书一并保存。监事会会议记录未逾法律规定的时限不得随意销毁。

第二十二条 公司应对监事履行职责的行为提供必要的工作条件。监事履行职责时，涉及的公司有关部门和单位应予以支持协助，不得拒绝、推诿和阻挠。

第六章 监事报酬和监事会经费

第二十三条 监事报酬按照股东会规定的数额和支出渠道支付。

第二十四条 监事会和在公司内部从业的监事履行职责所发生的费用，在公司管理费中列支；不在公司内部从业的监事履行职责所发生的费用，由委派或聘请该监事的股东支付。

第七章 附 则

第二十五条 本条例未尽事宜，依照《公司法》和公司章程的规定办理。

第二十六条 本条例由公司监事会负责解释。

第二十七条 本条例经股东会通过后生效。

四、《中国水电基础局有限公司总经理工作条例》

中国水电基础局有限公司总经理工作条例

（2005 年 10 月 19 日公司第一届董事会第一次会议通过）

第一章 总 则

第一条 为了明确总经理的职责，保障总经理高效、协调、规范地行使职权，保护公司、股东、债权人的合法权益，促进公司生产经营和改革发展，根据《中华人民共和国公司法》和《中国水电基础局有限公司章程》（简称公司章程）的规定，特制定本条例。

第二条 总经理是董事会领导下的公司行政负责人，负责贯彻落实董事会决议，主持公司的生产经营管理工作，并对董事会负责。

第二章 总经理任职的基本条件

第三条 总经理任职应当具备以下基本条件：

（一）能够认真执行国家的方针、政策和法规，具有强烈的事业心、责任感和开拓创新精神；

（二）具有履行本岗位职责所需要的工作能力；

（三）熟悉本行业业务，掌握现代经营管理、金融、科技和法律等方面的基本知识；

（四）遵纪守法，廉洁自律，求真务实，诚信勤勉；

（五）具有团结协作精神，善于和领导班子其他成员合作共事；

（六）一般应具备大学或以上文化程度，具有丰富的管理知识和实践经验；

（七）身体健康。

第四条 有下列情形之一的，不得担任公司总经理：

（一）无民事行为能力或者限制民事行为能力；

（二）因犯有贪污、贿赂、侵占财产、挪用财产罪或者破坏社会经济秩序罪，被判处刑罚，执行期满未逾5年；或者因犯罪被剥夺政治权利，执行期满未逾5年；

（三）担任因经营不善破产清算的公司、企业的董事或者厂长、经理，并对该公司、企业的破产负有个人责任的，自该公司、企业破产清算完结之日起未逾3年；

（四）担任因违法被吊销营业执照的公司、企业的法定代表人，并负有个人责任的，自该公司、企业被吊销营业执照之日起未逾3年；

（五）个人所负数额较大的债务到期未清偿；

（六）在任期内出现严重亏损，并负有主要责任的公司或工程项目部负责人，自被撤职或调离之日起未满5年的；

（七）董事会规定的其他情况；

（八）国家公务员不得兼任公司总经理。

公司违反前款规定聘任总经理的，该聘任无效。

第三章 总经理的任免

第五条 公司总经理由董事会聘任或解聘，总经理班子其他成员由总经理提名，董事会聘任或解聘。

第六条 公司设总经理一人，副总经理若干人，“三总师”各一人，组成公司总经理班子。总经理班子是公司日常生产经营管理的决策和指挥中心。

第七条 总经理每届任期三年，连聘可以连任。

第八条 董事会必须与受聘总经理签订聘任书，由聘任和受聘双方协商一致同意后生效。

第九条 董事会解聘总经理应依照公司法、公司章程和聘任合同执行，不得无故解聘。

第十条 总经理主动辞职，应于事前三个月书面通知董事会。

第十一条 董事会无正当理由，应于收到总经理辞职报告之日起三个月内给予正式批复。

第十二条 总经理班子其他成员提出辞职，需向总经理提交辞职报告，由总经理签字同意后报董事会批准。

第十三条 总经理任职期间，必须进行经济责任审计。

第四章 总 经 理 的 职 权

第十四条 总经理行使下列职权：

（一）全面主持公司的生产经营管理工作，组织实施董事会决议；

（二）拟订并组织实施公司年度经营计划和投资方案；

（三）拟订公司内部管理机构设置方案；

（四）拟订公司的基本管理制度并制定公司的具体规章制度；

（五）提请董事会聘任或者解聘公司副总经理、“三总师”；

（六）聘任或解聘公司部门和分支机构负责人；

（七）在职权范围内，决定对公司员工的聘用、解聘和奖惩；

（八）拟订公司的年度用工和工资计划及公司的工资分配方案；

（九）制订公司改革方案和管理制度，由董事会审批后实施；

（十）拟订公司年度财务预决算方案、税后利润分配方案、弥补亏损方案和公司资产抵押、融资方案；

（十一）审批公司日常经营管理工作中的各项费用支出；

（十二）签发公司日常行政文件；

（十三）受董事长委托，签订工程承包合同；

（十四）提议召开董事会临时会议；

（十五）公司章程和董事会授予的其他职权。

第十五条 总经理因故暂时不能履行职权时，可临时授权一名副总经理代行部分或全部职权。

第十六条 总经理行使职权时，下列问题由总经理提交董事会讨论决定：

（一）公司年度生产经营计划、投资方案及实现的主要措施；

（二）公司职工的工资、福利、奖惩方案；

（三）提出聘任或解聘公司副总经理、“三总师”的建议，以及相应的报酬和奖惩意见；

（四）公司内部改革方案；

（五）公司内部管理机构的设置方案；

（六）公司有关基本管理制度的建立、修订和废除；

（七）董事会授权总经理草拟的其他重要方案；

（八）总经理认为必须提交董事会讨论的其他问题。

第十七条 副总经理主要职权：

（一）协助总经理分管公司生产经营管理工作，组织执行国家有关法律、法规和制度；

（二）受总经理委托分管部门工作，对总经理负责，并在职责范围内签发有关的业务文件；

（三）受总经理委托代行总经理部分或全部职权；

（四）总经理交办的其他工作。

第十八条　总会计师主要职权：

（一）协助总经理分管公司的财务及资产、成本、资金筹措、投资审核管理工作；

（二）负责预决算审核、财务报告审核及财务信息披露的把关；

（三）负责建立健全会计核算体系，拟订降本增效方案；

（四）协调实施公司内部价格制定、经济效益分析；

（五）总经理交办的其他工作。

第十九条　总经济师主要职权：

（一）协助总经理分管公司经营管理工作，负责制订公司中长期发展规划、综合性生产经营计划和年度经营计划等工作；

（二）组织公司经营管理制度、经济政策、经营目标、经济责任制指标的调研、拟订、贯彻、总结以及修订完善；

（三）组织公司的经营合同的管理工作和各二级单位的经营目标责任制的制订、考核；

（四）组织内部资源的经济性配置及局内各单位经济关系的协调；负责开展经济活动分析；

（五）总经理交办的其他工作。

第二十条　总工程师主要职权：

（一）协助总经理分管公司技术、质量、科研和贯标等工作，负责贯彻国家的各项科技政策法规和上级颁发的技术标准、技术规范、规程及科学技术管理制度，并根据公司实际情况，组织制订相应的技术文件；

（二）组织编制公司技术改造计划和科技发展规划，经批准后组织实施；负责组织公司施工技术攻关和科研工作，负责组织公司新技术、新工艺、新设备的引进、应用和推广；

（三）代表管理者负责全公司质量体系、环境管理体系和职业安全健康管理体系的建立、运行、审核、改进；在质量管理和质量保证方面向总经理负责；

（四）组织公司信息化建设及其相关的工作；

（五）总经理交办的其他工作。

第五章　总经理的义务与责任

第二十一条　总经理履行下列义务：

（一）遵守法律、法规和公司章程；

（二）执行公司董事会决议；

（三）维护企业法人财产权，正确处理所有者、企业和职工的利益关系，努力提高公司经济效益，确保公司资产的保值增值；

（四）自觉接受监事会的监督；

（五）对涉及职工切身利益的重大事项作出决策时，应事先听取工会和职工代表的意见；

（六）组织实施董事会确定的工作目标和任务，确保完成各项生产经营指标和各项工作任务。

第二十二条 总经理承担以下责任：

（一）在执行业务时，因违反法律而使他人利益受到损害，应依法追究责任；

（二）要严格按照《公司法》、公司章程以及本条例规定的程序开展工作，违者应承担相应的责任；

（三）不得从事与公司相竞争或损害公司利益的事务；

（四）不得利用职权收取贿赂或者谋求其他非法报酬；

（五）不得侵占公司财产；

（六）不得擅自将公司资金挪用或借贷他人；

（七）不得自营或者为他人经营与公司同类的企业；

（八）不得与本公司订立合同或进行交易；

（九）不得泄露公司商业秘密；

（十）违反法律规定，以公司资产为本公司的股东或者其他个人债务提供担保，依法承担相应责任。

第二十三条 公司发生下列情形之一的，总经理应当立即向董事会报告：

（一）重要合同的订立、变更和终止；

（二）重大经营性或非经营性亏损；

（三）资产遭受重大损失；

（四）可能依法负有的赔偿责任；

（五）重大诉讼、仲裁事项；

（六）重大行政处罚等；

（七）重大人身安全事故、设备事故、质量事故及其他对公司生产经营、改革发展产生重大影响的事件。

第六章 总经理工作机构及规则

第二十四条 总经理按照董事会决定的基本管理制度和授权范围，制订具体的管理规章，对公司进行管理。

第二十五条 总经理班子分工应当由总经理做出决定，并应当下文明确。

第二十六条 总经理班子成员在工作中必须紧密配合，相互支持。在紧急情况下，对不属于自己职责范围而又必须立即决定的问题，可临时处置，但事后应互相通气，并向总经理报告。

第二十七条 公司各职能部门，分别按各自的职能，对公司所属各单位进行专业归口管理和协调工作。公司各部门行政负责人和二级单位行政负责人、应定期向总经理报告本部门、本单位生产经营管理工作情况，对总经理负责。

第二十八条 总经理工作机构设置为：总经理工作部、人力资源部、企业发展部（法律事务部）、财务产权部、工程管理部（安全生产监督管理部）、技术信息中心、审计部等职能部门和市场开发部、国际工程部、物资设备管理公司、资金结算中心（会计核算中心）、社会保障中心（离退休工作部）等专业管理部门，负责公司的各项生产经营管理工作。

第二十九条　总经理可根据需要提出缩编或扩编职能部门和业务管理部门的方案，经董事会批准后执行。

第三十条　总经理可根据需要设立若干由总经理班子成员牵头负责的非建制的专门委员会或领导小组，对本系统的工作和有关事务进行协调、研究和处理。

第七章　总经理办公会议

第三十一条　公司建立总经理办公会议制度，总经理办公会议，是公司进行日常经营决策的主要形式。总经理办公会每月至少召开一次，总经理认为必要时可召开临时会议。

第三十二条　总经理办公会议由总经理主持召开，总经理因故缺席时，由总经理授权的副总经理主持召开。

第三十三条　总经理办公会议的出席人员为公司总经理班子成员。并根据需要，由总经理决定，公司部门或二级单位负责人参加。

第三十四条　总经理办公会议采用总经理裁决制，在听取与会人员充分发表意见的前提下，总经理有最终决策权。

第三十五条　总经理办公会议的议事事项：

（一）本条例第十四条中所规定的各项事项；

（二）董事会决定需由总经理提出的提案；

（三）有关日常生产、经营、管理、科研活动和内部改革中的重大问题和业务事项；

（四）公司章程规定或董事会认为必要的事项；

（五）总经理认为必要的其他事项。

第三十六条　参加会议人员（除列席人员和记录员外）在总经理就某一议事事项作出决定前，有客观、准确、真实地向总经理反映情况和阐述意见的义务。

第三十七条　总经理决定有关职工工资、福利、安全生产以及劳动保护、劳动保险、职工培训、解聘（或开除）公司职工等涉及职工切身利益的问题时，应当事先听取工会和职代会的意见。

第三十八条　总经理在提名公司副总经理及“三总师”人员时，应事先征求有关方面的意见，由董事会决定任免。

总经理职权范围内的人事任免，由公司人力资源部门考察后提出意见，经总经理办公会讨论后，由总经理任免。

第三十九条　各单位（部门）需提交总经理办公会议讨论的议题，应于会议前3天向总经理工作部申报，由总经理工作部请示总经理后予以安排。

第四十条　重要议题讨论材料必须提前三天送交出席会议人员阅知。

第四十一条　总经理办公会议由总经理工作部负责筹备，会议通知应于会议召开2日前以书面或电话通知方式通知，会议通知包括以下内容：

（一）会议日期和地点；

（二）会议期限；

（三）会议事由及议题；

（四）发出通知的日期。

第四十二条 总经理议事会议应做记录，记录应载明以下事项：

（一）会议名称、次数、时间、地点；

（二）主持人、出席、列席、记录人员之姓名；

（三）报告事项之案由及决定；

（四）讨论事项之案由、讨论情况及决定；

（五）出席人员要求记载的其他事项。

第四十三条 总经理工作部应当指定专人负责总经理办公会议的记录。会议记录按档案管理规定，编档保存。对总经理办公会议的决定由总经理或授权副总经理根据需要指示总经理工作部编发文件或通知下发。

第四十四条 总经理除建立办公会议议事规则外，还可以建立如下会议制度：

（一）每季度、半年召开一次公司行政例会。由总经理主持，总经理班子成员及职能部门、分公司行政负责人参加，通报上季度、上半年公司生产经营等计划的执行情况，对今后工作提出要求。

（二）定期或不定期的召开由有关总经理班子成员负责的非建制的专业委员会或领导小组会议，定期召开会议协调处理有关工作。总经理班子成员根据需要可召开本系统的工作例会。

第八章 总经理绩效评价与激励机制

第四十五条 公司对总经理及其班子成员的绩效评价，作为确定总经理及其班子成员薪酬以及其他激励方式的依据。

第四十六条 总经理的薪酬和奖惩方案，由董事会薪酬与考核委员会提出，董事会讨论决定，也可直接由董事会讨论决定。

第四十七条 总经理及其班子成员实行年薪制（或经营者目标责任制），建立起经营者薪酬与业绩相联系的激励机制。

第四十八条 总经理班子其他成员的薪酬与奖惩方案由董事会根据董事会薪酬与考核委员会提出的意见和总经理提出的意见，综合考虑并讨论决定。

第四十九条 总经理及其班子成员在生产经营中，忠实履行职责，为公司发展和经济效益作出重大贡献，董事会可讨论给予嘉奖。

第五十条 总经理及其班子成员因管理不力，经营不善，给公司造成严重损失或重大质量事故、安全设备事故，董事会应按照公司章程和有关规定给予行政处分或经济处罚，甚至解聘。

第九章 附　　则

第五十一条 本条例有关内容若与国家颁布的法律、法规不一致时，按国家规定办理。

第五十二条　本条例解释权在公司董事会。

第五十三条　本条例经董事会通过后生效。

五、《中共中国水电基础局有限公司委员会议事规则》

中共中国水电基础局有限公司委员会议事规则

为进一步促进公司深化改革和健康发展，使公司党委各项工作制度化、程序化、规范化，根据《中国共产党章程》、《中共中央关于进一步加强和改进国有企业党的建设工作的通知》精神，结合公司实际情况，制定公司党委会、党委扩大会、党群工作会议事规则。

一、党委会议事规则

（一）参加会议人员：

党委委员。

党群工作部主任列席会议。

根据需要，可以确定有关人员列席会议。

（二）会议主持：

党委书记。书记不能参加会议时，可委托副书记主持。

（三）会议组织原则：

按民主集中制的组织原则进行；必须有三分之二以上的委员到会才能举行；决定重要事项时，按少数服从多数的原则；在进行表决时，以赞成票超过应到会委员人数的半数方能通过。

（四）会议内容：

根据党组织对企业实行思想政治领导的职责和党要管党、党管干部的原则，党委会议事内容如下：

1. 研究决定贯彻落实党的路线、方针、政策及上级党组织重要文件、会议精神的意见和措施；

2. 研究决定公司党的建设、精神文明建设、思想政治工作的安排，确定党委工作的重要事项；

3. 研究决定公司纪委、公司工会、公司团委以及下级党委（直属支部）换届的领导人员人选；研究决定基层党组织的设置等问题；

4. 按管理权限，讨论决定高中级管理人员的任免以及后备人员的推荐人选，研究决定后备领导人员队伍建设中的重大问题；

5. 研究决定应受党纪处分的中层以上党员领导人员违纪问题的立案及处理；

6. 听取行政、纪委、工会、团委的工作汇报，研究决定工团工作中的重大问题；

7. 审议以公司党委名义召开的重要会议及会议文件；

8. 讨论确定呈报上级党委的请示或报告，决定上级党委交办的重大事项的执行办法，决定下级党组织提出的重要请示的批复意见；

9. 审查中层以上领导人员出国考察人员名单及有关事宜；

10. 讨论研究需要由党委会研究决定的重大问题。

党委会对下列重大问题的决策积极提出意见和建议：

1. 公司经营方针、发展规划、年度计划和重大投资意向及决策；

2. 公司大额资金的使用、资产重组和资本运营中的重大问题；

3. 重要改革方案和重要管理制度的制定、修改；

4. 涉及广大员工切身利益的重要问题；

5. 公司提交董事会审议决定的其他问题。

（五）会议召开时间：

原则上每季度召开一次。

（六）会议准备：

由党群工作部负责：

1. 会议议题的收集整理，报书记或受书记委托的副书记确定；

2. 将确定的议题分送党委成员，并通知有关部门、单位，准备好会议材料；

3. 会议通知和会务工作。

（七）议事原则：

1. 公司党政领导共同磋商，确定决策议题；

2. 党组织根据决策内容有针对性地开展调查研究，广泛听取党员、员工及有关方面意见；

3. 在党委会或党委扩大会集体研究后，认真负责地提出意见和建议；

4. 重大问题决策后，加强组织协商，与行政领导一起采取有效措施，保证决策的顺利实施；

5. 当党委发现重大问题决策不符合党和国家的方针政策、法律法规时，应及时提出意见，如得不到纠正，要负责地向上级党组织报告。

二、党委扩大会议规则

（一）参加会议人员：

党委委员；公司级行政领导；党群工作部主任；团委书记，根据工作需要，公司党委可以确定有关人员参加会议。

（二）会议主持：

党委书记；书记不能参加会议时，可委托副书记主持。

（三）会议内容：

传达党和国家及市委、市政府、规划建设工委、水电建设集团公司党委的重要会议精神；讨论公司党委工作总结和工作安排；讨论公司党委年度工作计划和专项工作安排。

（四）会议日期：

根据工作需要不定期召开。

（五）会议准备：

由党群工作部负责。

三、党群工作会议规则

（一）会议参加人员：

党委书记、副书记、纪委书记、工会主席、党群工作部主任、团委书记及有关工作人员和与会议议题有关的下级党组织负责人。

（二）会议主持：

党委书记或副书记、党群工作部主任。

（三）会议内容：

研究、落实党委年度工作的具体实施意见；研究组织工作、宣传工作、纪检工作、工会工作、共青团工作等。

（四）会议召开时间：

原则上每年召开一次（在第一季度召开）。

（五）会议准备：

由党群工作部负责。

四、其　　他

（一）讨论、决定的问题，如涉及与会同志本人、子女、亲属时，实行该同志回避制度。

（二）讨论、决定重大问题，除按会议批准需要公布、传达和执行的内容外，任何与会人员都不得泄露会议的其他内容，也不能在会议决定公布、传达以前泄露决定的内容，更不能在会后传播自己或他人的不同意见，否则按违纪处理，按有关规定追究责任。

六、《中国水电基础局有限公司加强项目党建工作实施办法》

中国水电基础局有限公司加强项目党建工作实施办法

为加强公司项目党建工作，规范项目党建的工作内容、工作方式，根据集团公司《关于加强集团公司国内项目党建工作的指导意见》的精神，结合公司实际，特制定公司党建工作实施办法。

第一章　总　　则

第一条　坚持项目发展到哪里，党组织就建到哪里，作用就发挥到哪里的原则。坚持项目施工管理工作与项目党建工作目标同向、工作同步、责任同担，用坚强有力的党建工作促进项目生产经营工作。

第二条　加强项目党建工作，是加强基层党建工作的重要环节。进一步加强和改进公司的党建工作，实现公司党建工作由上到下（公司本部到基层项目）、由内到外（由国内项目到国外项目）、由虚到实（工作内容由务虚为主到务实为主）的三个转变，提高公司党建工作水平。

第三条　为适应各单位项目增多、形式多样的实际情况，加强对项目党建工作的领导和指导，特制定本实施办法。

第二章　项目党组织的基本任务

按照《党章》对党的基层组织基本任务的规定，结合项目的实际情况，项目党组织的基本任务是：

第四条　贯彻执行中央和上级党组织关于基层党建工作的决议、决定和指示，研究制定项目党建的计划、制度、措施，并组织实施。

第五条　建立健全项目党的组织，建立项目党委、党总支、党支部、党小组，做到组织网络健全，分工明确，工作到位。

第六条　围绕项目履约，结合生产经营中心任务，开展党内“创先争优”活动，确保项目生产经营目标的实现。把项目生产经营的重点和难点问题作为项目党建工作的重要内容。结合项目实际，开展党员立功奉献在本岗、党员先锋工程、党员先锋岗、党员身边无事故等主题实践活动，促进项目施工与管理。

第七条　坚持党管干部、党管人才的原则，项目党组织应把抓好班子建设作为工作重点，以提高领导班子的领导能力和经营能力为中心，以搞好班子的思想政治教育为基础，抓好班子的思想建设、组织建设、作风建设。项目党组织要抓好项目人才队伍建设，加强实践锻炼，努力做到建一个项目，出一批人才。

第八条　对党员进行教育、管理、监督，提高党员素质，增强党性，严格党的组织生活，坚持和完善民主评议党员制度，定期开展党员党性分析评议活动。加强思想政治工作，组织党员开展经常性谈心活动，沟通思想，相互启发教育。经常分析党员思想状况，及时解决思想问题，增强思想政治工作的预见性、针对性和实效性。

第九条　密切联系群众，经常了解群众对党员、对项目党的工作的批评和意见，维护群众的正当权利和利益，做好群众的思想政治工作。

第十条　组织项目有关部门完成上级工会、团委组织交办的任务，结合项目实际，开展工会、共青团组织的各种特色活动，形成党建工作合力。

第十一条　领导开展创建文明工程工作，努力做到项目履约进度好、工程质量好、安全生产好、经济效益好、工地环境好、队伍建设好，努力创建公司级文明工程，促进项目进度、质量、安全、效益、环境、队伍建设的协调发展。

第十二条　对要求入党的积极分子进行教育和培养，做好经常性的发展党员工作，重视在生产、工作第一线和青年中发展党员。

第十三条　教育党员和群众自觉抵制不良倾向，践行“八荣八耻”社会主义荣辱观，坚决同各种违法犯罪行为作斗争。

第三章　项目党组织的设立

第十四条　坚持项目党组织与行政组织同步设立。各单位在设立项目行政组织的同时，一并研究设立项目党组织。结合项目的规模、工期、员工人数、党员人数等不同情况，恰当设置项目党组织。对工程量大、工期长、员工人数多的项目部，成立项目部党委。对少数施工时间短、人员少的项目部，应成立党总支或党支部、党小组。党组织工作机构和行政办公室实行“一套机构、两块牌子、双重职责、合署办公”，可成立项目综合部或综合办公室。

第十五条　按照“精干高效、交叉任职”的原则，应根据项目的实际情况，可由项目经理兼任党委书记、党支部书记。也可配备党委书记、党支部书记，并兼任项目部副经理。在项目部综合部内明确1～2名兼职党务工作者，一身多职、一人多岗，对项目部党建工作统一管理，并兼做其他行政工作。

第十六条　坚持项目思想政治工作与施工管理工作同步考核。各单位党组织对项目行政和党组织的主要负责人实行“一岗双责”制度，党政主要负责人共同承担生产经营和思想政治工作双重职责，共同接受上级党政组织的检查考核。

第四章　加强领导　注重实效

第十七条　各单位党组织要加强对项目党建工作的领导，党组织要专题研究项目党建工作，并按此实施细则的精神，结合本单位的实际情况，研究落实并加强项目党建的具体工作。

第十八条　要认真总结项目党建工作经验，形成项目党建工作制度，不断完善项目党建工作制度体系，依靠制度加强项目党建工作。

第十九条　项目党建工作一定要坚持“结合实际、注重实效”的原则。结合项目实际改进方式方法，反对形式主义，开展党的活动要注重实际效果。

第五章　附　　则

第二十条　本实施办法将根据项目党建工作实际不断修改完善。

第二十一条　本实施办法自发布之日起实行。

七、《中国水电基础局有限公司员工代表大会实施办法》

中国水电基础局有限公司员工代表大会实施办法

第一章 总 则

第一条 根据《公司法》、《工会法》和《中国水电基础局有限公司章程》的规定，结合中国水电基础局有限公司实际，为充分发挥员工的积极性和创造力，实现公司重大决策的民主化、科学化，特制定本办法。

第二条 工会依照法律规定，通过员工代表大会或员工大会及其他形式，组织员工参与公司的民主决策、民主管理、民主监督。

第三条 员工代表大会是企业民主管理的基本形式，是员工行使民主管理权力的机构，依照法律规定行使职权。

工会委员会是员工代表大会的工作机构，负责员工代表大会的日常工作，检查、督促员工代表大会决议的执行。

第四条 公司及分公司都必须坚持和完善以员工代表大会为基本形式的民主管理制度，实行厂务公开，推进基层民主建设，保障与发挥工会组织和员工代表在民主管理、民主监督、维护员工合法权益方面的权力和作用。

第五条 员工代表大会接受同级党组织的政治、思想领导，贯彻执行党的路线、方针、政策和国家的法律法规，在维护国家、企业总体利益的同时，更好地维护员工的合法权益。

第六条 员工代表大会支持经营者和股东大会、董事会、监事会依法行使职权，教育员工遵守公司章程，保护、调动员工的积极性和创造性，教育员工爱岗敬业，为公司的发展做好本职工作。

第二章 职 权 与 任 务

第七条 员工代表大会的职权：

（一）在每年一次的员工代表大会上，听取并讨论总经理关于公司经营方针、发展规划、年度生产经营计划、财务预决算、员工培训计划、基本建设（包括承包）方案、重大投资和技术改造项目方案、自有资金分配使用方案、公司资产保值增值、大宗物资采购、公司承付各项重大费用支出等情况和公司改组改制、产权变更（包括兼并、联合、拍卖、出售、破产）等重大事项的工作报告，并提出意见和建议。

（二）审查同意或者否决公司劳动用工、劳动报酬、劳动保护措施、奖惩办法以及员工下岗分流再就业等涉及员工利益重大事项和其他重要规章制度。

讨论通过集体合同（工资协议）草案及其续订、变更、解除等事宜。讨论通过公司劳动合同管理制度，定期听取集体合同、劳动合同履行情况的报告，并进行监督检查。

（三）审议决定公积金和福利费使用方案、住房分配制度改革方案以及其他有关员工生活福利重大事项。审查监督公司依法缴纳各项社会保险费、住房公积金及办理补充保险的情况。

（四）评议监督公司各级领导人员，坚持至少每年评议一次公司领导人员的制度，并提出奖惩、任免的建议。

定期听取公司业务招待费使用情况的报告，定期听取公司领导人员廉洁自律情况的报告，听取公司领导人员离任审计情况的报告，并依照有关规定进行监督。

第八条　员工代表大会的任务：

（一）协同党政部门抓好文明建设，坚持疏导和正面教育的方法，对员工进行思想、纪律、职业道德和爱国主义教育；

（二）围绕全面推进建设效益型企业这一目标，充分调动广大员工的积极性和创造力，支持公司大力推进机制转换，促进公司快速协调发展；

（三）密切关系广大员工，维护员工合法权益，如实反映员工的意见和要求；

（四）加强对员工代表的培训，不断提高员工代表的参政议政能力和整体素质；

（五）动员员工贯彻执行公司内的各项决定和规章制度，努力完成各项工作任务，保证各项目标的顺利实施。

第三章　员　工　代　表

第九条　按照法律规定享有政治权利的全体公司员工（含外来务工人员），均可当选为员工代表。员工代表的条件是：坚持党的基本路线，努力践行“三个代表”重要思想，工作积极努力，作风正派，办事公道，关心公司的发展，具有一定的政策水平和参政议政能力。

第十条　员工代表，以基层单位班组、部门科室为单位由员工民主选举产生。公司员工代表的人数为单位员工总数的8%左右。员工代表团（组）以基层单位为单位组建，推选团（组）长1人，由各基层单位公司经理担任；副团（组）长1人，由基层工会主席担任。员工代表组承担单位的民主管理任务。

第十一条　员工代表由领导干部、管理人员、技术人员、工人等方面的员工组成，中层以上领导人不得超过员工代表总数的20%；女员工、青年员工应占一定的比例。

未被选为员工代表的公司机关和基层的有关人员，可列席员工代表大会。

第十二条　员工代表的任期、替补、撤换。员工代表实行常任制，任期届满，可以连选连任。因各种原因造成原选举单位员工代表缺席，应及时向公司工会报告，并按民主程序补选，报公司工会备案。员工代表对选举单位的员工负责，选举单位有权监督或者撤换本单位不称职和不能行使权利和履行义务的员工代表。撤换员工代表时，需事先向公司工会报告，补选要按相应的代表结构类型和选举程序进行并报告公司工会。

第十三条　员工代表调离原选举单位（内部调动），其代表资格失效，原单位可按缺额部分补选员工代表；员工代表大会主席团成员在公司内调动，其代表资格及委员身份不变。

第十四条 员工代表必须按时参加会议，如遇特殊情况不能参加会议时，必须向团（组）长请假，由团（组）长向员工代表主席团报告。代表无故三次不参加会议，取消其代表资格，由所在单位补选缺额。

第十五条 员工代表的权利：

（一）在员工代表大会上，有选举权、被选举权和表决权；

（二）员工代表按照规定行使民主管理权利，任何组织和个人不得压制、阻挠和打击报复；

（三）因参加员工代表大会组织的各项活动而占用生产或者工作时间，有权按照正常出勤享受应得的待遇。

第十六条 员工代表的义务：

（一）努力学习党和国家的方针、政策，不断提高政治觉悟、理论水平、技术水平；

（二）密切联系群众，代表员工合法权益，如实反映员工的意见和要求，认真执行员工代表大会的决议，做好员工代表大会主席团交给的各项任务；

（三）模范遵守国家的法律、法规和公司的规章制度、劳动纪律、努力做好本职工作。

第四章 组 织 制 度

第十七条 员工代表大会每届三年。换届召开员工代表大会时，应选举大会主席团主持会议。

第十八条 员工代表大会主席团由11～20人组成，候选人由员工或员工代表在反复酝酿、推荐的基础上，在员工代表大会上采取无记名投票差额选举产生（差额率为15%），其中工人、技术人员、管理人员应超过半数，主席团成员必须是本届员工代表。员工代表大会主席团负责主持会议期间的工作。

第十九条 员工代表大会每年至少召开一次，每次会议必须有三分之二以上的员工代表出席。如不能如期召开，则应事先征得员工代表大会主席团的同意，并报上级备案。遇有重大问题，经员工代表大会主席团或三分之一以上员工代表提议，可召开临时员工代表大会团（组）长会议；员工代表大会进行选举和作出决议，必须经与会代表半数以上通过有效；员工代表大会在其职责范围内决定的事项，不经员工代表大会同意不得修改。员工代表大会团（组）长负责大会闭会期间需要临时处理的重要问题。

第二十条 员工代表大会根据公司的中心工作和员工迫切关心的问题，确定会议的议题，并围绕议题，进行提案征集和处理工作。作好大会要通过的决议和文件的起草、修改工作。

第二十一条 员工代表大会主席团，要定期向员工代表大会、员工代表团（组）长联席会议报告工作，接受员工代表和全体员工的监督。

第二十二条 员工代表大会设生产经营、规章制度、评议干部、提案审查和劳动争议调解等经常性和临时性的专门小组，专门小组人选一般在员工代表中提名产生。

第二十三条 公司工会应代表和组织员工与公司进行集体协商，在协商一致的基础上，签订集体合同，也可以就劳动报酬、工作时间和劳动安全卫生等劳动标准条件进行专项集体协商，签订专项集体合同。每年至少进行一次工资集体协商，并签订工资集体协议，即工资专项集体合同，作为集体合同的附件。

第二十四条　集体合同草案及其续签、变更、解除等事宜，须经员工代表大会讨论通过方为有效，集体合同的履行情况至少每年向员工代表大会报告一次。

第五章　员工代表大会与党委的关系

第二十五条　员工代表大会接受同级党组织的政治、思想领导。员工代表大会的重大事项和重要活动，应事先提请党委讨论，征求党委的意见，取得党委的指导和支持。重大事项和重要活动包括：

（一）召开员工代表大会的方案；

（二）准备提请员工代表大会审议的重要报告和议题；

（三）员工代表大会的重大活动安排；

（四）日常监督检查遇到的重大事项。

第二十六条　党委应把员工代表大会工作纳入党委议事日程，定期研究指导；教育党员和干部积极参加员工代表大会活动，模范执行员工代表大会决议；支持和引导员工代表正确行使权利和履行义务；协调员工代表大会和行政的关系，保障员工代表大会依法行使职权；领导和支持工会完成员工代表大会交办的任务。

第二十七条　员工代表大会及其工作机构接受同级党委的领导，及时提出关于大会的议题和议程的初步意见、及时提出关于大会筹备工作方案、及时提出关于大会主席团及专门工作委员会组成的初步意见等工作，向同级党委及时请示和报告。

第六章　员工代表大会与总经理的关系

第二十八条　公司总经理应尊重员工的民主权利，保障民主管理、民主监督的实施，并教育各级干部保证员工代表大会行使民主管理的权力。

（一）一般每年向员工代表大会作一次报告，将公司的生产经营、公司管理、安全生产、劳动保护、劳动工资、社会保险及其他重大决策提交员工代表大会讨论。

（二）贯彻员工代表大会的决议、决定，接受员工代表大会的咨询、检查、监督。

（三）组织有关部门或单位对员工代表大会的提案进行整改、落实，并向大会作出书面报告。

（四）在人力、物力、财力等方面积极支持员工代表大会工作。

第二十九条　员工代表大会与总经理在重大问题上认识不一致时，应反复协商。不能统一认识时，由党委调解。

第七章　员工代表大会与董事会、监事会的关系

第三十条　公司董事会、监事会中应有一定数量的员工代表（称员工董事、员工监事）。监事会中的员工代表不得少于监事会成员的1/3。

第三十一条 员工董事、员工监事经员工代表大会民主选举产生，对员工代表大会负责，定期向员工代表大会报告工作，接受员工代表大会的监督。

第三十二条 公司工会主席应作为员工董事、员工监事候选人，经民主选举进入董事会、监事会。公司党组织专职负责人和高级管理人员不得同时担任员工董事、员工监事。

第三十三条 员工董事、员工监事实行替补制，因故缺员时，应及时经员工代表大会补选。

第八章 员工代表大会与工会

第三十四条 公司工会是员工代表大会的工作机构，负责员工代表大会闭幕期间的日常工作。主要任务是：

（一）做好员工代表大会的筹备工作和会务工作；

（二）遇有重要情况，按照员工代表大会常设主席团的意见，召集员工代表或员工代表团（组）长联席会议协商解决；

（三）检查监督大会决议的执行情况及大会提案的落实情况；

（四）对员工代表进行培训，提高代表的素质和参政议政能力；

（五）接受和处理员工代表的申诉和建议，维护员工代表的合法权益；

（六）完成员工代表大会交办的其他工作。

第三十五条 员工代表大会的工作委员会和公司工会下设的工作委员会，在组织上可结合为一体。

第三十六条 员工代表大会主席团与公司工会委员会的任期一致，每届三年。换届时，员工代表大会与工会会员代表大会可合并召开。

第三十七条 公司工会有指导、支持和维护基层员工代表大会正确行使职权的责任。

第九章 基层单位员工代表或员工大会

第三十八条 基层单位可以根据具体情况，可按公司员工代表大会工作条例规定，召开员工代表或员工大会，行使民主管理的权力。

第三十九条 基层召开员工代表或员工大会，由基层工会委员会主持。传达公司员工代表大会精神，听取和审议基层经理（所长）的工作报告和经营管理、工资分配、安全生产、奖金分配、劳保福利发放及有关重大事项决策。

在基层党组织的领导下，对基层领导班子成员进行民主测评。

第四十条 公司级员工代表大会代表一般应是基层单位的员工代表大会的代表。

第四十一条 基层员工代表产生，以机（班）组、科室为单位由员工民主选举产生。基层员工代表的人数为单位员工总数的20%左右。

第四十二条 本条例自2005年12月20日起施行。

八、《中国水电基础局有限公司厂务公开实施办法(试行)》

中国水电基础局有限公司厂务公开实施办法（试行）

第一章　总　　则

第一条　为了认真贯彻落实《关于在国有企业、集体企业及控股企业深入实行厂务公开制度的通知》精神，进一步深化和规范公司厂务公开工作，完善员工民主管理、民主监督和民主参与机制，促进企业改革、发展和稳定，结合公司实际情况，特制定本实施办法。

第二条　厂务公开是实践“三个代表”重要思想的具体体现，是落实党的全心全意依靠工人阶级指导方针的有效途径，是加强公司管理，建立现代企业制度，依靠广大员工办好企业的内在要求，是加强公司党组织建设、领导班子建设的有力手段。

第三条　必须遵循国家法律法规、党的方针政策和上级的相关规定实施公开，确保公开的合法性。

必须坚持实事求是、注重实效，从实际出发，在不涉及公司经营机密的前提下，有组织、有领导、有计划、有范围、有层次地公开。

各级党政工组织必须高度重视厂务公开，坚持党委统一领导，党政共同负责，工会具体承办，纪委实施监督，有关方面齐抓共管，动员员工广泛参与的工作机制。

第四条　公司实行三级厂务公开，即公司、公司属二级单位（含公司直属项目部）、二级单位所属项目部。

第二章　厂务公开的主要内容

第五条　厂务公开坚持以公司、公司属二级单位、项目部、施工班组为主要对象，以生产经营的重点、深化改革的难点、员工关心的热点作为主要内容，主动接受员工的民主监督。

第六条　公司厂务公开的主要内容：

（一）重大决策：中长期发展规划、改革改制方案、总经理任期目标、年度目标、重大投资方案、大额资金的使用方案、股份分配方案以及裁员分流安置方案等。

（二）重要事项：年度生产经营目标及完成情况、年度经济责任制落实情况、财务预决算情况、审计工作情况、项目分包情况、大宗物资和设备采购情况等。

（三）涉及员工切身利益方面的问题：劳动合同、集体合同和工资合同的签订和履行情况、员工提薪晋级、推荐公司级以上先进、工资及绩效考核办法、员工福利、员工“五金”（养老保险金、养老补充保险金、医疗保险金、住房公积金、失业保险金）缴纳情况、员工培训情况等。

（四）与领导班子建设和党风廉政建设密切相关的问题：领导干部的任免情况和任前公示、领导干部执行廉洁自律规定的情况、领导干部收入情况、业务招待费使用情况等。

（五）工会经费收支情况、工会扶贫基金使用情况、年度先进评比方案及结果。

（六）其他应公开的内容：上级有关规定公开的事项、根据实际情况由有关部门提出厂务公开领导小组研究认为应该公开的事项等。

第七条 各级项目部厂务公开的主要内容：

（一）工程建设方面的问题：工程计划安排、工程任务完成情况、工程质量安全情况、费用收支情况、材料及设备采购情况、工程分包和外协队伍使用情况、废旧物资的处理情况、重要管理制度等。

（二）员工关心的问题："五金"计提缴纳情况、劳保福利情况、招待费使用情况、推优评先情况等。

第八条 施工班组厂务公开的内容：月生产计划和完成情况、月生产成本情况、材料消耗情况、工程质量安全、班组考核考勤和奖罚情况、外协工使用情况、推优评先情况等。

第九条 厂务公开的内容应根据公司的实际情况有所侧重，既要公开有关政策依据和本单位的有关规定，又要公开具体内容、标准和承办部门；既要公开办事结果，又要公开办事程序；既要公开员工的意见和建议，又要公开对员工意见和建议的处理情况，使厂务公开始终在员工的广泛参与和监督下进行。

第三章 厂务公开的形式和程序

第十条 公司及所属二级单位要充分发挥职工代表大会或职工大会在厂务公开工作中的主渠道作用，并结合本单位实际，发挥职工代表团（组）长联席会、股东代表大会、股东会、党政联席会、阶段性的工作会、发布会、厂务公开栏、厂务公开简报、文件、《水电基础人》报和公司网络等，以及根据实际情况不断创新的其他形式，保证厂务公开的真实性、时效性。

第十一条 公司属二级单位、工程项目部厂务公开的主要形式：职工代表大会和职工大会、项目部工作会、生产调度会、情况发布会、项目部文件、厂务公开栏或宣传橱窗等。

第十二条 施工班组厂务公开的主要形式：职工大会、班组生产调度会、班组长会、班组会、厂务公开宣传栏或橱窗、宣传资料等。

第十三条 厂务公开的基本程序：

（一）提出。凡属本办法中规定公开内容，由业务部门提出，主管领导审定后公开，有关部门按照规定定期提出公开内容。

（二）公开。根据公开的内容和时限要求进行公开，凡属有关会议审议、通过、决定的事项，实行会后公开；凡属常规性工作，实行定期公开；凡属热点问题，随时公开。

（三）检查。由监督检查小组负责检查公开内容、公开形式、公开程序和公开时限等是否符合要求。同时，认真听取员工意见，及时汇总上报公司厂务公开领导小组，每季季后 10 日内向公开责任部门反馈公开情况和员工群众意见（附表四、五）。

（四）整改。对员工提出的正确意见和建议，要及时采纳，由监督检查小组督促承办部门整改，并将整改情况及时公布。

（五）建档。建立厂务公开执行情况档案。

第四章 厂务公开的监督和考核

第十四条 加强监督是搞好厂务公开工作的重要保证。各级厂务公开监督检查小组是实施监督的主体。

（一）监督的内容：厂务公开的内容是否真实、全面，公开是否及时，程序是否符合规定，职代会依法作出的决定、决议是否得到落实，员工反映的意见是否得到妥善处理。

（二）监督的措施：组织员工对厂务公开工作进行评议，深入基层调查研究、督促检查，建立员工意见箱，厂务公开实施情况应向职代会报告。

（三）通过监督发现的问题应及时与厂务公开领导小组沟通，重大问题应及时向党政领导汇报，并认真调查核实提出处理建议。

第十五条 厂务公开领导小组要建立完善厂务公开考核制度，促进厂务公开工作规范、持久地开展。

（一）厂务公开考核必须坚持实事求是原则，在公司党委和公司的统一领导下，在厂务公开领导小组的统一部署下，由厂务公开办公室负责实施。

（二）考核的内容：加强组织领导，健全工作机构，强化制度建设，公开内容真实，公开程序规范，公开时间及时，公开渠道畅通。

（三）考核的方法：坚持层层落实，级级考核，定期考核与随机抽查相结合。通过听取汇报、现场考察、查阅资料档案、召开座谈会、专题问卷、满意度测评等形式，有组织、有重点地进行。

（四）考核实行优秀、合格、基本合格、不合格制。

（五）对考核优秀的给予通报表扬或奖励，对考核不合格的要给予批评并责成整改，存在严重问题的要追究责任。厂务公开考核结果是文明单位、党建工作、党风廉政建设、工会工作等评先推优的重要依据。

第五章 厂务公开的责任和追究

第十六条 厂务公开的责任范围：

（一）各级党委应把厂务公开工作纳入重要议事日程，统一部署，统筹安排，承担着本单位厂务公开工作的领导责任。

（二）各级行政是厂务公开工作的主体，应做好厂务公开工作，纳入企业管理各项工作之中，承担着厂务公开工作的主体责任。

（三）厂务公开领导小组应加强本单位厂务公开工作的组织领导和所属单位厂务公开工作的督促指导，承担着厂务公开工作的组织责任。

（四）厂务公开办公室应认真抓好上级有关精神和本办法的贯彻实施，承担着厂务公开工作的具体实施责任。

（五）厂务公开监督检查小组应加强厂务公开工作的监督检查，促进厂务公开工作的健康发展，承担着厂务公开工作的保证责任。

（六）厂务公开相关部门应按工作职能和分工要求，及时、准确地提供厂务公开的内容，并对其及时性、真实性承担责任。

第十七条 责任要求。有下列情形之一的，要追究责任：

（一）对上级厂务公开的部署和要求，不传达贯彻，不组织实施，不检查督促落实的。

（二）拒不执行厂务公开制度和公司厂务公开制度实施办法的。

（三）对厂务公开工作敷衍塞责，搞形式主义，实际工作未开展的。

（四）应该及时公开而未及时公开或没有严格按程序进行公开的。

（五）在检查考核中，员工群众对厂务公开工作“满意”和“基本满意”之和低于60％的（附表四、五）。

（六）违反职代会决议和厂务公开的有关规定而导致矛盾激化，影响稳定的。

（七）应公开的重大问题和员工群众反映强烈的问题不公开，导致出现群体性事件或其他严重后果的。

（八）打击报复检举人、控告人及依法履行厂务公开职责工作人员的。

第十八条 责任的追究：

（一）对应公开而未公开，但能主动作出检查，并认真整改、有效阻止危害后果发生的，可以从轻处理或免于责任追究。

（二）进行批评教育，并责令其改正。

（三）通报批评，限期整改。

（四）取消主要领导、分管领导当年的评模、评先资格。

（五）对情节严重的，按照党组织关系、干部管理权限和有关规定给予相应的党纪、政纪处分。

（六）对构成犯罪的，移送司法机关依法处理。

第六章 厂务公开的组织领导

第十九条 厂务公开工作领导小组：公司厂务公开工作领导小组，由公司党委书记任组长，成员由有关公司领导和党群工作部、总经理工作部、人力资源部、财务部、审计部等有关部门的负责人组成。

第二十条 厂务公开工作领导小组办公室：公司厂务公开工作领导小组下设办公室，办公室设在工会，负责日常工作。

第二十一条 厂务公开工作监督检查小组：由公司纪委书记任组长，有关部门负责人参加，负责审查核实厂务公开内容，监督检查厂务公开工作的开展。

第二十二条 公司属各单位也应成立相应的组织机构和监督检查机构，明确办事部门。

第七章 附 则

第二十三条 本办法由公司厂务公开工作领导小组负责解释。本办法从公布之日起执行。

九、《中国水电基础局有限公司基层团组织和青年工作条例》

中国水电基础局有限公司基层团组织和青年工作条例

第一章　总　　则

第一条　为了进一步加强和改进公司共产主义青年团（简称共青团）组织建设和青年工作，不断增强团组织在企业三个文明建设中的凝聚力和战斗力，根据《中国共产主义青年团章程》、《中国共产主义青年团组织工作条例（试行）》、共青团天津市委的有关规定以及中国水利水电建设集团公司《关于进一步加强和改进新形势下中国水利水电建设集团公司共青团和青年工作的意见》，结合公司实际制定本条例。

第二条　共青团组织是企业先进青年的群众组织，是青年在实践中学习、不断增长知识和才干的学校，是党的助手和后备军，是党组织联系青年的纽带和桥梁，是企业各项工作的生力军和突击队。

第三条　公司共青团和青年工作的指导思想是：坚持以邓小平理论和“三个代表”重要思想为指导，以培养“四有”青工队伍为目标，紧密围绕企业改革、发展和稳定工作，不断加强和改进团组织的自身建设，为党的工作大局和广大团员青年的健康成长服务，在企业各项工作中，充分发挥广大团员青年的生力军和突击队作用，为实现公司可持续发展作出更大的贡献。

第四条　公司共青团组织工作的基本任务是：按照公司党委和上级团委的要求，加强团组织的自身建设，不断提高各级团干部和团员青年队伍的整体素质，增强团组织的凝聚力、战斗力和创造力，保证共青团组织在政治上的先进性和组织上的严密性，努力把共青团建设成为团结教育青年的核心。

第五条　公司共青团组织工作的主要内容是：

（一）按照德才兼备和革命化、年轻化、知识化、专业化的要求，以“刻苦学习，勤奋工作，勇于创造，自觉奉献”和“要有崇高的理想追求、忠于职守的精神、锐意开拓的劲头、复合型人才的本领、热爱青年的诚心、脚踏实地的作风、廉洁为公的品德、活泼向上的风貌”为根本目标，建设坚强有力的团的各级领导班子和高素质的团干部队伍。

（二）不断适应企业改革与发展的需要，根据团的工作格局和企业实际建立健全团的各级组织，加强对基层组织的管理和考核。

（三）加强团员青年的教育和管理，提高团员素质，努力发挥团员的先锋模范作用。

（四）做好超龄团员的离团工作。

第六条　各级团组织受同级党组织和上级团组织的直接领导，以同级党组织领导为主，向同级党组织和上级团组织负责，同时向团员青年负责，接受广大团员青年的监督。

第七条　公司各级党组织应加强和改进对共青团和青年工作的领导，每年应召开一至两次会议专题研究共青团和青年工作。各级党政领导要主动支持团组织和青年工作部门独立开展工作。

第二章 团的组织设置

第八条 根据《中国共产主义青年团组织工作条例（试行）》规定，公司设立团委，负责共青团和青年工作的指导、服务、监督和检查。

第九条 团的各级组织和青年工作部门应根据工作需要和团员人数，按照有利于开展团的工作和团员参加组织生活的原则，建立健全团的各级组织。

第十条 原则上团员在3人以上30人（含30人）以下的单位可建立共青团支部委员会，团员在30人以上50人（含50人）以下的单位可建立共青团总支委员会，团员在50人以上的单位可建立共青团的基层委员会。团的各级组织按有利于工作需要可灵活设立（基层团委一般不单独设立，可与本单位党群工作部门合署办公，独立开展工作）。

第十一条 团小组是团支部的组成部分，不是团的一级组织，可根据工作需要设置；团的支部委员会、总支委员会由团员大会选举产生，每届任期三年；团的基层委员会由团员大会或团员代表大会选举产生，每届任期三年；共青团基础局委员会由团员代表大会选举产生，每届任期四年。

第十二条 团的各级委员会任期届满应按期进行换届选举，特殊情况如需提前或延期，应报同级党组织和上级团组织批准，延长期最长不超过一年。

第三章 团的干部

第十三条 团的干部由同级党组织负责考察，团组织要按照德才兼备的原则，协助党组织做好团干部的选拔和考察工作。经同级党组织讨论同意后，按有关规定进行任命或民主选举产生，基层单位团干部任命前应事先征得公司团委同意。

（一）团的领导干部应当是政治坚定、学习刻苦、工作勤奋、作风正派、爱岗敬业、品德高尚的优秀青年。

（二）原则上公司团委书记年龄一般不超过35周岁；基层团委书记年龄一般不超过32周岁；其他专兼职团干部年龄应在30周岁以下。

（三）公司团委书记原则上应具备大学本科以上学历，基层团委书记原则上应具备大学专科以上学历，其他专兼职团干部应具备中专以上学历。

第十四条 团干部应享受的待遇：

（一）公司团委书记为部门主任或副主任岗位，直属各单位任命的团委（总支、支部）负责人统称为团委（总支、支部）书记，应为主管岗位。

（二）团干部无论是专职还是兼职，在其任职期间应享受与其岗位相应的政治和生活待遇。

（三）兼职团干部在任职期间可享受一定的津贴，津贴标准由同级党组织结合实际确定。

第四章　工　作　职　责

第十五条　在党组织领导下，公司各级团组织要积极做好团员青年的思想政治工作。

（一）有计划、有步骤、有措施地对团员青年进行马列主义、毛泽东思想、邓小平理论和“三个代表”重要思想以及党的基本路线、革命理想信念、社会主义道德、爱国主义、民主与法制、形势政策、企业精神等方面的教育，切实提高广大团员青年的思想道德素质。

（二）积极引导团员青年正确认识并投身公司改革发展中去，促进企业各项工作顺利开展。

（三）教育团员青年正确处理好国家、集体和个人之间的利益关系，并同一切损害国家和公司利益的现象作斗争。

（四）经常深入基层及时了解、研究团员青年的思想动态和工作、生活需要，有针对性地做好日常的思想工作，做好后进青年的教育转化工作，调动和保护青年职工的积极性、主动性和创造性。

第十六条　团结带领广大团员青年为提高企业的经济效益和社会效益、促进企业改革和发展作贡献。

（一）组织团员青年开展形式多样的劳动竞赛，在本职岗位上争创一流成绩。

（二）围绕企业生产经营中的急、难、险、重任务，带领团员青年开展青年突击队竞赛、青年安全生产示范岗活动。开展创建“青年文明号”、“青年岗位能手”活动。

（三）在青年员工中广泛开展“五小”（小发明、小革新、小改造、小设计、小建议）活动，推动企业技术进步，提高工程质量，降低物质消耗。

（四）引导和组织团员青年学文化、学技术、学管理，开发智力资源，提高文化技术素质，充分发挥青年知识分子的作用，为他们施展才智创造条件。

（五）重视、关心和做好合同工、临时工青年的思想工作，增强他们的责任感，为公司发展作贡献。

第十七条　代表和维护青年员工利益，为青年员工办实事。

（一）及时了解和向有关部门反映青年员工的意愿，维护青年员工的合法权益。

（二）指导、组织各类有益健康的青年社交活动。

（三）建立青年员工业余活动阵地，开展适合青年特点的丰富多彩的文娱、体育等活动，活跃业余文化生活，促进青年员工身心健康。

（四）指导、帮助青年员工正确处理恋爱、婚姻、家庭等问题，倡导文明、科学的生活方式。

第十八条　加强团组织的自身建设。

（一）建设好团的各级领导班子，坚持民主集中制，坚持正常的组织生活和工作秩序，定期召开团委（总支、支部）工作会和生活会。

（二）建立健全各项规章制度，搞好基层团组织工作。

1. 认真坚持“三会一课”（团支部大会、团支委会、民主生活会、团课）制度，保证团内组织生活经常化、规范化和制度化。

2. 各级团组织半年和全年要有工作安排和总结。

3. 建立健全团员青年档案，做好日常的管理和考核工作。

4. 严格执行团费的收缴、管理和使用制度，团小组应在发放工资后五天内向团支部上缴团费；团支部、团总支应在发放工资后二十天内将团费交至所属团委；公司所属基层团委和直属团总支、团支部应每半年上缴一次团费。

（三）要通过多种途径培训团的干部，不断提高团干部的业务素质和工作能力。

1. 有计划地选派优秀团干部进入党校、团校和其他干部管理学校进修。

2. 公司团委每年举办一次团干部业务培训班，基层团组织可根据实际情况每年举办团干部读书班。

3. 配合有关部门对团干部进行各种业务技能的培训，积极鼓励并创造条件选送专职团干部参加各类岗位的认证学习，努力培养复合型人才。

（四）督促团员履行义务，保证团员行使权利，充分发挥团员的先锋模范作用。

（五）做好超龄团员离团工作。

（六）各级团组织要把每年的团员评议注册工作与对团员的思想教育工作紧密结合起来。

（七）认真做好年度组织状况统计工作。团支部（团总支）每季度末整理一次“团员花名册”，并将整理情况报上级团组织；基层团委每半年统计一次团员和团的基层组织情况，并在每年的 7 月 10 日和下一年度 1 月 10 日以前报公司团委备案。

（八）认真开展“学党章小组”活动，积极推荐优秀团员和优秀青年加入中国共产党。

第五章　工　作　职　权

第十九条　团委（总支、支部）有下列参与权：

（一）团委书记是党员而不是同级党委（总支、支部）委员的，应列席同级党委（总支、支部）会；不是党员的各级团组织负责人应及时学习和了解同级党组织的工作任务和要求。

（二）团委书记应该是职代会主席团成员，职工代表大会中青年职工代表应保证适当比例，保证代表广大青年职工参与企业民主管理和监督。

（三）团委（总支、支部）书记，应积极参与本单位的生产经营活动，积极了解企业施工生产情况，协助经营者就企业经营管理中重大问题开展调查研究，并带领团员、青年积极贯彻实施。

第二十条　团委有下列决定权：

（一）根据本单位实际和上级团组织的要求，部署团的工作和青年工作，独立开展适合青年特点的活动。

（二）决定下级团组织的设置及团员的发展和团纪处分。

（三）表彰优秀团员和青年员工，授予光荣称号。

（四）按照规定正常使用团的活动经费。

第二十一条　团委有下列考核权：

（一）考核下级团组织和团干部的工作情况。

（二）反映二级单位党政组织重视青年工作，关心青年成长的情况。

第二十二条 团委有下列建议权：

（一）提出下级团干部的任免、调动建议，协助党委对所属团干部进行教育、监督和管理。

（二）向党组织推荐优秀团员、青年入党，向党政部门推荐优秀青年到重要和关键岗位经受实践锻炼。

（三）为作出突出贡献的青年员工申请表彰、奖励和晋级。

第六章 经 费

第二十三条 各单位团的活动经费来源如下：

（一）团员缴纳团费的留用部分。按照《团章》规定：各团总支、团支部应将收缴团费足额及时上缴；基层团委应将收缴团费的百分之五十上缴，其余自行合理使用。

（二）团组织按国家和企业的有关规定通过其他合理形式取得的报酬。

（三）团的专项活动和团代会可经党委和行政领导批准从行政列支拨款。

（四）各单位根据35周岁以下青工数，每人每年不少于20元标准拨给必要活动经费。

第二十四条 团的活动经费（团费和其他来源的经费），一定用于开展团的活动，任何人不得随意挪用。要建立严格的经费管理制度，本着节约的原则合理使用。

（一）团的活动经费可用于表彰奖励优秀团干部、团员；表彰奖励先进的基层团组织；订阅报刊、团刊；组织团员开展健康向上的文体娱乐活动等。

（二）上一级团组织每年应对此项工作进行检查。

第七章 团 员 管 理

第二十五条 加强对团员青年的教育管理是基层各级团组织工作的重要组成部分。团员青年教育管理的具体任务是：

（一）根据《团章》的规定和要求，结合不同时期的中心任务，对团员青年提出严格的具体要求，并经常进行检查督促；

（二）及时转递团员组织关系；

（三）管理好团员档案；

（四）根据《团章》的规定，严肃组织程序，妥善处理好团员的离团、脱团和退团工作；

（五）对违纪团员给予组织处分。

第二十六条 团员必须按照《团章》的有关规定，自觉遵守团的纪律，严格履行团员义务和权利。

（一）共青团员必须参加包括团的政治学习、民主生活会、换届选举等活动。

（二）共青团员要按《团章》规定主动缴纳团费，每月发放工资三天内将团费交至团小组或团支部。

（三）团员调入、调出本单位应主动办理组织关系，凡因个人原因超过半年仍不办理者，按自动脱团处理。团员外出（或借调）超过三个月者，应办理临时组织关系。

第二十七条

（一）年龄在28周岁（含28周岁）以下的共青团员加入中国共产党后，应保留团籍，并参加团组织的活动。28周岁以上的青年党员（不含28周岁）不再保留团籍，担任团内专门职务的，原则上仍保留团籍。

（二）保留团籍的党员，同团员一样，享有团员的一切权利，应当参加团的组织生活，如果党团活动发生冲突，一般应参加党的活动。被选入团的领导机关或者担任团内专门职务的党员，由于工作需要，遇到党团活动时间发生冲突，应在取得党组织同意后，参加团的组织活动。

（三）团员入党后，只缴纳党费。

第二十八条 团员没有正当理由连续六个月不缴纳团费、不参加团的组织生活，或者连续六个月不做团组织分配的工作，按自行脱团处理。

第八章 团组织与党、政、工组织的关系

第二十九条 党组织对共青团实行政治思想和组织领导，定期听取和研究团的工作，并给予明确指示。团组织要主动地向党组织汇报工作（团委每季度一次，总支、支部每月一次），对党组织的要求和交办工作要积极努力地完成。

第三十条 各单位党政领导要经常关心和指导共青团工作，发挥团组织在生产经营和各项管理工作中的积极作用。团组织要积极主动地向党政主要领导汇报工作，了解施工生产的难点和重点，带领团员、青年积极为企业发展作贡献。

第三十一条 工会和共青团是群众组织，在活动内容和方式上有许多共同之处。团组织在进行青年思想教育、组织劳动竞赛、文体活动和代表青年员工利益等方面，要主动争取各级工会组织的支持和配合，相互沟通情况，共同把工作做好。

第九章 附 则

第三十二条 本条例适用于公司各级团组织和青年工作部门。

第三十三条 各单位可根据本条例精神，结合本单位情况制定实施细则。

第三十四条 本条例由公司团委负责解释。

第三十五条 本条例自印发之日起施行。

十、《中国水电基础局有限公司精神文明建设三年规划（2005～2007年）》

中国水电基础局有限公司精神文明建设三年规划

（2005～2007年）

为深入贯彻党的十六大精神，认真落实“三个代表”重要思想，加强公司精神文明建

设，凝聚广大员工和股东，振奋精神，开拓创新；与时俱进，不断进取，为把公司建设成为具有可持续发展的具有现代企业制度的公司提供强有力的政治保证、精神动力和智力支持，不断增强企业的品牌价值，增强精神文明建设的长效机制，增强精神文明建设的实效性，为此，制订《中国水电基础局有限公司精神文明建设三年规划（2005～2007年）》。

一、精神文明建设的指导思想

以邓小平理论和“三个代表”重要思想为指导，坚持党的基本路线、方针、政策，坚持物质文明、政治文明和精神文明建设的协调发展，不断加强思想道德建设，提高科学文化素质，以科学的理论武装员工，以正确的舆论引导员工，以高尚的精神塑造员工，培育有理想、有道德、有文化、有纪律的“四有”员工队伍，适应公司发展需要，强化培育品牌意识，创建企业文化，充分发挥精神文明建设在公司各项工作中的积极作用，为实现公司三年发展规划奠定思想基础，为企业可持续发展提供不竭的精神动力和智力支持。

二、精神文明建设的主要目标

全面提高党员、干部队伍的思想政治理论、法律、现代企业管理等方面的综合素质。不断提升员工队伍和股东的整体素质，使之更加适应公司发展的需求。全面推进精神文明创建活动，继续开展文明单位、文明集体、文明班组、文明员工的评比活动，争创国家优质工程。不断深化文明工程、文明小区、文明机关的“三创建”活动，保持天津市文明单位或集团公司文明单位称号，争取天津市文明单位标兵单位称号，争取三个基地成为所在市（区县）花园式文明单位。企业文化创建有明显成效，保证“基础局”品牌的增值。

三、精神文明建设的主要任务和措施

（一）深入学习邓小平理论和“三个代表”重要思想，认真贯彻落实党的十六大精神，用先进的思想和科学的理论武装公司员工、股东头脑，树立科学发展的观念，增强创新意识，使之成为指导公司员工、股东具体工作和行动的强大思想武器。

（二）全面贯彻实施《公民道德建设实施纲要》，大力开展思想道德教育，使职工树立新时期公民职业道德、社会公德、家庭美德的新风尚；创造和谐、团结、高效的工作和生活环境，使“爱国守法、明礼诚信、团结友善、勤俭自强、敬业奉献”深入人心，成为广大员工、股东的自觉行为。

（三）大力开展“四五”普法教育，完成天津市委和集团公司安排的普法教育任务，结合公司实际，坚持经常性的普法教育活动，提高公司员工和股东的法制意识，牢固树立按照公司章程办企业的管理意识。

（四）大力开展爱国主义、集体主义和勤俭节约办企业的教育活动，引导员工树立正确的世界观、人生观、价值观，要积极开展形式多样的教育活动，构筑全体员工和股东的思想阵地，用高标准完成工作任务的实际行动为实现公司三年发展规划作出新的更大的贡献。

（五）精心搞好阵地建设。不断完善和充分利用公司《水电基础人》报、公司网站和三个电化教育基地等阵地资源，积极开展对全体员工、股东进行形式多样的教育活动。要维护好、建设好、利用好这些阵地资源，两级公司每年要对其投入一定的资金。

（六）大力开展在建工程、公司本部的文明建设。不断推进公司企业文化建设步伐，培育企业精神和价值观。积极组织公司员工、股东开展丰富多彩的文体活动，创造一个环境优美、和谐宽松的工作和生活环境。

（七）加强精神文明建设责任制的落实，按照精神文明建设责任书的要求，明确工作目标。公司精神文明建设领导小组办公室要监督指导到位，落实责任到位，检查考核到位，奖励处罚到位，不流于形式，务必抓出实效。

（八）为精神文明建设提供必要的经济保障。两级公司要配备专（兼）职从事精神文明建设和宣传思想教育的工作人员，并保证其各项待遇与其他专业人员一样。公司采取多种形式，以不低于年施工产值增长率的比例增加对精神文明建设的投入，同时充分发挥现有文体设施的作用。

四、精神文明建设的组织领导

公司成立精神文明建设领导小组，党委书记、总经理分别任组长、副组长，高级经理管理者和各公司党委书记、经理及公司本部相关部室负责人为成员。领导小组办公室设在公司党群工作部。在创建活动中，形成党委、业务部门、工会、团委齐抓共管、各司其职的组织领导体制。

要把精神文明建设情况作为考核、评价各公司班子和公司党委书记、经理工作业绩的重要依据，根据考核结果予以奖罚。

五、具体实施规划

（一）各公司要建立相应的精神文明建设组织机构，派专人负责。要把精神文明建设纳入本单位年度工作目标。

（二）各公司党委理论中心组集中学习时间每年不少于12天，公司班子成员自学时间每天不少于1小时。每次学习要有安排，有记录，有考核。个人要有学习笔记（包括所读书名、文件名称等）。

（三）要加强党员和员工的教育与管理。党员和员工集中教育时间每年不少于40小时，教育面必须达到95%以上。要结合公司中心工作的实际情况，加强党员、员工和股东的思想政治工作，确保党员队伍和员工队伍的稳定。

（四）要积极开展健康、文明、有益的群众性文体活动，在公司内部形成崇尚科学、崇尚文明的风尚，无黄、赌、毒和封建迷信等社会丑恶现象发生。

（五）要积极开展社会治安综合治理工作，健全治安防范网络，明确职责。按照“四五”普法教育规划，完成年度法制教育任务。要杜绝火灾、失盗和违法犯罪事件的发生。计划生育要符合国家政策要求。

（六）要加大文明建设的宣传力度。工程施工现场形象宣传要到位，每年度在局级以上报刊发表反映本单位（工程）文明建设的报道不少于20篇。

（七）要不断加强对工会、共青团等群众组织的领导，支持工会、共青团组织依据自身特点独立开展工作。

（八）要及时总结本单位年度精神文明建设的开展情况，并以书面形式报公司文明办公室，由公司精神文明建设领导小组负责检查和考核。凡考核结果低于80分的，要限期整改，公司党委书记和经理不能参加任何级别先进个人的评选，并按有关规定扣减年终奖励。

十一、《中国水电基础局有限公司法律事务管理暂行办法》

中国水电基础局有限公司法律事务管理暂行办法

第一章 总 则

第一条 为建立公司法律风险防范机制和公司内部法律监督机制，建立健全和规范公司法律事务、法律顾问的管理工作，促进公司依法经营，依法维护公司的合法权益，根据原国家经贸委《企业法律顾问管理办法》、《中国水利水电建设集团公司法律顾问管理办法》和《中国水利水电建设集团公司法律事务管理暂行办法》，结合公司实际，制定本办法。

第二条 本办法所称法律事务是指公司日常经营管理工作中涉及的有关法律咨询、服务工作，主要包括法律事务工作机构的设置及其职责、法律咨询、合同管理、诉讼与仲裁、普法教育以及对二级单位法律事务工作的协助与协调等。

第三条 公司法律工作是企业经营管理的重要组成部分，其主要任务是推动公司依法治理、保障规范运作、防范法律风险、维护公司根本利益。

公司法律事务工作和企业法律顾问的工作原则：

（一）坚持依法经营管理的原则；

（二）依法维护公司合法权益的原则；

（三）坚持以事前防范法律风险为主、事中法律控制与事后法律补救相结合的原则。

第四条 本办法适用范围：公司各职能管理部门、公司各专业管理部门、不具备法人资格的二级单位、公司所属工程项目部法律事务的管理。

第二章 法律事务工作机构

第五条 公司法律事务工作的职能部门是法律事务部，他是企业法律顾问的执业机构。公司法律事务部与公司企业发展部合署办公。

第六条 法律事务部根据工作需要，配备若干专（兼）职企业法律顾问和法律顾问助理，从事或协助法律事务工作。

第七条 公司法律事务部履行下列职责：

（一）熟练掌握并研究国家法律、法规和公司章程，为公司重大经营决策活动提供法律依据。

（二）参与公司重要管理规章制度的审核，对经审核的公司规章制度及其条款的合法性负责。

（三）受公司领导委托，参与公司重大合同的谈判、起草工作；对有关重要经济、技术合同，在签署用印前进行法律审查；协助有关部门管理合同，督促合同履约。

（四）参与公司重大投资、项目管理、收购、兼并、资产转让、对外担保及有关招、投标等重要经济活动，根据工作需要查阅公司有关文件、资料及财务报表、统计报表等，提出法律意见，处理有关法律事务。

（五）参与做好公司工商登记以及商标、专利、商业秘密保护、公证、鉴证等有关法律事务工作。

（六）受公司领导委托，代理公司参加诉讼和非诉讼、仲裁、劳动争议、民事调解、行政复议和听证等活动，维护公司的合法权益。

（七）负责公司与地方司法部门工作联系的建立与加强；负责公司外聘法律顾问的选择及与其工作的联络。

（八）开展与公司经营管理有关的法律咨询；会同公司有关部门开展普法教育；配合有关部门整理汇编业务工作需要的有关法律、法规和规章。

（九）参加有关会议，并就会议所讨论的重大问题，提供法律咨询，出具法律意见。

（十）办理公司领导交办的其他法律事务工作。

第八条 公司应当支持法律事务部及法律顾问依法履行职责，为开展法律事务工作提供必要的组织、制度和物资等保障。

第九条 公司建立重大法律纠纷报告制度。各所属二级单位发生重大法律纠纷时，应自纠纷发生之日（最迟不超过一周内），及时向公司法律事务部提出书面报告，并接受有关法律指导与监督。

第三章 企业法律顾问

第十条 本办法所称企业法律顾问，是指通过全国统一考试取得企业法律顾问执业资格，由公司聘任并经注册机关注册后，专门从事公司法律事务工作的公司内部专业人员。

第十一条 本办法所称企业法律顾问助理，是指未取得企业法律顾问执业资格，而在公司辅助从事公司法律事务工作的人员。

第十二条 企业法律顾问执业，应当遵守国家有关规定，取得企业法律顾问执业资格证书。

企业法律顾问执业资格证书须通过全国企业法律顾问执业资格统一考试，成绩合格后取得。

第十三条 公司应当建立企业法律顾问制度。企业法律顾问是公司领导人在法律方面的参谋和助手。其任务是：从事公司法律事务工作，促进公司依法经营和依法维护自身合法权益。

第十四条 企业法律顾问享有下列权利：

（一）负责处理公司经营、管理和决策中的法律事务。

（二）对损害公司合法权益、损害出资人合法权益和违反法律法规的行为，提出意见和建议。

（三）根据工作需要查阅公司有关文件、资料，询问公司有关人员。

（四）法律、法规、规章和公司授予的其他权利。

第十五条 企业法律顾问应当履行下列义务：

（一）遵守国家法律法规和有关规定以及公司规章制度，恪守职业道德和执业纪律。

（二）依法履行企业法律顾问职责。

（三）对所提出的法律意见、起草的法律文件以及办理的其他法律事务的合法性负责。

（四）保守国家秘密和公司商业秘密。

（五）法律、法规、规章和公司规定的应当履行的其他义务。

第十六条　公司可以根据需要，设立总法律顾问。总法律顾问的条件及任职资格依照国家有关规定执行。总法律顾问参与公司重大经营决策，负责公司法律事务。

第十七条　企业法律顾问应根据国家有关法律、法规的规定，按时参加司法、行政管理机关每年度的企业法律顾问执业培训、资格年审注册，以方便工作的开展。

第十八条　企业法律顾问每年应不定期参加法律业务知识的集中学习与培训，不断更新法律知识，提高业务工作能力与水平。

第十九条　公司鼓励并支持职工学习和掌握与本职工作有关的法律知识，鼓励具备条件的人员参加全国企业法律顾问执业资格考试。

第二十条　公司和公司的法律顾问可以依法加入企业法律顾问的协会组织，参加协会组织活动。

第四章　法律咨询论证管理

第二十一条　法律咨询论证是指公司法律事务部根据现行法律法规，对公司及二级单位在生产经营过程中的法律问题进行咨询论证，并提出意见的行为。

第二十二条　法律咨询论证分为一般法律问题咨询和重大法律问题论证两种类型：

（一）一般法律问题咨询，由公司法律事务部根据国家现行法律法规，对咨询单位或部门提出的问题，以口头或出具《法律意见书》的形式在职责范围内答询。

（二）重大法律问题论证，由公司法律事务部根据国家现行法律法规，对咨询单位或部门提交的法律论证项目出具《法律意见书》或《法律论证报告》。公司对重大事项的决策，承办单位或部门应将相关资料在开始决策程序的7日前送公司法律事务部组织法律论证，未经法律论证，没有《法律意见书》或《法律论证报告》的事项，不得进入决策程序。

第二十三条　公司重大决策事项主要包括：

（一）修改公司章程；

（二）增加或减少注册资本，转让出资或股份；

（三）成立中外合资、合作经营企业，投资设立有限责任公司、股份有限公司，设立分公司、联营企业；

（四）公司组织机构设置与调整或决定对二级单位的改制重组、解散、撤销、破产和清算；

（五）大型设备的购置及技术引进；重大项目招标、投标；

（六）决定赔偿、起诉、上诉、申诉或申请仲裁；

（七）开除职工或者公司单方面与职工解除劳动合同；

（八）需经法律论证的其他项目。

第二十四条 公司法律事务部对公司经营过程中潜在的法律风险，可以直接向公司董事长、总经理出具报告。

第五章 合同的管理

第二十五条 以公司名义或经公司授权订立合同，应当采用书面形式。

第二十六条 公司本部各管理部门不具备民事主体资格，不得以部门的名义对外签订合同。因业务需要对外签订合同的，需经过董事长或总经理批准和授权后，以公司名义签订合同。

公司所属不具备法人资格的二级单位，在公司授权范围内，可以以公司的名义对外签订合同。

第二十七条 授权委托

公司或公司法定代表人根据公司章程和工作需要，可以委托公司的二级单位、员工或其他法人、自然人（以下简称他人）代表公司签订合同或者实施其他民事法律行为。委托他人代表公司签订合同或者实施其他民事法律行为时，必须经公司和公司法定代表人明确授权并向代理人出具授权委托书。授权委托书由主办单位（部门）制作，经法律事务部审核，报公司领导审批签字后方可加盖公司和公司法定代表人印章。授权委托书存根或复印件由总经理工作部和法律事务部分别存档备查。

对方当事人委托代理人签订合同或者实施其他民事法律行为时，我方应要求对方代理人出示并交付授权委托书，必要时应要求对方出示经公证过的授权委托书。

对方代理人的授权委托书由主办单位（部门）归入相应的档案资料存档保存。

第二十八条 合同谈判

订立重大的合同，公司或主办单位（部门）应成立由相关专业人员和熟悉合同业务的经济、法律人员组成的谈判小组，与对方协商、谈判合同条款。合同谈判的情况，应有书面记录，必要时，应及时制作谈判纪要并经谈判各方签字盖章。谈判纪要应归入该合同存档保存。

第二十九条 合同起草

原则上，主办单位（部门）或者合同谈判小组应主动起草合同条款，对由对方起草的合同初稿或提供的标准合同文本，我方应逐条认真审阅并提出详细的修改意见。

起草合同，国家有标准合同文本的，应当参照标准合同文本；没有标准合同文本的，应按照《合同法》的基本要求起草。涉外合同，应参照国际通用的合同条件和国际惯例起草。

第三十条 合同审批

公司建立合同审批制度。合同审批按照所签合同的不同情况分类进行，其中公司所属二级单位在其经营职责范围内以公司名义签订的合同，原则上由二级单位自行组织审核后，报公司领导批准，其中重大合同在报公司领导批准前，应经法律事务部审核并出具法律意见；其余以公司名义签订的合同（劳动合同除外）的审批程序为：

（一）主办单位（部门）填写“合同审批表”（样式附后），附上合同文本送有关管理部门会签；

（二）主办单位（部门）将“合同审批表”和合同文本送法律事务部进行法律审核；

（三）主办单位（部门）将“合同审批表”和合同文本送公司领导审批签字；

（四）按照公司领导审批意见需对合同进行修改的，由主办单位会同法律事务部对合同进行修改，并在与对方协商一致后，审定合同的最后文本再报公司领导审批；

（五）主办单位持“合同审批表”和合同的最后文本至合同管理部门进行合同编号后，送总经理工作部或法律事务部加盖公司印章或法定代表人印章；

（六）合同正本和“合同审批表”由总经理工作部存档保存，合同主办单位和法律事务部应复印一份留存。

第三十一条　合同的公证与登记

法律规定应办理公证、登记的合同，由主办单位（部门）会同法律事务部办理。

第三十二条　合同的日常管理

公司各二级单位、管理部门应切实加强对合同的日常管理，合同日常管理主要应包括：建立合同管理员制度、建立合同档案管理体系、收集保管与合同有关的各种文件资料、及时要求对方全面履行合同义务、及时向公司报告合同履行过程中出现的重大问题和违约情况等。

第三十三条　合同的变更和解除

合同的变更或解除，由主办单位（部门）提出意见，经法律事务部会签后，报公司领导审批。对方要求变更或解除合同的，主办单位（部门）应在履行上述程序后及时给予书面答复。

第三十四条　违约责任追究

合同对方当事人不全面、及时履行合同义务的，我方应按照国家法律、法规和本办法的有关规定及时追究其违约责任。

第六章　法律文件的管理

第三十五条　法律文件是指公司设立、变更、终止与其他法人、自然人或其他经济组织之间权利义务关系的文件，以及其他涉及适用法律的文件。

第三十六条　以公司名义出具的法律文件，应经法律事务部审核。应经审核的法律文件范围主要包括：

（一）授权委托书、担保书、法定代表人身份证明书；

（二）诉讼、仲裁文书；

（三）涉及第三章第十七条规定的有关重大决策的决议、决定；

（四）公司领导要求进行审核的有关合同文件及其他法律文件。

第三十七条　审核程序

（一）主办单位（部门）填写“法律文件审核表”（样式附后），将法律文件送法律事务部审核并出具法律意见；

（二）主办单位（部门）将法律文件和审核表送公司领导审批；

（三）总经理工作部或法律事务部根据公司领导审批同意的意见，加盖公司印章和法定代表人印章。

第七章 法律纠纷的管理

第三十八条 以公司作为当事人的法律纠纷，统一由公司法律事务部归口管理。

第三十九条 法律纠纷的处理，按照以下情况分类进行：

（一）公司作为当事人的法律纠纷的处理，由法律事务部负责，公司本部各职能部门应按照职责分工，积极协助公司法律事务部做好有关纠纷案件的处理工作。

（二）因公司所属二级单位的生产经营活动而导致的以公司作为当事人的法律纠纷的处理，以所属二级单位为主，法律事务部给予支持配合；法律纠纷的当事人应全程协助法律事务部处理纠纷，并对纠纷的责任实行终身负责。

（三）发生在境外的法律纠纷的处理，由公司所属的境外机构负责，但重大涉外诉讼、仲裁活动，应及时报告公司有关部门。

（四）对发现法律隐患和法律纠纷不及时采取有效措施处理、上报，给公司造成损失的，公司将追究责任人的经济责任和行政责任。

第四十条 法律纠纷的处理程序为：

（一）因对方的违约或侵权行为而使公司的合法权益受到损害时，我方的合同主办单位（部门）或被侵权单位应单独或会同法律事务部及时与对方进行交涉，协商解决的办法。

（二）协商不能达成一致的，合同主办单位（部门）或被侵权单位应将相关文件资料送法律事务部审查是否可以提起诉讼或申请仲裁。

（三）法律事务部经审查认为有必要起诉或申请仲裁的应提出书面意见，报公司领导决定。

（四）决定起诉或申请仲裁的，由合同主办单位（部门）或被侵权单位会同法律事务部共同做好诉讼或仲裁工作。

第四十一条 被起诉或仲裁

公司及公司所属二级单位被他人提起诉讼或仲裁时，公司有关部门或被起诉二级单位应及时告知并会同法律事务部研究应诉策略，提出应诉意见，报公司领导决定，然后与法律事务部共同负责应诉。

第四十二条 费用支付

处理法律纠纷所发生的诉讼、仲裁等费用，按财务制度规定在公司成本或管理费中支付。处理因公司所属二级单位生产经营活动而导致的以公司作为当事人的法律纠纷的费用，由该二级单位承担。

第八章 外聘法律顾问

第四十三条 公司根据工作需要，可以从律师事务所、法律院校聘请律师或法律专门人才担任企业的法律顾问，为公司提供法律服务。

第四十四条 外聘法律顾问一般一事一聘需外聘法律顾问的情况主要有以下几种：

（一）法律、法规或有关规定要求必须由律师承办的法律事务。

（二）企业法律顾问不熟悉的法律事务。

（三）特殊情况下，企业法律顾问不便或难以完成的法律事务。

（四）因重大、疑难法律诉讼、仲裁活动需要；因咨询重大、疑难法律问题，重大项目谈判、重要法律文件审核工作需要。

（五）公司领导认为需要外聘法律顾问的其他情形。

第四十五条 公司外聘法律顾问，由法律事务部负责组织选聘工作，提出人选，报公司领导审批确定后，方可签订律师服务协议或合同。合同主要内容应包括：服务范围、服务方式、保密承诺、服务成果验收、费用及支付方式、争议及解决方式、违约责任等。与外聘法律顾问的工作联系原则上由法律事务部具体负责。

第九章 普 法 教 育

第四十六条 公司成立普法领导小组，领导普法工作。法律事务部作为领导小组的办事机构，与公司有关部门共同负责普法的具体工作。

第四十七条 普法工作的具体内容为：

（一）按照国家和集团公司普法规划，结合公司实际情况，会同有关部门制定公司普法规划，报领导小组批准后实施；

（二）开展法制宣传教育活动，不断提高职工的法制意识和法律知识水平；

（三）积极推进企业的依法经营、依法管理和依法治企工作。

第十章 附 则

第四十八条 本办法由公司负责解释。

第四十九条 本办法经总经理办公会通过后，自发布之日起施行。

十二、《公司员工基本养老保险新管理办法》

公司员工基本养老保险新管理办法

第一条 为保障公司员工退休后的基本生活待遇，根据《天津市城镇企业职工养老保险条例》，结合公司实际情况，制定本办法。

第二条 本办法适用于与公司签订正式劳动合同并按规定参加基本养老保险的员工。

第三条 公司社保中心负责全公司及其员工基本养老保险基金的筹措、员工缴费基数的核定，员工、离退休人员增减变动报表、养老保险关系接受、转移，养老保险基金的收缴、上交；离退休人员养老金正常调整工作。负责与武清区社保中心进行公司离退休人员统筹项目养老基金决算工作，负责养老保险业务的统计、信息等工作。

第四条 各分公司人力资源部门要配置专职工作人员和办公设备，负责分公司的基本养老保险工作。每季度第一个月五日前向公司报养老保险季报，次年一月二十日前上报员工个人养老保险统计台账，并及时准确提供年报。各分公司每月五日前将上月应缴纳的基本养老金要以货币上交公司社保中心。

第五条 参加统筹的员工以本人上年度月平均工资为当年个人缴纳基本养老保险费缴费工资基数。月平均工资是指按国家统计局规定列入工资总额的工资、奖金、津贴、补贴、加班加点、特殊情况下支付的工资等。员工本人月平均工资收入超过上年度天津市职工月平均工资的300%的，以上年度天津市职工月平均工资的300%作为个人缴费基数，超过部分不纳入基本养老保险缴费基数，也不作为计发基本养老保险待遇的依据。员工本人上年月平均工资低于天津市上年度职工月平均工资60%的，以上年度天津市职工平均工资的60%作为个人缴费基数。根据天津市劳动和社会保障局的文件规定，缴费基数一经确定无正当理由的不得更改。

第六条 公司社保中心在每年年底召开的专业会议上安排养老保险缴费基数编报工作。分公司人力资源部门，应在平时做好数据统计工作，12月初开始收集整理本公司参保人员养老保险缴费基数资料，年底与分公司有关部门进行核定汇总，各单位于12月31日前将当年个人缴费基数确定后，上报公司社保中心，由公司社保中心汇总全公司员工养老保险缴费基数，上报武清区社保中心。

第七条 缴费标准：基本养老保险费由公司和员工共同负担，实行社会统筹与个人账户相结合。公司缴费按照员工个人缴费基数之和的20%缴纳，员工按照本人工资的8%缴纳，由各分公司按月在员工工资中扣缴，公司和员工应当按时足额缴纳社会保险费，征缴的社会保险费纳入社会保险基金，专款专用，全部用于员工养老保险。任何单位和个人不得侵占和挪用。

第八条 个人账户的建立：个人账户是职工在符合国家规定的退休条件并办理退休手续后，计算和领取基本养老金的依据。个人账户记录参加统筹的投保人缴纳的基本养老保险金和从企业缴费中划转中记录的基本养老保险费，以及上述两部分的利息。

第九条 基本养老保险每月按照员工本人缴费工资的8%记入个人账户，养老保险是关系到每一位员工的切身利益，因此，员工缴纳基数越高，数额越大，时间越长，退休后按月领取的个人账户养老金就越多。

第十条 个人账户储存额按记账利率复利计息。记账利率：1998年底以前按电力行业规定的利率计息，从1999年1月1日起，个人账户累计储存额执行天津市统计公布的记账利率。

第十一条 公司员工保险关系转出，员工因公司变动或与公司解除劳动关系而引起社会保险关系的变动，称为保险关系转移。

职工跨省转移，公司社保中心到武清区社保分中心办理养老关系转移手续，由武清区社保分中心打印《天津市养老保险个人账户记载表》向调入地区社会保险基金经办机构转移其基本养老关系和1998年1月1日之前的个人缴费部分累计本息，加上从1998年1月

1 日起计入的个人账户全部储存额，保险关系在天津市范围内转移的，只转移养老保险关系，不划转基金。

第十二条　对于 2007 年 1 月 1 日以后由外省、市调入我市人员并相应转移养老保险关系，且于 2010 年 12 月 31 日前办理退休手续的人员，以 2005 年 12 月底本市企业退休人员月平均养老金 743 元，作为其按原办法计算的养老金待遇标准。

第十三条　对于缴费不满 15 年人员的基本养老保险的规定；对于达到法定退休年龄时缴纳基本养老保险不满 15 年的人员，其个人账户储存额一次性支付给本人。另外：根据本人 1997 年 12 月 31 日前的缴费年限，再发给一次性养老补偿金，并终止基本养老保险关系。

第十四条　公司员工保险关系跨统筹范围转入。

调入员工提供“保险关系转移情况表”。

该表记录了应转入天津市武清区养老保险个人账户金额。养老保险个人账户金额转入武清区社险分中心后，应全部记入该员工养老保险个人账户（新调入员工将《保险关系转移情况表》交到公司社保中心，建立基本养老保险个人账户用）。

第十五条　公司社保中心为首次参加社会保险的员工办理参保手续：

（1）提供新参保人员身份证复印件；

（2）新参保员工需交一张一寸彩色照片，建立《养老保险手册》。

第十六条　员工一次性个人账户审核及支付。

当公司员工缴费不满 15 年退休、死亡、退休人员领取养老金不满 10 年的，应办理一次性个人账户支付。个人账户中个人缴费部分的本息余额一次性支付给其收益人或指定继承人，从死亡下月起，终止其基本养老保险关系。

第十七条　公司退休人员增加：公司员工达到国家规定的法定退休年龄或因特殊工种提前退休，由个人填写退休人员退休审批表，填写《天津市社会保险退休人员居住地信息名册》。

1. 信息名册填写要求：

（1）身份证号码。按升位后的 18 位数字填写。

（2）居住地址。居住地址限 25 个汉字，超过的可以缩写。

（3）居住地所属街（乡、镇）。离退休人员所属街是以社区服务领取养老金资格认证划分区域管理的主要依据，按居住地新划分的所属街填写。

（4）邮政编码。按居住地信件邮递及银行汇兑的编码填写。

（5）家庭电话号码。

分公司将要办理退休人员填写的各种表加盖公章，上报公司人力资源部审核后，到天津市劳动和社会保障局对纳入统筹项目的养老金标准进行核定审批，方可办理退休手续。

2. 新办理退休人员需提供：

（1）户口簿原件及复印件。

（2）身份证原件及复印件。

3. 高级职称以上人员退休需提供：

（1）专业技术资格证原件及复印件。

（2）专业技术资格聘任证原件及复印件。

第十八条 公司职工经批准退休后，从次月起由武清区社险分中心在当月20日将新退休人员的养老金委托银行发放，外地安置和居住在偏远农村的离退休人员的养老金通过邮局寄发。按照武清区社保分中心指定时间地点办理新退休人员指纹鉴定，领取养老金存折。

新退休人员办理指纹鉴定需提供：户口簿原件；身份证原件；退休证原件。

第十九条 养老待遇审核：公司员工养老待遇审核与支付，包括新增退休人员养老待遇、一次性支付个人账户、其他待遇补（减）支付的审核与支付以及社会化发放等环节。养老待遇审核支付与发放由武清区社保中心养老待遇支付科负责。

第二十条 其他待遇审核：养老保险其他待遇包括：救济金、丧葬费、丧葬补助费。当公司离退休人员死亡，其无就业能力或完全丧失劳动能力的供养直系亲属应享受一定的救济或丧葬补助。

1. 标准如下：

（1）离退休人员死亡后发给丧葬费1000元。

（2）离退休人员死亡后发给供养直系亲属一次性救济费：供养亲属一人者为六个月；二人者为九个月；三人及三人以上者为十二个月的上年度天津市职工平均工资。

2. 审核内容：

（1）逝者在殡仪馆的火化发票。

（2）被供养直系亲属的身份证、户口簿复印件、劳保卡片、学校证明（被供养人在中、小学就读的）、街道办事处提供的是否就业的证明。

（3）逝者的身份证、户口本复印件、逝者户口注销证明（派出所）。

（4）是否是夫妻、父子、母子关系（派出所出具证明）。

（5）是否丧失劳动能力，原一切生活是否来源于逝者生前供养。

（6）逾期申报死亡的，对多领取养老金的将从其他待遇中扣除，不足以抵扣的部分由公司社保中心负责追回。对拒不交回多领取养老金的将追究其法律责任。

第二十一条 基本养老保险待遇的依据和新的计发办法（适用于五年过渡期）：

1. 依据：

为了进一步完善我市基本养老保险制度，建立健全城市企业职工参保缴费的激励约束机制，根据《国务院关于完善企业职工基本养老保险制度的决定》（国发［2005］38号），以及市人民政府《关于落实国务院完善企业职工基本养老保险制度的实施意见》（津政发［2006］64号文），制定本实施意见。

2. 新的计算办法可分为“新人、老人、中人”不同标准计算：

（1）“新人”是指1998年1月1日后参加工作的职工，缴费年限满15年的。

（2）“老人”是指2005年12月31日以前退休的。

（3）“中人”是指1997年12月31日以前参加工作，2006年1月1日以后办理退休而且缴费年限满15年的人员。

3. 新的基本养老金计发办法由四部分组成（基础养老金、本人账户养老金、过渡性养老金、补贴）：

（1）基础养老金=（本市上年度在岗月平均工资+本人指数化月平均工资÷2×截至退休时本人缴费年限×1%）。

（2）本人账户养老金=退休时个人账户储存额÷计发月数。

（3）过渡性养老金=全部指数化月平均缴费工资×截至1997年12月31日前本人缴费年限×1%。

按新办法计算低于原基本养老金计发办法标准的，差额部分予以补齐；高于原办法计算标准的，高出部分根据职工办理退休手续的年度，分别按照一定比例发给（2006年退休的，发给高出部分的10%；2007年退休的，发给高出部分的30%；2008年退休的，发给高出部分的50%；2009年退休的，发给高出部分的70%；2010年退休的，发给高出部分的90%）。

（4）补贴（2006年1月1日至2010年12月31日期间办理退休手续的人员，在基础养老金、个人账户养老金、过渡性养老金之外，再按照职工办理退休的年度，分别发给补贴。2006年退休的，每月发给补贴104元；2007年退休的，每月发给补贴83元；2008年退休的，每月发给补贴62元；2009年退休的，每月发给补贴41元；2010年退休的，每月发给补贴20元）。

第二十二条　以上基本养老金的计算办法为2006年1月1日至2010年12月31日的五年过渡期间的计算办法。

第二十三条　本办法解释权属公司社保中心。

十三、《中国水电基础局有限公司资金管理办法》

中国水电基础局有限公司资金管理办法

目　　录

第一章 总 则

第一条 为了强化全公司资金管理，用好用活有限资金，加快资金周转，降低融资成本，控制财务风险，明确经济责任，推动公司资本运营，根据国家有关政策、法规和公司章程、中国水利水电建设集团公司关于资金管理的相关政策，特制定本管理办法。

第二条 公司资金管理原则：

资金“收支两条线”原则。

资金预算、资金计划与限额存款相结合原则。

大额资金由结算中心支付与零星小额资金分散支付相结合的原则。

第三条 管理机构：

资金结算中心，是在公司总经理和总会计师直接领导下的办事机构，对全公司各单位、联营企业行使公司赋予的资金管理与监督职能。对内提供资金结算、融资、信贷、金融信息与咨询等服务。

资金结算中心在资金业务上模拟商业银行的运作方式和金融市场规则独立运作，具有管理和服务的双重职能。与下属公司、工程项目在资金管理工作中是监督与被监督，管理与接受管理的关系，在结算业务中是服务与被服务的客户关系。

结算中心可根据需要在公司所属单位相对集中的工程项目或基地设立资金结算中心分支机构，负责工程项目或基地所在地内部单位资金的集中管理。分支机构的负责人由公司委派的总会计师、财务负责人兼任，行政上、业务上接受公司资金结算中心的领导。委派人员的考核办法另行下达。

第四条 公司资金结算中心的主要任务是：

（一）按照国家法律、法规统一管理全公司资金，充分利用现金流量资源，提高资金使用效率，实现公司整体利益最大化。

（二）增强公司的融资能力，为公司生产经营和资本运营搭建一个稳健的融资平台。

（三）实现对全公司资金营运和资金业务的全过程监管，促进资金使用的程序化，确保资金使用安全。

第五条 业务审批权限：

（一）日常资金，坚持实行行政“一把手”一支笔审批制度。在公司批准的年度预算计划内的支付，由公司总会计师审批，各二级核算单位计划预算内支出可由公司委派的总会计师或财务负责人审批。超计划支出必须由行政“一把手”审批。

（二）公司对外借款、担保和对外投资由公司董事会审批，董事长签字下达后交公司资金结算中心负责办理。公司所属各内部单位和全资公司无权办理对外借款、担保和对外投资。

（三）公司内部单位借款的审批。公司内部单位因生产经营需要需向资金结算中心借款的，由资金结算中心审查，总会计师加签同意后，报总经理审批。

第二章　资金结算中心的基本职能

第六条　在总经理和总会计师的领导下，全权管理、监督公司所有单位的货币资金(含外币)。并具体制定和组织实施全公司资金管理、运作的具体方案、办法和规定。负责公司资金结算体系的建立，研究制定资金结算、信贷及其他相关业务管理制度并组织实施。

第七条　统一管理、规划、调剂全公司资金，加强结算、信贷、资金调剂的规范化管理，了解、分析与公司结算收入有关的外国货币的发展趋势，有效防范和规避财务风险。

第八条　代表公司统一管理全公司在各商业银行账户开立、撤销的审核、审批和监管，办理公司下属各单位、全资子公司在结算中心开设账户。

第九条　办理内部开户单位在资金结算中心和外部银行的日常转账结算和现金收付业务；按公司规定，实时监督检查内部单位设备物资采购、工程分包合同款项支付和工资发放，从资金方面杜绝违规违纪现象的发生。

第十条　代表公司对外融资，筹集生产经营和资本营运所需资金。办理资金短期拆借业务。

第十一条　根据公司规定，办理对公司下属各单位、全资子公司的内部信贷业务。

第十二条　代表公司向商业银行申办信用等级资质，申请综合授信额度，办理各类保函、资信证明、商业票据、信用证等银行中间业务，统一办理全局的担保、互保、反担保业务。

第十三条　代表公司审批下属单位资金预算、资金计划，负责工程项目工程价款收入的资金结算，协助下属单位清理债权债务，帮助开户单位理财。

第三章　开户及存款业务的管理

第十四条　公司本部和下属各内部独立核算单位、工程项目、全资子公司必须在资金结算中心开立内部结算账户。除经公司批准允许保留的商业银行账户外，各单位其余账户均必须按公司的统一要求在规定时间内全部撤销。未经批准，任何单位一律不得擅自在金融机构单独开设账户，更不能以各种名义将资金存入各金融机构或其他地方私设“小金库”，违者一律由公司予以没收，并严肃处理单位行政“一把手”和经办责任人，杜绝资金体外循环。

第十五条　结算中心借助商业银行资金结算网络系统建立和完善内部资金结算管理体制，扩大内部资金集中管理的覆盖面和资金结算量。

第十六条　经公司批准在外地开设银行账户的单位，原则上实行“收支两条线”的资金管理方式，并按照公司与中国建设银行天津市分行（或中国工商银行天津市分行）签订的资金结算网络协议，必须在当地建设银行（或工商银行）同时开立一个“收入账户”和“支出账户”办理资金结算业务。

（一）各单位的预付款收入、工程结算收入、销售收入等各种外部资金收入必须存入“收入”账户。该账户资金由结算中心通过“网上银行”上划，或者由各单位于收款的次日电汇上存。任何单位、个人不得以任何名义干预资金的上划工作。该账户除按规定汇划资金及汇划资金所产生的电汇费用外，不得发生其他任何支出和支付行为。上划资金存入各开户单位在资金结算中心的账户内。

（二）各单位“支出账户”系办理日常资金支付业务的基本存款户或临时存款户，账户资金由公司资金结算中心从各单位上存资金账户中按当月预算或当月资金计划分期拨付。该账户不得有除此之外的其他任何形式的收款途径和来源。

（三）各单位要严格执行中国人民银行颁布的《人民币银行结算账户管理办法》及其他有关规定，加强银行账户管理。各单位除资金结算中心审查同意可暂时保留的银行一般存款账户和临时账户外，其余账户须在规定时间内全部撤销。暂时保留的银行账户或经批准但因技术等条件限制不能实行资金“收支两条线”的银行账户由资金结算中心核定限额，超出限额的资金必须在次日转至公司在武清建设银行“收入账户”，此资金的归属和所有权不变。各单位必须按月于每月 5 日前将外部银行的对账单复印件报公司资金结算中心备案。

第十七条 公司所属各单位、控股子公司在结算中心开户按以下程序办理：

（一）提交开户申请书，控股子公司还须提交营业执照复印件。

（二）经公司结算中心审查批准后，填写印鉴卡片，结算中心和开户单位各存一个。

（三）由公司结算中心核定内部账号。

（四）与批准开户地的建设银行等金融机构签署账户授权书。

第十八条 结算中心为各开户单位保密，维护开户单位资金自主支配权，除国家法律、法规有规定或公司委托监督的事项外，不得允许任何单位和个人查询、冻结、扣划开户单位账户存款。

第十九条 结算中心负责按本办法的规定对开立、撤销的账户进行审查，正确办理开户和销户，建立健全开销户登记制度，建立账户管理档案。

第二十条 开户单位需撤销账户时，必须与结算中心对清账户余额，经审核同意后，方可办理销户手续。开户单位销户时，应交回印鉴卡和各种重要空白凭证。

第二十一条 在结算中心开户存款按中国人民银行规定标准计付利息。

第四章 资金结算业务的管理

第二十二条 公司资金结算中心和开户单位在办理结算业务时必须共同遵守以下结算原则：

（一）恪守信用，履约付款。

（二）谁的钱进谁的账，由谁支配。

（三）公司资金结算中心不垫款。

第二十三条 开户单位应当遵守以下开户纪律：

（一）开户单位开立的账户，只限于本单位使用，不准出租、出借。

（二）不论内部或是外部结算凭证，均不准签发空头支票和远期支票。

（三）不准套取公司资金结算中心信用。

（四）经批准在杨村以外地区开立外部银行账户的单位，单笔资金在 50000 元以上的付款业务，原则上不允许在当地银行付款，应通过公司资金结算中心付款。

第二十四条　资金结算中心应遵守以下纪律：

（一）迅速处理当天受理的结算业务，不得延误、积压结算凭证。需要向外寄发的结算凭证，必须当天发出，最迟不超过次日；汇入的款项必须及时支付给确定的收款人。

（二）不得向外签发未办汇款的汇款回单。

（三）不得拒绝受理开户单位的正常结算业务。

第二十五条　结算责任：资金结算中心和开户单位因工作差错或违反结算纪律而影响资金使用或造成损失的，原则上比照中国人民银行有关规定予以处罚。

第二十六条　资金结算中心办理结算的凭证主要有：

（一）办理内部结算的凭证有：资金结算中心现金支取凭证、资金结算中心付款委托书、资金结算中心收款进账单等。

（二）办理外部结算的凭证有：银行支票、银行汇票、汇兑结算、委托收款、异地托收承付等。

（三）资金上移和下拨结算凭证有：网上银行电子结算凭证等。

第二十七条　各开户单位按以下方式办理结算：

（一）公司对外结算：

1. 开户单位填写内部结算凭证，注明结算方式，加盖开户单位预留资金结算中心印鉴。

2. 送交资金结算中心签发银行结算凭证，加盖预留银行印鉴后由开户单位到指定银行办理。

3. 开户单位收到款项，需在我方进账时，将支票、汇票等银行凭证交给结算中心到银行办理进账手续。

（二）公司内部结算：

1. 结算双方都在资金结算中心及分支机构开户的内部单位之间的结算：收款或付款单位只需填写内部结算凭证，注明结算方式，并加盖预留结算中心印鉴后交结算中心办理。

2. 结算双方都不在或有一方不在资金结算中心及分支机构开户的内部单位之间的结算：比照公司对外结算方式直接通过银行以实有资金进行结算。

第五章　贷款和担保业务的管理

第二十八条　结算中心贷款对象主要是在资金结算中心开立了内部账户，同时公司已对其实施资金集中管理的下属单位、控股子公司。

第二十九条　贷款申请单位必须具备下列条件：

（一）经公司批准成立并实行内部独立经济核算；

（二）拥有正常的生产经营收入；

（三）财务状况较好，有良好的资信及偿债能力；

（四）遵循资金结算中心有关资金管理的规定，各项贷款和担保没有违约记录。

第三十条 资金结算中心提供贷款的种类包括：

（一）1年以内的流动资金短期贷款。

（二）经公司批准的专项贷款。

第三十一条 贷款程序：

（一）申请借款单位应向资金结算中心提出书面申请，填写“借款申请书”，并按资金结算中心的要求提供相关文件、证明及其他必要的资料。

（二）结算中心收到借款单位提交的申请资料后，即组织对申请借款单位的资格、借款用途、还款保障及其他有关情况进行审查，并按审批权限报送审批。

第三十二条 贷款的管理：

（一）资金结算中心和申请借款单位应对所经办的每笔贷款业务建立档案管理制度，确保业务终结后贷款资料完全归档。

（二）资金结算中心应加强对贷款的跟踪管理，及时对内部单位借款的使用情况、财务状况、清偿能力追踪调查和监督，借款单位若发生影响履约能力的重大事项时，应及时书面告知资金结算中心。

（三）资金结算中心每年组织对开户单位内部信用等级进行评定，对于信誉较好的单位，在贷款利率、相关手续费用等方面给予优惠。

第三十三条 贷款的回收：

（一）当贷款即将到期时，资金结算中心应提前15天通知借款人，要求按时还款。借款单位因客观原因不能按期归还贷款时，应提前10天向资金结算中心提交书面申请书，并说明展期理由、展期金额及展期终结日，由经办人员审查核实后，按审批权限报送审批。展期最长时间不得超过3个月，借款只能展期1次，展期借款按高于原合同利率5%计息。

（二）借款单位不能按协议偿还到期借款、展期仍无法偿还时，资金结算中心将从其银行账户中强行扣收，直至还清本息，并对展期后逾期贷款加收每日万分之三的罚息。同时停止对该单位发放新的贷款。

第三十四条 贷款计息：贷款利率依据开户单位资金结算量的大小确定，最高不超过中国人民银行规定的基准利率，贷款每季度计息一次。

第三十五条 内部单位之间不允许互相借款；不允许资金结算中心分支机构办理内部贷款业务。

第六章 保函等银行中间业务的管理

第三十六条 办理范围：受理在资金结算中心开户的单位，由公司市场开发部开具办理业务的书面意见书。

第三十七条 资金结算中心按以下程序代办各种银行保函及信贷证明业务：

（一）申请单位应提交下列必要的文件资料：

（1）标（议标）书中关于工程项目概况说明及关于各类保函的要求等有关文件。

（2）业主要求或制定的保函格式（必须有明确的金额和有效期）。

（3）按资金结算中心制定的格式呈报申请。

（4）凡申请开立保函的申请人原则上应提前10个工作日将以上文件资料及申请交资金结算中心。

（二）审核和审批：资金结算中心经办人员对申办单位提交的材料进行审核，经资金结算中心审查并按规定审批程序核准签字后报公司总经理和董事长审批或委托授权人审批。

第三十八条　保函、信用证的更正与保函延期：

（一）申办单位如发现开具的信用证和保函有误或不符合受益人要求，应立即书面告知资金结算中心，由资金结算中心向开具银行申请修改。如属保函更正，应将原保函退回，重新申请办理。

（二）保函到期后需延期的，申办单位应尽早准备相关资料，提出延期书面申请，说明延期理由及延期起止时间，并附送原保函复印件、延期证明材料。

第三十九条　保函和信用证业务的管理：

（一）资金结算中心和申办单位均应指派专人负责保函和信用证的经办工作，并建立健全业务台账和档案管理制度。

（二）在保函到期前1个月内，资金结算中心经办人员应提前通知申办单位经办人员做好保函撤销的准备工作。申办单位对可提前退回或分期核减保函额度的，应提前或分期做好保函撤销工作。

（三）保函到期后，申办单位经办人员凭保函原件和业主出具的保函失效证明及时到资金结算中心办理保函撤销手续。对逾期未撤销保函，资金结算中心将继续收取保函手续费。

第四十条　资金结算中心办理保函和开具信用证原则上不收取押金。如因特殊情况，银行收取了押金，资金结算中心将按银行同等额度向申请单位收取押金。

第四十一条　保函及信用证手续费按银行提供的标准收取。

第七章　内部信用管理

第四十二条　内部信用建立在公司统一管理全局资金、统一结算、遵守国家金融政策法规的基础上，从而达到调剂资金余缺、降低财务费用、提高全公司资金使用效益的目的。

第四十三条　建立信用关系的条件。

借款单位应具备下列条件方能建立信用关系：

（一）借款者必须是公司所属单位，并在结算中心开户。

（二）具有稳定的货币收入和按期归还所借款项及资金占用费的能力。

（三）接受结算中心管理，在结算中心开立账户半年以上，并且本单位的货币资金90%以上通过结算中心结算。

（四）按时向资金结算中心报送资金和会计报表。

（五）根据结算中心的要求提供相关资料。

第四十四条 评定内部信用指标及等级。

（一）单位或项目经营者素质指标：包括经营者经历、业绩、信誉和能力，特别是货币资金的回收能力。

（二）单位或项目资金结构指标：包括资产负债率、流动比率、速动比率、净利润等。

（三）原有借款的清偿情况。

（四）项目发展前景：包括项目的发展预测、利润预测等。

（五）评定内部信用等级：内部信用等级由资金结算中心按年度审查核定，报总会计师批准，于每年年初公布。信用等级暂分3级：A、B、C。

A级为信用良好，贷款时可以享受低于基准的优惠利率。

B级为信用普通，贷款时执行基准利率，如果结算中心的资金来源成本高于基准利率，则B级客户执行实际成本利率。

C级为信用较差，一般情况下，没有资格贷款。

第八章 综 合 管 理

第四十五条 公司所属各单位应根据公司下达的经济责任制目标和批准的预算指标，编制本单位全年资金收支预算和分月资金收支计划，包括信贷、保函及信贷证明在内的综合授信需求额度，并于每年1月底前上报公司资金结算中心。

新开工的工程项目必须在工程项目机构成立后20天内编制工程项目资金预算和整个工程分月资金收支计划，包括内部融资，报资金结算中心。资金结算中心根据合同和边界条件，就开户银行、内部融资、工程结算收入和资金流提出审查意见，报总会计师、总经理审批。公司所属各单位必须在每月2日前向公司资金结算中心报送本月资金计划和上月资金报表，资金结算中心审查、汇总后，于每月5日前报总会计师、总经理、董事长。

第四十六条 对既无资金计划又未纳入本年度（季、月）财务预算的支出，各级财务部门和资金结算中心各级机构不予执行。对不符合国家政策和公司规定的各项支出及超计划的支出和不按审批权限及职责范围越权审批开支，资金结算中心不予办理并及时上报总会计师、总经理。

第四十七条 资金结算中心应当按照国家有关规定，加强会计基础工作，真实记录并全面反映各项业务活动及其财务状况，按期编报财务会计报表，上报公司财务部。

第九章 附 则

第四十八条 国际工程的国内结算业务，除国家有特殊限制性规定外，也执行本管理办法，纳入“收支两条线”的管理。

第四十九条 本办法由公司资金结算中心负责解释。

第五十条 本办法从2005年8月1日起执行。

十四、《中国水电基础局有限公司物资设备管理办法》

中国水电基础局有限公司物资设备管理办法

1. 总则

1.1　为加强中国水电基础局有限公司（简称公司）的物资设备管理，提高企业生产技术装备水平，保证安全生产和设备正常运行；规范物资采购，降低采购成本，减少库存，加快物资周转，提高企业经济效益，根据国家有关规定以及集团公司设备物资管理办法的要求，结合公司设备物资管理工作的实际情况，特制定本办法。

1.2　本办法适用于公司下属各分公司（所）、项目部。

1.3　公司的物资设备管理实行以物资设备管理公司为龙头，以各分公司（所）为管理中心，以项目部为运营主体的物资管理体系。物资设备管理公司依据本办法对各分公司（所）、项目部的设备物资管理工作实施指导、监督、协调和服务。

1.4　各分公司（所）、项目部根据自身实际情况和管理工作要求，细化物资设备管理制度并组织实施。

1.5　各分公司（所）项目部的物资设备管理要按照相应的三合一体系程序文件运行，按机械设备、物资的作业文件执行，做好相应记录，使物资设备管理规范有序，使管理全过程的质量得以有效控制。

2. 机构设置及主要职责

2.1　机构设置

2.1.1　物资设备管理公司是公司物资设备管理的职能部门，负责公司系统物资设备管理的指导、监督、协调和服务。基础局有限公司下设物资设备管理公司，物资设备管理公司下设：维修部、管理部、财务部、办公室。

2.1.2　各分公司（所）、项目部应设立物资设备管理部门，负责本单位的物资设备管理工作。二级公司及项目经理部下设物资设备科。物资设备科根据业务需要可设置采购、保管、检验员等职。机组车间设兼职物资、设备员。

2.2　物资设备管理公司管理职责

2.2.1　参与公司有关物资设备质量、环境和职业健康安全体系文件的制定及组织在全公司物资系统的贯彻实施。

2.2.2　负责编制物资设备管理公司主管的相关程序文件，监督检查相关程序文件运行的符合性、有效性。

2.2.3　负责拟定公司物资设备管理规章制度，督促实施并检查考核；制定其他相关作业文件，并组织在全公司物资系统贯彻实施。

2.2.4　负责公司大型设备采购、维修和使用的管理工作；负责大型进口设备配件的国产化研究和实施，组织设备的更新改造和技术创新。

2.2.5　对各分公司物资设备的采购、管理工作进行指导和监督；协调各分公司闲置物资设备的有效利用。

2.2.6 做好物资文件、资料的管理。负责向上级有关部门报送统计报表。

2.2.7 负责物资设备管理公司主管的专用配件、物资、大中型机电设备采购及物资设备管理工作。

2.2.8 负责对公司所属各分公司（所）、项目部设备租赁资源及合同的监督、检查及评审工作。

2.3 各分公司（所）、项目部职责

2.3.1 贯彻执行国家有关物资设备管理的方针、政策、法规和公司有关物资设备管理的规定。

2.3.2 负责建立和完善本单位设备物资管理的各项规章制度，并组织实施。

2.3.3 组织编制施工设备的使用购置计划，负责对施工设备进行监控和管理。

2.3.4 负责本单位设备物资资源的优化配置工作，组织和协调本单位物资设备的调剂工作。

2.3.5 提出有关物资设备技术进步的科研计划项目，并负责具体实施。

2.3.6 负责组织本单位重大及以下事故的调查和处理，参与公司组织的事故调查。

2.3.7 负责本单位物资设备质量、环境和职业健康安全管理体系的贯彻实施，提出改进意见。

2.3.8 负责本单位物资和小型设备的采购和管理工作。

2.3.9 做好物资文件、资料的管理。负责向上级有关部门报送统计报表。

2.3.10 对本单位设备租赁进行管理的同时，及时按要求上报设备租赁合同。

3. 设备管理

3.1 设备管理应遵循依靠技术进步、促进生产发展为主的方针，专业管理与群众管理相结合，技术管理与经济管理相结合，维护与计划检修相结合，修理、改造与更新相结合的原则。

3.2 企业机械设备管理的基本任务是对机械设备进行综合管理。做到合理装备、择优选购、正确使用、精心维护、科学检修、适时更新，不断改善企业的技术装备素质，充分发挥设备效能，确保施工任务的完成。

3.3 各分公司（所）、项目部应根据机械设备的使用分散、流动，露天作业、工况差、磨损快等特点，健全设备管理机构。完善设备管理体系，加强机械设备的维护、检修工作。

3.4 公司及各分公司（所）、项目部要建立机械设备前期管理工作责任制度。从装备规划、选型、购置、点收、安装、调试到验收投产，都要有人负责，严格办理登记和交接手续。

3.5 设备前期管理

3.5.1 新的（公司未使用过的设备型号）大型机械设备和进口机械设备购置前，必须进行技术、经济及适用性论证，防止盲目购置，提高设备投资效益。主要机械设备、大型机械设备和进口机械设备（公司已投入使用的设备型号）的采购，由使用单位提出“设备购置申请”并出资，由物资设备公司集中招标采购或由物资设备管理公司与供应商签订集中供货协议进行采购。使用单位可以协助物资设备管理公司对供货方进行考察。

3.5.2　大型机械设备和进口机械设备到货前，应事先做好有关职工的技术培训工作，新设备使用前应向有关人员进行技术交底。

3.5.3　进口设备及其技术资料到货后，要认真清点、验收、登记，并及早投入使用，发现问题应及时在索赔期内提出索赔。所有技术资料应将原件留存公司档案室、物资设备管理公司各一套利于管理，各分公司及随机留存剩余或备份资料使用。

3.5.4　所有机械设备在采购前均应上报“设备追加购置申请”QESP/14-2或《年度设备购置申请计划》QESP/14-1，待“申请”批复后才能购买，期间物资设备公司应对“申请”中的设备、供应商等协助进行相应的考察，确保购置设备的价格合理、技术先进、功能适用。对于十分紧急的设备采购，应在采购前传真或邮件通知物资设备公司或有关领导，物资设备公司应及时对其进行相应的考察并提出合理的指导意见，在有关领导批复同意后进行购买。

3.5.5　各分公司（所）需加工自主创新的非标准机械设备、重要机具时，应事先提出报告和设计图纸，经公司审批后，方可制造。自制的机械设备经试用、检测，证明其质量、性能合格，并验收后，方可纳入企业固定资产。

3.6　设备使用、维护及保养

3.6.1　各分公司（所）要细化机械设备操作、使用、保养规程和管理制度。主要机械设备要严格执行定人、定机、定岗位的责任制。所有机械设备都要有专人负责。多班作业时，必须执行交接班制度。

3.6.2　要严格执行机械设备的日常保养和定期保养制度。季节变化时要执行换季保养。新机械和经过大修理的机械，在使用初期要执行走合期保养。大型机械设备要实行日常点检和定期点检，并作好技术记录，总结磨损、故障规律。

3.6.3　各分公司（所）职能部门要重视燃油、润滑油料等的正确管理和机械设备的合理用油工作，制定燃油消耗定额，做好节能减排工作。

3.6.4　在施工生产中使用的机械设备，应保持技术性能良好，运转正常，安全装置灵敏、可靠，失修、失保或“带病”的机械设备不得投入生产。

3.6.5　实行机械设备经济承包责任的，必须把机械设备的技术状况、维修保养、安全运行、消耗费用等列入承包内容，与生产任务完成情况一起考核；对因拼设备、违章作业、失修、失保造成机况严重劣化、费用超支者，应按相应管理规定及承包合同进行经济处罚。

3.6.6　机械设备操作人员和维修人员，必须经过专业培训，考核合格后由有关主管部门发给操作证，持证上岗。操作证应每年复查一次；无操作证和复查不合格者，不得上机操作或进行维修。

3.6.7　公司应建立、健全机械设备定期检查、按需修理的检修制度（定检维修制）。做到有计划的预防性维护，以减少故障的次数和出现停工的风险。各类机械设备的检查周期、检查内容，由公司主管部门根据机械设备状况自行制定。各分公司要有专人负责组织机械设备的定期检测工作，按照机械设备的实际技术状况，结合施工生产，编制机械设备的修理计划，并纳入分公司（所）的年（季）度生产计划，严格执行。

3.6.8 相关修理单位要完善机械设备修理工艺，建立、健全修理质量保证体系，严格执行机械修理技术标准，保证修理质量，缩短修理工期，降低修理成本。对设备故障及维修要进行详细的记录，及时上报主管部门。维修管理部门要建立健全设备维修档案，对设备故障及维修过程记录进行统计分析，总结经验，逐步提高维修水平。通过对特定故障记录的分析，确定周期性的问题，采取必要的措施改善操作过程和维护工作。修理单位和维修人员要面向施工，服务到现场。机械设备送修时，要选择具备修理资质的企业，双方应签订修理合同，并共同遵守合同规定的责任和任务。

3.6.9 各分公司（所）要做好配件的合理贮备和管理工作，减少配件积压，避免非易损件库存。维修和管理部门专职责任人要根据设备使用情况、设备状况及操作人员意见详细分析设备运行、保养、维修记录。

3.7 设备的更新、改造

3.7.1 各分公司（所）应根据生产经营目标，制定机械设备的改造、更新规划。大型机械设备及进口设备的改造、更新，必须经过技术、经济论证方可设施。物资设备公司责任部门要开展进口设备配件的国产化推进工作，降低进口设备维修维护成本。

3.7.2 各分公司（所）设备管理部门应积极做好进口设备的备品配件的管理工作。

3.7.2.1 对进口设备需要的备品配件应本着立足国内、自力更生的原则，积极做好随机备件、易损件的测绘和有关资料的收集整理工作。

3.7.2.2 在不影响设备性能的情况下，凡国产元器件可以代用的均不要再进口。国内能试制的备件，应积极提供图纸资料，安排研制。

3.7.2.3 对国内无法解决的进口备件，应及时提出计划、统一组织进口。

3.7.2.4 对进口设备已损坏的主要零部件，要积极组织工程技术人员和技术工人共同研究，进行修复，必要时可请外商修复，以供备用。

3.7.3 新的以及经过大修理、改造和更新安装的机械设备，在投入使用前，都应进行技术试验和安全安装的检验，合格后方能投入使用。

3.7.4 各分公司（所）要建立、健全机械设备管理、使用、监督检查制度。设置机械设备安全员，负责机械设备的日常管理、正确使用和安全监督，并定期对机械设备进行检查，消除事故隐患，确保机械设备和操作者的安全。

3.8 机械设备的基础管理

3.8.1 各分公司（所）每年至少要对所属机械设备对照实物清查盘点一次，保持账、卡、物相符。设备转移及调动要做好相应的调拨手续并及时上报或通知设备管理部门，管理部门根据设备所在地及时更新设备管理信息。

3.8.2 物资设备管理公司必须对大型机械设备及进口设备建立规范完善的档案管理制度，保证设备历史资料的完整性和可追溯性。

3.8.3 档案内容包括：产品合格证、安装和使用说明书、配件目录、随机配件登记表等原始技术资料和交接验收凭证；历次大修理、改造记录；运转时间记录；事故记录及其他有关资料。技术档案要有专人负责保管，保管人员还要搜集整理与设备有关的各种资料包括：维修单位、人员信息；配件供应商信息；配件价格；及国产化有关的资料等。

3.8.4　各分公司（所）、项目部应加强设备统计报表的管理，建立健全设备统计报表制度。

3.8.5　由于生产任务不足等原因而停用的机械设备应妥善保管，并按库存机械设备管理规则进行维护、管理。

3.8.5.1　连续停用3个月以上者，为暂时封存；连续停用1年以上者为长期封存。

3.8.5.2　凡列为封存设备，使用部门必须填写设备封存（启用）单（格式自拟），报物资设备公司备案。

3.8.5.3　凡已批准封存的设备，公司停止提取封存期间固定资产折旧。

3.8.5.4　经批准封存的设备，应由使用部门就地封存并负责日常维护和保管工作，设备主管部门应定期检查。在库封存设备的日常维护和保管工作由各设备主管部门负责。

3.8.5.5　封存的主要生产设备，必须保持设备的完整性。未经上级主管部门批准不得擅自拆除和挪用。

3.8.6　对长期不使用的闲置设备各分公司应做如下处理：

3.8.6.1　闲置设备应及时办理退库手续，不宜入库的应就地封存；

3.8.6.2　闲置设备在办理退库手续后，停止提取固定资产折旧；

3.8.6.3　各分公司对闲置设备应编制明细表，每年上报物资设备公司。

3.8.7　机械设备具有下列条件之一者应予以报废：

3.8.7.1　磨损严重，基础件已损坏，再进行大修已不能达到使用和安全要求的；

3.8.7.2　技术性能落后、耗能高、效率低、无改造价值的；

3.8.7.3　修理费用高、在经济上不如更新合算的；

3.8.7.4　属于淘汰机型，又无配件来源的。

机械设备确认报废前，应事先组织技术鉴定，并按规定办理报废手续。设备报废时未提足折旧的，应予补提。已达到报废条件的机械设备，应及时报废。

3.8.8　报废设备应及时退回物资设备公司，对于不能退库的，经有关领导同意并价值评估后可就地拍卖，拍卖资金的70%上缴物资设备公司，30%由二级单位按公司财务规定入账，物资设备公司负责监管报废资产的处理情况。

报废设备出售前应向物资设备公司申报，待批准后方可处理。处理的报废设备要详细填写清单，注明统一编号、名称、规格、购置日期、报废日期以便账目的调整。

为加强管理和充分发挥已报废设备的效力，对已经报废1～5年内现存放在二级单位继续使用的设备，物资设备公司按其设备原值每年收取1%的使用费。不再继续使用的报废设备及时退回物资设备公司。

3.9　设备管理考核

3.9.1　各分公司（所）应建立机械设备定额管理制度和单机或班组核算制度。

3.9.2　各分公司（所）要健全机械设备统计制度，按规定编报各项统计报表，并定期组织统计分析，提出改进机械设备管理、使用、经营、维修的分析报告。

3.9.3 各分公司（所）应按有关规定正确提取和合理使用机械设备的折旧基金和大修理基金。

3.9.4 各分公司（所）应认真执行机械设备管理对主要经济、技术指标（下述）的考核。部分指标按照公司要求上报。

3.9.5 机械设备管理的主要经济、技术考核指标与计算方法

(1) 完好率$=\dfrac{\text{报告期内制度台日数中的完好台日数}}{\text{报告期内制度台日数}}\times 100\%$

(2) 利用率$=\dfrac{\text{报告期内实作台日数（包括加班台日数）}}{\text{报告期内实作台日数}+\text{加班台日数}}\times 100\%$

(3) 技术装备率$=\dfrac{\text{报告期末机械设备净值（万元）}}{\text{报告期末职工人数或工人人数（人）}}\times 100\%$

(4) 动力装备率$=\dfrac{\text{报告期末机械设备总功率（kW）}}{\text{报告期末职工人数或工人人数（人）}}\times 100\%$

(5) 设备事故损失率$=\dfrac{\text{全年机械事故直接损失费}}{\text{年末自有机械设备净值}}\times 100\%$

(6) 设备系列化率$=\dfrac{\sum\text{同品牌设备原值}}{\text{设备总原值}}\times 100\%$

(7) 设备集中招标采购率$=\dfrac{\text{集中招标采购总额}}{\text{年度设备采购总额}}\times 100\%$

3.9.6 各分公司要积极创造条件，逐步实现设备微机管理，要保障项目管理软件有效运行，提高信息、数据处前能力，促进机械设备管理现代化。

3.10 教育培训

3.10.1 各分公司（所）要协调安排机械技工、操作人员和机械管理干部的培训工作，提高在职机务职工的技术、业务水平。

3.10.2 设备管理部门应制定规划，通过定期轮训或岗位练兵，提高机务人员的基本技能，做到在职机务人员一专多能。

3.10.3 公司应按照国家有关安全管理的规定，对设备管理人员和操作人员进行定期的安全教育和培训，特种设备的管理和操作人员应按照国家及集团公司安全管理的有关规定进行培训、考核、取证和年审。

3.11 评优

3.11.1 各分公司（所）和主管部门可根据需要组织开展机械设备管理评优活动。对获得各级设备管理优秀单位称号的设备管理部门和有关机务职工，应给予表彰和奖励。

3.11.2 各分公司（所）应组织机组职工开展机械设备操作、维修的岗位练兵、比武和红旗设备、先进集体、先进个人的评比活动，树立标兵，表彰先进。

3.11.3 对于设备管理混乱、设备严重失修或设备资产遭受严重损失的单位，公司将委派审计部门会同设备主管部门对相关事件予以审计，并追究单位领导人员的责任。

3.11.4 对玩忽职守、违章指挥、违反机械设备操作、使用、维修规程或管理不当造成机械设备损坏和经济损失的人员，应根据其情节轻重，分别给予经济处罚或行政处分。严重的要追究法律责任。

3.12　设备租赁管理

3.12.1　各分公司（所）应积极发展机械租赁经营业务。可采取对内、对外或任务承包等租赁形式，提高机械设备的经营效益。

租赁双方要密切配合，为设备租赁创造条件。各分公司（所）设备租赁情况，每年汇总后上报物资设备管理公司。

出租单位要做到：按时提供完好机械设备，面向施工现场，服务周到。

租用单位要做到：为机械设备创造作业条件，在出租单位不能提供操作人员时，指派经过技术培训，取得操作证的人员操作机械，安排好机械的维修、保养工作。

3.12.2　各分公司（所）向外单位出租机械设备时，双方应签订机械设备租赁合同，并按国家经济合同法有关规定执行。机械设备的租赁费用，可按当地社会租赁费收取，也可双方协商确定。

4. 物资管理

4.1　各分公司（所）、项目部在物资管理工作中，应严格遵循“计划采购、定额发料、合理储备、保证生产”的原则。

4.2　各分公司（所）应加强对所属项目部物资计划和采购的管理，指导项目部科学地制订物资采购计划，严格采购程序。在采购工作中做到“过程透明，阳光操作”。

4.3　各分公司（所）、项目部应积极参与项目管理软件的使用，通过管理软件平台对物资工作进行管理，运用软件查询功能进行物资价格比较、查询，有效指导、监督物资采购工作。

4.4　公司物资主管部门将根据工程实际，建立与执行适应的区域供应商信息库，指导下属单位的采购活动，提供信息服务。

4.5　对工程项目相对集中的地区，可考虑建立物资采购中心，对各项目部的物资需求进行统一采购和调配，发挥物资采购规模效应，降低采购成本，提高企业经济效益。

4.6　各分公司（所）应对市场价格变动频繁、幅度大、采购量大的自购材料，建立风险评估和采购管理责任机制，科学决策。

4.7　对于通用性较差，为满足工程特殊要求而采购的特种物资，物资管理部门应与施工技术人员认真研究分析，合理、适量采购，避免造成库存积压。

4.8　工程所需的且能够形成批量的物资或采购金额一次在10万元以上的大宗物资，单件价格5000元以上的物资采购前应报物资设备公司，物资设备公司应对其供应商、产品及性价比等进行考察并提出指导意见。条件具备的应实行公开招标采购。

4.9　各分公司（所）、项目部应制定和完善物资的现场管理制度，严格验收、验证、仓储管理程序，控制主要工程材料的现场加工、运输、使用环节，保证物资的正确合理使用。

4.10　各分公司（所）、项目部应制定和完善领用料制度，加强定额消耗的控制，加强材料消耗的事前、事中控制，做好单元工程、节点工程和整个工程项目物资统计核销管理工作。

4.11 能够形成批量或价格在5000元以上的物资应考虑进行招标。没有形成批量或价格在5000元以下的物资，应考虑采取议标方式采购，参加议标的供应商不得少于三家，由评议标小组来推荐供应商。

4.12 各分公司（所）、项目部必须严格按照国家以及当地政府的各项管理规定，加强对爆破、易燃、化学等材料的采购、储存、使用、退库环节的控制，实施全员管理、全过程管理，杜绝事故的发生。

4.13 各分公司（所）、项目部应加强闲置物资的调剂管理，掌握物资动态，建立和完善物资的租赁、让售管理制度，减少库存积压和浪费，提高物资的使用效益。

4.14 各分公司（所）、项目部应加强报废物资的回收、让售和维修利用管理，建立相应的内部管理审批、实施、监督制度。

4.15 各分公司（所）、项目部应建立和完善物资管理考核制度，并作为责任制考核内容，在物资管理工作中开展管理评优活动，对做出显著成绩的职工和集体应给予一定的物质奖励。

5. 物资设备的安全管理

5.1 各分公司（所）、项目部要高度重视设备物资的安全管理工作，加强职工安全教育和培训，健全和完善设备物资安全操作规程。

5.2 机械设备操作人员要严格遵守安全操作规程。对违章指挥、违章作业或工作条件危及机械或人身安全的，操作人员有权拒绝操作，现场指挥人员和机械管理人员有权制止危险使用行为。

5.3 各分公司（所）、项目部应重视大型特种机械的安全使用管理。对抓斗、双轮铣、旋挖钻机等特种设备的安装、使用、拆卸、运输等，都要严格遵守有关规定，要有专人负责。

5.4 各分公司（所）、项目部应按国家有关规定，加强对锅炉、起重设备、电梯、压力容器等特种设备的采购、验收维护、检查和使用管理，加强对特种设备作业人员的培训，确保特种设备的安全使用。

5.5 机械事故的定义和等级

由于使用、操作、维修、管理不当原因造成机械设备的非正常性损坏者属机械设备事故。机械设备事故分一般事故、大事故、重大事故。

5.5.1 一般事故：机械设备直接损失价值在1000～5000元者。

5.5.2 大事故：机械设备直接损失价值在5000～30000元者。

5.5.3 重大事故：机械设备直接损失价值在30000元以上者，或随不足以上数额，但事故性质恶劣，同时造成重大人身伤亡，或关键设备停产，影响主体工程施工10天以上者。

直接损失价值的计算，按机械设备损坏后修复至原正常状态时所需的工、料等费用合计。

5.6 所有机械设备事故都要查清事故原因和责任，并按照“四不放过”的原则，严肃处理。

5.7　一般事故由设备所在单位自行处理，有关事故的全部资料由事故单位保存完整。普通设备的大事故和重大事故由设备所在公司负责调查处理，有关事故的全部资料由事故单位完整保存，并报物资设备公司备案；重大事故或特种设备的大事故由事故单位会同物资设备管理公司组织调查并在24小时内报公司主管部门，在30天内将事故调查情况和处理结果上报公司；并按有关规定处理。各分公司、项目部应将机械设备事故情况定期上报物资设备公司。

5.8　各分公司（所）、项目部每年底对发生的重大设备事故情况进行统计并上报物资设备公司，公司对事故单位按照直接经济损失总额的2%～6%进行处罚，处罚金由单位上缴公司财务产权部，1%～3%作为安全基金使用。

5.9　对隐瞒不报、延报、谎报或弄虚作假的单位，将视其情节轻重对事故单位的第一责任人和有关责任人给予经济处罚和行政处分。

5.10　对易燃易爆物品、危险品和其他物资所引起的安全事故的处理按照《中国水利水电建设集团公司安全生产管理制度》的规定执行。

6. 附则和附表

6.1　本办法自下发之日起生效，公司所属各分公司（所）、项目部相关管理规定中如与本办法相抵触，均以本办法为准。

6.2　本办法解释权属物资设备管理公司。

6.3　附表（目录）

1. 年度机械设备汇总表
2. 大型设备明细表
3. 年度设备招标采购情况汇总表
4. 年度物资招标采购情况汇总表
5. 主要机械设备完好率、利用率报表
6. 年度重大事故情况汇总表
7. 年度物资采购及库存情况统计表
8. 闲置设备报表
9. 机电设备月报表

十五、《中国水利水电基础工程局科技发展规划（2000～2010年）》

中国水利水电基础工程局科技发展规划（2000～2010年）

为加快基础局的科技进步，增强基础局的综合实力，提高基础局在国内外地基处理及基础工程建筑市场中的竞争能力，根据中共中央、国务院《关于加速科学技术进步的决定》和中国水利水电工程总公司《关于加快水电施工企业科技进步，实现两个根本性转变的决定》的要求，结合基础局的实际情况，制订2000～2010年科技发展规划。

一、指导思想

深刻领会并认真贯彻执行邓小平“科学技术是第一生产力”的战略指导思想和“经济建设必须依靠科技进步，科学技术工作必须面向经济建设”的指导方针，顺应时代潮流，实施科技兴局战略，落实科技发展的基本原则和具体步骤，尽快形成与基础局资质相称的技术能力和创新能力，切实把基础局的经营管理工作，转移到依靠科技进步和提高全体职工素质的轨道上来，为基础局在21世纪的头十年内成为拥有雄厚技术经济实力的国有骨干施工企业奠定坚实的基础。

二、科技发展的战略和原则

1. 深化体制改革，以改革作为科技发展的动力，把建立技术创新机制作为建立现代企业制度的重要内容。

2. 坚持长远目标和近期目标相结合，合理部署技术开发及推广应用工作；在积极开发和应用先进适用技术的同时，跟踪国内外基础处理技术发展动态，积极组织长远性和储备性项目的研究。

3. 坚持自主研究开发与引进先进技术相结合，群众性的技术革新与专项课题研究相结合，研究开发与科技普及相结合，科技与教育相结合，大力推动科技成果向现实生产力的转化。

4. 以市场为导向，以提高质量和效益为中心，根据国内外发展趋势和基础局现状，针对与质量、效益和环境保护有关的重大问题和高难度实际工程的关键技术，集中力量进行科技攻关，争取不断有所突破和创新，在基础局的传统施工领域内要做到“人无我有，人有我新”。

5. 立足水利水电建设，面向全国建筑市场，积极开拓具有市场潜力的新领域，开发和引进高新技术，逐步扩大经营范围，提高应变能力，并积极做好进入国际市场的准备，但必须坚持有限目标，突出重点，高起点，高技术含量；不引进不成熟的技术，避免在低水平上徘徊。

6. 认真做好各项技术管理的基础工作，不断改进和完善现有施工技术，限期淘汰可能造成不良后果的落后工艺，确保在建项目的圆满、顺利完成。

7. 积极创造条件，采用兼并和自主发展同时并举的方针，筹建具有一定规模的基础工程设备制造工厂。

8. 加强理论研究，建立高水平的咨询机构，积极开展调研和咨询活动，全面掌握各种基础处理手段的设计方法、施工工艺、技术装备及适用条件，不断提高科学决策和解决疑难问题的能力，确立基础局在水利水电基础处理行业领域的技术优势和主导地位。

9. 依靠国家科技发展体系的指导和支持，加强与高校、科研机构及其他单位的合作，充分利用社会力量促进基础局的科技发展。

10. 强化资金积累，扩大科技发展资金的筹集渠道，加大投入力度，合理使用科技经费，力争以最小的代价，取得最大的成果。

11. 尊重知识，尊重人才，大胆培养和使用青年科技人员，充分发挥中、老年科技人员的指导、带头作用；建立激励机制，创造人尽其才，人才辈出的环境，造就一批既懂技术，又懂管理的复合型人才，确保基础局的科技发展后继有人。

三、科技发展目标

1. 基础局传统的混凝土防渗墙施工技术和水泥灌浆技术应保持国内领先水平，在2005年以前，达到20世纪90年代末的国际先进水平；在2010年前达到或接近当时的国际先进水平。

2. 高压喷射灌浆技术、钻孔灌注桩技术、深基坑支护技术、振冲技术、强夯技术、岩土锚固技术，在2005年以前，达到或保持国内领先水平，在2010年以前达到20世纪末的国际先进水平。

3. 依靠科技进步使基础局的劳动生产率和人均设备占有率每年提高10%～15%。

4. 科技进步对产值和利润增长的贡献率，2005年达到40%，2010年达到50%。

5. 在3年之内完善常规施工的各项标准，淘汰明显影响质量、工效和环境的落后工艺和检测方法，彻底清除质量通病和ISO 9000标准贯标不合格项。

四、主要发展项目

（一）地下连续墙（防渗墙）施工技术

1. 推广应用“两钻一抓”快速施工方法，逐步减少钢丝绳冲击钻机的应用范围。

2. 推广应用机械式抓斗在砂卵石层中建造防渗墙槽孔的技术。

3. 继续完善冲击反循环钻机及其配套设备，使之操作更方便，运行更可靠，启动更迅速。

4. 研制或引进适合密实砂土地层快速施工的多头潜水钻机和双轮铣槽机。

5. 在推广应用薄型抓斗的同时，研制正反循环射水成槽机或其他成本较低的江河堤防薄墙施工设备。

6. 继续进行墙体材料的研究，全面深入地掌握各种墙体材料性能的变化规律和改善途径，制定塑性混凝土及固化灰浆等新型墙体材料的配合比设计标准，工艺标准及检验标准。

7. 研制和应用简便、快速、准确的检测方法和设备，淘汰的钻头测孔斜、测饼斜淤积，抽筒取样等落后的检测方法。

8. 推广应用泵级反循环清孔或气举反循环清孔，淘汰用抽砂筒清孔的方法。

9. 继续进行泥浆性能、配合比、制浆工艺及对孔壁安全和混凝土浇筑质量影响的研究，推广应用低固相优质泥浆。

10. 继续进行泥浆储存、回收、再生及废弃方法及设备的研究。

11. 继续进行墙段连接方法及设备的研究，推广应用接头管（板）法和双反弧法，逐步淘汰钻凿法；完善大直径、深孔及特殊接头型式的施工工艺举措，并制订相应的技术标准。

12. 加强孤石地层和坚硬地层基岩钻进技术的研究，这是提高工效和保证造孔质量的关键性问题，必须集中力量攻关，争取尽快取得突破性进展。

（二）水泥灌浆技术

1. 引进具有钻孔参数监测装置的高性能全液压工程钻机，大幅度提高钻孔质量，钻进效率和岩心获取率。

2. 引进并研制电液控制的液压驱动灌浆泵。

3. 继续完善和推广应用小口径金刚石钻进、冲击回转钻进、绳索取芯、高压水泥灌浆，集中制浆等先进技术。

4. 继续完善和推广应用 GIN 灌浆法。

5. 继续完善和推广应用智能灌浆记录仪和多路灌浆监测系统，增加监测浓度参数的装置，使之达到国内同类产品的先进水平。

6. 继续进行灌浆过程自动控制和用计算机整理灌浆资料的研究，使之达到能够实际应用的程度。

7. 完善和推广应用磨细水泥，超细水泥灌浆的材料、工艺和设备。

8. 开发或引进用于大坝裂缝灌浆和堵漏灌浆的新型水泥浆外加剂。

9. 开展土层注浆材料、工艺和效果的研究和应用。

（三）化学灌浆技术

1. 完善和推广应用水玻璃灌浆材料、工艺和设备。

2. 完善和推广应用环氧树脂灌浆材料、工艺和设备。

3. 研究或引进其他防渗、堵漏的化学材料和外加剂。

4. 研究或引进土壤固化剂。

（四）桩基施工技术

1. 研究开发或引进无泥浆循环的回转钻进机具和施工方法。其中包括旋挖钻进、短螺旋钻进、冲抓钻进等工法。

2. 开发或引进大口径钻孔灌注桩施工技术和设备、最大一次成孔直径可达 3 米，经二次可达 6 米。

3. 开发或引进水上施工群桩和大直径独桩的技术。

4. 引进并掌握长螺杆钻钻孔压浆成桩法（CFG 桩）。

（该成桩法具有工效高、造价低、质量易控制、振动和噪声小、无泥浆污染的优点，是建设部全国重点推广项目。）

5. 引进并掌握桩底压浆以提高承载能力的技术。

6. 引进并掌握水泥土搅拌桩及水泥土搅拌桩插筋地下连续墙施工技术。

7. 具备超声波测空仪等先进的检测手段和必要的试桩手段。

8. 具备钢管桩、钢板桩及管柱桩的施工技术和施工能力。

（五）地基处理技术

1. 开发、引进大功率振冲器及大直径、大深度振冲桩施工技术。

2. 开发、引进二重管高压水泥浆喷射灌浆施工设备和施工技术。

3. 推广应用覆盖层扩孔钻头跟管钻进技术。

4. 开发、引进高压喷射灌浆自动监控记录系统，推广应用钻灌一体化高效设备。

5. 研究塑性纸板排水固结软土地基的机具及工艺，掌握施工方法。

6. 引进、开发、大吨位（20 吨）双绳无钩程序控制强夯设备及工艺。

（六）岩土锚固技术

1. 引进专用钻孔机具，提高钻孔效率和钻孔质量。

2. 完善和推广应用无黏结锚固技术和二次灌浆技术。

3. 开发研究锚根孔段扩孔技术。

4. 开发、引进新型的锚头、锚具和张拉设备。

5. 具备先进的检测、试验仪器。

（七）其他技术

1. 开发、引进顶管技术和无开挖埋管技术，并具备施工能力。

2. 研究、掌握各种深基坑的支护技术，并具备施工能力。

3. 研究、掌握各种用途土工织物和模袋混凝土的铺设技术。

4. 推广和扩大计算机的应用范围，普及计算机绘图，开发适合基础局专业需要的应用软件，建立基础局的网络中心，局域网和基本资料数据库。

五、保证措施

1. 成立以局长为首的科技工作领导小组和由经验丰富的专家组成的技术委员会。加强对科技工作的领导和管理，建立健全工作体制。

2. 加强科研所的技术力量，保证每年有一定的经费投入，添置必要的仪器和设备，扩大科研手段，提高开发能力，把科研所建成基础局的科技发展中心。

3. 建立科技发展基金，加大科技投入，多渠道、多层次的筹集科技开发经费。基础局每年从建安总产值中提取不少于1%的科技发展基金，专款专用。

4. 深入全面地开展ISO 9000国际质量管理标准贯标活动，完善质量体系文件，不折不扣地满足标准和文件要求，消灭不合格项，确保基础局质量体系的持续有效运行和施工质量满足要求。

5. 大力开展群众性的合理化建议和技术革新活动。提高广大职工的科技意识，群策群力，全面掀起技术革新的热潮。

6. 加强技术情报、技术标准、信息交流等基础工作，广泛收集和掌握国内外基础处理技术及建设工程的发展动态。

7. 加强科技成果的统计和鉴定工作，对成熟适用的成果及时组织推广应用，并纳入企业技术标准中。

8. 加速科技人才的培养，有计划地、分期分批地对现有科技人员进行定向技术业务培训，不断更新知识。在基础局建立一支有一定数量的，高、中、初级比例适当的，具有工程实际知识和求实创新精神的工程技术人员队伍，通过重点工程锻炼，进修、引进等措施，造就一批具有较高理论水平和丰富实践经验的技术专家。

十六、《中国水电基础局有限公司工资总额同经济效益挂钩管理实施办法》

中国水电基础局有限公司工资总额同经济效益挂钩管理实施办法

为依法规范出资人和员工收入分配关系，建立健全收入分配调控机制，促进公司在经济效益增长的前提下逐步提高员工收入水平，使工资水平的增长与经济效益增长保持合理关系，根据集团公司（中水电人［2004］121号）有关规定，结合公司实际情况，特制订本实施办法。

一、基本原则

（一）坚持实事求是、效率优先、兼顾公平的原则；

（二）坚持公司工资总额增长速度低于企业经济效益增长速度，平均工资增长速度低于劳动生产率增长速度的“两低于”原则。

二、工资总额的实现形式

实行工资总额同企业总产值和实现利润相结合的复合指标挂钩形式。

三、基数核定

（一）企业总产值和利润基数的核定

每年核定一次，产值基数按当年计划产值的70%计算；利润基数按当年计划产值的1.5%计算。

（二）工资总额基数的核定

每年核定一次，按照集团公司考核办法计算的上年工资总额的80%作为当年全公司工资总额基数。公司各二级核算单位的工资总额基数按工资基数人均额与各单位职工人数乘积确定。

实行工效挂钩以后，原则上实行增人不增资，减人不减资。但遇到下列情况可分别调整挂钩工资总额基数，公司规定分配的军队转业干部和退伍军人及大中专毕业生、调入人员、单位之间内部划入划出人员所需增加的工资，当年暂时按实际支出数在工资总额基数外单列。

四、应提挂钩工资总额的计算办法

应提工资总额＝核定的工资总额基数＋新增效益工资

五、新增效益工资计算办法

新增效益工资实行双挂钩提取的办法：

（一）与实现利润挂钩新增效益工资计算办法

新增效益工资1＝利润增加额×利润新增效益工资系数。利润增加额＝当年实际利润完成数－利润基数。

（二）与企业总产值挂钩新增效益工资计算办法

新增效益工资2＝产值增加额×产值新增效益工资系数。产值增加额＝当年实际产值完成数－产值基数。

（三）新增效益工资＝新增效益工资1＋新增效益工资2

六、新增效益工资系数确定

完成当年下达的计划经营指标内利润增加额和产值增加额的利润新增效益工资系数按0.32计算，产值新增效益工资系数按0.02计算。

超过计划完成数，超过的部分，产值新增效益工资系数按0.03计算；利润新增效益工资系数按0.4计算。

七、挂钩工资总额提取和审批程序

（一）2005年工资基数人均额为2.1万元/（人·年）。各单位工资总额基数可按工资总额基数计算公式求得（基数表附后）。

（二）各单位严格控制工资总额发放，根据施工任务的轻重缓急合理调配。每季度人力资源部对各单位工资总额执行情况进行检查指导；年终对各单位工资总额使用情况考核，对工资总额超过部分，要在下年度挂钩工资总额基数中等额扣减。

八、挂钩后管理工作

（一）实行工资总额挂钩后，各单位应根据本年生产任务和实现利润的预测情况，按照本办法的规定，测算预计全年工资总额指标，在预计指标内，制定本单位内部对项目部、机班组的绩效挂钩分配办法，做到合理使用，严格控制，留有余地。

（二）各单位因在边疆、高寒等艰苦地区施工，如有国家、地方（省市）对工资补助有特殊规定的，取得有关规定文件后报公司决定，由公司决定是否执行和核增工资总额指标。

（三）挂钩应提工资总额全部在单位成本中列支。

（四）对违反本办法，致使工资总额超过应发数的，除在核定下年度工资总额基数时等额扣减外，对单位主要负责人按超发部分的1%～2%扣减绩效工资。

九、本办法由公司人力资源部负责解释。

十、本办法自2005年1月1日执行。

编 后 语

《中国水利水电建设集团公司基础局卷》(简称《基础局卷》),是真实记载中国水电基础局有限公司及其前身成立以来奋斗和发展的史书,是基础局一份珍贵的历史资料。

回顾走过的路,光辉的业绩值得我们自豪;展望未来的前景,更觉得任重而道远。作为 支专业的水电施工队伍,在党和国家级及上级部门的关怀下,计划经济时期,从无到有,成长壮大;市场经济时期,奋力搏击,跨越腾飞。多年来以发展的理念、先进的技术和丰富的经验活跃在基础处理领域,并在激烈的市场竞争中做到了游刃有余。如今已走出国门,去寻求更大的发展空间,天高任鸟飞,海阔凭鱼跃,在科学发展观理论的指导下,“中国基础”的品牌一定会跻身于国际基础处理行业的领先地位。

《基础局卷》的编纂是一项严肃认真又繁杂辛劳的工作。近 50 年的施工、科研、设计、咨询和取得的成果凝聚了几代人的心血,他们拼搏奋斗的精神和孜孜不倦的追求为我们全体编写人员做出了榜样,也激励了我们以最大可能用文字还原历史的工作热情。

《基础局卷》的编纂得到了基础局领导的高度重视,董事长、党委书记张源智和副董事长、总经理赵存厚担任编纂机构的主任委员,并在百忙中亲自参与审阅;公司党政副职任编纂机构的副主任委员,职能部门主要领导人担任编委,为编写志书工作的顺利开展提供了可靠保证。

《基础局卷》的编纂过程中,得到了中国水利水电建设集团公司史志办公室的及时指导和大力支持。

北京市地方志秘书长罗保平先生参与了《基础局卷》的审核,并按志书的要求提出宝贵的意见,保证《基础局卷》达到了规范化的要求。

编纂工作还邀请了部分退休的领导、专家参与了《基础局卷》部分章节的审核和修改,他们关心志书的编写,认真提出修改意见,为志书的编写提供了大量的历史资料,谨在这里一并对他们表示感谢。

由于编写时间仓促,编写人员的水平有限,以及许多历史资料在解散、重建和几次分合的过程中散失,《基础局卷》的内容肯定存在很多不足之处,敬请批评指正。

编 者

中国水电基础局有限公司卷

编　写　人　员

（按姓氏笔画排序）

于书铭	王　勇	王　军	王军强	王晓颖	毛玉忠	冯　丽
付　萍	孙红庆	朱坤龙	刘艳妮	刘　勇	何剑英	佘洪波
肖树斌	李　玲	陈代平	陈　静	张绍坤	张义新	张　欣
张佳钰	张素华	杨晓蓉	屈恩才	郜玉秀	徐玉琦	徐建华
高　婷	翁嘉玲	黄卫平	韩　霞	赵凤英	翟旭辉	

提 供 资 料 单 位

总经理工作部	人力资源部	企业发展部	财务产权部
党群工作部	安全生产管理部	技术信息中心	审计部
资金结算中心	市场开发部	物资设备管理公司	
项目监管办公室	社会保障中心	恒昌实业公司	国际工程部

中国水利水电建设集团公司志
《中国水电基础局有限公司卷》
编 辑 出 版 人 员

责任编辑　刘克兴　仙文杰　车　萍
彩图设计　杨晓东
版式设计　车　萍
责任校对　焦秀玲
出版印制　黄鹏飞
联系电话　(010)88370049、68316496

图书在版编目（CIP）数据

中国水利水电建设集团公司志. 中国水电基础局有限公司卷：1959～2006/中国水利水电建设集团公司史志编辑委员会编著. —北京：中国电力出版社，2009.12
ISBN 978-7-5083-9806-8

Ⅰ.①中… Ⅱ.①中… Ⅲ.①水利工程-工业企业-概况-中国-1959～2006 ②水力发电工程-工业企业-概况-中国-1959～2006 Ⅳ.①F426.9

中国版本图书馆 CIP 数据核字（2009）第 217547 号

中国电力出版社出版、发行
（北京三里河路 6 号 100044 http://www.cepp.com.cn）
北京盛通印刷股份有限公司印刷
各地新华书店经售
*
2009 年 12 月第一版 2009 年 12 月北京第一次印刷
787 毫米×1092 毫米 16 开本 30 印张 681 千字
定价 **182.50** 元